THE COMPENSATION HANDBOOK
A STATE-OF-THE-ART GUIDE TO COMPENSATION STRATEGY AND DESIGN
6th Edition

薪酬管理
薪酬策略和机制设计指南
（原书第6版）

[美] 兰斯·A. 伯杰 （Lance A. Berger） ◎著
多萝西·R. 伯杰 （Dorothy R. Berger）

朱飞 ◎译

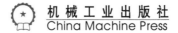

图书在版编目（CIP）数据

薪酬管理：薪酬策略和机制设计指南：原书第 6 版 /（美）兰斯·A. 伯杰（Lance A. Berger），（美）多萝西·R. 伯杰（Dorothy R. Berger）著；朱飞译 . -- 北京：机械工业出版社，2021.4
（华章教材经典译丛）

书名原文：The Compensation Handbook: A State-of-the-Art Guide to Compensation Strategy and Design, 6th Edition

ISBN 978-7-111-67923-3

I. ①薪… II. ①兰… ②多… ③朱… III. ①企业管理 - 工资管理 IV. ①F272.923

中国版本图书馆 CIP 数据核字（2021）第 070508 号

本书版权登记号：图字 01-2020-0414

Lance A. Berger, Dorothy R. Berger. The Compensation Handbook: A State-of-the-Art Guide to Compensation Strategy and Design, 6th Edition.

ISBN 978-0-07-183699-9

Copyright © 2015 by McGraw-Hill Education.

All Rights reserved. No part of this publication may be reproduced or transmitted in any form or by any means, electronic or mechanical, including without limitation photocopying, recording, taping, or any database, information or retrieval system, without the prior written permission of the publisher.

This authorized Chinese translation edition is jointly published by McGraw-Hill Education and China Machine Press. This edition is authorized for sale in the People's Republic of China only, excluding Hong Kong, Macao SAR and Taiwan.

Copyright © 2021 by McGraw-Hill Education and China Machine Press.

版权所有。未经出版人事先书面许可，对本出版物的任何部分不得以任何方式或途径复制或传播，包括但不限于复印、录制、录音，或通过任何数据库、信息或可检索的系统。

本授权中文简体字翻译版由麦格劳 - 希尔（亚洲）教育出版公司和机械工业出版社合作出版。此版本经授权仅限在中华人民共和国境内（不包括香港、澳门特别行政区及台湾地区）销售。

版权 © 2021 由麦格劳 - 希尔（亚洲）教育出版公司与机械工业出版社所有。

本书封面贴有 McGraw-Hill Education 公司防伪标签，无标签者不得销售。

本书的最大特色就是实用性，在处理薪酬问题和制定薪酬政策方面，没有一本书能与之相媲美。本书被业内人士誉为"薪酬领域的圣经"。

本书的读者包括企业人力资源工作者、公司中高层管理人员、政府人力资源管理和研究部门人员，以及全国各高等院校企业管理和人力资源管理专业教师、本科生、研究生、MBA 和 MPA 学员，本书也可供那些对薪酬问题感兴趣的社会自学者和关心薪酬问题的各界人士阅读参考。

出版发行：机械工业出版社（北京市西城区百万庄大街 22 号　邮政编码：100037）
责任编辑：吴亚军　丁小悦　　　　　　责任校对：殷　虹
印　　刷：三河市东方印刷有限公司　　版　　次：2021 年 6 月第 1 版第 1 次印刷
开　　本：185mm×260mm　1/16　　　印　　张：29.5
书　　号：ISBN 978-7-111-67923-3　　定　　价：129.00 元

客服电话：(010) 88361066　88379833　68326294　　投稿热线：(010) 88379007
华章网站：www.hzbook.com　　　　　　　　　　　读者信箱：hzjg@hzbook.com

版权所有·侵权必究
封底无防伪标均为盗版
本书法律顾问：北京大成律师事务所　韩光/邹晓东

Preface | 序言

本书是近40年来薪酬领域中最为权威的专业参考著作,其成功的秘诀在于:

- 找到了对薪酬和人力资源实践者影响最为显著的问题。
- 为这些问题提供了最直截了当、综合和可理解的解决方案。
- 借助在本领域备受尊敬的、富有声望的领军人物来提供解决方案。
- 提供了在其他地方无法找到的、独特的和创造性的方法。
- 基于过往版本坚实的知识基础。

原书的每一个版本都有其新颖的结构。前三版聚焦应用于当时的业务和社会环境的新薪酬技术和方法论的演进。第4版则基于薪酬诊断分析的框架。第5版阐述了薪酬管理实践者如何应用薪酬系统来解决那些产生于商业经济、员工人口统计学和员工文化中的急剧变革的人力资本问题。

第6版则帮助实践者应用薪酬方案解决以下五个战略性的人力资本问题:

- 创建和维护创新、敬业、领导力和绩效的文化。
- 使用新颖的方法来赢得外部人才的竞争,保留内部人才,并且发展对达成企业使命至关重要的能力。
- 运用"大数据"进行薪酬决策,以促进更大的业务成功。
- 执行适用于快速变革的业务和员工队伍场景的整体薪酬计划。
- 创建有助于建立业务竞争优势的薪酬计划。

本书的每一章都和以上所述的某一个或者多个人力资本问题相关。本书将帮助人力资源管理人员应用最佳的、经典的或全新的薪酬工具、方法与诊断工具,使其薪酬方案能更有针对性地解决这些关键问题。此外,本书还阐述了"大数据"在薪酬管理实践中的角色和应用。

感谢为本书做出贡献的63位薪酬专家,其中有26位是本书的作者。正如在第5版中所说的一样,我们要再次满怀敬谢之情地将本书献给米尔顿·L.洛克(Milton L. Rock),他是享有至高荣誉的薪酬业务领袖,他的观点引领了本书的前三版。

我们还要将本书献给编者的孩子和孙子们：亚当（Adam）和亚历杭德拉·吉梅内斯·伯杰（Alejandra Gimenez Berger）、克雷格（Craig）和亚历山德拉·布洛克·伯杰（Alexandra Block Berger）、南希·伯杰（Nancy Berger）、谢里尔（Cheryl）、史蒂夫（Steve）和黑利·罗斯·麦圭尔（Hailey Rose McGuire）。

兰斯·A.伯杰
多萝西·R.伯杰

Contents | 目录

序言

第一篇　概述

第 1 章　薪酬管理实践的现状 /2
  1.1　专业能力 /2
  1.2　成熟的方法论 /3
  1.3　决策工具 /6
  1.4　数据库 /6
  1.5　监控 /7

第 2 章　通过整体薪酬战略获得竞争优势 /9
  2.1　为什么整体薪酬战略对于创造持续的业务竞争优势至关重要 /9
  2.2　整体薪酬计划的哪些要素在今天至关重要 /11
  2.3　组织如何设计整体薪酬计划 /14
  本章小结 /19

第 3 章　整合整体薪酬计划、组织战略和核心价值观 /20
  3.1　什么是整体薪酬战略 /20
  3.2　整体薪酬战略包括什么 /21
  3.3　如何制定合适的整体薪酬战略 /24
  本章小结 /26
  注释 /26

第 4 章　以薪酬战略推动组织可持续发展 /27
  4.1　企业驱动力 /28
  4.2　薪酬战略 /31
  4.3　绩效加薪的替代方案 /33

第 5 章　做一个优秀的薪酬专家 /35
  5.1　下一代的专家：超越专业知识 /37
  5.2　关键性差异化优势的应用 /40
  5.3　展望未来 /40
  拓展资源 /40
  注释 /41
  参考文献 /41

第 6 章　正在涌现的最新薪酬问题 /42
  6.1　经济大衰退的连锁反应 /42
  6.2　对《公平劳动标准法》可能变化的预期 /44
  6.3　中国薪酬增长的影响 /46
  本章小结 /47
  注释 /48

第二篇　基本薪酬

第 7 章　整体薪酬情境中的薪酬结构 /50
  7.1　体系结构 /51
  7.2　传统结构 /53
  7.3　灵活结构 /57

7.4 基于职业的结构 /58

7.5 全球或多层面结构 /60

7.6 薪酬结构的实际应用 /62

本章小结 /63

注释 /64

第 8 章 选择和建立薪酬结构 /65

8.1 薪酬结构的定义 /65

8.2 薪酬结构指导原则 /66

8.3 薪酬结构类型 /66

8.4 薪酬结构的选择标准 /69

8.5 设计薪酬结构 /70

注释 /71

第 9 章 使绩效加薪和奖金更富成效 /72

9.1 绩效的区分 /72

9.2 把年度薪酬计划做得更好 /73

9.3 你的组织准备好了吗 /77

第 10 章 职位评估的目的和性质 /78

10.1 职位评估的目的和性质 /78

10.2 支持与反对职位评估的观点 /79

10.3 正式职位评估方案是如何运作的 /79

10.4 职位评价的主要类型 /80

10.5 计算机辅助职位评估 /82

10.6 职位评估方法的选择标准 /83

注释 /83

参考文献 /84

第 11 章 薪酬调查的优化使用 /85

11.1 当前的业务问题 /85

11.2 薪酬数据的形式和应用 /86

11.3 薪酬调查的类型 /86

11.4 调查数据：输入和输出 /87

11.5 调查数据样本 /88

11.6 调查数据呈现 /88

11.7 评估调查数据和机构 /91

本章小结 /94

第 12 章 薪酬标杆管理的逻辑和方法 /95

12.1 薪酬标杆管理的环境 /95

12.2 薪酬标杆管理信息的来源 /96

12.3 薪酬调查的类型 /96

12.4 薪酬调查要素 /97

12.5 使用薪酬调查 /101

12.6 与薪酬信息共享有关的法律问题 /103

12.7 充分利用薪酬标杆管理结果 /103

12.8 管理人员角色的转变 /105

12.9 关于薪酬标杆管理更广泛和更全面的视角 /105

注释 /107

第 13 章 基于技能、知识和胜任力的薪酬 /108

13.1 基本概念 /108

13.2 基于技能、知识和胜任力的薪酬的四种类型 /109

本章小结 /113

注释 /113

参考文献 /113

第 14 章 使用非货币奖励，激励驱动业务绩效的行为 /114

14.1 非货币奖励为何有效 /115

14.2 非货币奖励的应用 /115

14.3 非货币计划的类型 /117

14.4 奖励的资源获取与执行 /118

14.5 计划制订 /119

14.6 税收和非货币奖励 /120
14.7 非货币奖励计划的发展趋势 /121
本章小结 /122
注释 /122

第三篇　可变薪酬

第15章　选择能够激励最优绩效的奖励薪酬 /126
15.1 奖励薪酬的前沿议题 /127
15.2 奖励薪酬设计注意事项 /128
15.3 奖励计划的资金和负担能力 /129
15.4 绩效指标 /130
15.5 资格条件 /131
15.6 激励性奖金机会 /132
15.7 奖励频率 /133
15.8 奖励计划管理的规则 /133
本章小结 /134

第16章　设计和执行高效的可变薪酬计划 /135
16.1 作为人才吸引工具的可变薪酬 /135
16.2 作为激励工具的可变薪酬 /136
16.3 可变薪酬计划与红利计划 /137
16.4 可实施的多项奖励计划 /140
16.5 可变薪酬的其他注意事项 /141
本章小结 /141

第17章　整合销售薪酬计划设计与人才保留战略 /143
17.1 为什么销售人才的保留是重要的 /144
17.2 使销售人才保留策略更透明 /144
17.3 销售薪酬计划设计的基本规则 /145
17.4 销售薪酬计划设计的六个重要步骤 /146
17.5 支持销售人才保留的六种方案 /149
本章小结 /151
注释 /151

第18章　设计和应用投资回报率驱动销售业绩 /152
18.1 步骤1：为什么？确定战略和业务目标 /153
18.2 步骤2：怎样做？销售薪酬计划与战略相协调 /154
18.3 步骤3：在哪里？定义生产力价值（分子）/154
18.4 步骤4：谁？确定资源成本（分母）/155
18.5 步骤5：何时？设定期望 /156
18.6 步骤6：是什么？沟通计划（以共同语言来交流）/156
18.7 步骤7：还有什么？不要闭门造车 /157
注释 /158

第19章　通过团队激励，创造合作、创新和绩效的文化 /159
19.1 选择团队激励的原因 /160
19.2 团队激励的结构 /161
19.3 影响团队激励有效性的因素 /161
19.4 使用团队激励的优点和缺点 /163
19.5 个人主义的文化价值观 /163
19.6 如果激励不是必需的呢 /164

19.7 使团队激励成功的关键建议 /164
注释 /165

第20章 通过斯坎伦收益分享计划，改变工作场所文化 /169
20.1 斯坎伦收益分享：最佳想法来自哪里 /169
20.2 乌鸦和鸲鹩 /170
20.3 斯坎伦计划：澄清事实 /171
20.4 斯坎伦原则 /172
20.5 执行斯坎伦计划需要实施的策略 /173
20.6 斯坎伦公仆型领导 /176
20.7 资源和支持 /176
注释 /176
参考文献 /177

第四篇　高管薪酬

第21章 制定和实施高管薪酬战略 /180
21.1 步骤1：知道我们的目标 /181
21.2 步骤2：了解工具 /182
21.3 步骤3：了解市场 /183
21.4 步骤4：应急计划 /185
21.5 步骤5：如何将薪酬与绩效挂钩 /186
21.6 步骤6：绩效周期应该设多长 /187
21.7 步骤7：谁是高管 /187
本章小结 /187

第22章 设计并运行长期激励计划 /188
22.1 长期激励薪酬的起源 /188
22.2 长期激励薪酬的类型 /189
22.3 长期激励薪酬工具的关键特征 /189
22.4 长期激励薪酬授予时的价值计算 /191
22.5 长期激励薪酬结算时的价值计算 /191
22.6 授予长期激励薪酬的方法 /192
22.7 关注绩效计划工具 /193
22.8 设计相对总体股东回报率的注意事项 /195
本章小结 /197

第23章 规范高管薪酬 /199
23.1 背景 /199
23.2 股东权利及董事责任 /200
23.3 美国证券交易委员会的披露规则 /201
23.4 《公平劳动标准法案》/203
23.5 通过税法的间接监管 /205
23.6 最佳实践 /209
本章小结 /211
参考文献 /211

第24章 制定高管雇用协议 /212
24.1 雇用协议的期限 /213
24.2 职级/岗位、职责和报告关系 /213
24.3 薪酬 /214
24.4 雇用协议终止情形和遣散费 /217
24.5 遣散费 /219
24.6 控制权变更 /221
24.7 限制性约定 /222
24.8 第409A条规定 /222
24.9 追索条款 /223

注释 /223

第25章 破解私营企业长期薪酬激励的秘诀 /224
25.1 破解密码 /224
本章小结 /228

第五篇 薪酬与董事会

第26章 薪酬委员会和高管薪酬 /230
26.1 维护薪酬计划的基础 /231
26.2 保持薪酬与战略的一致性 /236
26.3 建立薪酬计划执行的流程和结构 /239
本章小结 /243
注释 /243

第27章 CEO薪酬动力学 /244
27.1 新的监管注意事项 /245
27.2 建立人才荟萃的组织 /246
27.3 应对不断变化的劳动力市场 /247
27.4 通过高管薪酬方案，推动正确的绩效 /247
27.5 薪酬方案沟通 /248
本章小结 /249

第28章 董事会薪酬 /250
28.1 董事的角色 /250
28.2 资本主义和公司治理的作用 /251
28.3 公司治理和注重股权激励 /251
28.4 董事薪酬要素 /252
28.5 整体薪酬 /252
28.6 各个角色的整体薪酬 /253
28.7 股权工具的使用 /254
28.8 行权 /254
28.9 基于绩效的薪酬 /255
28.10 所有权指引 /255
28.11 放弃董事会议费 /255
28.12 委员会服务薪酬 /256
28.13 董事会薪酬的未来 /257

第29章 构建董事会和高管薪酬 /259
29.1 董事会的角色 /259
29.2 利益相关者对董事会行为的影响 /260
29.3 董事会的构成 /260
29.4 董事会绩效和薪酬 /261
29.5 董事会的各个委员会 /262
29.6 薪酬委员会 /262
29.7 高管薪酬理念 /262
29.8 合理的高管薪酬 VS. 过度的高管薪酬 /263
29.9 薪酬顾问的使用 /264
29.10 董事会和薪酬委员会面临的主要问题 /264
本章小结 /265

第30章 薪酬委员会 /266
30.1 薪酬委员会组成 /266
30.2 薪酬委员会主席 /266
30.3 薪酬委员会的角色 /267
30.4 薪酬委员会的义务和责任 /268
30.5 外部顾问 /268
30.6 基准数据 /269
30.7 薪酬理念 /270
30.8 委员会审议 /270
30.9 薪酬计划 /270
30.10 薪酬讨论和分析 /271
30.11 加强司法审查 /272
本章小结 /272

第31章 创建有效的CEO继任计划流程 /273
31.1 薪酬和继任计划之间的关系 /274

31.2 CEO继任：为未来做准备 /277
31.3 回归根本 /277
31.4 继任计划流程 /278
31.5 预测意料之外的情况 /278
本章小结 /279
注释 /279

第六篇　薪酬与绩效

第32章　设计绩效管理流程的框架 /282
32.1 绩效管理流程 /283
32.2 绩效管理系统的先决条件 /285
32.3 对绩效管理系统的设计要求 /285
32.4 团队绩效 /286
32.5 强制分布绩效管理 /287
参考文献 /287

第33章　选择绩效评估系统 /289
33.1 优选绩效评估系统 /289
33.2 设计绩效评估方案 /291
33.3 基于特质的绩效评估流程 /293
33.4 基于行为的绩效评估流程 /293
33.5 基于知识/技能的绩效评估流程 /295
33.6 基于结果的绩效评估流程 /296
附录 33A /299
附录 33B /301
附录 33C /303

第34章　将薪酬与有竞争力的业务价值挂钩 /305
34.1 原则1：选择与员工可以影响关键成果相关的测量指标 /306

34.2 原则2：避免将员工薪酬与公司总体业绩挂钩，高管除外 /306
34.3 原则3：避免薪酬与易于操纵的绩效指标挂钩 /306
34.4 原则4：避免过度复杂的薪酬公式 /307
34.5 原则5：设定现实可行的绩效目标 /307
34.6 原则6：尽量多地进行绩效评估 /308
34.7 原则7：使个人和团队的绩效成为薪酬的基础 /308
34.8 原则8：为员工提供跟踪全年业绩的简便方法 /309
34.9 原则9：谨防用战略地图来定义绩效指标 /309
34.10 原则10：清除"鸡效"指标 /310
本章小结 /311

第35章　利用财务薪酬提高生产力 /312

第36章　绩效薪酬的新发展和新议题 /316
36.1 绩效薪酬应用的趋势 /316
36.2 从经验中学习和确定最佳实践的挑战 /320
36.3 绩效薪酬方案设计的挑战 /321
36.4 方案实施的挑战 /321
36.5 采用战略视角的挑战 /322
36.6 洛基弗拉茨的例证 /322
参考文献 /323

第37章　将校准作为绩效评估系统的重要内容 /327
37.1 绩效评估中存在的问题 /327

37.2 解决办法：校准 /328
37.3 为你和你的公司进行校准工作 /329
37.4 校准会议：推荐的步骤 /329
37.5 校准会议的步骤 /330
37.6 校准：会议主持人指南 /331
37.7 绩效标准因素 /335
37.8 绩效校准：基本原则 /336

第38章 有效的高管绩效评估指南 /337
38.1 薪酬委员会结构 /338
38.2 有效目标设定和评估的障碍 /339
38.3 高管绩效评估流程 /339
38.4 制定评估标准 /342
38.5 高管绩效评估指标 /343
38.6 绩效评估的结果 /345
本章小结 /346
参考文献 /346
注释 /348

第七篇 薪酬与人才管理

第39章 通过新颖的方式利用薪酬赢得人才战 /350
39.1 将人才激励模式和公司财务业绩挂钩 /351
39.2 通过新颖的方式赢得外部人才战、留住内部人才和发展战略性关键技能 /352
39.3 创建并维护一种创新、参与、领导力和绩效的文化，创造一种新的绩效管理方法 /355
本章小结 /356
参考文献 /357

第40章 强化薪酬和投资回报之间的联系 /358
40.1 整体薪酬 /359
40.2 整体薪酬要素 /360
40.3 促进员工敬业度达到高水准 /361
40.4 投资回报 /362
40.5 前进路上的障碍 /364
40.6 帮助我就是帮助你自己 /365
40.7 为员工成功进一步赋能 /366
40.8 现在和未来 /367
本章小结 /367
注释 /367

第41章 将工作/生活有效性纳入整体薪酬策略 /368
41.1 学习要点 /368
41.2 什么是工作/生活有效性 /369
41.3 工作/生活组合 /369
41.4 工作/生活领域正在做什么 /370
41.5 工作/生活研究已经知道了什么 /371
41.6 工作/生活和薪酬实践能够通过协作实现什么目标 /371
注释 /373

第42章 有效薪酬沟通方案的方法论 /375
42.1 步骤1：分析现状 /376
42.2 步骤2：确定目标和关键信息 /376
42.3 步骤3：开展受众研究 /377
42.4 步骤4：选择沟通媒介 /378
42.5 步骤5：设计和执行沟通策略 /378
42.6 步骤6：评估沟通方案 /378
42.7 新薪酬战略的沟通方法论 /379

第八篇　全球化薪酬

第 43 章　外派人员薪酬的关键议题和实践 /382
- 43.1　外派人员薪酬的关键议题 /383
- 43.2　薪酬选项：基本薪酬 /383
- 43.3　薪酬选项：成本津贴 /385
- 43.4　薪酬方案：激励 /387
- 43.5　外派员工薪酬方案小结 /388
- 43.6　基本影响因素 /388
- 本章小结 /390
- 参考文献 /390

第 44 章　全球性的本地化薪酬议题和实践 /391
- 44.1　对本地薪酬数据的需求 /392
- 44.2　工资要素的变形 /393
- 44.3　使用本地薪酬数据的复杂性 /394
- 44.4　当前本地员工的薪酬议题 /395
- 44.5　本地员工薪酬的未来趋势 /397
- 44.6　薪酬调查数据的来源 /397
- 44.7　本地员工职位定价的咨询服务 /398

第 45 章　采用新奇薪酬方法，打赢外派人才战 /399
- 45.1　外派员工薪酬的关键因素 /399
- 45.2　外派人员薪酬的新方案 /400
- 45.3　外派员工薪酬的机会成本 /403
- 45.4　将薪酬与人才管理挂钩 /404
- 45.5　外派员工薪酬政策的最佳实践 /405
- 本章小结 /406
- 词汇表 /407
- 注释 /409

第九篇　大数据

第 46 章　导引：实现大数据的价值 /414
- 46.1　薪酬大数据的定义及标准 /414
- 46.2　选择大数据的层次 /416
- 46.3　大数据实践者的能力要求 /416
- 46.4　价值创造的产出 /416
- 46.5　创建大数据项目 /418
- 本章小结 /419

第 47 章　应用员工队伍分析，有效制定薪酬决策 /420
- 47.1　薪酬和员工队伍分析 /421
- 47.2　建立员工队伍分析的框架 /421
- 47.3　员工队伍分析的常见应用 /422
- 47.4　员工队伍分析的拓展应用 /423
- 47.5　其他考虑 /424
- 本章小结 /424

第 48 章　在大数据时代进行更好的薪酬决策 /425
- 48.1　回顾 /425
- 48.2　改进 /426
- 48.3　业务如何使用大数据 /427
- 48.4　与人力资源的交叉 /427
- 48.5　大数据的主要挑战：同步 /428
- 48.6　由数据支持的战略 /429
- 48.7　业务战略和薪酬的交集 /431
- 48.8　人力资源部门应用的指标 /432
- 48.9　驱动业务价值的薪酬 /433
- 48.10　将战略付诸实现 /435

第 49 章　用大数据提高薪酬项目的价值 /436
- 49.1　定义薪酬大数据 /437

- 49.2 需要评估的领域 /437
- 49.3 评估薪酬以及其他薪酬内容，以确定对员工至关重要的因素：薪酬对人才保留的影响 /437
- 49.4 频率和组合：增加薪酬的评估频率，以及决定薪酬水平和奖励的因素组合 /438
- 49.5 沟通整体薪酬和离职价值，提高员工留职率和工作敬业度 /439

本章小结 /442

注释 /442

第50章 将数据转化为薪酬信息 /443

- 50.1 理解薪酬数据的基础统计 /443
- 50.2 避免数据的误导 /445
- 50.3 使用合适的数据，而不仅仅是使用可用的数据 /445
- 50.4 消除数据解读的心理障碍 /446
- 50.5 实行信息驱动的薪酬管理 /448

附录 50A

第51章 探索加强薪酬方案的新技术 /451

- 51.1 新技术 /451
- 51.2 薪酬规划和设计 /453
- 51.3 新方法对商业策略的影响 /454

译者后记 /456

PART 1

第一篇

概 述

第1章
薪酬管理实践的现状

兰斯·A. 伯杰（Lance A. Berger）
兰斯·A. 伯杰有限公司（Lance A. Berger & Associates, Ltd.）

原书第1版是1972年之前薪酬实践的真实写照。之后的每个版本都可以被看作一个"时光胶囊"，它们涵盖了大量且丰富的信息，这些信息包含了前辈们积累的成功经验，以及有助于未来的最佳实践、议题、程序和流程。本书将会把知识的演变充分扩展到当今时代。诚然，在当今时代，成功的薪酬管理实践已经演变为五个混合因素：

（1）专业能力。
（2）成熟的方法论。
（3）决策工具。
（4）数据库。
（5）监控。

1.1 专业能力

专业能力是指在特定实践或学科领域中的某一特定知识或技能。每个组织都需要一群拥有足够薪酬实践专业知识的人，以便有效地制订、实施或外包他们的薪酬计划。这个群体包括薪酬专家、人力资源通才，以及直线管理者的任意组合。

美国的大多数公司都是小公司，绝大多数薪酬方案的主导者都是直线管理者。同时，专业能力可以分为多个层次，包括基础层、操作层、战术层和战略层。

（1）基础层：了解与薪酬相关的基本原则、术语、概念、问题、应用和供应商。这是对直线管理者期望的最低专业能力标准。

（2）操作层：能够在专业能力水平更高者的指引下，执行由他们制订的薪酬方案。这是对大多数管理者、入门级薪酬专家和人力资源通才的专业能力的现实水平要求。

（3）战术层：能够在很少的外界帮助下开发和实施薪酬方案，并且能够指导他人去实施薪酬方案。这是对有经验的薪酬专家的期望水平。

（4）战略层：创建和实施薪酬方案，为他人提供指导，解决薪酬"故障"，并且解答薪酬相关领域的问题。能做到这些的人是薪酬领域的公认专家。

随着时间的推移，读者已经在向专业能力的战略层寻求指导。本书的各个章节会尽力在专业能力的四个层级上提供相应的情境。

随着美国薪酬协会（WorldatWork）的成长，尤其是其认证项目的发展，薪酬实践知识的正规化和学科化的拓展也在加速。这种拓展通过工作坊、研讨会、正式学分课程和无学分课程进行。此外，咨询公司、大学、软件公司和其他与薪酬实践相关的利益相关者也提供了额外服务补充。

本书第5章由美国薪酬协会的专家布莱恩·摩尔（Brian Moore）和苏·霍洛韦（Sue Holloway）撰写，主要概述了六种专业培训和技术技能，它们是该专业成长的重要构成模块：

（1）设计和管理基本薪酬方案。

（2）设计和管理浮动薪酬方案。

（3）根据企业发展战略整合薪酬方案。

（4）遵守法律法规的要求。

（5）沟通薪酬信息。

（6）设计和管理其他的整体薪酬方案。

"美国薪酬协会2012年整体薪酬专家职业调查"揭示了最优秀的整体薪酬专家的八项关键特质：

（1）精通技术。

（2）对战略业务的理解到位。

（3）注重技巧和细节。

（4）注重沟通和联系。

（5）具有适应性和灵活性。

（6）富有激情和主动性。

（7）持续学习。

（8）致力于发展支持系统。

总体来说，六个构成模块和八项关键特质构建了可以概览薪酬实践角色的框架，而前文所述的专业能力的四个层次可以应用于此框架中，从而形成组织所要求的薪酬实践者的轮廓。

1.2 成熟的方法论

成熟的方法论就是那些组织定义、复制、调整和有效实施薪酬计划的成文的流程、实践与政策。方法论的成形源于组织自身薪酬方案的成功经验，若干组织、咨询公司和协会分享的最佳实践，以及美国薪酬协会的出版物和供应商提供的资料。成熟的方法论包含目标、方案、流程、数据库，以及与具体薪酬目标、战略和产出相关的分析决策工具，并要将这些进行整合。自原书第 1 版面世以来，最为成熟的方法论包括职位评估、薪酬市场定价和工资管理。关于这些问题的论述将在本书的第二篇出现。

本书之前的每一个版本都只是反映了成熟方法论的细微变化，但在本版中则反映了方法论的重大变化。在本书第 8 章中，迈克尔·阿姆斯特朗（Michael Armstrong）认为，"随着更多的薪酬结构的引入，宽带薪酬的原始概念逐渐被削弱，而职位评估在定义薪酬结构时的角色愈发突出……职位评估不仅被用来定义薪酬带宽的边界，而且用于界定职位的规模，以作为确定与市场薪酬价格相对的参照点的基础"。

也许某些组织采取的最新调整是替代性绩效加薪方案。在这种方案中，业绩增长不会冻结在每年的基本薪酬中，而是根据每年的业绩增长使你获得一定的薪酬增长。这些变动的绩效加薪方案能够提供更大程度的激励，为员工已经取得的绩效和/或展现出来的能力提供薪酬。这部分薪酬一般会控制在可承受的绩效增长池的预算之中。正如第 4 章的作者多萝西·R. 伯杰所说，这种薪酬方案的接受程度正在逐步提高。

薪酬实践的演进表明，一个成功的薪酬实践包含三项主要因素：薪酬理念、薪酬战略以及薪酬管理。

1.2.1 薪酬理念

薪酬理念涵盖一系列作为员工薪酬基础的且众所周知的核心原则、价值观以及相互期望。薪酬理念是组织薪酬战略的基础，组织会将薪酬理念与业务和人力资源要求结合起来。常见的组织薪酬理念聚焦于根据组织的承受能力，以公平的、有竞争力的和符合法律的方式来提供薪酬，帮助组织吸引、保留及激励员工。

1.2.2 薪酬战略

薪酬战略阐述的是组织如何基于薪酬理念进行员工薪酬的分配。托马斯·B. 威尔逊（Thomas B.Wilson）在第 3 章中写道："薪酬战略有助于聚焦目标设定、准则、政策、实践、行为和投资。"在第 2 章中，斯蒂夫·E. 格罗斯（Steve E. Gross）和曼迪·鲁克（Mandy Rook）将薪酬战略定义为同时使用整体法（使用奖励工具箱中的所有工具）和定制法（针对具体的职位使用特定的工具）进行的整体薪酬分配。典型的薪酬战略包含五个部分，分别是支付能力、市场薪酬水平、竞争力水平、薪酬要素组合及员工的贡献。

（1）**支付能力**。每个组织必须确定基本薪酬和所有其他形式薪酬的总体水平，确保根据当前和预期的增长水平，具备至少连续两年的支付能力。两年间隔一直被用来衡量年度薪酬调整所带来的跨年度影响。由于基本薪酬代表了员工的大部分薪酬，基本薪酬（位于工资结构之中的）中点值的总成本是确定组织支付能力的起点。在确定了这一点之后，组织就可以为年度涨薪和可变薪酬方案确定所需要的资金池。

（2）**市场薪酬水平**。在确定某一职位的薪酬竞争力时，组织必须对该类人才市场进行调查。人才市场由组织想要招募或者曾经招募的该类职位人员，以及其他组织正在"猎取"的候选人组成。在选定的人才市场中进行标杆职位的薪酬调查是组织确定薪酬的基础。好的薪酬调查应该能够准确反映市场状况，这一信息通常来自现有应聘者、目标应聘者，以及离职面谈。如果其他公司没有相对应的职位可供参考，可以通过与其他公司中相关的、能够获得调查数据的职位薪酬比较来确定市场薪酬。请注意，人才市场的竞争对手，可能不一定和你的公司有同样的业务。大多数公司会拥有多个人才市场。第 11 章将介绍如何在薪酬市场中展开调查。

（3）**竞争力水平**。在每个市场和每个组织中，管理层都必须确定组织能够承受的人力资源总成本的竞争力水平，以及为了吸纳、保留和激励员工愿意支付的薪酬。竞争力水平通常是指某一职位薪酬水平在目标人才市场薪酬调查中的百分位水平（如 25 百分位、50 百分位、75 百分位）。资金池的大小是薪酬分配的基础。很有可能不同的薪酬市场（供求关系）要求的薪酬结构和竞争力水平也不同。

（4）**薪酬要素组合**。薪酬要素组合是指每一薪酬要素（如基本薪酬、年度奖励和长期奖励等）占整体薪酬一定的百分比。此外，在整体薪酬组合内，基本薪酬、年度奖励、长期激励和整体薪酬的竞争力水平可能存在差异。在不同的人才市场中，薪酬组合和竞争力水平也不相同。可变薪酬占比越高，甚至没有基本薪酬，那么更高的杠杆（即向上提升的机会）或者风险（没有保障的薪酬）就成为员工薪酬组合的重要因素。一般来说，随着一个组织从不稳定的初创公司发展到平稳运行的阶段，员工薪酬组合的风险或杠杆比例会降低。在一个组织中，薪酬组合中的杠杆比例也反映了职位相关的风险和责任。高级管理人员和一线经理的可变薪酬占比通常比普通员工更大。整体而言，从原书第 1 版开始，风险导向型的可变薪酬的成熟方法论就在缓慢发展。本书第三篇将阐述可变薪酬的成熟方法论。

（5）**员工的贡献**。通常而言，薪酬战略需要考虑员工的实际和预期贡献能力的水平高低。薪酬理念和战略表明了组织分配薪酬的方式，它被认为是最佳的激励体系，能够提升员工敬业度，确保留住人才，促进公司成长，有利于为关键岗位聘任到潜力巨大的储备型人才。这种制度首先为关键性岗位员工分配薪酬，再继续为其余员工分配薪酬。这种组织体系中的员工必须满足组织对绩效的最低期望值。第 7 章中的安德鲁·S. 罗森（Andrew S. Rosen）以及第 9 章中的默娜·赫勒曼（Myrna Hellerman）和詹姆斯·科汉斯基（James Kochanski）将阐述员工贡献和薪酬方案的结合问题。

1.2.3　薪酬管理

薪酬管理是指在执行薪酬战略的过程中，指导专业人员和直线管理者的一套政策、方法和程序。典型薪酬管理体系的要素已经比较成熟，包括薪酬理念（如前文所述）、薪酬专业人员和经理人在薪酬管理中的职责、员工沟通，以及基本组成要素，它包括：

（1）职位描述。
（2）职位评估。
（3）薪酬调查。
（4）薪酬结构。
（5）绩效评估。
（6）绩效提升。
（7）晋升和奖励增长。

本书第二篇将阐述成熟薪酬管理方案各组成部分的细节。

无论读者采用了何种方法论，威尔逊在第 3 章提供的内容都十分有用。他建议每个激励计划都必须有一个明确目的，并且必须回答三个关键问题：

（1）该方案存在的理由是什么？
（2）为什么该方案对员工很有意义？
（3）该方案如何给组织带来竞争优势？

1.3 决策工具

决策工具有利于薪酬专业人员确定哪些流程最有助于他们制定、实施和监控自己的薪酬理念、战略以及管理和监控计划。决策工具已经成为选择合适薪酬方法、将"大数据"中的信息转化为高价值、准确、快速和及时的决策的必备组成部分。它们对于监测具体薪酬方案的实际成果也至关重要。

在第 33 章中，马丁·G. 沃尔夫（Martin G. Wolf）将帮助读者选择对于组织而言最佳的绩效评估方法论。迈克尔·阿姆斯特朗和保罗·汤普森（Paul Thompson）在第 10 章中描述了职位评估方法论的最佳选择，而琳达·E. 阿穆索（Linda E. Amuso）（第 15 章）和艾琳·C. 帕克伍德（Erin C. Packwood）（第 16 章）则阐述了选择不同类型可变薪酬方案的条件。多萝西·R. 伯杰（第 4 章）将帮助读者确定有助于支持期望的组织文化的薪酬方案，而黛博拉·里斯（Deborah Rees）（第 39 章）则提出了基于雇员类型的新型薪酬方法。

本书介绍了很多决策工具，可供薪酬管理实践人士选择和使用来确定最适合其组织的薪酬方案。

1.4 数据库

数据是薪酬管理实践的核心。随着大数据等技术和数据采集设备的发展，关于职位、员工薪酬、市场薪酬和众多其他领域的人才管理数据就呈现出爆炸式增长。大数据将多个数据元素组合到一个可靠的过程中，可以更快、更准确地实现更好的薪酬决策。如今，将业务、文化、人才管理和薪酬数据要素整合到可理解的决策之中变得更加容易。尽管大数据正在成为越来越多组织中业务运营的必备部分，但许多薪酬实践人士和管理者认为这将会造成模糊、混乱且令人不安。在他们看来，大数据是一个不可逾越的障碍。但实际上，这个障碍并不是不可逾越的。本书的第九篇旨在帮助读者找到并使用适合其组织的大数据水平。

在第 46 章中，我建议大多数组织可以通过简单地将有关薪酬政策和实践以及业务的现有信息与人才管理和/或员工文化数据联系起来使用大数据。每个组织都可以制定一个计分卡，它会回答以下问题：

（1）整个组织的员工考核和基于绩效考核的整体薪酬增长是否与组织和单位的绩效相关？
（2）薪酬是否正确地分配给关键人群（如高绩效员工、高潜力员工、关键职位后备人选和具有高水平关键能力的员工）？
（3）薪酬是不是导致关键员工离职的原因？
（4）薪酬是否被认为是公平的，并且和组织价值一致？
（5）薪酬战略是否得到了有效管理？

根据大卫·B. 图雷茨基（David B. Turetsky）（第 48 章）所说，"'大数据'利用'小数据'

和数据平台来构建企业更完整的图景。它将不同系统的数据结合在一起，将一个看似不太可能的联盟进行整合，形成知识和智能的完美融合。大数据工作的价值比更低层次的数据互联的价值总和要大得多"。图雷茨基还谈到了大数据在分析表1-1所列内容的成果时的作用。

表1-1 薪酬管理的部分内容

基本薪酬	绩效	薪酬公平
• 我们的绩效加薪计划是否有效 • 如果我们增加1%的绩效预算，能得到相应的1%的绩效提升吗	• 我们是否激励了正确的行为 • 我们的目标是否反映了组织目标	• 我们的某些岗位是否工资太高 • 薪酬公平对我们的组织而言意味着什么
市场定位	继任	薪级/结构
• 我们是否知道，如果让所有人的总现金薪酬都对标市场的话，需要花费多少 • 现行的薪酬方案能实现组织的目标吗	• 我们培养的高潜力人才能够实现他们即将上任职位的最低成果要求吗 • 我们激励了合适的人吗	• 我们的薪级制度是否正确地反映了工作职责分组和对组织的影响 • 我们的薪级结构是否反映了目前的工作市场状况

在第47章中，丹·韦伯（Dan Weber）认为，薪酬专业人员还会被继续要求回答有关业务的一系列问题。为了能回答这些问题，薪酬专业人员应该熟悉以下四个领域：

（1）业务创造价值的环节和方式（业务运营）。

（2）可以让业务获得增长、扩张和变革的领域（战略计划）。

（3）目前公司薪酬和人力资源信息系统（HRIS）中可用的数据。

（4）外部数据来源，比如市场调查、政府机构和其他组织。

韦伯还为读者提供了三种解决大数据问题的方法建议：

（1）了解待解决的问题，包括大数据解决问题的潜力、期望的具体产出，以及利益相关者的感知和顾虑。

（2）了解所有影响期望产出的力量。

（3）抛开数字进行思考，因为很多影响决策的因素无法被轻易追踪，或者无法通过数据分析进行解释。

在第49章中，埃兹拉·施奈尔（Ezra Schneier）认为，大数据能帮助组织实现三大目标：

（1）提升员工敬业度和保留率。

（2）更好地建立个人努力和组织目标之间的联系。

（3）提升业务绩效。

他举例了以下可以帮助组织实现这些目标的大数据应用场景：

- 评估薪酬以及其他薪酬要素，以确定员工重视哪些东西。
- 增加薪酬评估的频率以及在确定薪酬水平和资金时应考虑的要素组合。
- 沟通整体薪酬的价值和跳槽代价，从而提升员工敬业度和保留率。

从大数据部分可以清楚地看到，大数据技术的拓展以及各种规模的组织和各级从业人士对该技术的广泛应用，将是未来薪酬实践前沿的组成部分。

1.5 监控

薪酬监控措施意味着，对能够影响薪酬方案的变革触发因素进行预测、创建和/或响应。这些变革触发因素包括商业、环境、文化和人才管理因素。薪酬监控是一个管理变革程序。

格罗斯和鲁克在第 2 章中指出了明确组织整体薪酬原则的必要性，以便根据这些原则来评估当前和未来的状态；然后进行差距分析，以评估现有薪酬计划与所需总体原则之间的不一致性；最后，创建蓝图，以定义达到期望状态所需要的管理变革的程度。一个组织寻求变革之时，也是该组织面临艰辛的时刻。系统、流程和人员必须适应这种变革。薪酬管理体系可能需要设置多种基本薪酬和激励计划、福利、培训及发展；招聘可能需要在历史预算中进行权衡选择；经理人员将需要处理更多关于个人薪酬、福利和职业的挑战性谈话。组织一旦已经发生了变革，就要做好再次变革的准备。商业战略仍在不断演进，如果整体薪酬战略不能成功跟进，就可能会造成耗费高额成本的紊乱，阻碍业务发展并导致投资回报率下降。我们建议，作为预防措施，组织应该维护好整体薪酬原则，并经常对其适用性、有效性和可行性进行审查，以避免现有的整体薪酬方案与内部要求（既包括雇主，也包括雇员）和外部市场割裂。如果方案导致了割裂的情况，它们就会威胁到最初靠整体薪酬战略的发展和实施创建起来的组织的竞争优势。根据格罗斯和鲁克的说法，应对这些挑战需要领导力支持，以及对员工进行务实的差异化（即识别员工细分中有意义的差异），并在管理变革的全面执行和沟通中着眼现在和未来。

在第 6 章中，马尔托齐奥认为，薪酬预测是复杂的经济、社会和人口动态问题的组合，这些挑战要求薪酬专业人员去预测政策以及服务于股东和员工利益的薪酬制度设计特征。

组织应该有一个正式的审计程序，使用可信的、高质量的、可靠的、及时的和成本效益高的信息来评估其现有的方法论、决策工具及数据库是否在目标业务、文化与人才管理方面有所产出。

第2章

通过整体薪酬战略获得竞争优势

斯蒂夫·E.格罗斯（Steven E. Gross）
美世咨询有限公司（Mercer LLC）

曼迪·鲁克（Mandy Rook）
美世咨询有限公司（Mercer LLC）

整体薪酬战略可以为你的企业创造持续的竞争优势。本章将讨论以下问题：
- 为什么整体薪酬战略对于创造持续的业务竞争优势至关重要？
- 整体薪酬计划的哪些要素在今天至关重要？
- 组织如何设计整体薪酬计划？

2.1 为什么整体薪酬战略对于创造持续的业务竞争优势至关重要

创造业务竞争优势必须从认识整体薪酬在当今企业中所扮演的角色开始。整体薪酬的角色是在组织内外部因素共同影响下自然产生的结果。不断变化的雇用模式是外部因素之一。与过去不同，不断演进的雇用模式并非由单一视角所驱动，例如，过去的典型观点是，雇主拥有建立内部劳动力市场的能力，并且依靠那些乐于为组织工作的长期员工。如今的雇用模式更多受到多元视角的影响。如今，从雇主视角看，他们认识到，伴随着劳动技能、知识和经验的供给短缺（在某种程度上，是由于成熟经济体中婴儿潮人口的老龄化），员工队伍的组织忠诚度较低，区域流动性更强。从员工视角看，员工进入职场之后的态度、需求和目标在文化上和代与代之间都在不断变化，这些都受到员工对于工资水平和福利有效性重新认识的影响。员工可以用之前并未出现过的社交媒体和互联网方式对这些问题进行沟通交流。从成本视角看，差异体现在不断增加的雇用成本及其可持续性方面，这是由医疗保险和其他福利成本的不断膨胀，以及为在全球紧俏的劳动力市场中赢得高技术人才而支付的高薪酬导致的。

虽然企业市场经营日益全球化，但它们常常只能从规模更小的、符合要求的人才队伍中招聘人才，因为统计数据表明，技术教育的水平和数量跟不上需求的增长。同时，有经验的工人退休使损失增加，在未来几年，这种现象会随着婴儿潮一代退出劳动力市场而更加突出，这在美国尤其明显。美国医疗保险改革为婴儿潮一代提供更多的提前退休选择空间（而在医疗保险改革之前，工人们通常为了医疗保险都会工作到65岁，因为很少有雇主会提供提前退休的医疗保险），这导致了大量组织知识的损失，而这些知识无法简单地通过雇用新员工来获得。组织不仅需要为经验较少的员工提供更多的在职培训（这迫使组织投入更多的精力和资源），而且还要面对现有的和未来的员工带来的两难困境：他们在要求具有竞争力的薪酬组合的同时，还会质疑那种整个职业生涯只为一家企业工作的要求。

2013年，美世咨询与世界经济论坛的合作调查结果显示，可利用的人才与可利用的技能之间配比失调的现象已非常明显。该调查表明，尽管全球有2.05亿人失业，但有34%的雇主无法有效填补现有的职位。2008年和2014年，美世咨询在北美实施了两次"整体薪酬快照调查"，进行了更深入的考察。两次调查结果均显示，吸引和留住合适人才是薪酬计划的首要挑战。劳动力动态表明，雇主在员工雇用方面将继续面临艰巨的任务，多元化新员工需要发展其自身的组织知识，而雇主要求员工与组织共进退。

在雇主面临外部影响，必须对不断变化的就业规则、劳动力供求不均衡和婴儿潮一代的退休做出适当回应的同时，他们还面临另外一个外部挑战：商业周期不均衡。随着失业率下降和经济持续增长缓慢，由于我们无法准确预测全球经济的起伏，这将在我们试图维持超越竞争对手的业务优势时造成巨大的负面影响。同时，当克服外部压力时，建立整体薪酬框架是维持竞争优势的黏合剂。此外，当内部问题对组织管理及响应员工的能力形成巨大挑战时，整体薪酬框架也能提供帮助。即使组织能够承受来自外部的压力，但要对其员工做出回应需求并建立一个促进生产力、健康状况及满意度的环境却非常困难。管理员工期望的能力建设应该从透明的整体薪酬理念开始，它需要阐述每个雇员在日常工作中面对的具体挑战。

2011年，美世咨询进行了名为"什么正在生效"（What's Working）的全球员工调查，以调查员工对其组织的感知和态度，调查结果展示了多元化的员工看法。与之前的"什么正在生效"调查不同，2011年的研究表明，员工敬业度正在下降。2008年开始的全球经济衰退导致了裁员、工资和福利的削减、工作安全感降低、更加有限的培训与晋升机会等问题。由于组织在员工方面的投入减少，全球超过三分之一的员工表示，目前他们正在认真考虑离开他们的雇主。同样令人担忧的是，在17个被调查的市场中，虽然约20%~25%的员工还没有明确的离职计划，但他们对工作的态度比那些考虑离职的员工更为冷淡和消极。因此，雇主们面临着一个关键问题是：如何重新定义雇用价值主张，以满足当今的商业要求和员工需求？

企业在重新定义雇用价值主张时面临的重要挑战是，要以能够表明意图的方式，雇用和融合所谓的Y一代或千禧一代（18~29岁）员工。在美世咨询的"什么正在生效"调查中，出现了一个令人疑惑的悖论：一方面，与整体劳动力队伍相比，最年轻的员工对其组织和职位的满意度更高，也更加愿意将其工作的组织推荐为工作的好去处；另一方面，这些员工（尤其是25岁以下者）更加可能会认真考虑离开组织。调查结果显示，25岁以下的员工离开现有组织的倾向比整体劳动力高出10个百分点。美世咨询的调查还有一个有趣的发现：在如今全球劳动力市场中，最年轻的员工看待工作的方式和观点更有可能与其他国家同龄人一致，而不是与其同一个国家的年长同事一致。调查数据首次发现，员工对待工作的观点和态度可能正在发生全球性的变化，最起码在最年轻的员工中是这样的。

由于需要平衡员工多元化的态度、目标和需求，员工队伍管理的复杂性和成本大幅增加。实际上，评估雇主目前成本的可持续性，企业提供整体薪酬方案的成本出现了令人不安的上升。例如，养老金计划资金状况的持续波动，使得市场上该类方案成本不断变化，从而使"金主"们进行费用预算的工作变得十分困难和尴尬。美世咨询发布的2012～2013年"福利聚焦"报告表明，过去五年来，雇主提供的固定收益计划减少了34%，原因在于风险厌恶型的雇主担心，养老金计划会使得美国公司面临资产负债表的风险。还在进行的计划也往往资金不足，并且与公司规模相比是很重要的（美世咨询将风险型养老金计划定义为资金状况低于市值的75%、负债大于市值的40%的计划）。计划的"金主"们继续探索风险管理战略，方式包括从管理养老金风险到将风险转嫁给雇员（通过赎回的方式）或保险公司（通过全面收购的方式）。许多美国组织都在寻找养老金计划波动的解决方案，因为这一计划是影响组织财务持续成功的非常真实的雇用成本。

当组织试图平衡员工队伍需求和组织的支付能力时，雇用价值主张就变得越来越重要，雇主能够以此表达他们希望构建的竞争优势。由于员工忠诚度下降、冷漠态度蔓延、代际差异和成本约束等，雇主如今不仅需要评估其整体薪酬框架，还应该在引入整体薪酬计划时思考几个基本问题。

2.2 整体薪酬计划的哪些要素在今天至关重要

整体薪酬并不是一个新概念，但它在组织中扮演的角色却在不断演变。员工不再将工作视为长期承诺，而是将其作为简历中的一种经历。员工也承担了更多的管理自身事业、健康和财富的责任，即使他们并不知道如何做，他们也要承担这些责任。当雇主考虑如何应对这些变化时，他们建立整体薪酬计划就需要思考以下关键问题：

- 哪些是有效的人才吸纳、融合和保留政策？
- 哪些是最有效的分配有限资源的方式？
- 哪些是最好的平衡员工偏好与雇主成本约束的方式？
- 培养与外聘的管理方式对人才有哪些影响？
- 所有员工都适用于同一薪酬理念吗？
- 薪酬计划应发挥什么作用？
- 如何衡量薪酬计划的有效性？

虽然每个组织关于这些问题的答案都不相同，但有一些常见的考虑可供组织备选，以确认哪些对他们是最好的。我们将从员工队伍细分开始。

企业需要战略解决方案来管理他们的劳动力，这个解决方案涵盖不同时代和地域的现实情况、新兴的非传统员工配置模式，以及产生人力资本投资回报的压力。这种战略必须从识别独特的员工队伍细分开始。员工队伍细分需考虑以下四个重要因素：

- 业务生命周期。业务生命周期是公司在企业生命周期曲线上的位置——它反映了公司正在经历快速、中速还是下滑的状态。在萧条市场中，一个年轻的初创公司与一个成熟的公司有不同的特点。

- 商业设计。商业设计是公司的商业模式——它是企业的组织方式和创造价值所需的能力类型。在组织内部，可以有一个总体的设计，以及针对不同部门或者单位不同阶段的设计。
- 地域。地域是指企业的地域覆盖范围和复杂程度，以及其跨边界联系和流动性的需求，需要区分成熟市场和新兴市场。
- 品牌声誉。品牌声誉是指公司品牌在吸引和保留顾客与员工时，成为资产或者负债的程度。

在识别员工队伍细分的构成之后，就必须评估每个细分部分对组织成功的贡献。员工队伍细分可包括：

- 绩效驱动者。绩效驱动者是指为组织创造价值的细分部分，如消费品公司的市场营销人员、制药组织的研发科学家，以及新兴市场中全球扩张型制造公司的物流人员。
- 绩效赋能者。绩效赋能者是指支持价值创造的细分部分，例如，那些在促进绩效驱动者（如在电子医疗记录仪开发中的信息技术人员）效率中扮演重要角色的员工（如从事人力资源、财务、供应链的人员等）。
- 历史贡献者。历史贡献者是指那些过去一直持续为组织创造价值的细分部分（或技能组合），但它们不再直接驱动竞争优势。例如，随着越来越多的内容通过网络传输，媒体组织中的生产和分配功能可能会成为历史贡献者。

我们必须强调，不同的职位、地域和技能组合无法一致归类为绩效驱动者、绩效赋能者或者历史贡献者，因为它们在价值创造中的角色依赖于组织甚至是业务单元的利润模式。例如，信息技术（IT）专家团队在不同组织的价值创造过程中扮演不同的角色。到底是如何进行的呢？对于那些IT外部服务的购买者而言，他们需要IT来支持他们的运营，那么这些IT专家的功能就是绩效赋能者；对于外包服务的供应商来说，IT专家就是绩效驱动者。换言之，员工队伍细分必须基于组织特定价值所创造的情境来进行。当组织考虑各个员工队伍细分部分所扮演的角色，或者具体每个职位所扮演的角色时，它们可以通过对业务的重要性和业务组合的稀缺性两个维度对职位进行分类，如图 2-1 所示。

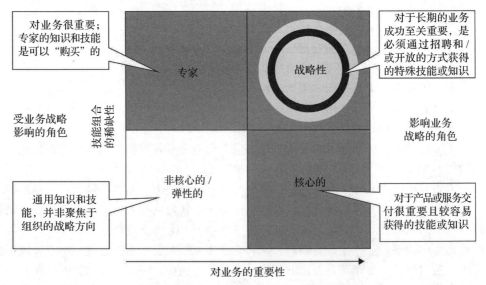

图 2-1 战略重要性驱动的员工队伍细分

不同的员工队伍细分部分的薪酬挑战通常是不同的。对于绩效驱动者，价值主张必须是通过基本薪酬、奖金、福利和职业发展的最优组合，成功吸引、激励和保留这些价值创造者。对于绩效赋能者，薪酬组合必须确保这些员工能够持续有效地支持业务。对于历史贡献者，适合的奖励取决于保留其组织知识的价值。

复杂组织中的员工队伍细分是多层次的。如果组织没有严格地识别员工并使其达到合格水平，那么它就不能基于员工之间的相关价值贡献来开展工作，也不能设计反映变动的员工需求和业务目标的项目。员工队伍细分工作必须确保整体薪酬资源能够有意识地在整个组织范围内进行战略性分配，从而为组织成功创造最大的机会。

组织不仅仅需要考虑员工队伍细分，尤其是在它们考虑员工队伍细分的成本问题的时候。一旦组织能够识别其员工队伍细分，那么接下来的问题就是，如何以可承受的成本来配置这些角色？成本困境是大部分企业所要面对的事实，尤其是那些在全球背景下运营的企业，它们对于员工的要求根据时间和地域的不同而有所变化。例如，以雇用长期、全职员工为特征的传统雇用模式在解决人员不足或者人员过剩的周期性问题时，弹性不足，成本效率也不高。成本和弹性压力、不断改变的员工需求，以及雇主在吸引、激励和保留那些为组织创造价值的人才时需要面临的挑战，都激发了替代性雇用安排的发展。

未来员工队伍需要一整套能够满足雇主、雇员、外部需求以及成本需求的雇用安排。传统的长期、永久和全职职位在推动组织成功时仍有一席之地，但是雇主和雇员都将看到雇用安排从长期到灵活的不断拓展。长期雇用是一种典型的传统长期型全职或兼职工作，这种长期雇用安排的明显变化是需要更加灵活的工作计划。灵活雇用是一种在非连续的多个公司工作的、更加多变的组合，包括短期雇用（设计为临时的全职或兼职合同）、临时雇员、以具体项目为周期的雇用（设计为临时的全职或兼职合同）、承包工作安排（例如顾问和自我雇用等）。企业用人模式中有一种是灵活雇用，它使得组织在充分优化长期雇员的数量和成本的同时，能够增加资源以满足不断波动的能力需求。

灵活雇用包含弹性工作时间、远程办公、工作分享、压缩工作周、休假，以及在工作时间安排和工作实施等方面授予更大的员工自治权。弹性工作计划的增加说明了什么是员工期望和需要的，以及雇主该如何迎接这些挑战。美世咨询在2014年的"整体薪酬调查"中表明，弹性工作时间和远程办公是最常见的弹性工作选择。76%被调查的组织允许专业团队采取弹性工作的方式，70%的组织允许专业团队采取远程办公的方式。在过去的15年里，这些比例一直在上升，根据美世咨询多年来关于工作方式政策和实施的调查，1999年只有30%的被调查公司可实行远程办公。

在北美洲和拉丁美洲，消费品行业正采用一种更具弹性的工作安排——雇用临时劳动力。美世咨询2013年《美洲消费品行业劳动力构成指标区域报告》表明，平均而言，临时劳动力占总劳动力（包括长期和临时劳动力）的6%，北美和拉美的平均数分别是4%和7%。美世咨询的报告还表明，在整个美洲，员工规模在500人以上、经营收入低于3.5亿美元的美国企业中，临时员工的占比是最高的。从中可以得出的结论是，那些财务能力有限的雇主正在使用更大规模的临时员工，他们将限制员工人数作为整体薪酬成本向全职雇员倾斜的一种方式。

2013年埃森哲咨询的一篇名为《灵活劳动力的崛起》的报告表明，由于雇主想要雇用临时劳动力以降低奖金总成本，从2000年起，《财富》500强中有100家公司的外包合同已经增加了一倍以上，20%的全球组织正在使用外包或者离岸员工。这种转变的有趣之处在于，临时员工的形象正在从低技能、未受教育员工转变为高技能、受过良好教育并且服务全球的员工。最近出现的在线独立分包人才平台，使企业能够获得"云人才"。如今，这类人员已经超过 100 万人。临时员工现象将会改变我们原来看到的传统职业发展模式，即一种从职位 A 到 B，再到 C 甚至到 D 的线性的、长期的职业发展模式。灵活劳动力的职业发展模式通常是从职位 A 非线性地转移到其他的工作安排形式（例如，横向职位 B1，然后再转到职位 B2），然后才晋升下一个层次的职位 C 和 D。最终，所有企业都将必须认识到这种不同经历的组合，并响应不同职业发展道路的观点，即长期型员工将职业视为在企业内发展，而临时员工则将职业视为在公司之间的转换。

对弹性工作计划和临时员工等与日俱增的需求，以及对"职业发展道路"的观点变化，要求所有组织重新思考未来的劳动力管理。理解组织内员工队伍细分和最优的员工配置方案，是创建业务优势、建造与劳动力队伍协调一致的整体薪酬计划的关键要素。

2.3　组织如何设计整体薪酬计划

整体薪酬的战略性分配意味着既要采取整体的（即在薪酬组合中整合所有的工具）方式，也要采用定制化（即特定的职位采用特定的工具）的方式。美世咨询在 2014 年"整体薪酬调查"中调查了企业根据当期业务的关键需要而采用薪酬、福利、培训和职业发展的管理实践。该调查发现，尽管在过去的三年中有超过一半（55%）的组织对其整体薪酬战略做出了重大的改变，但是只有不足三分之一（32%）的组织表示，它们的整体薪酬战略与其业务策略建立了关联。

采用平衡的整体薪酬战略方法是重要的，也是富有挑战的。组织必须认识到业务的需求、正在变化的环境、员工的期望和人口统计学特征、本地文化，以及当前和未来的成本约束。采用整体薪酬的方式必须从对业务战略和人力资源战略的自上而下的评估开始，以识别这两个因素对于整体薪酬理念的影响（见图 2-2）。

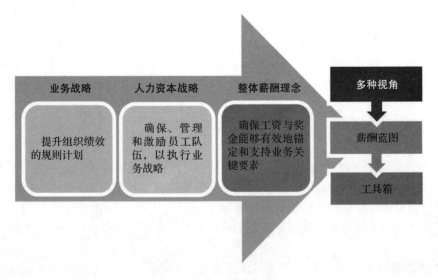

图 2-2　开发整体薪酬理念

员工和雇主已经在关注单独的薪酬内容向整体薪酬路径转换的方面取得了非常显著的进展。整体薪酬包括以下内容：

- 薪酬，包括基本薪酬、长期和短期激励、有保障的津贴和经济性认可激励。
- 福利，包括健康和其他集体福利、退休计划、人寿保险、伤残保险和意外保险。
- 职业，包括培训和发展、拓展性任务和其他职业机会、正式的职业和继任计划。
- 工作-生活平衡，包括弹性工作安排、远程办公、赡养/抚养、健康计划、通勤计划和其他非经济性的认可激励等。

在以上薪酬内容中，具体的薪酬要素对于员工的价值会随国别不同而变化。在美世咨询 2011 年进行的"什么正在生效"的全球员工调查中，在关于员工对自己所在组织的认知和态度方面，基本薪酬是成熟国家市场（如美国、英国和德国）中最被看重的薪酬因素，而在新兴国家市场（如巴西、中国和印度）中，职业晋升是最被看重的薪酬要素，因为在这些国家晋升能够同时满足员工个人的和经济性的需要。表 2-1 列举了不同国家的六种首选薪酬因素。

表 2-1 不同国家的六种首选薪酬因素

排序	中国	印度	英国	德国	巴西	美国
1	职业晋升	职业晋升	基本薪酬	基本薪酬	职业晋升	基本薪酬
2	基本薪酬	基本薪酬	工作类型	工作类型	基本薪酬	退休储蓄或养老金计划
3	补充退休储蓄计划	培训机会	红利/其他奖金	红利/其他奖金	培训计划	工作类型
4	培训机会	工作类型	退休储蓄或养老金计划	弹性工作计划	工作类型	低健康护理成本
5	红利/其他奖金	雇主的社会声望	弹性工作计划	雇主的社会声望	宽覆盖的健康保险	红利/其他奖金
6	补充医疗保险计划	红利/其他奖金	带薪休假	培训计划	弹性工作时间安排	雇主的社会声望

资料来源：美世咨询 2011 年"什么正在生效"调查报告（每个国家有 2 000~2 400 名受访者）。

显然，那种试图通用的或者"公司大一统"的薪酬方式会导致部分员工群体的薪酬过度或者薪酬不足，甚至更为糟糕的是对所有员工的薪酬都不合适。战略性整体薪酬意味着组织必须考虑那些对员工队伍有影响的外部因素，例如他们所在的国家，以便为每一个单独细分地区的员工提供有意义的薪酬。

然而，正如之前所述，地理区域并不是区分员工群体的唯一要素。对于组织而言的其他独特因素要求雇主在制订计划时进行有策略的决策。一个很好的例子就是，全球能源企业有多种不同的业务模式：有的是通过在全球开发的、优质的、长期的地位来获取利润；有的则是通过低利润的、竞争激烈的本地零售市场交易来获取利润。组织必须将员工队伍细分为两类，并定制整体薪酬方法。和企业的全球性组织相关的设计是：为那些拥有热门技术的员工支付高于市场水平的薪酬；通过强调基于职业的薪酬、无差别的企业绩效奖励和聚焦于学习和发展等举措，在组织内进行人才队伍建设；集中式的决策。另一个与业务的零售终端相关联的整体薪酬方法是：按照市场水平支付员工薪酬（或者说从市场上"购买"人才，而不是从内部"发展");固定薪酬和差别化绩效奖励;更少强调学习和发展;创业式的决策。这看起来像是一种混合搭配的整体薪酬方法,它反映了能够连接不同商业模式的整体薪酬策略需要系统性,同时兼具定制化的需求。员工队伍细分帮助组织理解那些整体薪酬能够驱动业务绩效的部分,但是组织不能忘记,在新的雇用现实中,在不同的员工队伍细分甚至在某一个细分员工队伍内部,都可能存在多种不同的雇用模式。这一维度将进一步界定企业的薪酬应该如何使用,应该在何处使用,以吸引、融合和保留多元化的员工。美世咨询在 2008 年和 2014 年的"整体薪酬快照调查"中发现,越来越多的组织正在使用某种形式的内部和/或外部分析,以建立企业整体薪酬战略的事实基础。与美世咨询 2008 年的调查报告一致,支付能力是最为流行的内部分析方式,有四分之一的受访者认为,该方法非常有效。然而,与 2008 年的调查结果相比,外部分析越来越流行,使用的方法也越来越多。在 2008 年的报告中,最为常见的外部分析方法是评估在其他企业中常见的薪酬实践。在 2014 年的报告中,最为常见的外部分析方法就变成了对某一具体的对照组的标杆研究。

一般情况下,组织的薪酬战略既要能够连接业务战略,又必须对员工有意义,此时需要理解四种视角。

(1) 雇主视角。与企业主要领导者进行讨论(如访谈),对于了解如何构建可确保员工产出的薪酬计划至关重要。

(2) 雇员视角。在理解员工如何看待他们的薪酬组合时,通常建议使用以下两种方法。一种是定性的方法,即针对某部分员工进行焦点组访谈。焦点组的成立应进行周密的计划安排,以确保员工能够自由发言,并且组建小组时应该考虑对于某一细分员工类别的代表性。进行焦点组访谈可以在不同的细分员工类别之间进行比较。即使两种方法都可以提供数据分析背后的一些非正式员工评价,但相对而言,另一种方法更加定量化。定量的方法包含组合分析,这是一种员工可以根据重要性以及衍生出的满意度等要素对薪酬要素进行排序的调查类型。这种类型的分析对于那些预算有限,但又竭力想要了解如何进行资金分配,以及不同细分员工类别对薪酬要素的观点差异的组织是很有意义的。

(3) 外部视角。在理解为员工提供的薪酬组合的价值时,进行薪酬福利的标杆研究是一项非常重要的行动。外部视角可以让我们更好地理解企业是如何通过设定薪酬来开展与其他类似公司的竞争的,同时,也可以为我们在权衡雇主和雇员对薪酬计划变化的看法时提供意见。例如,假设薪酬标杆研究显示员工薪酬过低,与当前薪酬市场水平脱节,那么员工对薪酬待遇抱有不满也是合情合理的。调整员工薪水可能是改善整体薪酬组合的关键。然而,如果薪酬标杆研究显示,与市场薪酬水平相比,员工薪酬水平富有竞争力,但他们还一直对此抱怨不已,那么可能需要解决的就是深层次问题。员工是对薪酬的哪一部分不满?他们是从哪里获取消息得知自己待遇过低的?是否存在哪些工作要求使员工自认为应该获得更高的工资?

(4) 内部成本视角。在每一天结束之后,组织都希望员工做了正确的事情。然而,组织需要在其想要提供的薪酬和能够承受的薪酬之间进行权衡。常见的内部成本分析主要包括但不仅限于以下几个指标:薪酬总额在经营收入中的占比、福利成本在经营收入中的占比、人均福利成本、工资和福利成本的年度趋势、退休计划缴费额度以及会计报告中公开的支出、所有激励计划预算和支出分析等。组织所使用的指标,应该有助于公司进行长期可承受并且可持续的决策。

以上四个视角中的每一个都有助于我们了解如何成功地制订整体薪酬计划,但只有将这四个视角结合起来，才能为组织在进行与整体薪酬组合相关的各要素的决策时提供方向。

整体薪酬的所有要素都发挥着举足轻重的作用。问题是应重点关注哪些要素。例如，对于那些长期的绩效驱动者，企业应该提供职业机会加以激励，主要方式包括提供高质量的培训和发展、前沿项目、国际外派任务等。与此相反的是长期的历史贡献者。不幸的是，他们在那些不再是企业发展引擎或者竞争优势来源的领域工作。企业不再投资于职业发展机会，或者不再以职业晋升机会作为激励或保留员工的举措。强调短期激励措施，从而获得传统市场份额或可转移制度知识的剩余价值，是一种更好也更现实的资金分配方式。对于不稳定的员工而言，现金往往是驱动因素。这一点在因循守旧者或婴儿潮一代员工身上体现得尤为明显，他们可能将赚取现金视为工作的主要原因，因为他们担心不能以自己所期待的生活方式退休。灵活的 X 一代和千禧一代的员工可能会更加倾向于朝前看。对于这个群体中的绩效驱动者，获得全职雇用的潜在机会具有非常显著的吸引力（见表 2-2）。

表 2-2　波动的能力需求（根据工作安排和员工队伍细分支付薪酬）

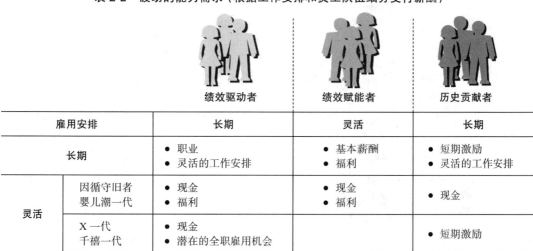

雇用安排		绩效驱动者 长期	绩效赋能者 灵活	历史贡献者 长期
长期		• 职业 • 灵活的工作安排	• 基本薪酬 • 福利	• 短期激励 • 灵活的工作安排
灵活	因循守旧者 婴儿潮一代	• 现金 • 福利	• 现金 • 福利	• 现金
	X 一代 千禧一代	• 现金 • 潜在的全职雇用机会		• 短期激励

在解决灵活雇用安排和独特的员工细分时，对周密的整体薪酬战略的需求较过去任何时候都更高。如今的战略需要反映期望的产出。针对某些细分的员工队伍，主要的需要应该是聚焦于吸引，而其他的则应该更加关注保留——所有组织都需要一个高效、敬业的员工队伍。在制定整体薪酬战略时，决策者不仅需要关注多种视角分析（如雇主、雇员、内部成本和外部视角）所提供的关于薪酬内容要素的价值，还需要考虑薪酬的构成要素，以及如何将各要素彼此协调地整合起来，以理解其对期望产出的影响。为使整体薪酬框架的指导原则的基础更加坚实，整体思考、考虑从多种视角提取观点、在设计之前考虑产出等都被视为最佳路径（见图 2-3）。

实行战略性和定制化的整体薪酬方案，意味着必须认真处理组织的态度和运营，它必须因时而变，进而再变。其中一项最常见的观点是，组织处于关于公平和效率的困境。从定义来看，细分的、差异化的整体薪酬方案对员工进行差别化对待，其中一部分得到的待遇可能比其他人要好。尽管组织经常因为市场压力、技术短缺等因素而改变薪酬方案，但是组织却难以采纳和沟通直接基于雇用安排和/或价值创造的差异化战略。根据以下全球通用的指导原则，组织可以更加容易地制定出一个全面且行之有效的整体薪酬框架。

图 2-3 整体薪酬框架的指导原则

（1）组织内部员工细分的程度（如地理位置、任期、层级等）。
（2）每一薪酬要素对各细分员工群体的功能（如吸引、融入、保留等）。
（3）合适的外部对照群组（如产业、区域、所有制等）。
（4）薪酬策略的实施一致性（内部平等）（如总体原则都是一致的，但具体细节依各个不同的细分员工队伍而有所不同）。
（5）薪酬组合中每一要素的竞争定位（如在不同市场中，基本薪酬的占比多少）。
（6）绩效导向的程度（如基于不同绩效指标和风险的薪酬数额）。
（7）薪酬方案的可承受能力和可持续性（如管理当前及未来成本的能力）。
（8）组织内部决策和层级程序的框架（如治理）。
（9）薪酬沟通的方法与手段（如电子邮件、门户网站和社交媒体等）。
（10）运行和维护薪酬方案所需的管理力度（如自动化和经理自助服务的数量）。
（11）持续评估方案进展情况的监控程序和方法（如员工感知、行为、领导力投入、投资回报分析等）。

在确定整体薪酬原则之后，组织就可以根据这些原则对其当前状况做出评估。同时，也可以进行缺口分析，评估当前薪酬计划与期望的总体指导原则之间的差距，并能制定出一份达到期望状态必须做出的管理变革行动的蓝图。当组织寻求变革时，这可能意味着一项艰难的事业就要到来。人们必须适应整体薪酬的体系和流程；薪酬管理体系可能需要包含多种基本薪酬和激励性计划、薪酬、培训及发展；招聘可能需要在过去独立的预算中做出取舍；管理者必须承担更具挑战性的关于个人薪酬、福利和职业的谈话。一旦组织做出了变革，那么就要时刻准备好再次变革。业务战略在持续演进，如果整体薪酬战略跟不上节奏，那么代价高昂的失调状态势必会出现，从而阻碍业务发展，稀释投资回报率。为避免整体薪酬方案和内部期望（来自雇主和雇员）与外部市场脱节，丧失实施整体薪酬战略所创造的竞争优势，组织必须维护整体薪酬原则，并且经常评估其适当性、有效性和可执行性。克服这些挑战需要领导者的支持、务实的员工队伍细分（认识到不同细分员工队伍之间有意义的差异）和综合的管理变革执行和沟通，并在这一过程中同时关注当前和未来的变革。

本章小结

随着雇主、雇员和成本的动态变化，新型的雇用模式也在不断演进，未来的劳动力正在形成。日益显著的趋势是，当今和未来的员工将会越来越倾向于重新思考传统的雇用安排，并在职业成功方面更多采取非线性、多企业和个人主导的态度。组织必须采取更多的措施，以便更好地理解现有员工以及未来希望雇用的存在代际和文化差异的人才。同时，组织也要更好地理解这些员工所需要的新兴灵活雇用安排，以及在业务模式中不同的细分员工队伍的独特价值创造。这是典型的最佳匹配和最佳实践之间的"较量"。未来的全球劳动力要求雇主将领导力、时间和宝贵的雇用预算，投入到建立兼顾公平与可持续性，以及更为重要的激发敬业度的定制化整体薪酬方案当中。愿意做出这样投资的雇主一定是那些理解整体薪酬方案如何才能因时而变，并且能够创造持续业务竞争优势的企业。

第 3 章

整合整体薪酬计划、组织战略和核心价值观

托马斯·B. 威尔逊（Thomas B. Wilson）
威信集团（Wilson Group）

　　本章提供了一种看待薪酬的新方法。虽然理解应该支付多少薪酬一直都很重要，但实际更为重要的是应该以什么方式支付。即使市场提供了许多方法和最佳实践，但本章将会着眼于如何将整体薪酬计划、组织战略和核心价值观结合在一起。本章提出的原则并不是用于指导你如何制订一份具有特定特征的薪酬计划，而是用于确保制订的计划能够符合组织当前及未来的需求。最为重要的是，不同情况下需要使用不同的方法。尽管我们可能知道所用的方案已经在其他地方证明了自身的优越性，但是实际上照搬别人的方案通常都是失败的。通常而言，组织总有其独特的一面会限制照搬其他组织薪酬计划过程中的有效性。这意味着，每个组织都需要制订一份反映其自身使命和特征的整体薪酬计划。这是从薪酬成本中获取最大价值并创建市场竞争优势的最佳途径。这虽然很简单，但非常重要。

3.1　什么是整体薪酬战略

　　要回答这个问题，首先让我们分别研究一下这个短语中的每个词汇。薪酬指的是人们因在工作岗位中所做的对组织有意义和有价值的事情所获得的回报。其实很简单，就如同工作能赚得工资一样，工作就是付出的努力，而工资就是所得薪酬。它也可以看作新产品的设计研发，一旦在市场上取得成功后，就会享受与成就相称的荣誉、奖金、股票奖励或者庆祝活动。薪酬也可能是你

在保证高质量的同时，努力并按时完成了更高水平的工作量或项目，你为自己成功完成了工作而自豪，老板对你的工作成果珍视有加，客户对你所做的工作也赞赏不已，同事们也为你是团队的一员而备感欣喜。完成了所有事情后，如果你获得了你所重视的东西，那么你就会感到有所回报。

"整体"一词，我们指的是与薪酬有关的所有东西。在大多数情况下，回报源于外部，即你所做的工作。同时它们也可能是一种内在的感觉，让你感到有所回报，因为在工作的某一时刻，某人会由衷地赞赏你所做的工作，就像你刚刚完成工作，你知道工作完成得很好，也知道他人重视你所做的。这些外部来源可能是工资和加薪、激励性奖金、佣金、晋升、股票奖励、奖杯/奖状/证书，或由你尊重的某个人公开或私下发表的赞赏。你可能会为一家提供对你来说很重要的福利项目的公司工作，这些福利可能会为你分担服务成本（如医疗保险），提供收入保障（如生命和残疾保险），使你能够积累储蓄（如 401 (k) 计划或递延薪酬），或利用公司服务（如公司产品折扣和礼宾服务）。根据业绩表现，你可以获得更大权力、更多的收入、更广泛的工作职责、新的职称或者组织内部的更高职位。有许多类型的薪酬，它们在呈现形式、支付时间和体验方面可能会有所不同。因此，我们所说的整体薪酬，指的是个人完成组织要求的工作之后所获得的所有东西。

"战略"一词，指的是一项计划、一项行动指南，或者是一个规范行动的概念框架。商业战略有助于人们聚焦于对实现未来目标至关重要的关键性举措。战略旨在增加价值和满足某项需求。无论关注点是什么，战略的目标都应该是创造某种竞争优势。战略指导决策和行动，并有助于人们聚焦于目标设定、政策、实践、行为和投资活动。战略帮助组织实现那些必须成功的要素。

总之，"整体薪酬战略"是一份有意义的声明，它确定了组织如何激励那些做出了履行企业使命和实现长期目标所必需的行动的员工，说明了该薪酬体系的目的、要求和期望的特征。整体薪酬战略应符合以下标准：

- 加强组织的核心使命、价值观（或文化）和成功关键因素。
- 确定创建人才市场竞争优势当前（或未来）所必需的关键要素。
- 为决策制定者提供非常重要的、清晰的指引，以便于他们能够评估当前计划和实践的有效性，决定如何提高有效性，并能够解释制订某个特定计划或以特定方式运转的缘由。

只有在影响决策和行动并反映整个组织如何管理员工薪资的共同框架时，创建和沟通整体薪酬战略才显得很重要。成功的整体薪酬战略的结果是将薪酬有效地分配给了那些正在帮助和将要帮助组织获得成功的员工。

3.2 整体薪酬战略包括什么

整体薪酬战略总是与组织商业计划的一个或多个构成部分相关联。这些构成部分包括市场、环境和监管，以及其他正在（或将要）对组织产生影响的因素。整体薪酬战略的以下三个因素必须与组织商业计划的构成部分相联系。

3.2.1 创建情境

创建整体薪酬理念的情境是制定薪酬战略的第一步。薪酬的情境包括组织的使命、成功关键因素和战略，以及核心价值观。以下是谷歌的范例。

我们的员工，那些自称为 Googlers 的人，就是公司的一切。凭借吸引和开发人才的能力，谷歌聚集了杰出的技术专家和商业人士，他们共同组建了公司。根据这一理念，我们制订了薪酬计划，以推动以下三个目标的实现：
- 吸引并留住全世界最优秀的人才。
- 支持谷歌的创新与绩效文化。
- 联结员工利益与股东利益。

与其他市场上潜在的机遇相比，我们支付给 Googlers 的薪资待遇更具竞争优势。我们同时为他们提供丰厚的福利待遇，帮助他们及他们的家人生活得健康幸福；提供特别待遇，以使他们的生活和工作更加便利；提供与我们的使命一致的、有吸引力的工作机会，并且创造一个有趣的、生气勃勃的工作环境。我们始终坚信基于绩效的薪酬。[1]

3.2.2 表述整体薪酬理念

整体薪酬战略的情境是整体薪酬理念的"输入"。这一理念将组织的核心使命、战略和价值观与影响组织行为的薪酬计划和实践相联系。虽然了解其他组织的理念是有所帮助的，但是整体薪酬理念最好由组织自主创建。这可能是整体薪酬理念最具挑战性的一个因素。其困难不在于告诉员工需要做什么，而在于如何言简意赅地表达出什么才是对员工有意义的事情。

整体薪酬理念是整体薪酬战略的基础。它应该明确整体薪酬计划的总体期望目标，同时确保每一项计划都能聚焦于最擅长的方面。下面是美国全食超市公司（Whole Foods Market）的范例：

我们的薪酬福利计划反映了我们的平等主义理念。虽然薪酬计划和个人工资将始终反映工作职责、地理位置和市场因素的差异，但组织的薪资福利计划的总体结构应大体相似。

我们的薪酬计划（包括高管薪酬计划）的主要目标是，吸引并长期保留那些对公司使命和文化保持热情的合格且充满活力的团队成员，为他们提供丰厚的收入及其他福利待遇，以使他们专注于为公司工作。薪酬计划的另一个目标是奖励每一个为公司做出贡献的成员。最后，我们努力确保薪酬计划对所有利益相关者都是基本公平的。[2]

3.2.3 确定每项薪酬计划的目标

一旦组织拥有了自己的一套整体薪酬理念，它就能够定义并发展每一项主要薪酬计划的目标。这些薪酬计划包括基本薪酬（包括工资水平以及加薪）、可变薪酬计划（包括红利计划、销售奖金、项目或团队奖金、管理层红利计划、收益分享或目标分享计划、公司利润分享计划等）、员工福利计划（如医疗保险、人寿保险和退休计划等），以及认可与发展程序（如绩效与服务认可、晋升、即时奖励、针对性的培训投资等）。每一项薪酬计划的目标设定都围绕以下三个问题：
- 该计划存在的意义是什么？
- 它对于你的员工有何意义？

- 它是如何为组织创造竞争性优势的？

明晰这些问题有利于组织为薪酬计划的每一个方面制定目标。美国财捷公司（Intuit）在薪酬计划的目标表述方面是很好的范例。以下便是该公司部分薪酬计划的目标表述：

"保证员工劳有所获"

我们的整体薪酬计划不仅仅是一张薪水支票。它包括为激励员工良好业绩而专门制订的薪酬与认可计划，帮助员工规划未来财务的工具，以及为员工整个家庭提供的福利与服务。我们的薪酬与认可计划为员工提供货币奖励和其他形式的丰厚薪酬。

"保证价值得到认可"

- 基本薪酬

为吸引、留住并激励员工，本公司提供具有竞争优势的基本薪酬。我们始终坚持，必须对你的杰出绩效支付相应的薪酬。我们基于绩效的体系将加薪和晋升的机遇与员工为财捷公司发展所做的贡献挂钩。

- 奖励薪酬

如果你取得优异的绩效，就理应得到回报。我们为组织的各个层级提供红利和奖励计划，其中包括销售佣金、补助和顾客服务激励奖金，以及其他计划。

- 公开认可

每个人都希望得到他人的赞赏。为答谢员工为公司所做的杰出工作，我们的同级认可机制让员工可以用现金或其他奖励方式表达对彼此的认可。如果你在公司待的时间足够长，我们将会为你颁发里程碑式的就业周年纪念服务奖。

"提供保障"

为未来进行规划非常重要！这就是我们为了更好地帮助员工规划未来财务而提供相应手段和计划的主要原因。

- 401（k）未来投资计划

财捷公司的401（k）计划允许符合要求的员工以税前或税后的方式为他们的未来储蓄，同时员工还可以获得公司按照储蓄的一定比例进行的匹配储蓄。公司员工可以在各种投资基金中进行选择，包括专为预计退休日期设计的基金以及针对员工个人的储蓄选择。

"保障家庭幸福"

家人的健康、幸福和安全是员工关注的重中之重。我们提供完善的健康护理福利计划、保险和其他相关措施。

- 医疗、视力和牙科护理

我们有多种方案可供选择，员工可选择最适合自己的。你可从以下三个医疗方案中选择：PPO、消费者主导的健康方案和托管网络方案。

- 生活事项计划

生活事项计划指的是为帮助员工处理日常小事，甚至即将发生的大事而提供的免费资源和推荐服务。这些事件包括育儿、托儿、老年护理、领养援助、教育援助和工作问题。

"平衡工作–生活"

在工作之余，员工往往还要忙于处理生活琐事。为帮助员工平衡工作与生活之间的冲突，我们提供了许多非常棒的计划，包括休假、健身激励计划和各种工作场所服务项目。

- **度假及休假**

每个人都需要一段时间放下工作，放松身心。我们提供带薪休假、个人假期和病假。但是临时员工、合同工、兼职人员和季节性员工不在带薪休假的范围之内。

- **产假**

有了孩子之后，员工的生活就会大变样。我们为新手爸爸和妈妈提供两个星期的带薪假期，以迎接家中的新生儿或新领养的孩子。[3]

依据公司理念开展的整体薪酬战略和各项计划，解释了公司或组织将钱分配给员工的原因和方式。

3.3 如何制定合适的整体薪酬战略

整体薪酬战略须基于组织的使命、战略以及核心价值观而制定。此战略必须考虑其他两个重要问题：

（1）组织当前处于哪个发展阶段？

（2）对于为组织工作的员工来说，什么才是重要的？

组织的发展阶段决定了组织在实现连续发展和壮大的道路上所面对的各具差异的挑战与压力，组织应该考虑不同的发展阶段及其对于整体薪酬战略的影响。

（1）创业企业和新兴公司。这些公司受到某个新创意、新服务或新产品的启发，刚刚成立，处于起步阶段。如果公司成功地经营下去，那么它们就是市场上的新秀。在市场压力的驱动下，它们不得不确定公司概念的根基，并为它们的产品或服务创造市场需求。薪酬计划对于公司的影响是显而易见的。公司可能并没有太多资金，但是创立者受激情、信念和某种希望的驱动，相信在未来的某一天，他们一定会变得富有和声名远扬。因此，这类企业的薪酬计划类型如果进行了结构化，那么通常都包括最低薪资和基于企业长期发展和最终成功的股权。人们从经历中所获得的与他们的薪资回报一样多，至少在开始时是这样的。

（2）融资与成长中的公司。发展到这一阶段的组织已经证明了自己在市场中的价值，并且可能获取了供公司发展壮大的资金。它们开始雇用员工，因为原有的创建者已经不能完成服务客户所需的所有工作。它们面临着巨大的压力，并且在许多方面都难以满足顾客需求。它们所要做的就是制订出解决方案，以便积极地响应并满足日益复杂的顾客需求。在这些组织中，那些与公司文化匹配并能够满足即时需求的人才才能得到录用。这些组织需要一些能够满足公司需求的有经验人士。因为加入公司的人不再是创建者，公司需要支付足以吸引并留住这些人士的薪资。员工福利计划启动，但仅仅维持在最基本水平。如果公司的盈利能力足以支付奖金支出，那就可以实施奖金计划。如果没有这样的盈利能力，那么公司就会更依赖股票，这是对未来财富的可靠承诺。公司可能更加需要专业的投资者，以强化发展与未来薪酬之间的联结关系。智慧地使用资金至关重要，这一点可以在公司能够支付的以及实际支付的薪资中体现出来。

（3）成熟的专业化公司。处于这一阶段的组织已经向市场证明了自己的价值，它们使用"交易"的实践模式雇用了很多人，但有时会失控，因此它们需要专业指导。在这一阶段，需要专业实践和一致性程序为组织未来发展奠定基础。但"交易"的内部公平性问题开始出现，越来越需要将所有的希望与期待和一整套理智而有效的实践做法相联系。如果公司是成功的，那么经营机构就会拓展到许多领域，并且会雇用那些专业、有工作经验的资深人士来帮助公司发展。有些企业将此称为聘用"成熟主管"。但是这样也引发了关于公司文化巨变的担忧，可能会失去长期服务员工所津津乐道的、企业早期类似于西部大冒险的浪漫感觉。如果企业想要继续发展下去，这一阶段的过渡是非常关键的。

薪酬计划的影响是很深远的。在这一阶段，公司开始采取不同的薪酬计划，并要求这些薪酬计划与业绩要求、期望文化和实践、员工需求及特征相挂钩。组织需要为员工制定职业生涯发展道路，因为员工想要知道自己留在公司是否会有足够的发展机会。还有许多既基于公司也基于个人的奖金计划。而那些曾经授予每个员工的权益（股权）计划，现在只适用于激励那些为公司长期价值做出实实在在贡献的员工。福利计划设计时也考虑了需要满足员工多样化的需求，并且基于那些对员工最重要的内容来制订。如果组织能够持续成功发展，它就会逐渐形成并提供指引政策，以尽可能地做出考虑资源和成本支出的良好决策。

（4）多元化与巩固的公司。如果公司继续发展繁荣，其规模开始扩大，原有的管理模式就不能适应新的发展需求。处于这一阶段的公司可能更多地表现为地域多元化，在同一国家的不同地域甚至是世界的不同地域设置办公室并开展运营。企业开始建立独立的分支机构或者附属机构，以便更好地响应本地市场。产品线更好地融入业务部门，企业开始合并其他公司，整合运营以获得规模经济，寻求能够使向低层级放权与确保各职能的整合和合作相平衡的方法。它正向多种方向发展。

在这一阶段，为适应不断变化的商业环境，公司的薪酬体系需要时常做出变动。有一些方案采取了集中化的方式，或者出于规模经济、成本节省、文化要求和法律规定的原因保留了共同的框架基础，以和母公司保持关联。但是更多的方案开始分散化，以更好地整合因人激励和因绩效激励的问题。公司鼓励薪酬方案与实践的多元化。然而有时，保持同一个中心主题或指导原则是非常必要的，它让我们感觉所有员工都是同一组织中的一分子。如今的奖金计划更加关注企业业务单位的绩效，而不是公司的整体绩效；公司在全球各地实行了不同的薪酬计划，以匹配全球各地不同的市场；员工福利也和组织一样多元化，因为不同国家、法律或者文化的要求并不一样。"不存在包治百病的药"，这句话用在这里非常贴切。

（5）振兴与重生的公司。在整个发展过程中，企业可能有一次甚至好几次需要升级、更新、重塑，并进行自我重构，以便更好地为满足动态的市场需求做好准备。公司会淘汰那些不再符合公司核心使命或股东和利益相关者绩效要求的业务。有一些公司将会缩小规模，只关注它们做得好的业务，即它们的核心竞争力；还有一些公司则会通过收购和投资将业务拓展到全球，重塑在市场上的形象和地位。

在这一阶段，描述整体薪酬战略的方向是非常困难的。它取决于公司追求的发展道路（和战略）。如果公司很明智并且发展很成功，那么它将会沿用过去一些有效的薪酬方案，同时开发新的薪酬方案，以适应新的组织模式。公司应该以这些知识经验和原则为指导，重新建立雇用关系。

考虑到公司的持续发展，人们能够很容易地看出不同发展阶段需要不同的薪酬战略，其影响非常重要。这种差异性反映了财务资源、人员配置多样性以及专业技能要求的综合差异。依据公司不同的发展阶段（尤其是各阶段间的过渡时期），整体薪酬战略需要反映现实状况和公司的独特要求，但需要考虑的远不止于此。

一个完备的薪酬战略要考虑劳动力的性质及需求，了解当前劳动力的需求和期望，这对于制订一套对个人有意义的薪酬方案和服务十分必要。因此，薪酬战略的制定和传递，应该考虑人员配置计划和员工的特征。正如前文所述，薪酬就是个人为组织完成了需要做的工作之后，获得的自认为对自身有意义的东西。这意味着员工就是决定薪酬价值的人，而非高管或人力资源部的薪酬经理。

　　了解员工需求就像是了解市场影响功能中的顾客群体一样。市场营销行业有许多研究和描述不同市场细分的框架，每个成功的公司都了解它们的重要意义，并设计出自己的产品和服务以吸引期望的细分市场顾客。所以，在充满竞争的人力资源和人才管理格局下，组织领导者也需要懂得，什么东西才是对员工最重要的，并以此来与他们进行有效沟通，激励他们创造最佳业绩。有许多研究描述了主要几代人的差异，例如，传统一代、婴儿潮一代、X和Y代以及千禧一代。而且，当你穿越不同国家，你会发现员工对"什么是有价值的"这一问题的看法各异。这虽不是本章的研究范围，但是在沟通整体薪酬战略的内容和方法中体现差异性是很重要的。新技术和沟通工具的使用，使得企业可以按组织甚至是个人的要求进行个性化设计。这样，组织就能够强化与每一个为组织成功做出最大贡献的员工的联系，提高其敬业程度。

本章小结

　　有效的整体薪酬战略的优势在于，在符合组织战略业务要求和关注促进公司发展的个人的利益之间建立了一种正确联系。薪酬战略制定、计划和流程评估以及变革实施的过程，将公司领导者的愿景转化为人们日常的行动。

注释

1. Google's Founder IPO Letter, 2004.
2. Whole Foods Market, Inc., Proxy, Compensation Discussion and Analysis Section, 2013.
3. Intuit website: http://careers.intuit.com/professional/compensation-benefits.

第4章

以薪酬战略推动组织可持续发展

多萝西·R. 伯杰（Dorothy R. Berger）
兰斯·R. 伯杰有限公司（Lance A. Berger & Associates, Ltd.）

在各种运动项目中，一支常胜的队伍并不能一直依靠过去的荣誉来维持持续的竞争力。为了应对运动项目中不断进行的竞争力评估，以及规则和条件的改变，团队必须不断提高后备实力及新兴队员的技能。同样的道理也适用于公司团队。一味沉浸于过去和现在的成功只会给企业带来毫不确定的未来，企业巨头必须对不断变化的商业环境保持警惕。与各个时代的许多团队一样，在新兴技术持续涌现、产品和服务不断改进和创新的浪潮中，不久以前的顶级公司仅仅是自己过去的影子或回忆，它们无法快速和有效地改变方向或业务实践，以适应当前的现实。1980年，市值排名前10的企业分别是IBM、AT&T、埃克森美孚公司、印第安纳标准石油公司、斯伦贝谢、壳牌石油公司、美孚石油公司、加利福尼亚标准石油公司、大西洋富田公司和通用电气。有趣的是，前10名中有6家是石油公司。而到2014年，排名前10的企业名单发生了很大变化。苹果公司现居首位，之后依次是埃克森美孚公司（它之前位居第3）、谷歌、伯克希尔－哈撒韦公司、沃尔玛、通用电气（之前位居第10）、微软、雪佛龙、IBM（之前位居首位）和强生公司。到2014年，曾经位居前10的顶尖公司还有两家仍留在这个不断变化的名单中，即IBM从排名第1落至第9，通用电气的排名从第10位上升到第6位，而名单上的石油公司只剩两家。许多曾排名前100的企业被兼并、拆分或因缩小了融资规模而被新企业所取代。苹果、谷歌、伯克希尔－哈撒韦公司、沃尔玛和强生公司跃居前10名，而大多数百强企业不再以其创始形式存在或已经消失。

多数已经倒闭的组织都是由于种种原因无法适应不断变化的商业环境。从这些企业的沉浮中，人们可以得到一个很明显的教训——正在衰退或已经倒闭的组织中，包括薪酬制度在内的绩效管理过程是固化的，并且没有得到有效实施。成功的组织通过开发新产品、改良产品或服务，或扩大现有产品顾客数目等方式扩大市场，从而不断重塑自身。为了未来的组织竞争力，绩效管理过程必须是动态的且重点关注持续的组织变革。

本章节将会介绍：
- 组织的可持续发展所需的制胜薪酬战略。
- 与各种企业战略相匹配的人才管理战略。
- 用于驱动人才管理战略以保证竞争优势的替代性薪酬战略和薪酬管理流程。

解决的关键且重要的人力资源问题包括：
- 维持组织绩效。
- 实行完整的薪酬方案，以适应快速变化的企业和员工情况。
- 确保薪酬方案能够创造出企业竞争优势。

4.1 企业驱动力

四个企业驱动力是决定组织能否顺利发展的关键。第一，组织必须考虑目标增长率，它是衡量企业能否成功实现可持续的、决定性的长期增长指标。那些无法保持增长或只有微小增长的企业无法保持可持续发展。第二，组织必须考虑战略。战略就是用现有投入去实现未来的目标增长率。第三，组织还应考虑到风险预测，即基于战略方向实现目标增长率的可能性。第四，文化是决定性的因素。一个目标文化必须充分考察组织的风险偏好和顾客需求类型，以确保战略的成功实施。

4.1.1 目标增长率

目标增长率可以推动战略，同时也是战略的结果。增长率影响组织的方方面面，包括用于传达竞争性结果，以及用于实现这些结果的人员数量和类型所需的组织结构和流程。一个组织的成长速度越快，相应的对持续变化和流动性的要求越高，从而行动与否所带来的风险就会越高。替代方案和选择在战略、文化和薪酬制度中是必要且必需的。过于僵硬的组织终究会走向衰败。在本章中，我们假定组织具有增长和生存能力。

4.1.2 战略

战略规划具有前瞻性。当前战略性薪酬决策的效果会在未来的企业绩效中得到实现。它会体现在企业关注、回馈、吸引和留住战略实施所需人才的能力中。它会在考虑业务、人才管理和薪酬战略的基础上，建立一个可操作性的框架，用于分配将在未来得到回报的当前投资。

4.1.3 风险预测

制胜的企业战略由产品/服务与市场的特殊关系所驱动。当一个组织的战略由新市场和新产品决定时，战略成功的风险就达到了最高水平。企业通常会同时实行若干个战略。第一种战略是可以通过提升现有产品和服务来扩大现有的市场收益。第二种战略则聚焦于同样的客户基础，通过采用新产品或服务的方法来扩大顾客购买力，从而提升收益。第三种战略是将现有的产品或服务拓展到新市场当中。进一步扩展，战略可以通过同时关注新市场和新产品／服务来使其成为主要的利益增长点。若想要在具有多个制胜战略的环境中占据优势，组织需要有与每个风险倾向相匹配的文化和可替代薪酬体系。组织会发现这样做非常不顺畅，且有悖于他们以往的操作模式。大部分企业遵循一刀切的政策，但这种政策在人才招聘、晋升，以及回报用以保持竞争性的多元文化时是行不通的。

每个组织都是由很多具有不同特点的员工组成的，他们都是打造成功企业框架的一部分，然而每个制胜的战略都需要有一种主导的人格类型来支撑其战略和风险水平。当一个企业的战略是通过现有产品／服务扩大现有市场时，那么最理想的人格类型可以被称为工程师——他们会努力让产品／服务变得更好。这类人员风险偏好较低。当用新产品／服务扩大现有市场时，最理想的人格类型可以称为设计师——他们具有更高的风险偏好，其风险接受能力只比工程师稍高。当战略关注的是新市场和现有产品／服务时，架构师（拥有丰富定位能力的人）是被期望的类型。这类理想型员工具有更高的风险接受能力。另外，当战略同时聚焦于新市场和新产品／服务时，风险定位最高，最理想的主导人格类型应为创新者，即在接受个人和企业风险方面具有开创性倾向的人。当组织的人才管理体系（包括薪酬体系）无法建立或是维持一个或多个文化定位时，成功的可能性就大大降低。当增长率和战略发生改变，且组织文化不愿或不能接受一个新的风险预测时，情况可能会变得更加糟糕。在讨论替代性的薪酬战略时，对与每个风险预测相关联的目标文化加以了解是很有帮助的。

4.1.4 文化

文化是一个组织的性格。它源于组织中的人员开发、获得和传递的共享知识、经验、情感、信仰、价值观、态度、意义以及理念。文化决定着企业战略是否会得到支持，处于何种风险水平，以及哪种薪酬体系会起作用。文化由三种方式塑造而成：

- 隐形契约是文化的精髓。它包括不成文的规定、禁忌、组织政策，可以感受到却无法看到的个人和团体道德。
- 公认的真实情况，包括行为、设备、着装规则、人际交往，还有在职、晋升或被解聘的员工，以及薪酬体系。
- 建立组织管控行为和隐形契约方式的明确准则。例如，使命、愿景、制度能力、书面和口头目标、程序、政策、过程和方法；信条是组织道德的基础。明确的准则建立了塑造文化的期望值。人才管理体系是最重要的组织指导原则之一，而薪酬是人才管理中最重要的元素之一。

只有和相应战略方向一致的文化才能推动企业的成功。每一类的企业情况都有相应的文化环境以及可替代的薪酬体系与之匹配。

1. 目标文化

不同目标文化需要不同的薪酬战略。目标文化与制胜战略、之前提到的风险预测以及这里描述的内容保持一致（见图4-1）。我们假想的工程师能接受风险，对改变持谨慎态度，高度务实且效率高，灵活，具有指导性、参与性及协作性。设计师拥有工程师的大部分特点，但是属于风险导向型人才，善于应变，不务实，效率低等。架构师喜欢冒险，并且寻求改变，善于创新，积极进取，适应性强，同样具备参与性和协作性。创新者渴望冒险，由改变驱动，善于创新，是机会主义者，行为大胆，适应性强，具有高度参与性和协作性的特质。

组织的人才管理体系，尤其是其薪酬体系的组成，需要在驱动合理文化的创新和维护方面发挥主要作用。

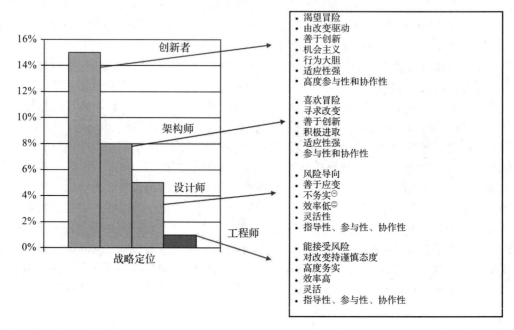

图 4-1　目标文化

2. 人才管理

人才管理会影响目标文化。它是一种与人格类型（工程师、设计师、架构师以及创新者）相一致的组织文化的塑造过程所需要的涉及所有环节的前瞻性管理。人才管理包括以下几个组成部分：

- 信条是组织期望的声明。它除了包括明确的准则、制度能力、核心价值观，以及员工的性格外，还包括支付方式。信条基于战略方向以及组织的道德准则和价值观，传达员工对组织的期待以及组织对员工的期待。信条最终被转换为薪酬政策。
- 招聘、发展、晋升、回报和留住符合信条的人才的战略。对信条的指示已经通过选拔、晋升、培养以及薪酬处理的形式被融合到各项评估和实行的方案中。
- 实现战略（包括在培训、回报、教育、任命以及培养方面的投资）所需的所有执行程序的系统。
- 使薪酬方案和人才管理过程保持一致的程序。

每个文化特性都要被转化为人才战略：人们会受到该战略的评估，对组织具有最大价值的个人将得到投资。基于以下分类阐述，人才战略通常可以通过对员工的投资（包括薪酬）反映出来。

- 尖端人才：这些员工象征着公司信条，同时也是制胜文化的传播者。他们做出优异的成绩，同时也培养了做出优秀成绩的其他员工。他们大约占组织员工的3%。这些员工应该得到在薪酬方面上的超高投资（尤其在长期薪酬方面）、在薪酬体系中的

㊀ 原书为"务实"，其表述有误，本书改为"不务实"。
㊁ 原书为"效率高"，其表述有误，本书改为"效率低"。

快速晋升，以及频繁的职位变化。薪酬总额应定位在目标薪酬市场的 75 分位及以上水平。
- 关键职位管理人员：这些员工身居要职，做出超过期望的成绩，并且培养了其他员工。这些员工大约占员工总数的 15%。他们应该在薪酬、特殊成就奖、认可、长期奖励方面获得高度投资。其薪酬总额应定位在高于 50 分位的水平。
- 可靠员工：这些员工达到了目标文化需求和业绩的期望值，并对实现期望结果表现出积极性。他们应得到中等薪酬，其薪酬总额应定位在 45 分位的水平。

对尖端人才、关键职位管理人员、可靠员工的具体定义在四个文化人格中都有所不同，并且也会因为每个组织的历史和独特的领导方式而不同。根据目标文化的不同，一个尖端人才可以是创新者、架构师、设计师或者工程师。

4.2 薪酬战略

薪酬战略是促进人才管理战略发展所需的对员工薪酬的投资。薪酬战略的组成部分包括：

- 承受能力。每个组织必须决定其基本薪酬的整体水平，同时也要考虑基于当前和预期增长水平的情况，可以支付的至少连续两年的福利。根据这一点，组织可以决定两年内每年在调整整体薪酬结构方面可以承担的金额。一旦确定了基本薪酬中点值（薪酬结构），组织可以为可变薪酬计划建立年薪增长的潜在资金池。
- 市场薪酬。组织必须确定哪个薪酬细分市场与人才招聘来源和员工流失的潜在去向的关系最为密切。简而言之，组织需要找到那些包括人才招聘来源企业和可能对本组织"挖墙角"的企业的薪酬调查。然后，组织需要在这些薪酬细分市场中，在承受能力范围之内，说明如何进行人才选择和保留。最有可能的情况是，针对一个热门人才市场，即使在一个单独的薪等（grade）结构中，也会出现多种薪酬结构或者市场定价条件。
- 竞争力水平。一旦评估了基本薪酬的承受能力和薪酬市场，组织就能够决定其在每个薪酬市场中的竞争力水平，以及绩效薪酬的水平，以便提高整体薪酬的竞争力水平。
- 组合。一旦基本薪酬承受能力水平和资金绩效池被确定后，整个薪酬管理过程就会进行调整，从而反映固定薪酬和浮动薪酬的组合情况，这个组合必须要适合战略方向以及目标薪酬市场。
- 根据员工分类进行分配。在可承担的基本薪酬水平和充足的可变绩效资金池中，薪酬分配应基于前面讨论的尖端人才、关键职位管理人员和可靠员工。此外，薪酬战略受组织风险定位的限制，而风险定位是由组织增长战略控制的。

薪酬战略的组成部分表明在每个发展环境中的薪酬组合是变化的。

4.2.1 薪酬战略的组成

如图 4-2 所示，当风险降低时，整体薪酬中的基本薪酬就会增加；当企业业绩增长和风险增加时，长期奖励作为薪酬的一部分将会增加。根据实施的制胜企业战略的不同，一个组织可以拥有不止一种薪酬战略。在每个战略中，薪酬会根据员工的贡献程度或绩效水平分配给员工。

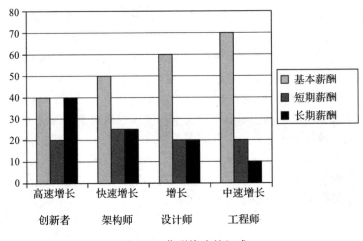

图 4-2 薪酬战略的组成

4.2.2 薪酬战略的关键

所有战略成功的关键在于可承担能力、年度资金和长期资金（见图 4-3）。通过战略导向管理薪酬分配，要认识到可承担能力是基本薪酬的驱动因素，短期和长期薪酬（股票、现金等）则是基于每个战略定位（即高速增长、快速增长、增长、中速增长）中的财务成就。只要薪酬是可负担的，由财务成果提供资金，并由战略导向的措施驱动，成功的概率就会很高，而且裁员、冻结薪酬和其他激烈的薪酬行动的风险会被最小化。

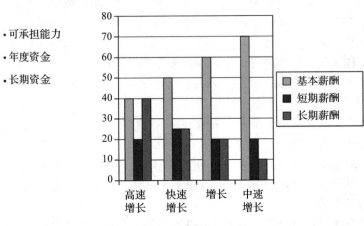

图 4-3 薪酬战略的关键

当一个组织被迫在短期内从高速增长的公司过渡到中速增长的公司时，或者反过来，从中速增长的公司过渡到高速成长的公司时，就会出现一些严重的问题。风险水平的快速变化与业务优先级的快速变化相关联，这些变化通常会遇到文化的抵御。实施与现存文化不一致的新薪酬战略可能会使这种情况进一步恶化。

1. 浮动薪酬

采用浮动薪酬具有很多好处。由于浮动薪酬只有在公司能够负担的情况下才会发放，因此组织不会因为经营状况处于短期浮动而做出不良的战略决策，员工也能免受突然的裁员。它还使人们关注与融资和股东利润保护相关的基于指标的结果。更具积极意义的是，它通过建立基于可衡量的个人和群体对组织成功所做出的贡献的规则，管理组织个性并塑造目标文化。

表 4-1 确定了适用于大多数经营状况的主要浮动薪酬方案。X 代表在每个文化中固定奖励机制对哪种员工类型的效果最明显。

表 4-1　浮动薪酬：最常见的文化驱动计划

文化/浮动薪酬	创新者	架构师	设计师	工程师
分红制			X	X
团队激励			X	X
个人激励	X	X	X	X
长期激励	X	X	X	
组合	X	X	X	X

2. 绩效加薪

在历史上，绩效加薪一直是根植于绩效评估的员工基本薪酬中的持久增长部分。它是由个人决定的，是持久且不断变化着的，明显不同于年度薪酬与长期薪酬。而且，它也不是员工基本薪酬中固定不变的，相反，它是由基于指标的组织或个人成就决定的。绩效薪酬的比例增加了，其发放时间通常考虑到员工在薪酬区间内的表现和职位，通常还有员工在组织内的任期。其目的就是以一种与员工表现和竞争能力水平相匹配的速度，将不同员工的薪酬水平提升到一个具有竞争力的薪酬市场地位。简单来说，你越能更好地展示自己的成就，就能越快地获得具有竞争力的薪酬水平。这一切都取决于对内部公平和外部公平的定义，衡量绩效的能力，实际获得良好市场数据的能力，以及健全的薪酬战略。在大多数绩效薪酬提升方案的案例中，目标与实施的现实情况之间存在差距。

实际上，大多数人对绩效薪酬不满意，但组织依然继续使用它，这其中有多种原因，包括：

- 糟糕的绩效标准和体系。在通常情况下，前者并没有很好地与组织的战略、年度计划，甚至是老板的绩效标准联系起来。
- 无法区分人们之间的不同绩效，尤其是普通员工。对钟形曲线中间的大约 67% 的员工很难进行评估。
- 老板不愿意或是无法实行这些标准。老板通常没有受过或只受过一点评估员工的培训，而且也不愿意扮演"上帝"的角色。
- 对组织和领导力的信任度低。这通常是错误使用绩效方案的结果。
- 绩效薪酬数量通常低于激发员工积极性的必要门槛。如果绩效薪酬太低，员工通常不会视其为财务奖励。

4.3　绩效加薪的替代方案

我们提议绩效加薪应当有一个替代选择。我们建议将市场薪酬调整与绩效调整区分开，并引入成就奖励。如果采用这种方式，薪酬理念就是为员工提供在整个组织内管理公平和结果公平的薪酬水平和形式，至少能够确认其稳定的雇员身份，并且价格合理。如果员工处于战略中间点的位置,那么达到绩效期望的每一个人都会得到可支付的加薪。年薪的增长基于职位的级别(见表4-2左侧)。正如基本薪酬与薪酬战略确定的市场价值的比率所反映的那样,基本薪酬的增长仅由区间内的位置决定。

表 4-2　绩效薪酬的替代方案

• CR<80% = 5.0% • CR<80% 和 <90% = 3.0% • CR>90% 和 <100% = 2.0% • CR>100% 和 <110% = 1.0% • CR>110% = 0%	• 所有基于"满足期望"的固定薪酬增长 • 基于区间位置的薪酬增长 • 为前 20% 员工保留的成就池 • 有意义的成就增长(10%)

成就池是为奖励真正的前 20% 的员工所预留的,当同事和上级审查委员会认同他们的成绩时,这些前 20% 的员工就会每年获得一大笔薪酬。监督员提交申请用来支持他的推荐人,根据资金池中可用资金的数量,组织还可以选出固定数量的员工进行加薪。绩效薪酬增加至少 10% 就会引起员工的注意。

建议

- 在组织经营和人才管理战略的基础上建立一个清晰的薪酬战略。
- 根据未来至少 2~3 年的利润增长来决定对固定薪酬的可承担能力。
- 根据可承担能力决定所在薪酬市场中的基本薪酬的竞争力水平。
- 将非战略群体的薪酬均衡指标定位在 5%,低于可承担的中点值,这将为尖端人才和管理人员创造一个规模适中的绩效增长池。
- 根据薪酬均衡指标来奖励可靠的员工。
- 取消固定的绩效薪酬增长。在可承担范围内,对于 20% 以内的员工可改为一次性浮动绩效薪酬。
- 引入由绩效驱动且能惠及更多员工的长期薪酬(例如股票、现金等)。再次重申,可承担资金必须得到评估。

一切都取决于正确的战略风险预测是否和正确的过程相一致。你将从建立风险预测,到建立和实施战略人才管理计划,发展并实施薪酬战略。最终的目标是为组织塑造一种文化,而这种文化将驱动组织的竞争战略。

第5章 做一个优秀的薪酬专家

布莱恩·摩尔（Brian Moore）
美国薪酬协会（WorldatWork）

苏·霍洛韦（Sue Holloway）
美国薪酬协会（WorldatWork）

薪酬专家必须通过平衡雇员现在和将来的、因其贡献而给予的薪酬来平衡组织当前和未来的需要。除了决定薪酬，如今的专家也必须考虑他们的推荐和决策，在吸引力、动力、雇用和维系等方面给他们的劳动力带来的影响。然而这从来不是件简单的事，现在很多因素使这件事变得更加复杂（参见专栏"薪酬的复杂背景"）。

薪酬的复杂背景

许多因素都在证明，对薪酬专家而言，他们和企业的联系变得越来越复杂。企业目标变成了一个动态的目标，这使得薪酬专家更难去吸引、激励和雇用一个必须足够聪敏、能迅速响应优先任务变化的员工。根据大型公司列表上的客户流失率，尤其是标准普尔指数中的公司，可以很明显地看到组织变化的节奏在加快。从新的竞争者快速变为大企业，直到合并、收购和重大失败，客户流失率只是日益增长的商业竞争强度和复杂性的指标之一（Kaplan and Foster，2001）。

另外，工作性质和劳动力组成也都在发生变化。针对工作的本质，越来越多的工作需要信息工作者大量利用他们的创意和判断力（隐性互动）。这种类型工作的增加，对薪酬专家在更难监控和更难测量的活动和长期目标方面具有深远的影响（Beardsley, Johnson, Manyika，2016）。

针对劳动力的组成，在美国，自从婴儿潮一代开始工作后，劳动力中年轻人的比例（Y一代或者千禧一代）比其他任何时代都高。这些年轻人占据了组织整体人员流动的大部分比例。根据这个信息，有人总结认为年轻工作者更不忠诚，而且，这是某种新Y一代现象。

然而，进一步的调查发现，25～34岁男性的工作任职期中位数基本是持平的。[①]劳动力组成的不同之处在于任职期最短的人占了大部分。55～64岁男性的工作任职期中位数在1983年达到最高值后开始大幅下降。这些表明终身工作制减少或将成为现实（copeland，2012）。同时，美国临时和兼职工作的增加，以及就业起薪较低[②]，都挑战着对员工的吸引、激励和保留。

除了通常关注的全球化、科技、法律和法规，我们可以很明显地看到薪酬专业和薪酬专家都正面临前所未有的更大的挑战。

注：① 与女性长期劳动力数据对比会更加复杂，因为自1950年开始，女性大量加入劳动力队伍。
② 在某种程度上，这是对经济大衰退的周期性反应，但是截至这本书完成，都有迹象显示这是持续的"新常态"。

如今的薪酬功能未必比过去任何时候都需要和商业联系起来。大部分人力资源专家同意人力资源和员工薪酬政策都应当基于组织的商业策略。然而，为了能够将整体薪酬制度和商业策略的实践联系起来，如今的专家必须懂得商业。

事实上，在2013年，商业头脑就被认为是雇用新人力资源人才时最应被重视的因素之一，这也使得对理解商业规则的薪酬专家的迫切需求变得更加清晰（Korn Ferry Institute，2013）。在《财富》100强公司（1999～2009年前1/4～1/3的公司）中，顶级人力资源职位中具有薪酬和员工福利方面的经验变得越来越普遍（Cappelli and Yang，2010）。

很明显，薪酬专家是一个复杂的商业环境与以吸引力、激励、参与和保留为导向的组织产出之间的关键连接。薪酬专家如何才能实现这个理想角色？

技术能力不仅是如今专家的基本要素，它本身也在宽度和深度上不断延伸（请看专栏"薪酬知识体系的扩充"）。然而，以一个更广阔的视角看待优秀贡献者在工作上的所知和所做，将可以加速薪酬专家的进步。

薪酬知识体系的扩充

薪酬方面的专业训练和技术能力是专业发展的基石，薪酬专业知识的通用核心概念实际上是由明确的并被广泛接受的知识体系支持的。组成薪酬知识的概念、术语和行动包括以下这些元素：

- 制定和执行基本薪酬制度。
- 制定和执行可变薪酬制度。
- 整合薪酬制度和商业策略。

- 遵守法律法规要求。
- 传达薪酬信息。
- 制定和执行其他整体薪酬制度。

近年来,为应对专业化和复杂性的增长,知识体系已经开始扩充。专业的深度和广度也在变化,并随着时间日益加深,这一点在销售薪酬职位和高管薪酬职位的专业化上可以很明显地看出,现在世界职业认证协会(WorldatWork's Society of Certified Professionals)为这两个职位提供了专业认证。

5.1 下一代的专家:超越专业知识

随着薪酬专家持续在某些方面受到挑战,如法律的复杂性、人力激励的进一步理解和研究、日益复杂和多样化的劳动力,人力资源与薪酬领导者一直都在预测和识别能够使其专业朝未来发展的技能及知识。在《均值时代的终结:超越大停滞时代的美国力量》(*Average Is Over: Powering America Beyond the Age of the Great Stagnation*)这本著作中,经济学家泰勒·考恩(Tyler Cowen)写到,那些拥有可以和计算机技能互补的人正在分得越来越多的劳动收入份额。实际上,考恩的发现和对薪酬从业者软技能的不断增长的需求是一致的。现在的(和将来的)薪酬专家作为内部顾问,也要知道如何利用他们的技能与最新、最先进的科技工具形成互补,这是当今的关键挑战之一。

在"美国薪酬协会2012年整体薪酬专家事业普查"中,2 300名整体薪酬、福利和工作生活方面的人力资源专家揭示了顶级整体薪酬从业者的八个关键性差异化优势。确定这些关键聚焦点是为了使专业进一步发展,并为顶级整体薪酬从业者创造一个看待成功因素的广阔视角。八个关键性差异化优势之一是对技巧和知识体系的掌握(见图5-1)。但只是顺畅运用薪酬专业技能是不足以作为差异化优势的。掌握技巧是筹码,或者说是最低要求。它是基础,而其他七个差异化优势——软技能——才是将一个技术过关的薪酬专家提升到更高表现水平的关键。

5.1.1 差异化优势1:对战略业务的理解

由于支持组织或业务战略的整体薪酬战略、政策和方案并非总是显而易见的,薪酬管理的领导者普遍都倡导一个更高的期望:期望绩效顶尖的员工能够更充分地理解业务,以成为更优异的业务成功贡献者。这是组织不仅在今天而且在将来都要面对的问题。简单地说,这是看见蓝图的能力。差异化优势包括,需要最佳表现者在知道什么对商业最重要的条件下,善于通过优先安排和实践实现对资源的战略使用。专家具象化商业头脑的理想状态表现在:

- 理解组织的财务运作。
- 具备会计术语和财务报表的读写能力。
- 拥有客户和客户群知识。
- 专注于重点商业目标和绩效评估。
- 对本地、区域、国内和国际组织商业竞争对手察觉敏锐。
- 整体考虑功能性决定及其对业务的影响。

图 5-1 美国薪酬协会整体薪酬专家的职业卓越模型

资料来源：WorldatWork，2012.

5.1.2 差异化优势 2：分析技巧和关注细节

顶级从业者会使用经验与信息去可视化地、清楚地表述和分析数据、问题和概念。这种能力可以帮助其做出指引今后行动的技巧性的决定。超越技术分析，顶级从业者能够：

- 从不同角度重构问题和心理模型以产生新的理解和选择。
- 了解评估内容和方法。
- 简化复杂的步骤。

鉴于薪酬专家需要经常分析大量定量数据，以及他们工作的高风险和难以撤销的特点，对细节的敏锐关注是必不可少的。

5.1.3 差异化优势 3：交流和联系

和其他人建立联系是稳固沟通渠道的重要部分。专家必须能够轻松应对所有层级的人员，包括高级管理人员，能够理解他们思考和处理问题的方法，以便达成恰当、高效的接洽。在平级关系中，目标是要快速找到共同点，既要表达你的个人利益，又要保持公平公正。

进阶的专家不能只是传达技术信息，还要有能力用一种对听众有意义的方式来讲述故事。在某些情况下，影响和说服力也许是最重要的。然而，在其他情况下，沟通只是简单地为了被理解。交流和联系的具体应用可能有很大程度的变化，但是这个观点的核心是"关键不是你说了什么，而是他们听到的是什么"。

5.1.4 差异化优势 4：适应性和灵活性

如今商业优先级的极速变化在背后推动着对薪酬专家适应性和灵活性的强烈需求。适应性是指能够适应新的或者变化的环境，暗含着多种技能，以及面对优先级和情况变化的恢复力。灵活性是指"弯而不折"：能够接纳新的建议和情况，并能够适应，但并不是因此变得无能。

大部分的工作和一个人事业的晋升过程，都越来越需要处理模棱两可和极易变化的事务的能力，即使没有获得全部信息。这种意味着能够做决定，并且面对突发情况时能保持冷静和继续执行决定。镇静是这种行为的特征之一，幽默可以用来调节紧张气氛，而作为商业代价，风险和不确定性也是可以接受的。

5.1.5 差异化优势 5：激情和主动性

激情对一个人的工作来说，暗含着一种保持热情、拒绝玩世不恭的能力。顶级从业者享受挑战，并保持精力和动力来追逐新的机会。

主动性假定了人在完成任务上是主动的。顶级从业者采取主动行动，而不是事情发生后才做出反应。可以肯定的是，个人需要对项目和决策负责；顶级从业者喜欢负责问题，其他人会依靠他们坚持到目标达成。设立优先级和强大计划的能力可以帮助这些从业者设立目标，并预见和适应问题及阻碍。

5.1.6 差异化优势 6：持续学习

顶级从业者都是多面手，在学习方面都会定期扩充自己的知识。这些专家会利用所有机会，享受陌生任务的挑战。从一个雇主角度来看，应该有意识地培养、指导和训练，并鼓励接受富有挑战性的任务。

在罗伯特·E. 凯利（Robert E. Kelley）1999 年的商业经典著作《如何成为职场明星：你必须成功做到的 9 大突破策略》（*How to Be a Star at Work: 9 Breakthrough Strategies You Need to Succeed*）中，最有说服力的发现就是，让高端从业者脱颖而出的关键特质就是他们如何利用自己所得到的机会。凯利提出了充分利用学习机会的能力。他认为工作中的明星都能做足准备，并在各个任务中表现出色，即使是那些表面看起来微不足道的任务。可以利用变为发展机会的活动远比实际利用的活动更多，并且工作中的明星们会找到方法来充分利用每一个任务或者机会。

5.1.7 差异化优势 7：开发支持系统

与此相关的是，最高效的专家都会意识到建立和培养开发支持系统的重要性。它反映在主动创立个体发展计划，同时善于整合资源（无论是人、资金或者支持）来达到发展目标。正规培训、在职机会、师承关系和同僚关系都为顶级从业者提供了一个培养环境，在这个环境中最优先的是持续发展。

管理支持和机会都在"美国薪酬协会 2012 年整体薪酬专家事业普查"（WorldatWork，2012b）中被研究参与者着重提到。甚至有评论说，一些普通从业者的发展缺失的就是表现机会。几乎可以肯定的是，在某些情况下，主管和高层领导在为员工提供发展机会的同时，也在拿自己的名誉冒险，懂得这一点非常重要。[3]

被调查者很少提到正规的内部导师计划，但需要明白的是，导师并不一定需要分配，也不一定要和徒弟在同一家机构中工作才会提供帮助。

5.2 关键性差异化优势的应用

本书中充满了由最受尊敬的业内领袖提出的、关于薪酬专业在将来要面对的主要挑战的丰富背景和观点。然而，不是每个人都愿意付出额外的努力，例如使用这本书来扩展他们的眼界。对于那些愿意努力的人，我们希望这将是一段有价值的旅程。

随着这段旅程的开始，你首先需要明白，也许除了激情和主动性，职业卓越模型中的其他因素都有关联性，这在表面上看是很明显的，但它经常表现为如何在其他背景下完成某件事。专家必须能够在当前情况下将所有方面都联系起来。

5.3 展望未来

经营业务的组织所面临的局面比以往更加复杂和苛刻。从这个角度看来，商业领导者需要薪酬专家的协商合作。对于那些成为组织中的关键合作伙伴，并能够利用广泛的工具组合去解决最迫切问题的专家来说，未来是光明的。

拓展资源

Boudreau, John W., and Peter M. Ramstad. 2007. *Beyond HR: The New Science of Human Capital*. Harvard Business Review Press, Boston.

Boudreau, John W., and Wayne F. Cascio. 2008. *Investing in People: Financial Impact of Human Resource Initiatives*. FT Press, Upper Saddle River, NJ.

Schirm, John, and Eric Schaffer. June 2011. Interview by Alison Avalos. "Using Statistical Research to Change Compensation Strategy at Google," Part 2. workspanTV, WorldatWork, Scottsdale, AZ.

Wagner, Frank H., and Monica Patel Davis. June 2011. Interview by Marcia Rhodes. "Using Statistical Research to Change Compensation Strategy at Google," Part 1. workspanTV, Worldat-Work, Scottsdale, AZ.

注释

1. See also the discussion under the heading of "Differentiator 3: Communication and Connection" for more on how things like "knowing who knows" (as Robert E. Kelley typology refers to knowledge networks) factor into high performers' understanding of their organizations and where they can make the most impact.
2. In *The Project 50 (Reinventing Work): Fifty Ways to Transform Every "Task" into a Project That Matters!*, author Tom Peters (1999) made similar points, specifically calling for individuals to mentally transform their department at work into a professional service firm and approach all assigned projects with a specific eye toward learning. As Peters said, "[E]very project can be formulated to have an R&D component … some intriguing hypothesis to be tested.… Life is too short to suffer non-learning experiences."
3. In *How to Be a Star at Work: 9 Breakthrough Strategies You Need to Succeed*, Kelley (1999) asserts that nonstars frequently view being asked to present at an important meeting as what sets the stars apart—without much acknowledgment of all the things that might have happened along the way to make that particular employee the one chosen by senior leaders to present.

参考文献

Beardsley, Scott C., Bradford C. Johnson, and James M. Manyika. May 2006. "Competitive Advantage from Better Interactions." *McKinsey Quarterly*.

Cappelli, Peter, and Yang Yang. 2010. "Who Gets the Top Job? Changes in Attributes of Human Resource Heads and Implications for the Future." PricewaterhouseCoopers, New York.

Copeland, Craig. 2012. "Employee Tenure Trends, 1983–2012." *Notes*. Employee Benefit Research Institute, Washington, DC.

Cowen, Tyler. 2013. *Average Is Over: Powering America Beyond the Age of the Great Stagnation*. Dutton Adult, New York.

Kaplan, Sarah, and Richard N. Foster. 2001. *Creative Destruction: Why Companies That Are Built to Last Underperform the Market—And How to Successfully Transform Them*. Currency/Doubleday, New York.

Kelley, Robert E. 1999. *How to Be a Star at Work: 9 Breakthrough Strategies You Need to Succeed*. Crown Business, New York.

Korn Ferry Institute. 2013. "2013 CHRO Pulse Survey." Los Angeles, CA.

Peters, Tom. 1999. *The Project 50 (Reinventing Work): Fifty Ways to Transform Every "Task" into a Project That Matters!* Knopf, New York.

WorldatWork. 2012a. "The Evolving Compensation Function." Scottsdale, AZ.

WorldatWork. 2012b. "WorldatWork 2012 Total Rewards Professionals' Career Census." Scottsdale, AZ. Available at: http://www.worldatwork.org/waw/Content/research/html/tr-professionals-census.html.

WorldatWork. 2012c. "WorldatWork Career Excellence Model for Total Rewards Professionals." Scottsdale, AZ. Available at: http://www.worldatwork.org/waw/careerexcellence/index.jsp.

WorldatWork and Mercer. 2012. "2012 Metrics and Analytics: Patterns of Use and Value." Scottsdale, AZ.

第6章

正在涌现的最新薪酬问题

约瑟夫·J. 马尔托齐奥 博士（Joseph J. Martocchio, PH.D.）
劳动和雇用关系学院，伊利诺伊大学厄巴纳－香槟分校（School of Labor and Employment Relations, University of Illinois at Urbana-Champaign）

> 我觉得我像是一支箭，拉满弓弦，准备射向某个重要目标。
> ——《救生艇》(Lifeboat)[1]
> ——A. B. 谢泼德（A. B. Shepherd）

薪酬专家在不断地成功应对当前挑战的同时，也在考虑他们应该如何处理新的挑战。A. B. 谢泼德的话很适用于薪酬专家的世界，薪酬专家必须时刻准备好去理解和采取行动。本章阐述了薪酬专家在快速变化的商业环境中所面对的三个问题：

- 经济大衰退的连锁反应。
- 对《公平劳动标准法》可能变化的预期。
- 中国薪酬增长的影响。

我们将简短地讨论以上每个问题，进而对这些问题将如何影响薪酬实践做出合理的推测。

6.1 经济大衰退的连锁反应

美国经济经历了 2007 年 12 月到 2009 年 6 月的经济大衰退，"大衰退"这个词语被广泛用来描述这次经济衰退的严重性。这是自二战以来时间最长的一次经济衰退，持续了 19 个月。虽然此次衰退早已结束，但是它对一般雇用活动，尤其是薪酬方面的影响仍然很明显，这个部分会简单回顾经济大衰退的定义，以及它和一个迫切问题的关联——薪酬－生产率差距。

6.1.1 经济衰退

经济衰退指的是经济活动普遍放缓，它的表现包括国内生产总值（GDP）的下降和失业率的上升。多重复杂因素导致经济衰退。消费支出减少是经济衰退的主要原因之一。消费者对产品和服务的需求，特别是汽车和家电等大宗商品的需求下降。例如，通用汽车和克莱斯勒等汽车制造商通过降低生产水平以避免超额库存，以应对消费者对产品需求的下降。

经济衰退势力引起多米诺骨牌效应，破坏了整个行业供应链中的商业活动和就业行为。例如，在汽车制造业中，车辆部件（如仪表板、挡风玻璃等）的供应链因为生产减少而中断。生产减少对其他公司的经营产生不利影响。有数百家公司专门为汽车制造商提供零部件，这些公司和汽车制造公司都进行了裁员。

6.1.2 薪酬 – 生产率差距

实际小时薪酬与劳动生产率之间的差距表明工人的薪酬是否与生产率保持一致。普遍的忧虑是，尽管名义薪酬有所增加，但实际薪酬的增加仍落后于生产率的提高。实际小时薪酬衡量的是1美元的购买力，而名义小时薪酬衡量的是1美元的面值。图6-1显示了1947~2011年生产率和实际小时薪酬的增长趋势。商品和服务成本的上涨导致名义薪酬低于实际薪酬，这使得前面讨论的问题进一步复杂化。简单来说，就是作为消费者的员工在房屋等必需品和休闲娱乐等可自由支配的消费上花费的钱减少了。

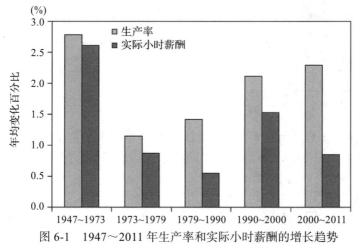

图6-1　1947~2011年生产率和实际小时薪酬的增长趋势

资料来源：U. S. Bureau of Labor Statistics.

生产率增长以下列方式促进生活水平的提高：生产率增长表明了公司对资本设备和信息技术的投资。资本设备包括新的制造设施、研发（R&D）实验室和销售分销中心。信息技术包括专家信息的结构化数据库，它用来帮助最终用户在复杂情况下做出明智的决策。例如，内科医生可以访问数据库，以帮助他们根据患者的症状和健康历史来诊断健康状况。另一个例子出现在营销领域，信息系统使公司能够根据家庭收入和购买历史等多种因素来识别新产品和服务的潜在客户。

20世纪70年代以来，实际小时薪酬的增加滞后于劳动生产率的增长。[2]在非农商业部门，劳动生产率和实际小时薪酬的增长（占美国经济总产出和就业的3/4）直到1973年才具有可比性。生产率在1947~1973年的年平均变化率为2.8%，实际小时薪酬增长率平均为

2.6%。在 1973～1979 年，生产率及实际小时薪酬的年平均增长率分别为 1.1% 和 0.9%。30 年后，实际小时薪酬的增长速度不仅低于生产率的增长速度，而且生产率增长和薪酬增长之间的差距还扩大了。在 2000～2011 年，生产率和实际小时薪酬的年均增长率分别为 2.3%⊖ 和 1%。

在第二次世界大战之后，长达 18 个月的时间里的每一次衰退，公司都经历了生产率的提高，但实际薪酬却大大减少了。最值得注意的是，自大衰退结束以来，实际薪酬的增长与生产率提高的差异，比以往任何一次衰退都大得多。

有两个原因可以解释薪酬-生产率差距。第一，经济衰退后的高失业率使员工讨价还价的能力降低，因为待业人员的供给大于公司对新员工的需求。第二，大多数公司在经济衰退期间都会经历利润损失，而在经济衰退之后，利润通常会增加。一部分公司通过压低雇员工资来增加利润。

公司通常通过大幅裁员来应对较低的需求。在大规模裁员的经济原因中，2013 年第一季度季节性因素的影响占总影响的 39%。³ 在过去一年中，由于业务需求原因，正如在这个例子中那样，发生了最大裁员跌幅。在经济衰退期间，裁员事件以及离职和初始索赔人数急剧上升，并在经济衰退之后开始减少，但经济衰退后的数字仍远高于衰退前的数字。⁴

6.2 对《公平劳动标准法》可能变化的预期

1938 年的《公平劳动标准法》(the Fair Labor Standards Act，FLSA) 包含三项主要条款：最低工资、加班费和童工。2013 年和 2014 年，前两项规定进入国家层面，令公司尤其是小企业感受到极大的恐慌。

6.2.1 最低工资

自 1938 年首次推出最低工资以来，其数额经历了几次变化。该项标准曾从 2009 年的每小时 6.55 美元提高到 7.25 美元，但是这个提议在 2014 年遭到了美国参议院的扼杀。尽管联邦政府和一些州政府时不时地提高最低工资，但奥巴马总统认为，大多数赚取最低工资的工人发现自己不足以负担基本生活必需的开支。2013 年夏天，美国的快餐服务人员离开工作岗位，为工资不足进行抗议。

哥伦比亚特区和几乎一半的州多年来都颁布了最低工资法，还有包括马里兰州、明尼苏达州、特拉华州、西弗吉尼亚州和夏威夷州在内的几个州正在商讨这个问题。其中三个州将最大限度地提高最低工资标准。2015 年，马里兰州的最低工资增加到 8.25 美元，预计 2018 年将达到 10.10 美元。明尼苏达州的最低工资在 2016 年上升到 9.50 美元，而且从 2018 年开始，工资将与通货膨胀率挂钩。在这种变化之前，明尼苏达州的最低工资与联邦水平一致。在夏威夷州，立法委员曾批准了一项四步规划，预计至 2018 年从目前国家现行最低工资 7.25 美元提高到 10.10 美元。

一些城市和州开展了推动当地最低工资水平的措施。例如，在洛杉矶，工会正在为酒店工人的最低工资标准游说（该城市的最低工资是 15.37 美元）。如果成功的话，将会引起社会对裁员问题的关注。然而，一项研究发现，在工资较高的城市中，工资较低的餐厅员工并

⊖ 原书此处为 3.3%，但根据图 6-1，本书将此处改为 2.3%。

没有出现失业问题。5 这项研究还发现，餐馆经常适度地提高工资以避免裁员。较高的工资往往会使得人员流动率下降。

并不是所有的经济学家都认为提高最低工资对整体经济是无害的。许多经济学家认为，提高最低工资将在整个美国经济中产生负面的波动效应。这些论据是以经济原则中的供求关系为基础的。在这个方面，提高最低工资可能导致商品和服务价格的上涨，因为公司试图抵消部分或全部较高的劳动力成本。随着商品和服务的价格上涨，消费者更趋向于少买东西。反过来，对产品和服务的需求减少则会削减利润，这可能导致裁员形式的成本下降，而不是工资的进一步上涨。

许多学术研究支持这一结论。对最近研究的详尽回顾得出，大约 85% 的最低工资研究提供了强有力的证据，表明最低工资法律带来了消极影响。6 然而，国会预算局最近的一项研究显示出了喜忧参半的结果。一方面，将最低工资提高至 10.10 美元，可能会导致 50 万个低技能工作岗位的消失。另一方面，提高最低工资会使近 100 万工人的薪酬提高到联邦贫困线以上。7 有些劳动力损失将被低成本自动抵消。例如，在快餐行业中，在线订购和触摸屏小亭等成为人工的替代品。

尽管广泛存在这些障碍，薪酬专家仍然面临着管理公司雇员之间工资不平等的挑战，这些员工分布在直辖市或最低工资率不同的各州。另外，最低工资水平的上涨也包括最低工资在内的工资结构。当更高的最低工资水平变得盛行时，就会出现压榨。除非所有的薪酬都相应地提高，否则工资差异的降低显然低估了相应高薪工作的价值，使更高薪的员工感受到了工资不平等。

薪酬专家也面临着预算的挑战。很多州正在考虑尽可能地提升最低工资。政治辩论、商业和劳动力游说工作，以及政治家是否寻求连任机会，都会带来最低工资水平的不确定性，例如，最低工资水平是否会提升，以及如果提升，提升空间是多少。

最后，提高最低工资的公司需要重新考虑他们的整体薪酬预算。强制要求较高的工资成本不一定伴随着整体薪酬预算的增加，薪酬专家有可能不得不取消或减少一些福利待遇。例如，一家公司可以通过取消培训投入来抵消较高的最低工资成本。

6.2.2 加班费保护

2014 年，奥巴马总统宣布，他计划修改加班薪酬条例的内容，其中涉及周薪或年薪金额，低于该薪水的雇员有权收取加班费。2004 年，美国劳工部公平交易条例规定，每周定额薪金为 455 美元（或每年 23 660 美元）。为了减轻白领的税负，员工每周必须至少获得 455 美元的工资，其工作职责必须符合具体的内容。一般来说，他们的职责必须包括管理一部分企业、监督其他员工、对重大事项或高级知识有独立判断力。职位不能成为员工是否加班的借口。

虽然总统没有规定新的门槛，但普遍预测表明，新的薪酬标准将增加一倍多至每周约 970 美元（或每年 50 440 美元）。据说，奥巴马总统做出这种要求的一部分原因是来自加利福尼亚州和纽约州的压力，这两个州的薪酬门槛已经高于联邦水平。加利福尼亚州和纽约州最近开始提升加班免税的薪酬门槛，在 2016 年将分别提高到 800 美元和 675 美元。如果联邦规则改变的话，预计至少有 1 000 万名雇员将会受益。8

原则上提高加班费门槛可以为员工和公司创造经济优势。如果数以百万计符合条件的工作人员获得加班费，他们的可随意支配收入可能会适当增加，从而鼓励更多的消费支出。反过来，如果任何价格上涨到足以弥补更高的加班费成本，那么一些公司会通过增加的收入而获益。

然而，让更多雇员得到加班费可能会引发意想不到的后果。提升门槛并不意味着提升薪酬。而且，运用数百万美元支付加班费可能将雇员置于不利位置。例如，雇主可能会要求管理人员巧妙避免较高薪酬成本。

另一个意想不到的后果与工作场所的文化有关。较高的加班工资门槛可能会破坏以信任为特征的文化。雇主可能会要求管理人员和主管通过比平常更多的观察和审查来增加对非免税雇员的监督。

实际上，很难预测雇主如何应对更高的联邦门槛，而且这种增长如何影响薪酬实践也很难预测。尽管如此，一些变化仍是有可能的。雇主可能不会修改招聘计划，或者不填补随后腾出来的工作岗位。接着，薪酬专家可以调整（降低）新聘雇员的基本薪酬，以期弥补之前较高的加班费用。除非根据集体谈判协议或个人的雇用合约，否则雇主可以选择降低现有员工的基本薪酬，但这个选择存在风险。优秀的高绩效者可以在其他地方找到替代选择，所以他们可能会离开。另外，雇主可以通过额外的工作调整来适应较高的门槛。如果认真地计划和执行，雇主可以避免雇员加班。然后，薪酬专家将分析过去加班工作活动的模式，以及基于当前薪酬结构与当前和提议的加班费门槛的成本。

最后，薪酬专家可以确定哪些员工的工作职责符合豁免标准，其基本薪酬与加班费上限门槛相近。如果这些员工产生了大量的加班成本，那么只有在加班产生的成本节约足够大的情况下才会考虑给予员工更高级别工资的加薪奖励。

响应加班费变动可能会产生竞争劣势，特别是在基本薪酬下调的情况下，因为并非所有雇主都会变动加班费。在任何情况下，薪酬专家必须注意避免提出会导致不利影响的变革政策，或者避免在薪酬结构中造成严重的薪酬不平等。出于其他原因降低基本薪酬是很困难的。如前所述，奥巴马总统致力于提高联邦最低工资水平，我们已经看到工资在国家层面上升了一级，其他许多州正在讨论未来的加薪事宜。降低基本薪酬可能会引发挑战，而且这种变化可能会在无意中使设定的基准工资低于新制定的最低工资标准。

6.3 中国薪酬增长的影响

在过去的几十年中，因为他国的劳动力成本比美国低很多，许多美国公司将制造设施从美国转移到中国等其他国家，然而，中国近年来的劳动力成本急剧上升，从而快速削弱了美国制造业由此获取的竞争优势。

在发展中的亚洲经济体中，中国的平均工资率最高（与印度尼西亚、菲律宾、越南和孟加拉国相比）。近年来，中国政府大幅提高了最低工资标准，在整体薪酬结构中形成了压力。中国各省的最低工资标准近年来平均增长了13%。[9] 大量新闻报道显示，中国政府计划至少到2015年，之后每年都要提高最低工资标准。

中国的政策制定者支持提高工资，原因如下：近年来，中国经济增长主要依赖于贸易顺差。也就是说，出口商品和服务的价值超过了进口商品和服务的价值。鼓励高工资将促进国内消费，即促进在国内采购、使用商品和服务。增加国内消费降低了对出口的依赖，以维持增长。随着中国劳动力成本的迅速上升，减少对出口的依赖是必要的。中国劳动力成本上升，出口成本也将上升，这会导致中国在全球经济中的竞争力下降。

劳动力短缺也加剧了中国薪酬的增长。这种短缺一部分是由中国30多年来的独生子女政策导致人口老龄化造成的。这项曾实施的政策导致大多数夫妇只有一个孩子，中国政府实行这项政策是为了遏制大城市人口增长。经济增长引发新的就业机会，但是独生子女政策减慢了人口增长速度，并大大减少了年轻劳动力的人数。因此，这一政策在无意中造成了人口老龄化。目前，中国人口中35～44岁的人占最大比例，到2050年45～64岁的人口将下降11%，而65岁及以上的人群预计会增加17%。[10]

所有这些因素都将有助于"制造业回流"活动和国内采购的增加。当外包人员和服务返回美国时就产生了"制造业回流"，当公司将就业机会转移到劳动力成本较低的美国而不是其他国家时，就发生了国内采购。[11] "制造业回流"的倡导者认为，制造商应计算离岸的总体影响，因为差旅、包装、运输和库存成本等较高的隐藏费用普遍存在。[12] 此外，"制造业回流"已成为近期劳工协议的一部分。例如，福特汽车公司与美国汽车工人协会在2011年签署的劳工协议中，有一部分涉及福特同意"回流"目前正在墨西哥、中国和日本进行的一些工作。

另外还有许多关于美国公司"制造业回流"的例子。通用电气在其位于肯塔基州、田纳西州、亚拉巴马州和印第安纳州的设施上投资约4.32亿美元，用于"回流"其家电制造业。其中的一些原因包括不利的货币汇率、运输和劳动力成本的增加，这些都使得曾经非常低的价格现已不再足够低廉。[13] 许多公司选择将部分或全部制造业转移回美国。Wham-O是一家制造廉价玩具的公司，它最近宣布将其飞碟和呼啦圈产品50%的产量从中国和墨西哥移回美国，这将为美国创造数百个新工作岗位。[14] Vaniman制造公司是一家牙科设备生产商，自2002年以来一直将大部分钣金制造工作外包给中国，但是现在正返回美国。在中国、印度和匈牙利生产自动取款机的NCR公司也正将其所有生产返回到佐治亚州哥伦布市的一家工厂。[15]

返回美国后，公司通常会使其制造工厂拥有就业保障。美国南面和西面的23个州已经通过了这样的法律，禁止管理层和工会签订要求以工会成员身份作为就业条件的协议。这些法律是国家法规或宪法规定条款，禁止要求将拥有工会成员身份或资金支持作为就业条件。员工拥有合法的权利决定是否加入工会或是否给予工会资金支持。

美国劳工统计局的数据显示，在有就业保障权的州里，私营建筑行业（高度工会化的行业）的每周工资普遍较低。例如，亚拉巴马州的平均每周薪酬为832美元，佛罗里达州则为782美元。在伊利诺伊州和马萨诸塞州（没有就业保障权）平均每周工资分别为1 115美元和1 233美元。

"制造业回流"同时也具有挑战性。雇主越来越认识到技能差距会造成员工之间的挑战，部分原因在于更复杂的制造过程需要专门的知识和技能。此外，虽然涉及职业教育的价值和大学教育的实用性的争议仍在持续，但是显然，公司必须通过提供广泛的培训来应对这一挑战。薪酬专家可能有机会开发基于技能的薪酬计划，以设定低于市场平均水平的基本薪酬，这个薪酬计划会随着员工完成必要的岗位培训而增加。

本章小结

薪酬专家面临巨大的挑战。本章主要涉及薪酬和生产率的差距、《公平劳动标准法》和基于州政府和市政府的最低工资水平提升，以及中国薪酬水平的提升带来的挑战。所有这些挑战都要求薪酬专家提前准备对策并设计有利于股东和员工的薪酬体系。

注释

1. A. B. Shepard, *Lifeboat*. CreateSpace Independent Publishing Platform, June 25, 2013.
2. J. Glaser and S. Sprague, "The Compensation-Productivity Gap: A Visual Essay," *Monthly Labor Review* 134(1): 57–69, 2011.
3. U.S. Bureau of Labor Statistics, *Extended Mass Layoffs—First Quarter 2013* (USDL 13-0926), 2013. Available at: www.bls.gov.
4. U.S. Bureau of Labor Statistics, *Mass Layoffs—February 2013* (USDL 13-0479), 2013. Available at: www.bls.gov.
5. A. Dube, T. W. Lester, and M. Reich, "Minimum Wage Effects across State Borders: Estimates Using Contiguous Counties," *Review of Economics and Statistics* 92(4):945–964, 2010.
6. D. Neumark and W. Wascher, "Minimum Wages and Employment: A Review of Evidence from the New Minimum Wage Research," *National Bureau of Economic Research Working Paper 12663*, Cambridge, MA, 2006.
7. Congressional Budget Office, "The Effects of a Minimum-Wage Increase on Employment and Family Income," Publication 4856. Congress of the United States, Washington, DC, 2014.
8. D. Cooper and D. Hall, "Raising the Federal Minimum Wage to $10.10 Would Give Working Families, and the Overall Economy, a Much Needed Boost," EPI Briefing Paper 357. Economic Policy Institute, Washington, DC, 2013.
9. Bloomberg News, "China Wages Seen Jumping in 2014 Amid Shift to Services," January 6, 2014. Available at: www.bloombergnews.com.
10. "China's Achilles Heel," *The Economist*, April 2, 2014. Available at: www.economist.com.
11. U.S. Bureau of Labor Statistics, U.S. Department of Labor, "Industrial Production Managers," *Occupational Outlook Handbook*, 2014–2015 edition. Available at: www.bls.gov/ooh/management/industrial-production-managers.htm.
12. J. Northam, "As Overseas Costs Rise, More U.S. Companies are 'Reshoring,'" *NPR*, January 27, 2014. Available at: www.npr.org.
13. C. Koepfer, "A Look at Total Cost Can Change the View," *Production Machining* 11:6, 2011.
14. B. Powell, "The End of Cheap Labor in China," *Time* 177:1–4, June 27, 2011.
15. "Off-Shoring Comes Full Circle," *Trends Magazine*, January 2012, pp. 25–28.
16. U. S. Bureau of Labor Statistics, *County Employment and Wages* (USDL 14-0433), 2014.

PART 2

第二篇

基本薪酬

第7章

整体薪酬情境中的薪酬结构

安德鲁·S. 罗森（Andrew S. Rosen）
博克顾问公司（Buck Consultants）

薪酬结构是不同岗位和薪酬范围的结合，是一个组织薪酬制度的基础。一方面，它可能是帮助组织建立人力资源基础设施最常用的工具（而且通常是理所当然的）；另一方面，如果精心设计，薪酬结构可以清楚地传达出一个组织的文化价值观和侧重点，这是薪酬方案的基本组成部分。在后一种情况下，薪酬结构可以成为公司吸引、保留和激励员工的一个强有力的工具。如果一种"结构"有助于管理者做出合理的薪酬决策，而这些决策被认为是公平和有竞争力的，如果公司认为它对保留和激励合适的人才是有效的，那么该"结构"就能起到有益的作用。[1]

根据这种说法，我认为，薪酬结构的主要目的是帮助确保：

（1）职位在组织内和市场环境中都有适当的定位。
（2）个人获得公平和有竞争力的薪酬，并且个人目标与组织目标保持一致。
（3）管理者和人力资源业务伙伴拥有有效进行薪酬决策所需的工具和信息。

所有这些目的对人员的有效管理，以及他们对组织的认知至关重要。第1点说的是，我们要仔细思考我们的工作，以及它们在组织内部和市场所处的位置。工作是一个组织的核心组成部分，也是在该组织中所应完成的内容。理解（工作分析）和记录（工作描述）工作内容是确保这些基本构建强有力和可见的重要途径。薪酬结构包含了这些工作的最终框架，如果设计和管理有效，将有助于确保：①工作定位公平公正，并且与它们的设计保持一致（在需要完成的工作背景下，以及工作类别、工作水平、人员配置水平/比率方面的工作配置）；②薪酬机会（不是实际薪酬）公平且有竞争力。

（2）和（3）实际上是在讨论薪酬的交付。本章的目的不是关注薪酬管理的过程，如加薪、工资调整、绩效管理与相关绩效工资的决策，而是为了表明，实际上由有效政策支持的、设计良好的、明确的薪酬结构（意味着它们能够确保财务控制的适当平衡，并为管理者提供适当的奖励工具）将推动薪酬决策的成功。

除了结构设计的关键技术方面，考虑设计的定性沟通也可能对其有所帮助。重要的组织基础设施要素，如工作族或类别、职业水平、工资等级、工资结构和薪酬区间，确实能传达组织的价值观和侧重点，通常与实际薪酬本身无关。也就是说，一个人在组织内的任职（如基层工作群（销售和运营）与职能工作群（市场营销、人力资源），支持/技术类与专家或管理类，5级和3级，反映了8%冲击的研究结构与在市场上正确的核心结构等）能够很清楚地描述个人的职位状况。

我们知道，不同的人看重不同的事情。有人说，"你想要什么只管告诉我，只要给我一大笔钱"，而其他人宁愿拥有高级副总裁或总裁头衔，或是处在更高的职业水平，而不愿接受增加5 000美元或10 000美元的工资（这种情况确实存在）。基于个人或人员骨干可能的反应，我不建议改变设计，但我建议在制订和实施新的方案/结构之前，薪酬设计者需要充分了解它们的定性影响，然后在组织中的各个阶层实施所设计的教育和宣传活动，以确保成功部署。所选择的薪酬结构类型必须与公司的薪酬战略相一致，并与整体薪酬方案相适应。

这个选择将在一些重要的方案设计和政策问题的背景下确定，例如：

- 管理者需要有多大的灵活性才能成功地管理、发展和激励关键员工？对灵活性的需要应该与组织在薪酬结构中能够容忍或支持的变化程度相平衡。
- 组织是否计划在同一市场水平上为每一个工作岗位、工作等级和雇员制定薪酬目标（如市场上的中位数）？为了帮助回答这个问题，组织必须考虑是否有一些地方（如工作群、地点）必须在更高的水平上进行支付，以招聘和留住更高水平的雇员，以及技术熟练、需求高或具有相当重要的战略影响的员工。
- 需要多少种薪酬结构来适应劳动力市场的变化、组织的人员配备和职业生涯管理计划？如果需要多种薪酬结构，组织必须考虑所有结构是否都要基于类似的概念和理念。随着组织越来越成为一个真正的全球性企业，它也必须考虑如何平衡全球战略与区域或地方薪酬结构和实践。
- 薪酬结构应采取何种形式来支持职业生涯管理计划？例如，职业生涯的路径是按层级垂直变动（如连续晋升），还是更多地横向变动？或者两者都有？那么，在"数字"上或是在描述的工作内容上是否会有更多进步？
- 如何在薪酬结构的框架内确认和奖励绩效，薪酬体系的绩效理念是否在整个系统中都是相同的？

为了弄清楚事物的本质，让我们从体系结构（基础）开始。

7.1 体系结构

如前所述，薪酬结构从根本上说是工作组（有时称为工作群）和反映工作层次及随后向个人交付工资的薪酬区间。它是基本薪酬方案的基本组成部分之一，事实上，它通常是总现金和直接薪酬，在这种情况下，短期和长期激励目标已被设定，并由工作分组或级别加以区分。

该结构是建立在四部分框架之上的：

（1）职位体系结构。职位组、职位级别和职位晋升的结合有助于界定组织的管理与人才部署，以及个体提升其职业生涯、更加充分地为组织做贡献，并得到与其个体提升和所增加的贡献相匹配的更多奖励和认可的机会。"职位等级曾经是奖励团队的唯一权限，而组织的人力资源整体工具组合则包括职业阶梯、胜任力模型和与薪酬无关的提升标准的不同等级。组织再也负担不起这种独立的奖励和人才框架。职位等级方案的设计必须满足这两项。如今，常见的等级架构的驱动力基础通常首先是受到如何在整个企业中评估、发展和促进全球人才通道的问题的影响。"[2]

（2）职位评估。根据组织内部评价体系对职位或角色进行相对排序。方法的范围从基于点的系统，分类/均衡，到纯粹的市场定价。

（3）标杆管理。通过标杆管理（或市场定价）引入外部市场价值。

（4）薪酬区间。基于内部排序、权益和市场薪酬水平的工作集群。其最常见的结果是一系列适用于每一个类似水平的工作集群的薪酬区间。薪酬区间描述了组织根据其薪酬理念为某一特定工作或工作组支付的最低和最高工资。使用薪酬区间而不是单一的工资标准，为管理者提供了一种灵活性，使其能够按照个人的经验、业绩、能力和业务影响，以及与某一特定工作或工作群相关的市场压力支付薪酬。

薪酬结构是在薪酬区间被分配到工作组时出现的，但在此结构内进行工作配置往往也决定了在其他方案中的参与程度，如奖金、股票奖励、额外的福利（如假期）、附加福利（如递延薪酬、补充保险或残疾津贴）和额外补贴（如金融咨询、体检或俱乐部会员资格）。在"更大"的工作中，给个人带来更大的奖励机会，这对组织的成败有重大的影响，这是一种合理的方法，薪酬方案设计者应该记住以下几点：

- 如果高层职位的职员仅仅认为越来越多的"富有"的薪酬机会是自己应得的权利，那么就会出现一种"有与没有"的文化。另一方面，在低水平职位的人（一般非豁免员工或小时工）通常会认为自己被低估了，尤其是当非货币奖励与等级水平或广大员工分组挂钩时，这一现象经常发生。我们都见过这样的情况：高级别的职位可以获得更慷慨的休假或离职金，更典型的是兑现奖金或股票计划。虽然这种做法（基于这样的假设：奖励类型和程度应与从事某种职业、处于某种级别和发挥某种功能的人所带来的影响相一致）本身没有错，但是雇主必须首先确定这是否需要政策来支持包容的或竞争/分化的文化。无论如何，为避免之前提到的挑战，雇主必须明确界定每个职位等级，证实从业人员的影响，并设置相应的奖励。

- 将非货币奖励与等级水平联系在一起的明显结果是导致这种趋势，即当雇员和他们的管理者晋升到下一个等级时（不管工作要求如何），如果晋升并没有如预期的那样，他们可能会感到不满意。有个与此相关的话题，在经济危机时期，或者在谨慎的时候，越来越多的人倾向于将晋升作为一种比提供2%左右的绩效预算收益更高的方式。这不是结构问题，但它是一个管理者如何使用结构和相关的分类政策的问题，是大量工作评价/重新分类的要求对员工薪酬影响的问题，这会导致员工时间利用不当，职位描述和相关政策受到谴责。每一级别总奖励计划越适合于工作以及它们对公司的影响，越能得到清楚的传达，组织就越不会陷入这种状态。

下面各节将介绍薪酬结构的四种基本类型（即传统的、灵活的、基于职业的和全球的），以及它们各自的优缺点。注意，就本次讨论的目的而言，虽然每个类型有所区别，但实际上，每个类型的特性常常重叠。

7.2 传统结构

最传统的结构是高度分层和技术驱动的结构。高度分层的结构使用许多等级，相邻等级/区间之间的距离相对较小。在技术驱动的结构中，无论是基于市场的，还是聚焦内部的，等级主要是由薪酬水平来界定，而不是按工作内容描述的职业或组织层次来区分。

7.2.1 采用传统结构的原因

根据与组织策略的一致性，各组织采用（或维持）传统结构的原因有所不同。几个常见的原因如下：

- 传统结构通过等级体系强调晋升/职业发展；个人可以"看到"自己晋升的形式，从一个等级到另一个等级，尽管有时职员看到的更多是一个"黑箱"，而不是直观的结果。
- 一般来说，这些结构是可以预测且易于管理的，因为工资变动的原因和时间清楚地由结构和相关的薪资交付政策进行定义。
- 传统结构通常具有很强的技术和数学推导基础，可能认为它比灵活结构更为客观，但实际上，它可能并不会更客观。
- 传统结构是建立薪酬方案行之有效的方法，因此相对容易解释和证明。

缺点
- 传统的方案过于结构化，并不能总是有效地应对不断变化的组织或个人需求。
- 由于等级定义的认知价值或地位的差异，以及造成这些差异的原因缺乏明确性，职能工作组之间或其内部可能会产生可感知的或实际的障碍。
- 管理者可能并不积极参与薪酬决策过程，而只是遵循既定的支付程序（即晋升、上限、新雇用准则）。

7.2.2 范例

以下是传统结构的两个范例。具体来说，这些范例展现了关于薪酬区间对称性的不同方式（如中点值或控制点）及薪酬区间之间的重叠度。

图 7-1 所展示的薪酬结构普遍被认为具有传统性的特点。这些特点包括中点值的使用、80～120 的形式、等级之间相对较小的距离（10%），以及许多重叠的薪酬区间（与等级之间相对较小的距离和相对典型的幅度区间有关的函数，从最小到最大约为 50%）。这样的设计有时也被称为箱体结构，反映了一个这样的事实，即幅度都是相同的比例，在很大程度上，多半是中点值之间的差。

1. 中点值

中点值通常被视为与工作中完全胜任的业绩相关联的薪酬水平。通常情况下，中点值是每个薪酬区间的中间数值，并与公司的薪酬策略相一致。它代表特定级别工作的目标工资（或现行工资）。中点值的实际值将取决于组织的薪酬理念（即在本组织的目标和本地、区域或国家市场区间内的支付内容）及其薪酬调查来源的选择。

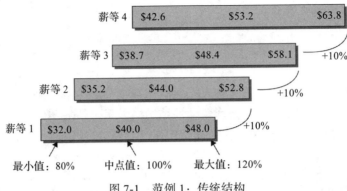

图 7-1　范例 1：传统结构

确定如何使用中点值制定薪酬区间的常用方法是聚类分析（见表 7-1）。在这个过程中，对集群工作的市场价格进行了审查，目标工资水平是根据近似平均值或中点值（或取决于本组织特定理念的其他竞争水平）制定的。

表 7-1　聚类分析法

基准职位	目标（P50）	建议等级	建议中点值	中点值差异
实验室助理 I	$26 006	1	$25 000	−4%
实验室助理 II	$26 967	1	$25 000	−7%
助理研究员 I	$30 275	1	$25 000	−17%
会计助理	$34 484	2	$36 300	5%
高级助理研究员 I	$36 961	2	$36 300	−2%
助理研究员 II	$37 628	2	$36 300	−4%
行政助理	$40 705	2	$36 300	−11%
工程技术员 I	$42 501	3	$45 400	7%
高级助理研究员 II	$45 039	3	$45 400	1%
人力资源分析师	$49 866	3	$45 400	−9%
工资/员工福利协调员	$49 866	3	$45 400	−9%
法律行政管理员 – 专利	$52 346	4	$56 800	9%
高级助理研究员 III	$55 620	4	$56 800	2%
过程质量管理主管	$55 620	4	$56 800	2%
工程师 I	$63 086	4	$56 800	−10%
Unix 系统管理员	$63 192	4	$56 800	−10%
研究员	$72 306	5	$73 800	2%
首席软件开发者	$72 306	5	$73 800	2%
会计经理	$73 412	5	$73 800	1%
人力资源经理	$76 275	5	$73 800	−3%
项目主管	$79 822	5	$73 800	−8%
高级研究员	$92 121	6	$95 900	4%

(续)

基准职位	目标（P50）	建议等级	建议中点值	中点值差异
信息技术经理	$85 035	6	$95 900	13%
专利代理人	$85 655	6	$95 900	12%
高级软件工程师	$86 767	6	$95 900	11%
数据库管理员	$93 442	6	$95 900	3%
高级设施管理经理	$99 866	6	$95 900	-4%
小组领导	$111 510	6	$95 900	-14%

根据市场分析创建初步的等级和区间后，薪酬分析师将每个位置放在建议的等级中（主要基于市场调查结果，其次是内部关系），然后将市值与新的中点值进行比较。这个初步的评估往往是十分有益的，因为它显示工作的市场值远比期望值远离新的中点值，这意味着需要重新配置（见表 7-1 "信息技术经理"）。那些职称听起来不同，但旗鼓相当且价值相等的工作（见表 7-1 "实验室助理Ⅰ和Ⅱ"），可能需要额外的等级来填补空白。

中点值不是校准幅度的唯一途径：

- 确定个人工资达到区间中的何种程度，有时称为区间点或区间渗透。"区间渗透通常是一种首选工具，因为它不集中在一个数字（中点值）上。相反，它指的是一个特定个体的工资渗透到多大区间内"。[3] 有些人认为这比中点值更直观。
- 区间的使用有时是重叠的，而不是特定的点（参见后面关于区间的附加讨论）。这些往往是在四分位点或三分位点才能看到，基层区域留给新员工和那些将要出现学习曲线的人，中间地带留给那些有充分经验和执行能力的人，最高的区域则留给那些处在最高水平的人，他们通常经验丰富，并且处于高需求的职位。虽然区间方法具有合理的结构，但重叠区间的使用确实能够使管理人员和人力资源管理人员在某种程度上灵活地配置薪酬。

2. 80~120 的形式

这是一种建立薪酬区间的方法，其中每个区间的最小值设置为中点值的 80%，而最大值设置为中点值的 120%。这种方法的对称性很有吸引力，相对容易理解，但并不一定反映招聘市场的实际情况。例如，某一工作的招聘率可能不在或没有接近 80% 基准点，它们可能或高或低。此外，死板的公式可能与该组织的绩效理念不相符，即组织愿意为工作范围内的卓越绩效支付比市场目标高出多少的薪酬。

一般传统的区间设计方法是使用市场参考区间（market reference ranges，MRR）。这些可能（但不总是）反映了与之前那些讨论相类似的一种结构，但区分因素在于区间内确定里程标志时对市场的更明确的使用。在这种情况下，中点值继续针对预期的市场定位（在大多数情况下是中位值），但最小值和最大值通常以市场上第 25 百分位（最小值）或第 75 百分位（最大值）为代表，或者就是这些市场上的实际值。在前一种情况下，最小值和最大值通常距中点值约为 15%。在后一种情况下，从适当的市场数字中可直接得到值，这意味着各级别之间区间跨度一般比数学推导的区间更不一致（例如，80~120、85~115、75~125 之类的）。

图 7-2 是一个更直接导出的市场参考区间的例子。请注意，由于区间限制是基于市场的，这种区间往往是对称的设计（对比下文 "不对称"）。

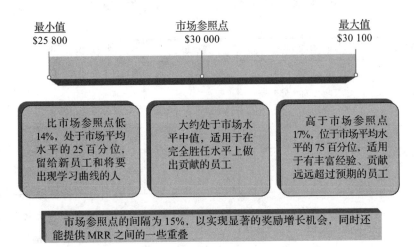

图 7-2　市场参考区间范例

3. 近距离区间

设置相对紧密的区间，确保从一个等级到下一个等级的晋升不会出现"意外"加薪。此方法也可以确保晋升更多是递增晋升，而非责任的重大飞跃。

图 7-3 展示了一个类似于图 7-1 中的结构，但本例中的结构实际上是以一种非常不同的方式设置的。主要区别是一个更大的内部区间距离（19%～22%），等级越高，距离也逐渐增大（通常称为扇状构造，反映了幅度在高级别水平处蔓延的事实），区间是大约相同的轮廓（从最小到最大约为 50%），但这是不对称的设计。

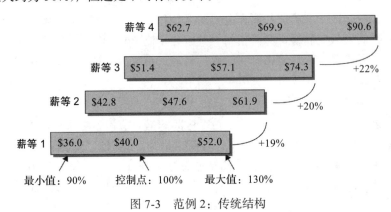

图 7-3　范例 2：传统结构

4. 不对称

与范例 1 中使用的 80～120 的形式相反，范例 2 中的区间最小值设置为薪酬目标的 90%，而区间最大值为目标的 130%。一些组织宁愿使用这种结构控制点而不是用中点值估计薪酬目标，因为它们的目的不是要把区间平均一分为二，而是建立确定该区间内个人薪酬的框架。

建立对称的薪酬区间没有内在的理由。虽然区间对称迎合了我们的秩序感，但更重要的是，薪酬区间框架应准确地反映招聘机制、发展过程、薪酬理念和薪酬与绩效之间的联系程度。同样重要的是，员工和他们的管理人员必须了解区间如何发挥作用，以及结构如何影响当前和未来的薪酬机会。在确定最低值和最高值时要回答的问题应包括以下内容：

- 工作的雇用率比目标低多少？事实上，组织是否希望聘用合格但经验不足的员工？另一种思考方法是询问一个新雇用的、没有经验的、领取最低工资的雇员，要想获得技能从而达到市场目标薪酬需要多长时间。预期的时间段越长，最小值和目标之间的距离就会越大。当然，职位级别不同，答案也会不同。例如，一个装配工可能需要数周或数月才能完成工作，而一位高级企业设计师可能需要数年时间才能获得充分进行贡献所需的技术和组织知识。这就是在许多组织中，非免税员工 / 小时工的最小值到控制点的距离远小于专业 / 管理类职员的原因。
- 组织愿意为同一份工作的非凡业绩和贡献支付高于市场竞争价格多少的金额？在某种程度上，这个问题的答案可能会受到公司成长速度的影响。考虑到这种可能，很多人，尤其是表现优异的员工，会在他们接近中点值而不是最大值之前，晋升到下一级别。一个正在迅速扩大的组织，无论从业务还是人员的角度来看，都会更关心这个问题。尽管如此，公司还是要自行回答这个问题。
- 当一个人达到或超过最大值区间时应做些什么？这种现实情况往往是很难处理的，尤其是在员工长期任职的成熟企业里。在这种情况下，个体极有可能在他们的区间内达到最高极限。公司须勤于传达区间上限的依据，为达到区间上限却依然做出重要贡献的个体提供一种认可和奖励的方法（如一次性奖励），确定和帮助建立一个实现真正的晋升或发展机会的路径，这将扩大工作挑战和提高薪酬水平的可能性。

5. 区间之间的距离较大

薪酬区间之间的距离往往与更广泛的工作集群相关联。从某种意义上说，这是显而易见的，因为使用更广泛的等级将不可避免地导致较少的等级来容纳本组织的工作人口。虽然这种结构不是实际的宽带，但它正朝着这个方向移动。与图 7-1 所示的结构相比，在图 7-3 所示的结构中，雇员很可能在每一级别上花费更多的时间。考虑到区间之间的重叠较少，导致晋升的增加往往更为明显，因此管理层应当确保其围绕绩效管理、员工发展，以及晋升的政策和方案得到明确定义和清晰传达。

7.3 灵活结构

现在让我们来看看更为灵活的结构。在原书的上一个版本中，本章认为灵活的结构相当于宽带（broadband），指出"宽带是可描述的工作集群，二者有很多相似的特征（如影响、区间、职业生涯阶段、功能、水平等），营造出群体归属感，创造职业机会……宽带本身并不是薪酬工具，虽然薪酬区间、薪酬参考点或薪酬机会可能是（而且几乎总是）在宽带内"。[4]

尽管宽带薪酬还没有完全绝迹，但它们肯定是人力资源列表中的"濒危物种"。为什么会这样？在某种程度上，雇主倾向于把宽带薪酬作为一种新方法，不幸的是，这对于薪酬或"热门"的人力资源措施来说并不常见。在许多情况下，宽带薪酬被视为雇主影响文化和结构变化的方法，但雇主不必在发展、沟通、工作流程或组织结构的支持过程中必须实现这种变化。此外，公司对宽带薪酬的观点可能是与"超等级"和宽度上从 100% 到 200%、300% 的"超区间"有关。在这些模式中，薪酬结构被认为具有无限的灵活性，为管理者提供了足够空间做出理想的薪酬决定，以打破不同等级工作的员工之间的等级壁垒。

令人悲哀的事实是，许多薪带（band）的执行并不像预期的那样。事实上，除非管理人员拥有通过工作和个人在市场行情上直接、持续地接触而获得的强有力的外部数据，以及有效的内部数据，如业绩、经验、雇用/晋升日期等，否则薪带并不起作用。如果没有这些信息，管理者需要指导方针，说明工作和人员在组织和薪酬等级结构中的位置，以及在各种情况下，什么类型的薪酬增加或目标薪酬水平是适当的。对管理者而言，巨大的"超级带"并不具有必要的基础设施，以帮助他们有效做出能够激励并保持其"拔尖人才"的薪酬决策。

从历史上讲，宽带薪酬在一个不断增长的经济时期（20世纪90年代）可能有很好的存在意义，因为管理者希望有更多的灵活性来奖励他们的员工，并且公司有足够资金为这些奖励提供支持。在应对劳动力市场的不断全球化，以及吸引和抓住关键人才的持续性挑战中，管理者也希望可以保持一定的灵活性。但在金融保守主义（出现在经济大衰退期间，且目前仍是一种作用于真正的经济复苏的经济模式）这一背景下，宽带薪酬固有的灵活性会被看作是一个残酷的玩笑："我可以给我的人工智能工程师支付 90 000～210 000 美元的薪酬，但我只有2%的预算来涨薪？"

如果我们关于灵活结构的讨论并不聚焦在宽带薪酬上，那我们在谈论什么呢？我们谈论的结构是：

- 为员工提供广泛的个人成长和业绩认可的机会。
- 更加透明和直观，从而为管理人员和雇员提供更多的方法，以便考虑和跟进晋升机会。
- 通常（但不总是）在相邻的中点之间有较少的区间、较大的幅度，以及比最小到最大标准的 50% 的宽度更宽的区间。
- 促进（并鼓励）横向工作调动。
- 将更多人力资源决策交给管理人员。
- 减少岗位评价的行政负担，往往看似是无止境的重新分类。

如果一种结构具备这些特点，又能够将薪酬和人才管理紧密结合起来，那么它便是一种基于职业的结构。

7.4 基于职业的结构

职业阶梯形结构有一个有趣的特征：它对员工和经理的职业都有强烈的直觉定位。表 7-2 展示了一种非宽带薪酬的基于职业的结构。

表 7-2 基于职业的结构

工作群	薪酬等级/职位等级							
	等级 18	等级 19	等级 20	等级 21	等级 22	等级 23	等级 24	等级 25	等级 26
行政支助	AS-1	AS-2	AS-3	AS-4	AS-5	AS-6			
技术和研究			TR-1	TR-2	TR-3	TR-4		TR-5	
信息技术和媒体			IT-1	IT-2	IT-3	IT-4		IT-5	IT-6
安全与设施服务		SF-1	SF-2	SF-3	SF-4	SF-5			

(续)

工作群	薪酬等级 / 职位等级								
	等级 18	等级 19	等级 20	等级 21	等级 22	等级 23	等级 24	等级 25	等级 26
财务			F-1	F-2	F-3		F-4	F-5	F-6
营销		M-1	M-2	M-3	M-4	M-5			

这种框架的动力始于其发展方式。有效的过程通常包括大量员工参与、工作群使用统一的标准（即行政支持、财政），以及团队明确的级别（即 AS-1、AS-2 等，按下面列表中第 1 步所示），而且允许各个等级在工作群中的发展（将其高度匹配到每个工作区域）。最终，这个框架提供了一个完整的薪酬结构，该薪酬结构主要基于对级别的正式评估（步骤 4）和市场分析（步骤 6）。

（1）定义工作群和问责要素（薪酬要素）。
（2）利用来自各个工作群的内容专家创建和验证工作群的框架。
（3）根据薪酬要素，再次请内容专家定义每个工作群里的不同等级。
（4）用不同工作群中每个级别的评估来确定工作级别的相对层次。
（5）将所有工作映射到合适的工作群，并定义在工作群中的等级（采用内容专家的意见）。
（6）对基准职位进行竞争分析。
（7）通过校正等级和市场价值来建立薪酬结构。

这种结构的另一个好处是在发布水平矩阵图时能保证其本身的透明性，如表 7-2 所示。这种更开放的沟通方式，通过在工作群里提高等级（例如从 M-2 到 M-3），或者从一个工作群转移到另一个工作群（例如从 AS-3 到 F-1）来转换功能区域和职业，使员工和管理者能够看到和清楚地了解升职的机会。

只有当这个系统被视为一种职业发展和机会推广的工具，同时指导随着发展必然上升的薪酬，它才可以成为吸引员工和提高组织效率的有力工具。然而，就像任何以职业为基础的结构一样，它会使其倒退成一个基于权利的不正当交易，从而失去信誉，增加不必要的劳动力成本，而且可能会严重影响士气，特别是在那些表现出色或高潜力的员工中，他们认为绩效和努力工作并不一定能得到晋升。

设计优良的且以职业为基础的结构还有一个优点，就是它与其他核心人力资源流程存在潜在联系。例如，我至少知道有一个团体，在工作群和工作级别描述上建立了自己的职务说明，同时允许特定部门进行说明或补充，并将其绩效管理流程与描述的工作等级的要求进行绑定。

职业双通道制度

基于职业结构的一个有趣变化是双重职业阶梯，这个框架存在于许多科学研究和技术导向的组织中。类似于工作群结构，这种布局的价值在于等级的责任 / 影响、薪酬和认可 / 地位的交叉。

表 7-3 是一个科研组织的职业双通道制度的示例。双重职业阶梯开始被用来识别和奖励那些在不需要进行管理的情况下做出越来越重要的科学贡献的个人，从而避免了彼得原则的负面影响。

表 7-3　职业双通道制度

薪等 9	副总裁		殿堂级院士
薪等 8	总监		杰出院士
薪等 7	副总监		高级主任研究员
薪等 6	部长		主任研究员
薪等 5			高级研究员
薪等 4			研究员一级
薪等 3			研究员二级

公司有多种理由可以考虑采用这种结构。一些常见的理由是，职业双通道制度：

- 鼓励顶尖的科学家、工程师或开发人员持续专注于他们的学科，而不要求他们放弃地位或奖励机会，或者去争取他们中的许多人可能并不擅长的管理岗位。
- 对于聘用和留住最好的技术专家起到促进作用。
- 通过一致认可、奖励和沟通，加强组织对研究或卓越工程的承诺。如果把世界级的发现、研究和发展视为企业战略与市场成功的核心，这一点就尤为重要。

每个职业双通道制度都必须符合特定的组织文化、价值观和等级制度（表 7-3 的示例包括与之相关的职称）。在技术组织中，职称尤其重要，因为职称在组织内外都可以被视为是一种认可和成就，并作为一种在双职业阶梯中比较地位的方式。例如，在表 7-3 中，如果说管理上的副总裁与技术上的行政总监（而不是殿堂级院士）相等同，则可能会被认为管理工作比技术工作更有价值。

等级的数目会低于或高于每个特定组织的阶梯分叉处的那个点。关键决定因素通常包括：

- 博士职位的入门等级（级别）。在表 7-3 中，这是高级科学家的水平。第 3 级和第 4 级的职位通常要求本科或全日制研究生学位。一个组织中更多的是适合非博士学位的职位。通常，在双通道开始之前，会有更多的层次。
- 在技术和管理方面可以确定组织的分层程度，以及有多少可行及必要的工作级别。

与任何结构或薪酬方案一样，公司的行为与双职业阶梯的目标也应是一致的。例如，薪酬方案（如基本薪酬、短期激励、股票奖励等）应该相当于同等级别的员工，但在双职业阶梯上的相对位置，对认可的重视应该与公司的业务重点和价值观是一样的（例如，在定期出版的时事通讯中投稿、在典礼上致谢、在名人墙上进行展示、参与重要的科学活动、出席重要会议等），还有人员比例（例如，在每个等级中的管理人员和科学技术人员的平衡）应该与业务和人才需求相适应。

7.5　全球或多层面结构

在当今的商业世界中，另一个需要考虑的重要因素是结构应该是单一的/集中的，还是分散的/本地化的。组织结构的数量（和类型）取决于许多因素，其中包括：

- 不同的业务部门是否处于不同行业和不同职能，是否需要不同的技能。
- 是否有不同的员工群体代表不同的劳动力市场和整体薪酬情况（非免税、免税、执行、销售)。
- 是否存在不同的文化或工作环境，例如，从一个由自我指导的工作组组成的客户服务组织（在一个以技术为基础的系统里可能合适）到一个职能组织的制造工厂（可能需要一个更多层级的、基于程序的系统）。
- 组织希望创建一个集中连续的运作系统（单结构），还是相对分散的、企业家式的运作系统（多结构）。

确定结构的理想数量的重要因素包括：
- 重视内部公平的程度。例如，人们跨业务部门或转移地理位置的频率是多少？是否在许多或大多数地点都有职能专家，或者如果公司建立了卓越的人才中心，有可能需要"进口"来自世界各地的高技术员工吗？如果一个组织频繁地使用后一种模式，则需要更普遍的结构来确保人员的移动不会受到只适用于本地等级和区间的限制。
- 组织能够有效支持和管理复杂的结构数组。人们希望组织能够创建和维持其所需的薪酬框架，以支持其人力资源战略和需求。然而在现实中，有时公司没有信息基础设施（即人力资源信息系统、职称、工作代码等），这使得跨地域的调动（和转移）工作和员工变得容易。组织在沿着一条路径或另一条路径快速前进之前，必须列出多重结构的优点和与基础设施缺口相联系的缺陷的列表。目前许多人力资源系统的复杂性和可访问性应使其更容易遵循适合组织的多重结构路线。

即使在一个国家内，本土化的理念也可以因工作水平和员工位置的变化而不同。例如，薪酬和招聘专家通常会在本国劳动力市场寻找领导和管理职位，特别是对需求高的或专业技能高的员工。然而，对于后勤人员和基本的生产/蓝领职位来说，当地的就业市场将会更加合适。

在全球许多地区都有业务的公司开始像真正的全球性组织一样运营，这时更重要的问题也许是这些公司是否应该采用全球薪酬结构。如果采用，这对工资水平和货币估值，以及现金和股票激励意味着什么？

当然，一个组织的"全球性"程度可以被看作是一个连续体。在这个连续体的底端，我们会发现，每个国家、地区或营业单位以相当自治的方式管理自己的薪酬体系。在这种情况下，虽然市场数据的质量和决策的客观性可能是高度变化的，但相对于企业控制和质量保证而言，更大的权重仍取决于独立决策。这对于大多数创业组织，以及每个所在国家的情况都是独特或多变的组织尤为典型。

在这个统一体的另一端，我们发现，公司强调了待遇的一致性，鼓励和要求跨职能部门和主权边界的员工流动。在这种情况下，统一的工作水准是确保这一点的关键，例如，在英国的一名第六级的首席科学家在被调动到日本做相同工作时，会发现他变成了第五级。这个问题可能不太关乎薪酬，更多的是关于地位和知名度（可能还有额外津贴和福利），这通常对科学、工程或学术组织来说是极其重要的，它们往往都使用职业双通道制度。

在使用全球结构的公司中，典型方式是建立一致的标准（首席科学家在任何地方都有相同的等级、职位描述和经验/教育要求），以提供与常见薪酬理念一致的薪酬机会（例如，50 百分位的目标工资加上 75 百分位的短期目标薪酬），并确保市场数据和货币的本土化。

7.6 薪酬结构的实际应用

薪酬结构的一个关键要素是员工个人如何在区间内和不同等级之间通过这个结构寻求发展，以及管理者如何在其中做出薪酬决定。正如我前面提到的，如果它不能促进薪酬的决策和工作/薪酬的提升，那么这个结构是没有意义的。图7-4显示了在一个区间内管理薪资的常见方法，主要是使用绩效。

图 7-4　各区间的薪酬幅度

这个模型背后的概念包括：
- 薪酬幅度内的薪酬区间。薪酬区间没有严格的定义，也不相互排斥，但它们将薪酬幅度划分为几个实际的部分，这些部分与经验水平、绩效和推广能力的大致水平相关。这表明，薪酬决策更像是系统的、明智的管理和判断的成果，而不是一种科学的过程或数学公式。
- 更灵活的架构。这使得公司可以考虑到市场和个人因素。例如，如果金融分析师的市场非常火热，很难甚至不可能在最小区间内聘用到刚毕业的大学生，在这种情况下，一个区域（不同于单个点）在最开始的时候将允许一些个人的自由裁量权。如果一家制药公司需要雇用一名世界级的药理学家，或一家工程公司需要一流的、经验丰富的航天工程师，这些职位的适当薪酬区间也许要足够大到能覆盖以市场为基础的薪资要求，但雇用率可能需要在这个区间的上层。只要这些个人的新薪酬不过分扰乱内部公平或造成破坏性的压力，这些较高的薪酬率就是合理的。
- 绩效工资。绩效工资的薪酬政策适用于这个模型，既可以通过更典型的绩效矩阵来决定年薪的调整（见表7-4），也可以制订更全面但更难以实施的目标薪酬方案（见图7-5）。

表 7-4　绩效矩阵

		在区间中的位置			
		第四个四分位数	第三个四分位数	第二个四分位数	第一个四分位数
绩效水平	超过	3%～5%	5%～7%	7%～9%	9%～12%
	完全达到	0%	3%～5%	5%～7%	7%～9%
	需要提高	0%	0%	0%	1%～3%

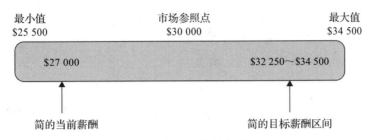

图 7-5 例子：简的薪酬

7.6.1 绩效矩阵

与图 7-4 中所示的薪酬区间不同，表 7-4 中描述的薪酬区间为四分位，而不是三个区域。这两种方法都得到了广泛使用，并且逻辑非常合理。

7.6.2 目标薪酬

在图 7-5 中，中点值被定义为市场参考点（MRP）。虽然区间本身是相当典型的，但是薪酬决策的方法不在于员工在某一年度应该获得何种加薪，而是基于他们持续的绩效、贡献和经历。也许组织已经确定了他们在相关标准下的"评级"。

图 7-5 所示方法的优点在于，它允许一个公司协调地看待个体对组织整体贡献和个体收入之间的关系（建立明确的交换条件），而不是只看个人所得应该增加多少。在这个例子中，简目前 27 000 美元的薪酬远低于她的目标薪酬区间（32 250～34 500 美元），这是基于简拥有丰富的经验以及对公司做出的特殊贡献。将简的工资增长限制在每年增加的区间内，会延长她到达目标区间的时间。这种拖延可能导致简感觉被低估，从而使其容易接受其他组织的邀请，这些组织愿意以一种更承认她的价值的方式支付薪酬。

这种方法的挑战在于，公司需要在某些事情上达成一致：个人贡献的关键指标、准确和可访问的个人贡献的数据，以及对管理层决策的信心。这些决策常常对公司成本造成重大的影响，并对被考察员工产生个人影响。在这个例子中，简的经理需要量化或至少证明简对公司的影响，公开她的薪酬与市场目标的对比以及预期增长的重要性。如果要求组织满足这里描述的所有必要条件，这个模型在大多数组织中则很难实现。

本章小结

薪酬结构虽然往往被忽视，但作为有重大影响力的工具，却可以为公司沟通优先事项提供强有力的基础，并制订能够帮助其招聘、留住和培养关键人才的薪酬方案。为了让薪酬结构能够发挥巨大的潜力，雇主需要做到如下几点。

- 确定最适合人力资源战略和文化价值的设计，并确定在基于技术和职业之间、局部控制和集中控制之间、单一职业和双重职业之间的刚性和灵活性的区间。
- 决定其结构的基础：市场、内部价值或团体。
- 就如何将薪酬结构应用于薪酬决策达成一致：通过绩效奖励计划、目标工资水平或其他方面来支持的薪酬区间。

值得注意的是，将薪酬结构作为一种生态系统来进行建立和管理才是最有效的，它将支持企业人力资源管理战略的需求，而不仅仅是一种为了确定职位和调整薪酬的正确技术框架。

注释

1. Andrew S. Rosen and David Turetsky, "Broadbanding: The Construction of a Career Management Framework." *WorldatWork Journal*, Fourth Quarter 2002, p. 46.
2. Sandra McLellan, "It's Not Just About Money, It's About Talent: 5 Principles for Creating the RightGlobal Job-Leveling Approach for Your Organization." Compensation Focus from WorldatWork,Scottsdale, AZ, February 2013.
3. *The WorldatWork Handbook of Compensation, Benefits and Total Rewards: A Comprehensive Guidefor HR Professionals.* WorldatWork, Scottsdale, AZ, 2007.
4. Andrew S. Rosen and David Turetsky, "Broadbanding: The Construction of a Career Management Framework." *WorldatWork Journal*, Fourth Quarter 2002, p. 48.

第 8 章
选择和建立薪酬结构

迈克尔·阿姆斯特朗（Michael Armstrong）
E-reward.co.uk

　　薪酬结构为薪酬管理提供了高效的管理体系。薪酬结构的正确制定非常重要，因为它能够帮助组织实现业务目标并获得持续的竞争优势。正确的薪酬结构可以从四个方面实现业务目标。第一，薪酬结构确保结构中的薪酬区间比市场价格更加有利，从而使公司能够获得并且留住需要的人才。第二，为实现薪酬公平而做出的所有努力都可以提高员工的工作满意度，从而提高生产率。第三，薪酬结构可以通过绩效薪酬的方式来提供加薪空间，从而提高对员工的激励水平和员工的敬业度。第四，作为薪酬结构基础的薪等结构可用于界定职业发展机会，从而有助于实现人才管理的目标。

　　本章内容主要关于薪酬结构的使用和发展。学习要点包括：
- 薪酬结构的定义。
- 用于开发和维护薪酬结构的指导原则。
- 不同类型的薪酬结构及其优缺点。
- 薪酬结构的选择标准。
- 薪酬结构设计的基本步骤。

8.1　薪酬结构的定义

　　薪酬结构包括薪等结构中每个薪等（grade）、薪带（band）或薪级（level）的薪酬区间，它们被称为薪酬跨度，即每个薪等对应的薪酬区间的范围或宽度。它为同一薪等中多个职位的不同薪酬或者薪酬增长提供了支撑，通常用薪酬区间的最低值和最高值之间的差值占最低值的百分比来衡量。

薪酬结构由薪等、薪带或薪级的数量来确定，由薪等、薪带或薪级的排序或层次关系构成。薪等涵盖了职责范围大致可比较或者市场薪酬价格在相同范围内的职位群，通常都基于中点值来协调和管理（即中点值管理）。薪带则是更为宽泛的薪等，其薪酬区间跨度也更大，并且可能是非结构化的。薪级由一系列有效的薪等组成，有一些组织就是这样做的，它被称为决策责任。通常我们使用薪级划分的职位评估程序，将不同的职位放入相应的薪级当中（见本书第10章）。

事实上，可能存在单一的薪酬结构，它由薪等、薪带或薪级的数量来界定。或者，该薪酬结构可以划分为多个职位族，该职位族由多个工作性质和目标相似，但在不同层级上开展工作的职位群构成。

也有一些组织根本没有正式的薪酬等级结构，它们完全依赖当期的市场薪酬水平，尽管奖金是在基本薪酬之外提供的，但并没有通过薪酬区间的方式提供薪酬递增的空间。这种薪酬方式在规模较小的企业、结构松散的组织，以及那些强调弹性和对市场压力快速响应的公司中比较常见。个性化的薪等是不太常见的方法。这种方法在某一薪酬区间上使用即期薪酬率，而且将该职位[1]薪酬率上下浮动20%（仅为示例数据）作为薪酬增长的空间。即期薪酬率和个性化的薪酬区间在英国比较常见。英国特许人事与发展研究所（CIPD）《2013年薪酬调查报告》的数据说明，49%的受访者使用了这类方法。该类方法可以使企业的业务与市场薪酬率保持同步，它通常是通过一种被称为极端市场定价（extreme market pricing）的方法来实现的，该方法完全依靠市场薪酬率信息来确定薪酬水平，并且不使用任何形式的职位评估。

8.2 薪酬结构指导原则

对于应该采用何种薪酬结构和如何管理薪酬结构并没有通用的法则。然而，在评估新的薪酬结构的设计或现有薪酬结构的运行状况时，应该考虑以下指导原则。薪酬结构应该：

- 适合公司的文化、特征和需求。
- 依据内外部薪酬水平关系的政策，在确定岗位薪酬时将市场薪酬水平纳入考虑范围，以提供有竞争力的薪酬。
- 促进相对性管理，在管理薪等和薪酬方面展现公平、公正、一致和透明的原则。
- 适当划分职位薪等，而不发生薪等漂移（不合理的薪等上浮）。
- 具有足够的灵活性，以使其能够应对市场薪酬水平的变化和技能短缺所产生的压力。
- 协调操作上的灵活性和可持续发展。
- 提供薪酬增长所需要的空间。
- 明确薪酬、横向发展和职业机会。
- 薪酬结构应富有逻辑并且思路清晰，使其运行的基础能很容易地传达给员工。
- 使公司能够控制成本、薪酬政策执行及其预算。
- 使维护薪酬结构所需的管理工作量最小化。
- 在一定框架内实现灵活性，并在灵活性和控制之间提供适当的平衡。

8.3 薪酬结构类型

如前文所述，在实践中存在多种不同类型的薪酬结构。

8.3.1 多薪等结构

多薪等结构，有时被称为狭义或传统的结构。该类薪酬结构包括一系列的职位薪酬等级，将价值大致相同的不同职位放在同一职位薪酬等级中。通常可能包括 10 个或更多的薪等，运行的时间相当长。尤其在政府机构中，其薪等可能多达 18 个甚至更多。按照职位评估分数的区间来划分薪等，所有落在该分数区间的职位都被划入这个薪等。或者，如果采用分析性的因素比较方法或者职位分类法（见第 10 章）进行职位评估，薪等的构建可以通过薪等定义或者特征描述进行，这些定义或特征描述能够提供与职位相匹配的信息。

每个薪等都有薪酬区间，以确保薪酬递增的空间，这个区间通常以薪幅（range spread，同一薪等的薪酬最高值超过最低值的百分比）这个术语来描述。薪幅值通常为 20%～50%（其中，30%～40% 最为常见）。薪酬区间的中心被称为中点值，它可以根据薪酬政策与市场薪酬率挂钩。

中点值管理方法有助于薪酬结构管控。该方法通常使用比较率指标，它表示实际工资率占中点值的百分比，中点值通常被视为政策薪酬率或参照点。通过比较率的分析，我们可以发现与政策薪酬水平相比，比较率是过高还是过低了，从而确定应该采取什么措施来减缓或者加速薪酬增长。比较率也可以用于评估员工在薪酬区间中所处的位置，从而提供薪酬增长幅度的信息。

薪酬区间之间的差值（即较高薪等的中点值占较低薪等中点值的百分比）通常在 5%～15% 之间，但它最高也可达 25%。差值太小意味着当薪等上升时，薪酬递增的空间有限。而差值太大则意味着，薪等的决策可能会导致薪酬增长与职责增长不成比例。

通常，薪酬区间之间有重叠。它是指较低薪等的最高值与较高薪等的最低值之间的差值。支持重叠的观点认为，它提供了更多的灵活性，使得人们能够认识到，处于某一薪等最高点、具备丰富经验的员工对于组织的贡献可能高于相邻较高薪等、处于学习曲线部分的员工这一事实。然而，如果重叠过高，也会导致很多困惑。

多薪等结构的优势在于，它们为组织管理相互关系和确保同等价值的职位能获得同样薪酬提供了框架。从理论上说，它们易于管理，因为大量的薪等使组织在薪酬结构中区分不同的职责水平成为可能。员工可能会喜欢这类薪酬结构，因为它们提供了很多通过薪等上升来提高薪酬的机会。

但是此类薪酬结构也有很大的缺点。主要问题是，如果薪等太多，组织就要经常面临薪等上升的压力，这就可能出现所谓的薪等漂移。它们可能需要与已经不存在且运行条件严苛的官僚层级结构相匹配，这显然与团队柔性和基于流程的组织需求是相悖的。同时，它们也强化了将晋升作为一种薪酬增长手段的重要性，这可能与公司要求更高的灵活性，以及通过推动员工在薪等内的流动来拓展经验和能力的需求背道而驰。

8.3.2 宽带薪酬结构

如勒布朗（Leblanc）[2]和阿博计（Abosc）[3]所描述的那样，最初始的宽带薪酬结构包含最多 5 个或 6 个薪带，通常跨度为 70%～100%。在宽带薪酬结构中，薪带是非结构化的，其对薪酬的管理比传统薪等结构更加灵活（其对薪酬增长可能无限制），更多地关注市场薪酬率（因为它是位于薪带中的职位的当期实际薪酬）。在薪带中的薪酬增长主要取决于能力和角色责任。薪带并不能通过书面描述，也不是参照职位评估的结果。通常，该类薪酬结构在一个相对更加松散的结构中给予直线经理更大的薪酬决策权。

非结构化的宽带薪酬的原始概念现在已经不再普遍适用了。它的原始概念导致了无法满足的薪酬增长空间期望。在那些要求控制成本的组织中，就不得不在薪带的某个点上停下来，而且没有任何标准可以确定何时和如何停止。如果没有足够的指导，直线经理会感到茫然无措，员工则会怀念过去的薪酬结构。

因此无法避免的是，薪酬结构会慢慢渗入其中。第一步就是将参照点与市场薪酬率挂钩，即基于市场薪酬率，类似的职位被集束在一起。然后将其延展为适用于某一职位和职位群的薪酬区间。通常，参考点都包含在薪酬区间之中，因此，它们越来越类似于传统的薪等结构。阿姆斯特朗和布朗[4]认为，他们调查的英国组织中有80%以薪酬区间（43%）和包含参照点的薪酬区间（37%）的方式引入了一些薪酬控制。职位评估不仅用于界定薪带的界限，而且还用于将工作按价值大小进行排序，以决定在与市场薪酬率相结合时应该将参照点设在何处。

更多结构化方法的引入使得宽带薪酬的原始概念被削弱，职位评估在设计薪酬结构和满足公平薪酬要求方面的作用则变得更加突出。逐渐地，那些宽带中的薪酬区间看起来和传统的薪酬等级结构非常相似。因而，所谓的宽带薪酬结构实际上就变成了宽薪等结构（我们将在后面讨论）。

最初宣称的宽带薪酬的主要优点是，它具有更多的灵活性，并具有多种实现方式，如覆盖了更广泛的而非严格界定的角色，较灵活地将职位归入薪带并使员工在薪带中晋升，更快地响应市场薪酬率的压力等。支持宽带薪酬结构的观点还认为，它具备使用市场定价而无须进行正式职位评估的优势。此外，宽带薪酬结构和组织结构扁平化的方向是一致的。薪等数量的减少意味着组织面临的薪等提升压力有所降低，薪等漂移的可能性减小，并降低了薪等管理的难度。

20世纪90年代初到21世纪初，在宽带薪酬发展的过程中，出现了两种保留意见：①如果宽带薪酬只由当期薪酬组成，那么非结构化的宽带有何意义呢？②在每个薪带中，有3个薪酬区间的4个薪等的薪酬结构与包含12个薪等的薪酬结构有何区别？关于第一个问题，宽带薪酬的支持者认为，这至少有一个可以管理当期薪酬的总体框架。关于第二个问题的常见回答是，随着角色的发展，在薪带内不同薪酬区间之间的流动更加灵活。然而，这些回答都不足以令人信服。

除了这些基础的保留性意见外，还有其他一些对宽带薪酬的反对意见。一般来说，尽管原本认为宽带薪酬更容易管理，但是目前的实践发现，宽带薪酬结构比狭窄的等级薪酬结构更难以管理，因为它对直线经理和人力资源管理者提出了相当高的要求。薪酬可能会失控，除非采取一些措施防止这种情况发生。正如工程公司的一名薪酬经理对阿姆斯特朗所说，[5]"宽带薪酬提供了巨大的灵活性空间，但是同样也带来了很大的犯错误空间"。

宽带薪酬有助于建立员工对明显的薪酬机会的期望，在许多情况下，如果保持对薪酬系统的适当控制就肯定能实现。我们可能很难向人们解释宽带薪酬的工作原理以及员工将如何受其影响，因而，员工可能会担心宽带薪酬结构明显缺乏透明度和精度的问题。与其他类型的薪酬结构相比，宽带薪酬结构中的薪酬变动决策可能难以做到客观。

与传统的薪酬结构相比，宽带薪酬结构的运行成本可能更高，因为它对薪酬增长的控制更少。费（Fay）等人[6]在美国进行的研究发现，实行宽带薪酬结构的公司的基本薪酬和总现金薪酬都明显比那些实行传统薪酬结构的公司更高。他们估计，宽带薪酬将工资总额成本提高了 7% 以上。

8.3.3 宽薪等结构

宽薪等结构的目的是融合多薪等薪酬结构和宽带薪酬结构的优势。它们将多薪等结构的 12 个或更多的薪等数量减少到 6 个或 7 个薪等，并且根据美国薪酬协会（WorldatWork）2013 年的调查报告，[7] 采用更宽的薪酬跨度，即从 20%～40% 扩大到 30%～80%。宽薪等结构的薪等和薪酬区间的定义和管理方式与多薪等结构一样，但是更宽泛的薪酬跨度意味着有时候组织会引入相应机制来控制薪等的提升，以便使员工避免达到该薪等的最高薪酬点。在确定薪酬范围和确定薪酬水平时，我们需要特别注意市场薪酬率。

宽薪等结构有助于克服或至少是缓解多薪等结构中普遍存在的薪等漂移问题。在薪等被定义之后，我们就更容易区分它们，并且使匹配（将角色的特征描述与薪等定义或特征描述进行比较，以找到最佳匹配）变得更加准确。但是它可能难以控制薪等提升，这可能将增加这个系统的运行成本，尽管这些成本可以通过更好地控制薪等漂移来抵消。该薪酬结构的运行成本通常比多薪等结构更低，因为较少的人会降到更为宽泛的薪等中的薪酬高点以下。它也克服了宽带薪酬结构的主要缺点，即难以控制薪等增长，从而难以控制成本。

美国薪酬协会将宽薪等结构描述为基于市场的结构，强调其与市场薪酬率的联系。但根据美国薪酬协会的定义，市场化的薪酬结构都展示了宽薪等结构的典型特征。美国薪酬协会 2013 年在美国的调查发现，基于市场的薪酬结构是迄今为止最受欢迎的薪酬结构（占 64%，而传统或窄薪等结构的受欢迎程度只有 23%，宽带薪酬结构则仅占 12%）。

8.3.4 职位族薪酬结构

职位族（Job families）由一类职能或职业的职位（如营销、运营和财务）组成，它们在职位所开展的活动、所需基本知识和技能等方面相关，但是其职责、所需知识、技术或能力方面也存在差异。在职位族薪酬结构中，每一个职位族的连续层级都是参照主要活动以及高效执行这些行动所需的知识、技能或能力界定的。这些因素也决定了职业发展路径，员工必须掌握在职位族内晋升或跨职位族发展所需的知识和技能。通常情况下，职位族会划分为 6～8 级，这和宽薪等结构一样。某些职位族的等级数量可能比其他职位族更多。职位族通常被认为是市场群体，根据市场薪酬率的不同，不同职位族的薪酬水平可能存在差异。

职位族薪酬结构定义了更高层级或在不同职能中所需的知识、技能和能力，并且描述了人们应该通过工作经验、教育或培训等方式学习的知识、技能和能力，这为个人的职业发展规划提供了基础。职位族中的层次定义可能比传统的薪酬结构更为准确，因为它们重点关注职位族中具有共同特征的角色，而不试图覆盖整个组织中的宽泛且在某种程度上并不相关的技能。但是，与单一薪等结构相比，它们可能更难开发、解释与管理。CIPD 2013 年的调查发现，它在英国很受欢迎，30% 的受访者都表示正在使用这种薪酬结构。但在美国薪酬协会 2013 年的调查报告中并没有提及这一点。

8.4 薪酬结构的选择标准

重要的是应记住，在薪酬结构方面永远没有一个普适的模式。薪酬结构的选择主要取决于组织的类型、需求和价值观。我们将这些选择标准总结如下（见表 8-1）。

表 8-1 薪酬结构的选择标准

薪酬结构类型	选择标准：具备如下特征时，选择对应的薪酬结构可能会更合适
多薪等结构	• 该组织规模庞大，官僚作风，具有定义清晰和广泛的层级的科层制 • 预期的薪酬增长是小幅度但相对频繁的 • 文化的特征是，地位（通常以薪等为标志）特别重要 • 有一些薪酬增长的空间，但不需要太大 • 组织的价值观支持实现内部公平性和外部竞争性
宽带薪酬结构	• 在薪酬决策和管理中需要更高的灵活性 • 大家相信，职位评估不应作为划分薪等的驱动性因素 • 关注的焦点是激励员工进行横向发展 • 组织已经实行组织结构扁平化 • 组织的薪酬政策是市场驱动的
宽薪等结构	• 相信如果薪等数量相对有限，那么就更可能对其进行界定并更准确地区分，以便在对职位进行薪等分级时提高精度 • 当前正在实施的多薪等结构是造成薪等漂移的主要原因 • 认为通过薪等提升而实现的薪酬增长应与员工贡献挂钩，这样可以引入有效的控制机制 • 组织的价值观强调，即便要以牺牲内部公平为代价，也必须强调薪酬竞争力
职位族薪酬结构	• 组织内存在多个独立的、需要实行差异化薪酬的市场群体 • 不同职位族的责任范围和现有层级的基础各不相同 • 相信职业发展路径需要用能力要求来进行界定

8.5 设计薪酬结构

当然，设计薪酬结构的过程将根据所采用的薪酬结构类型的不同而不同。但一般而言，薪酬结构设计包括以下步骤：

（1）确定薪等、薪带或薪级的数量。首先可以使用要素计点法进行职位评估，根据计点分数得出职位价值排序，以此来确定职位可能被分配到哪个薪等，以及应该有多少个薪等。或者，可以基于对组织价值增长层次的分析，事先确定所需的薪等、薪带或薪级的数量。

（2）定义薪等、薪带或薪级。它可以是每个薪等的职位评估点数范围或口头描述。为了使职位能够与薪等进行匹配，薪等可能要涉及问题解决、职责水平和资源复杂性等诸多因素。

（3）对标杆职位进行薪酬市场调查。选择代表组织中不同职业和工作层次的典型工作，并将这些典型职位作为可以与其他职位进行比较和评估的参照点。

（4）确定关于组织的薪酬水平与市场薪酬率的挂钩政策，即确定组织的市场薪酬定位。更具竞争力的薪酬水平应该在中位数或中位数以上。

（5）基于窄或宽薪等结构，根据组织的市场薪酬定位，计算每个薪等标杆职位的平均市场薪酬率。这可以得出每个薪等的目标薪酬率，它通常被当作是各薪等的薪酬中点值。在宽带薪酬结构中，标杆职位的薪酬率可用于确定各个参考点或薪酬区间。

注释

1. Chartered Institute of Personnel and Development (CIPD), *Annual Reward Survey*. London, 2013.
2. Peter Leblanc, "Banding: The New Pay Structure for the Transformed Organization." *Journal of Compensation and Benefits*, January-February: 34-38, 1992.
3. Kenan Abosch, "The Promise of Broad-Banding." *Compensation & Benefits Review*, February: 54-58, 1995.
4. Michael Armstrong and Duncan Brown, *New Dimensions in Pay Management*. CIPD, London, 2001.
5. Michael Armstrong, "Feel the Width." *People Management*, February: 34—38, 2000.
6. Charles Fay, Eric Schulz, Stephen Gross, and David Van De Voort, "Broad-Banding, Pay Ranges and Labor Costs: An Empirical Test." *WorldatWork Journal* 19(2): 21-29, 2004.
7. Greg Stoskopf, Sheila Sever, Michelle Nguyen, and Warren Mueller, "The Evolution of Salary Structures over the Past 10 Years: Are Market-Based Salaries the New Normal?" *WorldatWork Journal*, First Quarter: 29-39, 2013.

第 9 章

使绩效加薪和奖金更富成效

默娜·赫勒曼（Myrna Hellerman）
希伯森咨询公司（Sibson Consulting）

詹姆斯·科汉斯基（James Kochanski）
希伯森咨询公司（Sibson Consulting）

没有任何一个组织在薪酬支付方面有毫无限制的资金池，那么，组织该怎样才能使员工相信，他们的高绩效将会得到更高薪酬呢？雇主如何避免那些暗示员工绩效并不重要的"一刀切"的加薪和奖金举措呢？雇主如何既能鼓励实施基于绩效的薪酬，又能阻止管理人员为了员工而钻这种体系的空子？

要让每年的薪酬举措都行之有效并不容易，但重要的一点是，必须使所有的努力都有相应的价值。关键是要提升组织思考和谈论绩效的方式。那些用薪酬来兑现绩效的组织创造了一种对员工和组织都有益的文化。本章将讨论如何使薪酬举措更为有效。

9.1 绩效的区分

虽然基本薪酬增长和奖金的"一刀切"方法在一定程度上使管理更加简单，从而带来了便利，但这种做法也传递了一个强有力的负面信息："在这里，个人绩效无关紧要，或者至少它还没有重要到让我们努力找出并奖励那些为公司成功做出高绩效的员工。"这种信息很可能会导致高绩效员工放弃奋斗，他们可能会想："如果我只能得到与其他人一样的薪酬，为什么还要压榨自己呢？"

或者我们可以这样看：假设绩效薪酬增长3%~4%（对于年薪4万美元的员工来说，每月税前薪酬只会增长100美元）和象征性的500美元奖金，那么绩效评估过程就似乎不值得付出努力。然而，如果一个组织拥有 6 000 名员工，假如员工的平均年薪是 4 万美元，那么，3.5% 的绩效薪酬增长的预算就意味着约 840 万美元的成本增长，而每位员工 500 美元的奖金又意味着另外 300 万美元的成本增长。在这个 1 140 万美元的基础上，还需要加上与薪酬有关的福利（例如，带薪休假、401（k）计划匹配缴费和养老金应计费用）的相关费用。由于绩效评估过程似乎不值得付出努力，所以我们浪费了一大笔钱。

9.2 把年度薪酬计划做得更好

将绩效薪酬纳入年度薪酬行动中需要进行艰难的决策，这可能需要几个业绩循环才能实现目的。然而，迎接这一挑战是值得的。研究表明，基于个人绩效和影响的薪酬结果有助于提高员工对企业成功的贡献度。

以下是几个来自公司的经过测试的想法，它们在基本薪酬增加和奖金预算方面获得了很好的成果：

- **建立预留资金以奖励绩效最佳的员工。**为绩效最佳员工预留资金池（绩效加薪和/或奖金）能确保组织系统地识别业绩最高的员工，并确保他们比那些处在平均/预期绩效水平的员工获得更大的经济回报。企业可以从绩效增长或奖金资金池中划出预留资金。

例如，继续使用前例，如果该组织有 6 000 名员工，他们的平均年薪是 4 万美元，3.5% 的绩效加薪预算将产生大约 840 万美元的绩效资金池。90 万美元的预留资金将为公司处于前 10% 的绩效优秀员工平均增加 1 500 美元的绩效奖金，并仍然可以让所有 6 000 名员工的基本绩效平均增加 1 250 美元。

使用预留资金的公司发现分配决定过程本身也是大有裨益的。例如，为了利用绩效优秀员工预留资金池，价值数百万美元的服务提供商就会要求其管理者提名公司中绩效最好的员工。管理者会使用非常简要和具体的标准，为所谓的绩效优秀提供证据。经理和被提名人都必须在表格上签名。然后，该部门的高级管理团队将对这些提名进行审查，并将绩效优秀员工预留资金分配给绩效最佳的员工们。

企业最初引入这种方法的原因是希望回到纯粹的绩效薪酬流程中。然而，四年之后仍然使用该方法的原因则是，它有四个好处：

（1）真正优秀的员工会要求他们的经理对绩效评估和提名过程负责。员工们知道，除非通过顶级绩效员工提名过程给出其卓越绩效的证据，否则他们无权在"一刀切"的薪酬增长政策上获得额外的薪酬。

（2）提名表格的设计有助于界定什么是最佳绩效。在第一年（当时可能有大量的提名）之后，经理们更好地理解了从绩效优秀员工预留资金池中差别性地评估绩效奖金增长的好处。

（3）资金池分配需要突破边界，跨组织校准。它还包括高层管理团队就绩效预期进行的深入讨论。

（4）高层管理团队层次的绩效讨论有助于为组织的深度和人才的能力提供极具价值的洞见。他们通过这个过程会知道公司不断演进的人力资本规划过程。

有一个大型的健康护理系统曾经采用这个方法的变形，该系统拥有数千名小时工和监督员工。若干年后，该系统的绩效加薪资金池已从 0 增至 1%，奖金资金池（基于该系统的财务业绩）也在 1% 左右。由于持续性的财务约束，领导层决定不再对"一刀切"的薪酬增长和业绩奖金资金池追加任何投资。与此同时，领导层从奖金计划的资格条件变革中节约了一些资金，在基本薪酬方面又节约了 0.25%，因此就有了针对绩效优秀员工的奖金池。预留资金池通过提名和评估流程进行分配，该过程与前文提及的服务提供商的做法类似。薪酬计划的公平性和受认可程度也是该健康护理系统被持续视为优选雇主的重要原因。

- **明确界定绩效期望，并清晰表达企业将奖励绩效优秀员工。** 接受这种方法的雇主需要确定他们的绩效期望，并且说明卓越绩效是如何形成的，然后通过绩效薪酬和奖金的方式给予相应的奖励。

例如，一个规模达数十亿美元的零售商在新 CEO 到任前的数年一直徘徊在破产边缘。两年后，他因拯救了公司而受到雇员和投资者的广泛好评。所以，当 CEO 在员工的公开见面会上发表以下声明时，大家都表示很惊讶，他说："为了帮助你们校准今年的绩效评估和相应的薪酬期望，你们应该知道，在用于薪酬增长的 5 分绩效考核量表中，我得到了 3 分（强贡献者）。这是董事会告诉我的。在我的职业生涯中，我只获得过有限的几次比这更高的评价。"

这位备受赞誉的 CEO 对其绩效评级的坦率态度有助于员工重新对标整个公司的绩效标准。"如果他干得那么棒才得了 3 分，那么我要怎样才能做到 4 分或者 5 分？"雇员们会这样来推理。如果董事会关于 CEO 的薪酬决定与其绩效评级一致时，那么基于绩效的薪酬信息的可信度将会更高。

仅仅一个绩效周期，该公司的绩效评级就从过去基本都集中在 4 分和 5 分的分布状况，转变成几乎完美的钟形曲线。该公司利用有限的绩效增长预算，有效地识别和奖励了在所有层次上的关键贡献者。在三个绩效周期后，基于绩效的薪酬就重新焕发了活力和可信度。

- **建立员工对绩效产出的主人翁精神，正是这些绩效产出在为基本薪酬增长和奖金池提供资金。** 理想情况下，获得加薪和年终奖金的员工表现出卓越的业绩和技能，为公司的成功做出了有意义的贡献。当然，这是假设他们知道自己必须做些什么来驱动期望的商业业绩结果，反过来，他们又为绩效增加和奖金提供资金。

有些雇主说："我们的员工不会理解，也无法对这些财务问题采取任何措施。相对而言，告诉他们，我们没有实现目标，因而没有多少钱可用于基本薪酬的增长和奖金发放，这样更容易些。"但是，还有一些雇主则看到了为公司及其员工创造经济上双赢局面的机会。

一家肉类加工公司的领导团队意识到公司的持续生存能力已经受到威胁。该团队分析了企业的经济情况，并建立了非常精细的价值树，该价值树围绕资本回报，分析了影响资本回报的每项财务和非财务指标。这项分析表明，为了确保企业的生存，公司需要采取严格的紧缩措施（包括薪酬冻结）。

负责工厂运营的高级副总裁拒绝接受这一结论，并认为这是象牙塔式的公司分析，他说："我敢打赌，如果我们能在屠宰场教会员工们如何赚钱，我们就可以得到改善，并将获得薪酬增长和奖金发放的资金。"

这位高级副总裁为员工们建立了一个简单的财务扫盲计划。该计划包括讨论公司和客户如何赚钱（以及公司如何帮助客户赚取更多的钱）。他在给员工介绍了价值树的简化版本后，要求员工通过团队合作，找出他们日常行动中可以改善价值树财务结果的事项。员工们因而提高了绩效结果的主人翁意识，并找到了流程改进和个人技能发展的机会，以增强公司盈利能力和可持续性。如今，该公司毫无意外地获得了足够的绩效预算和奖金资金池。

- **汇总绩效预算和年度奖金资金池，使小部门也能够充分参与**。越来越多的雇主倾向于将小部门的绩效加薪预算与该部门相邻层次的预算整合在一起，或者创建能够覆盖包括三个或更多经理管理之下的、至少 30 名雇员的绩效加薪预算。这样，企业就可以解决小部门因只有少量雇员而无法区分薪酬的问题。

这个过程还产生了一个附带效益，就是这些小部门的经理们学会了如何讨论薪酬和绩效。通过这种同事间的讨论，他们能够建立更为清晰的、在期望绩效的基础上区分出优秀绩效的标准。此外，负责分配企业有限绩效资金池的经理们也找到了一种公平区分绩效的方法。

例如，有一家食品配送公司拥有众多员工团队，每个团队都有自己的经理和三四名员工。这些小组都设在总部，他们为一线运营提供专门的支持服务。虽然团队习惯性地认为自己是独立的单位，但当他们的绩效加薪预算被合并在一起时，经理们就必须把所有的员工都看作整个服务过程的一部分。在针对整个服务过程的评估中，哪些人和哪些团队承担的一线运营服务支持负荷更大就变得更加明显。经理们据此进行相应的绩效薪酬分配，并开始改进流程中低效率和低效能的部分。

- **组建经理团队**，校准绩效评级、绩效加薪和奖金池分配，以减少不同经理之间评判的差异。我们可能经常听到员工抱怨："这个制度不公平，因为我的经理比你的经理更严格。"解决这个问题的方法之一就是，组织一些经理在最终发布结果之前校准绩效评级、绩效加薪和奖金薪酬。绩效校准是指让同行经理在做出最终决定之前对其他经理的决定进行评估，以便采用共同规则来调整决策，确保公正和准确。

有一些组织努力地培训经理人员，力图让大家明白为什么夸大的绩效评级实际上对组织和员工都不利。因此，经理人员彼此督促，确保绩效评级准确。表 9-1 中的范例帮助经理人员明白，如果他们夸大员工的绩效评级，那么用于奖励和认可那些被认定为高绩效员工的资金就会更少。

表 9-1 绩效评级差异化导致薪酬差异化

	占比（%）			
高绩效员工	75	50	25	10
平均绩效员工	25	50	75	90
	增长率（%）			
高绩效者的薪酬增长	3.17	3.5	4.5	7.5
平均绩效者的薪酬增长	2.5	2.5	2.5	2.5

资料来源：Sibson Consulting.

另一个来自行为经济学的观点是，如果绩效评估过于复杂，则无法更好地实现一致性。其解决方案是建立一个位于绩效评估等级中间的默认绩效等级。经理人员只需要识别不符合平均/预期绩效定义的员工。有一些组织发现，如果没有这个事先确定的默认绩效等级，较高的绩效评级就成了实际上的默认评级。结果就是几乎每个人的绩效评级都很高，但几乎每个人的薪酬都只是平均值。

在校准会议上，经理们分别提供初步的绩效评级，有时还包括业绩加薪和奖金分配的建议。由于经理人员要为自己的建议辩护，所以他们会比原来可以自行决定或只需要老板点头的情况下更为负责。

有一家大型跨国制造商采用了小组绩效评级校准方法。在第一次非常失败的小组绩效评级校准尝试之后，有关在线学习模块的点击次数增加，公司主办的绩效管理和绩效评级校准培训班的出席人数也增加了。

绩效评级校准也增加了员工对绩效评估过程的信心。员工知道，自己的绩效得到多位经理而不仅仅是本部门经理的审查，他们更加相信决策的公正性。

- **重新定位组织理念，将绩效加薪和奖金视为投资性支出**。绩效加薪预算和年度奖金池是对人才的长期投资，这将推动组织的可持续成功。对那些没有表现出公司期望的绩效水平和技能的员工进行投资不具有经济意义。

重新定位组织的理念需要与高管、经理人员和员工保持频繁、一致的沟通。例如，一个中等规模的金融服务业雇主与其员工讨论业务话术。这家公司将所有薪酬讨论都定位为投资。员工们明白，关于绩效加薪的决策反映了前一个年度的个人绩效增长和有价值的技能提升，以及公司关于"投资（即绩效加薪）回报"的未来期望。

有一家大型保险公司以一种富有勇气的方式看待投资回报问题。这个公司在激进的业务战略中对其产品和所服务的市场进行了全面重组。因此，公司的人才需求发生了急剧变化。令人遗憾的是，该公司并没有增加用于吸引、雇用和保留执行该业务战略所需的专门人才的绩效加薪和奖金的预算。

为了解决财务资源的限制问题，公司通过业务绩效影响指标来细分人才。有限的绩效加薪和奖金资金被"投资"在高绩效者身上，他们是推动业务的长期可持续成功的至关重要的角色。也就是说，高绩效者就是那些能够使公司的投资回报潜力最大化的角色。该公司拒绝为那些技能与公司需求不再匹配的人才类型增加任何基本薪酬和奖金的投资。

- **简化绩效评估过程，目标是减少文书工作，增加更有意义的对话**。即使在绩效加薪预算和奖金充裕的情况下，许多雇主仍然会质疑根据绩效区分来识别和奖励员工所需的时间和精力。在许多情况下，整个协议和流程都过于复杂，有时太不人性和过于机械化。

有一个拥有 25 000 名员工的全球工程公司决定将其传统的、高度互动的绩效评估和薪酬决策的方法进行自动化改造。它利用一个完美的、百分之百在线的解决方案取代了原有的经理和员工之间的绩效合约沟通。所有互动都是基于互联网的。这是一个非常有效的制度：公司满足了所有与绩效加薪相关的薪酬支付截止日期，绩效加薪和奖金池也正好支付完毕，再也没有艰难而费时的面对面沟通。一切都按时、按预算、按规范实现了。

在使用这种在线系统若干年后，公司对其绩效产出进行了分析。根据调查发现，管理者和员工似乎都学会了与该系统进行博弈。员工绩效评级差异很小（所以薪酬增长的差异也很小）；几乎所有人在五分制绩效评分表中都得到了 4 分或 5 分。在线表单很复杂，填写耗时很长。员工和经理们把这个过程看作是一个沉重的"笑话"。对于以高绩效为荣的公司来说，更为重要的是，其年度（战略性、运营性和财务性的）绩效目标均已达到，但并未实现超越。

因此，公司又进行了几次重要的变革。尽管它仍然保留了与在线系统相关的文档，但也引入了更加简化的表单，并恢复了经理和员工之间面对面的沟通。这套新方法要求经理与员工、经理与经理进行沟通对话，并且不同部门经理要共同进行绩效评级。

这套新方法最受欢迎的地方就是，进行周期性小团体会议。在这个会议中，公司下一年度的战略性、运营性和财务性的绩效关键因素都将得到很好的评估。员工和经理共同讨论实现这些关键要求所需的期望绩效。然后，员工利用这些信息来制定年度个人目标，而这些目标被用于未来的薪酬决策。

尽管这套新方法仍然非常耗时，但是经理人员和员工都认为，它已经将绩效期望和薪酬结果之间的"黑箱"取出来了，并重新激活了公司，为公司带来了高绩效，也让员工获得了更高的薪酬。

9.3 你的组织准备好了吗

在组织采用本章所描述方法中的任何一种（或多种）之前，它需要评估该方法是否与其绩效文化相适应。它还应该评估领导层关于"将钱投资到他们所说的方面"的能力和意愿，以向员工表明，他们的绩效很重要。

有一些领导人想把"使绩效真正有意义"添加到继任者的待办事项清单中。例如，有一个中等规模服务企业的 CEO 说："我还有几年就退休了。我希望我能留下一个'深受爱戴的领导者'的口碑。为什么现在要破坏现状呢？留给我的继任者吧，他可以解决这个问题。"但不幸的是，这个企业遭遇了一场灾难性的经济事件。该组织的许多绩效优秀员工都已经离职，而原因恰恰是他们认为公司的薪酬管理不公平，同时其他企业能够提供更好的薪酬机会。而留下来的员工缺乏足够的能力来解决问题。这位 CEO 被董事会要求主动退休，他并没有得到他想要的荣誉。

此外，组织还必须准备承认，用于基本薪酬增长和奖金发放的资金池有限不能成为采取"一刀切"的年度薪酬计划的借口。那些无论员工表现如何，其年度薪酬计划对员工实际都一样的组织，必须重新将绩效纳入他们的年度薪酬计划之中。

不管绩效加薪和奖金看起来有多么微小，如果将它们与员工的优秀绩效、有效的技能提升，以及对组织成功的贡献直接挂钩，那么绩效加薪和奖金就会变得更有意义。如果雇主们清晰地定义了绩效期望，明确告知员工绩效优秀者将会得到应有的回报，并且采取实际行动真正兑现这些承诺，那么他们就能够创建一个绩效加薪和奖金真正有效的认知环境。

第 10 章

职位评估的目的和性质

迈克尔·阿姆斯特朗（Michael Armstrong）
E-reward.co.uk

保罗·汤普森（Paul Thompson）
E-reward.co.uk

本章主要论述了用来确定职位价值的职位评估的性质和作用，学习要点包括：

- 职位评估的目的和性质。
- 支持和反对职位评估的观点。
- 职位评估是如何运作的。
- 职位评估的主要类型。
- 计算机辅助职位评估。
- 职位评估方法选择标准。

10.1 职位评估的目的和性质

职位评估是一个系统的过程，用于决定组织内工作的相对价值。古普塔（Gupta）和詹金斯（Jenkins）[1]指出，职位评估的基本前提是，某些工作"比其他工作更有助于组织的有效性和成功，比其他工作更有价值，应该比其他工作获得更多的薪酬。"

职位评估的形式多种多样，包括传统的非分析方案，如排名和职务分类，以及传统的分析方案，如要素计点评估。平准化法和职位匹配分析也有新的发展，这些新方案解决了内部相关性（可比价值）评估的问题。然而，职位评估过程从对内部相关性的分析扩展至外部关系分析，即通过市场定价过程分析市场价格（市场价格数据分析为修改薪酬水平提供了基础）。

评估可比价值的正式方法为设计或修改等级结构提供了依据，市场价格信息使薪酬区间与结构相关联。传统的职位评估技术或较新的水准分析和分析工作匹配方法可用于确定职位在结构中的位置，从而确定该职位的价值或价值区间。或者，市场定价可以直接用于确定工作或个人的薪酬水平。个人绩效也影响了他们的薪酬，但这不是一个职位评估问题，职位评估关注的是人们从事的工作，而不是他们的工作表现如何。

虽然许多企业完全依靠非正式的、临时性的方法来评估工作，但正式的职位评估还是有很好的案例的。然而，反对传统方法的一个强有力的理由已经被提出来。

10.2　支持与反对职位评估的观点

系统的职位评估方法使组织能够在兼顾他们的同事和外部劳动力市场的情况下，对员工的真实价值做出评判。它有助于确保薪酬政策既有内部公平性，又有外部竞争性。如果没有职位评估的结构，就很容易变得混乱。

然而，它可以做的不止于此。在以资源为基础的观点中，正如巴尼（Barney）[2] 所说：

> 持续竞争优势取决于一个公司参与竞争的独特资源和能力。为了发现这些资源和能力，管理者必须在公司内部寻找有价值的、稀有的、昂贵的资源，然后通过他们的组织开发这些资源。

系统的职位评估可以通过开发员工价值主张来为吸引和保留有价值和稀缺的业务需求人才提供重要的帮助，这一主张就是他们希望根据创造的价值获得奖励，并且奖励要具有竞争力，奖励制度的管理要公开透明。目的是将职位评估的优势纳入雇主品牌，使公司成为求职者的选择。

对传统职位评估方法的主要批评在于，它们侧重于内部的相对性，忽视了外部市场的重要性。尼尔森[3]认为，传统的职位评估并不关心外部的相对性，这是非常重要的事实。但传统的评价方法，如要素计点法，也被批评是烦琐、官僚、死板、耗时的，而且不适合今天组织中的角色类型。

然而，情况发生了一些变化。现在人们普遍认为，企业必须将市场价格视为职位评估过程的必要部分，以便在外部劳动力市场上具有竞争力。如本章下一节所述，市场定价是迄今为止在美国评估工作中最常用的方法。虽然下一节所描述的正式职位评估计划仍在使用中，但对复杂和耗时的传统版本的依赖性要小得多。在采用时，它只支持简单的平准化法和分析匹配过程。

10.3　正式职位评估方案是如何运作的

正式的职位评估方案采用了比较、判断、结构化和分析的过程，具体如下所述。

10.3.1　作为比较过程的职位评价

职位评价涉及各种关系，但不是绝对的。它通过以下方式之一来实现：

- 职位与职位比较。将职位与其他职位进行比较,以确定其价值是否更大、更小或相同,如排名、整体工作匹配和市场定价的比较。
- 职位与量表比较。将职位与量表比较,可以是附加在一系列量表上的评分等级,如要素等级,或已定义的职位等级,如工作分类或水准。
- 因素与因素比较。将工作分解成各种因素,并将因素与等级因子或角色概述在同一因素标题下进行分析,如分析匹配。

10.3.2 作为判断过程的职位评估

职位评估要求在解释有关工作和角色的数据时进行判断,将一份工作与另一份工作进行比较,并将工作与规模或因素与因素进行比较。这种方法可以被描述为在客观框架内进行的主观过程,尽管格雷夫·克里斯特尔(Graeff Crystal)[4]认为"职位评估基本归结于有组织的理性化"。

10.3.3 作为结构化过程的职位评估

一个正式的职位评估方案的结构是,提供一个框架,旨在帮助评估者做出一致和合理的判断。这个框架由所有评估者使用的语言和标准组成,但因为标准总是受制于解释,所以它们不能保证判断都是一致或合理的。

10.3.4 作为分析过程的职位评估

职位评估是或应该是基于对正在考虑的职位特性的实际描述。这意味着,虽然是判断,但至少判断是知情的。根据定义的要素或因素对职位进行分析和比较,从这个意义上来说,方案可以描述为是分析型的;或对未经因素分析的"整体工作"之间进行比较,这样的方案就是非分析型的。合理设计和执行分析方案有助于确保判断的结构和一致性。

10.4 职位评价的主要类型

主要的职位评价类型有以下几种。
- 传统的非分析方案:职位排序法、职位分类和职位匹配。
- 传统的分析方案:要素计点法和因素比较法。
- 最新的方法:平准化法和职位匹配分析。
- 市场定价。

10.4.1 职位排序法

全部职位等级次序排列法是最传统的职位评估类型,很少有人单独使用它。这个过程包括将所有职位相互比较,并按照它们对组织的认知价值的顺序进行排列。从某种意义上说,所有的评估方案都是排序操作,因为它们把多个职位放在同一个等级中。

10.4.2 职位分类

这种方法的基础是等级和薪酬等级的数量与特征的定义。等级可能会根据技能、决策和责任等工作特征进行定义,但这些不是单独分析的。评估是通过非分析匹配或职位对应的过程进行的。这涉及整体的职位描述，即没有使用因素分析而是用等级定义进行比较，以确定职位最接近的等级。如前所述，职位分类和角色级别分析匹配的区别在于，在后一种情况下，分级定义是以分析方式定义的，即在职位评估因素方面，分析定义的角色概况并将它们按因素匹配。然而，当将正式职务说明与用一个正式表格来呈现的职责层面或知识和技能要求的角色简介进行比较时，分析和非分析性匹配之间的差异可能会变得模糊。这些因素不能具体地进行比较，但会在做出判断时加以考虑。这是非分析职位评估中最受欢迎的形式，但在英国，2007 年 E-reward 调查显示只有 5% 的受访者使用它。[5]

10.4.3 要素计点法

其基本方法是把职位分解成要素或要素所代表的职位对从业人员的要求。假设每个要素都将有助于职位的价值，这是所有待评估的职位的一个方面，但有不同的等级。

每个要素分为一个等级结构。这些级别的定义为确定该要素在待评估工作中的适用程度提供指导。评估人员参考角色简介或职位描述，在理想情况下根据方案的要素分析角色。然后，他们参考每个要素的级别定义，决定哪个人最适合这个工作。

为每个要素分配一个最大得分点。根据对其相对重要性的认识，可用的得分可能因不同要素而异，这被称为显式加权。如果各个要素之间的等级数量有所不同，意味着它们被隐式加权，因为在更高层次的要素中，可用的分数范围更大。

一个要素的总得分在产生数字要素量表的级别之间进行划分。级数可以是算术级数，如 50、100、150、200 等，也可以是几何级数，如 50、100、175、275 等。后一种有更大的范围来识别获得更高分数的高级职位。

完整的计划包括要素和级别定义、评分系统（即每个要素可用的总得分，并分配给要素水平），以及要素计划。

根据职位中的要素水平，在每个要素下对职位进行评分（即分配点）。这是通过比较工作特性与要素级别的定义，找出哪个定义提供了最佳匹配。然后将单独的要素得分相加，给出一个总得分，用以表示每个职位的相对值，并可用于将职位按顺序排列。

要素计点法是传统职位分析评估的最常见形式。在英国，2007 年 E-reward 调查发现，[6] 有 70% 的运用职位评估计划的受访者使用它。在美国，2009 年美国薪酬协会调查发现，[7] 使用要素计点法的受访者中却只有 14% 的高级管理人员、18% 的中层管理人员和 19% 的行政人员。

10.4.4 因素比较法

传统的且现在已过时的因素比较法使用货币价值尺度对职位进行因素比较，直接指明职位的等级。现在比较常用的是分等级的因素比较法，用等级制对职位进行因素比较。等级制可能只有三个价值级别，如低级、平级和高级，且不使用因素分数。

10.4.5 平准化法

平准化法是顾问经常用来描述识别和定义存在于组织中的职位水平的过程的术语。作为职位分类的一种形式，它可以作为薪酬结构的基础，但渐渐地，平准化法开始为职业生涯规划、组织分析、发展和描述国际组织结构提供指导，并与信息技术（IT）系统建立了联系。

当它被简单地用作定义薪酬结构的方法时，平准化法可以被认为是仅仅是一种委婉的说法，因为顾问们想摆脱传统工作评估计划的负面影响。然而，当把重点放在前面提到的职业生涯规划、组织和 IT 应用上时，这会更有意义。在等级上定义组织结构可以向外传递一个企业关于它应该如何组织，以及如何向人们提供职业阶梯的理念。

在实践中，平准化法使用诸如分析匹配或工作分类等已建立的工作评估技术，并可由要素计点法支撑。它首先决定所需等级的数量，这可以基于使用要素计点法分数或全部职位等级次序排列法的排序实践。或者，可以对组织结构的研究所需的级数进行先验决定，这可以通过角色分析实践来支持。这个决定可以在等级结构测试之后进行修改。级别可以根据职位评估因素或它们的选择来定义。如果把重点放在职业规划而非薪酬确定上，那么级别定义或分析可以用明确建立职业阶梯的方式来表述，通常是在职业或职位族中。该定义可以表达人们期望在每个级别（技术能力）上能够做什么及其行为能力。其目的是建立一个清晰的等级结构，以使角色分配到等级的过程变得更容易，并定义职位族内和职位族与族之间的职业发展步骤。

10.4.6 职位匹配分析

与要素计点法一样，职位匹配分析是基于一些定义因素的分析。将根据职位评估因素分析和描述的要评估的角色概述与已经根据相同职位评估因素进行分析和描述的等级、薪带或级别文件进行比较。然后，角色配置文件与等级或级别配置文件相匹配，以建立最佳匹配，从而对该职位进行分级。

匹配分析可用于对职位进行分级，或者在对基准职位进行大量样本的初步评估之后，将其置于各级之中，即提供有效比较基础的代表性职位。这在大型企业中可能发生，即当人们相信没有必要对每一项工作进行全面的因素评估时，特别是在"通用"角色方面，它比使用要素计点法花费的时间要少得多，结果也同样准确。2007 年英国 E-reward 调查发现，[8] 12% 的企业的工作评价方案使用这种方法。在 2004 年的一次大规模职位评估活动中，它被用于英国 100 多万个国家保健制度中的职位评价。

10.4.7 市场定价

通过对市场利率（外部相对性）的系统分析，所谓的极端市场定价是直接对组织内的职位进行定价。内部相对性反映了市场中存在的相对性，传统的职业评估没有使用它。大多数人认为采用这种方法的组织是市场驱动的。

市场定价的倡导者声称，它消除了虚假地试图验证正式职业评估的需要。他们声称，市场价格是确定的事实，不会受制于传统的判断方法。然而，对市场价格数据的使用仍需做出判断，特别是在难以将内部工作与外部工作相匹配的情况下进行判断。市场定价的准确性取决于可靠的市场数据和职位与职位匹配过程的质量，即进行同类比较。

在美国，2009 年美国薪酬协会调查发现，在使用市场定价方案的受访者中，高级管理人员占 75%，中层管理人员占 70%，行政人员占 67%，使得这种方案成为目前最常用的方法。相比之下，在英国，人事与发展特许协会（CIPD）2013 年的薪酬管理调查发现，[9] 只有 21% 的受访者使用市场定价的方法。英国对分析性工作评价计划的偏好可以解释为，根据同工同酬法，只有市场定价分析方案才能保证同工同酬。

10.5 计算机辅助职位评估

计算机辅助职位评估是使用计算机软件将工作信息转化为职位评估分数或等级。它通常是由传统的要素计点法支撑的。计算机可以简单地用来维护记录评价及其合理性的数据库。在完全计算机辅助方案中所使用的软件基本上是以数字形式复制思想过程，然后由评估人员进行手动评估。它基于定义在系统外壳中的评估决策规则。

10.6 职位评估方法的选择标准

在决定如何进行职位评估时，需要考虑以下三个基本问题：
（1）我们采取的方式是否会进一步促进组织目标的实现？
（2）这种方法是否符合我们的薪酬理念？
（3）它是否适合所使用的环境（组织结构及其将要覆盖的工作）？

根据这三个问题的答案，可以参照表10-1所列的方法选择标准。这些标准是基于迈克尔·阿姆斯特朗[10]作为从业者和顾问，开发和/或实行的14个职业评估方案的经验。

表10-1 迈克尔·阿姆斯特朗的职位评估方法的选择标准

标准	分数：1~10					
	职位排序法	职位分类	要素计点法	平准化法	职位匹配分析	市场定价
实现内部公平	4	5	8	7	8	1
实现外部竞争力	1	1	1	1	1	10
准确	3	4	7	7	8	8
员工的公平感	5	5	8	7	8	4
易于发展和运行	6	5	4	6	7	7
发展和运行费用	6	6	4	6	5	7

（分数较高 = 成本较低）

注释

1. N. Gupta and G. D. Jenkins, "Practical Problems in Using Job Evaluation to Determine Compensation." *Human Resource Management Review* 1(2):133-144, 1991.

2. Jay Barney, "Looking Inside for Competitive Advantage." *Academy of Management Executive* 9(4): 49–61, 1995.

3. Niels Nielsen, "Job Content Evaluation Techniques Based on Marxian Economics." *WorldatWorkJournal* 11(2): 52-62, 2002.

4. Graeff Crystal, *Financial Motivation for Executives*. American Management Association, New York, 1970.

5. "Survey of Job Evaluation," 2007. Available at: e-reward.co.uk.

6. Ibid.

7. WorldatWork, "Job Evaluation and Market Pricing Practices Survey," Scottsdale, AZ, 2009.

8. "Survey of Job Evaluation," 2007. Available at e-reward.co.uk.

9. Chartered Institute of Personnel and Development, "Reward Management Survey," London, 2013.

10. Michael Armstrong, "Job Evaluation Factsheet," 2014. Available at: e-reward.co.uk.

参考文献

ACAS. 2005. *Job Evaluation: An Introduction.* London.

Armstrong, Michael, and Angela Baron. 1995. *The Job Evaluation Handbook.* Chartered Institute of Personnel and Development, London.

Armstrong, Michael, and Ann Cummins. 2008. *Valuing Roles.* Kogan Page, London.

Dive, Brian. 2004. *The Healthy Organization.* Kogan Page, London.

Egan, John. 2004. "Putting Job Evaluation to Work: Tips from the Front Line." *IRS Employment Review*, no. 792, January 23, pp. 8-15.

Eargle, Fred. 2013. *Job Evaluation: Traditional Approaches and Emerging Technology.* Lulu.com, Raleigh, NC.

Emerson, Sandra. 1991. "Job Evaluation: A Barrier to Excellence." *Compensation & Benefits Review*, January-February: 4-17.

Heneman, Robert. 2001. "Work Evaluation: Current State of the Art and Future Prospects." *WorldatWork Journal* 10(3):65–70.

Elliott, Jaques E. 1961. *Equitable Payment.* Heineman, Oxford, UK.

Lawler, Ed. 1986. "What's Wrong with Point-Factor Job Evaluation?" *Compensation & Benefits Review*, March-April: 20-28.

Paterson, Tom. 1972. *Job Evaluation: A New Method.* Business Books, London.

Pritchard, Derek, and Helen Murlis. 1992. *Jobs, Roles and People.* Nicholas Brealey, London.

Quaid, Maeve. 1993. *Job Evaluation: The Myth of Equitable Settlement.* University of Toronto Press, Toronto.

Risher, Howard. 1989. "Job Evaluation: Validity and Reliability." *Compensation & Benefits Review*, January-February: 22-36.

Watson, Steve. 2005. "Is Job Evaluation Making a Comeback—or Did It Never Go Away?" *Benefits and Compensation International* 34(10): 8-12, 14.

第11章 薪酬调查的优化使用

蒂姆·布朗（Tim Brown）
雷德福调查与咨询公司（Radford Surveys & Consulting）

本章将帮助读者更好地理解和使用外部市场薪酬数据的众多来源（如劳工组织、行业团体、政府实体和商业调查供应商）。我们特别关注的是商业第三方供应商薪酬调查作为一种资源在今天的组织中对做出薪酬决策发挥的作用，以及公司在确定哪个或哪些调查最能满足他们的需求时应考虑的特征。

11.1 当前的业务问题

除了这个介绍性的场景之外，世界各地的公司都面临着薪酬数据越来越重要的环境。如今收集、存储和分析数据的工具在适应性和有效性方面都有所提高。"大数据"的出现使人们越来越期望商业决策能越来越以事实为基础，并得到分析的支持。许多人力资源决策仍然是主观的，薪酬计划设计的"艺术"一如既往的重要。然而，在一个就业水平正从大衰退中恢复，劳动力市场继续在全球范围内扩张的世界里，有效而熟练地使用数据是常态，世界一些地区的人口趋势指向劳动力老龄化。

各组织也面临着与薪酬有关的更严格的规定。在过去的几年里，监管机构和股东维权组织加大了对高管薪酬的审查力度，对高管薪酬水平和薪酬实践的披露提出了新的要求。在广泛的雇员层面上，美国《公平劳动标准法》和当地最低薪酬法规的变化增加了薪酬调查的复杂性。此外，税收规则往往会激发对履行薪酬责任的审查。这些变化使人们对规则的认识变得非常重要。例如，股票期权支出核算要求有助于技术公司更多地使用限制性股票。

11.2 薪酬数据的形式和应用

从根本上说，薪酬调查提供了有关某个特定工作的薪酬数额的信息。这些数据通常分为基本薪酬、津贴、奖金、佣金、股本和其他奖励。基于参与公司的类型，这些数据反映了参加调查的劳动力市场特征。重要的是要记住，薪酬调查不会告诉公司应该付给员工多少薪酬。相反，它们反映了其他公司为类似职位实际支付给员工的薪酬（通常在调查中称为基准职位薪酬）。信息如何使用仍然是用户的特权。

调查数据的典型应用包括：

- 评估特定雇员、雇员群体或整个组织的外部薪酬竞争力。
- 为基准职位创造具有市场竞争力的薪酬范围，从而作为建立整个薪酬结构的基础。
- 获取有利于计划设计或重新设计考虑因素的薪酬计划特征，包括竞争性薪酬组合（固定薪酬与可变薪酬组合，以及短期和长期奖励组合）。
- 反映竞争对手在薪酬方面所做的工作，例如奖金发放的频率、权益的归属政策，以及固定和可变薪酬的目标组合。
- 了解竞争对手的促销增长政策、绩效预算实践、薪酬幅度变动，以及国内不同地点的地域薪酬差异。
- 揭示劳动力市场的趋势，例如，对特定工作的需求增长，以及从股票期权到限制性股票的转变。
- 提供必要的数据，通过显示关于当前和预计薪酬的调查数据，有效传达新的薪酬战略。
- 确定为达到特定的目标薪酬水平，需要支付给新雇员多少薪酬，或者为满足持工作签证的雇员对薪酬的一般要求，需要支付多少薪酬？
- 说明将薪酬等级分配给新设立职位的理由。

11.3 薪酬调查的类型

薪酬调查由多种渠道出版，形式多样。几乎所有这些工作都包含了基准职位的概念，这些职位在调查中以某种方式定义，参与组织由此就可以在与调查工作的描述相匹配的角色中为其雇员报告薪酬数据。基准职位通常是根据雇员类别（如执行人员、管理人员、专业个人贡献者、支持个人贡献者）、职能（如产品开发、运营、营销、销售）和水平（如初级、职业、高级）来定义的。

（1）政府调查。美国政府通过劳工统计局公布某些工作和特定地理区域的数据。花费在收集、分析和报告这些数据上的时间常常使替代性调查更好地满足了私营公司的需要。

（2）订阅调查。订阅调查通常由第三方商业调查出版商发布、收集、分析、总结和报告薪酬数据。由参与公司（提供数据的公司）支付费用，通常结果仅适用于参与者或同意参加随后调查的人员。订阅调查一般会同时提供总体性结果和额外的截面数据（如地理、行业、公司规模等）。参与者经常有机会补充标准报告，并定制截面数据（例如，选择特定的公司，形成一个同等的以团队为基础的报告）。这些调查通常每年进行一次，并且有相当稳定的参与者。这种稳定性有助于将结果进行有意义的年度比较。该模型的一个变形允许非参与者支付比参与者更多的费用以获得总体调查结果。

（3）客户调查。客户调查通常代表赞助公司或组织进行，以满足特定的数据需求。与订阅调查类似，客户调查通常由第三方进行。然而，与订阅调查不同的是，客户调查仅限于有针对性的潜在参与者群体（例如，特定的公司列表、行业利基、地理区域等），并且可以不用经常进行。这种类型的调查可能是以俱乐部调查的名义进行的，参加调查的数据仅限于那些被认为对其他调查参与者有用的数据。

（4）在线自报调查。一个新兴的调查类型是自我报告，这种调查通常在网上进行。与典型的订阅或客户调查相反，雇主为所有执行特定角色的员工报告数据，自我报告调查的数据来自直接提供自己薪酬信息的个人。这种调查有几个缺点：

- 参与的员工在评估自己的工作水平并适当匹配时，并不像薪酬专业人员那样熟练，他们也通常没有机会充分利用现有工具和信息来有效地匹配工作。
- 由雇员提供的数据很难被供应商核实和验证。
- 员工通常会提供临时数据，导致数据库不一致。
- 自我报告的数据是否代表整个市场存在一个固有的问题。它不能通过一个更有效的统计样本报告来检测自己是否准确估计了薪酬水平。

（5）实践调查。这些调查通常侧重于公司如何支付员工薪酬，而不是支付金额。实践信息详细介绍了公司如何组织和实施薪酬方案的各个组成部分。此类综合调查包括奖励和股权计划类型、参与程度、支付或股票兑现时间表、融资机制、股权消耗率，以及更多的计划设计和行政问题。这些调查也包括董事会的薪酬和全公司的薪酬制度，包括薪酬增长预算和实际薪酬结构的调整、地理差异、新聘用和留任奖金计划、用车政策和员工流动率等。与薪酬相关的主题，如新的大学毕业生录用指导方针、轮班保费政策和薪酬方案，也可作为实践调查的内容。

（6）脉冲或闪电调查（pulse and flash surveys）。脉冲和闪电通常是专题调查的术语，旨在关注组织面临的关键领域。这些调查的其中一个特征是它们的完成速度，这是为了满足市场对特定事件的响应情况的需求，例如监管或会计变更，新兴实践或对特定职位类型的需求。这些调查往往侧重于单一主题。一些热门话题或新兴趋势成为未来持续调查的内容，但是许多话题只能进行一次调查。闪电调查的价值与确定问题的清晰度有关，因为它们经常衡量不存在标准做法的工作或实践。

11.4 调查数据：输入和输出

调查的目的是根据其旨在回答的问题收集不同程度的细节信息。对于某些调查，仅根据基本薪酬数据可能是足够的，因为其他薪酬要素通常可能不包括在薪酬组合中。对于其他调查，更全面的市场情况至关重要。除了基本薪酬之外，这些调查还包括各种形式的激励措施（目标奖励和实际支出），股权和长期激励措施（如股票期权、限制性股票、业绩份额、长期业绩奖金），以及潜在的津贴和补贴。

在最完整的调查中，薪酬要素应该分别进行单独和综合报告。例如，除了单独的基本薪酬和奖励数字外，还报告了现金总额的薪酬（即基本薪酬加奖励）。因为支付50%基本薪酬加上50%奖励奖金不一定等于整体薪酬的50%，所以现金薪酬总额应该在调查结果中单独计算，这样调查用户就可以更好地了解总现金薪酬的市场范围。

收集完整的短期和长期激励数据的调查也可能报告额外的数据组合，如直接薪酬，包括基本薪酬加上年度激励，再加上股权/长期激励价值。最全面的价值，即整体薪酬，会将收益的价值添加到等式之中。

11.5　调查数据样本

调查中数据样本的规模和选择性之间存在着潜在冲突。换句话说，对于一个给定的被调查岗位，通过大量在职者获得更广泛的截面数据与以小规模样本进行更有针对性的市场细分相比，哪种更好？总的调查结果适合许多职位，但公司往往想与和他们存在人才竞争的公司比较薪酬水平。重要的是要承认，如果市场规模过窄，数据样本的规模可能太小而不可靠，或者可能过于依赖相对较少数量的公司。在这种情况下，对市场有一个更广泛的看法可以获得更可靠和更有代表性的结果。

用于定义市场样本的公司数据调查包括以下一个或多个元素：

- 公司规模：公司收入（或资产、市值、雇员数量）对公司高管职位的影响是特别大的，因为公司规模与该组织薪酬水平之间存在一般相关性。
- 地理区域：当人才主要来自当地的劳动力市场（典型的低级职位）时，地理是竞争性参考框架的关键组成部分。相比之下，在专家、管理层和董事会薪酬方面，地理位置往往是一个不那么重要的驱动力；在这种情况下，收入和行业发挥的作用要比地理位置更大。
- 行业：某些工作是属于特定行业的，从同行业中从事同一类型工作的其他公司中获取数据非常重要。薪酬方案的结构也可能因行业而异，例如，高科技和生命科学行业比其他行业更强调公平。同时，对于更多的高级职位，行业细分（子行业）可能不那么重要。来自某个特定行业以外的人也同样可以胜任 CEO，在这种情况下，公司规模比行业更重要。
- 公司类型：公司可以是独立的公司或子公司，公有或私有的，成熟或新兴的（以及这些众多的组合）。公司类型驱动的薪酬结构差异与高管职位相关度很高。例如，独立公司的总体管理和财务职位的薪酬水平往往高于子公司，股权对新兴公司的高级职位而言比在公共实体中能发挥更大的作用。

11.6　调查数据呈现

11.6.1　报告类型

提供各种不同数据呈现方法的调查为参与公司提供了明显的优势。与传统的静态纸质输出相反，现在调查通常在线发布。尽管许多调查提供者仍在发表论文或 PDF 报告，但一些调查人员已经开始通过电子表格输出和在线访问调查数据库中的某些手段来增强这些报告。这些呈现载体各有利弊。纸质（或 PDF 格式）报告可以方便地访问演示文稿形式中具体问题的答案。但它们很难更新，可能会限制多个用户之间的信息共享，并且在需要进行其他分析时会要求数据输入另一种形式（如电子表格）中。电子表格输出可以直接与公司的人力资源信息系统（HRIS）相连，促进薪酬规划、竞争分析和与其他调查数据库的汇总。电子表格的局限在于当为高级管理人员或其他受众演示某种格式的数据时可能需要做一些编辑工作。随着数据库的更改，在线报告和数据访问功能可以定期更新，并且还可以生成可立即呈现格式的可下载数据集。不同位置的多个用户也可以通过在线报告更轻松地访问数据。

11.6.2 计算的注意事项

（1）平均数。平均数是指通过将所有数值相加除以数值个数所计算出的值。与中位数相反，平均值更容易受到离群值的影响。

（2）中位数。中位数（也称为第五十百分位数）描述了从高到低排序的一系列数字的中点，其中一半的数字在中位数以上，另一半在以下。将中位数用于处理薪酬数据，是为了减轻薪酬区间中的最高值和最低值对薪酬分析的影响。在薪酬数据的高点和低点之间存在显著差异很正常，因为实际薪酬可能受到几个因素的影响，包括任职者的任职时间、职责的可变性或角色的关键性，以及公司的薪酬政策。

（3）百分位数。百分位数表示数据落在其下方的百分比。例如，如果一份工作的基本薪酬在市场的第 75 个百分点是 50 000 美元，这就意味着数据样本中 75% 的在职人员的薪酬低于 50 000 美元。薪酬数据通常在四分位数中使用第 25、第 50 和第 75 百分位数；一些调查包括第 10 和第 90 百分位数，以提供更全面的数据范围。

（4）数据排列。大多数调查报告包含平均值和百分位数；有的还将显示数据中明显的价值高低。以各种方法分析数据很重要。虽然平均值是特定元素的数据的适当求和，但它不表示实践的范围，并且当数据样本较小且存在明显异常值时，它们可能会发生偏斜。使用第 50 百分位数（中位数），而不是平均值，可以抵消数据的偏移。百分位数也反映了数据样本的范围，并允许用户更具体地聚焦他们的竞争地位。例如，一家公司可以有一个被称为"高于平均水平的 5%"的竞争地位，却不知道它的竞争对手在哪里。然而，如果目标竞争地位以百分位数（例如第 60 百分位数）来表示，那么薪酬地位的理念就直接反映在调查数据中。

（5）已稀释和未稀释的数据。假设有一个六个人的世界，其中三人获得奖金为 10，另外三人没有奖金。平均奖金是多少？如果你说平均值是 10，那你定义的数据范围就是"报告员工"，即只有那些已经报告相关数据的员工被包含在计算之中，这部分数据可以被称为"未稀释数据"。如果你说平均值是 5，那你定义的数据范围就是"全体员工"，即总奖金数（30）除以全体员工（6 人），这样的数据可以被称为"稀释数据"。关于市场数据具体问题的不同情况决定了什么时候以"报告员工"为数据范围，什么时候以"全体员工"为数据范围。

例如，在激励数据的情况下，"报告员工"将数据库限制为实际报告激励金额的雇员。当使用者将他们的员工收到的奖励和其他员工收到的奖励作对比时，这些数据是适当的参考框架。观察市场的"所有员工"包括不合格或不接受奖励的员工，因此减少或稀释所报告的平均奖励金额。这可以是查看典型激励措施在整个薪酬市场的竞争做法的有用途径。

（6）简单加权平均数。加权平均数（有时也称为雇员平均数）考虑到数据样本中的所有在职人员。被调查岗位上的员工人数多的公司对加权平均数的影响要大于该岗位员工人数少的公司。加权平均值用于薪酬调查，以表示某一特定工作的整体市场价格。当然，一个样本（或公司）平均数公正地衡量了样本中的每个公司的数据。它在本质上是每个公司数据元素平均值的平均值。当少数公司主导数据样本时，样本平均数是有用的。

（7）股权。这个术语是调查中较为困难的薪酬要素之一。除了现金薪酬，如基本薪酬和奖励，可以使用一种通用的语言来描述金额（例如美元），还有各种股权工具，以及量化权益赠款的规模或价值的不同方式。对这个主题的全面讨论超出了本章范围，但下文是对关键问题的简要分析。

11.6.3 股权类型或长期奖励方式

激励计划类型包括股票期权、限制性股票、表现股票、虚拟股票和现金长期激励计划等。由于不是所有的股权投资都相同（见下文），因而在调查中通过单独的方式来收集股权计划数据以确保估值准确就显得尤为重要。(在结果中）将不同类型的股权投资组合成单一价值，可以在竞争市场中对长期薪酬提供更为全面的了解，但是需要对相对等价进行某些假设，而且这些假设需要在调查报告中明确指出。

1. 补助金类型

股权补助包括在雇用期间提供的补助金日期（新雇用补助金）、雇用后按职位级别定期提供的补助（有时称为持续补助金），以及出于特殊原因不在计划内的补助金，如促销补助金、留存补助金、兼并收购拨款等。该调查分别重点提供不同类型补助金数据，以便调查用户能够评估自己项目的具体竞争力特征。例如，新雇用补助金的数额通常是持续补助金的倍数。结合这两种类型的补助金将中和在任一情况下使用调查数据的有效性。

某些调查通过报告补助金准则和实际补助金金额，提供了有关股权授权做法的更多细节。前者是目标激励的股本等效，也为市场上典型股权做法勾勒了一幅蓝图。然而，并不是所有的公司都有指导方针，而那些有指导方针的公司也并不总是遵循这些指导原则，所以在该项调查中获取并报告实际提供的股权是非常重要的。

2. 股权量化方法

量化股权投资规模的方法有很多种，如股票数量或公司已发行股票的百分比（不估价赠款）以及最初值或面值（股票数量乘以授予日期的股价），甚至是净现值（NPV）或布莱克－斯科尔斯值，其中包括基于某些假设赠款的潜在未来价值。针对不同类型的股权投资方式，可能会采用这些量化方法中的一种或多种，一些更全面的调查就会使用几种不同的量化方法来呈现股权数据。例如，股票期权数量通常以净现值或布莱克－斯科尔斯值，以及面值或股份数量来呈现，而限制性股票数量通常以面值或股数来表示。

3. 联合股权方式

通常，将新雇用补助金和持续补助金相结合是不合适的（如前所述），但是将市场上通常使用的股权方式类型结合在一起，可以更全面地了解在竞争环境中所提供的股权总体价值或数量。例如，随着会计规则变化对股票期权费用的需要，限制性股票的使用变得更加广泛，它可以与股票期权或替代期权一起使用。期权和限制性股票综合或单独的数据调查提供了更完整的市场观点。实际上，公司正出于同一目的而采用不同的方式，即长期激励方式。在设计有竞争力的长期激励计划时，首先考虑整体包装的相对价值，然后确定用于交付该价值的方式（工具）显得更为重要。换句话说，以期权选择为基础的竞争可能会错过竞争对手也可能使用限制性股票的现实。即使有一项调查报告了单独的价值，但也必须考虑综合价值以获得市场的最佳整体观。

由于股票期权和限制性股票的价值不相等，因此在将二者组合在一起时需要做出某些假设。例如，有些调查会将计算的期权价值（也可使用净现值或布莱克－斯科尔斯值）与限制性股票的面值结合起来。而有些调查也可以提供股份的合并数量，并根据某些转换比率重新设定限制性股票的期权等价物。只要机构明确说明使用方法与假设，调查用户就可以采用相同的方法和假设来量化自己公司的股权，与调查数据做"同等条件的对比"。

11.7　评估调查数据和机构

在评估薪酬数据来源时，应考虑若干因素，包括成本、参与所需时间、数据的有效性和可靠性、调查方法、保密性、数据的及时性等。在评估调查和机构时，应考虑以下方面的问题：

（1）样本量。在确定调查是否符合公司需求时，数量（即样本量）就是一个需要被考虑的重要因素。样本的大小应该符合正在评估的群体。换言之，如果你是在调查美国汽车制造商的薪酬，样本量必然会很小；相反，如果正在评估高科技公司的薪酬，你应该期望有一个可以达到数百家公司的样本量。一般来说，样本量越大，数据越有效。此外，调查发现，如果同一家公司的参与人数越多，它就具有更加稳定的参与度。大而稳定的样本量可以为年复一年的数据分析奠定更好的比较基础。相对于大型既定的年度调查，有些调查（如定制调查和倾向调查）本身就只具有较小的样本量。确定调查是否具有足够数量的参与者和员工数据点与组织所要求的薪酬问题及具有较大数据样本调查的可用性有关。例如，当查看给定行业中可能找到的工作数据时，通常最好采用具有较小数据样本的行业定制调查，而不是采用具有较大数据样本的通用行业调查。

每个调查机构都有足够的数据公布指南（通常至少有五家公司必须提交给定工作的数据），但市场数据的使用者可能需要更大量的数据，以确保使用足够的数据样本进行薪酬分析。至少必须有足够的数据来维护参与公司的机密性，以避免违反《反垄断法》。

（2）同行代表。样本量应由被视为薪酬市场同行的公司组成，这些公司通常是客户和雇员的竞争对手。调查供应商通常会广泛提供参与公司的名单。

（3）样本年限。一般来说，数据越新近就越可靠。在迅速发展的市场中（无论是积极的薪酬增加预算、激励、平等的动态薪酬要素，还是互联网开发商等快速变化的角色）最好使用不超过12~18个月的新近数据。如果某些入门级工作没有其他选择，或者某些服务行业的薪酬可能不经常变化，可以使用较陈旧的数据。

样本年限应在调查报告中明确说明。对于时间点的调查，每次从所有参与者那里收集的数据通常会记录数据收集生效日期，并应用于时效目的。其他调查可以在滚动数据收集时间表上公布，例如可以根据每个公司的加薪周期时间，在不同时间点收集不同参与者的数据。虽然这些调查通常包含不同个体不同日期的数据，但公布日期可以假定为生效日期。滚动调查通常比年度调查更频繁发布，因此公布日期在当年下半年的调查更有效（见图11-1）。由于预期的薪酬增加，不管样本年限如何，有些公司在某些情况下，会在调查结果中选择特定样本年限，或者使用能够反映在数据收集日期和调查日期之间未获取的薪酬变动津贴，或者能够基于当前样本数据的变化薪酬标准来规划未来薪酬。

图11-1是薪酬单变动之间的时间间隔，以及这些变化是如何反映在季度以及年度调查报告中的。该图假设有一个总体，其中有四分之一的公司在每个季度开始时就进行薪酬管理，并且每年给员工的补助金提高5%。这些假设并不一定反映实际的市场惯例，但是可以

用来说明实际市场行为与每年发布的静态调查报告中的数据之间的时间间隔在日益增加。虽然实际和报告的薪酬之间总是存在差距,但实际做法和报告结果之间的差距仍然较小,在常新的调查报告中则更为一致。根据年度调查报告显示,滞后的可能性比较大。

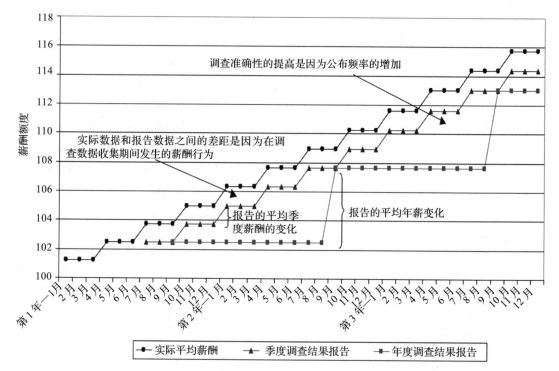

图 11-1　滚动数据库对报告的调查结果与实际平均薪酬单的影响

注：假设有 1/4 的公司每个季度进行薪酬管理,并且公司补助金每年提高 5%。

（4）呈现方式。确保数据的呈现方式至关重要,这一点对组织安排将非常有用。例如,假设你的公司年收入为 11 亿美元,调查结果显示年收入超过 10 亿美元的公司规模都在缩小。要了解此数据缩减的用途,你将需要知道哪些数据是来自相似规模的公司。如果在这个例子中,有大量公司年收入都在 100 亿美元以上,而不是典型公司的年收入 10~20 亿美元之间,那么这些样本数据可能不适用于该公司。当样本数据广泛分散或与公司规模大不相同时,定制化的同行群体分析可以更好地提供反映接近公司当前规模的薪酬实践报告。

（5）来源。通常样本数据评估来源应该是公司,而不是个别员工。如前所述,员工报告的薪酬数据可能不可靠或者并不能代表整个市场。同样,一些供应商提供合计数据,而这些数据来源渠道广泛,可能数据收集时间也不相同。一般来说,这样的样本数据难以验证,而且也许并不可靠,如果测量组使用不同的方法调整工作,那么它们的生效日期就不相同；如果前后定义使用不一致,薪酬形式也各不相同。

（6）职位匹配。参加职位匹配会议,并与调查供应商讨论公司匹配问题。按岗位和职级的薪酬报告数据,与调查对象对工作定义和调整准则的共同认识相同。明确的职务说明和调整准则可以增加每位用户对调查结果的信心。

（7）成本。采购或参与调查的费用一般是公司确保其薪酬计划具有竞争力的关于财务利益的合理费用。薪酬调查的成本可能有很大差异，通常由数据集大小、分析质量、数据独特性和市场需求驱动。参与大型年度基准调查可能花费数千美元甚至更多，其他较不复杂的调查可以只花费几百美元甚至更少。按照这些方式，在评估调查供应商时，请检查客户服务和支持是如何传递给参与者的，因为服务水平可能因调查供应商而不同。

（8）数据有效性。调查供应商为确保数据质量而采取的步骤可能也会有很大差异，并且在创建报告之前，要清楚了解供应商如何"清理"接收参与者的数据。一些调查供应商已经在其在线提交系统中建立了验证过程；当对样本数据产生怀疑时，其他人会手动检查样本数据并跟进参与者。在理想情况下，调查机构会采用这些方式的组合。

（9）时间。参与薪酬调查所需承担的时间成本可能很大，随着人力资源部门的征税日益增加，这已经成为选择调查机构的重要因素。具有许多类型工作，同时也使用各种薪酬方式的复杂组织，可能会发现需要相当长的时间来收集参与调查所需的数据。虽然了解参与需要多少时间很重要，但它最终是平衡的行为；在提交数据所需的时间与提供数据的全面性和质量之间经常存在联系（或应该存在）。在评估参与成本时，必须考虑结果中呈现的价值、完整性和易用性。

（10）咨询小组和参与者反馈。调查供应商在改变调查问卷和用于收集、分析、报告数据的工具时，通常会寻求市场意见。公司（企业）与调查供应商一起参与，就可以在调查及其流程的持续设计中发表意见。

（11）思维领导力。调查供应商还可以帮助参与者了解更广泛的，包括相关薪酬数据的业务背景。调查供应商经常分析数据库中的数据，以定期更新趋势报告、专题文章或白皮书，以及参与者的介绍。这种信息不仅增加了用户的知情度，而且也反映了调查机构和调查工具的设计考虑。

（12）国际调查。许多公司不止在一个国家拥有员工，所以会要求关于当地竞争实践的数据。当调查涉及各国不同的薪酬组成部分时，这可能是一项特别的挑战，这些国家对某一特定组成部分所包括的内容有不同的定义，并且使用不同的基准职位和对标方法。每个国家的调查都需要掌握薪酬的所有组成部分，例如汽车津贴、住房、餐饮和交通津贴、超额薪酬、假期或节日奖金等。以符合本地和全球用户的一致格式呈现数据很重要。随着跨国公司走向全球职位水准测量，即职位 X 在不同国家处于同一水平（尽管薪酬水平可能不同），具有一致性的全球平台调查成为薪酬计划的重要工具。

（13）多数据源的使用。公司通常不止一种薪酬数据来源。这种做法增加了公司对用于最终确定薪酬水平的数据集的有效性的保证；然而，重要的是要了解不同的调查供应商是如何评估调查中的各种工作，以及该过程如何影响调查报告的数据。

（14）大数据应用。与公司以前公布的薪酬计划和设计考虑因素的核心基准职位的有限数据相比，如今人力资源信息系统和电子表格工具提供了调查收集和分析更多数据的能力，这就带来了调查结果的全新应用领域。调查分析的一个领域正在不断增长。数据分析领域允许调查用户考虑其他公司的组织特征，并考虑类似的轨迹是否会促进他们的改进结果。该分析领域考察了各个职能部门的工作人员比例，劳动者在不同职等或职类上的分配情况，以及各国职工的比例等。收集完整的人口普查数据（而不仅仅是与基准工作相匹配的员工数据）使得这种分析成为可能。

本章小结

薪酬调查数据是对某一段时间的简单说明,它们反映了在特定时间收集的具体调查工作中报告的员工的薪酬水平。因为员工是否一直被雇用,还是解雇、晋升甚至离职,这些都不确定,所以数据永远不会完全准确。

有些人甚至会批评你为了支持建议的薪酬水平或实践而提供的调查数据的完整性及准确性,但正如调查并不会调查所有人而仍会给出公众的普遍意见一样。一项薪酬调查并不能涵盖每项工作、每个公司和每位员工,但它仍然可以为薪酬专家提供他们需要的针对薪酬市场的足够多的调查措施,从而为薪酬计划的有效决策提供依据。

尽管如此,有些意见调查比其他意见调查要好得多。同样地,有些薪酬调查也肯定比其他薪酬调查更好。从本章提供的描述中,你现在知道调查中用于处理样本数据的数据元素、职位和审查的不同,会使你对调查的信任程度有所不同。

由于薪酬市场不断变化,即使是最佳样本数据的局限性也应该很好地被理解。数据的应用仍然是艺术和科学的结合。更好的数据将带来更多的好问题,而非简单的答案。使用薪酬数据找到一个数字,从而确保我们知道应该如何给员工支付,给员工支付多少,这些的确很诱人。一个动态的市场要求薪酬水平将始终被定义为价值范围,而非离散的数字。确定适当的范围,并在该范围内选择一个值作为具体建议,这就要求将计算值的科学与使用这些数字的艺术相结合,并与组织战略和薪酬理念保持一致。

第12章
薪酬标杆管理的逻辑和方法

汤姆·麦克马伦（Tom Mcmullen）
合益集团（Hay Group）

伊恩·菲茨帕特里克（Iain Fitzpatrick）
合益集团（Hay Group）

大多数组织的薪酬战略都可以总结为"为正确的人做了正确的事情而支付正确数量的薪酬"。但在实践中真的如此简单吗？薪酬标杆研究就是解决这一表述中何为"正确数量"问题的关键实践。

通过对标杆薪酬的调查，确保组织确定的薪酬水平与市场实际水平没有明显差距，即薪酬不过低或过高。确定适当的薪酬水平是一种平衡行为。任何组织都不愿付出高于市场水平的价格而浪费自己的财力，也不愿意承担员工因薪酬过低而离职的风险。

标杆管理也为薪酬管理和薪酬交付实践提供了有价值的见解，例如在使用不同类型的薪酬、业绩衡量、业绩结果、福利计划设计和薪酬管理准则方面的实践盛行。组织还可以检测总体劳动成本水平，以及员工和经理对薪酬方案的感知效果。虽然本章的大部分重点是与制定薪酬支付基准相关的基础活动和过程，但在本章的最后我们还将介绍标杆管理的其他核心应用。

12.1 薪酬标杆管理的环境

通常，一个组织的薪酬成本是其总成本结构的最大组成部分。因此，管理层的工作人员越来越多地受到有关薪酬决策和人力资源成本相对于公司营业收入（或非营利组织的总业务预算）的审查。

此外，一刀切的薪酬政策并不总是能有效地管理各种业务、地区和职能的薪酬。职位、职能或地区的市场数据可以反映劳动力供求变化时的浮动溢价和折扣。由于透明度和经常公开向公众提供薪酬数据来源（无论他们对管理层有多少怀疑），各组织在向员工传达其薪酬方案的可信度和薪酬水平方面面临着新的挑战。

因此，管理者要求更好的信息和流程来验证特定的市场价格。另外要认识到，有些管理人员希望为他们的工作价值而付出的薪酬或多或少与市场上报告的价值相关。管理者想要更多更好的关于组织内部职位价值的信息。更好的薪酬水平会促成更好的决策、更清晰的情报和更明确的期望。更好的信息有助于更好地管理薪酬。

12.2 薪酬标杆管理信息的来源

组织应利用相关的、可靠的和可信的市场数据来衡量他们的薪酬方案。信息来源的主要考虑因素包括：

- 用于比较的组织覆盖范围（如行业、公司规模、地区等）。
- 用于比较的工作范围。
- 信息的及时性。
- 购置的直接费用和间接费用（即支付数额和时间）。
- 衡量奖励机会的所有相关组成部分（如基本现金、现金总额、直接现金总额、薪酬总额）。
- 长期可靠的可用性。

薪酬调查供应商的数量在增加，下面的清单提供了一些薪酬信息的来源。这个列表并不详尽，其中省略了调查的质量和列入名单的质量认可，所以可以把它看作搜索薪酬标杆管理信息的起点。

- 与同龄的同行联系。他们参加的调查可能也是你应该参加的。你的职能管理者和直线领导也可能知道关于他们的详细业务或原则。
- 许多主流的薪酬和人力资源咨询公司进行的薪酬调查（即国内调查以及一些国际调查）。
- 美国政府是一个重要的调查者。涉及的部门有劳工部、劳工统计局（BLS）、工资与工时司（Wage and Hour Division）。多数大城市都有劳工统计局办公室，州和地方商会也可能会进行调查。
- 许多区域和地方的人力资源和薪酬协会也会进行调查。贸易和专业组织往往也是比较好的信息来源。

最后，一些调查的参考文献目录也会定期公布（如美国薪酬协会），其中包括现有薪酬调查的大量清单。

12.3 薪酬调查的类型

通常，薪酬调查是根据下列方法之一进行的。

（1）职位名称匹配。仅仅通过职位名称来比较职位，例如招聘广告，虽然简单，但很主观，并可能导致对竞争力的错误结论。当没有其他任何信息时，这种方法可能有用，但制定薪酬结构时不建议采用。

（2）市场定价（职位名称和职位描述匹配）。通过这种方法，基准（即有代表性）的工作描述会用于将组织的工作与适当的调查工作相匹配。虽然这比仅仅依靠职位头衔更精确，但只限于类似行业的比较工作，因此在行业内的竞争者中进行比较时，它是最有效的。

为了确保在基于职位的调查中进行比较的有效性，组织必须有良好的职位匹配。作为一般性规则，如果任职者花 80% 或更多的时间用于职务内的主要活动，那么通常就是良好的职位匹配。

为了提供最有用的信息，基准职位通常在组织的职能和业务中有很好的代表性，并跨越多个职等或职级。因此，它们是职位的"对角线切片"（diaqonal slice）。

（3）职位评估（通常是一个点范围、等级或因素比较系统）。大量的职位无法与市场相匹配。研究表明，一个组织内若有多于 60% 的角色有良好的匹配就是很幸运的。[1] 经常是关键的职位，如行政、管理和个人贡献者角色，不能与市场调查相匹配。这些也可能是独特的角色，可以为组织在市场上提供竞争优势。对于一个组织来说，有一个合理过程确保有效地确定这些角色的价值是很重要的。通常情况下，某种形式的职位评估用于确保这些工作可以用适当的内部价值来定价，然后在市场上进行定价。

该方法侧重于对被调查工作内容的理解，克服了职位头衔或职务描述匹配调查的可比性问题。但这种额外的可比性需要额外的投入和资源。而且，如果特定的、不寻常的或独特的工作需要特定的数据，基于职位评估的调查可能会受到限制。然而，一个有效的工作评价系统将能够在任何市场（如工业部门、地理位置）对内部和外部进行更精确的薪酬对比。

12.4 薪酬调查要素

薪酬调查通常会收集以下一个、一组或所有的薪酬元素：
- 基本薪酬。这是组织为工作支付的基本现金总额，按劳动合同固定支付给已经获得从业资格的人员，而不论个人、单位或公司每年的绩效表现（例如，固定奖金，也就是第十三个月的奖金，年终奖金、带薪休假、假期津贴）。
- 现金总额。这是基本薪酬加上短期可变付款的总和，是按年支付的现金数额，可以与去年不同（在最典型的情况下，这些取决于自由裁量权、业绩或取得成果的奖励金）。
- 薪酬总额。现金总额加上长期激励所支付的总金额（LTIP），是员工在每个长期激励周期的授予日期获得的经济收益（价值是使用长期激励估价方法计算的，按年计算并报告为现金等价物）。
- 福利。员工福利计划是多方面的，往往是更为详细和复杂的调查。福利计划的比较通常需要特定职能专家，如果没有一个共同的标准来衡量所有程序，就很难完成。福利调查通常用以下两种方式之一进行比较：
  - 成本基础。雇主在福利或额外补贴上的支出。
  - 价值基础。建立在已有福利水平基础上的雇员对既得利益的认知价值。

成本显然是最直接的共同标准。然而，一个组织的福利计划的成本受制于许多变量，如群体人口统计、索赔经验、地理位置，甚至如何出资或核算。因此，即使具有相同的计划条款和福利，在组织之间或同一组织的不同单位之间的成本也可能相差很大。

通过获得对给定福利项目的价值感知对这些内在变量进行分析的调查，是为了帮助组织了解直接支出的关键一步。然而，真正的价值是以"旁观者的眼光"来计算的。为此，福利的现金等价物是基于标准假设的。对于以残疾、退休或死亡等事件发生为条件的福利，现金等价物是根据接受适当的精算假设的概率计算的。而如汽车、贷款和伙食津贴等此类福利是直接可获得的价值，其现金等价物则用平均成本计算。

12.4.1 对照组的使用

选择适当的对照组（或比较组）是决定一个组织如何比较并设置与外部市场薪酬水平相关的自身薪酬水平的关键步骤。在薪酬、薪酬组合、管理实践和性能比较方面，对照组通常用于与外部基准比较。同行业的其他组织有助于组织薪酬决策的制定。

股东维权团体越来越多地选择将经理人员薪酬作为比较组进行审查。在更广泛的员工群体中，选择不适当的同行业组织而进行的薪酬管理会产生严重的财务后果，并传达关于组织奖励计划的错误信息。同行业组织的选择必须具有商业意义，并且对组织可信。下列原则可作为确定适当和可支持的比较组的指南：

- 选择一个相关和当前的对照组。市场是动态的，而且在不断变化。它带来的结果是，一个去年很合适的同行业组织，在今年可能会改变战略或业务范围，被收购，或剥离了一个重要的主营业务，也可能经历了剧烈的业绩变化，甚至停业。由于这些及其他一些原因，这家公司可能不再是合适的同行业组织。因此，需要努力更新包含在任何比较组中的组织。
- 同行业组织应源于相当大的样本。理想的对照组通常包含至少 10 个组织。样本量越小，当样本中的公司发生变化时，每年的数据就越容易发生变化。
- 同行业组织应在规模和范围上保持一致。一个同行业组织应该合理地与组织的大小和操作特性相一致。在选择专业类、管理类和行政类职位的同行业组织中，最常见的因素往往是行业部门和组织规模。

虽然同行业组织的选择和标杆管理是指导建立薪酬实践的决策基础，但它们只是指导方针。组织应将这一基准信息作为参考点，建立一个满足业务需求的薪酬对照组，而不是机械地应用市场数据。

12.4.2 数据显示和术语

调查以各种形式和格式出现。有些报告广泛地对所提供的数据进行切片和切块，有些则提供较少的解释。但是请记住，调查的潜在价值不在于它所呈现的数字，而在于你能从中得到的答案。

大多数调查数据都以三种流行样式之一来呈现：表格显示（数字）、图形显示（视觉）或回归分析（包含薪酬水平的公式和图线）。表格显示（见图 12-1）包括数组、统计参考点和频数分布。

（1）数组。数组是在给定类别中收集的所有数据由高到低的列表（见图 12-1）。数组允许分析师检查报告的每个数据点（通常是公司代码），以查看数据如何排列。

（2）统计参考点。统计参考点也被称为算术平均值（或简称均值），平均值通常是以下几种类型之一：

- 加权平均数：所有薪酬（或其他薪酬价值）除以现任人员人数的总和。在图 12-1 中，分别将各公司权重和其平均薪酬相乘，然后相加，再除以权重之和，得出加权平均数。这是对于一个给定调查位置的最佳的真实市场指标；拥有许多在职员工的大型组织非常重视这个指标。

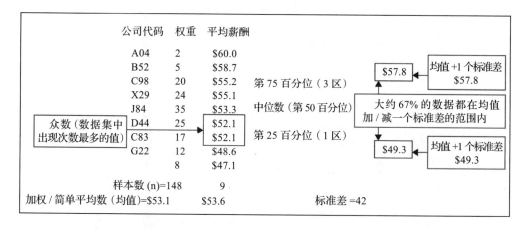

图 12-1 具有统计参考点的数组

- 简单（或非加权）平均值：它是由每个公司的平均数之和除以提供信息的公司个数。如图 12-1 所示，简单平均数为 60 美元、58.7 美元等相加（共计 482.2 美元），然后除以公司数（9）所得。这个数字可以用来比较公司的政策，例如，在中间水平；在职人数较少的小公司和在职人数较多的大公司在这个指标上的差距不大。
- 标准差：它是衡量价值相对平均值的分散程度的一种量度。在正负 1 个标准差之内的数据约占观测值的 2/3。
- 中位数（也就是第 50 个百分位数或第 2 个四分位数）：它是所有数据点的中间值，通常被称为市场价格。当数据呈不规则分布，尤其是样本量很小时，调查重点应放在中位数上。
- 百分位数（也有四分位数、十分位数等）：它是指在一个数组中的数据低于这个部分所在的位置。位于第 75 百分位的公司经常被视为高薪公司；许多分析师倾向于关注位于第 25、第 50 和第 75 百分位的数据。

（3）频数分布。如果单独的数据点显示参与者的机密性问题，通常使用这些数据点来代替数组。表 12-1 显示在某些薪酬区间内报告的某一薪酬频数，而实际工资或平均数则没有显示。

表 12-1 频数分布

薪酬区间	区间内薪酬频数
$45.0～$47.9	1
$48.0～$50.9	1
$51.0～$53.9	3
$54.0～$56.9	2
$57.0～$59.9	1
$60.0～$62.9	1

（4）图形显示。图形显示包括许多类型的图表（如饼状图、柱状图、拆线图等），它们可以有效地呈现数据，尤其是对于高层管理人员，一张粗略的汇总图片比显示所有数据细节更令人满意（见图 12-2～图 12-4）。

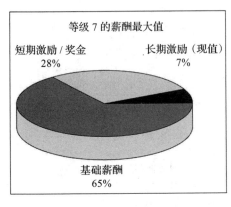

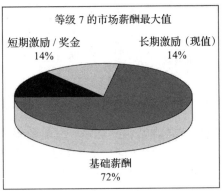

图 12-2　饼状图

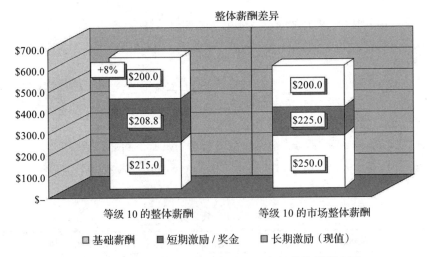

图 12-3　柱状图：公司薪酬水平 VS. 市场总体薪酬水平

（5）回归分析。回归分析（图 12-5）是一种强大的表示形式，它涉及两个或多个数据元素，并通过公式和图表显示了主要数据的关系走向。基于一个或多个测量值（如，工作水平、公司销售额或工作时间），回归分析可以预测相关变量的未来价值（即如总现金薪酬等因变量）。回归分析还将信息的可靠性与其分散在主要趋势线上的因素联系起来。相关系数越接近 1，你越可以信赖该预测。回归图表经常使用对数，因为所涵盖的数据范围非常大，并且当数据关系是曲线时，公式往往更精确。

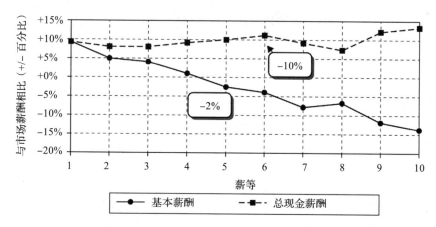

图 12-4 折线图：基本薪酬和现金薪酬总额

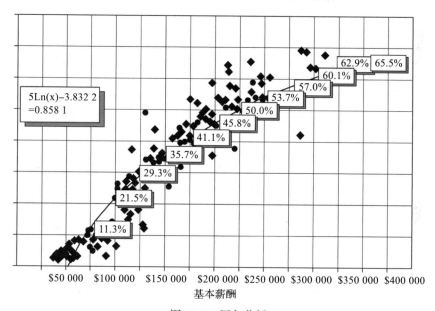

图 12-5 回归分析

提醒注意以下几点：回归分析的推论是如果一个条件存在，那么另一个条件也存在。此外，当看图表时，眼睛和头脑可以引导未经训练的观察者得出结论，这些结论可能是有效的，也可能是无效的。根据图 12-5 中的数据，你应该为一个年薪 15 万美元的员工提供 35.7% 的奖励机会，但这一假设并不比你仅仅因为这是同行中个人职位的平均水平就认为 15 万美元是支付该员工的合理薪酬更有效。

12.5 使用薪酬调查

称职的薪酬制定者在将信息纳入电子表格或数据库进行分析之前，会先评估调查的可靠性和数据的有用性。所有调查数据可能并没有你所希望的那样有意义。由于组织在工作设计的方式上有多种变化，所以数据质量可能也会有很大变化，在你决定基于这些数据做出某项关键管理决策之前，请对这些数据进行检验评估。

当你在一个管理团队面前，要求团队成员根据你所呈现的数据做出关键商业决策时，你对信息的来源感到满意，这是非常关键的。以下提示会帮助你做出正确的薪酬调查来源决策：[2]

1. 输入过程

- 根据我们的经验，没有所谓的完美数据。在提交材料后，要对那些声称没有问题的调查发布者保持警惕。
- 如果与调查发布者进行职位匹配会议，以确保更好的职位匹配，就更要重视对调查发布者的调查评估。
- 职位匹配应由熟悉职位的员工完成；匹配质量影响数据的有效性，进而影响组织和调查的总体质量。
- 让直线经理参与职位匹配过程，以确保取得更好的结果。他们往往对具体工作有最好的了解。
- 选择一个调查发布者，采用更详细的职位描述，以便为职位匹配提供更多的情境。
- 确认数据是由参与者提交的，不包括可免费获得的公开数据。
- 不要轻易相信那些无法确定调查参与者的调查数据发布者。

2. 分析和报告过程

- 成为调查数据的敏锐消费者：要求调查发布者总结其过程，以确保数据的一致性和可靠性。
- 选择一个调查发布者，收集个人在职数据，而不是职位平均值，以确保真实体现了人员收入的完全分散。
- 确保对使用的术语有明确和一致的定义（如基本薪酬、中点值、可变资金、福利价值、直接薪酬总额等）。
- 确保数据可通过对组织感兴趣的核心要素进行分析，这可能包括职能、行业、地理位置、职位群等方面的分析。
- 应在每个调查时间点比较同一组织的基础上分析其趋势，以便确定每一级别的工作规模，并进一步确定每个薪酬构成部分。
- 询问调查发布者如何处理丢失的数据。如果发布者使用了插入数据的程序，那就要求他们解释其用法。如果数据发布者不清楚或假借"黑箱"的借口来解释，那么它就是要求你在没有提供支持数据或理由的情况下信任它。

3. 正在进行的调查用户进程

- 考虑成为调查组的成员，以增加可靠性和相关基准职位的纳入。
- 在同一行业或区域调查组中，与其他人合作的组织往往能够制定规则（或同侪压力），以确保每年都能参与。这样做的好处是工作覆盖率高，并且由于参与的连续性，数据的一致性较高。
- 组织应设法每年向选定的调查方提交数据（即使他们可能没有购买结果），否则会给调查结果带来不必要的波动。

通过成为调查信息的明智消费者，你将能够自行判断调查数据是否值得信任，并提高调查对组织的价值。要认识到，调查成本只是从他们所提供的数据中获益的人力资本投资的一小部分。总之，调查可能是你能获得的最高增值投资之一。

12.6 与薪酬信息共享有关的法律问题

有限的信息共享，比如与邻近公司的同行讨论公司的平均工资，似乎不是什么大不了的事。然而，直接与竞争对手分享这些信息，并根据这些数据做出决定，可能会带来一些现实问题。使用另一家公司的具体薪酬数据来确定薪酬水平，可以被视为"工资设定"。

在一些国家，企业必须谨慎获得薪酬调查信息。例如，美国的法院和政府机构，如联邦贸易委员会（FTC），建议组织对自己制定薪酬的基准进行调查，因为它们可能被认为适用于《谢尔曼反托拉斯法案》的反竞争条例。这些实体就组织间交换薪酬数据发表了意见。虽然不能对所有组织具有法律约束力，但这些意见可以被视为使用薪酬调查的最佳实践。因此，获得调查数据最安全和最有效的方法之一，是通过一个无利害关系的第三方来执行，如贸易组织、咨询公司或信息调查公司，从而保护工业参与者的数据保密性。

为了确保调查基准的成功进行，组织在进行薪酬研究时应牢记以下几点：

- 调查应由独立的第三方管理（如独立顾问、学术机构、政府机构、贸易或专业协会）。
- 调查参与者提供的数据必须超过三个月。
- 调查必须包含至少五名调查参与者的数据，并且没有一个参与者的数据超过给定统计数据加权后的25%。
- 每个公司必须采用能确保收件人无法知道具体参与者数据报告结果的发布方式来发布数据（根据用途和反竞争效果，联邦贸易委员会允许某些交换信息没有第三方）。
- 在进行薪酬调查时，公司应在整个规划过程、执行和报告中征求法律顾问的意见。

12.7 充分利用薪酬标杆管理结果

如果你有责任在组织中使用薪酬调查进行薪酬方案制订，那么考虑以下方法以最大限度地利用调查投资：

- 创建一个调查图书馆。预留一个共享的网络驱动器或其他公共网点，使你和其他授权用户都可以访问组织的所有调查数据。提醒组织中的其他人将所有调查和参与调查的要求提交给你，以便对他们进行最有效的反馈。
- 有选择地反馈调查。有限的资源和无限的日常工作要求会阻碍一家公司参加每一项被要求参与的调查。你必须平衡当前和未来的需求，并从别人那里得到你想了解的信息。参与那些有利于组织和重要的比较组的调查。大多数组织报告的每个角色都会参加2～4次薪酬调查。
- 将数据合并到一个电子表格或数据库上。人们经常参考调查来回答各种支持者的具体问题。尝试将合格的职位信息从多个调查源合并到一个电子表格或数据库中，以便更方便地协商。通过将组织的职位信息与调查数据合并在一起，在年度薪酬方案和结构审查期间，你将拥有一个很好的工具来得到可靠答案。
- 从调查提出的每组数据中得出单一的答案。如果你整合了来自多个数据源的数据或对某一数据提出了几点看法，你要做个决定：在可用的数据中，在声称代表了"市场"的不同数据中，对公司而言，什么是代表市场的最佳数字？从业者在这里可以采取不同的方法：
    - 如果你从多个调查中平均数据，小心不要对不同价值进行平均。将80 000美元与

40 000 美元平均，结果不一定都为 60 000 美元。
> 对来自全部来源的所有数据进行简单汇总，删除不合常理的数据，然后对每个数据分配"公司权重"，最后得出公司在市场价格下付给员工的薪酬总量。
> 一些分析人士认为，某些调查来源比其他调查来源更可靠，因此，当他们汇总和整合时，他们可能会将该来源的权重（如 75%）。与其他来源的权重（如 25%）区别开来。
> 其他人依靠一个或两个主要调查，并以它们为主，但如果需要的话，会有其他可用的辅助来源。

- 尽你所能回答所有调查问题。假设调查中要求的所有数据在结果的质量上都有价值，而如果没有你的某些数据，调查对你和其他人的价值都会降低。这包括尽力做好职位匹配工作，也许会让其他人，如人力资源同事或直线经理，参与验证你的职位匹配调查。

虽然高级管理人员对市场薪酬水平很感兴趣，但这只是管理层想要听到的一部分内容。具体来说，高管们想知道市场能为他们的工作支付什么，这要考虑角色的复杂性和责任。他们也想知道竞争对手是如何为不同职责的组合支付薪酬的（组织规模和细分行业是决定职位价值高于还是低于市场薪酬率的因素），以及如何将市场薪酬数据与内部职业发展路径建立关联。最后，高管们的薪酬调查预算有限，他们希望所支付的能尽可能地发挥效用。

管理者们会说，他们想要的市场数据反映了从市场雇用一个有能力的执行者需要支付多少薪酬。他们不需要没有考虑到在组织中的职位作用和价值的市场数据。管理者真正需要的是信息，以帮助他们能够评估团队的薪酬，并保证员工得到的薪酬和他们对公司的价值是相当的。他们还希望拥有支持人才保留和支持员工加速发展的工具，以及鼓励人们承担更多责任的薪酬计划。

薪酬决策就像其他任何买入或卖出决策一样，信息越多，决策就越明智。为了解决这个问题，应考虑以下例子：如果老板要求你提供市场信息来帮助他在一个新地区买一栋新房子，你会怎么做？

- 提供城市里所有的房子中位于第 10～90 百分位的房价数据？
- 提供附近地区所有房屋中位于第 10～90 百分位的房价数据？
- 提供附近地区房价平均百分比数据，但要增加 10% 或 20%，才能确保老板正在看的房子优于社区平均水平？

或者你会确认老板的个人要求，然后再考虑不同地区房屋的相对价值吗？检查最近出售房屋的售价？确定住房市场中影响价值的变量？使用这些因素的组合来确定特定房子的合理价格？

说到底，薪酬决策也应该同样严格。管理人员不仅对了解薪酬市场的各种比率感兴趣（如百分位的薪酬），也对职位价值的影响因素感兴趣。作为薪酬专家，你要做的远不止在薪酬调查中对统计数据进行计算和报告，除此之外，你还应该作为一名值得信赖的顾问，帮助高级管理人员思考和评估其组织内的职位价值，并从人力资源的大量投资中获得可观回报。

虽然标杆管理确实是薪酬职能的核心过程，但我们要认识到，标杆应被视为建立薪酬结构（即工作持续率）的参考岗位，而不是这个工作本身的最终结果。盲目跟随外部市场数据而没有充分考虑与外部市场相关的职位设计，或该职位在组织内如何与其他工作相关联，这样的薪酬专家会给组织帮倒忙。如果只是将职称和收入相匹配，你就错过了一个关于工作的重要讨论机会。薪酬制定的有效性既取决于市场，也取决于内部的测量工作。

12.8 管理人员角色的转变

在过去几年里，许多人力资源和薪酬部门减少了部门人员和预算，使其员工数量占组织员工总数的比例稳步下降。与此同时，人力资源管理工作并没有减少，而且在大多数组织中，人力资源管理人员比以往任何时候都更有必要成为一个强有力的战略业务伙伴。日常业务工作要求也同样没有减少。人力资源管理的日常业务经常因直线管理人员对信息和决策的重要请求和查询而放缓。最近合益集团的一项研究发现，三分之二的人力资源主管估计他们的团队要花费21%～50%的时间处理这些事情。几乎一半的组织（43%）一致反映这个时间太长，并妨碍了他们采取更具战略意义的重要措施。[3]

我们的研究还发现，几乎一半的直线管理人员（英国：48%；美国：41%；中国：39%）认为组织内部的人力资源管理团队反应缓慢；事实上39%的人员（英国：41%；美国：29%；中国：47%）认为谷歌是一个比人力资源管理团队更好的信息源，还有少数组织（英国：40%；美国：23%；中国：26%）认为，人力资源管理对自己的决策有积极影响。

人力资源管理和直线管理人员一致认为，必须将实行人力资源管理项目的权力从人力资源管理人员延伸到直线管理人员。为了使这一想法有效实施，人力资源管理人员需要放弃一定程度的控制，并赋予直线管理人员工具、信息和治理流程权限，以便更好地管理他们的人员，同时保证其仍是组织关键人力资本的管理者的角色。更进一步的行动可能是让直线管理人员在包括标杆管理的薪酬管理问题上，在组织运作模式的框架内，更积极地承担已分配的决策责任。在得到人力资源管理的工具和积极支持后，具有适当授权的直线管理人员确实可以为包括标杆管理在内的薪酬战略及其实施注入新的活力。

人力资源领导者有机会与直线管理人员建立更积极的伙伴关系。他们可以通过支持其个人发展和确保他们完全了解薪酬方案的战略意图，而非仅仅了解技术细节，使他们更加成功。他们可以确保管理人员参与薪酬方案的实施和管理，包括收集职位匹配模型过程的输入、具体的职位匹配，以及对薪酬调查标杆管理和其调查结果应用的解释。直线管理者们要做的是，必须接受一个由人力资源管理人员和整个公司战略制定的精确的政策框架所带来的新的职责水平。

技术的发展，特别是移动技术的发展，意味着对于直线管理人员而言，有一个前所未有的机会让他们掌握当他们需要"激励"自己和员工时所需要的技能。如果人力资源作为政策的"所有者"愿意促进这个进程，不仅会减轻其日常业务工作负担从而把精力更多地放在战略活动上，并且也让直线管理者能够做自己真正愿意做和想做的事情。

12.9 关于薪酬标杆管理更广泛和更全面的视角

许多组织会说他们在外部薪酬标杆管理上做得很好，但对于许多这样的组织，这意味着他们每年（或每半年）就会用本章所表述的方法将组织中的部分职位与市场中的对应职位进行薪酬比较。这些组织的薪酬标杆管理重点是关注薪酬方案的效率（即我们支出太少、太多或合理的数额）与有效性（也就是说，薪酬方案是否真的实现了他们应该达到的目标）。进一步讲，这种仅关注效率的薪酬标杆管理类型没有考虑到以下内容：

- 雇用总成本。绝大多数的标杆管理调查都依赖于组织的工作样本（即子集），而一个典型的组织报告只能匹配50%~60%的职位。我们经常会发现，相对于市场薪酬政策，具有基于职位之间对比关系的薪酬政策的组织竞争力会弱一些，其雇用总成本会高于市场水平，因为他们的人员职级高于标准水平。
- 投资回报率/生产率。这是对每个雇员的收入、利润或劳动成本的比较，它帮助组织评估其人员职级和整体薪酬成本是否与对照组具有可比性。
- 对有效性的感知。对薪酬方案最基本的评估是项目参与者和管理者对它的感知。有一个常见的反应，特别是当员工不理解一个新的方案时，他们会认为这是组织的骗局，即想要员工做更多工作并给予更少的薪酬。如果员工觉得薪酬方案不公平，该方案就会遇到阻力。如果管理者对薪酬方案有消极看法，他的支持就不会富有激情，并且可能不会按计划实行薪酬方案。对薪酬方案感知的评估主要通过员工意见调查、小组讨论和访谈来进行。

鉴于薪酬方案支出是一个组织中最大或次大的可控费用，人力资源管理人员和高管会做薪酬成本的正式投资回报（ROI）分析，薪酬成本包括基础薪酬、绩效支出、激励计划、健康福利计划和股权计划的价值。但事实并非如此。根据合益集团的研究，大多数薪酬专家表示，他们的组织很少衡量薪酬方案的投资回报率。此外，分析ROI的方法分为非正式的衡量，以及采用更结构化、定量化的方法评价薪酬方案的有效性。我们研究发现，只有20%的组织会持续让员工参与评估薪酬方案的有效性。

更有趣的是，大多数人力资源专家认为，他们的奖励计划要么有效，要么非常有效。人力资源专家如何在不知道该方案是否提供了合理的投资回报率时相信它是有效的？组织真的知道他们的薪酬方案是否有效吗？他们真的想知道吗？正如杰克·尼科尔森在影片《好人寥寥》(A Few Good Men)中所说的，他们能"接受事实"吗？

薪酬标杆管理不仅是一个收集信息的机会，也是一个澄清和沟通薪酬管理的优先事项和价值观，以及听取员工想法的机会。基于卡普兰（Kaplan）和诺顿（Norton）的平衡计分卡理论，以及柯克帕特里克（Kirkpatrick）的人力资源培训和开发项目评估理论，[5] 对整体薪酬方案有效性的评估可以在考虑有效性的多元评价标准的基础上进行。

如果我们要提高薪酬方案的有效性，拥有对员工和管理人员看法的深入理解，以及员工和管理人员的薪酬方案评估项目的参与，那么就会培养出更多的优化薪酬项目的组织承诺。薪酬方案必须根据组织的主要业务和外部竞争环境的变化而变化。有效地改变奖励计划涉及多样且平衡的视角和观点，并且必须有一个战略吸引这些利益相关者实施变革。

评估薪酬方案的有效性需要认真地思考和使用其反馈来改进这些计划的承诺。然而，鉴于组织在薪酬方案上的大量投资以及薪酬方案对组织绩效的影响，全面的方案评估是有商业意义的。当组织不再单纯依赖财务导向的ROI评估时，一个系统和均衡的评估会增加薪酬方案的价值。如图12-6所示，成功利用财务、业务和感知方法，以及内外部分析，一个稳健的评估过程将为该组织提供全面的薪酬方案有效性评估。

这种方法降低了对滞后的财务指标过度依赖所带来的风险，并考虑了与薪酬方案有关的员工观念、知识和行为，这是确保达到预期效果的基础组成部分。一个有效的评估方法也会收集员工与外部对照组相关的意见信息。有信息来源可以提供雇主品牌和公司声誉评估的外部规范（例如，合益集团在《财富》杂志进行的"最受赞赏的公司"分析），以及外部员工意见调查规范。通过这种类型的薪酬有效性审查，薪酬专家将更好地准备答案，更重要的是，就如何使薪酬方案更有效提出建议。

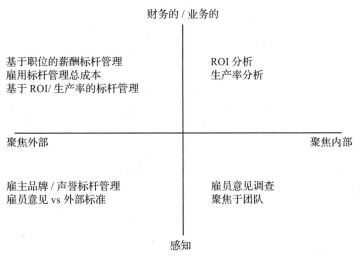

图 12-6　评估薪酬有效性的平衡框架

资料来源：Hay Group.

尽管有一些固有的挑战，评估薪酬方案对其最终结果和最终投资回报率的影响是一个有价值的要素。该信息使管理层能够更明智地与其他投资需求进行比较和决策，并更好地了解薪酬方案对其组织的价值。再次强调，仅仅关注结果是不够的。评估必须检查这些结果是如何得到的，从而实现更稳健的评估，并提供改进薪酬方案所需的信息。[6]

注释

1. Dow Scott, Thomas D. McMullen, and Richard S. Sperling, "Fiscal Management of Compensation Programs." *WorldatWork Journal* 14(3): 13-25, 2005.

2. David E. Borrebach and Iain Fitzpatrick, "15 Ways to Be a Better Survey Consumer." WorldatWork, Scottsdale, AZ, July 2009, pp. 19-21.

3. Tom McMullen and Iain Fitzpatrick, "Activating the Line: How Management Tools Can Make RewardPrograms Really Work." *Journal of Compensation and Benefits*, March-April: 34-42, 2014.

4. Robert S. Kaplan and David P. Norton, *The Balanced Scorecard*, Cambridge, MA: Harvard BusinessSchool Press, 1996.

5. Donald L. Kirkpatrick and James D. Kirkpatrick, *Evaluating Training Programs: The Four Levels*, 3rded. San Francisco: Berrett-Koehler Publishers, 2006.

6. Tom McMullen, "Reward Effectiveness: How Do You Know If Your Reward Programs Are Working?" *Journal of Compensation and Benefits*, March-April: 5-13, 2013.

第13章
基于技能、知识和胜任力的薪酬

杰拉尔德·E. 莱德福二世（Gerald E. Ledford, JR.）
高效组织研究中心（Center for Effective Organizations）

基于技能、知识和胜任力的薪酬方案的应用已经很普遍，在过去的三十年里，其使用率呈日益上升之势。据美国薪酬协会2012年"薪酬计划与实践调查"[1]报道，70%的私营企业（其中也包括少部分的政府或非营利性组织）将技能获取作为基本薪酬增加的标准。然而，虽然这种薪酬体系应用广泛，却不够深入。不断有调查表明，相当多的公司采用以技能、知识和胜任力为标准的薪酬方式，但主要应用于一小部分员工。20年前，许多作者预测这种薪酬形式最终将会取代基于工作本身的标准支付体系。很显然，事实并非如此，而且在不久的、可预见的未来似乎也不可能实现。

本章认为，尽管基于技能、知识和胜任力的薪酬支付呈现出各种形式，但对于既定组织的最适合的形式则取决于它所处的商业环境。对某些形式的过度依赖或对其他形式的非充分利用会导致对这种薪酬支付理念的错误应用。最为明显的一种表现是，奖金导向体系作为现代组织处理流动业务需求的一种方式正在被忽略，未得到充分利用。只有更好地理解这些薪酬方式的设计选项及其对不同商业环境的适配度，才能充分利用这些薪酬体系，从而使其发挥最大效用。

13.1 基本概念

基于技能、知识和胜任力的薪酬支付（本章称之为SKC薪酬）是一种薪酬制度，用于奖励员工正式获取并掌握的技能、知识和胜任力。技能指执行任务时可见的专业技术。知识是执行任务时所掌握的信息。而胜任力指的是执行任务时所需的一般技能或工作者所具备的特质，它经常存在于多种职位或角色中。

虽然多少有些过于简化，但我们可以概括出适用于不同人群的 SKC 薪酬的侧重点。基于技能支付的薪酬体系往往适用于非豁免雇员群体，如工厂工人和呼叫中心员工。基于知识的薪酬制度适用于从事任何工作的雇员群体。而基于胜任力的薪酬制度则往往适用于豁免雇员群体，如专业人员和管理人员。针对不同雇员群体采取不同薪酬制度的做法通常容易忽视这些薪酬制度彼此之间的共性。对专业人员实施奖励时，组织常常不能认识到，其实所有薪酬制度都具有不同于基于工作本身的传统支付方式的基本特征。

SKC 薪酬包括以下主要特征：

（1）员工只有在公开证明已掌握相关技能、知识和胜任力的前提下才能获得薪酬。在基于工作的传统薪酬制度下，员工获取薪酬依据的是他们所担任的职位，与是否能够出色完成任务无关。

（2）关于员工是否已掌握薪酬计划所要求的技能、知识和胜任力，有一套正式的评估方法，这通常包括某种形式的正式认证。在基于工作本身的传统薪酬制度下，不需要认证，只需凭借所在职位便可获得薪酬，薪酬的多少主要随着员工职位的变化而变化。

（3）相对基于工作本身的薪酬方式，大多数 SKC 薪酬计划提供了更多的获取薪酬的机会。不是所有员工都能利用这样的机会，机会始终为那些有志追求的员工而存在，这是组织希望看到的。

13.2 基于技能、知识和胜任力的薪酬的四种类型

SKC 薪酬制度能够从技能、知识和胜任力的三个层面实施奖励，分别是深度、广度和自我管理。其中深度指的是在现有 SKC 中获取更多的专门技术和知识。深度导向薪酬制度的例子包括技术人员和蓝领工人技术交易系统的双职业阶梯。广度指的是增加员工 SKC 自身的优秀特质。工厂中实施的基于技能的传统薪酬制度提倡广度，所以员工能够在自我管理的团队里出色地完成所有任务，而这些制度通常也具备深度和自我管理的特点。自我管理涉及组织中具有较高水平的工人所负责的工作，如策划、培训和预算编制等。例如工厂实施的基于技能的传统薪酬计划，实施这种 SKC 的组织旨在通过向员工队伍实施必要的 SKC 使他们承担管理责任，从而消除一线监管的成本。

SKC 薪酬有以下三种支付方式：第一种是它可以替代基本薪酬计划，作为绩效薪酬制度的一部分，或者它也能够以不影响基本薪酬的奖金形式发放。目前使用的大多数 SKC 薪酬制度都是基于 SKC 原则而设计的基本薪酬制度。关于 SKC 薪酬制度的所有研究以及大部分书面材料几乎都聚焦于这种基本薪酬制度。第二种方式是将 SKC 组成部分拼接成现有的绩效薪酬制度。例如，在许多绩效薪酬制度中，决定薪酬增长的绩效评估既要基于目标能否实现，又要考虑员工展现的胜任力。第三种方式是向 SKC 薪酬制度下的优秀员工支付奖金。对于组织而言，奖金具有最大的灵活性和最小的风险性，因为奖金支付不具有薪酬增长的年金功能。

结合 SKC 可以奖励的不同维度和 SKC 薪酬的不同交付方式，建议实行以下四种不同类型的 SKC 薪酬制度。

类型 1，以培养职业技能为目标的职业深度制度。这种制度可以追溯到很久以前，它为员工学习专门技能铺设了一条职业道路。学习专业技能的学徒方式是这种制度的原型，其目的是在一段较长时间内深化员工的专业知识，并且为员工清晰地概括出培训与认证要求。

类型 2，基于技能的传统薪酬制度。这种制度主要强调员工技能的多样化，既需要一定程度的自我管理技能，又要具备技能深度。这些制度非常复杂，但是在精简员工和减少管理层以提高组织业绩方面通常十分有效。这些计划的主要目标在于增加员工灵活性，并为他们提供有关生产和服务流程的广泛视角，从而帮助他们投入到管理行列。

类型 3，绩效薪酬制度。这种制度通常是以整个组织所界定的员工胜任力为衡量标准，即便在某些情况下这些制度是专为特定类别的员工甚至个人定制的，其目的是强化管理层所认为的与组织业绩密切相关的胜任力。然而，经常用作衡量标准的胜任力（如团队协作胜任力和分析思维胜任力）似乎很模糊，因此很难做出评估。

类型 4，奖金薪酬制度。这项制度允许组织根据人才可用性及其需求不断做出改变，吸引并留住那些可能认为公司的基本薪酬制度不完善的专家们。当今这个方法的主要用户是美军，他们广泛地使用技能奖金以吸引和留住专业人才（如医生、飞行员和特种部队）。关于此项制度的描述因联邦出版物的某些原因略显模糊。

美国五角大楼的一个人力资源小组监测了武装部队能够在多大程度上填补数百个专业职业的空缺。如果他们在吸引和留住人员方面存在困难，就会提供临时征兵或再应征奖金。奖金数额适中——大多数少于 1 万美元，但也可能提供高达 4 万美元的征兵奖金和 15 万美元的再应征奖金（再应征奖金相对较高，因为可以更容易地为现有军队的 SKC 做出评估）。奖金既可以提供给军官（如飞行员和医务人员），也可以提供给应征人员（如特种部队）。本篇作者的侄子是一位海事直升机工程师，曾于伊拉克战争最激烈的期间因延长两年服役期而被付与 7 万美元的再应征奖金，实际上，这将会使他的现金薪酬翻一番。军队对于奖金的使用很谨慎，只用于必需时刻；当满足了专业工作人员的需求后奖金便不再发放。提供奖金的专业和奖金数额频繁变更，因此军方不予公布。

为掌握具体的胜任力模块（如技术的应用）或者取得由国家专业教学标准委员会（National Board for Professional Teaching Standards）所开具的证明，某些教师的 SKC 薪酬制度同样采用奖金形式而非增加基本薪酬的途径，这取决于州以及地方学校董事会的政策。表 13-1 总结了以上讨论的 SKC 奖励维度和每一种类型的支付形式，同时也列出了每种类型的示例。

表 13-1　SKC 的薪酬类型：每种薪酬类型的适用情景

计划类型	SKC 奖励维度	支付形式	示例
1. 职业深度	深度	基本薪酬	双职业阶梯、技能交易系统
2. 基于技能的传统薪酬	多维度	基本薪酬	工厂基于技能的薪酬
3. 绩效薪酬	多维度	绩效加薪的一部分	胜任力薪酬，如某些教师的 SKC 薪酬
4. 奖金薪酬	深度（目前一般指深度）	奖金	军事关键技能奖金、某些教师胜任力薪酬

每种类型的薪酬计划都有各自适合的组织情况。当存在长期的专业技能竞争需求，以及关键技能需要长时间培训周期的情况下，类型 1 薪酬制度能够发挥最大作用。这些情况明确了留住专家对于组织的重要性，因为更换这些专家会产生一笔昂贵的费用，这就为组织获取了精心设计的薪酬制度、培训计划和认证测试所需的重大投资回报。同时，这项制度也会激励员工深化技能，以此作为增加薪酬和获得职业发展的途径，而不再仅仅将晋升更高职位视为职业发展的唯一道路。如果类型 1 计划代表的 SKC 正在快速变化，那么这项计划就不

是十分成功。有时，这对于双职业阶梯发展途径下的科学家和工程师，以及计划中的信息技术专业人员是一个问题。问题就在于，员工们很可能在已过时的 SKC 下仍然获得优厚薪酬。而且，要改变这些计划可能很困难，因为员工们对继续实施计划建立起了浓厚的兴趣，而不顾计划是否符合当前的发展条件。在过去的 15 年里，随着公司引入多技能发展的理念（强调技能广度），增加了维修员工以及其他行业人员的灵活性，从而减少不必要的员工配置，技术行业的学徒制度就面临着以上所提及的问题。这一改变令许多常年在深度导向制度下工作的员工难以接受，他们对此消极抵制。

类型 2 制度非常适合高参与度的精益组织设计，这些设计要求员工是全能型人才且/或具备高度的自我管理能力。宝洁公司于 20 世纪 60 年代开始在"绿地"高参与度工程中率先推出这些计划。研究表明，类型 2 计划在制造业环境中往往能发挥最大效用，这可能是由于该计划最容易明确所需技能。这些计划注重技术技能的发展，并且与培训计划、工作轮岗计划和正式认证紧密相关。它们需要在设计和开放方面投入大量的时间。然而，如果业务需求、技术和组织设计模式正在迅速变化，那么这些计划就不会十分奏效。一项关于在高参与度制造工厂开展的八项基于技能薪酬计划的研究（莱德福，2008）发现，得以继续实施的计划会做定期修正以满足新的技能需求。如果变化率太高致使重新制订的计划仍不能满足业务需求，这种情况下投入一年或者更久的时间重新制订计划可能并不值得。

基于技能的薪酬计划最明显的失败之处就体现在高科技领域（如摩托罗拉和英特尔），这可能是因为该行业科技以及工作程序的变化非常快。技术、产品和生产技巧的快速变化意味着组织正在不断地改造和完善自身，要使类型 2 计划适应这种变化速度是很困难的。在高科技领域哪怕出现一次失败案例，就证明计划在实施前已过时，应该被摒弃。

如果组织没有使用确保获得薪酬价值的职位轮换和再认证政策，类型 2 计划同样也无法奏效。一旦员工学习一项技能而没有轮换到他们能够使用所学技能的工作岗位上，那么一段时间后，他们往往会丧失该项技能并在需要之时无法完成相关任务。

类型 3 制度要求具有能够融合胜任力制度的绩效薪酬计划。绩效薪酬计划的实施对象往往是专业和管理员工，部分是由于许多非豁免薪酬计划不会获取绩效薪酬。这些计划所强调的胜任力往往应用于各种职位和工作组，并且通常试图鼓励发展的胜任力可以强化企业战略方向，内部研究显示包含组织文化理想特质的胜任力有利于组织业绩提高。

绩效薪酬计划要想成功实施，需要倾注大量关注。例如，一家食品加工公司的绩效薪酬计划得以成功实施，是因为它将管理者的加薪建立于两项传统的管理胜任力（注重成果并利用技术和业务系统），以及两项强化公司主要举措（建立员工队伍效能和满足顾客需求）的胜任力之上。公司精心定义每项胜任力，并保证员工都能学习和熟练掌握。该计划能成功实施，是因为它将大量注意力集中于作为计划基础的数量有限的 SKC 薪酬制度上。

然而，在很多时候，所有的胜任力制度都缺少重点。胜任力可能是绩效考核的其中一项指标。基于多个目标的实现状况，行为标准以及从现有表单中随机抽取的几项胜任力作为考核依据，这种情况十分普遍。在薪酬增长 3% 的时代，每一项胜任力的重要性在这样一个制度下的绩效评估中都非常小，几乎是无关紧要的。此外，公司在选取需要强化的胜任力时，为图省事，往往直接选取薪酬制度下的众多又多样化的胜任力，而不是提供精心设计的胜任力行为标准，并且使用与他们特定组织不相关的一般胜任力，其结果是组织的整个运行过程都显得"蓬松"，而且缺乏价值。

类型 4 制度十分通用。由于奖金计划下提供的薪酬不具有年薪加薪特征，因此组织只需为 SKC 增加的员工发放一次性奖金。如果组织需要的 SKC 每年都在变化，那也不是问题；相应地，列表也很容易更改并快速满足变化需求。而且，因为奖金不具有年薪功能，相比于基本薪酬制度，奖金制度下的设计错误成本要小得多。除此之外，奖金非常容易融入任何基本薪酬制度；它们不要求像其他类型（尤其是类型 1 和类型 2）所要求的那样对薪酬制度进行彻底整修。

奖金计划存在的主要问题是由于这些计划的巨大包容性，它们可能会变得过于粗糙，略显臃肿。管理层意识到，他们需要仔细思考计划强化的 SKC 类型和员工们获取技能的方式。如果计划可靠，员工们想要了解掌握 SKC 的原因以及获取 SKC 必须要做的事情，这时需要一定程度上的严苛。看似随意而多变的计划将不会调动员工的积极性。

在所有的 SKC 薪酬类型中频繁出现了一类问题，但在前三个类型中体现尤为明显：支持计划开展的基础设施不完善。基础设施包括计划的良好沟通设备，允许员工获取 SKC 计划薪酬的培训机会，保证计划与时俱进的更新系统，以及良好的实施方法。研究表明基础设施比实际制订在确保计划成功方面更为重要（参见莱德福和赫尼曼（2011）关于此主题的详细探讨）。然而，奖金计划本身的容纳性更加强大，因为组织每年都会调整计划，摒弃那些不合理因素，并在一定程度上重新开始——只要管理层对员工讲信誉（见表 13-2）。

表 13-2　SKC 薪酬类型：最佳应用与普遍问题——以类型 4 SKC 奖金计划的成功实施为例

薪酬类型	最适合的情境	普遍存在的问题
1. 职业深度	需要专家 对关键技能的多年培训周期 替代人才的高额代价	退化 所需专业技能的高度变动 不完善的基础设施
2. 基于技能的传统薪酬	高投入和精益工作模式 明确的能力体系	组织环境的高变化率 退化 不完善的基础设施
3. 绩效薪酬	早先使用绩效薪酬 要求胜任特征的简明清单	评价过于复杂 胜任特征过多或模糊 不完善的基础设施
4. 奖金薪酬	需要快速调整 SKC 的要求	过于草率的实施 不完善的基础设施

一般而言，SKC 薪酬在需要不断学习和发展的时代里，作为提高员工胜任力的途径并未得到充分利用。即使这种薪酬制度从来没有实现人们所期待的、可取代基于工作本身的薪酬制度的愿望，但其影响力在未来可能会继续扩大。显然，虽然整体上经济领域失业率很高，但也有许多经济领域存在严重的技能差距问题。基于技能的薪酬制度能够缩小这些差距，并首先通过对员工实施激励性措施，鼓励他们培养在新兴需求领域的各项技能，从而提前预防差距。

然而，上述分析表明 SKC 薪酬的最常见设计是扩大其应用范围。类型 1 和类型 2 是 SKC 薪酬的基本薪酬形式，如今越来越难以更好地发展和管理。它们所处的艰难处境在当今的经济领域日益普遍。技术、工作系统、组织设计和商业模式的变化速度正迅速上升，而在这种环境下很难制定并维持 SKC 基本薪酬制度。实际上，在这样的条件下，SKC 薪酬制度比传统的薪酬制度更难设计和维持。SKC 薪酬所奖励的技能冗余，一旦相关技能、知识和胜任力发生变动，任何有资格凭借自身技能、知识和胜任力获取薪酬的员工都会受到影响。因此 SKC 薪酬制度下的组织变动所引起的后果更加严重。

此外，SKC 的滞后性对 SKC 薪酬制度构成越来越大的威胁。这些制度在工作的学习内容中显现一定的稳定性。如果不具备适度的稳定性，很难设计出一套能多年持续促进职业发展的职业体系。可是这种稳定性需求越来越难以满足。想想仅在几年前还不曾存在的 IT 行业、新 SKC 和软件工程——社交媒体、移动硬件、比 30 年前的主机更为强大的智能手机，以及新的编程语言等，所有这些新兴事物都增加了保持稳定性的难度。最近七年为 IT 行业制定的 SKC 薪酬制度在如今都即将过时。

而且，SKC 薪酬制度的成功取决于完备的基础设施——培训、通信、更新系统和实施等。不幸的是，基础设施不完备是太多公司在管理上的弱点。即使薪酬计划的原始制定者致力于基础设施的维修，但情况也不会发生改变。管理者升职以及人员调整最终会产生新的参与者和新的重要事项，先前领导班子制定的制度可能并不会受到高度重视。最终结果是，要求管理者必须维持基础设施计划并不比要求他们做好绩效考核更现实。

基于奖金的薪酬制度在复杂多变的混乱环境中看起来越来越具吸引力，而且它们理应得到比迄今为止更广泛的应用。奖金制度从来没有遭遇滞后性问题。该计划每年都会更改并随时终止，而完全不会对基本薪酬制度带来破坏性影响。组织经营环境的改变是采用这种薪酬形式的一个原因，而非阻碍。事实上，每年可以通过奖金制度加强与管理层的新目标和新举措相关的 SKC。随着管理者的更换，基础设施的质量好坏也无法保证，可能某些年质量好，某些年质量折损，但只要基础设施的质量不会使员工丧失工作积极性，就不会造成持久性伤害。充分利用基础设施的明智管理者在制度实施上将更加成功，而不太明智的管理者也不一定会使制度无效。

本章小结

本章概括了四种不同的基于技能、知识和胜任力的薪酬支付方法。每一类型的制度适合不同的实施条件，并且往往面临着不同的问题。本章得出结论，组织应该更广泛地采用最不常见的一种 SKC 薪酬制度，即 SKC 奖金薪酬制度。该计划更少受到那些影响其他 SKC 薪酬制度的问题的干扰，实际上，它是最适合当今瞬息万变的组织环境的一种制度。

注释

1. http://www.worldatwork.org/waw/adimLink?id=65522.

参考文献

Ledford, Gerald E., Jr., and Herbert G. Heneman III. 2011. *Skill Based Pay*. SIOP Science Series. Society for Human Resource Management, Alexandria, VA.

Ledford, Gerald E., Jr. 2008. "Factors Affecting the Long-Term Success of Skill-Based Pay." *WorldatWork Journal* 17(1):6–17.

第 14 章

使用非货币奖励，激励驱动业务绩效的行为

梅利莎·范·戴克（Melissa Van Dyke）
奖励研究基金会（Incentive Research Foundation）

随着经济大衰退后美国经济的复苏，许多组织明显依赖于传统的人力资本奖励手段，如加薪、奖金和晋升，这已不再是秘密。新资本主义非常依赖知识员工，通常要求他们承担一些未被认可的角色（如员工、创新者、培训师、项目领导等），联系这一背景，我们就能够更加理解为什么高层管理者会极力拓展整体薪酬战略的非传统部分。特别值得一提的是，自美国薪酬协会将非货币奖励和认可引入整体薪酬模型并作为其重要部分以来，组织对这些实践的兴趣日益浓厚。如今，已有 74% 的美国企业采用非现金薪酬方式来认可他们的关键员工，形式包括奖励性的旅游、商品或礼品卡等。[1] 这些组织已经明白非货币奖励对于公司的重要意义。研究表明，那些采用非货币激励形式的公司的年收入（按年测算）要比那些未使用该类激励形式的公司高出 6%。[2] 同样重要的是，当今企业在他们的整体薪酬战略和非货币奖励中使用了广泛的薪酬选择组合，其中典型的几种如图 14-1 所示。

表 14-1 当今企业的典型薪酬选择组合

	现金	旅游	商品	预付卡
只关注雇员	37%	27%	48%	67%
只关注渠道	17%	33%	56%	67%
雇员和渠道	25%	57%	65%	61%
只采用这种奖励	6%	8%	10%	26%

14.1 非货币奖励为何有效

在整体薪酬框架内精心设置非货币奖励措施时，它比货币奖励能更加有效地激发员工做出那些有利于实现关键业务目标的具体行为。当被问及哪些奖励在激励员工时最为有效，人力资源部领导者们发现，非现金薪酬的提及率比现金薪酬多1~5倍。[3] 蒙莫斯大学（Monmouth University）教授斯科特·杰弗里（Scott Jeffrey）在一篇题为《有形的非货币奖励措施的益处》的文章中揭示了运用得当的非现金奖励措施对受众形成更大影响的四种心理过程。

- 分离。斯科特·杰弗里教授的研究以及众多研究都表明，[4] 当获得同等的货币奖励和非货币奖励时，员工的心理反应大不相同。奖励获得者更加倾向于在心理上将非货币奖励视为随意的（或"娱乐性的"）心理账户，并出于这样的目的使用非货币奖励；同时他们更倾向于将货币奖励纳入为账单和必需品预留的心理账户中。奖励获得者极有可能在获得非货币奖励时增加心理账户的可用数额，并在获得货币奖励时抵消其心理账户的可用数额。用非货币奖金增加心理娱乐账户额度，而将货币奖励纳入定期账户的心理过程意味着，非货币奖励获得者的获得感通常要高于同等的货币奖励。[5]
- 评价。当选取了适当的奖励方式并授予员工后，非货币奖励获得者会将获奖后的积极情感与他们所完成的工作相联系，这会使获得者赋予这种奖励比同等现金更高的精神价值。
- 正当。货币奖励获得者通常更倾向于认为他们应该将所得奖励用于日常所需，比如支付账单和购买食品杂物。而由于非货币奖励通常与现金薪酬是彼此独立的，获得非货币奖励的员工们很可能认为自己理应获此奖励，并且在"挥霍"奖励时产生愧疚感的可能性更低。因此，相比货币奖励，非货币奖励给予员工一种更愉悦的体验，因为将这种非货币收入转化成某种具体实物时，人们并不会感到愧疚。
- 社交促进。在大多数的文化中，公开讨论一个人获得的现金薪酬数额都是不被接受的。而非货币奖励获得者则可以向其家人和朋友散布他们的奖励信息，使其成为加强奖励获得者与其所重视社区的情感联系的工具。在公共场合与家人和朋友讨论公司支付的奖励，也会在激励获得者与组织之间建立更密切的关联。正是因为这种（与组织如何认可员工相关的）特性，所以非货币奖励获得者感觉很自然，而货币奖励获得者则很少提起自己所获奖励。

基于以上四项原因，非货币奖励形式还有一种晕轮效应，它们比货币奖励更加难忘。即使在获奖数月甚至数年后，非货币奖励获得者仍然记得当初为何获此殊荣，以及获得了哪些奖励。

然而，从设计角度而言，我们应该知道的重要一点是，以上这些效果也有赖于摆在首位的奖励是什么，以及绩效表现的联系程度和受众的重视程度（这一点最为重要）。[6] 无论是货币还是非货币奖励，如果被认为不足以回报员工的努力和成就，那么它就都是无效的。因此，在选择一项非货币奖励或提供具有适当价值的、宽泛的奖励选项时，要时刻关注获得者和奖励的价值。

14.2 非货币奖励的应用

随着越来越多的组织认识到需要通过采用总体奖励框架来提供更广泛的奖励，非货币奖励受到的关注程度也就越来越高。组织选择使用非货币奖励方式的部分原因包括：

- 对杰出业绩给予认可。到目前为止，使用非货币奖励的最传统的方式是通过提供礼品卡、商品和旅游机会对杰出的销售或运营绩效（如最佳销售业绩、最高顾客满意度或最高安全率）给予认可并实施奖励。
- 优化奖励组合。非货币奖励永远都不应该替代公平的薪酬计划。研究表明，如果非货币奖励措施得到良好设计，并将目标锁定在组织的关键成果（如顾客满意度和在职员工推荐等）和行为上，那么使用该方式激励员工的费用要比货币奖励少 1~5 倍。但即便如此，也不应是替代关系，而应是组合关系。[7]
- 提升员工敬业度。盖洛普公司（Gallup）估计，由于员工的低敬业度而造成的生产力下降，每年需要耗费美国企业 4 500 多亿美元。[8] 因此，建立和维护一支长期高敬业度的员工队伍已成为大多数组织的关键议题。虽然目前关于敬业度的确切定义和驱动因素仍然存有许多争议，但是大多数咨询公司均指出，组织的薪酬和认可在提升员工敬业度方面发挥着重大作用。非货币奖励针对员工承担核心工作范围内外的关键工作角色给予公平的奖励和认可，进而帮助组织和员工回答"敬业于什么"这个问题。而非核心工作角色包括所有致力于成为创新者、培训师，或持续提升其技能和教育水平的投资者的各项努力。[9]
- 激活员工身心健康项目。由于一些可预防疾病所带来的医疗保险金的提升和员工生产力损失，已经让员工身心健康成为美国大多数企业关心的一个关键问题。精明的组织已经通过启动员工身心健康计划取得了显著的成果，企业全面员工身心健康计划的持续执行结果显示，在员工身心计划上每投入 1 美元所节省的成本就超过 3 美元。非货币奖励在推进此项措施中发挥着关键作用。例如，美国强生公司发现，自从非货币奖励措施引入后，自愿参与到员工身心健康计划的员工人数占比从 26% 增加到 90%。[10]
- 缓解对货币奖励计划的关注。货币奖励已经被迅速嵌入员工的期望薪酬之中。组织通过使用非货币奖励，在验证和重新定义新激励计划方面已经取得了巨大成功。
- 强化员工价值主张。工作场所中多个时代人群的汇集和家庭结构的重新定义，迫使组织关注其员工价值主张并使其差异化。如今许多组织都向员工提供非货币奖励组合，如职业导师、专业发展、个人发展和独特的旅游体验等。因为非货币奖励获得者自然而然地将所得奖励归因于他们的绩效，以及他们在组织中的其他优秀表现，所以，这种归因在当今充满竞争的劳动力市场中可以作为保留人才的有力工具。
- 提高组织敏捷性。经济大衰退使得五年期的计划不受欢迎，因而更短周期的计划开始进入视野。将致力于帮助组织聚焦于员工绩效的传统绩效薪酬转换到关注快速变化的目标（如顾客满意度或生产效率）导向的方案，往往不是最佳选择，甚至都不会成为一个备选方案。通常，员工都会质疑薪酬变革，甚至对此表示愤慨，尤其抵触频繁的薪酬变革。非货币奖励则能够帮助公司快速地将员工绩效重点重新定位在那些不断变化的目标上。另外，提高某一特定产品的销售佣金将会挤占投放到产品线中其他产品的努力。非货币奖励的增加与取消有助于强化重点，而且不会向任何方向倾斜。最后，如果组织已经或正在实施收益共享计划，那么非货币奖励也是将现有现金薪酬计划的生产效率目标和其他目标进行区分的好方法。
- 支持同事间的联系。组织通常都会在面临并购或者敬业度问题时努力支持员工的同事间联系，或者聚焦于那些有利于组织成功的、使用非现金薪酬进行同事间认可的核心价值观。这种同事间的联系支持计划也更加有利于识别、沟通和认同那些对主并购组织有重要影响的一线行为。

14.3 非货币计划的类型

（1）非正式认可。非正式认可能够用来鼓舞士气，它包括轻拍后背的小动作、几句简单的"谢谢"、一个尊重的表现、一次新的培训机会、一张简短的便条，或是一次指导的机会等。虽然这些动作的成本几乎可以忽略不计，但其回报却不可估量。组织应该强调非正式认可这种奖励类型的重要性，并进行该类实践的培训，以帮助管理者熟悉并接受这种奖励方式。

（2）奖项列表。通常，认可和奖励计划的奖项列表都来源广泛，其中包括提供全方位服务的绩效改进机构。奖项列表中的项目一般都是经过特别甄选，并根据项目建立难忘回忆和激励体验（视其为战利品）的能力而推广。奖项列表使员工聚焦于获得能够高度激励自己的特定奖项，因而有助于推动绩效改进计划中的目标设定。奖项列表可以是一本列有 15 个条目、按价值水平分类的小册子，或者由 2 000 多个高品质的旨在吸引广泛人群的条目所组成的综合列表。咖啡桌式的奖项列表也具有这样的优势，即当它们被送至员工家中后，它们便成为吸引所有家人的强大激励工具。随着互联网的出现，虽然所有的奖项都可以在线查阅，但我们仍然不能忽略实体奖项列表的价值。这类实体的奖项列表之所以被认为是独一无二的，是因为：①它们能够被寄送至员工家中，全家人都能够看到；②如果一切都在互联网上，它们也将失去唯一性。

（3）奖励证明。使用这种方式的组织会给奖励获得者寄送一张具有适当面额商品的证明，该证明可在一个或多个零售点兑换，或直接通过奖项列表进行兑换。通常，证明很容易获取，能够当场授予没有联网的员工，但其不利之处包括以下几点：缺乏对欺诈行为的控制；需要探访多个零售商，以满足多样化的口味需求；无法轻易替换丢失或被偷的证明。这些问题使奖励证明在应用于大型计划时面临重大挑战。

（4）零售奖励卡。零售奖励卡已取代了大部分传统的奖励证明方案。一般情况下，这些奖励卡很容易获取，并可以直接在零售商那里设定购买面额。这类奖励卡一般都可以用一定的折扣价格购买，根据零售商的不同，卡片可以印上公司的标志，或者选择"虚拟"形式（用电子邮件通知卡片的代码）。零售奖励卡通常只能在该零售商的商店或网站上使用，有时它也被称为闭环卡（closed-loop card）。奖励获得者还可以用极具诱惑力的价格兑换积分，提供奖励的公司拥有多种多样的奖励选择和兑换选项（如商店、网络、奖项列表）。零售奖励卡的防欺诈保护功能有限，而且通常都有人为规定的有效期限，一般会规定有效日期和逾期使用费用。

（5）储值卡。储值卡主要有两类：开放式储值卡和受限卡。开放式储值卡允许参与者在任何接受奖励卡（如美国运通卡、万事达卡、维萨卡和发现卡等）的零售商处购买产品。受限卡限制获奖者只能从指定的销售商处购买产品，但优点是确保奖励难忘而特殊，并且与组织的品牌和价值观相一致。

（6）个人旅游。个人旅游为获奖者提供了一个独自或与家人及其他重要人士享受旅行的机会。从获奖者的角度而言，这种体验类似于无须支付任何旅行费用或只需负担一小部分费用的个人假期。即使获奖者错失了团体旅行体验中的共建组织网络和活动的机会，这种奖励也会为获奖者提供更多的自由时间,使他们不必遵照团体制定的时间表而充分享受个人旅行。个人旅行奖励的形式通常包括旅行证明、旅行券、奖金银行账户的奖励积分或储值奖励卡,所有这些都可以用来兑换旅行。这种奖励只承担旅行的主要费用(即机票、租车和住宿费用),或者更全面地包括膳食、饮料、转车和活动费用。员工们可以在地方旅行机构、互联网或者全方位激励服务公司中使用这种旅行奖励。

(7)团体旅行。团体旅游奖一般用来奖励拥有最优绩效的渠道合作伙伴(如转销商、零售商、代理商或经销商)和销售人员,但最近其奖励范围已经扩大至非销售人员(如服务人员、个人贡献者和特别项目团队)。[11] 获奖者可以享受旅行目的地的美景,与同事和高管建立联系,他们不仅获得了高管的认可,还能够与其他绩效优秀的员工一起享受当地的美妙旅行活动。组织可以开展一些个人不太容易进行的独特活动,从而使这项奖励具有特别的价值,留下美好回忆。团体旅行期间还可以开展研讨会,邀请专家对员工进行培训,这就为员工提供了学习和发展机会。

(8)象征性奖励。象征性或标志性的奖励应用十分广泛,特别是作为一种认可方式对参与公司项目和活动的员工表达赞赏。许多组织已经创造出象征个人或组织成就的代表物,包括多种标志性的优质商品,如服装、水晶、办公桌套装和独一无二的奖杯。象征性奖励可以根据公司和获奖者个人的需要进行个性化设计。这些奖励通常通过以下方式获取,如网络、奖项列表或者象征性奖励的代理商。有许多机构会提供此类型的非货币奖励,如广告公司、颁发认可奖的组织和全方位服务绩效改善机构。

(9)带薪休假。一直以来,带薪休假都是非常受欢迎的奖励措施。在过去十年里,随着商业的迅速发展以及受薪员工工作时长的增加,该奖励方式的受欢迎程度更高了。采用带薪休假奖励时,需要考虑以下几项重要因素,包括:

- 关于休假的国家和联邦劳动法律,包括非豁免员工的补休工作。
- 休假如何追踪和计算,如何确定成本,如何汇报。
- 员工休假对团队工作和公司生产效率的影响。

14.4 奖励的资源获取与执行

对于任何非货币奖励计划,都有两个不同的资源获取和奖励执行选择:全方位服务绩效改进机构或者落地执行资源。除了提供商品、旅游和象征性奖励之外,全方位服务的绩效改进机构还提供研究、培训、交流、推广方案的规则结构和薪酬制度设计。落地执行资源则仅仅专注于提供奖励。例如,一个商品奖励落地执行资源可能是商品制造商的激励部门,旅行奖励落地执行资源可能是当地的旅行社,象征性奖励落地执行资源可能是当地的广告或促销产品提供商。要想了解不同提供者的示例列表,请访问激励营销协会的网站(http://www.incentivemarketing.org/)。

选择全方位服务机构还是落地执行资源取决于两个因素:①非货币奖励的战略目标;②是否有支撑管理和技术工作的内部员工。一般来说,随着非货币奖励战略的应用范围不断扩大和可用的内部支持下滑,组织对于全面服务绩效改进机构的需求正在不断增加。

(1)奖项列表管理。全方位服务的绩效改进机构提供在线和离线的奖项列表(通过积分或奖励积分显示每个奖项的价值),并根据组织或员工的绩效表现将积分存入其电子银行账户。一旦积分或支票公布,员工可以立即兑换或继续累积以换取更大奖励。该机构还处理所有绩效跟踪、报表、税务报告、管理报告、订单输入、运输、客户服务、审计和计费等事宜。员工很自然地对所获奖励的产品质量、交货期和顾客服务抱有很高期望。为确保服务水平，组织会要求一个良好的全方位服务落地执行机构来随时提供相应物品，并且要求客户服务人员训练有素，以协助获奖者。全方位服务机构有两种计费方式：签发时计费，一旦公布积分或支票就开始计费；积分兑换时计费，只有在员工将积分或支票兑换成奖励后方可计费。签发时计费使组织可以计算其编入年度预算的所有非货币奖励，这种方式将在年底将所赎奖励的成本转移给供应商公司。积分兑换时计费则允许组织仅支付已经使用的费用，但这意味着，如果在接下来的时间里有庞大数额的积分或支票需要兑换，那么组织可能需要支付大量费用。积分兑换的预测是财务规划的一大挑战。一般而言，运输和销售税由雇员支付或直接支付给所在组织。一些组织也将项目管理、技术和管理的固定成本计入奖励的可变成本之中。在选择代理机构时，组织应明确代理商将影响哪些成本，以确保能够正确计算员工的购买力，以及非货币奖励计划的全部成本。

（2）礼品卡管理。许多提供奖励卡或证书的零售商都会在计划跟踪、促销和管理方面提供一定程度的帮助，前提是这些卡是批量购买的，并且需要这些服务。全方位服务的绩效改进机构提供礼品卡，并且通常专门针对积分发布、记录保存、终止支付、税务报告和其他重要的方案管理任务。独立提供商和可以处理所有细节的全方位服务机构在礼品卡管理服务方面存在很大不同。奖励卡和证书零售供应商提供不同水平的客户服务，这些服务的质量差异都反映在奖励计划和奖励机构上。礼品卡和证书实行在积分兑换时计费的方式，而且发放奖品时可能会收取额外的手续费。

（3）团体旅游管理。同上述提到的选择一样，全方位服务机构不仅仅是为激励性旅行计划提供旅游服务（如航空旅行、酒店、会议场所、活动规划等），还提供总体计划管理方面的专业知识、投资回报（ROI）计算、供应商谈判、现场工作人员和参与者调查。

14.5　计划制订

题为《激励、动机和工作场所表现：研究与最佳实践》[12]的研究论文是第一篇详细阐述通过奖励提升激励（PIBI）模型的论文。基于大量的研究，该模型为非货币奖励计划的制订和实施提供了指导。为确保计划成功实施，激励性计划制订者应该遵循以下八个步骤（或"事件"）。

- 事件1：明确未实现的工作目标（"确定是否必要"）。组织应首先对其战略或文化目标与员工当前绩效或行为之间的差距进行评估，从而明确能够通过激励性计划改进的未实现目标。那些不具体、不明确、不受欢迎、重要性较低、或被视为不具挑战性的目标往往很难实现。如果员工的绩效差距是由于缺乏动机而不是工具引起的，则适合实施激励性计划。
- 事件2：确定激励性制度（"确定是否合适"）。接下来，组织应该明确改进系统的获奖人、形式、类型和时间跨度。尽管计划的细节制订在很大程度上依赖于组织，但成功的绩效提高计划往往具有以下特点：
  - 包括有形奖励和无形认可。
  - 持续一年以上。
  - 员工参与计划制订。

- 事件 3：建立任务价值（"确定是否值得"）。员工将会对自己的成本效益进行分析，以确定所提供奖励是否与他们改变自身行为所做出的努力相称。如果他们认为该奖项值得自己为完成新任务或实现特定行为付出努力，他们就会集中精力完成所明确的任务。
- 事件 4：建立效能（"确定是否可以做到"）。一旦员工确定新的任务或行为值得付出努力，他们将会评估其个人能力。员工对个人能力、所提供工具以及团队能力越有信心，就越有可能全身心地致力于实现新的目标、任务或行为。
- 事件 5：建立代理（"确定是否有效"）。员工相信管理层能够公平实施和管理新的奖励制度，这一点至关重要。员工将立即评估组织对于该计划的支持情况；他们对于组织将会提供资源、支持结构和成功实现计划所必需的激励措施的信心越强，就越愿意确保计划成功。
- 事件 6：考虑员工情绪（"确定员工是否感觉良好"）。员工集体或个人当前的情绪状态将会影响组织开展计划。近期的裁员、薪金冻结或行业衰退将会对计划取得成功产生巨大影响。
- 事件 7：积极选择/坚持/努力（"确定是否已经开始并正在坚持，而且越来越明智"）。一旦计划开始实施，组织就应该评估员工们是否比以往更积极地开始做一些不一样工作（积极的选择），是否正致力于完成比预期更多的任务（积极的坚持），以及他们是否正将更多创新思想投入实现激励性目标的工作中（心理上的努力）。
- 事件 8：绩效提高（"确定做了，而且付出得到了应有的回报"）。在最后一个步骤，组织应该评估员工的选择、坚持和努力是否缩小了绩效差距。如果这个问题的答案是肯定的，那么组织还应该评估计划的收益是否超过成本，并且判断是否应该评估其背后的目标和计划结构。

14.6　税收和非货币奖励

在美国，按照一般规则，大部分非货币奖励是应该纳税的。因此，实行任何一种非货币奖励计划之前都应寻求法律和税收建议，这点非常重要。为确保员工不会收到与非货币奖励相关的税单，大多数组织选择通过将可适用的联邦、州、地方和 FICA 税收纳入员工 W2 Form 公布的税收当中，以此为员工提供奖励的税收补偿费。只要非货币奖励不会使员工缴纳更高的税额，奖励税收补偿费就能够确保员工几乎不承担税收成本。以下是计算补偿费的示例公式：

$$X = Y + wX + sX + lX + fX$$

式中　X——薪酬总额（美元）；
　　　Y——新增薪酬额（美元）；
　　　w——联邦税率（%）；
　　　s——州税率（%）；
　　　l——本地税率（%）；
　　　f——FICA 税率（%）。

如果联邦税率是 28%、州税率是 3%、地方税率是 1%、FICA 税率是 7.65%，那么价值 100 美元的奖励物品的补偿费计算公式如下：

$$X = \$100 + 0.28X + 0.30X + 0.01X + 0.765X$$
$$= \$100 + 0.396\ 5X$$
$$0.603\ 5X = \$100$$
$$X = \$165.70$$

在这个例子中，价值 100 美元的非货币奖励的总奖励值为 165.7 美元。为确保员工获得价值 100 美元奖励的全部购买力，组织必须补偿 165.7 美元。

在现行的美国税法中有两个例外，某些服务期限奖励和安全成就奖励，它们基于若干参数和限制条件享受一些税收优惠。以下列出了其中的一些注意事项，但也要咨询你的税收顾问，具体了解如何将这些要点应用到组织当中。

- 雇主在一个纳税年度内能为单一雇员扣除服务和安全奖金的最高金额，在不适格（gualified）的计划中为 400 美元，而在适格的计划中则为 1 600 美元。
- 如果方案已经建立并且书面化，而且每个员工的服务和安全奖励的总金额平均不超过 400 美元，那么该计划就是适合的。
- 奖励必须是"有形的个人财产"。除非奖励证书、礼品卡或积分只能兑换成有形的个人财产，否则这些奖励不符合规定。
- 服务期限奖励仅在五周年时给予雇员免税，然后仅在其后的每五年免税一次。
- 在任何一年内，安全成就奖励可能仅仅给 10% 符合要求的员工免税。
- 生产力奖励从来不具备获得税收优惠的资格。
- 许多其他限制条件也适用。[13]

除了税收以外，受到严格监管的上市公司应审查所有重要的非货币支出，以确保其符合 2002 年《萨班斯－奥克斯利法案》。

14.7 非货币奖励计划的发展趋势

在过去十年中，奖励研究基金会（IRF）一直在跟踪非货币奖励和认可计划的发展趋势，它每年会做两次调查，每次都会选取数千名该类计划的实施者作为受访者。根据 IRF 在 2013 年年底的研究，在非货币奖励计划中，以下 9 种趋势最为普遍（按流行程度排序）：

- 基于积分的制度。超过 80% 的受访者表示，他们正在使用积分制度作为一部分非货币奖励和认可计划的形式，可见这种趋势非常受欢迎。
- 测量技术。了解奖励计划产生的影响仍然是经济衰退后的主要议题，70% 的计划实施者指出他们使用"结果评估"（如 ROI 等）来确定计划是否成功。一半以上的人群也通过成功的销售业绩、预算成就和参与者反馈来衡量计划。
- 社交媒体。几乎三分之二的受访者指出，他们使用脸书（Facebook）、领英（LinkedIn）、推特（Twitter）和油管（YouTube）等社交工具来加强他们的奖励计划。
- 采购。一半以上的计划实施者认为，未来几年采购参与非货币奖励计划的热度将继续上升。
- 企业社会责任。几乎有一半受访者指出，他们将企业社会责任融入了奖励性旅游、礼品卡和商品计划中。这类实践包括激励性旅游计划中的"回馈"团队建设实践，以及在商品奖励计划中向主办慈善机构提供捐赠。
- 健康。45% 的激励性旅游计划实施者担心健康问题，并为参与者提供了具体选择，例如健康菜单、水疗或健身，甚至 FitBit 健身竞赛和有组织的 5 千米竞赛。
- 游戏化。接近 40% 的项目实施者正将游戏机制引入计划之中，包括徽章、排行榜、级别和自动通知。
- 电子产品。电子产品是计划实施者选取的最受欢迎的非货币奖励物品，40% 的计划都将其作为奖励物品。珠宝（包括手表）、开环礼品卡（open-loop gift cards）和旅行箱紧排其后，三分之一或更多的计划实施者将这些物品纳入计划之中。
- 旅游重质轻量。虽然奖励性旅游计划的实施者在总体上只是略微延长了计划实施期限，并扩大了规模，但研究表明，许多方案制订者正在继续投资计划中除食宿以外的其他方面，例如，包括所有航空公司费用、异地旅行费用、中转费用以及礼品等。非食宿方面是吸引越来越多方案制订者投资的唯一领域，并在过去的两年中很少有方案制订者削减这些方面的投资。

本章小结

在新经济环境下，组织的敏捷性以及员工的敬业度对组织不断取得成功至关重要。组织越来越需要员工能够积极地站出来并完成更多工作，而不仅仅限于指定的最低工作量。随着这种需求日益增加，组织也越来越需要实施包括非货币奖励计划在内的、行之有效的、有针对性的整体薪酬模型。明智的组织正在利用完善的非货币奖励计划吸引员工，满足迅速变化的员工期望，并且在无休止的噪声中重新定位员工队伍。科技的进步、计划实施选项的增加，以及正在进行的关于非货币奖励计划建设和衡量的研究，都将促进极为重要的员工队伍交流和激励工具的发展。

注释

1. See incentivefederation.org, "Incentive Market Study," October 2013. Available at: http://theirf.org/direct/user/site/0/files/Incentive percent20Marketplace percent20White percent20Paperpercent2010132013.pdf.
2. See "Noncash Awards as a Vital Compensation Component." Available at:http://theirf.org/research/content/6085642/rewards-and-recognition-as-a-vital-compensation-component/.
3. See "The Use of Awards in Organizations." Available at: http://theirf.org/.6081797.html.
4. Scott Jeffrey, "The Benefits of Tangible Non-Monetary Incentives." Available at:http://theirf.org/direct/user/site/0/files/the%20benefits%20of%20tangible%20non%20monetary%20incentives.pdf. See also, for example, D. Kahneman and A. Tversky, "Choices, Values, and Frames," 1984. Available at:web.missouri.edu/~segerti/capstone/choicevalues; R. H. Thaler, "Mental Accounting and ConsumerChoice." *Marketing Science* 4:199–214, 1985; and R. H. Thaler, "Mental Accounting Matters." *Journal of Behavior Decision Making* 12: 183–206, 1999.
5. See Rebecca White, "Format Matters in the Mental Accounting of Funds: The Case of

Gift Cards and Cash Gifts," November 30, 2006, University of Waterloo, Canada.
6. See R. Kanungo and J. Hartwick, "An Alternative to the Intrinsic-Extrinsic Dichotomy of Work Rewards." *Journal of Management* 13(4):751–766, 1987.
7. http://theirf.org/research/content/6081797/the-use-of-awards-in-organizations/.
8. See "How to Tackle U.S. Employees' Stagnating Engagement." *Gallup Journal*, June 2013. Available at: http://businessjournal.gallup.com/content/162953/tackle-employees-stagnating-engagement.aspx.
9. See Theresa Welbourne, "Engaged in What? Creating Connections to Performance with Rewards, Recognition, and Roles," Incentive Research Foundation, St. Louis, MO, 2014.
10. See "Energizing Workplace Wellness Programs: The Role of Incentives and Recognition," IncentiveResearch Foundation, St. Louis, MO, 2011. Available at:http://theirf.org/research/content/6078727/energizing-workplace-wellness-programs-the-role-of-incentives-and-recognition/.
11. See "Critical Findings for Recognition Travel Programs." Available at:http://theirf.org/research/content/6068361/critical-findings-for-recognition-travel-programs/.
12. Available at www.loyaltyworks.com/incentive-program-research-articles/ispifull.pdf.
13. IRS Circular 230 Disclosure: "To ensure compliance with requirements imposed by the IRS, we informyou that this written advice was not intended or written to be used, and cannot be used, for the purpose of avoiding penalties under the Internal Revenue Code."

PART 3

第三篇

可变薪酬

第15章
选择能够激励最优绩效的奖励薪酬

琳达·E. 阿穆索（Linda E. Amuso）
雷德福，怡安翰威特咨询公司（Radford, an Aon Hewitt Company）

　　公司希望将薪酬与绩效挂钩并且管理成本，因此，奖金或可变薪酬在公司的整体薪酬方案中就越来越重要。奖金可以有不同的表现形式，但一般是指用以奖励特定绩效产出（通常是在12月或者更长时间周期内进行评估）的可变薪酬支付。作为公司整体薪酬计划（包括基本薪酬、短期和长期激励、权益、福利，以及学习和发展）的一个组成部分，奖励是建立和维持强有力的基于绩效薪酬文化的最有效形式。公司通过使用奖励来嵌入风险薪酬，以确保所支付的薪酬成本能够以最优方式回馈和激励所取得的成果，并使那些试图实现绩效最大化的决策和行为与创造股东价值的期望保持一致。设计精良的奖励计划都是把业务绩效与薪酬直接挂钩，使整体薪酬支出能够随着业绩提高而增加，随着公司业绩下滑而下降。

　　本章将通过讨论薪酬方案的设计要素和最佳实践，帮助实践者制订有效的奖励计划。随着2008年年底发生并一致持续到2009年的经济衰退，奖励计划变得越来越重要。在企业之间的人才争夺战争愈演愈烈的时期，企业更加希望通过管理固定成本来提高企业的盈利能力。此外，激进的股东主义观点也一直试图增强高管薪酬与公司绩效之间的关联。尽管奖励的形式多种多样（包括现场奖励、利润分享、销售奖励等），但是本章重点是介绍作为正式计划一部分的管理层或关键员工的奖励计划。表15-1中列示了奖励计划的类型及其特征。该表列示各类奖励计划的特征，包括计划特点、计划参与者、奖励支付频率和绩效指标。针对管理层和关键员工的奖励方案是公司整体薪酬计划的重要内容，它对于建立公司强有力的基于绩效的薪酬文化至关重要。通常，在组织中推行的典型奖励计划只有与公司的总体业绩和人力资源战略建立关联，才能够更为有效。

表 15-1　奖励计划的类型及其特征

薪酬 ←——————————————————————————→ 奖励

类型	自主奖励	现场奖励	里程碑奖励	利润分享	项目/里程碑奖励	正式的短期奖励计划
薪酬/奖励	薪酬	薪酬	薪酬/奖励	奖励	奖励	奖励
资格和参与者	管理层和关键员工	除了高层管理者之外的全体员工	团体和/或个人	全体员工	团体和/或个人	可能针对全体员工或者基于公司文化的更聚焦的群体
频率和时间	任何时间可实施	在一年当中，关键事件发生时	项目里程碑之后支付	按季到按年	项目里程碑之后支付	按季到按年
优点	容易控制	认可超额的努力；即时反馈	没有事先设定的目标；在事情发生后即认可	基于具体的公司目标来认可所有员工；易于控制	有助于推进具体业绩结果的达成和时间进程	保持个体行为与公司、业务单元、个人等具体目标的一致性
缺点	无法驱动具体行为	管理者可能不愿意单独挑选出员工	由于是事后支付，因此可能无法驱动行为的产生	由于是基于公司绩效，因而体现不出个人的绩效差异	目标必须基于对结果的预期而提前设定	目标设定较为复杂；需要强有力的、强调区分个体绩效的绩效管理文化
适合的企业	初步建立阶段的公司	多数科技类公司	基于项目的公司；具有明确目标和优先级的公司	成熟的技术公司，并希望提供附加的现金激励，不把激励重点放在个体上	软件开发企业；药物研发公司；具有稳定的目标设定流程的公司	大多数上市公司（无论处于哪个阶段）

资料来源：Radford.

如果只关注高管薪酬的话题，我们会发现有更多公司正在整个组织中实施奖励薪酬，以更好地将业务成果和优先事项与全公司的薪酬计划关联起来。这种转变在一定程度上反映了奖励薪酬驱动具体行为（及其结果）的功能，缓解了员工想要增长基本薪酬的心态——这种薪酬方式几乎无法有效区分良好绩效和卓越绩效的表现，也很少能够激发组织成功所需要的具体行为。另一方面，公司限制了绩效加薪的预算（特别是在美国，该类预算限制在工资总额的2%~3%），这使得单独使用基本薪酬进行有意义的区分更具挑战，因而，奖励薪酬作为区分绩效的重要工具，其重要性也在不断提高。

15.1　奖励薪酬的前沿议题

最开始，基于绩效的薪酬实践受到严格审查，由于股东要求董事会增强公司业绩和高管薪酬之间的联系，所以审查并没有减少的迹象。激进的股东活动团体（如机构股东服务组织、Glass-Lewis 和一些大型机构基金会）将基于绩效的薪酬作为公司整体业绩和董事会薪酬委员会绩效的关键指标。股东越来越多地要求董事会确保薪酬与公司业绩相关联，并对不符合这一理念的董事会成员投出否决票。随着审查的增加，董事会成员，特别是薪酬委员会成员的工作重点便转变为如何设计出最有效的奖励计划，以确保薪酬是基于公司业绩，并能够提高公司的整体薪酬管理水平。

15.2 奖励薪酬设计注意事项

毫无疑问，奖励计划（和所有薪酬计划一样）反映了一个组织的文化。在薪酬计划的设计过程中，需要确定奖励计划对组织文化的支持程度。换句话说，奖励计划是在公司人力资源战略和整体薪酬理念的背景下进行设计的，也必须能够支撑这些理念。与寻求持续实现短期成果的公司相比，专注于稳定增长和长期业绩的公司可能并不太重视短期的激励措施。此外，一个公司的现金能力是衡量薪酬计划的负担能力和现金薪酬功能的重要因素，尤其是在奖励薪酬与长期薪酬或权益奖励进行比较时。

成功的薪酬计划设计和实施要求公司识别其关键业务目标，并将这些目标转化为业务和员工个体层面的绩效要求，以便影响决策和行为的能力。薪酬计划参与者还必须相信，改变自己的行为或在那些他们将会受益的事项（如增加工资、增加职业机会等）中进行投资取舍，对于个人是有益处的。确定最适合的奖励计划或计划组合是将公司人力资源战略与整体薪酬战略挂钩的关键方面。如表 15-2 所示，大多数公司在技术部门都有正式的奖励计划，并且是其主要的奖励计划工具。

表 15-2 绩效指标的普及程度

绩效指标	普及程度
正式奖金	84%
年终奖	39%
现金利润分享	12%
其他	<1%
只有正式奖金	54%
正式奖金 + 年终奖	21%
只有年终奖	13%
正式奖金 + 现金利润分享	5%
正式奖金 + 年终奖 + 现金利润分享	4%
只有现金利润分享	2%
年终奖 + 现金利润分享	1%

资料来源：Radford's "Global Technology Survey Practices Report", April 2014.

虽然奖励薪酬计划的类型多种多样，但是方案设计的基本要素是基本相同的，包括内容如下：

- 资金和负担能力。
- 绩效指标。
- 方案的资格条件和计划参与者。
- 奖励机会的频率（与整体薪酬理念有关）。
- 行政管理规则。

15.3 奖励计划的资金和负担能力

奖励计划设计的财务因素及其实际应用，必须与公司的整体薪酬理念、固定薪酬（基本薪酬）与可变／风险激励（现金和／或股权激励）的各自角色等建立直接关联。公司在设计薪酬计划时，必须考虑该计划的可负担性。通常情况下，我们可以从两个视角来解决这个问题：自下而上或者自上而下。

在研究自下而上的方法时，企业必须首先确定其整体薪酬理念，并在市场中找到公司整体薪酬的定位（如 50 百分位、60 百分位或 75 百分位）。根据这个框架，公司可以使用基于市场的模型来确定该薪酬计划的总体成本（见图 15-1）。基于市场的模式意味着公司员工的薪酬将与市场同行保持一致，包括基本薪酬、奖励机会和参与者层级等。如果在公司的员工配置模型中应用这种基于市场的模型，那么该方案的计划成本就很容易实现了。

图 15-1 基于市场的成本模型

资料来源：Radford.

这种自下而上的观点可能是公司无法负担的，因为需要公司为股东提供相当的财务绩效。因此，自下而上的方法必须与自上而下的视角进行权衡比较，公司通过在战略规划过程或预算过程中使用这些方式来确定员工工资（包括现金和权益）的总体成本，并确定应分配给员工的基本薪酬、营业收入和／或利润的比例。假如公司实现了预定的业绩目标，该方法意味着有具体的成本限制。

平衡这两种观点将能够在嵌入对人才竞争性需求的同时，也对股东期望保持足够敏感。根据雷德福公司《全球技术调查实践报告》，奖励性薪酬通常占基础工资总额的 8% 左右（一般比例从 4%～10% 不等，从 25 百分位到 75 百分位）（见表 15-3），因此，公司必须确保这种资产投资到正确的绩效方向上。

表 15-3 不同竞争水平上的方案成本百分比

项　　目	25 百分位	50 百分位	75 百分位
收入	0.7%	1.7%	3.0%
工资总额	3.9%	7.8%	10.0%
运营收入	6.4%	12.8%	29.1%

资料来源：Radford's "Global Technology Survey Practices Report", April 2014.

作为建立最适宜的方案设计过程的一部分，公司还必须考虑其需要实现的财务绩效水平，以证明奖励薪酬或支付超出基本薪酬的部分是合理的。这些条件通常被称为门槛，它们是方案管理的最佳实践，使企业能够在挑战性的商业环境中避免承担额外支出。在奖励薪酬方案中，通常也会建立业绩指标和支付水平的上限或最高水平，以避免企业领导和员工过度冒险。这些设计特点通常被称为方案杠杆，它基于公司绩效来确定最低保护线和向上增长的空间。在经济危机之后，出现了许多关于鼓励业务领导为了个人利益而冒险的批判，因而，大多数行业目前普遍采用的做法是制订方案的门槛和上限。

为了设定门槛绩效和支出水平，公司必须考虑自身承受能力，以建立适当的公司绩效水平和薪酬。大多数公司将门槛绩效水平设定在"预算或计划"的80%～90%，而方案的门槛资金水平下降到预算的50%～75%。在推动绩效和方案的整体负担水平方面也同样如此，需要决定方案应该在哪个点封顶，并通过增加业务投资和/或给股东更多的分红（或其他形式的资本收益）反哺业务价值。上限（工资帽，cap）也可以作为在筹资过程中提供预算可预测性的一种方式。根据雷德福公司的研究，大多数公司将奖金工资帽额度定在方案目标资金的150%～200%。

15.4 绩效指标

公司选择衡量绩效的方法是计划成功的决定性因素。这可能是计划设计中最困难的部分，因为公司必须选择易于理解和可报告的指标，并为其提供可靠数据。选择绩效衡量方法需要考虑的主要因素包括：

- 公司的业务目标和优先事项，以及每个具体的衡量方法如何在预期时间范围内转化为具体的客观目标。
- 指标的数量应适度，以确保该计划聚焦于预期的结果，并且可以协调必要的行动和决策。
  - 过多的指标会分散计划参与者的注意力，并且可能成为管理上的挑战。
  - 过少的指标可能会导致在不同业务范围、地理位置和职能部门中的所有计划参与者的优先事项混乱或缺乏一致性。
- 每个指标的相对重要性（表现为指标的权重），以及它们在不同级别的权力和影响下可能会导致的行为变化。
- 短期指标对企业长期目标的影响。
- 衡量指标选择受运行该指标员工的影响程度。

在选择绩效衡量指标时，瞄准线（line of sight）是一个重要因素。如果让员工对其所不能影响的结果负责，将可能导致目标无法实现，员工也会对该计划产生不满，当然，管理层也将错失保持绩效和薪酬一致性的关键工具。所选择的衡量方法最终将会推动某些行为，公司需要在计划设计时对可能产生的意外后果保持足够警惕（例如，过度强调费用管理可能会引发裁员，缺乏对创新的投资可能会导致追求达成短期目标而损害长期目标）。

如本章前面提到的，设定绩效指标的流程和为高管计划设定的绩效水平已经成为股东和股东活动团体强烈关注的领域。在证券交易委员会的委托要求发生变化之后，公司必须比以前更加详细地披露高管获得薪酬的方式，包括更详细的绩效指标、指标权重，以及高管对特别奖励所依据的具体目标的（公司或个体）运作方式。

公司也必须适应董事会薪酬委员会在以下事项中参与程度的不断提高：选择确定薪酬计划资金所需绩效水平的衡量方法，设计薪酬计划的杠杆以激励超绩效表现员工并防止绩效不达标。由于薪酬委员会在薪酬计划的设计和政策决定中被赋予了更为重要的角色，因此他们在确定绩效指标时会发挥更积极的作用，并确保与之相关的业绩目标既不会太低，也不至于高得不切实际。表 15-4 提供了一系列企业层面的绩效指标，它们通常用于保持业务绩效与薪酬计划资金或奖励之间的一致性。

表 15-4 典型的企业绩效指标

绩效指标	普遍程度	使用的指标数量	普遍程度
销售/收入或增长率	81%	3 个及以上	47%
利润/收入	82%	2 个	37%
非财务目标	54%	1 个	16%
客户满意度	17%	指标组合	
新产品开发	15%	销售收入 + 利润 + 其他指标	41%
质量	13%	销售收入 + 利润	26%
		利润/收入	9%
		销售收入 + 利润以外的其他指标	8%
		利润 + 销售收入以外的其他指标	7%
		销售收入	6%
		销售收入和利润以外的其他指标	4%

资料来源：Radford's "Technology Survey Practices Report", April 2014.

15.5 资格条件

随着奖励薪酬越来越多地被从管理职位推广到更大的员工群体，其资格大多由基本薪酬水平、职级或层级来决定。公司文化在确定激励计划的资格方面也发挥着至关重要的作用。例如，更具企业家精神和/或平等主义文化的组织可能力求使所有员工都符合激励计划的资格，而另一些公司也可能选择保护员工，使其免受激励措施所固有的经济风险，并通过基本薪酬的方式为大多数员工提供所有薪酬。这些差异通常是公司文化的副产品，也是人才竞争压力的结果。

虽然公司可以将大部分员工认定为有"资格"，但在奖励计划的运转周期中，通常不是所有符合条件的员工都将参与其中（如获得奖励）。表 15-4 还显示了在技术部门有资格获得正式奖励的雇员的平均百分比。在小型创业企业中，公司可能允许所有员工都符合该计划的资格，而较大和较成熟的组织会限制中层管理及以上级别的员工参与，以便将计划集中在公司的决策者身上。个人是否能够实际参与奖励计划通常都会考虑到基于目标的绩效指标、团队贡献和服务时间（如在本奖励周期中的受雇日期）。

例如，在表 15-5 中，89% 的公司认为经理层级人员适用于奖励计划，比较而言，只有 74% 的公司认为个体专业贡献者适用于该类奖励计划。这反映了一个事实：在总体市场上，部分公司支持广泛参与的文化，部分公司则正在以更有针对性的方式使用这些计划。总体而言，我们发现在技术部门，符合资格条件的员工中有 80%~90% 实际接收了某种形式的奖励薪酬。

表 15-5　基于职位层级的奖励资格条件

职位层级	符合奖励资格百分比
CEO	100%
高层管理人员（副总裁/高级副总裁/常务副总裁）	99%
总监	96%
经理	89%
主管	76%
专家（首席/专家）	84%
专家（中级/高级）	74%
专家（入门/初级）	65%
支持岗位	57%
符合资格条件人员的总体百分比（中位数）	82%

资料来源：Radford Technology Practices Report, 2014.

15.6　激励性奖金机会

确定奖励机会时的核心问题包括：
- 公司总现金（基本薪酬+货币奖励）薪酬的目标/定位是什么？
- 目前整体薪酬水平和薪酬组合在市场上的位置？
- 公司的支付能力如何？

目标奖励

奖励机会一般基于雇员的层级和职位的关键性。通常，奖励机会表示为基本薪酬的百分比，但在组织层面上确定适当的奖励机会则是一种艺术，其主要与公司负担能力水平、薪酬理念及其文化包容性相关。也就是说，一般而言，低层级员工的风险工资较低，这意味着奖励机会较低，占基本薪酬的百分比较低，其目标通常是基本薪酬的5%~10%；对较高级别的员工而言，这个比例则增加到基本薪酬的30%~100%（见表15-6）。在设定奖励机会时，通常会以劳动力市场调查的数据为基础。

表 15-6　以职位层级为基础的激励占基本薪酬的百分比

职位层级	激励占基本薪酬的百分比
CEO	75%~100%
高层管理人员（副总裁/高级副总裁/常务副总裁）	30%~60%
总监	20%~30%
经理	12%~15%
主管	8%~10%
专家（负责人/专家）	12%~15%
专家（中级/高级）	7%~10%
专家（入门/初级）	6%~8%
支持岗位	5%~7%

资料来源：Radford's "Technology Survey Practices Report", April 2014.

一旦奖励机会得到确定，企业通常都会为制定业绩目标而发愁，即设定目标（最小值和最大值），以及将个人的薪酬和绩效实现情况挂钩。通常，参与者的部分奖励与公司绩效挂钩，同时也与业务团队、部门和个人贡献挂钩。由于公司力图区分员工的绩效水平，因而衡量个人绩效面临着许多上述的设计挑战。在最低限度上，根据实际的奖励计划资金的情况，个人奖励薪酬通常在目标金额的0%到150%或200%之间。大多数公司将激励计划总额固定；因此，倘若部分员工获得了高于目标额度的奖励，就有部分参与者获得的奖励低于目标额度，以便将总费用控制在预算内。

15.7 奖励频率

奖励支付的频率取决于多个因素，但如果绩效是计算奖励支付中的一部分的话，那么最为重要的就是设定、衡量公司层面和个体层面绩效的能力。有些公司可以提前一到两个季度设定目标，因此也就意味着奖励是按季度或半年发放的，以使薪酬和绩效保持最佳的一致性；还有一些公司将年度目标与其业务计划和财务目标挂钩，因而奖励是按年度计划发放的。公司对未来的预见性取决于其业务和产品开发周期，以及绩效管理系统评估个人绩效的特征（如果个人绩效被认为是确定奖励的一个因素）。最常见的做法是使奖励发放与年度财务计划和绩效管理周期保持一致（见表15-7）；较大、较成熟的公司大都采用这样的做法。作为指导原则，目标实现与奖励之间的时间间隔越紧密，奖励机制在推动绩效方面的力量就越大，但这必须根据目标设定和绩效追踪的特征进行评估，需要业务经理投入更多的时间，也可能意味着需要在方案管理中的客户导向和创新之间进行时间投入的取舍。

表15-7 奖励频率

频率	公司所占百分比
每年	69%
每半年	15%
每季度	15%
其他	1%

资料来源：Radford's "Technology Survey Practices Report"，April 2014.

15.8 奖励计划管理的规则

1. 计划调整

有效的奖励计划设计必须基于管理层对计划的支持，以及公司对于通过该计划推动绩效的认可。在奖励计划进行中对其进行调整会削弱有效性，而且如果奖励支付没有基于绩效，可能会更加引发员工的权利意识。改变规则也可能使员工摆脱负面事件的影响，继而影响他们对计划的态度。但是这种做法通常会受到股东和其他对于薪酬与绩效关系的监管者的怀疑。某些情境下，调整是有理由的，包括在收购和资产剥离期间、在资本密集型市场的资产增加或处置时，以及对不稳定外汇波动的反应。但是，最好的计划是在年初制定规则，确保计划的公平性，并为计划建立更强大的治理结构。

2. 沟通

沟通是奖励计划实施中往往被忽视的一个方面，但它是确保计划有效性的关键因素之一。与奖励计划设计的其他方面一样，公司如何（或是否）将计划细节传达给参与者，体现了（并部分决定了）公司的文化和透明信息的共享性。奖励性薪酬计划应明确目标、过程、机会和理由。在这个过程中，沟通应当更加频繁，无论是集中沟通，还是与直线管理者的沟通，抑或是两者的组合。奖励性薪酬计划的沟通最好由直线管理者而不是人力资源部门进行。公司有多重沟通方式，包括：

- 奖励计划的概要说明。
- 培训课程。
- 整体薪酬报表。
- 个人绩效管理反馈会议。
- 业务更新（使参与者及时了解目标的一致性和绩效情况）。

在奖励计划执行之前，参与者应该非常了解公司和个人必须做什么来实现或超出计划的期望，并最大限度地实现其潜在收益。除了上述沟通策略以外，员工还应该有机会通过调查或一些正式的沟通方式来表达他们对于计划的观点，管理层可以通过这些沟通获得逐年改进计划的数据。

本章小结

为了确定你的计划是否符合市场最佳实践，我们列出了高绩效公司奖励计划的十项最为常见的特征：

（1）该计划在各方面都得到了高级管理人员的支持。

（2）该计划具有现实和有意义的业绩目标，并与董事会批准的商业计划的业务优先事项挂钩。

（3）公司内部有按层次、业务、地理和/或职能区分绩效的意愿。当可供分配的资金额度固定时，它在客观上产生了区分"赢家和输家"的效果。

（4）以高于市场的奖励标准奖励有限的高绩效者（10%）。

（5）相对于其他形式的奖励，奖励薪酬有所不同（绩效可以赚取货币奖励，但不能获得额外的奖励，例如指导、培训、股权、晋升为高级管理层的机会、自主权和其他发展机会）。

（6）对绩效评级或人才分布进行有效管理，以确保向获得超额绩效者提供高于市场的奖励；如果没有使用绩效分布，管理者有权酌情决定向顶尖人才发放差异化的奖励。

（7）通过跨职能管理更直接地跟踪绩效表现最好的人员，以便更好地为他们规划未来和表彰贡献。

（8）公司在目标制定流程和公司绩效管理理念之间建立了强大、动态的联系，以便提供反馈。

（9）公司理解激励计划资金的投资回报，并对其进行衡量。

（10）在奖励计划周期开始时设立明确的规则，避免参与者在奖励发放时产生任何"惊讶"。

第 16 章
设计和执行高效的可变薪酬计划

艾琳·C. 帕克伍德（Erin C. Packwood）
美世咨询人才业务公司（Mercer's Talent Business）

人力资源专家一直在寻找方法来确保员工正在为组织成功做出贡献，并且让合适的人员担任合适的角色，做正确的事情。为了促进这一点，他们不断努力，持续评估潜在的补充奖励工具，以使其整体薪酬计划适应快速变化的业务和员工特征。如果能够被有效使用，每一种薪酬方式（无论是福利计划、薪酬计划或其他认可员工贡献的方法）都会以某种方式支持并实现雇主的业务目标，确保薪酬计划能够创造业务竞争优势。

在企业中，一种更为通用的奖励工具是可变薪酬。尽管可变薪酬并不新鲜，特别是在管理层级中，但近年来越来越多的雇主意识到可变薪酬对于员工，以及员工如何开展工作的影响。

16.1 作为人才吸引工具的可变薪酬

即使在员工加入公司之前，可变薪酬也可能产生影响。如果公司从更广泛的人力资本的角度构建完整的薪酬战略，将会界定公司取得业务成功所需要的员工类型，其影响尤为明显。这种人才类型界定描述可能是针对公司的整体员工的，也可能是针对特定部门的员工的。然而，公司的薪酬组合之所以包括可变薪酬，通常是因为领导层认为符合公司人才定义的期望条件的员工将会看到计划的价值，并且被激励尽全力去获得所有适用于他们的潜在额外薪酬。它吸引了那些认可这类奖励的员工，薪酬计划也因此成为甄选程序的一部分。根据薪酬计划性质的不同，可变薪酬可以向员工表明他正在加入的公司类型。这是一个与员工公开分享财务成果的组织吗？公司是否重视团队合作和/或个人贡献？那么，它是否以未来员工所看重的方式展现了这一点呢？

可变薪酬一般是指员工在受雇期间获得的基本薪酬以外的一切形式的规律性的现金薪酬。这些项目采取的形式多种多样（见下文）。在竞争激烈的市场中，与其他潜在雇主提供的一揽子方案相比，员工的可变薪酬计划能够提高公司薪酬方案的竞争力，从而在吸引人才方面起到关键作用。如前所述，虽然可变薪酬长期以来一直是高级管理者和管理人员薪酬的重要组成部分，但现在却被大多数雇主用于奖励所有层级的员工。

根据美世咨询每年进行的研究，自 2000 年以来，有资格获得可变薪酬的美国雇员的比例显著增加。参与美世咨询 2014~2015 年"美国薪酬计划调查"的绝大多数组织（该计划的受访者包括主要行业的 1 500 多家公司）都对部分员工实施了奖励方案（见表 16-1）。与同期的基本薪酬增长趋势相比，可变薪酬的普及程度明显上升，这与美国在十多年来基本薪酬增长预算首次大幅下滑是同时发生的。在此期间，许多研究人员倾向将这种趋势归因于当时发生的经济衰退。尽管它可能部分解释了这种趋势，但还需要看到，雇主在医疗保健福利的成本投入开始逐年显著增长。事实上，这两个因素促使雇主对所有奖励计划的负担能力进行评估，并设法确保他们在每个细分领域的支出是可持续的。

表 16-1　实施的奖励方案及组织占比

奖励方案	实施该类奖励方案的组织占比（%）
管理层激励	83
针对非管理层的个体激励	63
销售奖励	54
即时货币奖励	41
各种权益（如股票期权）	25
团队/小团体奖励	15
项目里程碑奖励	14
现金利润分享	14

资料来源：Mercer，"2014-2015 U.S. Compensation Planning Survey"。

在找到管理薪酬支出的更好方式之前，可变薪酬计划是最为可控的方式之一。与许多其他可选择的奖励投入不同，正确设计的可变薪酬计划可以将员工的回报与期望行为挂钩，从而为企业绩效和盈利能力做出贡献。这是 2001 年以来可变薪酬计划变得越来越普遍的主要原因。随着可变薪酬资格的增加，以及额外的现金薪酬机会变得越来越普及，员工已经注意到这一点并开始更加重视自己是否能够获得这种机会。因此，可变薪酬已经成为越来越有效的人才吸引工具，其作用就是为有信心取得成功的员工提供富有竞争力和吸引力的总现金薪酬。

那么，什么样的可变薪酬机会被认为具有竞争力呢？美世咨询的研究表明，当组织提供可变薪酬计划时，预期/目标的个人奖励至少相当于一个月的工资，或者是雇员年薪的 8.3%。

16.2　作为激励工具的可变薪酬

和可变薪酬机会必须对潜在雇员有吸引力一样，可变薪酬也必须对现职员工产生激励作用。此外，员工为获得奖励所履行的相应要求必须是现实且可达到的。当员工认为绩效预期合理，同时努力所获得的回报能够被实质地感知时，他们就会努力争取获得额外的奖励。

什么是实质性的呢？一般来说，一个月及以上的工资数额被认为对员工有意义并足以吸引他的注意力。在美世咨询的调查中，超过半数的组织使用个人绩效评级作为确定员工奖励的一个因素（见表 16-2）。

表 16-2 基于绩效评级的差异：
激励金额（目标额度的百分比）作为绩效的函数，包括三类绩效的组织

绩效水平	高层管理者	管理者	专家（非销售）	专家（销售）	办公室员工、文员、技术员	贸易、生产、服务人员
最高	142%	142%	140%	146%	137%	139%
中	98%	101%	99%	98%	97%	99%
最低	48%	43%	40%	43%	32%	38%

资料来源：Mercer，"2014-2015 U.S. Compensation Planning Survey"。

管理人员和人力资源专家往往努力寻找使薪酬计划保持竞争力的方法，并依旧通过基本薪酬年度增长为雇员持续提供有意义的奖励，以取得预期成果。但在某些情况下，传统的年度薪酬调整似乎太过遥远而无法有效地激励员工。当基本薪酬年度调整与可变薪酬相结合时，总货币奖励就能够具有更大的作用。

薪酬专家普遍认为奖励有助于使组织获得期望的员工行为和结果，因此必须认真设计可变薪酬计划，以加强对公司优先事项的意识，并激励员工做正确的事情。如果设计得当，可变薪酬计划可以促使员工聚焦于其控制范围内的业务驱动因素。这种方案的有效性取决于计划的设计方式以及如何将其传达给员工。

16.3 可变薪酬计划与红利计划

当大多数人想到可变薪酬时，他们都会想到红利计划，但红利计划可采取的形式很多。事实上，有些人使用红利（bonus）来单纯指代与绩效不直接相关的完全任意的奖励。由绩效驱动的可变薪酬计划通常称为奖励计划。值得注意的是，红利通常是对事实发生之后所评估的绩效的回报，而奖励薪酬则是对提前确定的绩效目标的回报。

16.3.1 可变薪酬计划的设计要素

红利或激励计划的最终形式由其独特的设计特征决定。可变薪酬计划有七个核心要素：
- 资格条件。一旦决定实施奖励薪酬计划，并且明确了计划的目标，那么在设计计划时首先要解决的问题就是资格。哪些员工有资格参与该计划？一个常见的做法是将每个有助于实现既定目标的人都纳入计划中。在许多情况下，可能每个员工都被纳入其中。在其他情况下，计划的目标可能将资格限定在部分员工范围之内，例如，在一定管理职责水平上的所有雇员，或某个职能或部门的所有雇员。
- 支付的时间和频率。奖金多久支付一次？什么时候支付？奖励的频率（如每月、每季度一次）可能受到许多因素的影响，包括可获得奖励的绩效能够测量的频率，以及通过奖励加强绩效的频率。这些因素也都会影响奖励支付的时间。

- 资金池。资金池是一个重要的设计组成部分，因为它决定了可以分配给符合资格员工的总金额。奖励薪酬所需的资金是根据预先确定的财务准则（如自筹资金）进行分配的，还是使用财务或非财务的绩效水平假设来进行预算的？或者，用于奖励的"资金池"可以在绩效周期结束时自由裁量。根据奖励计划所设定的目标，其中一种方法有可能比其他方法更有效。
- 绩效评估。正如资格和奖励时间受到奖励薪酬计划的目标影响一样，衡量"成功"或绩效衡量的方式将由期望的结果所决定。绩效是在企业层面（如年收入增长、盈利能力等）、部门层面（如实现一定程度的成本节约，完成重大项目等），还是个人层面上（如履行具体业绩目标，完成特定数量的交易等）进行评估的？选择正确的绩效指标是确保奖励计划符合组织目标，推动正确行为，从而实现可变薪酬投资最高回报的关键组成部分。
- 绩效组合。在哪个层次评估绩效和进行奖励在一定程度上体现了组织文化和组织认为重要的事项。许多公司使用奖励薪酬来强化多种表现，具体体现在绩效指标的权重上。绩效组合决定了每个指标对于可变薪酬奖励的影响程度。例如，企业绩效标准可能会影响奖励的50%，而部门和个人目标的实现可能分别决定了奖励的25%。所奖励的绩效指标的适当组合通常是由有资格的雇员对每个衡量指标的影响程度决定的。高级管理者可能完全根据公司业绩获得奖励奖金，因为他们是对公司绩效负责的群体，而员工可能主要基于自己的个人活动获得奖励，因为他们是距离实现企业整体目标最远的群体。
- 奖励水平。奖励计划设计中所提供的奖励水平明确了计划中每个参与者可能获得的奖励机会。我们已经确定，为了使奖励有意义并能够驱动行为，个人奖励一般应该被定为至少是雇员每年基本薪酬的8%，或约一个月的工资。但是，奖励的意义也应该随着责任水平的提高而增加，这就是为什么可变薪酬对于更高层的角色来说更重要，奖励目标也更高（见表16-2）的原因所在。除了确定目标奖励水平之外，奖励计划还应考虑在目标仅部分被实现但值得奖励（也称为临界绩效）的情况下，以及在显著超过所设置目标（也称为优越绩效）的情况下的数额。换句话说，在绩效目标未达到的情况下，目标奖励应该打多少折扣？而在出色表现的情况下，上限是多少？
- 分配。奖励计划的最后一个要素是分配，或者说一旦确定了资金的数额或出资已经完成，就要考虑如何将奖励分配给个人的问题。分配方式通常与绩效组合相关联。然而，根据奖励计划确定的资金来源方式，个人奖励可能无法使用精确的公式来确定。相反，考虑到个人表现和目标奖励水平，可能需要采用更主观或可调整的方式分配奖励。例如，根据计划的规定，不同组别（如部门、业务单位等）之间的奖励资金池可能不同。在这种情况下，该计划还应指出管理人员是否应该使用一个考虑影响其所在群体的资金池规模的变量公式进行资金分配，或者这些资金应该用其他方式进行分配。

16.3.2 可变薪酬计划的类型

鉴于无数可能的设计选择，适用于一个组织的可变薪酬计划类型可能并不适用于另一个组织。不同的可变薪酬方法的特征通常适合的环境也不相同。

1. 利润分享

例如，作为可变薪酬的形式之一，利润分享奖励强调盈利能力，以公司总体绩效指标作为成功的测量标准。利润分享计划通常会提供一个一般奖励水平，即固定金额或基本薪酬的一定百分比，在所有符合条件的雇员实现一定盈利水平时进行支付。这样的基本框架使利润分享计划成为对管理者来说最容易实现的方案之一。利润分享计划被许多行业的组织所使用，通常被认为有助于降低员工流失率。虽然大多数利润分享计划所奖励的绩效和被认为的最重要的衡量指标都基本相似，但仍存在一些差异。例如，一家高科技公司的利润分享计划每年两次支付净收入或税前利润的一定百分比（以较大者为准）。另一家大型制造业企业称其利润分享计划为"工资分红计划"。据了解，该计划在五年内每年向员工提供其收入的2%~8%的分红。

通过他们的设计，这些类型的奖金计划也倾向于强调组织绩效而不是个人绩效。因此，相比其他形式的可变薪酬，利润分享计划在激励具体的个体行为方面效果较差，因为它与员工个体绩效产出之间缺乏直接联系。因此，近年来，其他形式的可变薪酬变得越来越受欢迎。

2. 收益分享

收益分享计划是另一种强调群体或组织成就的可变薪酬计划。正如字面意思，收益分享计划旨在将某一门槛或基准水平以上的财务收益分享给创造这些收益的员工。最真实的形式是，收益分享计划的资金都是自己赚出来的，通常将高于事先确定的最低指标的运营或者财务收益的一定百分比作为奖金池。收益分享计划可以支持有效运营的实现，吸引员工并控制成本。在典型的收益分享环境中，每个员工在工作组内都有压力，他们会尽可能地做任何事情以确保高水平的生产力，控制支出，并且寻找流程改进的方法。

收益分享计划在生产或生产导向的环境（如物流、制造、客服中心等）中最常见，并且对达成预定基准目标的组内所有员工给予相同的奖励。例如，2007年，一家领先的汽车制造商宣布，由于2006年质量和成本的改进，美国和加拿大的员工和小时工作制员工将获得奖金。据报道，非管理层员工的奖金为300~800美元。其他行业（如零售业）可能会使用收益分享计划来鼓励仓库员工以达到预定的生产力目标。当实现生产力目标时，员工的每周工资可以提高5%~10%。

尽管有人认为收益分享计划还存在更多的效率空间，但该计划可能因为收益增长开始减少而失去激励价值。事实上，财务上的奖励持续增长可能会带来其他成本，例如，忽视再投资以进行必要的设备维护，或者因为员工致力于寻求额外的成本节约而在质量上进行的妥协。因此，真正的收益分享计划在被视为临时激励工具时往往是最有效的。一旦实现了最佳生产力水平和效率，最好转向另一种形式的可变薪酬，这样可以更有效地促使员工聚焦于维持收益分享模式下所实现的绩效水平。然而，随着技术和流程的发展以及新的生产技术的应用，收益分享仍然是一个有用的可变薪酬工具。

3. 团体或个体奖励

根据具体的设计参数不同，传统的奖励计划可以采取团体或个人奖励的形式。计划的资金来源、绩效组合和分配模式将决定可变薪酬是否应该奖励团体或个人的绩效，而不是奖励整体组织的成功。

随着组织寻求改善个人行为与财务奖励之间的联系，团体和个人奖励措施越来越受欢迎。此外，当奖励所基于的绩效指标使员工感觉到自己至少能够部分控制时，无论是作为个体贡献者还是工作小组的成员，这种获得奖励的机会将成为更有效的激励工具。

团队奖励计划的例子之一是 2001 年由一家大型航空航天组织实施的方案，它将绩效与团队目标联系了起来。在这个例子中，团队规模从 60~900 名员工不等。每个团队的表现都是基于总体利润目标的实现和团队计分卡的排名，尽管各个单位的具体计分卡标准不尽相同（见表 16-3）。如果公司利润目标未达到，可以根据团队的计分卡评分决定部分支付奖励，奖励金额每年可达 1 500 美元。如果团队表现良好，初步的半年度奖金金额可达 500 美元。

表 16-3　绩效标准

员工团体	平均影响			
	公司绩效	分公司绩效	部门绩效	个人绩效
高层管理	62.8%	13.4%	2.8%	20.9%
管理者	49.4%	18.1%	6.0%	26.5%
专家（非销售）	46.4%	15.8%	5.9%	31.9%
专家（销售）	29.7%	14.7%	6.6%	48.9%
办公室员工、文员、技术人员	46.8%	13.1%	5.3%	34.8%
贸易、产品、服务人员	45.9%	16.8%	8.1%	29.1%

注：要求参与的组织识别出不同的绩效或者评估标准对员工奖励的影响程度。此表提供了每个评估标准的影响程度（权重）。与预期一致，高层管理者的绩效评估在很大程度上受公司绩效的影响，专业销售人员则主要受个人绩效的影响。

资料来源：Mercer, "2014-2015 U.S. Compensation Planning Survey".

如今，个人奖励计划已经被广泛接受，其中大部分方案都包括涵盖公司和团队目标的条款。但是，只有根据个人绩效标准来区分员工的实际奖励，这样的计划才是个人奖励计划。例如，有一家全球性化学公司的绩效奖励计划旨在与员工分享公司的财务成功，但员工个人奖励是基于个人（团队、职能或业务）和公司综合绩效表现来决定的。

同样，有一家全球金融服务机构对管理层员工的年度奖励计划也以个人绩效、企业绩效和某些具体目标为基础。个人绩效评级反映员工达到或超过绩效预期的程度，用于确定个人的奖金支付。在其他公司，个人奖励计划会奖励营销、销售和财务等领域的员工，这部分员工的个人绩效能够支持公司目标的实现。

另外一种个人货币奖励的形式是现场奖励（spot award）。现场奖励通常指的是在任意时间所给予的一次性货币奖励，而不是在预定的绩效周期结束后支付。现场奖励计划的资金通常由预算拨付，用于在整个预算年度认可员工的贡献。这种方法的主要好处之一是可以对应鼓励的行为或事件迅速给予奖励，从而增加奖励与行为之间的联系。这种奖励的数额也可以根据行为的意义进行变化。

16.4　可实施的多项奖励计划

在如今使用的不同类型的可变薪酬计划中，有些人可能会看到某种方法的优势及收益，但它们都有不同的优点和缺点。因此，在某一组织内看到多种类型的激励计划是很常见的。选择合适的激励方法以满足员工独特的需求，实际上可以提高员工行为与组织目标的一致性。例如，一家领先的美国银行的利润分享计划的对象只包括年薪低于10万美元的员工，以及那些没有另外参加佣金或可变薪酬计划的员工。

然而，如果多重目标被认为是必须关注的重点，那么员工参与多个奖励计划就是可行的。例如，如果组织希望将员工的努力集中在他们可以控制的一些具体活动上，并且这些活动被认为对组织成功有影响，则员工可以参与个人奖励计划。同时，为了向雇员发出员工必须与他人合作以实现自身目标或组织目标的信号，他们也可以参与利润分享计划。

如果每个奖励机会本身都被认为是重要的，那么前文所述的案例中所使用的分层方法就可以帮助员工聚焦于多个具有内在联系的目标。然而，重要的是不要过度分散员工的关注点，避免因为绩效目标太多而令人困惑。理想情况下，员工应该达到的个人目标和组织目标的总体数量不超过5个。

16.5 可变薪酬的其他注意事项

除了必须仔细考虑的设计和管理问题之外，还需要确保可变薪酬支持组织的人才吸引和激励目标，同时围绕员工沟通和运行有效性监控进行充分的规划。经验表明，为使奖励性薪酬计划能够有效地激励员工行为，员工必须了解：①他们的行为如何影响组织的成功；②他们的表现如何影响自身的回报。因此，沟通策略也是可变薪酬项目成功的关键因素。

例如，在前面强调公司团队奖励计划的例子中提到，奖励是基于财务目标实现以及团队计分卡目标实现的组合。为了保持员工对这些标准的关注，公司应当向所有员工及时发布信息，展示在各个工作领域绩效目标完成的进展情况。此外，团队的计分卡也可以在公司的内网上获得。

最后，重要的是不断评估可变薪酬计划对组织绩效和文化的影响。是否得到预期的结果？由于员工对具体措施的关注度增加，目标是否受到过度影响或可能被忽视？对选择标准的强调是否会在公司其他的重要方面产生负面影响？可变薪酬计划及其结果的定期评估是否有助于确保计划实现预期的投资回报？

本章小结

如本章所述的各种奖励计划范例所示，每个计划都有不同的要素或特征，通过吸引期望的人才和激励员工行为来影响其在支持业务目标方面的有效性。在选择适当的可变薪酬计划类型时，组织应考虑自身的薪酬理念和策略。可变薪酬的预期作用是什么？什么类型的可变薪酬计划适合你的业务？不同的方法能够支持的组织人才吸引和激励方式也是不尽相同的，这些方法都是适应当今快速变化的业务和劳动力特征的整体薪酬计划的一部分。

作为人才吸引工具，可变薪酬有助于确保组织为潜在员工提供的奖励具有竞争力。用更高的薪酬吸引更高素质的人才，使其比一般雇主更有吸引力。可变薪酬有助于吸引与组织价值观一致的员工。

作为一种激励工具，可变薪酬将员工集中在其控制范围内的业务驱动因素上，并产生组织所期望的行为和结果，以支持组织目标的实现。如果组织期望的目标是现实并且可达成的，员工就会一步步地为赢得额外的奖励而为实现组织目标做出贡献。

最后，有必要说明一下，可变薪酬作为被广泛使用的人才吸引和激励工具，如果与其他激励工具结合使用，可以加强雇主认为重要的部分（包括预期的组织文化），并且确保薪酬方案有助于创造业务竞争优势。可变薪酬能够向员工传递组织的优先事项，例如团队和个人绩效的重要性。可变薪酬还可以通过向最能表现出期望行为或对公司成功做出重大贡献的员工提供更大回报的方式，帮助保留高价值的员工。最后，可变薪酬可以有效地控制组织的薪酬支出，当业务成果较好时给予较高的奖励，当业绩低于预期时，则给予较低的奖励。

第 17 章

整合销售薪酬计划设计与人才保留战略

杰尔姆·A. 科莱蒂（Jerome A. Colletti）
科莱蒂－菲斯有限公司（Colletti-Fiss, LLC）

玛丽·S. 菲斯（Mary S. Fiss）
科莱蒂－菲斯有限公司（Colletti-Fiss, LLC）

    对于大多数公司而言，企业成功的本质是吸引和留住客户。因为销售人员是公司与客户之间的重要联系，所以他们是业务增长和盈利能力的关键。对销售队伍进行适当的指导、鼓励和奖励有利于实现这些业务目标。销售薪酬计划是公司在其销售组织中最大的投资之一，也是帮助管理层实现最佳销售动力和绩效的强大工具之一。当然这里有个前提假设，即公司能通过薪酬计划吸引并保留合适的销售人才。

    当客户选择从本公司而不是竞争对手处购买商品时，销售人员才能够切切实实地有所作为，在产品高度同质的市场中尤其如此。在这样的市场中，主要厂商几乎提供同等水平的产品质量和客户服务。在这种情况下，公司可以利用的一个优势就是客户与销售人员之间的关系质量。一项针对 700 家 B2B 企业采购金额超过 32 亿美元的购买者研究认为，赢得交易的推销员使用新想法和解决方案来进行买家培养，其平均频率是亚军推销员的三倍。[1] 销售薪酬计划（特别是奖励内容）可以在吸引和保留关键销售人才方面发挥关键作用，正是这类销售人才使企业与客户的关系更加紧密、健康，这也因此成为企业的竞争优势。

    本章的总体目标是讨论如何使公司销售薪酬计划的设计与销售人才保留策

略相一致。本章的一个基本假设是，高素质的销售人才在客户关系上具有独特的竞争优势，这些客户关系使这些销售人员的表现优于其他公司的同行。[2] 因此，将公司的销售人才战略纳入薪酬计划设计流程，可以最终为企业的高绩效做出贡献。

17.1 为什么销售人才的保留是重要的

使用薪酬计划吸引和保留公司想要留住的销售人才之所以关键，其原因有三个：首先，埃森哲最近的调查报告显示，41% 的美国公司和 50% 的全球公司都认为销售是其组织中最重要的职能。[3] 销售一般负责一线业务的增长，而在许多 B2B 市场中，客户会因为与销售人员的关系而产生购买行为。我们的研究表明，当销售代表离开公司时，其 20%～80% 的客户业务会面临风险。通常这不是因为销售代表试图带走这些资源，而是因为客户/买家变得更容易接受竞争对手销售人员的电话。

销售人员甄选专家 HR Chally 集团的报告表明，销售人员的效率在客户选择供应商考虑的因素中占 39%。[4] 根据 HR Chally 的研究，销售人员与客户/买家之间互动效率比价格、质量或提供全面解决方案的能力更为重要。在许多行业，我们将销售人员视为公司与客户之间的黏合剂。当销售人员离开公司时，客户黏性可能会大幅削弱，尤其是当更换的或临时的销售人员不能立即与客户合作的时候。

最后，我们的研究表明，替换一名销售人员，特别是绩效最好的销售人员，相关成本是年度总现金薪酬的 35%～200%。这并非因为招聘费用很高，而是因为如前所述，当销售人员离职时，客户也会流失。最重要的成本是业务的流失，特别是那些销售损失的利润贡献。因此，利用清晰的销售人才保留策略和相应的薪酬组合帮助企业保留顶尖销售人才是企业成功的关键。

17.2 使销售人才保留策略更透明

我们必须先从一个定义明确的销售人才留存策略开始。这个策略应该在制订薪酬计划之前就由关键利益相关者制定和同意。我们发现，为某家公司制定适当的销售人才保留策略，需要根据前两三年的数据进行分析并回答以下问题：
- 薪酬最高的销售代表是在与计划相关的某一两个最重要的指标上绩效最好的人吗？
- 有资历/有经验的员工比其他员工获得更多奖励吗？这是目前计划设计的意图还是非预期的后果？
- 主要的绩效贡献者（销售人员的中间 60%）的奖励获得机会是否被量化？例如，营业额减少，绩效分布向右平移？
- 失去一名高绩效者（绩效前 10% 的员工）与主要的绩效贡献者（绩效居于中间 60%）对业务的影响有何差异？
- 替换一名销售代表的销售损失和雇用成本是多少？

这些问题的答案将有助于管理层从员工保留目标和公司能够承担的财务投资水平的角度为销售组织制定人才战略。

总而言之，我们经常听到公司的目标是销售人员保留率比行业平均水平高。要做到这一点，必须要保留销售人员中最有才能的人。了解正确的薪酬杠杆是什么，以及如何拉动杠杆来达到预期的效果，这些对于实现这个目标很重要。在着手推动将薪酬计划与人才保留策略达成一致的具体举措之前，必须确保为与各种薪酬要素的使用相关的计划设计和决策奠定坚实的基础。

17.3 销售薪酬计划设计的基本规则

在实际计划设计之前，确定销售薪酬计划要素的决策基础对人才保留策略的成功实施至关重要。管理层需要注意的两个关键领域是公司的薪酬理念和制订计划期望的原则或规则。

1. 薪酬理念

为制订有效的销售薪酬计划，其设计应符合组织的薪酬理念。当薪酬理念是非正式、没有明确界定的，或两者兼有时，我们建议方案设计人员与管理层讨论这个话题，然后使用以下关键标准列出公司的薪酬理念：

- 目标：确认薪酬的战略目的及其要素。
- 薪酬市场比较：确定相关的公司和匹配的职位。
- 竞争定位：使用百分位数代表薪酬水平。
- 基本薪酬－可变薪酬比：基于公司的薪酬风险理念、竞争实践，以及相关工作在获取和维持客户业务上的影响。
- 基本薪酬决定：确定用于设定和调整基本薪酬的因素和做法。
- 短期激励：全面考虑奖励的资格和类型。
- 长期激励：全面考虑奖励的资格和类型。
- 沟通：角色和职责。

确认这些信息是确保销售薪酬计划与公司其他薪酬计划达成一致的第一步。同时，它使该计划与财务和激励因素相一致，以保留绩效最佳者。

2. 制订计划期望的原则

通常，销售薪酬计划的设计受到整个公司使用的薪酬理念和实践的影响。事实上，在许多公司中，高层管理人员要求人力资源部门或薪酬职能部门确保销售薪酬计划与企业的计划保持一致，因为员工加入和离开销售组织是公司层面职业发展计划的一部分。考虑到这个背景，销售薪酬计划应以指导公司整体薪酬和奖励体系的核心原则为基础。有许多出版物（包括本书）提供了具体、有效和适当的薪酬原则，以下简要总结了销售薪酬计划设计人员应牢记的要点：

- 薪酬理念必须有助于强化公司的战略和愿景，以实现其目标。
- 薪酬方案必须符合法律法规要求。
- 薪酬应符合公司财务要求和管理能力。
- 薪酬必须符合内部公平性和外部竞争要求，以吸引、保留和激励人才。
- 薪酬计划的细节必须基于明确定义的职位及其在购买和销售流程中的角色。

除了以上这些核心原则之外，基于公司独特需求建立的其他基本原则通常也是有效的。此时，应考虑以下议题。

- 业务目标：今年最重要的目标是什么？薪酬计划要强化哪些目标？
- 人力资源目标：竞争实践发生改变了吗？薪酬计划的关键元素如何确保绩效最好的人拥有工作动力和保留的意愿？

- 战略：公司的营销和销售策略是什么？
- 工作定义：实现公司战略需要哪些工作？
- 绩效评估：绩效如何定义和追踪？绩效目标应如何设定？应该达到什么样的期望成果？销售薪酬计划设计中可以使用的绩效波动范围是多少？
- 薪酬计划：谁应该参与设计流程？什么人最适合指导和激励销售职位？
- 管理：我们什么时候需要基于奖励的目的来确认绩效？我们的沟通策略是什么？谁应该参与？

一旦建立了基本原则，就可以开始有效的六步设计过程。

17.4 销售薪酬计划设计的六个重要步骤

销售薪酬计划设计有六个重要步骤（见图17-1）。由图可看出这些步骤与计划设计之前需要解决的业务管理问题之间的关系。理想的设计过程（包括所需的决策顺序）是一个推导过程。也就是说，有效、恰当的薪酬计划必须基于年度业务管理决策这个坚实基础。

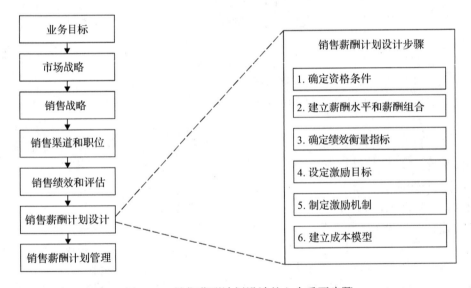

图 17-1 销售薪酬计划设计的六个重要步骤

17.4.1 步骤1：确定资格条件

关键点：根据购买决策、参与访问/说服客户、满足客户需求的过程中的影响程度来确定激励资格。通常，开发客户、说服和满足客户需求及参与整个过程的职位，以及这些职位的直线经理有权参与销售薪酬计划。企业的理念也是参与销售薪酬计划资格的关键决定因素。例如，只要是客户团队中的成员，就有资格获得销售薪酬。

17.4.2 步骤2：建立薪酬水平和薪酬组合

关键点：根据职位的角色和职责，确保薪酬水平的外部竞争性和内部公平性。总目标现金薪酬是指实现了预期成果能够获得的现金薪酬（包括基本薪酬和可变薪酬）。综合使用市场薪酬数据和公司薪酬理念来确定公司愿意为每个职位支付的薪酬水平的参考点。每个职位的总目标现金薪酬水平必须足够大,以使其具有足够的激励功能,并且支付绩效薪酬,以便驱动业绩成果。

确定每项职位的薪酬水平是确定薪酬组合(基本薪酬与奖励占总目标薪酬的百分比,以各自占比的百分数表示)和杠杆(优秀员工期望获得的超出总目标薪酬的上涨机会的数量)的基础。该组合由规定的标准确定,包括销售类型、销售周期持续时间、一年中的交易数量,以及工作对购买决策的影响程度。销售薪酬计划应提供与职位、公司的薪酬理念和劳动力市场现实状况一致的机会(杠杆)。一般来说,绩效优异者应该获得优厚的薪酬(即计划的目标实现后,应该提供更多的奖励)。

17.4.3 步骤3:确定绩效衡量指标

关键点:一分价钱一分货。应根据组织的关键目标和工作的主要责任,采取三项或更少的衡量指标。这可能是最关键的设计部分。需要做出若干决定,以确保选定的绩效指标与业务、职位保持一致。

- 确定受职位影响的业务目标:例如,业务增长、盈利能力和生产力提升、成本下降,以及客户忠诚度和保留率的提升,或者这五项指标中部分指标的组合。
- 选择与实现这些目标相关联的指标:确保系统或流程已经满足测量的标准。如果一个关键指标不能被一致地跟踪并进行成果计算,则必须确定和验证可能的替代方案。
- 确保测量指标与职位保持一致:销售薪酬计划中使用的测量指标应受销售人员合理的努力和行为的影响。测量指标必须基于职位的角色和销售人员影响工作结果的能力来确定。
- 确定测量的水平:以销售薪酬计划为目的的成果聚合单位(即地域、责任、团队等)应以职位影响程度和公司制度可以被准确跟踪、记录和报告结果的水平为基础。
- 确认每个测量指标的相对重要性:计划中的每个衡量指标的相对重要性需要基于每个指标在实现业务目标方面的战略重要性来确定。测量指标之间的相对重要性有助于销售人员根据方案信息及其与管理要求的一致性了解如何规划和分配精力。

销售部门主要负责实现最大的业绩。因此,总量规模指标通常是所有销售职位的首选测量指标。设计流程需要确定和销售人员绩效相关的、合适的总体规模绩效指标。这些测量指标包括销售总量、新业务销售量、来自常规客户的新业务销售量和常规业务的复购量(这是客户保留的指标),以及源于销量或销售单位数量的收入。在大多数销售薪酬计划中,都应该包括回报增长的总量指标。

此外,还应该增加一些总量指标的补充标准,以便向员工传递哪一类总量指标是最优的、这些总量指标来自何处,或者他们如何达成。在销售薪酬计划设计中,要考虑的其他指标类别包括盈利能力(财务指标)、销售生产力(可能包括财务和非财务的指标)和战略规划能力(通常是非财务指标)。

17.4.4 步骤4:设定激励目标

关键点:根据职位影响和统一流程来设定关键绩效指标的期望水平。在选择绩效指标之后,许多公司就会为销售人员设定一个或所有绩效指标的标准。以数量或利润为重点的测量指标尤为重要,这些指标的目标标准通常被称为配额(quota)。过去,企业在销售薪酬计划中主要采用财务绩效衡量指标,并且大概有50%的公司建立了配额。许多公司根据年度经营规划的增长目标，简单地设定了整个销售队伍的标准百分比或收入的增长额。

在当今竞争激烈的环境下，更多的公司正在为财务和非财务的测量指标设定绩效期望。不同的行业、公司和测量指标之间的目标达成过程有很大差异。不管实践举措怎么样，许多公司都发现目标（配额）设定非常困难，并且过程和结果的表现都不尽人意。但是，设定目标对于销售薪酬计划的成功仍然至关重要。适当地分配目标有助于管理业绩结果，有助于最大限度地获得灵活性，并将一线资源的成功与公司资源显著地整合起来。

在确定目标之后，应注意与奖励支出相关的绩效标准或绩效范围。根据绩效水平的不同，销售薪酬计划的支出水平也不同。对低于一定水平的绩效，企业将不会发生相应的薪酬支出。企业一般使用绩效门槛标准来描述最低的绩效标准。对超过一定水平的绩效，许多公司都会提供更高的奖励金额。尽管企业在不能确定绩效范围时都会设置封顶或者工资帽，但是人们通常还是期望看到一个没有工资帽的销售薪酬计划。但是，高于卓越绩效水平的收入应该越来越难以获得。关于绩效范围的统计学经验法则是基于最佳绩效分布得出的（例如，90%达到门槛标准，60%~70%达到或超过目标标准，10%~15%达到或者超过卓越标准）。

17.4.5 步骤5：制定激励机制

关键点：根据薪酬和绩效之间的期望关系来选择方案的机制。广义的销售薪酬包括销售和销售管理职位的所有薪酬要素。尽管仅包括基本薪酬的方案适用于不需要说服性销售的环境，但许多公司正在将部分基本薪酬转变为风险收入，即使对销售组织的非销售性职位也是如此。因此，在计划设计的倒数第二个步骤中，所有之前的部分都通过与总现金薪酬的奖励性（或可变）要素相关的方案机制而整合在一起。机制是指方案的类型、准则以及奖励因素相互作用计算薪酬的方式。

1. 计划类型

目前，主要有两种计划：佣金计划和奖金计划。任何一种类型都可以与基本薪酬结合使用，或者两者兼用。此外，奖金或佣金的分配可能会采用配额或设立目标的方式。奖金计划总是使用某种类型的目标，而佣金可以使用也可以不使用目标或配额作为计算元素。

佣金计划根据销售总额、产品销售量或毛利润等指标的一定百分比或金额支付奖励。佣金计划采用绝对绩效的测量系统，即销售的产品或服务越多，奖励就越大。佣金计划可以是有封顶或者无封顶的。这种类型的计划最常用于新兴市场的销售情境。在这种情境中，个人说服技巧的重要性和销售周期较短是重要的特征。组织使用佣金计划来奖励个人努力，并推动产生直接与销售结果相关联的业绩。在一些行业中，佣金计划通常被用来推动新产品销售，并通过专门的销售队伍获得市场份额。

奖金则是由于实现目标并按照基本薪酬或固定金额的一定百分比而支付的奖励。它们适用于更复杂的销售环境，并且基于目标（无论目标是财务性的，即数量、盈利能力、生产力等，还是非财务性的）而设计。这些计划支持绩效比较系统，即奖励薪酬额度取决于与个体目标标准相比较的绩效水平。奖金计划可以是封顶的，也可以是不封顶的。当使用基于目标的绩效衡量指标时，工资加奖金的薪酬计划有助于将奖励支出控制在一个目标市场的工资水平上。

2. 计划的计算准则

计划的计算准则可能是相关联的，也可能是非关联的。

- 一个不关联的计算准则是一系列累加性的薪酬支付。
- 关联的计算准则表示某项指标的薪酬支付取决于其他指标的实现。在计算公式中，将衡量指标联系在一起有助于传递"两项绩效都必须得到销售人员的关注"这样一个明确的信息。建立关联的方式有三种。
  - 门槛：门槛是销售人员必须在一个计划中实现的最低绩效水平，以使销售人员获得可变薪酬的资格。
  - 乘数：乘数或修正数根据销售人员的其他衡量指标的表现，增加或减少其在该计划相应内容中的收入。
  - 矩阵：当销售人员必须同时执行两项竞争性措施时，可以使用矩阵设计。销售人员必须同时管理两种衡量指标的组合绩效。

17.4.6 步骤6：建立成本模型

关键点：最后一步是总成本（对公司的影响）和个人计划模型（对个人的影响）共同作用的结果。该步骤可能由财务和人力资源人员，通过与销售人员或者销售部门合作来完成。这些成果对于确定如绩效范围（合格和优秀）、优秀绩效的上升空间，以及每个衡量指标的相对权重等计划要素至关重要。只有完成这个步骤，销售薪酬计划设计才算最终完成。

17.5 支持销售人才保留的六种方案

当公司的目标是加强对销售人员投资的人才保留价值时，我们有六种方案可供选择。

（1）职位层级。随着企业的发展，它所提供的产品和销售的客户也逐渐多元化，企业需要考虑设计多个层次的主要销售职位。之所以如此，是因为不同的业务交易规模和类型要求相称的销售技巧与经验。多层次的销售职位也为销售人员职业提供了晋升的空间，通常也意味着更大、更多样化的责任。此外，目标薪酬（包括工资和奖励薪酬）可以根据职位层级进行校准（如入门层次与高级层次）。由于职业的销售人员常常倾向于沿着销售阶梯向上晋升以承担一些管理任务，因此在销售组织中引入和使用职位层级是一种有价值的人才保留工具。

（2）工资作为激励乘数。一般来说，在确定目标现金薪酬水平和薪酬组合比率之后，可以使用两种常用的方法来确定销售职位的奖励薪酬机会。第一种方法是将奖励薪酬机会表示为工资范围中位数的百分比，另一种方法是将其表示为销售人员薪酬的百分比。第二种方法作为一种人才保留工具可能更有吸引力，原因有两个：一是用这种方法能够更容易地将激励机会传达给销售人员，二是将工资作为奖励乘数可以吸引基本薪酬较高的人。通常这些销售人员是长期雇用的员工，因此，如果一家公司的目标是向销售人员传达其对员工保留的重视，那么在销售薪酬计划中使用这种方法就是非常恰当的。

（3）绩效薪酬待遇。绩效评估计划是公司可以在其销售队伍人才保留工作中使用的另一举措。研究表明，91%的被调查公司都拥有正式的绩效管理计划，其中，三分之二的公司的主要目标是根据个人绩效来区分奖励。[5]一般来说，公司的绩效评估计划会延伸到销售队伍中，评估结果是衡量绩效薪酬待遇的重要考虑因素。如果管理层相信公司的绩效评估计划及其结果有效地区分了员工绩效，那么将其作为销售人员保留的工具则是明智之举。

为了使绩效过程有效，公司应通过评估过程来确定公司必须保留的销售人才队伍，并确保这些人获得了与其贡献相称的绩效薪酬待遇。在评估结果及其相关绩效薪酬待遇时应与那些有才能的销售人员充分沟通，让他们知道自己的贡献得到了充分的重视。

（4）绩效门槛。通常，尤其是在销售奖励/奖金计划中，设定绩效门槛的做法是很普遍的，在该门槛标准之下则没有奖励。之所以这样做是因为需要确定在公司支付奖励之前，销售人员必须达到最低绩效水平。通常，在那些通过高基本薪酬/相对较低的奖励机会（例如，75%的基本薪酬/25%的奖励）的组合方式支付销售人员薪酬的行业中，绩效门槛的存在是非常合理的，这是公司控制销售投资成本的需要。然而，在业务主要是交易的行业（如保险、金融服务、经纪业务）中，工资/奖金的比例却是相反的（25%的基本薪酬/75%的奖励）。此外，在这种情况下，只要有绩效就有奖励。虽然绩效最佳的人不太可能低于绩效门槛，但低绩效门槛（或无门槛）可能和公司对高绩效销售组织的要求不一致。

（5）超越绩效目标的奖励薪酬机会。虽然目标奖励薪酬机会适用于所有超额完成预先设定的绩效目标（如100%配额）的销售员工，但是绩效最佳的员工都会对奖励机会（及其相关的激励水平）进行认真的思考。通常，绩效最好的销售人员占销售人员的前5%～10%，而且他们大多是销售人员中最为忠诚的员工。对于这些人来说，他们在考察超出预期的奖励机会时所提出的关键问题是："从经济收入角度考虑，是否值得我去超越绩效目标？"

那些超额完成绩效的员工问自己这个问题的原因是，超额完成的绩效结果往往会抬高次年的目标配额。为了使这部分销售人员愿意为了财务奖励实现超绩效，最合适的做法是确定公司愿意支付重大奖励的超额绩效标准（例如，超绩效奖励是目标奖励的2～3倍）。除了考虑为超额业绩支付有竞争力的奖励薪酬（这在领先的销售薪酬调查中很常见）之外，管理层还应评估关于当业绩优胜者离开公司时业务损失。结论可能是，当超额奖励机会增加2～2.5倍时，公司就可以降低顶尖销售员工流失的风险。与顶尖销售员工流失的成本（包括收入和毛利贡献）损失相比，超额激励的成本相对较低。

（6）长期绩效计划。许多公司会部署战略或安排主要销售人员来销售和管理重要客户关系。战略客户管理协会（SAMA）的报告称，在28个行业中，公司在其业务中都使用了销售角色。[6] 战略性客户销售商的普及以及与之互动的客户的重要性，使公司面临极具挑战性的客户保留问题。意识到销售人员离开公司使得客户转向竞争对手，只是问题的一半。而另一半则是，建立战略性业务客户通常需要花费数年时间。我们经常会发现，对于战略性客户或重要客户的早期销售努力并没有产生大量的收入和利润，这可能要到两三年后才会实现。

当企业在战略性客户或主要客户角色方面的业务成功需要在短期和长期努力之间取得平衡，并且公司致力于为此奖励和留住销售人员时，管理层应该探索使用长期现金激励计划的可行性。怡安翰威特咨询公司最近的调查报告显示，74%的公司将把销售人员纳入长期激励（LTI）计划，而没有按照级别、职位或其他标准来决定是否纳入长期激励计划。在这样的薪酬计划中，典型的奖励为年度薪酬总额的5%～25%，从而使LTI成为对参与者具有财务吸引力的激励方式。[7]

针对战略性销售人员实施长期激励计划的目标是：①奖励多年来持续取得的绩效产出，②鼓励高绩效销售人员延长服务于组织的时间。

本章小结

公司及其领导者（销售和人力资源领域的高层管理者）都应着重设计销售薪酬计划，它反映了明确的人才保留理念和销售组织的具体年度目标。该计划应建立在合理原则和做法的基础之上（如本章所述）。应仔细考虑与销售人才保留战略相关的六个方案。这样增加了实现公司的业务战略和销售目标（短期和长期）的可能性，因为管理层明确表示了它的价值取向，并希望留住有才华的销售人员。本章的目标是鼓励销售薪酬计划设计人员，特别是参与设计过程的人力资源/薪酬专家，主动帮助公司将销售薪酬计划作为销售人才保留竞争中的竞争手段。

注释

1. Mike Schult and John E. Doerr, *Insight Selling: Surprising Research on What Sales Winners Do Differently*. Wiley, Hoboken, NJ, 2014.
2. Jerome A. Colletti and Mary S. Fiss, "Designing Sales Incentive Pay for Competitive Advantage," in Dow Scott (ed.), *Incentive Pay: Creating a Competitive Advantage*. WorldatWork, Scottsdale, AZ, 2007, pp. 43-56.
3. Accenture, "High Performance Workforce Study," San Francisco, 2010. Available at: www.accenture.com/us-en/Pages/insight-workforce-study-2010-usa-findings-summary.aspx.
4. Howard Stevens, *The Future of Selling: The End of Sales as We Know It*. HR Chally Group, Dayton, OH, 2014.
5. WorldatWork/Sibson, "2010 Study of the State of Performance Management," Scottsdale, AZ, 2010.
6. Strategic Account Management Association (SAMA), "Survey on Current Trends and Practices in Strategic Account Management," Chicago, 2012. Available at: http://strategic accounts.org/resources/current-trends-and-practices.aspx.
7. Aon Hewitt, "Long-Term Incentive and Recognition Practices for Sales Roles," Lincolnshire, IL, June 2012 ($n = 111$ U.S. companies).

第18章

设计和应用投资回报率驱动销售业绩

丽贝卡·桑德伯格（Rebecca Sandberg）
销售全球公司（SalesGlobe）

卡丽·沃德（Carrie Ward）
销售全球公司（Sales Globe）

投资回报率（return on investment，ROI）仅适用于收购或产品采购等金融交易吗？这真的是只有专业财务人士才能使用的一种计算方式吗？答案是否定的。投资回报率对于各类投资都非常重要，我们也可以把它用在销售薪酬上。该方法侧重于在销售人员中创造和维持一种基于投资回报率定制绩效的文化。

为什么投资回报率对销售人员的薪酬是重要的？许多高管层管理者都想知道以下这两个问题的答案：

（1）我们能从销售薪酬计划中得到什么？

（2）我们需要为此支付多少钱？

针对不同的投资，投资回报率有不同的定义。销售薪酬中最常见的定义是生产力价值除以承诺的资源成本：

$$销售薪酬投资回报率 = \frac{生产力价值}{资源成本}$$

这听起来像一个简单的概念，但是与战略和变革管理的想法相似，销售薪酬投资回报率是一个灰色地带，而不是一个简单的任务。生产力价值是对薪酬计划中的一个比值或一组值的衡量。这些衡量指标包括许多内容，而不仅仅是财务指标。例如，生产力价值可以包括客户满意度、员工满意度以及市场上的产品成功等。资源成本是衡量投资于薪酬计划的财务费用,这些费用主要包括支付给专业销售人员的费用。然而,其他重要衡量指标也包括流程投资(如批准和借贷流程),销售和支持人员的人才获取率,以及一些工具和技术。

有许多方法可以建立公司的销售薪酬投资回报率方程,最终结果将取决于什么对于公司是最重要的。在本章中,我们将展示一个经过验证的流程,帮助公司建立自己的投资回报率定义。一旦进行开发并投入使用,你便将迈出关键的一步:

- 有竞争力的薪酬计划设计,有助于维持或提高绩效水平。
- 薪酬计划可以轻松快速地改变,以应对不断变化的战略。
- 薪酬计划的明确性和成功实施可以提高员工参与度。

图18-1说明了拓展公司投资回报率定义的关键驱动因素:七个基本的销售薪酬问题。该图显示了一个迭代过程,从整体公司战略开始,并最终回到战略。

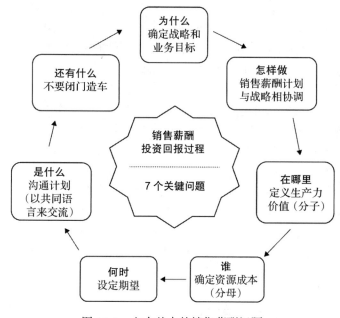

图18-1 七个基本的销售薪酬问题

18.1 步骤1:为什么?确定战略和业务目标

简单地说,战略和业务目标是公司实现长期目标的行动计划。战略是至关重要的,因为它决定了产品关注焦点、客户和上市计划。了解和理解战略将影响定义公司的投资回报的方式。例如,公司可能有兴趣在某一领域增加收入或开发新产品。与这些业务回报相关联的衡量指标将决定你如何定义自己的投资回报率。战略可能要求更多地投资于新兴市场或与传统业务不同的新技术。在这种情况下,可以为这些业务线或产品单独计算投资回报率,以便了解具体的回报。设定公司的战略是一个合作性活动,从客户、产品、覆盖范围、财务和人才[1]等方面分解设定目标,并在整个销售和销售支持组织中明确传达这些信息。由此便可以开始确定销售薪酬计划的关键要素。

18.2 步骤2：怎样做？销售薪酬计划与战略相协调

电影《点球成金》（Money ball）讲述了奥克兰运动家队（Oakland A）的经理比利·比恩（Billy Beane）如何以最小成本实现史上最长连胜的故事。他仅仅通过专注于数字就做到了这一点，除了他，没有人这样做。他投资于支持新指标作为招聘和培训策略的流程及人员（上垒率或最小出局数）。比利·比恩的策略界定清晰，上述这些指标也极大地影响了预期结果。在使销售薪酬计划与公司战略相一致时，可以利用这个"点球成金"的理念。在计划中将特定的、可识别的要素置于整体战略的驱动下，这对于满足公司的目标至关重要。

这似乎很简单，但是我们发现许多销售薪酬计划的实例并不符合公司战略，甚至与公司战略相背。例如，我们以前合作的公司有一个推动长期收入增长的战略。然而，其销售薪酬计划中最大和最具盈利能力的组成部分之一却是一次性支付的产品销售薪酬，它鼓励的是与其战略相反的短期收入增长。该产品在损益表中代表无法维持长期增长的收入。这是一个很好的例子，说明了公司战略与薪酬计划之间的不重合。众所周知，销售薪酬计划将驱动销售行为的产生。为了确保公司正在推动正确的行为，销售薪酬计划和投资回报率定义必须符合公司战略。在围绕战略构建销售薪酬计划时，需要考虑以下关键要素。

- 角色和覆盖面：销售人员担任适当的覆盖战略领域和客户的角色。
- 市场支付：具体工作的竞争性整体薪酬。
- 薪酬组合：固定成本与可变成本的比例，会因角色、销售策略和销售流程而异。
- 上升和阈值：计划支付所需的绩效水平，超过目标配额时的薪酬倍数。检验一个良好的薪酬计划的标准就是看是否存在反罗宾汉原则（reverse Robin Hood principle）：从绩效欠佳者的薪酬中抽取部分支付给超绩效表现者。
- 衡量指标：符合公司战略和业务目标的组成部分。保持简单——坚持三个或更少的规则，并保持信息清晰。
- 机制：即薪酬是如何计算的。确保绩效与薪酬之间的联系很重要，也就是说，更好的表现等于更好的薪酬。通过调整薪酬来操纵投资回报率是有效的，但首先必须解决战略、角色和衡量指标的问题。
- 配额设定。制定预期绩效的目标，以获得目标薪酬。配额设置太高可能会失去动力，太低可能导致自满。选择最佳点对投资回报率至关重要。

接下来的两个步骤将介绍如何重新定义生产力价值和确定资源成本。

18.3 步骤3：在哪里？定义生产力价值（分子）

在销售全球公司中，我们对投资回报率的定义超出了基本定义，更深层次的理念推进需要金融和薪酬领导者跳出传统方式的创新思维。传统上，财务领导人在衡量销售人员的有效性和生产率（即方程式的分子）时，会将所有财务报表的主要内容——收入，纳入考量。但是，请问：收入是什么？

- 总体收入：真正影响最大的指标。
- 保留收入：从现有客户处取得的重复收入。它是以客户满意为重点的关键客户管理的结果。
- 渗透收入：从现有客户处获得的新收入。它是销售人员专注于在现有客户中开发新关系或新产品的结果。
- 新收入：从新的客户处取得的新收入。它是销售人员通过关系、收购和对现有客户之外的新机会的努力的结果。

不同的收入组成部分展现了重新界定收入方面的生产力价值的创新方式。公司战略决定了哪个收入成分最为关键。如果多个收入组成部分都至关重要，则可能会有多个投资回报率的计算。例如，如果以新收入为重点，投资回报率计算将用获得的新收入除以专门针对获取新客户的资源成本。以下是一个示例计算：

$$新收入的投资回报率 = \frac{新收入}{新产品市场成本 + 新业务销售代表 + 加强新产品客户关系管理的成本}$$

此外，渗透收入对于客户经理来说可能很重要。该计划可以使用单独的投资回报率计算，通过客户经理资源成本来划分这些客户的渗透收入。以下是渗透收入投资回报率的示例计算：

$$渗透收入投资回报率 = \frac{渗透收入}{客户经理代表 + 关系管理体系建设}$$

在过去几年中，应用趋势已经从收入转为利润或利润率，特别是在软件行业。一位前软件公司员工解释说，在一家软件公司，许可证销售方式的交付成本很低，而且服务有时会产生很大的成本，所以管理层想看到的是利润率。如果专业销售人员对定价有自主权，并且对成本拥有一定程度的控制，则利润或利润率可能是一个成功的衡量指标。关注利润将有助于确保专业销售人员在考虑成本的情况下为公司带来收入，从而创造利润。

除了财务指标，公司还应考虑与其战略相一致的衡量指标。例如，根据产品类型、客户、地理位置或目标市场进行分类也相当重要。无论是特定类型的收入、营业收入、净利/毛利、销售小部件数量，还是客户净现值，生产力价值都应该与战略相适应，并成为销售薪酬计划的主要组成部分。衡量指标最好是量化的财务指标。但是，除了传统的财务指标之外，衡量生产力价值还需要考虑其他因素。然而，这些衡量指标，如品牌知名度、客户满意度、净推荐值（NPS）、离职率下降和员工满意度，有时候难以衡量销售薪酬计划的影响。事实上，顾客满意的衡量标准可以被细分为与销售具体相关的类别，这些类别将提供可量化的价值。例如，可以针对客户进行调查，以确定他们对专业销售人员的满意度，包括销售人员对产品的了解情况、信心如何，以及对客户需求的了解程度等。这种反馈直接关系到销售人员的薪酬激励、幸福感和对薪酬的理解。薪酬计划的另一个衡量指标是专业销售人员之间的净推荐值。销售专员会将你的公司推荐给市场上的其他销售人员吗？这也可以在市场上创造品牌知名度。

18.4 步骤4：谁？确定资源成本（分母）

为了保持简化，企业将其资源成本定义为基本薪酬和奖励薪酬，不包括福利或实际整体薪酬。在销售全球公司，我们将其称为表面投资回报率（surface-level ROI），因为通过它无法了解整体销售薪酬计划中其他重要元素的影响。这是公司投资回报率计算中最大的变动。通过对客户的调查和访谈，我们发现大多数公司都在使用表面投资回报率来定义资源成本，具体方式为以下三种之一。

- 自下而上：实际销售费用总额（基本薪酬加奖励，但是福利除外）。

- 自上而下：基于历史或预计分析确定的平均水平。
- 自上而下的比例：预计销售额的百分比。

这些都是确定投资回报率时使用的资源成本的有效方法。然而，我们建议使用其他两类比表面投资回报率更好的衡量方法。第一类是使具体资源与具体的增长目标相一致。例如，如果目标是保持从前 20 名客户处获得的收入，公司可能会调整资源成本，如客户经理、报告和工具来帮助实现该目标。投资回报率的度量由资源成本和生产力价值的具体突破量决定。第二类包括允许销售人员优化生产力的非薪酬因素，从而使其更容易销售产品。它们包括以下内容：

- 培训及开发项目和相关资源。
- 销售领导资源。
- 招聘 / 优秀人才获得的资源及程序。
- 销售运营资源。
- 信用、审批和配额设定流程。
- 实时报告工具，如绩效分析和薪酬估算工具。
- 客户关系管理和薪酬管理系统。
- 市场区域管理。

这些成本与投资回报率计算中的生产力价值直接相关。

18.5 步骤 5：何时？设定期望

在先前的步骤中，我们介绍了生产力价值（分子）和资源成本（分母）的框架和注意事项。既然衡量方法已经设定，下一步就是确定我们何时设定它，在什么时间段以及多久设定一次。此外，应该对报告的看法、分布及成功的定义做出预期。

来自一家会议软件客户的 CFO 在 12 个月内测量了新的销售人员的投资回报率。投资回报率的计算是个人的年度收入除以他的全部薪酬（不包括福利）。该公司使用绝对价值进行比较，而非百分比。预期是销售人员能够在这 12 个月内得到自己应得的薪酬。但是，这些指导方针应根据销售人员的专业类型（小客户经理还是关键客户经理）、组织内的层级和年度收入情况来做出改变。这个定义已经被连续使用数年了，定义很简单，所有的销售人员都可以用其计算自己的投资回报率。薪酬计划的变更可能会迅速影响销售人员的行为，所以重要的是要有一个流程来提前和经常衡量合适的投资回报率。

18.6 步骤 6：是什么？沟通计划（以共同语言来交流）

许多利益相关者都参与定义和创建销售薪酬投资回报率，包括销售、运营、人力资源及财务人员等。让所有的利益相关者都能理解相同的销售薪酬投资回报率语言是一个不断迭代并持续的过程，这是销售薪酬设计中更具挑战性的任务之一。一般来说，销售或业务团队将拥有该项设计。然而，财务管理预算在此过程中发挥着重要作用。为了使销售团队全面参与，每个人都应该充分了解战略、销售薪酬计划和投资回报率的构成部分。我们经常对市场研究进行现场采访，并会收到回复，例如"在支票存入我的账户前，我不知道我会赚到什么"，或者在策略上，"我们有一个策略，但我不知道具体是什么"。

销售团队充分了解计划才能使销售薪酬计划和投资回报率获得成功。为了取得成功，公司领导者需要增进对薪酬计划之外的战略信息的了解，可以通过频繁的反馈回路，例如预测回顾、频繁的结果询问、指标设置、公告牌和辅导等来实现。为实现这个目标，所有利益相关者了解的战略和薪酬信息必须保持同步。为了确保在投资回报率的计算过程和结果上得到有效的沟通，参与者应该能够回答以下三个问题：

- 我们如何衡量资源的成功或者成效？
- 销售薪酬计划要花多少钱？
- 我们取得成功了吗？

确保公司在最优销售资源和组织优先级之间保持一致，从而最大限度地提高回报，并维持组织和个人绩效。简单来说，达到双赢。

18.7 步骤 7：还有什么？不要闭门造车

投资回报率成功或失败还取决于销售薪酬计划中无法控制的因素。无论你对战略设定、销售薪酬计划设计以及投资回报率测算进行得多好，其他影响始终存在。计划的成功可能是营销的努力、新产品的出现、竞争格局的变化及客户的满意综合作用的结果。公司必须分析整体情况，而不仅仅是销售薪酬计划，必须分析产品、市场和客户的准备情况，以确保计划的成功。从投资回报的角度出发，倘若不考虑这些准备因素，销售薪酬计划可能会出现风险。虽然销售薪酬计划是提高生产率的重要因素，但并不能预测所有的事情。销售战略产品时，销售薪酬计划可以激励销售人员努力销售，但还有其他因素会影响销售额，如产品供应、合适的市场、正确的销售信息和流程以及合适的销售人员等，这些因素都有助于产品的成功。将成功归因于销售薪酬计划，往往是因为该计划有利于实现某些既定的目标，但是销售薪酬计划仅是成功的因素之一。

销售薪酬是公司花费最大的部分之一。对该部分进行最大化投资对于获得竞争优势至关重要。但只关注数字是不够的，需要将焦点和争论从数字中脱离出来，分解成驱动该数字的组成成分，那样会更有效率。本章的要点是：

- 战略与投资回报率相辅相成。战略需要投资回报率确保其成功，投资回报率需要战略来提供应该衡量的方向。如果其中一个发生变化，那么另一个也需要改变。
- 花时间进行投资回报率设计。在薪酬计划过程中花费一些时间来确定投资回报率的最佳目标设定，只要它符合战略，就坚持执行。使所有利益相关者参与研究、建立、沟通和维持投资回报率，收益便会逐渐凸现出来。
- 跨越传统思维设计投资回报率。除了简单的衡量指标外，将生产力价值和资源成本的要素纳入考量。许多因素有助于销售薪酬计划的成功，将这些因素纳入投资回报率的设计大有裨益。
- 数字也会说谎。为了确保投资回报率是可信的，其框架和成分必须被分解成简单的非财务语言。这个过程应该在一段时间内保持一致，保持消息的客观性和一致性。
- 矛盾是存在的。我们概述框架不能闭门造车。一般来说，销售、销售运营、财务和人力资源都是关键。每个职能部门都有自己的优先事项、挑战和意见。考虑各方观点是至关重要的。例如，财务想要花更少的钱得到更好的结果，而销售想要吸引和留住最好的人才而不顾价格。人力资源可以通过提供外部基准来最小化这种冲突。销售运营

- 可以提供有客观证据的具体问题的分析报告。
- 投资回报率并不是一成不变的。投资回报率的指标将因销售策略、客户类型、产品组合、角色类型、合同长度和收入类型的不同而不同。此外,根据销售团队和战略结构,可能需要进行多项投资回报率的计算。
- 投资回报率不是一劳永逸的。就像每年都要发布财务报告一样,销售薪酬投资回报率也是一个持续的过程。生产力价值和资源成本的框架可能不会随着时间而变化,但其中的组成部分需要适应快速变化的业务需求和战略。保持简单,这样你就能快速适应。

注释

1. Mark Donnolo, *What Your CEO Needs to Know about Sales Compensation*. AMACOM, New York, 2013.

第19章

通过团队激励，创造合作、创新和绩效的文化

路易斯·R. 戈麦斯－梅西亚（Luis R. Gomez-mejia）
诺特丹大学门多萨商学院（Mendoza College of Business, University of Notre Dame）

莫妮卡·佛朗哥－桑托斯（Monica Rfanco-santos）
克兰菲尔德大学克兰菲尔德管理学院（Cranfield School of Management, Cranfield University）

越来越多的组织正摆脱长期以来的信念，即通过内部竞争来鼓励和加强个人的成就和成功。研究表明，建立团队可以带来许多好处：大大提高生产力，[1] 引导员工设定挑战性和自发性的团队目标，[2] 促进跨组织的沟通，[3] 提高财务绩效，[4] 促进交流并结合个人的知识，增强新产品和新服务的开发。[5]

对于使用团队结构的公司，团队激励措施是提升团队绩效的核心机制。基于团队的激励是一种将支付与实现团队绩效目标联系起来的薪酬计划。[6] 使用团队激励的基本逻辑是认为团队激励能够"促进团队成员之间的信任、凝聚力并产生相互支持的行为"。[7] 2003年发布的45项[8]团队研究综合分析发现，总体而言，使用与团队目标实现相关的激励措施使绩效提高了22%。尽管是令人鼓舞的结果，但是使用团队激励可能也有潜在的缺点。例如，有证据表明，雇员（在某些文化情境中）倾向于接受根据个人成就而不是团队成就支付的奖励，此时以团队为基础的激励措施往往会产生不利的效应（可能会降低高生产力的求职者和员工的积极性）。当团队规模增加时，团队激励的影响由于"视线"问题而降低（个人难以看到他们的努力与奖励之间存在明确的联系），并且

使用团队奖励会产生搭便车现象（如表现不佳的人由于高绩效者的努力而获益）。[9]考虑到这些问题，组织在设计和实施团队激励时必须谨慎。与任何其他管理工具一样，基于团队的激励措施不能凭空发挥作用，而是要符合组织的特殊特征，并获得其他管理实践的支持。

在本章中，我们将阐述选择团队激励的原因、团队激励的结构、影响团队激励有效性的因素，以及使用团队激励的优点和缺点。本章最后提供了一个建议清单，提出了有助于团队激励获得成功的关键建议。

19.1 选择团队激励的原因

基于团队绩效的奖励可能会影响组织吸引力、员工保留和员工激励，并塑造组织文化。使用团队激励计划时，应当使其与团队工作的性质和要实现的目标保持一致。

19.1.1 工作性质：高度相互依存

最近工作再设计的重点是加强员工之间的合作关系，以达到预期成果，如改进创新和创造力，提高产品质量和数量，降低成本。合作型的工作环境可以定义为"员工个人目标混合在一起，团体成员目标达成之间有积极的关系"。[10]换句话说，如果没有同事愿意为所需的团队绩效结果做出贡献，便没有人能够取得成功。在这样的情境下，工作是相互依赖的。员工工作的相互依存度很高时，往往难以剥离个人的贡献和绩效。因此，在团队层面上评估绩效可能更准确，此时与团队绩效相关的薪酬计划也更为合适。[11]

当工作高度相互依赖时，使用个人奖励可能导致功能失调。传统的销售佣金计划中可以找到一个经常被引用的不符合工作性质与所提供奖励类型的例子。销售代表通常以出售量为单位，代表销售人员和雇主之间的个人合同。不幸的是，合同只根据销售的商品数量，而不是顾客从产品中获得的价值或提供给客户的服务质量来衡量销售代表获得的金额。这可能会导致与客户满意度相关的问题，这些问题只有在销售之后才会暴露出来。客户服务和技术团队可能会陷入困境，因为销售人员对客户态度不佳，无法有效提供优质服务，也无法从长期收益的角度提高客户的忠诚度。由于销售人员与企业之间的就业合同重点在于销售人员的个人成果，因此销售人员不会关心客户服务团体、后台或技术支持等部门的工作。通过狭义地界定工作，不承认职能内部的相互依赖程度，公司难以实现销售和客户服务有效性的总体目标。因此，当某些类型的工作是以团队为导向时，团队奖励可以保质保量地帮助实现组织的真实目标。

19.1.2 绩效目标的本质

有大量研究表明，使用具体和有挑战性的目标能够提高绩效。[12]大多数研究集中在个人目标的设定和个人绩效上。很少有研究考虑到团队目标和后续团队绩效的问题。一般来说，当团队成员接受团队目标时，团队目标设定便可以提高团队绩效。[13]设定的目标应该是有难度的，为团队成员提供挑战，并且是可实现的。[14]还有人建议，在团队目标设定过程中，需要说服团队中没有接受团队目标的个人将其内化为个人目标。[15]

研究发现，将团队奖励与团队目标的实现联系起来对绩效有积极影响。[16]当团队目标的实现与奖励相关联时，团队目标设定过程变得更加有效。有效的目标设定反过来又对团队绩效具有积极的长期影响。[17]

薪酬计划为目标设定过程提供了重要的反馈。支付与团队设定的目标相关联意味着组织致力于该计划的实施，并且绩效反馈为员工提供了积极的强化，鼓励员工继续实现团队目标。

值得注意的是，组织强调的目标类型可能会影响团队激励工作的程度。例如，研究表明，当组织将注意力集中在准确性（或质量目标）上时，鼓励合作、凝聚力和信息共享的团队激励将产生更好的结果；然而，当一个组织将注意力集中在速度（或数量目标）上时，团队激励可能没有个人激励措施有效，因为团队激励此时可能会减慢任务完成。[18]

最近的研究发现，使用团队奖励结构的团队在创造力的融合方面表现得更好（例如，产生可行的想法），而个人奖励的团队倾向于在创造力的不同方面表现得更好（例如，产生有创意的想法）。[19]

同样重要的是，现有的应用于个人目标设定的知识并不总是适用于团队。管理者需要了解这种差异，并相应地调整其做法。[20]

19.2 团队激励的结构

团队激励取决于团队目标，其成果根据团队绩效评估结果进行评估。激励支付可以采用现金、公司股票，以及诸如旅行、休假和奢侈物品等非货币项目的方式实现。激励机制的结构通常根据付款方式来解释。已有的文献通常侧重两个关键的结构：基于平等（equality based）和基于股权（equity based）。[21] 在基于平等的激励下，无论他们对团队绩效有多大贡献，所有成员都获得相同的薪酬。在股权激励下，根据个人对团队的贡献分配薪酬。普遍的共识是，当工作高度相互依赖，难以区分团队成员的个人绩效时，基于平等的激励措施更适合。这种激励机制易于管理，具有成本效益，有利于增加团队内部的和谐性、凝聚力和团结精神；但是，也会面临"搭便车"现象，带来动力降低的风险。[22] 基于平等的激励措施成本更高并且难以管理，但是当团队有公平和信任，以及可以准确评估个人绩效时，可以使用这种方式。[23]

使用的绩效指标类型不同，团队激励也可能有所不同。团队绩效可以根据绩效的过程或结果测量进行评估。过程措施是指实现期望目标（如行为、程序等）的手段，在执行团队任务过程中进行评估。结果措施是指预期的最终结果，在团队任务完成后进行评估。目前对这两种类型的团队激励的结果研究相对较少。目前，有一些证据表明，当项目漫长而复杂时，基于过程的激励可能比基于结果的激励措施效果更差。但是，如果这些项目是在高风险和竞争条件下进行的，那么基于结果的激励也是有缺陷的，并且可能不利于整个项目的整体质量。[24]

团队激励可以与个人、业务单位和组织激励计划相结合。成功整合所有这些激励方法的关键在于它们应与组织的战略相一致。如果它们的设计不符合业务战略，那么每种支付方式都可能与其他方式或组织的目标相冲突。这种不对称会让雇员理解什么对组织才是重要的。当团队激励得到实施，并且个人除了拥有团队目标之外，还继续拥有个人目标时，激励制度可以有效地确保个人和团队目标一致，而不是相互冲突。

19.3 影响团队激励有效性的因素

现有研究表明，有四组因素可能会影响团队激励的有效性。这些因素包括个人因素、团队因素、组织因素和激励结构因素。[25]

19.3.1 个人因素

使用团队激励的团队成员的个人特征会影响团队激励有效性。当团队激励设计师审查团队成员的特点时，应特别注意三个因素。[26] 第一，高能力的团队成员绩效可能更好，也会更支持激励。第二，对个人成就需求高的团队成员采用团队激励措施，与集体导向的团队相比，效果可能较差。第三，如果团体中的大部分成员更倾向于个人主义，在这样的团队中，团队激励难以实行。

另外还有两个影响团队激励有效性的因素也会经常被提到。一个是团队成员的个性（团队中外向、随和的人数越多，团队激励可能更加有效；内向、不随合的人越多，效果越不好）。[27] 另一个因素是性别组成（团队中女性越多，团队激励可能更加有效）。[28]

19.3.2 团队因素

工作团队的特质也会影响团队激励的效果。研究发现，[29] 组内任务相互依赖程度越高，团体间相互依赖性也越高，团队规模越小，团队目标的可衡量性越高，团队的稳定性或长期性越高，团队激励越有效。另外，团队的异质性程度也会有复杂的影响，因为高度的异质性会产生更高的创造力和更好的决策力，从而产生更高的团队绩效。但是，这也会产生负向影响，对于在生产和服务工作中发现的绩效任务来说，会产生更大的不公平感。此外，团队激励设计与团队发展阶段相适应的程度也将影响团队激励的有效性。最近，实验研究发现，预防型团队（以关注安全性、减少产品缺陷等负面影响为目标的团队）更有可能在团队激励中获益，因为这种激励结构产生了社会支持。而关注促销的小组受到的激励效果应该较小。[30]

19.3.3 组织因素

组织运营的条件也是团队激励有效性的决定因素。组织文化、组织子系统的一致性和组织结构特征可以影响团队激励对绩效的提升程度。关于组织的文化，研究表明，应当建立更多的支持团队激励的文化价值观。强调沟通、信息共享、协作和员工参与等价值观的组织更有可能使团队激励的实施取得成功并从中获益。[31]

影响团队激励有效性的另一个因素是其与组织战略的一致性，包括结构（团队）和其他控制系统（如绩效评估、绩效反馈和额外的奖励制度）。两者匹配度越高，团队激励将越有效。当两者出现不一致时，团队和个人将会遇到不利于团队绩效的紧张局势和冲突。[32]

19.3.4 激励结构因素

团队激励的设计要素对其效果也至关重要。这些要素包括激励大小、支付频率、支付类型（货币、非货币或混合）和奖励分配程序（平等与权益）等。关于指导经理在选择合适的奖励大小、支付频率或支付类型方面的研究很少。目前被广泛接受的是，激励的规模越大，团队成员也会更加重视团队目标的实现。但是这种"更加重视"不一定是最佳的。如果绩效能够准确衡量，并且团队知道如何实现目标，这将是最佳的；但是，如果绩效难以衡量或者使用的绩效指标不明确，团队不一定知道如何实现预期绩效，此时激励规模越大，产生功能障碍的行为也越多。在心理学研究中广为人知的是，奖励应尽可能频繁地分配给队员，以加强预期的行为。然而，在通常情况下，由于行政和成本效益的原因，团队奖励是按年提供的。团队激励支付的类型可以是货币形式、也可以是非货币形式，但据我们所知，关于这方面的研究有限，因此很难得出结论。尽管在激励结构的这三个方面研究相对稀缺，但对于基于平等或权益的激励措施的应用条件的研究有很多。本章已经描述了这一点（参见"团队激励的结构"部分）。

19.4 使用团队激励的优点和缺点

与任何其他管理实践一样，团队激励的使用具有利弊。在文献中普遍认为，基于团队的激励的优势胜过劣势。然而，重要的是要注意潜在陷阱，并避免这些陷阱。总而言之，团队激励的主要优势如下：[33]

- 加强团体合作与合作规范。
- 有助于减少跨职能团队的纪律和背景多样性的障碍。
- 帮助团队专注于实现项目目标。
- 允许公司差别化地奖励最具战略意义的团队。

但是，使用团队激励也有一些潜在缺点。我们需要对这些缺点进行管理，以确保早先提到的优势能够凸显出来。使用团队激励措施的潜在缺点包括以下内容：[34]

- 搭便车。也就是说，即使一些团队成员对团队目标的实现没有什么贡献，但他们也可能会得到奖励。这种情况可能发生在部分团队成员缺乏努力，或者他们的能力或技能水平比其他成员低很多的组织中。为了避免这个潜在问题，一种方法是对个体成员的贡献进行等级评估。一些关于团体搭便车现象的研究也发现，惩罚最差的搭便车员工也不失为一个好的策略，因为这样能有效减少搭便车的行为，也避免了其他成员产生相同的行为。[35]
- 虽然团队决策更有可能被团队成员接受，并使成员为实现团队目标做出更大的承诺，但是团队中最有才华的人员可能会有更好的解决方案。为了解决这个潜在问题，团队成员需要接受培训，以便使小组成员的意见得到真正的权衡，避免团队急于做出决定。
- 由于相互依赖，很难为了奖励目的而分离出独立的团体。在一定程度上，一个团体的绩效取决于其他团体的绩效，基于团队的激励可能是有问题的，因为不可能把每个团体的奖励和绩效独立出来。处理该问题的方式之一就是扩大奖励团队的规模，也许会包括所有存在依存关系的团队。
- 不相容的文化价值观。也就是后面所描述的，一些国家的特点是个人主义文化，因此过分追求团队的激励措施可能会引起员工之间的负面反应，因为他们认为自己的个人贡献应该得到回报。处理这个问题的方法是使个人和团队奖励相结合，征求团队成员的意见，调整为成员认为合适的组合。
- 如果过分推行团体激励，企业家精神可能会受到影响。企业家往往有个人独立自主的人格，他们往往想要追求个人的成功和他人对其个人成就的认可。这些人在许多组织中也许都能发挥关键作用，但是在一段时间内往往不能很好地工作。因此，即使公司建立了基于团队的激励措施，也需要为表现出强烈企业家导向的员工提供津贴。

19.5 个人主义的文化价值观

尽管许多组织都在向团队的理念前进，但在团队环境中，对美国工人性质的关注相对较少，这与员工的基本文化是不同的。霍夫施泰德（Hofstede）[36]基于116 000份问卷的综合研究发现，美国在"个人主义"的排名中位列第一。高度个人主义国家的文化特征是强调个人而不是群体，每个人都希望自己得到照顾，但是组织不承诺长期照顾某个人。这些国家的薪酬政策往往强调个人而不是集体绩效。

在这样的情境中，员工将自己的成功或成就展现给他人显得很重要，并通过传统薪酬制度中的薪酬、公司车辆、职称、下属数量及其他奖励等方式加以证明。随着团队理念的运用，人们会产生疑问，美国工人典型的个人主义心态如何能够在这种气氛中生存下去？激励计划可以成为满足个人和团体需求的一种工具。

在坚持个人成就的社会中，不能忽视杰出个人绩效的奖励，但是必须把它们纳入组织环境中，使其生存取决于团队而不是个人努力。当企业从个人业务转向团队计划时，应仔细监控离职率。离职率将提供对团队概念产生抵触的人员类型，以及对环境不满意的人员的信息反馈。这些信息对于未来的招聘工作、继任计划和项目评估都是至关重要的。

创造性薪酬管理，其中根据组织的需要量身定制薪酬，工作性质和劳动力特征等在组织中发挥着重要的战略指导作用。由于许多组织在实施这些计划后都有积极的效果，使得团队理念正在迅速普及。当业务目标是加强团队绩效时，应该使用基于团队的薪酬标准，而不仅仅是个人在团队中的绩效。在一个以个人目标为主的文化中，组织必须努力创造有效的团队激励计划，使员工明白团队绩效，而不是个人绩效，对组织的成功更至关重要。

19.6 如果激励不是必需的呢

大多数希望加强合作、创新和团队凝聚力的管理者往往将激励作为实现变革和获得团队成就的快速解决方案。激励能够影响决策和行为。然而，越来越多的学者开始担忧激励措施所带来的危害及潜在的长期不利影响，尤其是在医疗保健、[37] 国防[38]和教育[39]等难以评估绩效表现的环境中。在这些环境中，目前正在考虑用其他机制来加强结果的交付（例如，控制强度高的招聘、社会化、探索性使用绩效评估、自我监督、共同领导和奖励），这些机制可以考虑用以替代任何类型的绩效激励。[40]

19.7 使团队激励成功的关键建议

本章讨论的激励是使团队工作设计成功的一个重要方面。表 19-1 列出了设计团队激励时的关键问题和最佳实践。我们根据自己的咨询经验和文献创建了这个列表。一个重要的注意事项是，有效的薪酬设计只是提高团队绩效的一个方面，公司还需要同时考虑其他重要问题。表 19-2 中列出了内部团队的关键问题和最佳实践。

表 19-1 设计团队激励时的关键问题和最佳实践

- 永远不要忘记你奖励或测量的是什么
- 最好的减少搭便车效应的方法就是同伴压力（可以通过增强凝聚力来提高同伴压力；凝聚力的增加可以通过实行团队激励；薪酬应与整个团队挂钩，而不应仅与某个人关联，就像"沃尔特的商店"），或者惩罚绩效最差的搭便车的员工
- 评估和奖励必须考虑到分配的难度和失败的可能性。如果他们因为承担艰难的任务而受到惩罚，特别是如果有更容易的方式得到认可，人们就不会冒险

（续）

- 分段奖励，使其与项目的不同阶段相关联，在不忽视长期目标的同时加强短期实现，例如从一个项目的关键过渡节点到获得发明专利，再到商业化阶段给予奖励
- 如果员工为多个团队工作，尽可能使用所有可用的衡量标准来衡量团队绩效和分配奖励
- 识别每个团体的内部和外部客户，并衡量他们对团队的期望和评估
- 减少层次结构（如技术员Ⅰ、Ⅱ、Ⅲ等），作为促进和奖励员工的一种方式。层次结构会在团队环境中产生功能失调和力量悬殊的状况
- 使用灵活的宽带薪酬，不需要创建过高的职业层级结构
- 对获得阶段性成就的团队进行一次性付款奖励。这样效果更加显著，并且更少受到其他因素的影响，比如生活成本
- 通过团体提名来确定和奖励关键贡献者，使用交互式团体评估对被提名人进行评价
- 创造性地提供非财务奖励，促进团队精神，例如旅行、公司报纸上的团队照片，以及公司活动，如宴会或野餐等
- 将同行评估与监督者评估相结合，并整合这种反馈，以有效的方式将其提供给员工

表 19-2　内部团队的关键问题和最佳实践

- 确保每个团队都有一个有效的推动者
- 每个人在团队中都应该有一个特定的角色。因此，考虑到个性和技术问题，需要认真思考团队组成
- 认识到创新所面临的重大挑战：与一般人员和技术专家合作经常会产生矛盾。需要适当保护相对弱者，因为他们有时对创新至关重要

注释

1. C. Ichinowski and K. Shaw, "Beyond Incentive Pay: Insiders' Estimates of the Value of Complementary Human Resource Management Practice." *Journal of Economic Perspectives* 17(1): 155–180, 2003; G. Hertel, U. Konradt, and B. Orlikowski, "Managing Distance by Interdependence: Goal Setting, Task Interdependence, and Team-Based Rewards in Virtual Teams." *European Journal of Work and Organizational Psychology* 13(1):1–28, 2004; and F. Roman, "An Analysis of Changes to a Team-Based Incentive Plan and Its Effects on Productivity, Product Quality, and Absen-teeism." *Accounting, Organization, and Society* 34: 589–618, 2009.

2. J. P. Guthrie and E. C. Hollensbe, "Group Incentives and Performance: A Spontaneous Goal Setting, Goal Choice Commitment." *Journal of Management* 30(2): 263–284, 2004.

3. C. Harbring, "The Effects of Communication in Incentive Systems: An Experimental Study." *Managerial and Decision Economics* 27(5): 33–53, 2006.

4. J. Devaro, "Teams, Autonomy, and the Financial Performance of Firms." *Industrial Relations* 45(2): 217, 2006.

5. C. J. Collins and K. G. Smith, "Knowledge Exchange and Combination: The Role of Human Resource Practices in the Performance of High-Technology Firms." *Academy of Management Journal* 49(3): 544–560, 2006.

6. J. S. DeMatteo, L. T. Eby, and E. Sundstrom, "Team-Based Rewards: Current Empirical Evidence and Directions for Future Research." *Research in Organizational Beh-*

avior 20:141–183, 1998.
7. B. Beersma, J. R. Hollenbeck, S. E. Humphrey, H. Moon, D. E. Conlon, and D. R. Ilgen, "Cooperation, Competition and Group Performance: Towards a Contingency Approach." *Academy of Management Journal* 46: 572–590, 2003.
8. S. T. Condly, R. E. Clark, and H. D. Stolovitch, "The Effects of Incentives on Workplace Performance: A Meta-Analytic Review of Research Studies." *Performance Improvement Quarterly* 16(3): 46–63, 2003.
9. B. Gerhart, S. L. Rynes, and I. Smithey Fulmer, "Pay and Performance: Individuals, Groups, and Executives." *Academy of Management Annals* 3(1): 251–315, 2009.
10. M. Deutsch, "A Theory of Cooperation and Competition." *Human Relations*: 129–152, 1949.
11. B. Beersma, J. R. Hollenbeck, S. E. Humphrey, H. Moon, D. E. Conlon, and D. R. Ilgen, "Cooperation, Competition and Group Performance: Towards a Contingency Ap-proach." *Academy of Management Journal* 46: 572–590, 2003.
12. G. P. Latham, *Work Motivation: History, Theory, Research, and Practice*. Sage Publications, Thousand Oaks, CA, 2007; and G. P. Latham and E. A. Locke, "New Developments in and Directions for Goal-Setting Research." *European Psychologist* 12: 290–300, 2007.
13. C. R. Gowen, "Managing Work Group Performance by Individual Goals and Group Goals for Interdependent Group Tasks." *Journal of Organizational Behavior Management* 7(3):5–27, 1985.
14. J. Forward and A. Zander, "Choice of Unattainable Goals and Effects on Performance." *Organization Behavior and Human Performance* 6:184–199, 1971.
15. J. T. Austin and P. Bobko, "Goal Setting Theory: Unexplored Areas and Future Research Needs." *Journal of Occupational Psychology* 58:289–308, 1985.
16. R. D. Pritchard and M. Curtis, "The Influence of Goal Setting and Financial Incentives on Task Performance." *Organization Behavior and Human Performance* 10: 175–183, 1973.
17. J. T. Austin and P. Bobko, "Goal Setting Theory: Unexplored Areas and Future Research Needs." *Journal of Occupational Psychology* 58: 289–308, 1985.
18. B. Beersma, J. R. Hollenbeck, S. E. Humphrey, H. Moon, D. E. Conlon, and D. R. Ilgen, "Cooperation,Competition and Group Performance: Towards a Contingency Approach." *Academy of Management Journal* 46:572–590, 2003.
19. B. Beersma and C. K. W. De Dreu, "The Aftermath of Group Negotiation: How Social Motives Affect Distal Group Functioning and Performance," working paper, University of Amsterdam, 2003.
20. J. D. Nahrgang, D. S. DeRue, J. R. Hollenbeck et al., "Goal Setting in Teams: The Impact of Learning and Performance Goals on Process and Performance." *Organizational Behavior and Human Decision Processes* 122:12–21, 2013.
21. B. Gerhart, S. L. Rynes, and I. Smithey Fulmer, "Pay and Performance: Individuals, Groups, and Executives." *Academy of Management Annals* 3(1): 251–315, 2009; and S. Sharin and V. Mahajan, "The Effect of Reward Structures on the Performance of Cross-Functional Product Development Teams." *Journal of Marketing* 65(2):35–53, 1988.

22. O. Rack, T. Ellwart, G. Hertel, and U. Konradt, "Team-Based Rewards in Computer-Mediated Groups." *Journal of Managerial Psychology* 26(5):419–438, 2011.
23. K. K. Merriman, "On the Folly of Rewarding Team Performance While Hoping for Teamwork." *Compensation & Benefits Review* 41:61–66, 2009.
24. S. Sarin and V. Mahajan, "The Effect of Reward Structures on the Performance of Cross-Functional Product Development Teams." *Journal of Marketing* 65(2):35–53, 2001.
25. J. S. DeMatteo, L. T. Eby, and E. Sundstrom, "Team-Based Rewards: Current Empirical Evidence and Direc-tions for Future Research." *Research in Organizational Behavior* 20:141–183, 1998; and Y. Garbers and U. Konradt, "The Effect of Financial Incentives on Performance: A Quantitative Review of Individual and Team-Based Financial Incentives." *Journal of Occupational and Organizational Psychology* 87:102–137, 2014.
26. J. S. DeMatteo, L. T. Eby, and E. Sundstrom, "Team-Based Rewards: Current Empirical Evidence and Directions for Future Research." *Research in Organizational Behavior* 20:141–183, 1998.
27. B. Beersma, J. R. Hollenbeck, S. E. Humphrey, H. Moon, D. E. Conlon, and D. R. Ilgen, "Cooperation, Competition and Group Performance: Towards a Contingency Approach." *Academy of Management Journal* 46: 572–590, 2003.
28. Y. Garbers and U. Konradt, "The Effect of Financial Incentives on Performance: A Quantitative Review of Individual and Team-Based Financial Incentives." *Journal of Occupational and Organizational Psychology* 87: 102–137, 2014.
29. J. S. DeMatteo, L. T. Eby, and E. Sundstrom, "Team-Based Rewards: Current Empirical Evidence and Directions for Future Research." *Research in Organizational Behavior* 20:141–183, 1998.
30. B. Beersma, A. C. Homan, G. A. Van Kleef, and C. K. W. De Dreu, "Outcome Interdependence Shapesthe Effects of Prevention Focus on Team Processes and Performance." *Organizational Behavior and Human Decision Processes* 121:194–203, 2013.
31. J. E. Nickel and S. O'Neal, "Small Group Incentives: Gainsharing in the Microcosm." *Compensation & Benefits Review* 22(2):22–29, 1990.
32. L. Gomez-Mejia, P. Berrone, and M. Franco-Santos, *Compensation and Organizational Performance: Theory, Research, and Practice.* M. E. Sharpe, Armonk, NY, 2010.
33. L. R. Gomez-Mejia, D. Balkin, and R. Cardy, *Managing Human Resources.* Englewood Cliffs, NJ: Prentice Hall, 2007.
34. Ibid.
35. M. Hashim and J. C. Bockstedt, "Overcoming Free-Riding in Information Goods: Sanctions or Rewards?" Presented at the 48th Hawaii International Conference on System Sciences, 2014. Available at: http://ssrn.com/abstract=2463453.
36. G. Hofstede, *Culture's Consequences: International Differences in Work-Related Values.* Sage Publications, Beverly Hills, CA, 1980.
37. B. Frey, F. Homberg, and M. Osterloh, "Organizational Control Systems and Pay-

for-Performance in thePublic Service." *Organization Studies* 24(7):949, 2013.
38. M. Chwastiak, "Rationality, Performance Measures and Representations of Reality: Planning,Programming and Budgeting and the Vietnam War." *Critical Perspectives on Accounting* 17(1):29–55,2006.
39. D. Marsden, "Pay-for-Performance in English Schools," Centre for Economic Performance, London School of Economics, 2014.
40. B. Frey, F. Homberg, and M. Osterloh, "Organizational Control Systems and Pay-for-Performance in the Public Service." *Organization Studies* 24(7): 949, 2013; and L. Segel and M. Lehrer, "The Institutionalization of Stewardship: Theory, Propositions, and Insights from Change in the Edmonton Public Schools." *Organization Studies* 33(2):169–201, 2012.

第20章

通过斯坎伦收益分享计划，改变工作场所文化

道·斯科特（Dow Scott）
芝加哥洛约拉大学（Loyola University, Chicago）

保罗·戴维斯（Paul Davis）
EPIC-Organizations.com

20.1 斯坎伦收益分享：最佳想法来自哪里

在小说《白鲸记》（*Moby Dick*）中，伊什梅尔（Ishmael）签订了"三百分之一"的协议，只要他在海上生存三年，他就可以获得航海净收益的1/300。他的朋友魁魁格（Queequeg）是个渔夫，因此他签了为期19天的协议，获得利润的1/19。这些便是19世纪捕鲸者实行的收益分享，这一概念与人类历史一样古老。

收益分享计划经受住了时间的考验，因为它满足人们对公平的基本需求，并将群体动力学的初步理解与商业企业的现实结合起来。也就是说，在工作的同时，我们都应该根据我们所做的贡献获得相应利益。前提是要共同创造一份"收益"或者有价值的东西，否则就没有什么可以分享的。19世纪的捕鲸者有动力工作是因为他们共同面对困难，并且在成功的时候，他们根据自己的才能和团队的努力来分享收益。

在"替代奖励策略研究联盟"（Consortium for Alternative Reward Strategies Research）的指导下，杰里·麦克亚当斯（Jerry McAdams）和伊丽莎白·霍克

(Elizabeth Hawk)的多项研究表明,收益分享计划是创建高绩效工作场所的有力工具。[1]平均而言,员工薪酬每增长3%,公司回报率将达到134%,同时会促进团队合作、增强沟通效果、提高员工士气。爱德华·劳勒在《最终竞争力》(The Ultimate Advantage)中指出,关于收益分享计划,我们知道的最重要的事就是它是有用的。[2]

盖洛普在全球范围内的研究显示,70%的员工并没有"真正投入"工作(Gallup,2013)。他们正等着跳槽,找个收入更好的工作。[3]随着婴儿潮一代的退休、移民的减少和出生率的降低,人才竞争将会加剧。人才的吸引力和保留将变得更加重要。

薪酬对于吸引和保留人才非常重要,但是如果单独使用,效果不会特别明显。几十年来的研究显示,薪酬只是员工离职的众多原因之一(e.g., Hausknecht, Rodda, and Howard, 2009)。收益分享提高了工资,但研究显示,这样的分享计划也可以提供人们想要的心理奖励,同时将组织目标与员工的努力结合在一起。

随着竞争的加剧,组织为了生存将面临两个关键领域的问题。首先,它们必须通过减少系统和流程中各种形式的浪费来最大限度地提高效率和生产力。在传统的工业生产领域,精益生产在各个制造领域(包括办公室)中成为一项工作要求。精益方法正在快速延伸到医疗保健和经济领域。另外一个必须进行管理的领域是创新。新产品和服务曾经是产品开发部门的领域。现如今,那些最成功的公司会鞭策所有员工,要求他们不断扫描环境以获得新产品和服务信息,从而增加组织的"上线"(top line),并制定更有效的方法生产这些产品和服务。这个想法通过促进员工开发产品和改进流程,加深员工对业务的了解,从而更快地实现创新。

收益分享是一个组合,也是一种运营方式或全套的奖励制度,可以通过发展和更好地利用人力资本来提高生产率、效率和创新。收益分享已被广泛研究——特别是斯坎伦计划(e.g., Gerhart, Rynes, Fulmer, 2009; Ledford and Allen, 2012; Schuster, 1984),并已被证明在各种行业中,包括制造业、零售业、非营利组织、政府、分销组织、电信行业、金融服务行业、酒店和医疗保健行业等都是有效的。收益分享在联盟和不联盟的环境中均取得了成功,并在世界各地的各种文化中都被证明是成功的。

本章的目标是帮助薪酬专业人员了解如何通过斯坎伦收益分享来创造和保持创新、参与、领导和绩效导向的工作文化。

20.2 乌鸦和鸬鹚

在这个经典的日本寓言中,饥饿的乌鸦看到鸬鹚用鱼填饱肚子。鸬鹚像乌鸦一样,是一只黑鸟,但是它能够在水下游泳和潜水来捕捉猎物。乌鸦认为自己也是一只黑鸟,便潜入水中但最终却被淹死。这个故事告诉我们:应该注意什么是真正重要的,不要因为不重要的事情分心。在乌鸦的认知中,鸬鹚的游泳能力显然比羽毛的颜色更重要。

薪酬人员在探索各种收益分享系统时,应当考虑一下这个寓言中说明的问题。看起来类似的收益分享系统,在仔细考量之后,会发现理念、范围和结果都存在着重大差异。人们通常根据收益分享系统所使用的奖金性质对其进行分类。但是这就像乌鸦一样,专注于错误的事情——公式,这可能会失去真正重要的东西。多年的研究表明,收益分享的效果与公式类型(如单一比例、可操作的衡量方法、利润分享等)的相关度很小,但是与系统创造收益的方式、单位领导者是否参与受益分享计划,以及计划的实施方法等相关性较大

（e.g., Scott, Davis, and Cockburn, 2007; Scott et al., 2002; Shivers and Scott, 2003）。

"替代奖励策略联盟的研究四"发现：

（1）计划实施和支持驱动效率因素等产生的差异是计划设计差异的两倍。

（2）支持收益分享文化的最强驱动力是工厂经理。

（3）区分有效和无效收益分享计划最显著的要素是员工是否了解测量细节以及如何实施计划。

（4）计划有效性的关键预测因素是员工对计划的认识程度。

（5）员工想要从收益分享计划中得到认可，但是大部分公司在这方面的工作是缺失的。[4]

20.3 斯坎伦计划：澄清事实

任何学习收益分享方法的人最终都会了解到斯坎伦计划。它是收益分享中最持久和最常被研究的方法之一，也是唯一既没有商标也没有版权的经典方法。虽然有超过400本的书籍在描述收益分享时都引用了斯坎伦计划，但是发表的大部分信息都是误导性或者错误的。像乌鸦一样，这些作品专注于斯坎伦计划的错误元素，而丢失了最重要的东西。

我们花了大量时间，共计60多年，来研究和实施斯坎伦计划。我们希望本章能够澄清事实，使薪酬专业人员知道收益分享计划的哪些方面能够真正推动组织绩效和员工参与度。

用其一生研究和开发斯坎伦计划的卡尔·弗罗斯特（Carl Frost）表示：

> 斯坎伦计划是一个创新的管理流程，用于整个组织的开发。它包括关于人类动机和行为的一系列假设、基于这些假设的组织管理的一般原则以及实施这些原则的具体程序。[5]

斯坎伦计划的命名源于约瑟夫·斯坎伦（Joseph N. Scanlon），一名职业拳击手、钢铁工人、成本会计师、研究员和麻省理工学院（MIT）的讲师（1899—1956）。《财富》《生活》和《时代》杂志中的文章使这个谦逊的人成为"美国最受追捧的顾问"。[6] 约瑟夫的激进思想是，员工是有价值的，比公司内其他人更了解自己的工作。他认为，大部分公司并没有利用大多数工人的创造力和才能，同时他也反对"经济人"的概念。换言之，他相信员工的动机不仅仅是金钱。他认识到员工不仅会做好工作，也会享受成为团队的一部分，并有很多想法来减少浪费、提高组织的效率。斯坎伦认为缺乏商业素养和技能开发严重限制了员工可以做出的贡献，并且有太多的外部竞争来鼓励组织进行内部竞争了。斯坎伦发现，旨在提高生产力的许多人力资源实践和系统实际上阻止了人们的合作，从而降低了生产率和效率。他们经常使一个团体与另一个团体对立起来，从而损害组织。

基于这些信念，斯坎伦在美国进入第二次世界大战之前就开发出了最成功的劳资合作模式之一。战争年代证明，劳动者和管理层可以协同合作，提高生产力，提高产品或服务质量。在战争结束之后，斯坎伦在提倡合作的钢铁工人工会的派别中发现自己被排挤了，因为工会和管理层又回到了传统的敌对关系中。斯坎伦被道格拉斯·麦格雷戈博士（Douglas McGregor）邀请担任麻省理工学院的讲师，同时他也可以继续研究自己的斯坎伦计划。在麻省理工学院，斯坎伦加入了保罗·皮格斯、查尔斯·A.迈尔斯、道格拉斯·麦克雷戈、保罗·塞缪尔森、沃尔特·W.罗斯托、乔治·P.舒尔茨、罗伯特·M.索洛、查尔斯·P.金德尔伯格、弗雷德里克·莱斯尔和卡尔·弗罗斯特等人的团队。这个跨学科的学者团体在劳资关系中开始了开创性的工作。

弗罗斯特博士继续在赫尔曼·米勒、唐纳利、摩托罗拉、普利司通火石公司和贝丝以色列医院等组织中发展并检验斯坎伦的理念，最终制定了四项基本原则/流程和参与式的实施策略，成为成功设计和实施斯坎伦计划的基础。[7]

20.4 斯坎伦原则

以下四个原则是斯坎伦计划的关键要素。这个收益分享方案绝对不仅仅是一个奖金公式。

（1）识别/教育。为了做出有意义的贡献，掌握业务挑战和机遇，每个员工都必须了解企业在其业务环境中所面临的实际情况。除了掌握与业务有关的财务信息以外，员工还需要了解客户需求、竞争对手的优势和劣势，以及投资者对组织成功的贡献等信息。因此，致力于遵循斯坎伦原则的公司在该计划成为受欢迎的管理策略之前就开始执行开放式管理了。与此同时，管理层也面临着挑战，因为他们需要为组织建立被所有员工所理解和支持的使命和愿景。

（2）参与/责任。大多数的改进或获益都源于"更聪明地工作，而不是更努力地工作"，这是斯坎伦计划的基础。因此，为提高生产力，员工必须有机会并感受到责任去投入精力和影响决策。斯坎伦的公司是高参与度的组织，斯坎伦的领导者会使用各种技术，如正式的建议计划、团队会议、关键事件和特别任务等，鼓励员工参与。使员工参与变得有意义的关键是建立一个有纪律且严谨的过程，使员工相信他们的意见会被听到，他们的想法可以为企业做出贡献。事实上，斯坎伦公司的员工被期待能够为组织改进提出自己的想法，这也是他们工作的一部分。

（3）公平/问责。必须建立系统来确保对组织的多个利益相关者负责，这些利益相关者包括投资者、客户和员工。斯坎伦公司使用收益分享、目标分享或盈利分享等准则来帮助员工关注这些利益相关者的关键需求。奖金往往每月分配一次，以便员工能够充分认识到他们的努力与组织成功之间的联系。该准则奖励投资者的贡献，并为客户提供价格折扣或奖励。但是，对于员工而言，薪酬不会"承担风险"。员工获得在其行业和劳动力市场中都有竞争力的工资。公平准则奖励卓越的员工，卓越是指绩效超出公司或行业一般的预期。为了建立信任和透明度，员工经常参与计算奖金支出。在一些公司中，公平的概念也包括纠纷出现时的纠纷调解系统。显而易见，公平准则不只是员工的现金奖金，还涉及对重要利益相关者贡献的认可和奖励。即使奖金非常少，也会被支付，因为奖励提供了关于员工和管理层本月工作成效的明确信息。

（4）能力/承诺。每个人都必须承诺在个人、专业和组织层面不断提升和改进。斯坎伦组织了解到，员工发展是一项重要的投资，特别是在参与型工作环境中。在这样的环境中，员工的工作职责范围更广，并且员工也期望为组织提供创新意见，提升组织效果和效率。实施斯坎伦计划的公司领导者的能力水平通常高于传统管理公司。斯坎伦的口号是"持续的改进需要学习"。斯坎伦组织在员工培训和发展上投入较多，这些公司通常遵循学习型组织的基本原则。

斯坎伦原则是具有普适性的。可以被应用于不同组织、不同文化或者不同国家。流程或应用是灵活的，可以根据组织自身的独特需求进行调整。例如，识别原则要求员工理解组织和商业环境的实际情况。然而，教育的过程是多维度的，公司采用各种方法来帮助员工学习业务知识，其中包括和管理层的面对面会议、公布财务报表、商业游戏，以及将绩效结果公布在公司公告栏和内部网络上。另一个例子，通过各种准则来建立公平，包括劳动力成本节约、目标分享、经济价值增加和利润分享。普适的原则和灵活的程序使斯坎伦计划在超过75年的时间里创造了竞争优势。

20.5　执行斯坎伦计划需要实施的策略

卡尔·弗罗斯特和后来的几位院士和顾问已经制定了一个具体的路线图，使斯坎伦的收益分享计划成功落地。路线图反映了斯坎伦计划旨在创造的高参与/知情文化。斯坎伦收益分享计划是由受计划影响的人所创建的。该计划不是由顾问或薪酬专家创建并销售给组织的，虽然目前许多传统的收益分享计划都是如此。

执行斯坎伦收益分享计划是从高层管理者制定任务开始的。任务是一个描述组织必须做什么才能生存和繁荣的声明。正如"独立宣言"概述了美国为什么要求独立和改变，任务规定了组织必须改变的原因。从高层领导班子开始讨论和辩论任务。在一些组织中，高级管理团队进行无记名投票决定任务应该是什么。任务是否应该具有强制性？是否有必要改变？领导团队是否一致同意进行变革？领导层是否相信斯坎伦的原则和实施策略且提供了应对任务的最佳方法？如果领导班子不相信这个计划会推动组织绩效，就是时候返回去为实施计划建立一个令人信服的理由了。

假设领导团队做出承诺，建立承诺的过程应当贯穿于各个管理层面，直到一线主管。如果有工会存在，任务会与工会领导分享。斯坎伦实施过程的这一部分旨在为未来建立承诺和愿景。

最终，与所有员工共享任务，他们会被问及是否愿意代表员工参与设计团队，开发斯坎伦收益分享计划来应对变更的任务。管理层可能要求员工正式表明他们致力于构建斯坎伦收益分享计划。员工投票促使领导和管理团队用普通员工都能理解的语言来解释变革的必要性和他们对变革的承诺。通常，一线员工知道需要进行变革，但不相信管理层是认真和专注的，也不相信管理层愿意与他们合作改进组织。路线图的这个阶段需要真诚的沟通，愿意承认过去的错误，建设信任团队。如果大多数员工不赞成继续下去，管理层必须把它看作是员工不信任的一个信号，在员工愿意致力于斯坎伦计划之前，可能还需要做出其他改变。

下一步是创建设计团队，并由该团队负责领导创建一个适合他们组织的斯坎伦计划。设计团队由选举和指定的成员共同组成，由制订计划的组织单位的高级经理担任主席（如 CEO 或工厂/设备经理）。高层领导需要发出信号，即斯坎伦计划是重中之重。设计团队有四个小组委员会负责设计最佳系统，以践行四项斯坎伦原则，即识别/教育、参与/责任、公平/问责以及能力/承诺。这些将在下面详细描述。

识别/教育小组委员会致力于确保每个人都了解对组织至关重要的关键问题或现实的问题。谁是组织的客户？谁是投资者？谁是竞争对手？如何分享有关组织和计划的信息？该小组委员会负责协助员工了解业务。如果员工没有这种基本的商业素养，他们为公司的有效性和效率做出贡献的能力就会受到限制。

参与/责任小组委员会的工作是最棘手的，他们需要提高所有员工的创造力和改进意识。参与是创造收益的关键，该收益会通过一定的财务公式分享。丹尼尔·丹尼森（Daniel Dennison，1990）在密歇根大学进行的研究显示，参与型组织的投资回报率比传统的管理机构高三倍。识别创造了关于组织的知识。参与则使用知识进行改进。

因为斯坎伦的共享是基于"更聪明地工作，而不是更努力地工作"的想法，员工必须有机会投入工作并影响决策。传统的斯坎伦计划有一个推动组织改进的建议系统。所有的想法都被记录和跟踪，所以没有任何想法会被遗漏。员工与其直接的工作团队分享他们的想法。如果团队喜欢这个想法，它很快便能实现。如果这个想法需要其他团队或部门的支持，或者需要更多的资金来实施，那么建议会传达到遴选小组。遴选小组由所有工作团队代表和最高层领导组成。遴选小组有权力和资源采取行动，允许对改进建议进行辩论并迅速实施该建议。分配必要的资源到需要额外研究的想法上（如工业工程、人力资源或金融），并及时跟踪。因为每个人都分享到因提高生产力或利润而获得的奖励，因此其他员工、主管或经理都有动机确保好的想法能够被明确表达和快速实施。

这种经典方法在国家制造业中形成了超过 10 000 项建议，节省了数百万美元（Davis，2000）。这种方法在诸如 ELGA 信用联盟等组织中继续被使用，并被水印信用社（Watermark Credit Union）使用，使其成为华盛顿州的"50 个最佳工作场所"之一（Scott, Davis, and Cockburn, 2007）。

斯坎伦公司已经尝试了各种形式的参与和员工投入。唐纳利（现在的麦格纳（Magna））是最早组建团队的组织之一。自主导向、跨职能和六西格玛团队，精益生产和经营活动改善项目都用于斯坎伦组织，以挖掘员工的想法，提高生产力和减少浪费。1991 年，斯坎伦组织的员工平均每年为节约成本的贡献在 2 200 美元以上（McAdams, 1993）。斯坎伦高参与系统不仅限于收集节省成本的想法，还鼓励员工为新业务或产品提供创新理念，这一投入创造了新的 10 亿美元的行业和服务，这是斯坎伦参与系统的直接结果。

公平/问责小组委员会负责设计绩效评估和奖励制度，以确保组织对关键利益相关者负责。斯坎伦实施者的责任意味着平衡所有组织利益相关者的需求，建立组织绩效的有效和可靠的措施，并对组织绩效负责。

公司必须将重点放在多个利益相关者而不仅仅是股东的想法上，但是这个观点至今没有被普遍接受。一位商业作家在描述斯坎伦公司为平衡多个利益相关者的需求所做的努力时，用"利益相关者的愚蠢"来描述这种现象。他认为许多商业作家所共同持有的观点是，当一家公司专注于股东的需求时，公司绩效最好。然而，这只是一个简单的业务观点。但是倘若公司关心他们的员工和员工所做的工作，会促使员工更加努力地满足客户的需求。当客户购物满足自身需求并对购买产品和服务满意时，投资者会赚更多的钱。

科特尔（Kotter）和赫斯科特（Heskett）认为（1992, p. 11）：

> 企业文化对公司的长期经济表现有重大影响。强调所有主要管理部门（客户、股东和员工）和各级管理层领导的文化的公司优于不具有这些文化特征的公司。11 年来，前者的收入平均增长了 682%，而后者的收入增长了 166%，前者的工作人员比例增加了 282%，而后者增加了 36%，前者股票价格上涨了 901%，而后者上涨了 74%，在纯收入方面，前者增加了 756%，而后者增加了 1%。

这项研究表明：希望投资最大化的投资者必须支持员工，员工才能为客户创造有价值的产品或服务。

当组织绩效及客户和投资者的需求得到满足时,员工自然会被公平对待并分享利益(即收益分享公式)。财务和薪酬专业人员,以及其他被筛选出来的员工通常被任命为公平小组,以确保系统的公平性和经济的可行性,并使计划符合工资和工时的法律要求。

早期的斯坎伦计划经常将劳动力成本与销售额的比例作为收益的衡量标准。倘若劳动力成本低于历史基准,雇员便可以和公司共享收益。斯坎伦使用这种方法不是因为他认为这是唯一的方法,而是因为一般雇员很容易理解这种方法,而且它也更方便实施。

销售劳动力公式一直被错误地理解,今天仍然是斯坎伦计划中最受误解的部分,许多作者声称这个公式就是斯坎伦计划。像乌鸦一样,他们犯了一个严重的错误。采用哪种公式来创建斯坎伦计划都是可想象的。利润分配和经济增加值(EVA)是比较受欢迎的财务公式。废料处理、安全和质量指标是受欢迎的运营衡量方式。公式的限制只源于股权团队的想象力和创造力。公式成功的关键在于以下两点:员工必须能够了解如何提高绩效(按公式计算),并且必须相信公式内在的公平性。

有无数的书籍和文章可用于指导薪酬专业人员设计奖金制度,但很少有人解释为什么他们应该建立一个权益系统。激励系统侧重于员工可以赚取的工资,而权益系统则侧重投资者、客户和员工之间的关系。这些重要的利益相关者中的每一方都应当受益于该计划。

识别原则要求斯坎伦组织共享好的和坏的信息。斯坎伦的员工明白,为了生存,公司需要客户和投资者。他们明白,有时组织中的每个人都可能被要求做出牺牲。斯坎伦组织不得不裁员、取消奖金、转让、外包等,以满足客户和投资者的需求。通常情况下,这些牺牲是参与性和合作性的,因为斯坎伦的员工知道为什么需要牺牲(识别),参与想出问题的解决方案(参与),并相信他们将被公平对待(公平)。

在贝思以色列医院挣扎于经济问题的时候,员工积极献血体现了员工的参与性。每次捐献帮助医院节省 200 美元,总体节省的成本可以防止医院裁员。春季时期的员工放弃了他们的奖金,以便在经济衰退期间可以节省成本保留两个职位。面对商业衰退期间的巨额赤字,赫尔曼·米勒的斯坎伦员工提供了能节省数百万美元成本的建议。麦格纳国际集团的员工通过积极参与工作缩减过程,找到了在经济衰退期间节省 100 万美元的方法,并接受暂停红利支付。

能力/承诺小组委员会负责确保所有员工都拥有改善个人、专业和组织的方法。在较小的组织中,这个小组委员会的任务可能就像指定核心培训能力并记录如何获得这些能力一样简单。在较大的组织中,它可能与创建企业大学一样复杂。这个任务通常需要确定可用的培训资源,并鼓励员工使用这些资源。还可能涉及开发一个系统,提供准确和及时的反馈,以促进员工从工作经验中学到知识。

斯坎伦计划的实施者相信,提高员工个人的能力最终会使组织收益。大西洋汽车公司(Atlantic Automotive)发现,其少数族裔员工很少拥有房屋(Scott, Shivers, Bishop, and Cerra, 2004)。计划的控制人员便在工作结束后为员工提供免费的个人财务管理课程,然后帮助员工与本地银行完成抵押贷款申请。它使得这些员工对商业现实(即投资者)有更多的了解,并显著增加了临时雇员的自置居所。

小组委员会的会议记录在整个组织中共享,而设计团队则致力于制订计划。当计划形成时,该组织会跟进讨论。斯坎伦实施过程的这一部分需要沟通、促进和领导技能。

一旦计划草案完成,该草案便会返回组织,并进行无记名投票,以决定员工是否同意为该计划批准一到两个试用期。在员工给予全面支持之前,试用期允许有疑问的人对系统进行检验。同时允许设计团队检查他们的系统，以发现有效和无效的部分。试用期结束时，设计团队进行必要的修改，并提交最终的投票方案。在大多数实施斯坎伦计划的公司，该计划试用后会成为一种生活方式，不再进行投票。一些组织将在发生重大变化或经过一定时间后，再继续投票和续订该计划。

虽然这个实施过程看起来漫长而复杂，但经验表明，这个过程会增加公司获得长久成功的可能性。此外，由于员工更好地了解业务运作和更多地参与到组织中，计划的开发期间生产力便会提升。

20.6　斯坎伦公仆型领导

实施斯坎伦原则和流程需要一个不寻常的领导者。这些领导者必须致力于发展他人，愿意分享信息和权力并相信他人。道格拉斯·麦格雷戈认为他们是"Y理论"中的领导者。伟大的斯坎伦领导者和畅销书作家马克斯·德普雷（Max DePree）在《领导力》中写道："领导者的第一责任就是界定现实，最后的责任是说感谢。在两者之间，领导人必须成为一名仆人和债务人。"[8]

现如今，许多领导者希望成为马克斯·德普雷（Max DePree）、罗伯特·格林利夫（Robert Greenleaf）和拉里·斯皮尔（Larry Spears）所推崇的"公仆型领导"。斯坎伦计划为寻求创造高绩效文化的公仆型领导提供了一种经过验证的方法。总而言之，斯坎伦认为，人力资源是一种应当优化的投资，而不是应当最小化的成本。

20.7　资源和支持

任何人都可以使用斯坎伦的名称、原则和实施流程，而无须支付特许权使用费或获得许可。大家可以进入相关网站（如 www.epic-organizations.com）获得更多关于斯坎伦计划的信息。该网站不仅包含视频和播客的链接，还包含可以免费下载的论文和文章。《斯坎伦 EPIC 领导力：最佳创意汇聚之所》（*Scanlon EPIC Leadership: Where the Best Ideas Come Together*, Davis and Speers, 2014）一书是现代斯坎伦计划最佳实践的汇编。弗罗斯特博士的书《持续变革：美国顶尖企业的秘籍》（*Changing Forever: The Well-Kept Secret of America's Leading Companies*, 1996）是关于斯坎伦原则和路线图的权威书籍。

注释

1. J. McAdams and E. Hawk. *Organizational Performance and Rewards: 663 Experiences in Making the Link*. American Compensation Association and Maritz, Inc., Scottsdale, AZ, 1994; and J. J. McAdams. "Research from the Trenches: Making Incentives Work." Presentation at the Scanlon Plan Associates Incentive Systems for Effective Organizations Conference, Chicago, October 6–7, 1998.

2. Edward Lawler. *The Ultimate Advantage*. Jossey-Bass, New York, 1992.

3. Gallup, "State of American Workplace: Employee Engagement Insights for U.S.

Business Leaders," Washington, DC, 2013.
4. Jerry McAdams. "Consortium for Alternative Reward Strategies Research Study IV," 1997. A synopsis is avai lable at http: //compforce.typepad.com/compensation_force/2007/05/lessons_from_ca.html
5. Carl Frost, personal correspondence, 2013.
6. "The Scanlon Plan," *Time*, September 26, 1955.
7. P. Davis and L. Spears (eds.), *Scanlon EPIC Leadership: Where the Best Ideas Come Together*. Scanlon Foundation, Houston, TX, 2008.
8. Max De Pree, *Leadership as an Art*, revised ed., Crown Publishing, New York, 2004.

参考文献

Anonymous. 1955. "The Scanlon Plan." *Time*, September 26, 1955, pp. 88–90.

Branham, L. 2005. *The 7 Hidden Reasons Employees Leave*. AMACOM, New York.

Davis, P., and L. Spears, eds. 2014. *Scanlon EPIC Leadership: Where the Best Ideas Come Together*. Scanlon Foundation, Houston, TX.

Davis, P. 2000. *Exploring Scanlon Handout*. Scanlon Leadership Network, East Lansing, MI.

Dennison, D. 1990. *Corporate Culture and Organizational Effectiveness*. Wiley, New York.

Frost, C. F. 1996. *Changing Forever: The Well-Kept Secret of America's Leading Companies*. Michigan State University Press, Lansing, MI.

Frost, C. F., J. H. Wakely, and R. A. Ruh. 1974. *The Scanlon Plan for Organizational Development: Identity, Participation and Equity*. Michigan State University Press, Lansing, MI.

Gallup. 2013. "State of American Workplace: Employee Engagement Insights for U.S. Business Leaders," Washington, DC.

Gerhardt, B., S. L. Rynes, and I. S. Fulmer. 2009. "Pay and Performance: Individuals, Groups, and Executives." *Academy of Management Annals* 3(1):207–271.

Hausknecht, J. P., J. Rodda, and M. J. Howard. 2009. "Targeted Employee Retention: Performance-Based and Job-Related Difference in Reported Reasons for Staying." *Human Resource Management* 48(2):269–288.

Kotter, J., and J. Heskett. 1992. *Corporate Culture and Performance*. Free Press, New York.

Lawler, E. 1992. *The Ultimate Advantage*. Jossey-Bass, San Francisco.

Ledford, G. E., and J. L. Allen. 2012. "Managing Unit Incentives from the Corporate Level." *WorldatWork Journal* 21(2): 8–21.

Lewis, D. 1992. At Beth Israel, Workers' Ideas Count for Plenty." *Boston Sunday Globe*, March 1, 1992.

McAdams, J. 1993. "Scanlon Leadership Network Equity Forum." Grand Rapids, MI.

McAdams, J., and E. Hawk. 1994. *Organizational Performance and Rewards: 663 Experiences in Making the Link*. American Compensation Association and Maritz, Inc., Madison, WI.

McAdams, J. 1998. "Research from the Trenches: Making Incentives Work." Presentation at the Scanlon Plan Associates Incentive Systems for Effective Organizations Conference, Chicago, IL, October 6–7, 1998.

McGregor, Douglas. 1960. *The Human Side of Enterprise*. McGraw-Hill, New York.

Scanlon, Joseph. 1941–1945. *The Joseph Scanlon Papers*. United Steelworkers of America, Rolls 1550 and 1551, Pennsylvania State University Historical Collection and Labor Archives, University Park, PA.

Schuster, M. H. 1984. *Union-Management Cooperation: Structure, Process and Impact.* Upjohn Institute for Employment Research, Kalamazoo, MI.

Scott, D., P. Davis, and C. Cockburn. 2007. "Scanlon Principles and Processes: Building Excellence at Watermark Credit Union." *WorldatWork Journal* 16(1):29–37.

Scott, K. D., J. Floyd, J. W. Bishop, and P. G. Benson. 2002. "The Impact of the Scanlon Plan on Retail Store Performance." *WorldatWork Journal* 11(3):25–31.

Scott, K. D., G. Shivers, J. W. Bishop, and V. A. Cerra. 2004. Building a Company Culture that Drives Performance: A Case Study." *WorldatWork Journal* 13(1):46–54.

Shivers, G., and K. D. Scott. 2003. "Gainsharing and EVA: The United States Postal Service Experience." *WorldatWork Journal* 12(1):21–30.

PART 4

第四篇

高管薪酬

第21章

制定和实施高管薪酬战略

特德·拜尼斯基（Ted Buyniski）

雷德福，怡安翰威特咨询公司（Radford, an Aon Hewitt Company）

在过去五年，公司组织执行薪酬战略的方式发生了重大变化。其中一些变化是积极的，虽然它们主要受到不支持公司业绩的外部影响因素的驱动，但这部分因素应该是薪酬战略的首要目标。

外部影响对薪酬管理施加的压力包括：

- 机构投资者顾问改变了政策的规律性。
- 机构投资者将委托投票研究外包给机构股东服务公司（institutional shareholder services，ISS）和格拉斯·刘易斯（Glass Lewis）等顾问，鼓励对高管人员执行"剩余价值"计划。
- 《多德-弗兰克法案》（Dodd-Frank Act）对代理披露日益密集的持续影响。
- 重点关注"股东决定薪水"，包括"未实现"部分（CEO薪酬比率、回扣等）。
- 媒体中的"惯犯"煽动了这场关于不平等的辩论。

例如，平均而言，超过三分之一的公司委托信息披露是专门审查少数员工的薪酬。在2014年英特尔的代理披露中，有一半致力于审查7名员工的薪酬。对于通用电气，长达55页的代理披露中有22页涉及高管薪酬审查。

因此，我们越来越多地看到"应试性"的薪酬平等。公司越来越多地将薪酬方案的结构和指标进行标准化，以应对各种因素对薪酬方面的影响。股票期权濒临死亡（尽管它们是在适当情况下将员工利益和股东利益联系起来的高效手段），董事会对特殊情况的解释能力下降。此外，企业为应对日益复杂和失衡的高管薪酬格局所带来的压力，纷纷转向薪酬结构，而解决业务周期问题所能采用的解决方案范围有限，这些都是这种趋势的结果。

在最好的情况下，高管薪酬战略应该为那些专门推动业绩的高管制定目标，并反映公司对成功的具体定义，进而使用最有效的薪酬工具实现这一目标。考虑到外部因素和对高管薪酬严格审查的需要，公司对高管薪酬方案给出明确、简明的背景比以往任何时候都更为重要。

- 我们付钱给高管做什么？
- 我们如何确定将使用哪种薪酬工具？
- 适合组织的正确薪酬组合是什么？
- 我们要支付多少钱？
- 这对不同级别的绩效有什么影响？
- 什么时候进行支付？
- 哪些人是高管？

本章将会对上述问题进行一一解答。

正如我们所知，高管薪酬的设计不是孤立的，而是被一群相互竞争的利益集团所围绕，尽管有时利益集团的目标或任务会有重叠，但是每个利益集团在实质上各有不同。高管关注的是，该战略是否为他们提供了比竞争对手更好的创造财富和职业发展的机会。股东关心的是，他们是否在薪酬方面得到了足够的回报，他们的管理人员花了多少钱，以及他们最终的投资回报率是多少。证券交易委员会（SEC）越来越多地要求证券交易所等监管机构进行额外的程序保障和披露。最后，董事会必须平衡各方的需求。

在这种背景下，薪酬委员会负责制定符合公司需求和满足所有其他团体需求的高管薪酬战略。那么薪酬委员会应该如何制定公司的高管薪酬战略呢？

21.1 步骤 1：知道我们的目标

薪酬委员会必须回答的第一个问题是"我们怎么知道自己赢了"，公司的商业战略必须推动其高管薪酬战略。根据公司目标，公司想要衡量和奖励的内容会有很大不同。图 21-1 将公司业务目标与各种绩效指标以及它们的重要性进行了匹配。

业务目标	现金流	TSR	Row/ROI	ROIC	ROA	股票价格	EPS	净收益/收入	Op Income	收入
提高收入/销售额	○	○	○	○	○	○	◐	○	◐	◐
管理现金支出	◐	○	○	○	○	○	◐	◐	◐	○
产生现金	◐	○	○	○	○	○	◐	◐	◐	○
提高收入	◐	○	◐	○	○	○	◐	◐	◐	○
提高边际收益/控制成本	○	○	◐	◐	◐	◐	◐	◐	◐	○
提高股票价格	○	◐	○	○	○	●	○	○	○	○
提高股东收益	◐	◐	○	○	○	○	○	○	○	○
促进新的商业投资	◐	○	◐	◐	◐	○	○	○	○	○
有效的运用资产	○	○	◐	◐	◐	○	○	○	○	○

图 21-1　业务目标与绩效指标

公司目标的选择必须反映公司所处的生命周期阶段。一家刚刚起步的生物科技上市公司，是否应该专注于筹集资金，推动一种新药通过 FDA 的批准流程？一家成熟行业的重型设备公司是否应该专注于现金流最大化？这些都是确定公司目标和推动合适的商业战略的关键问题。

正如我们在本章前面讨论过的，企业仍然需要注意外部影响。在《多德 – 弗兰克法案》的约束下，企业必须披露其业绩目标以及这些目标的业绩达成情况。机构顾问团体也应当对公司施加约束，希望在年度和长期绩效中看到多种不重复的指标。

21.2　步骤 2：了解工具

由于税收、会计准则、机构问题或上述所有问题的变化，高管薪酬的不同要素在任何时候都或多或少地具有吸引力。像 409A 之后递延薪酬的下降，FAS123R 后的股票期权费用，取消董事会的退休金，以及过去十年上市公司财务补贴几乎完全消失等，使公司在应对治理环境和巩固薪酬实践中面临着许多问题。但是，即使这些额外因素影响着高管薪酬，公司也可以使用工具来使其保持不变：工资、短期货币奖励、长期现金和股权激励、福利和津贴。从影响执行的角度来看，每一种薪酬工具都有各自的优点和缺点。此外，从现金流、税务和会计后果的角度来看，上述薪酬工具对公司的影响有所不同，可能股东、公众以及高管人员本身的看法更是如此。图 21-2 列出了每个薪酬工具及其在实现基本人力资源目标方面的有效性。

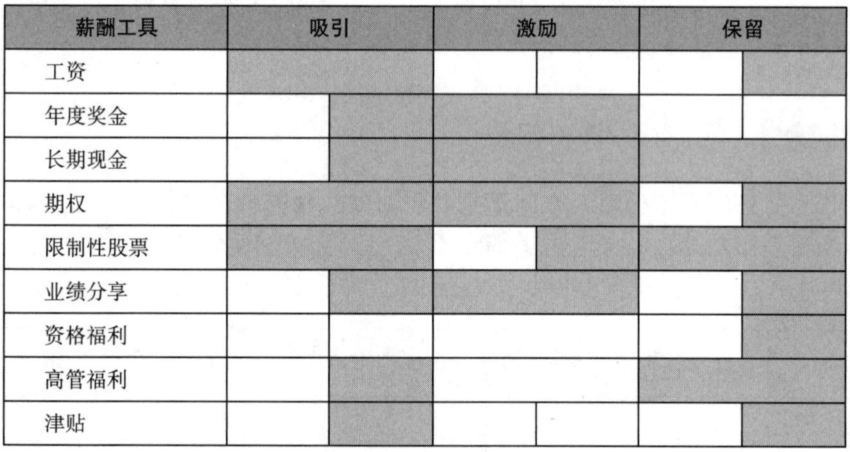

薪酬工具	吸引	激励	保留
工资	●		●
年度奖金		●	
长期现金		●	●
期权	●	●	●
限制性股票	●	●	●
业绩分享		●	
资格福利			●
高管福利	●		●
津贴	●		●

图 21-2　薪酬工具实现基本人力资源目标的有效性

组织通常根据其所处的生命周期阶段来应用薪酬工具。表 21-1 说明了生命周期各阶段的薪酬要素的重要性。

表 21-1　生命周期各阶段的薪酬要素的重要性

薪酬工具	生命周期阶段			
	初始期	成长期	成熟期	衰退期
基本薪酬	低	有竞争力	有竞争力 / 高	高

（续）

薪酬工具	生命周期阶段			
	初始期	成长期	成熟期	衰退期
年终奖金	低	有竞争力/高	有竞争力	低
长期激励	高	有竞争力/高	有竞争力	低
长期激励形式	期权	期权/业绩分享	业绩分享/限制性股票/现金	限制性股票/现金
资格福利	低	有竞争力	有竞争力	高
高管福利	无	低	有竞争力	高
津贴	无	低	有竞争力	高

资料来源：Radford.

应该指出，这些是反映竞争性市场实践的一般趋势，而非"必须遵守"的规则。例如，一个正在摆脱大量现金流的创业公司可能会有竞争性奖金，而一家正在衰落的公司可能会考虑削减固定薪酬（工资、福利、津贴）来推动公司战略的转变。

21.3 步骤3：了解市场

首先，你必须从几个角度了解哪里是你的"市场"。我们与谁竞争人才？我们与谁竞争生意？谁是我们的同伴？尽管这些群体可能会有重叠，但它们绝不是完全相同的。其次，你需要知道自己在市场中的薪酬定位——不仅考虑公司将支付多少，也需要与行业中的同水平高管的薪酬水平相平衡。最后，你需要知道在市场上支付给同等水平或级别的高管的实际薪酬。一旦知道确切数字，你就可以真正地开展工作，确定实际支付的薪酬水平。

1. 选择对等组

选择对等组是如今薪酬委员会会议中最具争议性的讨论之一。从历史上看，管理层会向薪酬委员会提交一份名单，其中列出了一些公司，包括从该公司招聘管理层的公司、离职人员所去的公司以及存在产品竞争的公司。通常来说，这个名单上的公司规模大致相似。现在，随着新的代理披露规则的出现，公司在对等组确定上变得更加严格。此外，由于机构投资者顾问现在创建了自己的概念，即公司应该拥有什么样的对等组，公司应当应用多种筛选规则来识别自己的对等组，这些规则包括：

- 相似的规模：无论是好是坏，市场中最强烈的相关性仍然存在于收入和薪酬之间。然而，除了收入之外，公司需要考虑员工数量、市值、盈利能力、资产和其他指标。
- 相似的业务：随着市场的发展，不同的行业的薪酬结构明显不同（如高科技、金融服务、受监管的公共事业等）。
- 相似的经济指标：从绩效来看，分析的指标可能包括利润率、多年的收入增长、潜在战略和价值主张（如增值经销商与完全一体化的制造商）。
- 员工招募：公司从哪里招聘人才，公司的人才又流向了哪里？这些因素需要仔细考量。"我们从大公司招聘"这种表述太过简单了，即使并非横向招聘（例如，有2亿美元收入的公司可能会从一个收入为20亿美元的公司招聘其财务的二把手担任公司的CFO，但不会招聘20亿美元公司的CFO来担任本公司的CFO）。

- 其他因素：机构顾问认为，他们也重视诸如 GICS 代码（而不是在公司的商业和经济细节上进行更深层次的研究），以及公司同行认同的能够成为对等组的因素。

当然，在选择的时候需要有所权衡。对许多公司来说，不可能找到足够多的相同规模的公司。在同一个业务中，可以采用相同策略来创造 15~20 个有意义的对等组。然后，必须运用判断来确定每个标准的临界性，以及是否有相当数量的公司定位距离市场太远。

2. 定位

媒体对高管薪酬的"乌比冈湖综合征"（Lake Woebegone Syndrome）反应很大，谴责其利用竞争性市场数据来确定薪酬。然而，还有另外一种方式，可以在不利用市场信息的情况下自行决定高管薪酬。问题的关键不在于是否利用市场数据，而是公司如何使用它——公司需要确定在什么情况下，是整体还是部分地参考市场水平。一般而言，公司战略和市场压力会指引公司决定是支付高于还是低于市场水平的高管薪酬，这与其他雇员的参考方式是一样的。表 21-2 列出了确定高管薪酬市场水平的理由。

表 21-2　选择支付水平的理由

定位	理由
低于市场水平	• 支付能力——公司没有足够的现金/资产支付与市场持平的工资 • 与竞争对手相比，公司规模缩减 • 公司正在使用其他的吸引和保留员工的策略（例如，位置、工作环境、公司使命等） • 其他的支付要素高于市场水平，使得总体薪酬与市场持平 • 缺乏有竞争力的雇员 • 低离职率，因此薪酬不是问题 • 当地市场环境（例如，生活成本低，或者公司在当地是"最佳雇主"） • 绩效期望较低
高于市场水平	• 需要在竞争市场上吸引/保留高管 • 与竞争对手相比，采取扩张战略 • 在公司的理念中，薪酬是首要激励因素 [例如，没有其他的激励因素（no frills environment）] • 市场环境较艰难（如，市场波动） • 高离职率 • 其他的薪酬要素低于市场水平 • 绩效期望高

资料来源：Radford.

关键是，薪酬委员会不应仅仅默认支付薪酬"市场中值"。如果所有公司都是相似的，每个公司都可以把薪酬设在中值上。薪酬委员会必须承担的潜在风险是，它必须至少将目标薪酬设置在市场水平上，这导致了薪酬的自然上升，总体上超过了工资的自然通胀。

3. 数据

最后，一旦公司确定了对等组和支付依据，那么讨论实际的数据才是有效的。关键是找到"最佳"数据，一般有两组来源：

- 公开数据：公司向美国证券交易委员会（SEC）或其他监管机构提交的公开申报，其中包括代理文件以及收集和传播公开信息的公司。随着新的代理披露规则的发布，公共数据已经成为更丰富的信息来源，无论是在薪酬数据的质量和公司的薪酬操作方面都是如此。但是使用公开数据有三个缺陷。第一，只能获得公司前五位高管薪酬的数据。第二，一些工作是相对标准化的（例如，可以对各公司 CEO 进行直接对比），但是另一些工作却不那么容易比较（例如，"高级副总裁、全球解决方案营销官"是否相当于"销售、市场和机构业务发展总裁"?）。最后，这些数据是回顾性的，代表去年的情形，但是无法代表今年的情况。
- 调查数据：从参与机构那里收集一些机密资料并进行分析，打包给参与机构使用（或者给想购买的人使用）。这些数据弥补了公开数据的缺点。第一，通过调研，相比公开数据而言能够了解到更多的岗位。其次，大部分调研都会涉及工作分析，调整不符合说明的数据，这样能够更好地进行工作与工作之间的比较。最后，由于许多调查越来越频繁地收集数据，因此这些数据一般来说是"新鲜的"。尽管有这些优势，企业在使用调研数据的时候也要谨慎。并不是所有的调研都能反映真实情况，需要确保所使用的数据是真实反映对等组或者竞争对手真实情况的。第二，需要制定流程，以确保调查结果准确反映市场情况。应当有足够的公司参与调研，并且清理部分数据，以确保数据的准确性和有意义。这对一些在线调查引擎来说尤其麻烦，因为在这些引擎中，访问网站的个人输入的数据没有质量控制。第三，调研问题是否客观：调查发起人是否会影响调研结果？以及调研结果的可适用性——某些调研结果仅适用于参与者，甚至是仅限被邀请的参与者（实验研究）。

尽管如此，同时使用这两种数据能够使薪酬委员会对竞争性市场有更为全面的了解，这些分析也能够提供一个基准。然后，委员会可以根据相关市场和预期市场定位确定目标绩效的工资。下一步将是确定绩效不完全符合计划的概率。

然而，最终薪酬委员会还必须记住，数字——对等组、定位和薪酬数据只是讨论的开始，而不是结束。

21.4　步骤4：应急计划

高管薪酬战略的一个重要组成部分是为可能发生的事情做计划，要么绩效突出，要么绩效不佳，要么是公司、行业或整体经济发生完全意想不到的事情。

就高管薪酬战略而言，这意味着项目必须能够不只是解决预期场景，而是所有场景。例如，提供长期激励的一种越来越常见的方式是以绩效为基础的股票赠款，其绩效指标基于公司相对于其同行的表现。在一个市场周期的"下行"阶段，这可以激励高管们执行上级的"损害控制"策略，最小化周期的负面影响。然而，如果计划结构不合理，就会导致反面的结果，反映出公司的糟糕状况。例如，在半导体领域的一家公司，其年度奖金仅基于与同行的业绩比较。在一年的时间里，由于库存管理和成本削减，他们的业绩增长超过了第75分位，而与他们的同行相比，他们的收益几乎达到了目标的200%。从最初目标的角度来看，让管理人员关注"损害控制"，这个计划是有效的。然而，与此同时，该公司正在亏损，裁掉了10%以上的员工，股价下跌了50%。这造成了公共关系的难题，导致薪酬委员会将部分奖金推迟发放，并将其转换为限制性股票，以减少经济影响，化解员工和股东的批评。

在理想情况下，为突发事件进行规划需要考虑到一些因素，包括：
- 达不到目标的可能性——目标设定的管理有多好？一家公司的业绩有多少取决于管理层的控制，以及市场的变幻莫测？
- 有多少业务有遗留的"尾巴"——公司实现了多年的目标，还是每年只实现了第一步，即仅仅知道自己的目标？
- 在什么情况下，结果会由好变成坏的，或者由坏变成好的？

从本质上讲，这些答案将促进计划的杠杆作用（阈值和最大值）和工具的选择（例如，股票期权比限制性股票的波动性更大，而限制性股票的波动性比长期现金更大）。最后，委员会在其规划中必须制订应急计划，考虑诸如并购或法律法规变化等意外事件。

从历史上看，薪酬委员会在这些问题上有很大的自由裁量权。如果公司的实际表现超出预期和计划的范围，例如公司获得了"蓝鸟"（bluebird），或者公司管理层在经济衰退期做了额外工作以防止业绩下滑，那么薪酬委员会可以下调薪酬或者上调薪酬。现在，在业务背景下采取这些可能适用的行动将受到限制，高级管理人员的积极酌情权可能会使得 IRC 162（m）⊖下的公司遭受税收扣除以及潜在的股东回扣（例如，ISS⊖认为，薪酬计划中的积极酌情决定是一种不良薪酬做法）。

21.5 步骤 5：如何将薪酬与绩效挂钩

最终，所有的计划都集中在这里：定义绩效，选择不同的高管薪酬工具，检查市场，并规划一系列绩效。

理想的情况是薪酬和绩效具有一致性，无论是好还是坏（见图 21-3）。

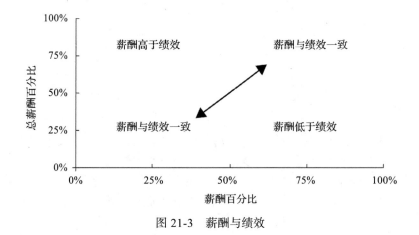

图 21-3　薪酬与绩效

当然，现实情况往往是不一样的，正如我们早先所说的：成功与否是受制于定义的，不同的公司可能会有不同概念。更复杂的是，机构股东顾问有一个简单的概念，认为所有这些事情都是每年的，或者至少是 3 年的股票绩效，无论是相对的还是绝对的。虽然股票价格升值应该是公司的长期目标，但它并不一定是由高管控制的。在许多情况下，这导致公司以长期奖金计划取代长期奖励计划，在长期奖励计划中，奖励的发放取决于预先确定的内部可控目标，而长期奖金计划则没有预先确定的绩效水平，而只有基于事后绩效评估的事后奖励。虽然这并不一定是个问题，但在许多情况下，它需要对高管进行再教育，以了解他们的绩效目标和薪酬。

⊖ 指美国的国内税收法案的一项条款。——译者注
⊖ 指美国机构股东服务公司。——译者注

21.6　步骤 6：绩效周期应该设多长

除了确定所需的绩效水平外，公司还需要确定测量的时间表。业绩衡量可以每年一次，多年一次，或者少于一年一次。绩效周期需要反映三个不同的因素。首先，测量的业务周期是什么？它是否与年度预算、更短的销售周期或更长的战略规划周期有关？其次，机会如何与之前提到的吸引、保留和激励目标相联系？最后，一如既往，还存在一些外部因素。金融机构希望看到基于股票的计划有多年的绩效周期，这些计划着眼于一年以上的绩效，而不考虑多年的股权分配。

21.7　步骤 7：谁是高管

战略的最后一个要素是决定谁是高管人员，以便将其纳入高管薪酬计划。对于高层来说，这是一个相对容易的决定。显然，CEO、CFO 或任何有"CxO"称号的人都被归类为高管，但最终会存在一个边界，薪酬委员会的权力范围会逐渐消失，员工的角色也会从计划中转向执行其他人的计划。一些公司在"董事"和"副总裁"之间划清界限。其他人可能会区分不同类型的副总裁（特别是那些有大客户的销售团队），以及副总裁和高级副总裁之间的区别。无论这条线在什么位置，都有一些问题会被突出显示，例如：

- 参与薪酬计划——许多公司将为高管提供不同的年度或长期激励。
- 福利和津贴参与———般参与"高管"福利和收到津贴（或不同级别的津贴）取决于是否是"高管"。
- 所有权要求——由于许多公司要求高管拥有相当于他们工资的 1~2 倍或更多倍的股票，这也被认为是一名高管的损失和收益。毕竟，除了要求高管持有数倍的股票之外，所有高管的非既得利益都取决于公司的绩效，以及他们的基本工作。

本章小结

最终，尽管在计划设计和策略上有统一的压力，但一个规则并不会适合所有人。没有统一的答案，没有执行高管薪酬战略的最佳实践。相反，企业需要把注意力集中在业务驱动上：

- 反映业务在其生命周期的任意给定点上的成功指标
- 高管人才市场
- 公司和高管层的风险承受力水平
- 绩效的时间点和水平
- 公司最终的绩效

在这个过程结束的时候，如果薪酬委员会能说他们已经解决了所有这些问题并对结果感到满意，他们就已经完成工作并履行了职责。

第22章
设计并运行长期激励计划

本·伯尼（Ben Burney）
高管资产有限合伙公司（Exequity, LLP）

比尔·金特里（Bill Gentry）
格兰特·桑顿有限合伙公司（Grant Thornton LLP）

本章将帮助读者设计并运行长期激励计划。本章主要涵盖六个方面的内容，以便于支撑我们实现这个目标。六个方面的内容包括：
- 长期激励的类型。
- 常见长期激励方案的内在价值。
- 开展长期激励的路径。
- 绩效计划及其常见结构。
- 常见绩效计划指标（与股东总收益相关）。
- 考虑长期激励的替代方案时的关键问题。

长期激励薪酬（long-term incentive compensation，以下简称LTI薪酬）是现代激励设计和人才保留策略的重要内容。长期激励的基本方式是，基于事先确定的服务期限和/或绩效条件，为激励对象提供获得额外薪酬的机会。LTI薪酬的主要目标是形成员工与股东之间的利益共同体，以促进员工保留，并为员工提供基于公司业绩而积累财富的长期愿景。以上各项目标主要通过奖励那些长期服务于企业、获得期望绩效和为公司长期业绩以及股东价值创造做出贡献的员工的方式来实现，并最终服务于企业的利益。

22.1 长期激励薪酬的起源

LTI薪酬的实施由来已久。从二战之后，一直到20世纪70年代，企业高层管理者们主要通过跨年度的利润分享计划、周期性的股权和股票期权授予等方式来获得不同形式的 LTI 薪酬。而这些用于 LTI 薪酬的期权或者股票价值在之后每十年都有所增长。20 世纪 80 年代初，随着股票市场长期牛市的到来，企业为高管提供包括 LTI 薪酬的频率不断增加，因此，此时的 LTI 薪酬与其说是周期性的薪酬机会，不如说已经成为年度薪酬程序的一部分了。

20 世纪 80 年代后期和 20 世纪 90 年代，股票期权计划受到持续欢迎，因为企业发现利用权益工具进行激励比现金拥有更多优势。到 21 世纪中期，LTI 薪酬成为高管年度薪酬主要构成部分的情况变得非常普遍。而如今，高管薪酬激励已经出现更加均衡的趋势，它通常包括多种按年度发放的 LTI 薪酬工具。企业使用多个 LTI 薪酬工具的现象说明，期望通过 LTI 薪酬实现的目标非常复杂，并且没有任何一个 LTI 薪酬工具能够单独支撑所有的目标。

20 世纪 80 年代至今，LTI 薪酬计划在高管薪酬结构中的比重日益上升，这种现象可能可以溯源到 20 世纪 70 年代初。当时，诺贝尔经济学奖得主、经济学家米尔顿·弗里德曼教授进行了一项关于 LTI 薪酬的重要的研究，其提倡的学说之后得到了广泛应用。1970 年 9 月，《纽约时报》刊登了一篇题为《企业的社会责任就是增加利润》的文章，其内容非常有影响力但也充满争议。作者弗里德曼教授在文中指出，公司高管的角色是"企业所有者的雇员"，他们应当"根据（所有者的）意愿开展业务，尽可能多地赚钱"。换句话说，公司高管是所有者的代理人（在委托/代理理论中，所有者被称为委托人）。所有者从自利的角度，有非常强的动机去聘请那些能够为企业增加利润、提升业务价值的代理人。在没有 LTI 薪酬的情况下，代理人可能会寻求短期收益（这可能导致过高的短期风险）。通过 LTI 薪酬获得股权后，代理人的利益与所有者更加一致，两者具有相同的目标：通过增加企业利润来增加企业价值。LTI 薪酬以一种非常有效的方式来奖励价值创造，从而形成代理人和所有者之间的利益共同体。

22.2 长期激励薪酬的类型

长期激励薪酬通常以现金或权益类工具的形式进行发放。权益类工具主要有三类：股票增值工具、全价值股权工具和绩效计划工具。股票增值工具主要是指股票期权（这是一种股票衍生品）。全价值股权工具则主要指股票（或与股票价格挂钩的股份），如限制性股票。绩效计划工具通常以股票计价（与股票价格挂钩），但也可以使用现金计价（与公司股票价格无关）。

22.3 长期激励薪酬工具的关键特征

1. 股票增值工具
- 最常见的股票增值工具是股票期权或股票增值权。
- 该类工具引导授予对象关注公司的股票价格，其方式是允许期权持有者在指定时间内（通常是在授予日之后 10 年内），以预先设定的股票价格（即行权价格）购买本公司股票。
- 只有当公司股票价格超过了股票期权的行权价格时，股票增值工具对期权持有者才有价值（属于一般所得）。
- 允许授予对象在满足行权限制期要求之后，自行控制行权的时间点。
- 这种方式引入市场风险作为影响奖励结果的重要因素，因为股票价格反映了一系列与管理效率无关的因素。
- 该类工具在设计时可以使用有税收优惠的激励性股票期权（即如果满足特定条件，股票期权持有者可以享受税收优惠），也可以使用没有税收优惠的股票期权（即在行权时对期权持有者进行全额征税，雇主可获得相当于期权持有人一般所得的税收扣减）。
- 该类工具在期权持有期内会产生不可逆的财务费用，该费用通常通过期权定价模型（如布莱克－斯科尔斯模型）或其他评估方法进行认定。
- 股票增值权（stock-appreciation rights，SAR）是股票期权的替代方案，它可以用现金或股票进行结算。如果用现金结算，则可以避免在行权时产生股权稀释问题。

2. 全价值股权工具
- 最常见的全价值股权工具是限制性股票和限制性股票单位（restricted stock units，RSU）。
- 该类工具能够引导授予对象关注公司的股票价格，因为该奖励的价值与公司股票价格紧密相关。
- 限制性股票在授予日转让所有权，授予对象享有投票权和分红权。
- 限制性股票单位（RSU）奖励在归属日转让所有权（在限制期间，授予对象无投票权和分红权，但可以授予其与分红等价的权利作为分红权的替代方案）。
- 该类工具在限制期到期前，禁止授予对象出售或转让股份。
- 该类工具允许包含绩效提升的前提条件，例如，如果在持有期结束时未达到预定绩效目标，则减少或彻底取消该类奖励。
- 在行权限制解除之后，授予对象取得一般性收入，雇主则获得相应的税收扣减。
- 当股票最终被出售时，该类工具为授予对象提供了按照所持有股份获得资本利得的机会。
- 该类工具将会基于授予日的股票市场公允价值产生相应的管理费用。

3. 绩效计划工具
- 该类工具引导授予对象关注多年期的关键财务、经营或市场目标。
- 该类工具使用绝对或者相对绩效标准来衡量绩效。
- 绩效计划奖励可以用现金、股份或股票期权（通常，它们分别被称为绩效单位、绩效股票、绩效股票期权/SAR）的方式来支付，但大多数使用绩效计划工具的公司都选择了股份形式。
- 通常，股票形式的绩效计划被称为绩效股票。
- 关于绩效计划工具的其他特征，我们将在本章"关注绩效计划工具"部分进行阐述。

4. 其他长期激励计划工具
- 限制性现金或者长期现金奖励计划（restricted or long-term cash）。在股票价格不确定或存在其他限制时，该工具成为企业进行人才保留的机制。在美国的上市公司中，长期现金奖励计划除了用于绩效计划之外，极少会被使用。
- 模型定价股票（formula value shares）。该工具是一种用于私人公司和大型企业分支机构的LTI薪酬工具，它用于奖励那些使用投入资金、收入、现金流或其他评估方法来界定的价值创造行为。
- 虚拟股票（phantom shares）。它和模型定价股票很相似，但虚拟股票的估值基础是实际的市场价值，这使得雇主在没有可用的股票或者不希望股权被稀释时也可以发放 LTI 薪酬。这种工具常用于 LTI 薪酬和递延支付薪酬。当用于递延支付薪酬时，递延支付期的回报率主要取决于公司股票价格变化，在实际操作中，往往用与股票分红等价的金额来支付。

22.4　长期激励薪酬授予时的价值计算

通常，公司会根据每个 LTI 薪酬工具的目标价值来确定股票期权、限制性股票或绩效计划奖励的数量。LTI 薪酬的目标价值可以根据各薪酬工具的预计财务费用或其他估值方法进行计算。基于价值的计算方法使得向授予对象传递信息变得更为简单，授予对象能轻松理解企业提供的 LTI 薪酬的价值，以及公司采用的 LTI 薪酬工具组合所反映的公司薪酬理念和业务目标。还有一些替代性的目标价值计算方法，包括采用固定的公司股份、未支付的公司股份比例或用于未来授予股票激励计划的股票。

22.5　长期激励薪酬结算时的价值计算

- 股票增值工具：行权价格（即行权时的股票价格）与执行价格（通常是指授予日的股票价格）的差，乘以授予的股票期权或 SAR 的数量。
- 全价值股票工具：授予的股份数量乘以股份价格。
- 现金工具：每绩效单位的价值乘以绩效单位数量。

表 22-1 展示了 3 种 LTI 薪酬工具对应不同股价时的价值。我们假设某授予对象以股票增值工具（如股票期权）、全价值股票工具（如限制性股票）或长期现金工具（如限制性现金，或以现金计价的绩效计划的目标价值）等 3 种形式分别获得价值 100 美元的 LTI 薪酬。如果股票价格表现不佳，那么现金工具和全价值股票工具都比股票期权工具对授予对象更加有利。如果股价表现强劲，股票期权可能对授予对象更加有利。在这个例子中，我们首先假设 4 份股票期权的价值相当于 1 股股票，即根据布莱克-斯科尔斯或其他估值模型计算的股票期权是股票面值的 25%。如果企业要授予激励对象与股票等值的股票期权，那么需要授予的数量就是股票份数的 4 倍。再来看第二种情况，我们假设两种期权的价值是相等的（相当于面值的 50%）。由于公司的市场特征差异，通过布莱克-斯科尔斯估值模型计算的股票期权价值就会存在差异。一般而言，"高风险"（高波动）股票的估值在股票面值中的占比要高于"低风险"（低波动）股票，因为布莱克-斯科尔斯估值模型赋予高风险股票的增值可能性高于低风险股票。在这张表中，"25% 面值"代表"低风险"股票，"50% 面值"代表"高风险"股票。市场风险问题并不影响全价值股票工具或长期现金工具，因为它们的内在价值并不仅仅源于股票价格的增值，这两种工具在授予时都有实际价值。

表 22-1　不同股票价格情形下的薪酬工具

长期激励工具	奖励价值	授予日股票价格	每份期权/股份/绩效单位的价值	奖励的期权/股份/绩效单位	以下股票价格对应长期激励的内在价值				
					5 美元	10 美元	15 美元	20 美元	40 美元
股票增值工具（低风险）	100 美元	10 美元	2.5 美元/期权（25% 的面值）	40 期权	0 美元	0 美元	200 美元	400 美元	1 200 美元

（续）

长期激励工具	奖励价值	授予日股票价格	每份期权/股份/绩效单位的价值	奖励的期权/股份/绩效单位	以下股票价格对应长期激励的内在价值				
					5美元	10美元	15美元	20美元	40美元
股票增值工具（高风险）	100美元	10美元	5美元/期权（50%的面值）	20期权	0美元	0美元	100美元	200美元	600美元
全值股票工具	100美元	10美元	10美元/股	10股	50美元	100美元	150美元	200美元	400美元
长期现金工具	100美元	N/A	1美元/单位	100单位	100单位	100单位	100单位	100单位	100单位

22.6 授予长期激励薪酬的方法

如今的 LTI 薪酬方法主要是授予股票期权、限制性股票和绩效股票。通常，绝大多数运营良好的美国公司都会采用其中的一种或多种，这反映了企业显著的 LTI 薪酬组合偏好，希望通过这些 LTI 薪酬方法的共同作用来达成业务和薪酬的目标。一般来说，不论哪一种 LTI 薪酬方法，其行权限制期限都会根据服务期或者绩效目标设定为 1～5 年。对这些工具的高度依赖确保了 LTI 薪酬与企业股票市场价值的紧密联系，从而进一步加强了股票形式的结算方式。

由于各自的特征，股票期权和/或限制性股票继续发挥重要的支撑作用，同时，绩效股票工具也正逐渐成为 LTI 薪酬工具的新宠。正在努力寻求将财务或经营绩效更直接地与员工薪酬挂钩的企业，其 LTI 薪酬大多可能采用绩效股票工具，而更少采用股票期权或限制性股票价值，以提供更高的股票价格杠杆或者保留控制权。而那些努力寻求将薪酬与股票价格挂钩的公司，其 LTI 薪酬则可能大部分采用股票期权工具。当然，其 LTI 薪酬组合中也可能会加入限制性股票，以确保新授予的 LTI 薪酬奖励不损失控制权。如果企业设定的多年绩效目标变得不切实际、市场情况变幻莫测或者企业面临不确定性时，企业可能把 LTI 薪酬的重点放在限制性股票工具上，以更好地留住和激励人才。

公司 LTI 薪酬组合设计受多种因素影响，包括业务目标、长期和短期增长前景以及对股票稀释的考虑等。尽管近年来企业普遍采用 LTI 薪酬组合的方式，但是仍有一些公司选择单一 LTI 激励工具。值得注意的是，企业尽管普遍使用多种 LTI 薪酬工具的组合，但其也往往会表现出对某种 LTI 薪酬工具的偏好，以清晰传递业务目标、绩效目标重要性的顺序以及股东和股东代理顾问企业（proxy advisory firms）[⊖]的期望。如今，企业在改变其 LTI 薪酬组合时更加倾向于增加绩效计划工具的比重，而不是股票期权和限制性股票。

为了充分认识绩效计划工具的作用，我们以标准普尔 500 指数公司的 CEO 为例：LTI 薪酬组合中绩效计划工具占比超过 50% 的 CEO 超过了一半，超过 80% 的 CEO 的 LTI 薪酬组合中包含了绩效计划奖励[⊜]。绩效计划工具通常被认为是提高基于绩效的薪酬的重要方式，所以，管理者需要充分理解绩效计划设计的基本要旨。

⊖ 代理顾问服务是美国企业治理的重要特点，这些顾问企业受雇审查股东提出的大量提案，并提出建议，这些建议将会左右客户的投票。——译者注

⊜ 资料来源：S&P 500 企业 CEO 的薪酬分析。

22.7 关注绩效计划工具

绩效计划工具将薪酬与公司设定的多年度财务或市场目标直接挂钩，这种设计往往根据绩效周期结束时的绩效结果，确定应获得目标奖励的比例。由于绩效计划工具通常以股份结算，所以授予对象最终获得的收入取决于绩效产出和股票市场表现。如果使用现金结算，则可以将奖励结果与股票市场表现脱钩，并且能够节省公司股份，防止股权稀释。但是由于绩效计划工具在 LTI 薪酬战略中的重要性日益增加，大多数公司仍然会采用股票结算的方式，以确保奖励结果反映公司在股票市场上的表现。

绩效计划工具关键且独特之处在于，它能够有效激励授予对象同时关注公司的业务和股票市场表现。股东能够从企业在业务和股票市场两方面的优异表现中获益，因为股票市场表现是公司绩效的晴雨表。有效的绩效计划工具确保，授予对象只有在业务和股票市场表现均取得积极结果时才能够从中获得收益。如果这两类绩效结果之间不一致，那么就会相互抵消，使得授予对象最终获得的收益是恰当的。

如前文所述，绩效计划工具通常以股票为计价单位，此时被称为绩效股票（或绩效股票单位），但它也可能采用现金计价，此时被称为绩效现金、LTI 现金或绩效单位（我们将以美元为计价单位的奖励称为绩效单位，1 单位等于 1 美元）。假设绩效目标是固定的，每股绩效股票的价值将会随公司股价的变化而变化，但每个绩效单位的价值是保持不变的。

在绩效计划工具中，薪酬与绩效的关系结构与某些年度奖金计划相似。通常，绩效计划工具会为授予对象确定一个实现期望绩效时能够获得的目标奖励。如果实际取得的绩效高于期望的绩效目标，则得到的奖励可能会增加，通常奖励可能会增加到目标绩效股票或绩效单位的 200%，特殊情况下也可能会超过这个比例。如果实际取得的绩效不佳，该奖励则可能被部分或全部扣减。如果绩效恰好落在两个特定的水平之间，那么绩效薪酬将使用线性内插法（linear interpolation）来确定。如果实际取得的绩效水平低于门槛值，那么该类奖金就会被全部扣减；如果实际取得的绩效水平高于最高值，一般也不会额外增加奖励（见表 22-2）。

表 22-2 绩效水平和支付比例

绩效水平	支付比例
低于门槛值	0%
门槛值	50%
目标值	100%
最高值	200%

年度发放周期确定了为授予对象提供新的绩效计划机会的频率。年度发放周期意味着，任何时候都存在多项未付奖励。这必然会产生绩效周期的重叠，这种情况使企业可以将嵌入每个奖励计划的绩效目标和企业期望的目标或者行业周期保持一致，因为奖励一旦发放之后，嵌入该奖励计划的目标将很难改变。绩效周期重叠的累积效应产生了强大的控制力，并在不同的发放周期中建立关联。但是如果各年度的绩效指标或目标发生显著变化，那么绩效周期重叠就可能会产生不必要的复杂性。因此，大多数公司在发放新的绩效计划奖励时，其绩效周期都会选择与该计划首个发放年度的绩效周期保持一致。

如果 LTI 薪酬主要采用绩效股票，那么绩效计划工具的内在价值将同时受绩效目标的达成和公司股价的影响而发生波动。而当 LTI 薪酬采用绩效单位的形式时，绩效单位的价值并不会随公司股价波动而变化，它仅仅受到绩效目标达成情况的影响。(值得注意的是，目前有一种混合形式是以现金单位计价，但以股票结算；还有一种混合形式是以股票计价，但以现金结算。在这两种情况下，无论结算方式如何，绩效股票的价值都会随着公司股票价格和绩效目标达成情况的变化而波动，但是绩效单位只会根据绩效目标达成情况的变化而波动。)因此，对授予对象而言，绩效股票的杠杆率高于绩效单位。表22-3展示了绩效股票和绩效单位奖励的比较。假设都按照最高绩效标准支付，那么，绩效股票奖励将会随着股价的上涨而增加。如果股价下跌，即便是绩效目标已经达到最佳水平，该奖励的价值也将会随之下降。

表22-3 绩效股份和绩效单位计划的奖励比较

绩效计划工具	奖励价值	绩效股份/单位的价值	奖励股份/单位数量	最大价值（200%）		
				5美元/股	10美元/股	20美元/股
绩效股份	100美元	10美元/股	10股	100美元	200美元	400美元
绩效单位	100美元	1美元/单位	100单位	200美元	200美元	200美元

绩效计划工具中使用的绩效指标通常是财务或市场类指标。常见的财务指标包括盈利能力或增长指标（如收入增长、运营收入/净收入/其他收入增长、每股收益），或回报指标（如投资回报率）。公司股票价格也可能被用来衡量绩效。选择财务指标和确定绩效相关指标的流程受多种因素影响，包括业务战略、要传达给投资者和华尔街的关键财务指标等。然而，在许多行业中，企业可能难以对很多因素进行合理的长期预测。由于这种不确定性，企业在衡量绩效时越来越多地采用相对财务指标和相对股票市场绩效指标。

在过去20年中，激励设计最重要的发展之一就是，越来越依赖相对绩效指标。相对绩效指标之所以会获得关注和发展，首先是因为企业面临制定切实可行、富有挑战的长期目标的挑战。其次，企业需要清晰地说明，其薪酬政策充分反映了与标杆竞争对手相比较的绩效水平。这个要求很快就变得越来越重要，目前已经成为应用相对绩效指标的主要原因。而绝对绩效指标仅根据与预算或者股东回报相关的企业绩效要求设定，它仅仅反映了绩效薪酬的一个维度。绩效计划工具在纳入相对绩效指标之后，绩效结果根据企业与竞争对手或者某个指数的对标结果进行衡量和调整，这种长期奖励设计方式能够反映更加平衡的绩效视角，这也是股东更加偏好的绩效视角。

相对绩效指标的执行是企业必须持续重视的管理决策。由于相对绩效指标对股东非常有吸引力，所以任何失误或设计缺陷的后果都将难以逆转。在设计过程中，我们需要考虑绝对绩效指标和相对绩效指标的优缺点，以及它们在企业独特情境下的应用（见表22-4和表22-5）。

表22-4 使用绝对绩效测量指标的优缺点

优点	缺点
• 与业务战略保持高度一致 • 在绩效指标选择和目标制定方面的灵活性很大 • 强调战略转型期间的业务目标或大型的一次性目标 • 提供视线（line of sight）	• 很难设定目标 • 容易复制 • 没有考虑相对绩效 • 如果使用过度或不足，则容易遭到批评

表 22-5　使用相对绩效测量指标的优缺点

优点	缺点
• 不用设定目标 • 结果的可复制性小 • 提供更多用于比较的客观标准 • 只要绩效超出预定的结果，未来的薪酬支出就是合理的 • 无论经济形势好坏，测量指标都是有效的 • 任何时候都是便于管理且容易沟通和测量的	• 缺乏运营计划的问责制 • 如果绩效处于或者高于中位值，就容易让中高层的人员产生自满情绪 • 即使内部的绩效目标并未达成，也可能会产生奖励 • 绩效在很大程度上取决于对标的对手是谁 • 计划参与者无法了解自己对奖励结果的贡献程度

越来越多的公司在执行绩效计划工具时采用相对绩效指标，因而，相对总体股东回报率（TSR）的水平也在攀升。如今，相对 TSR 通常是确定奖励结果的关键指标，而不再只是为计算应得奖励数额提供参考。我们在下一节将讨论最常用的基于市场的相对绩效指标之一——相对 TSR，并探讨将其纳入激励计划的方法。

22.8　设计相对总体股东回报率的注意事项

总体股东回报率（total shareholder return，TSR）是指一定时期内公司股票价格与分红的总体变动。例如，如果一只无分红股票在 t_0（计算期间开始时间点）时的价格为 10 美元，在 t_1（计算期间结束时间点）时的价格为 11 美元，则 TSR 为 10%（根据公式 $(t_1/t_0)-1=TSR$，该股票 TSR 的计算过程和结果为：（$11/$10）-1=10%）。如果股票的年分红为 1 美元（按每股 11 美元的价格重新投资），那么在同样的情况下，其 TSR 则是 20%。如果将分红按每股 10 美元的价格进行重新投资，其 TSR 则会稍微高一些（为 21%）。当前常见的做法是按季、月或除息日进行分红再投资。（通常情况下，TSR 会按年度计算，但也可以被表示为累计值。例如，某只股票在 t_0 时的价格是 10 美元，在 t_3 时的价格是 20 美元，其 3 年累积的 TSR 就是 100%，即按照公式 $(t_3/t_0)-1=$ 累积 TSR，其计算过程和结果是：（$20/$10）-1=100%。如果按年计算 TSR，结果将是 26%，即按照公式 $(t_3/t_0)^{1/t}-1=$ 年化 TSR；其计算过程和结果是：（$20/$10）$^{1/3}-1 \approx 26\%$。一般而言，代理公司倾向于以年化方式披露 TSR。）

如果 TSR 被纳入激励计划，企业通常会计算对标对手的相对 TSR。请注意，这里引入的对标对手是指用来衡量相对 TSR 的对标企业，这和我们在进行薪酬标杆研究时的对标对手可能相同，也可能不同。（越来越多的公司也开始使用绝对 TSR 指标作为相对 TSR 的补充，企业要求，如果授予对象要获得超过目标薪酬的奖励，就必须达到设定的绝对 TSR 水平。例如，如果公司 TSR 为负值，那么相对 TSR 奖励就不能超出目标数额。）

22.8.1　度量与修正

相对 TSR 通常被用作绩效计划中的离散度量标准或奖励调节方法。在本书编写时，大多数采用相对 TSR 的公司都将其作为绩效股票或绩效单位计划中的离散度量标准，或者作为唯一度量标准，或者作为多个度量标准之一。

当相对 TSR 被用作度量标准时，支付计划通常与其他绩效度量标准相同（大多数绩效股票计划的支付范围为 0～150%，有时也会高达 200%）。近年来，将相对 TSR 作为调节方法逐渐流行起来，因为公司不但越来越关注内部财务绩效，而且将薪酬支出与相对 TSR 挂钩——尽管与离散度量标准相比，其市场风险更小。一般来说，当将相对 TSR 作为调节方法时，绩效股票或绩效单元计划的财务指标是决定奖励的基础，而相对 TSR 则会调节这一结果（见表 22-6）。典型的调节方法是，如果相对 TSR 绩效达到较高水平，则为奖励提供了 20%~25% 的上浮空间；如果相对 TSR 绩效水平较低，奖励的下降幅度为 20%~25%。因此，如果财务业绩指标为 100%，并且公司 TSR 优于对标对手，则奖励可能为 120%；如果相对 TSR 较差，则奖励可能是 80%（假设相对 TSR 调节值为 ±20%）。

表 22-6　TSR 和财务指标

与对标对手相比的百分位	奖励支付比率
0%	0%
25%	50%
50%	100%
75%	200%

22.8.2　相对 TSR 绩效和奖励支付

测量相对 TSR 最常用的方法是排名法，即公司 TSR 相对于对标公司的排名（见表 22-7）。该方法通常使用的排名方法有两种：百分位排名（例如，Microsoft Excel 中的函数"PERCENTRANK"）和数字排名（例如，在 12 个公司中排名第 10）。在这两种情况下，排名会根据预先确定的薪酬绩效计划决定支付水平。如果使用百分位排名法，在特定水平范围之内的绩效将根据插值法来确定实际奖励的数额占目标奖励额的百分比。企业的 TSR 相对于对标公司的 TSR 排名越高，则奖励支出越多，反之亦然。

表 22-7　公司 TSR 相对于对标公司的排名

与对标企业相比的排名	目标值的支付笔录
11	0%
10	0%
9	40%
8	60%
7	80%
6	100%
5	120%
4	140%
3	160%
2	180%
1	200%

TSR 对标公司范围的确定受许多因素的影响，包括但不限于公司长期相对绩效目标、资本投资竞争对手，以及行业分类标准（例如，标准普尔公司制定和维护的全球行业分类标准，通常被称为 GICS）中的行业竞争对手。现在，也有越来越多的公司采用严格的统计和

财务数据分析来评估本公司与其他公司的市场可比性。能源和公共事业公司比较喜欢采用相对 TSR，通常它们将对标对手定义为薪酬对标对手、传统的绩效对标对手或者行业指数（如标准普尔 1500 公用事业指数）。在不同行业中，公司可以将相对 TSR 对标对手界定为以下类型中的某一种：

- 薪酬对标公司群组。该群组和薪酬标杆研究的对象一致。
- 绩效对标公司群组。根据企业实际情况选择的行业竞争者。
- 行业指数对标公司群组。由标准普尔等独立机构筛选确定公司名单（如标准普尔 1500 公用事业指数）。
- 多行业指数对标公司群组。由标准普尔等独立机构预先设定和维护的多细分部门企业名单（如标准普尔 500 指数、不含能源和公用事业的标准普尔 500 指数）。

还有一种衡量相对 TSR 的方法：复合型指数。在该方法中，绩效不是通过对照指数构成进行衡量的，而是通过对照复合型指数的 TSR 来确定的（见表 22-8）。在该方法中，高于或低于所选的复合型指数水平的绩效都将影响奖励的水平。

表 22-8　TSR 与复合型指数

绩效 VS. 指数	目标奖励的支付比例
指数 −2%	0%
指数 0%	50%
指数 +2%	100%
指数 +10%	150%

22.8.3　估值

财务会计准则委员会（FASB）编纂的《会计准则第 718 号》（通常称为 FASB ASC Topic 718）适用于基于股票的薪酬和那些需要遵守资本市场关于持有要求的薪酬（例如，涉及相对 TSR 的绩效指标）。根据 ASC Topic 718 的规定，如果 LTI 薪酬工具使用基于资本市场的绩效指标，其估值方法和那些使用基于时间的绩效指标的 LTI 薪酬工具（如限制性股票）或基于财务指标（如非市场性指标，典型指标是收入增长）的绩效奖励存在差异。该规定指出，蒙特卡罗模拟（Monte Carlo simulation）[⊖]是满足该估值规定的技术，它也是大多数包括相对 TSR 的 LTI 薪酬工具采用的估值方法。绩效计划工具的财务费用超过授予日股票面值的情况很常见，这是因为股价上涨和下跌是不对称的，上涨没有限制，但下跌则限制在 −100% 之内。

本章小结

选择 LTI 薪酬工具时需要慎重考虑多种因素，从而使它可以积极响应过去的决策，或者支撑未来的变革。企业 LTI 薪酬计划的设计和主管人员必须综合考虑各种因素，以确保他们的设计能够支持公司、LTI 薪酬计划授予对象与公司股东的需求和目标，在理想情况下，它应该在有代表性的市场份额使用水平范围内，并且反映相关监管规定和技

⊖　这是一种随机抽样或统计试验方法。——译者注

术要求。目前，企业对绩效计划工具进行整合、扩展、修改或微调非常常见。企业越来越依赖那些嵌入了相对绩效指标的绩效计划工具，这也改变了企业的高管薪酬支付方式。绩效计划工具的广泛使用反映了企业想要激励授予对象同时关注业务发展和股票市场表现的强烈愿望。和其他LTI薪酬工具不同，绩效计划工具传递了平衡的绩效观点。如今，大型企业的绩效计划方案设计大多采用相对TSR计划。由于相对TSR计划之间的细微差别，不管股东对此的态度有多积极，企业内部对该计划都始终毁誉参半。因此，企业在执行相对TSR绩效计划或嵌入相对TSR的LTI薪酬工具时，都必须慎重考虑公司关于该薪酬计划的目标及其相关条件。

1. 设计阶段的问题

（1）我们的LTI薪酬计划如何支持和反映公司的业务需求、人才目标、股东期望和风险规定？我们采用的薪酬工具与薪酬理念是否保持一致？

（2）我们希望LTI薪酬计划向员工和所有者/股东传递什么信息？

（3）LTI薪酬计划是否与短期激励计划功能互补？是否应该功能互补？

（4）LTI薪酬计划是否鼓励适当的风险承担水平？

（5）LTI薪酬计划应该反映业务产出还是市场表现，抑或是两者兼有？

（6）我们的同行使用哪些LTI薪酬工具和绩效指标？我们应该如何比较？请注意，尽管市场情报很重要，但在设计你的LTI薪酬计划时，它不应该成为薪酬工具的决定因素。

（7）过去我们采用了哪些薪酬工具？经验是什么？授予对象和所有者/股东的反应如何？

（8）在关注的时间周期内，哪些绩效指标得到了有效管理？

（9）决定绩效计划工具结果的最佳方式是什么？是绝对的，还是相对的，抑或是平衡的方式？绩效对标的基础是什么？

（10）有哪些技术性影响因素（如会计、税收、法律和股票使用率等）？

2. 实施后的问题

（1）LTI薪酬是否准确地反映了我们的绝对和相对绩效？

（2）那些影响LTI薪酬的绩效参数是合理、可靠的吗？

（3）与其他薪酬形式相比，我们提供的股票类薪酬水平充分吗？相比对标对手，我们提供的股票类薪酬水平有竞争力吗？

（4）相对绩效指标评估的对标对手是否合理、可靠？

（5）LTI薪酬计划是否有助于调整高管拥有的股权？调整速度如何？

第23章

规范高管薪酬

弗兰克·P. 范德普卢（Frank P. Vanderploeg）

登顿美国有限合伙公司（Dentons US, LLP）

近年来，公众和股东对高管薪酬的关注越来越多，政府的监管力度也在加大。因此，参与设计和管理股票期权计划和其他形式高管薪酬的人员（例如，人力资源经理、董事会、薪酬委员会及其顾问人员）必须关注快速变化和日益复杂的法律法规，以保持组织绩效持续提高，并提升公司的竞争优势。

本章并不是要描述影响高管薪酬的所有法律法规框架，也不是要回顾高管薪酬的税收处理方法。本章的重点是介绍影响高管薪酬设计和实施的常用法律法规，而这些是企业在设计和推动高管薪酬方案之初就必须重视的。

某些行业（特别是金融和卫生行业）的高管薪酬可能会受到适用于具体行业的法律法规的限制。这些行业的薪酬方案设计者必须向其行业监管机构了解具体相关规定，本章并不涉及这些内容。

本章涉及的内容包括：
- 管理层如何履行对董事会和股东的义务？
- 上市公司的哪些薪酬需要向公众披露？
- 《公平劳动标准法》（Fair Labor Standards Act）是如何影响高管薪酬的？
- 如何避免那些危险的税务陷阱？
- 高管薪酬设计流程的最佳实践。

23.1 背景

千禧年初期，我们经常能够看到，许多企业通过超常规或未经授权的薪酬制度安排，向所在企业面临破产或本人因欺骗上市公司而面临刑事诉讼的高管支付了大量的薪酬、期权收益和津贴。直到新一轮股票期权倒签丑闻爆发时，这类操作才逐渐结束。这些行为可能会被起诉，市场内爆导致美国金融体系几近崩溃并持续恶化。许多人认为，这种高管薪酬做法助长了高管的过度冒险行为，却没有让高管为公司糟糕的业绩承担责任。

公众强烈抗议此类实践的发展，这给高管薪酬管理带来了两种不同的压力。首先是公司股东（尤其是机构股东）激烈的维权行动，他们激烈批判公司治理存在重大漏洞，导致此类过分的薪酬实践，尤其是高管薪酬与公司绩效关联不强。这一压力是董事会最为紧张的。

其次是公众对高管薪酬水平过高的普遍不满。据报道，CEO薪酬与员工平均工资呈倍数关系，从1960年的20倍发展到2000年的383倍，即使在2012年，依然有273倍之巨。事实上，许多公司在高管薪酬显著增长的同时，却在限制普通员工薪酬，对业务进行重整并裁汰员工，这引起了更多的争议。这种压力是国会最为紧张的。

政府对此的反应一直很积极，但到目前为止尚未对高管薪酬的监管结构进行彻底改革。主要的监管规定是对上市公司的证券披露要求和适用于所有公司的税法约束。2010年《多德－弗兰克华尔街改革和消费者保护法案》（Dodd-Frank Wall Street Reform and Consumer Protection Act，以下简称《多德－弗兰克法案》）是近年来在该方面颁布的最重要的法律。根据《多德－弗兰克法案》规定，上市公司的股东拥有"薪酬话语权"，并且规定公司必须披露CEO薪酬与员工薪酬中位数之间的比例关系。更值得注意的是，该法案通过利用证券交易委员会对上市公司股票交易的权限，对高管薪酬进行实质性监管。列举当前（或者即将颁布的法规包含的）股票交易要求，强化了薪酬委员会的独立性，并强制要求回收过度薪酬。

税收相关法律和《公平劳动标准法》规定了高管薪酬在实践创新时必须具备的要点，这加强了高管薪酬的披露要求和间接监管。最重要的是，高管薪酬透明度和潜在争议可能性的压力，使得企业在设计、实施和设置高管薪酬收益水平时有更大的动力去遵循最佳实践。这一点对企业而言非常重要，因为今天的最佳实践可能会成为明天的实践标准，也可能成为之后法律的底线要求。

23.2 股东权利及董事责任

23.2.1 董事会、薪酬委员会和管理层的角色

公司法规定，公司业务和具体事务由董事会负责或在董事会的指导下运行。董事会继而聘请高管来实际运营公司。显然，这会让高管自行决定其薪酬存在的利益冲突。因此，虽然董事会可以采纳管理层对其薪酬的建议，但董事会应该对高管薪酬决策承担直接责任。在大公司中，这项责任具体由上市公司独立董事组成的董事会薪酬委员会（遵循证券交易委员会、税法和交易所关于相关股票交易规定的要求）。《多德－弗兰克法案》（通过交易所上市要求）强制规定薪酬委员会成员必须符合独立性标准，同时必须评估其选择的咨询顾问、律师和其他类顾问的独立性，以加强薪酬委员会的独立性。

公司董事负有对公司及其股东审慎和忠诚的义务（有的州法律还单独规定了善意的义务）。符合以上这些标准的董事业务决策有资格得到商业判断规定的保护。人们认为，如果公司董事在做出业务决策时有良好的信息基础，能够保持善意和诚实，那么他们采取的行动

就会符合公司的最佳利益。因此，为了获得良好的信息基础，董事必须调查和理解所有合理、可用的信息，这些信息包括外部顾问和管理层提供的报告和建议。

审慎义务重点关注董事在决策之前获得充分信息的程序。如果没有遵循恰当的程序，其决策（特别是涉及向高管支付巨额薪酬的决策）就很难说是善意的。因此，记录高管薪酬的决策过程，对于证明董事会成员（尤其是薪酬委员会成员）是否履行了善意义务是非常重要的。本章最后会列举有助于证明董事履行证明善意义务的实践。

23.2.2 股东的角色

股东可以制定公司的整体政策，但通常无法直接参与公司管理（特殊情况是，如果股东对董事会决定不满意，他们可以拒绝，并重选董事会或罢免某位董事）。关于这项原则，高管薪酬决策中有一种例外情形，就是股票期权计划（或限制性股票、权益类薪酬）通常必须得到股东的批准。有些州的公司法要求所有期权计划都必须得到股东的批准。即使没有强制规定，授予股票期权之前也有必要经过股东的批准，这有利于股票期权计划的会计或税收处理。上市公司的权益类薪酬得到股东批准，有助于符合股票交易规定要求，排除内部交易，并且突破100万美元税收扣减的限制（根据《国内税收法》(Internal Revenue Code) 第162(m)条规定）。

实际上，股东对提交批准的权益类薪酬计划也非常感兴趣。机构股东服务（ISS）等代理服务公司会根据它们自己关于薪酬计划的标准，来评估上市公司的代理披露声明和股票占用率（burn rate，股票期权或其他薪酬计划发放的股权数量），并基于此向其机构股东客户提出投票建议。

根据《多德-弗兰克法案》，上市公司的股东必须获得每一年、每两年或每三年对高管薪酬进行非约束性意见的表决机会。此外，《多德-弗兰克法案》还要求，在公司业务组合代理披露声明中，某些"黄金降落伞"(golden parachute) 计划必须经过股东咨询服务机构的表决同意。公司必须向股东清楚说明，薪酬委员会关于薪酬的表决如何被纳入接下来的薪酬决策之中。因此，如果高管薪酬计划没有获得批准或者几乎就没有通过批准，那么公司的回应就变得非常敏感。

23.3 美国证券交易委员会的披露规则

前文所述的公众和股东的关切要求更多的披露和监管，但是高管薪酬的披露本身又反过来提高了公众和股东的关切。这一关于披露的无休止循环，直接推动了美国证券交易委员会（SEC）在2006年形成了代理披露声明中和上市公司年度10-K表中关于高管薪酬披露的最终规则，即SEC披露规则。

SEC披露规则要求，规定范围内的高管和董事所有形式的薪酬都必须进行披露。规定范围内的人员通常是指本年度的核心高管或者主要财务管理者，以及财务年度末期在任的高管中（除前述两者之外）薪酬水平最高的三个人。

一般而言，信息披露开头部分被称为薪酬讨论和分析（compensation discussion and analysis, CD&A），它应该是使用平实语言的描述性讨论，而且没有必须遵循的格式样本。在该部分之后，是一张薪酬汇总表，该表格包括所有规定范围内人员的当年薪酬和递延薪酬（包括股票）。然后，还必须以表格和讨论的方式披露关于权益类薪酬、退休福利和其他实际或潜在的离职薪酬的细节。《多德－弗兰克法案》还规定，企业的年会会议材料必须说明，高管实际所得薪酬与公司财务绩效之间的关系。

23.3.1 薪酬讨论和分析

薪酬讨论和分析（CD&A）是一份关于影响公司薪酬政策和决策实际因素的、基于原则的概述性文件。根据要求，它必须包括公司薪酬的目标、该方案激励特定行为的方法、所有的薪酬要素、公司选择为该要素支付薪酬的原因、每个薪酬要素的数额（或计算公式），以及每个薪酬要素支撑公司薪酬目标的方式。

根据要求，CD&A 还必须在相关内容中说明，采用即期或长期及现金或其他薪酬形式的合理性、与薪酬相关的企业绩效内容、确定奖励实际增加或减少的因素、公司制订薪酬计划的基准，以及高管人员在薪酬决策过程中的角色。当然，由于公众对于股票期权倒签行为的关切，CD&A 中还必须包括关于股权授予的讨论。

23.3.2 薪酬汇总表

在 CD&A 之后，薪酬汇总表将披露最近三个财务年度中范围内高管人员的薪酬信息。一般需要用于财务报表报告的高管薪酬会使用规定的柱状图进行披露：

- 本财务年度规定范围内的高管人员收入（包括现金和非现金）。
- 本财务年度规定范围内的高管人员获得的可支配奖金（包括现金和非现金）。
- 股票奖励，包括限制股票和影子股票。
- 股票期权奖励，包括期权和股票增值权。
- 非股权激励计划薪酬，其中包括基于固定因素的年度奖金和非股票类长期绩效奖励。
- 所有符合条件和不符合条件的固定收益养老金计划[一]的精算价值的年度变化，包括所有高于市场价值的价值增长和不符合条件的固定缴款计划的优惠收益。
- 所有其他薪酬，例如某些折扣股票购买的薪酬成本、可税收入汇总[二]、任期终止或变更薪酬、公司出资和其他所有来源的固定缴款养老金计划（包括既得和非既得）、公司支付的人寿保险费、股票／期权奖励的分红或其他收益、特别补贴和其他个人福利。
- 本财务年度整体薪酬的额度。

23.3.3 其他表格

在薪酬汇总表之后，还需要有其他表格对实际支付的具体薪酬形式进行补充说明。这些薪酬形式包括授予的各类奖励计划、财务年度末期特别发放的股权奖励、期权行权和股权持有、离职薪酬、养老金福利和不符合条件的递延薪酬。

这些表格的填写说明要求对某些项目提供进一步的讨论，特别是与离职、遣散、退休或其他任何终止或变更公司控制权有关的薪酬。最后，法规还要求披露董事的薪酬表。

23.3.4 关于披露的进一步要求

如果上市公司正在进行合并交易，那么它除了遵守 SEC 披露规则（SEC Disclosure Rules）

[一] 根据是否符合美国《雇员退休收入保障法案》（Employee Retirement Income Security Act，ERISA）来认定。——译者注

[二] tax gross-up，指企业付给员工的所有薪酬，包括应税收入和补贴。——译者注

按年度进行信息披露之外，还必须披露所有的薪酬要素及其与该交易的关联的解释。该类披露通常使用描述性的语言和固定的表格形式，一般都包含在为获得股东对合并交易的批准而撰写的代理披露声明之中。这些薪酬安排还必须符合股东的非约束表决意见。

《多德－弗兰克法案》还要求，上市公司披露员工或董事是否购买了对冲金融工具，以抵消其个人薪酬中权益证券的市场价值下降。规定范围内的金融机构（无论是不是上市公司）也必须披露，其激励性薪酬结构是否存在提供金融监管机构认定的过度薪酬或者可能导致该机构实际财务损失的情形。

要求上市公司披露的数据在不断增加，最新补充的要求是，《多德－弗兰克法案》强制规定披露 CEO 薪酬比率，在美国证券交易委员会 2013 年的提议之下，这一点开始执行。该规定要求披露公司所有员工（除 CEO 以外）年度整体薪酬的中位数、CEO 的整体薪酬，以及所有员工薪酬中位数与 CEO 薪酬之比。这些披露的信息对股东是否有用尚不清楚，但它肯定会增强公众对上市公司高管薪酬的认识，并可能招致关于高管薪酬水平更多的批评。

23.3.5 走向实质性监管

联邦政府正在上市公司的信息披露机制方面对高管薪酬逐渐实施实质性监管。2002 年《萨班斯－奥克斯利法案》(Sarbanes-Oxley Act) 规定，禁止上市公司向董事和高管提供贷款。现在该法案和《多德－弗兰克法案》正在推动美国证券交易委员会利用其证券交易方面的权限，要求公司（至少是上市公司）在股票交易中必须执行所列举的标准，进而对其薪酬进行实质性监管。所列举的标准颁布于 2003 年，该标准要求大多数股权薪酬计划都必须经过股东批准，这一领域之前主要受各州的公司法管辖。《多德－弗兰克法案》呼吁美国证券交易委员会在即将颁布的监管规定中，要求上市公司采用高管薪酬收回政策，以便在作为薪酬支付依据的财务报表发生变更的情况下，收回那些基于绩效的薪酬。

23.3.6 影响

企业在设计高管薪酬方案时，必须考虑美国证券交易委员会披露规则和类似要求，这不仅是因为披露的影响，还因为公司可能希望修改或设计其薪酬计划，以避免令人不快或过于复杂的披露。例如，公司为了简化披露，可能会减少财务年度内授予的多种激励方案，以简化披露。过多的激励方案使得披露表格变得冗长，也可能会尽量使薪酬方案能够在监管表格中用一两格就说清楚，避免信息模糊，减少过于冗长、过于技术性和过于零碎的描述解释。公司也可能会重新考虑其福利和津贴政策，因为该类信息的披露会产生潜在的争议，争议本身可能会超过福利和津贴的内在价值。随着股东薪酬话语权表决机制的出现，所有这些因素的影响力量都得到了增强，因为这些披露信息是股东投票决策的基础。毫无疑问，企业在考虑薪酬方案之初就应该考虑披露的影响。

23.4 《公平劳动标准法案》

《公平劳动标准法案》(The Fair Labor Standards Act，FLSA) 颁布于 1937 年，它至今仍是国家管理就业和薪酬的基石。FLSA 的内容涉及四个方面：最低工资要求、加班薪酬要求、童工限制和公平薪酬。最低工资要求和童工限制对高管薪酬不会有影响（尽管该法案要求为创业企业的志愿者、无薪员工或者只有模糊的薪酬或股票期权承诺的员工考虑最低工资要求)。关于公平薪酬和联邦其他限制歧视的法律的讨论不在本章的讨论范围。

可能有人认为,该法案的加班要求和高管也关系很小,但在设计高管薪酬时,有一些《公平劳动标准法案》在这个方面的细节条款是不可忽视的。非常重要的是,将员工正确地区分为适用或豁免于《公平劳动标准法案》关于加班的规定。《公平劳动标准法案》的加班规定有很多例外情况,大多数都适用于特定的职业群体,管理人员被认为是其中最大的职业群体,他们是指那些由于"真正的执行、管理或专业能力"而受雇的个人。

FLSA 提供了一些关于豁免身份的替代性条件,但几乎所有的条件都要求员工只有按月付酬才有资格获得豁免身份。根据 FLSA 的规定,如果一个人每个工资周期内的薪酬数额都是事先确定的,并且不会因为工作数量和质量的变动而发生改变,那么就被认为是按月付酬。该法案关于工资的规定意味着,一个按小时计酬的人(律师除外)几乎没有可能获得豁免身份。一些公司(特别是在专业或咨询行业)的许多高薪员工都是按时计酬的,因此,这些员工会受到 FLSA 的加班保护。

非豁免员工一旦确定要加班,就必须按照其常规小时工资率计算工资。在加班费的计算过程中产生的问题之一是,奖金、其他激励或股权类薪酬的处理[○]。一般来说,可支配的奖金被排除在外,而不可自由支配的奖金必须包括在内。另外,根据 2000 年的 FLSA 修正案,在某些特定条件下,股票购买计划、股票期权和股票增值权计划产生的收益会被排除在外。如果奖金和股权计划也适用于非豁免员工时,就必须遵守这些例外情形规定。如果不遵守,会导致加班成本上升,那就更应该遵守这些规定了。

按月计酬的员工要实际获得豁免身份还有一些补充规定。这些补充规定明确高管豁免适用于:周薪超过 250 美元且主要职责管理两个及以上员工的月薪员工,或周薪超过 150 美元且其主要职责是管理一个业务或者部门且拥有聘用或解雇员工的自由裁量权力,以及履行前述主要职责的时间超过其工作时间的 80% 的月薪员工。还有一些其他规定明确了高管和专业人员的法定豁免身份,并且将高薪员工、计算机系统分析师和程序员、汽车运营人员和按佣金计酬的销售人员等纳入豁免的范围。

雇主要获得这些豁免身份的好处还要面临两个问题。首先,它们不仅包括客观的工资因素,还包括主观的个人工作职责判定要素。例如,一个拥有并经常执行自由裁量权的低级别管理人员是否符合管理两个人的规定,这有时候会存在争议。

其次,前述规定仅仅是联邦的豁免规定,而大多数州都有类似的适用于加班费的法律,各州关于豁免规定的适用条件可能有差异,或者根本没有可比的豁免条款。那些在加班保护方面比联邦法律更严格的州法律不会被联邦法律取代。由于州法律(和联邦《公平劳动标准法案》一样)规定,员工有权追回未支付的加班费(以及常规利息、罚款和律师费),那些对高薪员工是否符合豁免条件的分类不善的事件可能会为雇主招致非常严重的后果。

《公平劳动标准法》(和对应的州法律)关于加班费的法律规定只适用于"员工",并不适用于"独立承包人"。在那些正确区分劳动者是员工还是独立承包人的决策至关重要的组织中,这是个必须面对的问题之一。这一区分决策对联邦或州的扣税规则应用也很重要,因此,政府财政机构对劳动者的正确分类同样非常感兴趣。无论是劳动者还是政府对于正确进行劳动者分类这件事都越来越积极,并且都积极致力于计算因为错误分类所导致的损失赔偿(对政府而言是税收)。

○ 主要指是否计入常规小时工资率。——译者注

因此，雇主对联邦和企业业务运营涉及的州关于豁免和豁免限制的规定都必须非常重视，明智的做法是，定期审查员工或独立承包商的分类、豁免或非豁免员工分类。企业对于那些模糊地带，尤其是对新职位或者那些功能描述已经发生明显变化的职位的分类，更加需要谨慎地进行定期审查。

23.5　通过税法的间接监管

本章重点不是对高管薪酬税收处理进行充分讨论，而是重点阐述影响高管薪酬方案设计或执行的四项税收规定。即便如此，本章也无法对这些税收规则的条框进行深入讨论。在实践中，我们必须细致地关注冗长的税收规则的每个细节规定，以避免税收惩罚。本章只能简要描述和分析这些税收规定对股票期权计划和其他的高管薪酬形式的广泛影响。

23.5.1　第162（m）条：薪酬超过100万美元（在某些情况下为50万美元）

《国内税收法》第162（m）条的基本精神是，一般不会对金额超过100万美元的CEO或上市公司任何其他薪酬最高的三名高管（除CFO外）的薪酬进行税收减免，除非其薪酬是根据绩效来浮动决定的。因此，一般而言，基于绩效的高管薪酬的设计目的是符合法律法规的要求。

基本薪酬和既定时间的限制性股票不属于基于绩效的薪酬。但是，奖金和大多数其他奖励薪酬可以设计成为基于绩效的薪酬方案。为了符合基于绩效这一标准，高管薪酬至少要符合以下标准：只有达到既定的客观绩效目标才能支付；绩效和薪酬方案由独立董事组成的薪酬委员会建立，其实际条款须经股东批准。

根据该条法规的要求，所谓预先设定的指标，是指不晚于薪酬相关的周期开始之后90天设定，必须表述成客观的绩效指标和标准（如股票价格、收益或者类似指标），这些指标必须作为基于绩效来计算高管薪酬的公式的内容。在该薪酬周期结束后，薪酬委员会必须能够验证绩效目标的实际达成程度。换句话说，薪酬委员会没有自由裁量权。但是，该法规允许薪酬委员会采用"否定性自由裁量权"，以减少由公式计算出的薪酬下降情形（但不包括增加情形）。这样做的结果是，奖金计划虽然符合IRC第162（m）条的文字规定，但违背了其中的精神，因为公司提供了一个基于软性绩效目标的客观公式以创造高额奖励，而后薪酬委员会使用"否定性自由裁量权"将奖金减少到实际想要支付的水平。

根据特别规则，股票期权和股票增值权（stock-appreciation rights，SAR）符合以下条件就可以被视为以绩效为基础：在具体的时间周期内，在授予日即规定了向具体员工授予的在股票期权或股票增值权的最大数量；授予日，股权价格或股票增值权的执行价格不超过股票的市场公允价值。本条例还详细规定了认定董事的"独立性"的条件，以满足第162（m）条的要求。

根据IRC第162（m）条，薪酬委员会在实施奖金或激励计划时，通常会满足"在薪酬奖励周期开始前90天内，从股东批准的计划中选择绩效指标和标准"这一要求，为奖励计划授予对象设定绩效门槛标准、目标标准和最高标准，并验证前一年绩效目标的实际达成程度和应该支付的相应奖金。由于IRC第162（m）条规定使薪酬灵活性受到限制，所以公司的高管奖金计划通常会设计分为两类：受IRC第162（m）条约束（或可能受此约束）的管理人员的奖金计划和不受此规定约束的其他管理人员的奖金计划。通常后者有更大的自由裁量空间，绩效标准也更主观。在第二类奖金计划中，公司能够较为容易地建立基于绩效的奖励安排，再配上"否定性自由裁量权"功能，因而，上市公司通常能够规避 IRC 第 162（m）条除基本薪酬和其他非绩效性（如按时间授予的）薪酬之外的基本扣除限制规定。

对高管薪酬扣减进行限制至少被证明是广受欢迎的，第 162（m）条因而被扩展应用到两个新的领域。一是《2008 年紧急经济稳定法》（Emergency Economic Stabilization Act of 2008）增加了第 162（m）（5）条，该法条规定，那些根据《不良资产援助计划》（Troubled Assets Relief Program，TARP）将资产出售给国库的企业，在其接受 TARP 的财政援助期间，该企业每人每年的薪酬扣减不得超过 50 万美元。这一条适用于私人企业和上市企业（获得了超过 3 亿美元的财政援助）的 CEO、CFO 和其他三名薪酬最高的高管。一旦某位高管被纳入该规定的适用范围，其基于绩效的薪酬就必须被纳入，其薪酬在履行 TARP 援助规定的义务期间都必须遵守该扣减限制。

二是《2010 年患者保护与平价医疗法案》（Patient Protection and Affordable Care Act of 2010，PPACA）增加了第 162（m）（6）条，该法条规定，那些最低健康保险覆盖率的公司（它们基本上都只为员工提供最低的健康保险覆盖率，仅满足 PPACA 规定个人必须拥有的健康保险要求）的员工和独立承包人，其薪酬扣减每人每年不得超过 50 万美元。与第 162（m）条规定的其他薪酬扣除限制相比，此限制适用于那些最低健康保险覆盖率的公司的所有雇员、管理者和董事，以及他们控制的业务集团成员企业。所有的基于绩效的薪酬都必须遵守该规定，概无例外。

这些条款是否会诱使目标雇主限制他们支付给高管或其他雇员的薪酬，或者仅仅被视为通过扣减限制，对那些向备受争议的政府慷慨资助的雇主征收额外所得税的规定，还有待观察。

23.5.2 第 280G 条："黄金降落伞"

IRC 第 280G 条颁布于 1984 年，用以管理"黄金降落伞"的收益。它不允许当公司控制权发生变更时，对向"不符合资格的个人"支付的"超额金色降落伞奖金"做扣除处理。IRC 还有一个匹配的条款（IRC 第 4999 条）规定，个人获得的"超额金色降落伞奖金"按 20% 的税率征税。与 IRC 第 162（m）条规定不同，这两条规定适用于许多私营公司和上市公司。

通常，"降落伞奖金"是在控制权（按照法规规定）发生变更时支付的薪酬。它不仅包括传统的"降落伞"收益，还包括销售奖金、人才保留奖金和其他类似的制度安排。"不符合资格的个人"是指占股比例大于等于 1% 的股东、公司高管或高薪员工，在法规中有更加详细的认定（当然也包括一些排除情形）。

IRC 第 280G 条规定还包含一个并发的杠杆功能。当且仅当"超额降落伞奖金"超过其本人"基数"的 3 倍时，会触发税收惩罚。"基数"是指本人在公司控制权变更前五年从公司获得的年度平均应税收入。但是，"降落伞谁受惩罚"一旦被触发，它将会适用于"降落伞奖金"中所有超过基数一倍以上的部分。因此，如果超过三倍基准而触发税收惩罚，即使是小幅超额，也会对税务造成巨大的不利影响。

不同企业和高管应对"降落伞税"的方式是不同的。一是，将奖励计划和合同可能实现的降落伞奖金最高限制为基数的 299%。但是，这可能过于武断或导致违背直觉的结果。二是，公司支付补偿费，以抵消"降落伞税"。但补偿费可能成本非常高（特别是当联邦和州的收入边际税加上 20% 消费税，总和超过 50% 时），而且股东对补偿费这个话题非常敏感。还有一种替代方式，就是公司尽可能在税收可以下降之处降低纳税。只有当高管人员实际获得的税后收入比其收入高于基数三倍时所获得的税后收入高 10% 以上时，支付补偿费或放弃 299% 的限制才有可能。

"降落伞税收惩罚"适用于所有上市公司及其"不符合资格的"高管。而私营企业则可以从两项豁免中受益。首先，那些符合 IRC S 分章规定的"S 企业"纳税标准的小规模企业，可自动获得豁免资格（不管它们实际上是否按照"S 企业"进行纳税）。其次，在其他非上市公司中，如果与奖金相关的材料被充分披露（按具体规定执行），而且获得了 75% 的股东批准（在控制权发生变革之前），那么该奖金也拥有豁免资格。初始激励合同可能难以符合此项豁免的所有条件。计划进行控制权变更的私营企业处理这个问题的常规做法是"降落伞清理"（parachute cleansing），即管理人员暂时搁置其现存的"降落伞收益"，而后股东在经过必要披露程序之后重新批准该方案，以满足获得豁免资格的条件。

23.5.3　第 409A 条：关于递延薪酬的规定

IRC 第 409A 条是另外一条关于薪酬税收的重要法律规定，从 2005 年开始实施，其中大量的技术性规定是从 2008 年起生效的。第 409A 条的基本规定非常简单，易用于递延薪酬。

- 递延薪酬是在死亡、失能、离职、控制权变更、不可预见的紧急情况下或根据固定的时间表进行发放。
- 上市公司向"指定员工"（是指关键员工）支付的离职费必须递延至离职后至少六个月才能发放。
- 薪酬递延一年的首次决定必须在员工获得该薪酬的年度开始之前做出（绩效奖金首年的资格条件除外）。
- 首次薪酬递延的决策不允许变更，加速递延薪酬发放也被明令禁止。

如果递延薪酬设计违反了这些限制，那么递延薪酬就将被纳入递延期间（持有且无法被收回的时间范围）的应税收入，也就是说，该递延收入无法适用递延税收规定，而且，还要在个人正常税率基础上额外多缴纳 20% 的所得税，此外，递延（或持有）期间，该薪酬的利息还要在 IRC 规定的纳税欠款利率基础上加上 1%。这些税收都要由雇员（或独立承包人）缴纳，而不是公司，但雇主必须支持这些税收。这种税收规定非常严苛，递延薪酬必须依照第 409 条的新规定设计，否则根本无法操作。

然而，最终的监管规定对递延薪酬的界定非常宽泛，这使问题非常复杂。它包括雇主给予雇员或独立承包人（可能是变动或者并未真正持有的）的、在一年之后才能支付的具有法律约束力的薪酬，例如，股票期权和股票增值计划、离职奖金（包括离职补偿）、不符合条件⊖的高管补充养老计划（SERP）和某些应税的福利收益。即便是普通的奖金安排也可能属于递延薪酬。

递延薪酬的法定定义主要关注例外情形。通常，根据常用法规免税的符合条件的养老计划和福利都属于豁免范围。高管薪酬计划还有一些豁免情形。其中之一是，已经适用于 IRC 第 83 条规定的财产转让。这就涵盖了大多数的限制性股票安排（员工持有该股份奖励的条

⊖　根据是否符合美国《雇员退休收入保障法案》来认定。——译者注

件通常是绩效或时间)。

股票期权和股票增值计划要获得豁免资格的条件是:股票来源必须是雇主,且期权或股票增值计划的授予价格不低于其在授予日的公允市场价格。对于上市公司来说,授予日的公允价值是由市场决定的(如果加入该期权计划的日期没有倒签的话)。对于控制权封闭的公司来说,该条法规已经规定了安全的估值方法,一般要求不管企业的目的是什么,都必须采用评估估值法或公式估值法,但对流动性差的创业公司,评估估值的要求更加宽松。

"短期递延"例外情形是指,在授予之后一年的最后两个半月支付的薪酬,不属于递延薪酬。限制性股票单位计划(当满足授予规定时,该奖励需要进行股权转让)和大多数的奖金计划在设计时都可以应用这种例外情形,除非它们还有其他递延特征。

还有一种例外情形适用于非自愿终止雇用(或参加窗口计划)情况下的遣散费。该规定允许存在少数和非自愿终止雇用一致的"有正当理由"的解雇情况。在该例外情形中,豁免的金额不得超过个人年度薪酬的两倍(如果数额不足的,就考虑采用符合条件的养老金和401(k)计划的薪酬数额的两倍),并且必须在两年内完成支付。根据本条例,该例外情形适用于其他符合条件的遣散费,即使遣散费总金额超过限额,也可适用。该例外情形规定有一个显著的好处,即上市公司员工的六个月延迟规则并不适用于非自愿解雇总补偿费用中例外情形的限额部分。

本条规定详细介绍了以上及其他例外情况,并提供了许多具体的对应。这条规定要求所有的递延薪酬计划都必须以书面形式进行,并且方案条款都必须遵守 IRC 第 409A 条的规定。因此,在设计所有的递延薪酬计划时,都必须咨询和评估其是否符合本条规定的具体技术性要求,以确保符合相应的标准,或确保获得豁免的资格。

23.5.4 IRC 第 4958 条:免税组织的中间制裁标准

那些关于免税慈善组织和教育组织薪酬的税收管理规定,对那些免税的雇主来说至关重要。但是,由于这些规定要求免税组织采用监管机构视为最佳(即使不是最好的)的实践和程序,而这些所谓的实践和程序都来自营利组织。这非常明显地反映了监管者关于哪些做法才是(或应该是)最佳实践的观点。

IRC 第 4958 条规定,如果组织和"不符合条件的人"之间发生不被允许的"过度利益交易"时,那就要从免税公益慈善机构(以及公民联盟和社会福利机构)的"不符合条件的人"(内部人士)和"组织经理人"(董事会成员或可类比人员)那里征收中间制裁消费税。过度利益交易指向"不符合条件的人"支付的不合理薪酬。该条规定阐述了被认为是合理的薪酬情形。

根据本条规定,免税组织董事会在批准薪酬时,该组织必须符合以下前提条件。
- 完全是由独立的个体组成的,不存在利益冲突。
- 基于适当的可比性数据做出决定。
- 充分记录其薪酬决定的依据。

上文中所谓"可比性数据"是指,根据董事会成员的知识和专长,该组织为董事会成员决定薪酬安排提供了合理的、充分的信息。董事会必须考虑个人的薪酬和福利总额,必须包括由相关组织或通过相关组织支付的薪酬。

在确定年收入超过 100 万美元的组织的薪酬是否合理时,相关信息必须包括以下特征:类似情形的组织的薪酬水平(包括应税金额和豁免金额)、功能类似的职位、在该组织的地理区域内提供类似服务、现行薪酬调查经由独立公司收集并且由提供类似服务的组织书面提供。董事会还必须确保任何向高管提供福利的意图都必须作为薪酬加以声明，并且按薪酬来进行实际处理。

上述第三个前提条件是文件记录，通常是董事会或委员会的会议记录。会议记录必须载明已批准的交易条款、批准日期、出席并参与该交易辩论或讨论的交易和投票的董事会或委员会成员、所依赖的可比性数据和该数据的获取方式，以及与该交易有利益冲突的董事会成员关于本交易的所有行动。

此外，如果董事会认为薪酬高于或低于可比性数据，那么这一事实以及董事会或者委员会的理由就必须被记录在案，作为会议记录的内容。如果会议赞成支付高于平均数的薪酬，那么必须记录的信息（若有）包括：拟议薪酬占组织收入和费用的比重、高管人员的追踪记录、竞争性报价、替换高管人员的难度和成本，或组织需要管理人员具备特殊资质和才能的特殊情况。

23.6 最佳实践

23.6.1 定期安排

董事会和薪酬委员会应该有薪酬决定的常规时间表和程序。根据 IRC 第 162（m）条（如前文所述）的规定，绩效奖金的目标和目标额度的决定、实际奖金额度的批准都必须按照（或者应该遵循，至少上市公司应如此）常规年度计划执行。这一点同样适用于期权和其他权益奖励。应避免临时授予奖金的情形（除非有其他令人信服的商业原因，例如，需要为新聘请或新晋的高管人员提供奖金授予）。奖励金支付的时间应由董事会或者薪酬委员会控制，不得转由管理层决定。

董事会或者委员会应至少每年对薪酬总额、离职薪酬和所有可预见的待支付福利进行一次全面审查。SEC 披露监管条例要求上市公司统计和更新这些潜在的薪酬支付信息，并且按年进行详细披露。

23.6.2 薪酬数据表

企业管理层（或顾问）必须确保董事会或薪酬委员会在做出重要的薪酬决定（包括雇用合同的批准）或进行前文提及的年度薪酬审查时，手里有全面的薪酬记录表。在做出关于雇用合同、退休安排和遣散费的决定，或进行年度审查时，这些表单都大有帮助，它必须清楚显示，员工在各种可能的情况（例如，死亡、失能、非自愿或善意解雇、自愿离职或过错解雇）下将得到的薪酬。该表单应以美元为单位来呈现所有薪酬形式（包括养老金、递延薪酬和退休津贴，以及那些无法扣除薪酬部分的税收）的金额。如果薪酬的金额取决于其他事件（如控制权变更）或者公司股价的影响，那么就应该列举不同的情形。

即使只有部分薪酬要素有待决定（如基本薪酬审查、奖金或股权奖励），这些表单中仍应包括所有影响个人薪酬的要素。这使得决策者可以在整体薪酬的背景下进行这些薪酬要素的评估。这也可以让决策者发现，哪项薪酬要素会因为其他薪酬要素的变化而发生变动。例如，基本薪酬的略微增长可能会显著提高管理人员补充养老金计划，或公司在控制权变更时提高"降落伞税收"的包税额。

当然，这些数据必须以有效的形式收集和呈现，必须避免信息过载。可以根据 SEC 披露监管规定的薪酬讨论和分析（CD&A）的表格要求开始收集和呈现数据。一方面，这使上市公司可以为这些披露提前做准备。它还能识别出那些可能会招致批评的有问题的做法，并且使得公司可以更加及时地采用前沿方式来解决这些问题。对计划和奖项进行修订可以避免那些可能的、不愿出现的信息披露。这对于遣散计划、变更控制协议、退休计划和额外津贴等特别重要。在薪酬决策时提前准备披露报表，也会使董事会和薪酬委员在审查公司代理披露声明或者年度报告的相关部分时不至于过于诧异。

23.6.3 咨询顾问

对于任何规模的公司来说，邀请外部薪酬顾问都是薪酬设计过程中不可或缺的一部分。薪酬顾问可以提供高管薪酬的对标信息，并准备前文提到的薪酬数据表。但是，要明确外部顾问的报告和建议只是对董事会或薪酬委员会决策的辅助，而不是替代。董事应明确了解公司的高管薪酬战略，以及相关的各种指标和其他标准。

薪酬顾问应该是真正独立的。在规模较大的公司中，董事会或薪酬委员会可能会聘请自己的顾问，而不是依赖管理层或公司的顾问。如果一家咨询公司同时向管理层和董事会报告，那它至少应该能够在管理层不在场的情况下与董事会或薪酬委员会单独会面，以便使董事有机会提出任何关于管理层薪酬报告和建议的问题。如果顾问与公司还有其他的利益关系，必须向董事会或薪酬委员会披露，以便能够评估顾问的独立性。这类关系也必须在上市公司的代理披露声明中披露。对于董事会或薪酬委员会来说，在重新协商现职 CEO 或其他高管的雇用合同或薪酬方案时，有独立的顾问（包括法律顾问）是非常重要的。高管薪酬几乎总是根据（或至少在考虑）类似公司的类似高管职位薪酬的数据来设定的。在选择对标公司时，必须小心谨慎。在和对标公司比较公司规模和高管相关经验时，可能需要对原始比较数据进行调整。如果要确保对标的客观性，对标公司的名单就需要提前制定并坚持下去，而且没有必要因为其他原因对已经达成的薪酬水平决定进行调整。

23.6.4 股票期权授予实践

尚未完成薪酬方案设计的公司，应该审查其股权薪酬计划和股票期权的相关安排。如前所述，每年按同一时间进行定期选择，将有助于确保授予日期的完整性，也有助于确定授予对象奖励（和其他薪酬）的价值总额，这将有助于确保董事会或委员会掌握足够的信息。批准奖励授予不仅应包括股份数量和行权价格，还应包括股票期权或其他奖励计划的具体形式；授予对象应得到及时的相关通知（和协议副本）。不得进行事后的重新分配或调整。如果管理层推荐股票期权（或其他权益）奖励，应该用书面形式说明推荐理由（以及建议股数），并记录在委员会会议记录之中。

23.6.5 举行会议

董事会或薪酬委员会的记录应反映，方案已经遵循了前文所述的最佳实践。会议中还应该针对具体行动，而不仅仅是针对书面同意结果进行相互探讨。如果要进行特别重大或潜在的有争议的决定，可以考虑进行一次会议讨论，下一次会议再进行表决。应提前发放薪酬数据表和其他文件，以确保会议有时间进行彻底的分析和讨论。可以考虑让管理和薪酬顾问来讨论和解释这些建议，且顾问应有机会在管理层不在场的情况下接受董事会或者薪酬委员会的提问。

如果董事会或委员会的一两名成员发起了值得关切的议题，那么他们所依赖的相关信息和研究（而不仅是他们的观点和结论），应该与董事会成员或委员会全体成员共享。董事会会议记录必须反映出对该问题的考虑和所做的决定，包括顾问的报告和／或管理层对该报告的支持与否，该记录应在会议结束后立即完成。

本章小结

至关重要的是，薪酬设定过程必须被视为一项至关重要的企业活动。在此过程中，最关键的是达成决策目标以有效地提升组织绩效，而不仅仅是满足政府的强制监管要求。本章之所以讨论这些监管规则，基本目的是帮助公司确保其为薪酬所支付的每一美元都获得了相应价值。即使没有政府监管，这也应该是企业薪酬功能的最终业务目标。

参考文献

Bickley, J. M., and G. Shorter. 2007. "Stock Options: The Backdating Issue." *CRS Report*, March 15.

IRC Section 162(m) Regulations: 26 C.F.R. § 1.162-27.

IRC Section 208G Regulations: 26 C.F.R. § 1.280G-1-4.

IRC Section 409A Regulations: 26 C.F.R. § 1.409A-1-4.

IRC Section 4958 Regulations: 26 C.F.R. § 53.4958-6.

Kraus, H. 2007. *Executive Stock Options and Stock Appreciation Rights*. Law Journal Press, New York.

Mishel, L., and N. Sabadish. 2013. "CEO Pay in 2012 Was Extraordinarily High Relative to Typical Workers and Other High Earners." Economic Policy Institute Issue Brief 367, June 26.

SEC Disclosure Rules: 17 C.F.R. § 229.402.

SEC Say-on-Pay Rules: 17 C.F.R. § 240.14a-21.

SEC Proposed Pay Ratio Rules: Release Nos. 33-9452, 34-70443, 78 Fed. Reg. 60560 (Oct. 1, 2013).

Seitzinger, M. 2010. "The Dodd-Frank Wall Street Reform and Consumer Protection Act: Executive Compensation." *CRS Report*, July 21.

Shorter, G., and M. Labonte. 2007. "The Economics of Corporate Executive Pay." *CRS Report*, May 8.

第24章

制定高管雇用协议

安德里亚·S. 拉特纳（Andrea S. Rattner）
普士高律师事务所（Proskauer Rose，LLP）

　　虽然不少人都在倡导终止高管雇用协议，但是高管雇用协议仍然相当流行，尤其是CEO的雇用协议制度。但是，这并不意味着高管雇用协议继续采用的形式与往年相同。近年来，企业对公司治理和"最佳实践"的关注越来越多，这导致过去雇用协议中的某些条款不再受青睐，而有一些新条款已经成为当前高管雇用协议的一部分。

　　高管雇用协议的这个"新常态"并不是由单一事件或因素造成的，而是由多种事件和因素共同影响演变而成的，包括不断增加的监管法律法规、对上市公司和代理咨询公司（如机构股东服务（ISS）和Glass Lewis等）的监督加强、股东至上主义的盛行，以及公众和媒体对高调的高管协议（其常见特征是过高的薪酬，或者为高管的失败支付薪酬）的关注和愤慨等。在不断增加的监管法律法规方面，《国内税收法》（IRC）第409A条引入了关于不符合条件的递延薪酬的相关规定，这引发了企业对除基本薪酬之外的所有薪酬形式的反思和重组。这自然影响了高管职业协议的起草。此外，2010年《多德－弗兰克法案》的通过，特别是其中赋予股东对规定范围内高管的薪酬话语权表决权的规定，对上市公司高管的薪酬有一定的影响，而且对高管的雇用协议条款和条件也产生了相应的影响。然而，因为所有的薪酬话语权表决提案从2011年（这是《多德－弗兰克法案》强制要求薪酬话语权表决权的第一年[1]）起都需要得到股东们的批准，所以很难确定这一影响是否有实际意义。尽管如此，许多公司仍在根据其业务事项的优先级来寻求其与这些法律和公司治理因素的平衡，主要考虑的业务事项是，为适应迅速变化的业务和劳动力市场，制订和实施吸引、保留和激励关键人才的薪酬方案。

本章主要是总结在监管和公司治理不断加强的时代，公司和高管在订立新雇用协议时或者修订既有雇用协议时常见的需要处理和谈判的关键条款，但这并不是说我们会涉及谈判过程中可能出现的每个问题。每一次雇用协议谈判都受到公司和高管的具体情况的影响，谈判达成的高管雇用协议最终条款和条件很可能会偏离本章最后总结的那些特点。此外，根据具体情况不同，可能存在无法为高管提供雇用协议的情形。然而此时，企业一般都会提供针对具体员工群体的非正式遣散政策或计划，以及包含关于保密、竞业限制、不挖公司员工和客户等限制性内容的单独协议。

24.1　雇用协议的期限

许多高管雇用协议都包含固定期限，在该期限内，公司承诺雇用该高管人员，高管人员也承诺为公司工作。固定期限的时限影响当事双方出于不同原因，在协议规定的有效日期之前，提前终止高管雇用协议的权利。尽管限制员工在约定期限内主动终止雇用协议的做法（如果员工主动终止雇用协议，公司可以起诉他，并要求赔偿）一度很流行，但现在却不太普遍。同样，公司主动终止高管雇用协议的做法也不太常见，因为即便提前终止协议，高管仍能够获得雇用协议规定的整个雇用期限内公司应该支付的所有薪酬和福利。有时候，雇用期限的剩余部分会被用作在特定的合同终止情况下，计算向高管支付的遣散费金额的基础，但目前一般不会这样做，因为现如今的高管雇用协议往往会在特定的终止情况下规定一个固定的遣散费金额，该笔费用一般与雇用协议期限无关。计算遣散费考虑雇用期限的范例是，在公司采用无理由终止雇用合同时，公司向该高管支付高于某个固定数额（如一年的基本薪酬）的遣散费，再加上未履行完的合同期的基本薪酬总额。

如今，关于雇用期限的常见问题是这个期限是否应该固定（例如，从签订之日起三年），如果有固定期限，需要根据特定的通知续约（这种做法不太常见），或是除非明确通知不予续约，否则自动续约。如果雇用协议按规定自动续期，则需要具体说明如何进行续约（例如，在初始期限之后，合同是自动续期一年、连续单年、多年期或是按天或者其他周期滚动）。虽然许多高管都有自动续签规定，但 ISS 和其他代理咨询服务公司普遍认为，雇用协议固定期限比自动更新更好，因为固定期限合同可以让双方在合同期结束时重新审视合同，并避免在自动续期合同中可能出现终身制问题和不合适的条款持续运行的问题。相反的是，高管人员更倾向于自动续期的合同。在本章后面的"雇用协议终止情形和遣散费"部分，我们将会讨论一个相关的问题：如果公司没有续签雇用协议，是否应该支付遣散费。

与高管雇用协议不同，在聘用通知书和类似的雇用信中一般不包含雇用协议期限。但是，这些信件通常包含对"根据意愿而聘用"的肯定性说明，即公司可以随时、以任何理由终止雇用关系。

24.2　职级／岗位、职责和报告关系

大多数高级管理人员都希望他们的雇用协议能够明确其职级、职责和汇报关系，以使他们在受雇组织中更安心。与此同时，公司希望在不用担心触碰雇用协议中的高管权利的情况下，保持业务经营的灵活性。例如，可以在职级、职责或报告关系等的发生实质性下降时，基于"合理"原则而支付遣散费，终止雇用关系。

尽管在雇用协议中明确规定高管的职责关系非常简单,但是明确职责和报告关系可能会引发其他问题。通常,雇用协议中不会列举过于细致的内容,但会明确规定高管人员将拥有与其岗位相称的职责。有时候,高管会通过参考相同规模的公司中的相似高管职位来确定其职责,但实际上仍然难以确定。应注意确保赋予高管人员的职责和权限不会膨胀,在公司章程授予董事会的职权范围内。例如,虽然雇用协议中不会说明,但有时候企业有必要赋予CEO在招聘和解雇高管方面的某些权利。但这些权利受公司章程约束,或CEO的权利仅限于向董事会提出建议,而不能赋予CEO最终决策权。

从公司的角度来看,雇用协议应该清楚地表明,高管可以尽最大努力来履行职责,提高公司的利益,并且将其全部(或几乎全部)时间(通常被称为"工作时间")投入到公司业务之中。而从高管角度看,他可以在雇用协议中同意将大部分时间投入业务的要求,但如果是和其职责相关而与绩效无关的公司外活动,他们通常只能参加得到公司许可的部分。公司可以允许高管从事某些得到许可的公司外部活动,理论上,这样做至少有些活动可以为公司提供附带利益,不仅仅是满足高管的要求,同时也可以促进双方的信任。得到许可的外部活动可能包括担任非营利组织的董事,从事慈善活动;担任营利性实体的董事,参加产业或贸易活动(包括写作和演讲活动);帮助个人和家庭管理其财务和投资活动等。但是,公司往往会在雇用协议中限制这些活动,公司一般只会在没有实质性干扰高管人员对公司的职责或造成利益冲突的前提下允许其参与这些活动。相对于参与非营利性组织董事会的活动,董事会对于参与营利性组织董事会的活动的限制要求更为严格,所有此类活动都需要得到董事会的事先批准。

高管人员通常希望了解他们汇报对象的头衔。CEO的汇报对象通常是董事会,虽然董事会有独立的董事长,但CEO也可以向董事报告。高管(除CEO之外)通常会直接向CEO报告,有时公司明确规定向CEO或其代表报告。而CFO需要向CEO汇报,也要向公司董事会的审计委员会(或该委员会主席)汇报。最高级别的高管的报告关系可能不会在雇用协议中明确说明,如果要说明,也会在条款中规定一定的灵活性。

24.3 薪酬

通常,薪酬是高管雇用协议的核心内容,因为它表明他将从各方谈判的协议中获得的收益,这关系到高管人员将从双方谈判的协议中获得的利益,即高管同意为公司服务,并且期望能够获得相应水平的薪酬和获得其他额外薪酬的机会作为回报,有的雇用协议只规定薪酬方案最基本的组成部分,如起始薪金、潜在的自主决定的奖金机会,以及公司根据相应的计划、条款和条件(包括修改或终止这些计划的权利)提供的福利。有的雇用协议则详细列出了当前薪酬方案的每个方面,并确定了获得额外薪酬的权利(例如,明确规定未来进行定期加薪或股权授予的权利)。许多高管雇用协议会对此进行平衡,在协议中说明初始薪酬组合的各个组成部分,即固定薪酬和合同期内的奖金机会;同时,保持在薪酬未来增长、股权激励授予和其他薪酬形式等方面的灵活性。

1. 基本薪酬

所有的高管雇用协议都说明了将向高管支付的最低水平的基本薪酬,这是雇用协议的固定条款(但在录用信中,我们通常只会看到合同第一年的基本薪酬起薪)。雇用协议可以载明,董事会薪酬委员会负责每年审查基本薪酬,并自主决定是否增长基本薪酬。雇用协议还可以载明，在合同期内增加基本薪酬的具体时间点，增加数额是基于谈判约定的数额还是根据具体的生活成本变化。许多高管雇用协议规定，基本薪酬增加之后不能再降低；如果基本薪酬数额增加，基于基本薪酬计算（即基本薪酬的一倍）的遣散费也会相应增加。

上市公司应该注意，根据《国内税收法》（IRC）第 162（m）条规定，支付给 CEO 或其他在代理披露声明中列明的高管的基本薪酬，如果超过 100 万美元，那就不能享受税收减免优惠。尽管有相当数量的上市公司将 CEO 年度基本薪酬限制在每年 100 万美元以内，但仍有许多公司出于不同的业务考虑，选择超过这一基本薪酬的门槛。

2. 年度奖金

许多高管雇用协议载明了向高管人员提供的年度奖金机会。虽然有的雇用协议约定了自主决定的奖金，但趋势是提供基于绩效的奖金。雇用协议可以载明与奖金挂钩的具体绩效指标和目标，或者说明具体绩效指标和目标将由薪酬委员会自主决定，或在与高管人员协商后确定。通常，奖金的数额都按基本薪酬的一定百分比计算，以赚取具体的奖金数额（即在实现了绩效目标时应支付的奖金）。有时，雇用协议也可以载明在绩效目标的门槛值（最低值）和最高值之间的百分比（例如，最高绩效的奖金帽是基本薪酬的 200%）。在雇用协议中明确可能的最高奖金数额被视为一种"最佳实践"，因为它可以减低潜在的风险。如果不对潜在的奖金进行限制，可能会被视为鼓励高管过度冒险，以获得畸高的奖励。

根据《国内税收法》第 409A 条关于递延薪酬的规定，雇用协议中应载明奖金的支付时间，以确定该奖金是否获得豁免，或者符合第 409A 条规定。此外，雇用协议还应该明确，高管人员是否必须在奖金支付日或公司财年的最后一天仍在职才能领取奖金。

雇用协议中也应该载明不同的终止雇用合同情形对应付给高管的奖金数额（如有）的影响。例如，合同可以规定，在高管死亡、因失能而终止合同，或公司无过错终止高管合同时，高管可基于绩效目标的实现程度，按比例获得的奖金。在上市公司中，当发生某些雇用终止情况（通常由公司提出的无过错解雇，或由高管提出的合同合理终止）时，根据目标绩效（而不是实际绩效）按比例支付的奖金，可能触碰到根据《国内税收法》第 162（m）条规定的 100 万美元税收可减免线。此外，雇用协议还应考虑年度奖金的追索或赔偿问题。我们将在本章的"追索条款"部分详细解释该问题。

上市公司的奖金通常被设计为"基于绩效的薪酬"，以便获得根据《国内税收法》第 162（m）条的规定的奖金税收减免。根据第 162（m）条的技术性规定，在雇用协议中增加具体条款可以强化这种设计，例如，协议中说明，待支付的奖金须属于已经获得股东批准的奖励计划，或已获股东批准的、用于未来实施的特别奖励安排计划或安排。

需要注意的是，新聘高管的雇用协议可能包含附加条款，用以说明签约和其他特别奖励，这样设计的目的是吸引候选人，有时还包括为新聘高管提供离开前任雇主的"提前离职补偿"条款。但是一般而言，机构投资者和代理咨询公司（如 ISS）都不会支持在高管雇用协议中包含保证奖金条款，尤其是多年度的保证奖金承诺。

3. 股权奖励

虽然有些高管雇用协议不愿提及股权奖励，但也有许多雇用协议以某种流行的方式来解决股权奖励问题。从公司的角度来看，如果在协议中概要地表述，"根据公司的单方决定，高管有资格获得股权奖励"，公司能够获得显著的灵活性。不过，这样的做法可能无法实施，因为高管想要获得的股权奖励是可以明确预期的。公司可以采取各种形式来达到此目的。例如，高管会同意公司为其提供与其他类似职位高管相同的待遇。然而，在多数情况下，为了吸引潜在的候选人（尤其是 CEO 候选人），公司都需要明确承诺提供具体的股权奖励方案（通常是和高管雇用协议同步提供）或承诺向董事会薪酬委员会提供具体的股权奖励建议方案。该方案一般需要包括在高管雇用协议中明确授予股权奖励的数额（例如，载明该股权奖励的股份数量，或者基于股权的奖励转换为美元或基本工资百分比的数额与方法）和股权奖励的性质（如股票期权、限制性股票、限制性股票单位、绩效股票/单位）。代理披露声明的咨询公司（如 ISS）和机构投资者重点关注的是股权奖励的规模和性质，特别是该奖励是否以绩效为基础。

高管雇用协议还可以载明关于具体的基于股权的奖励计划的格式条款和条件，以管理股权奖励。有时，雇用协议会载明适用于具体股权奖励的某些关键条款和条件（例如，奖励期限、归属和行权资格条件、特定终止情形的影响，以及追索或限制性约定条款）。通常情况下，这些关键条款和条件适用于雇用协议生效时授予的股权奖励，而不适用于所有未来的奖励，因为这种做法对公司评估和选择合适的奖励方法有非常显著的影响，未来奖励方法的评估和选择将受众多因素的影响，包括高管的绩效、公司发展情况和市场状况。在实践中，企业应当根据具体情况，在雇用协议中规定，雇用期间的股权授予（或常规授予）的条款和条件。

此外，上市公司应特别注意，股权授予承诺应和股东批准的股权计划条款和条件保持一致。在实施基于股权的奖励计划时，公司必须考虑股权限制问题。公司必须确认股东批准的股权计划是否有足够多的普通股股票用于未来的股权授予，以及股权授予的规模是否符合《国内税收法》第 162（m）条关于个人股份的限制（或其他相关的限制）。如果没有可用的股份，那么雇用协议可以在以下情况下提供股权奖励：①股东批准股权计划修正案，增加可用的股份数量；②暂不授予，直到获得股东批准；③在遵守根据纽约证券交易所（NYSE）和纳斯达克证券交易所（Nasdaq）的诸多要求情况下，在公司股东批准的股权奖励计划之外，授予新聘高管"实质性诱因"股权。公司遵守这些交易要求而采取"实质性诱因"股权奖励时应考虑是否可以不用遵守股权计划的股东批准规则呢？这一决定受许多因素的影响。一个后果是，根据《国内税收法》第 162（m）条规定，相关股权激励可能会失去税收减免资格。

4. 福利、津贴和附带福利

高管雇用协议中通常会规定，根据公司福利计划的条款和条件，高管有资格参与。有时，高管会要求在雇用协议中明确，拥有参与公司为相应级别高管提供的福利的资格，或确定他们希望获得的具体高管福利（例如，提高失能或人寿保险福利、某些不符合条件的递延薪酬或高管补充养老计划）。根据具体情况，雇用协议中可能会包括某种高管特别福利和附带福利，例如，汽车津贴、财务规划和税务准备服务，以及搬迁安置费等。然而，由于披露需要，以及 ISS 和机构投资者对畸高的养老金、高管补充养老计划和超额津贴的保守看法，这些条款大部分都已经从雇用协议中取消了。所有给予额外津贴或附带福利的决定都应慎重关注这一背景。

5. 假期

尽管许多雇用协议规定了适用于高管的最低休假时间，但是仍有大量高管雇用协议规定，高管有权享受公司政策规定的假期。正确的做法是，雇用协议中应该清晰地载明公司所采用的政策，包括公司关于假期结转的政策。

24.4 雇用协议终止情形和遣散费

协议终止和遣散费条款是高管雇用协议的重要内容，通常也是公司与高管谈判的重点内容。然而，正如前文讨论所说，旧式高管雇用协议通常没有关于协议终止和遣散费的细致条款，相关的条款只是规定了在公司或者高管提前终止雇用关系的情况下，雇用双方应该继续履行的义务。根据雇用协议中关于终止协议的条款，由于提出协议终止一方可能已经在合同期限内违反了雇用协议，因此，另一方有权起诉提出终止方，并获得相应的损害赔偿。如果公司是违约方（即提前终止与高管的雇用协议），高管通常会主张获得按照公司完整履行雇用协议的情况下所应支付的薪酬和福利作为补偿。

相比之下，新式高管雇用协议通常会包括终止雇用情形，以便在约定的合同期限之前终止协议。通常，大部分（但不是全部）雇用协议终止之后，相应的义务也就终止了。例如，公司提供薪酬和福利的义务会终止，但仍应向高管支付遣散费，并且提供补偿金保护。从高管的角度来看，他将不再有义务为公司提供服务，但在特定情形下，他可能需要继续遵守限制性约定的义务，并会受到某些条件的约束，例如，公司可能会追索奖金，或者为获得遣散费而签署相应协议。

高管雇用协议中常见的协议终止情形包括死亡、失能、公司提出的有过错或无过错（通常是因为高管的不良行为）解雇、高管提出的合理（通常是因为雇主的负面行为，这相当于高管提出的建设性终止）或无因终止，以及高管和公司不再续约。并非所有的雇用协议都会包含所有终止情形。通常，一个合理的理由并不能作为触发合同终止的情形，除非这一理由来自组织中的最高层（即首席高管层）。

有的高管雇用协议中还可能包括适用于高管退休的权利（但这种内容条款并不常见）。退休情形通常会定义为，达到特定年龄并且为公司服务达到一定年限，或年龄加上服务年限达到指定的数字，如 75）。如果出现退休事宜，薪酬、福利和其他权利往往会根据具体情况进行个案评估和处理。

尽管以上所有这些情形下都可以终止协议和雇用关系，但这些情形并不是一定要支付遣散费。遣散费通常是在公司无过错解雇的情况下支付的，如果协议中有正当理由权利的规定，那么高管提出的合理终止[⊖]也应按照公司无过错解雇支付的遣散费标准支付相应的遣散费。如果由于公司不续签而终止雇用协议，在实践中是按照雇主提出的无过错终止还是合理终止来处理遣散费问题，具体做法有所不同。如果雇用协议为固定期限且无续期条款，理论上，企业不支付遣散费，因为合同期结束时，双方已经获得了协议约定的相应收益。如果高管死亡或失能，公司有时候会提供遣散费（通常给付水平会有所降低），但是许多公司（尽管不是大多数）不会为此支付遣散费，而是依靠养老或失能保险为高管提供保障。在高管没有正当理由的情况下提出终止协议，那企业就很少会为此支付遣散费（终止合同当年的部分奖金，一般也不会支付），但此时，高管退休可能会促发股权奖励计划的某些权利（例如，股票期权的行权期相应延长，这一点通常会在奖金协议中载明，并且行权不一定包含在雇用协议中）。如果公司因高管过错而提出终止协议，那么企业什么也不会提供，事实上，所有授予的待遇都会被没收。

[⊖] 即雇主存在负面行为情况下高管提出的协议终止。——译者注

1. 死亡

虽然没有必要在雇用协议中定义死亡，但雇用协议中应该说明，如果高管死亡，相应的款项应该支付给谁。通常情况下，大多数雇用协议都会将全部付款（如应计工资）和利益（例如，对于特定福利的持有权和股票期权的行权权利）视作高管的遗产。有的高管协议会载明受益人或允许高管指定受益人（根据处理方式不同，可能会导致公司福利计划存在歧义，并可能产生行政管理问题）。有的高管协议则规定，仅在死亡时支付应付金额，并提供高管死亡时的人寿保险保障。还有一些高管协议则会更进一步，为高管死亡提供特定的福利和权利，如股权或其他福利（如补充高管退休计划）的全额或按比例的加速授予和支付，以及如高管死亡，企业就基于目标值或根据实际绩效，按比例支付相应奖金。

2. 失能

通常，高管雇用协议会规定，如果高管失能，雇用协议则终止，且不支付任何遣散费。雇用协议通常会从高管的视角对失能进行定义，因此公司一般难以触发该条款。通常，失能的定义会参照公司的长期失能计划的定义，在规定的时间期间内不能履行职责的天数（有时要求是连续的）达到设定数字，无法履职的决定一般由公司的签约医生做出，或经双方同意，失能的定义也可以参照《国内税务法》第409A条的"失能"定义。根据第409A条的规定，"失能"情形一般是指，由于医疗上可确定的身体或精神损伤可能导致死亡或持续至少连续12个月的伤害，高管因而无法从事任何"实质性有偿活动"，或者由于医疗上可确定的身体或精神损伤可能导致死亡或持续至少12个月的伤害，高管因而根据公司的意外和健康福利计划享受了至少3个月的收入补贴福利。一般来说，如果因失能终止情形而导致雇用协议终止，失能也可以使用除第409A条之外的定义。根据第409A条的规定，触发相关支付的情形是雇用协议终止（必须构成第409A条规定的"离职"），而不是失能。详情参见下文"第409A条规定"。

3. 解雇事由

定义解雇事由的目的是，界定导致雇用协议终止时，高管无资格获得遣散费或其他福利、丧失已授予的相关权利，或已支付的奖金被追回的不良行为。解雇事由通常包括某种程度的犯罪活动（包括重罪和轻罪，通常排除交通违章，轻罪需要认定），这些犯罪活动通常会触发委托、起诉，或包括认罪/无罪申诉（即无抗辩）的犯罪委托。解雇事由还包括一系列其他不良行为，例如高管欺诈、贪污或失信行为，过失（通常是重大过失）或故意的不当行为，违反公司的政策和程序，违背公司董事会的指示，违反雇用协议（或其他合同），渎职等。雇用双方对所有可能构成解雇事由的不良行为，都进行强有力的谈判，以确定是"故意"行为，并判断是否会对公司及其声誉造成"重大损害"，或者其他影响。解释事由是否应包括高管失职，是双方激辩的重点问题。大多数高管都希望将所有涉及绩效相关的内容从解雇事由定义中删除，或者他们希望采用"故意的"和"实质的"标准，或无履职"意图"来定义失职。有时，高管失职的定义也包括从发现解雇事由情形到该事由可弥补为止的时间期间内，高管弥补相关问题的能力。通常，高管会力求在雇用协议中载明与公司解雇事由决定相关的程序权利（例如，认定该解雇事由成立的董事会成员占比）。

4. 正当解除

正当解除定义的目的是，界定雇主对高管薪酬组合或雇用条件的关键方面做出重大不利变更的情况。雇主做出的这些变动通常被视为等同于解雇高管，一般需支付的遣散费额度和公司过错解雇应支付的遣散费金额相同。通常，正当解除和解雇事由的定义是雇用协议谈判中争论最激烈的条款，因为它们的定义决定了公司是否需要支付遣散费，以及高管的其他福利和权利是得以保留还是被消除。正当解除的情形通常包括高管基本薪酬或其他形式薪酬和福利的部分降低，职级、职务、职权和职责的减少，报告关系的不利变化，业务地域的异地搬迁，违反雇用协议中的雇主义务，董事会提名失败（仅适用于 CEO），以及一些其他的不利于高管的协议变更。通常，正当解除的定义中会包含一些实质性认定和其他例外情形，例如，只要薪酬和/或福利的全面扣减决定适用于全体员工或者类似职位的员工，那么公司对高管的薪酬或福利的扣减就不适用于正当解除。与解雇事由的规定类似，正当解除的定义中通常也包含公司弥补部分问题的权利，这样设计的目的是允许雇主纠正任何可能触发正当解除的行为或疏忽（通常是无意的）。此外，如果企业业务性质正在持续变化，那么正当解除的定义中就会规定，高管书面同意雇用协议的所有不利变动都不构成正当解除情形。

显然，正当解除的定义会影响基于正当解除的遣散费和其他形式的薪酬是否属于《国内税收法》第 409A 条规定的"递延薪酬"的一部分。如果雇用协议中正当理由定义符合第 409A 条的"安全港"规定（通常是对雇用协议或雇用关系的关键方面进行重大不利变动），遣散费就不会作为递延薪酬的一部分，而是在离职时支付。但是，如果定义不符合第 409A 条的"安全港"规定或不符合国税局相关的"事实和情况"标准，那么上市公司的"指定员工"（通常是指持股比例达 5%、持股比例达 1% 且年薪超过 15 万美元，或年薪超过 17 万美元（这是 2014 年的数据规定，IRS 之后又进行了调整）的员工，以上三类员工必须限制在 50 人以下，或者限于薪酬最高的三个人或 10% 员工）遣散费可能要推迟到离职 6 个月后再支付。

根据第 409A 条，正当解除"安全港"定义的规定允许，当出现以下任一情形时，雇主可以在首次出现该行为时起的 2 年之内离职，具体情形包括：①基本薪酬的实质性降低；②高管的权力、职责或责任实质性减少；③高管汇报对象（包括按要求必须汇报的公司官员或者董事会等类似机构的代言人）的权力、职责或责任实质性减少；④高管预算权限的实质性减少；⑤高管开展业务的地理区域发生变化；⑥雇主所有违反雇用协议约定的其他行为。有趣的是，正当解除"安全港"定义并没有涉及职级或岗位的削减。但高管（如 CEO）应该注意这些违约行为是否会造成职级或岗位的实质性下降（假定雇用协议载明了职级或岗位）。正当解除"安全港"定义也规定，在正当解除的情形中，应支付的相关费用的金额、时间和形式应该与雇用协议的非自愿解除情形（若有）相同。最后，正当解除"安全港"定义规定，高管必须在首次出现相关行为后 90 天内通知雇主，公司拥有至少 30 天的时间来纠正。

24.5 遣散费

1. 遣散费的计算

雇用协议无故终止或正当解除时应支付的遣散费数额是雇用双方谈判的关注点。在资深高管的雇用协议中，通常约定遣散费按基本薪酬或按基本薪酬加奖金（奖金计算可以基于目标奖金额或在约定的若干年所获奖金的平均数进行计算）的倍数来进行计算。如前文所述，遣散费可以等于协议剩余期限内应支付的薪酬（或薪金加奖金）。有时遣散费的计算会被表述为，取薪酬的若干倍和协议剩余期限应支付薪酬中的较高者。此外，遣散费还可能包括在协议终止当年奖金的相应比例部分。近年来，尽管有的奖金是根据目标额度来支付的，但越来越多的奖金计划都会与实际绩效挂钩。上市公司无故终止雇用协议时，如果应支付给 CEO（或规定范围内的高管）的遣散费以绩效为基础，可能会损害根据《国内税收法》第 162（m）条规定的 100 万美元的税收减免。

尽管遣散费是雇用协议谈判中的关键条款，但是机构投资者、代理披露声明咨询公司和其他相关主体主要关注高管雇用协议是否提供了过多的遣散费和/或过于容易触发遣散费条款。ISS 指出，在薪酬话语权表决时，在待表决众多事项中，公司是否在因高管绩效不达标而导致协议终止时支付了过多的遣散费，这会被作为一个潜在问题进行具体审查。后面我们将详述，在公司控制权变更时为高管提供高额的遣散费的做法会受到 ISS 和其他机构的严格审查。

2. 遣散费的支付形式

高管雇用协议必须明确高管遣散费的支付方式。通常情况下，公司倾向于分期付款，以便在高管人员违反协议的限制性约定时，公司可以终止支付遣散费。而高管往往倾向于一次性支付遣散费，以确保得到全额付款，避免公司停止付款的风险。在发生公司控制权变更时，高管要求一次性付清遣散费的愿望会增加，因为高管关注买方的信誉（特别是高杠杆交易）和支付意愿。根据推定收入原则（constructive-receipt doctrine）[一]和《国内税收法》第 409A 条的规定，由高管或公司自主选择是分期付款还是一次性付款的遣散费支付方式，可能会产生各种各样的税收问题，因此一般是不可取的。

3. 其他的遣散福利和权利

有时，当企业无故终止雇用协议或者高管合理（或存在公司不续签协议的可能性）解除雇用协议时，高管雇用协议规定提供的额外福利和权利甚至可能超出应支付的遣散费数额。这些福利和权利可能包括股权全额或部分持有、股票期权行权期限延长、不符合条件的递延薪酬或补充高管退休计划福利全部或部分持有、新职位介绍、人寿保险续保或 COBRA（Consolidated Omnibus Budget Reconciliation Act）[二]条款的健康保险的续保（员工不再缴纳其个人应缴纳的部分，而由公司代为缴纳）。如果在雇用协议终止后提供了某些福利（例如，401（k）计划和其他不符合条件的退休计划福利），则应注意不要再提供延续福利，因为这可能会违反相关法律。在许多情况下，如果企业要为高管提供终止协议之后的额外福利和津贴，都需要进行细致的评估，上市公司尤其需要注意，因为这些做法通常会违反相关法律法规。ISS 指出，为退休或卸任高管提供的终身福利、汽车津贴、私人飞机或其他"不适当"的福利安排，都被认为是有问题的，在薪酬话语权表决中都会被具体审查，通常给予的意见都是"保留"或"不予推荐"。

4. 解职要求

通常，雇用协议会约定，当企业发起无过错解雇或者高管发起合理（或存在公司不再续签可能性）解除时，高管须发布支持公司、附属机构和其他相关方的声明，且不得撤回，并以此作为获得遣散费和其他福利与权利的条件。通常，该声明有一套涉及可预见方面的统一做法，但根据情况不同，该声明中也可能会包括一些特殊情况。例如，特殊情况包括高管（根据声明中约定的所有条件）获得遣散费的权利、高管获得根据法规或雇用协议规定的补偿的权利、董事和高管的保险权利，以及养老金计划（如 401（k）计划）持有应计收益的权利。

[一] 指纳税人的总收入中尚未实际收到的部分，如未提取的利息，必须包括在总收入中以计算应征税额，除非其实际收入确实受到一定的限制。——译者注

[二] 即《统一综合预算协调法案》，颁布于 1986 年的美国。——译者注

通常，雇用协议会载明公司的解职声明格式版本（其中包含公司根据相关法律的变化而进行的相应变更），在特别情况下，解职声明的内容须经双方协商确定，并作为附件包括在雇用协议中。有的雇用协议或声明会约定，高管要获得遣散费的权利必须履行其他义务。例如，包括财产归还条款或者合作条款，要求高管在解职的法律程序或调查中配合公司。根据《国内税收法》第 409A 条的要求，雇用协议的解职时间条款应当准确，确定高管可以考虑、签署和不得撤销解职声明的时间段，也应规定在雇用协议终止后遣散费的支付日期（例如，在高管离职后第 60 天支付，最长可延迟为 6 个月）。

24.6　控制权变更

当面临公司控制权变更时，高管会特别关注其自身的境遇，因此，如果他们会要求在其雇用协议中约定公司控制权发生变更时获得更多保护的条款。通常，在由于控制权变更而导致的协议终止时，高管获得的相关遣散费、福利和权利都要增加。虽然由于控制权变更获得的遣散费金额可能会有所增加，但遣散费一般不能超过 3 倍（不管是以基本薪酬为基准，还是以基本薪酬加奖金为基准）。

雇用双方除了协商遣散费金额、其他福利和权利之外，通常还会对这些遣散费用的触发条件进行谈判。在许多情况下，只有在"双重触发"时才会支付相应遣散费和提供相关福利，双重触发是指在公司控制权发生变更之后的约定期限（如 12 或 24 个月）内，由公司提出无过错终止协议，或由高管提出正当解除。有时候，高管会寻求控制权变更的预保护，以避免在预见到控制权变动时就被终止的情形。有时，设立这种预保护方式的目的是，如果在高管雇用协议无故终止或者善意解除之后的规定日期（如 90 天）内发生了公司控制权变更，高管可以获得更多的遣散费。为了符合《国内税收法》第 409A 条对这种预保护方式的要求，雇用协议中控制权变更的定义与第 409A 条的规定相符。

在控制权变更的约定期限内，几乎所有的协议终止（但不包括发生了规定解雇事由的情形）都应向高管支付控制权变更遣散费，这种现象通常被称为分手权利（walk-away right）、半触发或者修正后的单一触发。分手权利通常仅适用于控制权变更后指定的窗口期。在其他某些情况下，会要求控制权变更后即授予股权，但遣散费须在终止协议时才会触发。这种股权授予通常被称为单一触发。

如前所述，在控制权变更时，对遣散费金额及其支付触发条件的审查会更加严格。ISS 的现行政策指出，在其对客户公司的薪酬实践审查中，对控制权变更时的遣散费做法的审查的权重非常高，很可能会导致在薪酬话语权表决建议中给出负面的投票建议。不利的相关实践包括控制权变更时的遣散费超过基本薪酬加平均/目标/最近的奖金的三倍，和遣散费的支付并非由非自愿的离职或非自愿的职责削减触发（例如单一触发，或修正的单一触发）。尽管股权授予的单一触发实践以后还可能存在一些变数，但当前通常不被支持。

根据《国内税收法》第 280G 和 4999 条，与这些控制权变更相关的遣散相关费用可能会触发"黄金降落伞"税收问题，因此，高管雇用协议通常需要载明"黄金降落伞"相关问题的具体处理，上市公司尤其需要注意该问题。如果"降落伞收入"超过一定门槛值，高管就会缴纳 20% 的"超额降落伞收入"的消费税，公司可能会因"超额降落伞收入"而丧失对应的税收减免。虽然公司为"黄金降落伞消费税"包税一度非常常见（特别是对 CEO），但是现在这一做法已经失宠了，取而代之的做法是提供削减条款（即将高管的相关收入金额削减到可能触发消费税的最大额度）或者灵活削减条款（即灵活确定支付给高管的相关收入金额），取以下两种方式中金额更高者：通过削减条款将高管的相关收入金额削减到可能触发消费税的最大额度，或者缴纳消费税但能给高管带来更高的税后净收入的最大额度。ISS已将消费税包税列入问题薪酬实践清单，ISS可能会因此而提供负向投票建议。

24.7　限制性约定

从公司的角度来看，高管雇用协议有一个至关重要的方面，就是在协议中纳入各种限制性约定，如保密条款、竞业禁止条款、禁止挖角员工条款和禁止挖角客户条款等。限制性约定的目的是保护雇主免受现任或前任高管的竞争性和其他有害行为的侵害，该类约定通常适用于高管在任期间和高管与公司之间雇用协议终止后的规定期间内（如12个月、24个月）。有时（不总是这样），限制性约定的适用期与遣散费计算所依据的实践周期一致（例如，支付12个月的遣散费，竞业限制期也为12个月）。

在制定限制性约定时，需要考虑一些关键问题，包括限制范畴（即应该加以限制的内容）、现职持续时间（即应该限制多长时间）、限制的地理位置（即应该在何处施加限制），以及高管违反限制约定的补救办法。

从公司角度来看，与限制性约定有关的关键问题是条款强制力，这在很大程度上取决于限制性约定的范畴和广度。对于在美国（甚至以外的国家）开展业务的雇主来说，这是特别具有挑战性的，因为美国各地的法律条款和管辖范围不同，即在某个州是允许的，也许到另一个州就不适用了。例如，在加州，雇用过程的竞业限制约定在很大程度上是没有强制力的，但有一些州却已经通过了关于限制性条约的强制性法规，而某些州（如纽约州）则没有任何限制性约定法规，并且普遍认为，只有当为保护合理的商业利益，约定限制性条款是合理且必要时，方可执行（尽管纽约州也认可员工选择权原则，员工可以选择竞业，并且放弃相应的福利，或者保留相应福利而选择服从竞业限制）。在许多情况下，为了评估限制性条款的强制力，需要对具体事实和情况进行逐案分析。这可能包括对涉及的行业类型、高管工作的性质，以及高管对公司的立场的评估。

如果限制性约定被认定为不具备强制力，法院也未必会认定整个约定无效。相反，在某些州，法院可以删除被认为是不合理的条款，并执行其余的约定。为了加强这种可能性，通常雇用协议的限制性条款都会包含修订条款，以根据所适用的州法律分析是否需要对部分条款进行修订。有许多法律、商业细节及其影响因素都适用限制性约定，但其中大部分内容都不在本章的讨论范围之内。

24.8　第409A条规定

如前所述，高管雇用协议的许多条款受到《国内税收法》第409A条规定的"不符合条件的递延薪酬"规则的影响。当根据雇用协议设计高管薪酬的所有要素（除基于现有条件支付的非递延基本薪酬之外）时，需要分析该薪酬要素是否符合第409A条的规定。如果符合第409A条的规定，那么设计雇用协议时就应符合相应的规则（以避免对高管加征20%的税款、额外处罚和利息）。例如，设计时应及时考虑是否进行薪酬递延，以及根据第409A条规定允许支付递延薪酬情形时（例如，死亡、固定付款日期、控制权变更或"根据第409A

条定义的离职"，上市公司须遵守递延 6 个月规则的规定范围员工）的具体递延薪酬（如遣散费）支付时间点。如前所述，关于在任一时间点的递延薪酬支付，第 409A 条对许多术语进行了定义（如失能、正当解除、控制权变更）。因为第 409A 条及其规定是非常技术性的，因而第 409A 条的影响非常广泛，并可能对高管造成惩罚，因此在起草雇用协议和设计薪酬支付条款时应特别关注该条规定。

24.9 追索条款

鉴于《多德－弗兰克法案》和大势所趋，高管雇用协议通常会包括追索条款（clawback provisions，也称为薪酬追回或追回条款），使雇主能够在某事件或行为发生时，向高管追回已支付的薪酬。薪酬追回的触发因素较多，可能包括以下几种：

- 实际性重新发布财务报表（可能存在不当行为，也可能不存在不当行为）。
- 奖励薪酬金额计算不准确。
- 由于雇员行为或者疏忽，触发了过错解雇（或者雇员提出协议终止之前，这类行为已经引发了过错解雇）。
- 违反限制性约定（如竞业限制和禁止挖角协议）。
- 违背伦理和其他的违规行为。

高管雇用协议本身可以自带薪酬追索功能，协议要求高管承认、服从和遵守公司的薪酬追索政策，或者可能要求高管承认、服从其公司是根据《多德－弗兰克法案》或其他适用的法律制定的薪酬追索政策。

《多德－弗兰克法案》第 954 章要求美国证券交易委员发布规则规定，如果上市公司因财务报告严重违背相关的财务报告要求而须重新发布财务报告的，则公司要收回对现任或前任 CEO 的奖励性薪酬。由于美国证券交易委员会尚未发布此类规则，对《多德－弗兰克法案》薪酬追索规则的解释和适用性就存在一些疑问。因此，有些公司对此采取了观望态度，但也有一些公司却在高管雇用协议的奖励薪酬中引入了薪酬追索政策。

高管雇用协议中还可能会纳入许多其他各种各样的条款，例如，关于无冲抵条款、高管补偿金、争议解决、管辖法律（非常标准化的条款）和律师费用报销等。虽然高管雇用协议中的部分条款和做法是标准化的，但是显而易见，高管雇用协议中设置的保护和义务条款越来越取决于公司和高管的具体情况，以及双方之间的协商谈判。对于 CEO 级别的高管来说，趋势尤为如此。此外，高管雇用协议和相关薪酬安排的实践将不断发展，以反映不断变化的法律和商业环境。

注释

1. According to Semler Brossy's report entitled, "Say on Pay Results Russell 3000 (July 16, 2014)," approximately 1.4 percent of the companies in the Russell 3000 failed in 2011, 2.6 percent failed in 2012, and 2.5 percent failed in 2013. As of July 16, 2014, 2.4 percent have failed. Of 1,642 companies that held annual say-on-pay votes in 2011–2014, 1,511 (92 percent) passed in all four years, and all but 22 percent (98.6 percent) passed in at least three of the four years. See http://www.semlerbrossy.com/sayonpay.

第25章

破解私营企业长期薪酬激励的秘诀

墨纳·赫勒曼（Myrna Hellerman）
希伯森咨询公司（Sibson Consulting）

叶莲娜·斯泰尔斯（Yelena Stiles）
希伯森咨询公司（Sibson Consulting）

私营企业的长期激励（long-term incentive，以下简称LTI）计划不受监管机构、投资者和媒体的审查与评论的影响。它们不需要严格遵守公认的做法和标准设计，相反，私营企业的LTI计划直接反映了企业所有者分享企业长期经济成功的独立决策。许多企业将LTI计划视为公司成功的秘诀，并将其作为所有者和LTI计划参与者之间的私人事务，密切关注其设计和部署。

虽然私人公司的规模、复杂程度和所有权都处于领先地位，但希伯森咨询公司发现，私营企业的LTI计划方法可以分为六种薪酬模式（见本章下文）。但是没有哪种模式仅适合某种特定的企业规模或企业类型。不同雇主在设计和执行具体薪酬模式要素时差别很大。因此，私营公司所采用的薪酬模式很好地反映了雇主关于如何激励高管对公司长期经济成功所做贡献的独特思路。

本章通过破解私营公司长期激励措施的秘诀，梳理出了改善组织绩效的六种模式。

25.1 破解密码

下文描述了六种私营企业的薪酬模式（见表25-1），并解释了私营公司采取的不同做法。这六个模式之间的差异创造了无限种可能性，这些可能性在私营公司中使用并不断发展。我们鼓励私营公司计划的设计者考虑每个计划的哪些方面最适合哪种公司，符合其所有者的期望、目标和执行能力，而不是设法强行使用这六种模式中的某一种。

表 25-1　六种私营企业的薪酬模式

薪酬模式	基本薪酬	年度激励	长期现金激励	股权授予	特　征
纯雇用 薪酬机会仅限于基本薪酬（频繁地与市场对标）	√				• 为实现可能促进长期经济成功的具体成果提供先期薪酬 • 雇主承担所有的经济风险，并获得所有潜在的回报
年度结算 薪酬机会基于有竞争力的现金薪酬（total cash compensation, TCC）(TCC=基本薪酬＋年终奖)	√	√			• 奖励年度实现的企业目标 • 假设企业每年实现的目标会累积长期影响
关键事件 薪酬机会主要取决于大事件的完成 （主要是退休、IPO 或者销售业绩）	√			√	• 延迟薪酬待遇，将高管的注意力集中于为企业创造价值，从而提高自己的薪酬 • 只有大事件实现之后才能真正获得相应的股权价值
部分当期/多数后期薪酬机会在于以 TCC 为基础并以某一事件完成时的可观薪酬为补充	√	√		√	• 试图在短期和长期价值创造之间达到平衡 • 只有大事件实现之后才能真正获得相应的股权价值
经典的 薪酬机会以竞争性的直接薪酬（TDC）为基础 （TDC=基本薪酬＋年终奖和长期激励机会）	√	√	√		• 平衡长期目标和短期目标 • 认可对长期目标达成所做的贡献；识别大事件的独立性
经典＋薪酬 薪酬机会基于竞争性的直接薪酬，辅之以高管的股权授予	√	√	√	√	• 在各个薪酬元素之间创造平衡 • 认可对长期目标达成所做的贡献；识别大事件的独立性 • 奖励圆满完成大事件的人

资料来源：Sibson Consulting.

1. 纯雇用模式

某大型消费品公司的创始人认为，自己是其愿景和战略所产生的所有长期利益的合法受益者。随着公司开始呈指数级增长，他决定聘请经验丰富的首席运营官（COO），以执行他的愿景和战略。COO 的任期是三到五年，所有者认为，之后他的儿子将准备好担任这个职位，"纯雇用"模式将继续下去。

该创始人选择这种模式，是因为他可以采用提前支付薪酬的方式来实现具体成果，而无须分享未来为企业创造的价值。为了解他所寻求的经验丰富的 COO 主要看重哪些影响薪酬水平的因素，他会委托外部机构进行市场定价研究。新的 COO 雇用协议将年薪基准定位为，略高于市场总直接薪酬水平（基数＋年度奖金＋LTI）。该创始人解释说："我已经从未来的讨论中得到了回报。""我完全接受高薪雇用 COO 让他来执行我的战略的做法。我并不关心他是否参与制定长期战略。"

第一个 COO 持续工作了不到一年，该创始人抱怨说："他认为，他更知道如何成功地发展这家公司。""他想确保能公平地分享我们未来的经济成功。但是他不明白，冒险的人是我，应该得到未来回报的人是我。我现在的 COO 已经明白了这一点。"

2. 年度结算模式

采用这种流行方法的所有者倾向于"按运行规律支付薪酬"，以实现企业的年度目标，从而获得长期的财务成功。该模式不愿意分享创造的所有价值，每年年底都会清算债务。为了执行这个薪酬模式，企业所有者必须做出三个基本决定：

- 现金薪酬总额如何根据市场薪酬水平来定位其薪酬竞争力？
- 基本薪酬和年度奖金之间的比重是多少？
- 年度奖金是视情况而定还是公式化计算？

关于以上三个问题的不同决定就形成了大量设计的可能性。一位中型高科技公司的所有者说："我不想使用基于绩效的激励计划，因为我不想公开我的业绩预期。如果我的战略和预期结果被泄露给竞争对手，我将失去竞争优势。"这位所有者按接近 75 分位的薪酬水平，给他的团队支付了基本薪酬，并在年终用视情况而定的定额奖金来"提高"薪酬，这种模式反映了他对长期价值创造进度的评估。

某私人零售商为我们展示了更为常见的年度结算模式：50 分位的总现金薪酬加基于绩效的年度奖金。然而，为了识别他的高管是否渴望参与公司长期财富的创造，该所有者规定，将高于目标年度奖金的部分递延发放，并要求将两位最高级别管理者约定比例的奖金递延一年发放。递延数额按照反映公司评估价值年度增长的比例确定。每年的递延薪酬额度都将覆盖一段较长的时间。根据年度清算的理念，所有者有权保留终止延期薪酬和停止对现有延期金额的未来提取权利。

3. 关键事件模式

该薪酬模式结合了高于中位数的基本薪酬和可观的基于关键事件实现的奖励薪酬。关键事件可能包括长期服务后的退休、公司财务目标达成、公司上市（IPO）或达成相应的销售业绩。该薪酬模式的目的是消除绩效预期信息的混淆。高管平常能够获得其职责相对应的薪酬，但该模式希望他们将关注重点放到获得长期价值的回报上。

关键事件薪酬模式是私营公司 LTI 计划的基础。最早的关键事件薪酬形式是，所有者为长期服务的雇员提供基本薪酬与隐含的承诺，承诺如果公司"业绩良好"，员工退休后将得到更大的回报。近年来，与关键事件相关的这些薪酬已经变得更加明确。例如，某个中西部金融服务公司根据退休时的企业价值，为公司的价值贡献者提供价值高达 50 万美元的风险补助金。

私募股权投资公司经常在其薪酬组合中使用关键事件薪酬模式。所有者选定的高管不仅获得基本薪酬，还可以在公司上市后获得可观的股权。所有者在上市后实现的企业价值越高，公司支付的该类薪酬也就越多。

4. 部分当期 / 多数后期薪酬模式

该模式是关键事件和年度结算薪酬模式的融合，它通常在关键事件变得比较虚幻时被使用。某私人股本公司旗下的一家化学公司的情况很好地展示了该薪酬模式。"虽然我们认为我们可以在三到五年内上市，但我们在这上面已经投入了七年的时间，"该公司 CEO 评论说，"在我们能以我们的价格点出售和兑现之前，还有很多事情要解决，这令人沮丧。为了让关键高管在工作中保持清醒的头脑，除了基本薪酬之外，我们会给他们颁发年度进步奖。

该奖项与公司今年取得的进展挂钩,直到达成我们的长期目标,成功上市。"

5. 经典薪酬模式

这是私营企业的首选方法,在该模式中,所有者希望高管对业务有一定的主人翁意识,以保持业务持续成功。这些公司的所有者寻求盈利增长和价值创造,而不是上市或出售。因此,这种薪酬模式侧重于短期和长期目标的平衡,并认可对于企业长期成功的贡献可以在没有关键事件的情况下实现。大多数采用经典薪酬模式的企业都会随着业务成熟从年度结算薪酬模式转而采用此模式。长期激励(LTI)计划的设计要求所有者就一些问题做出艰难决定,这些问题包括:

- 奖励对象应该包括谁?谁的贡献会影响企业的长期可持续成功?应该告知被排除在奖励对象之外的管理人员什么信息?
- 薪酬激励的额度有多大?公司的负担能力如何?是应该选择给少数高管支付较高的薪酬,还是给较多的高管支付相对较低的薪酬?
- 应该多久支付一次奖励?周期性支付,还是每年一次?
- 该奖励是否应根据绩效或任职获得?如果以绩效为基础,绩效评估周期应该是多长时间?应该衡量哪些绩效?
- 完全获得该奖励需要多长时间?薪酬支付有其他限制吗?
- 奖金应以现金还是(影子)股票计值?

当下采用的经典 LTI 计划框架如图 25-1 所示。企业所有者选择八名高管参与该计划,这是基于在两年周期(而不是典型的三至五年周期)实现累计净收入目标决定的。这些决定反映了所有者希望使该奖励计划能够更好地响应业务市场的动态变化。"如果市场突然变化,我的目标设置错了,那么高管可能永远得不到相应的薪酬。"他说,"这是非常令人沮丧的。经常有额度虽小但实现可能性更高的奖励是一个更好的选择。"

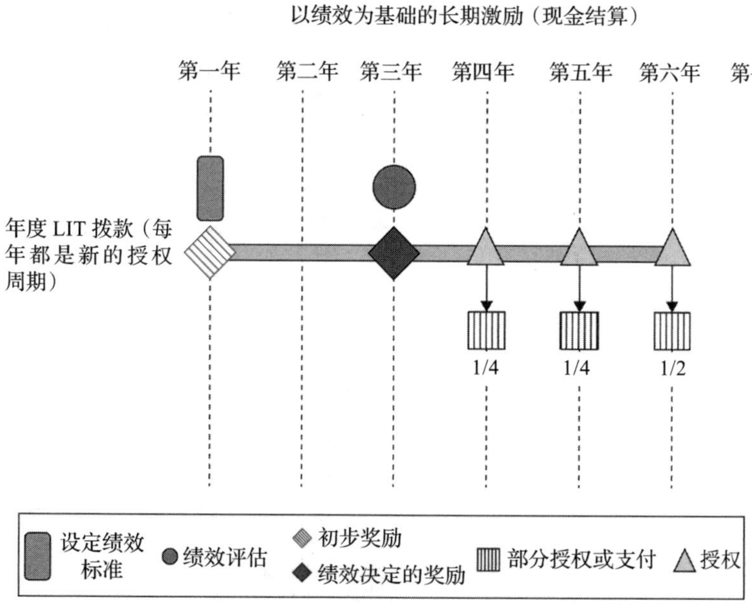

以绩效为基础的长期激励(现金结算)

图 25-1 经典 LTI 计划框架

资料来源:Sibson Consulting.

高管在两年绩效周期结束时会确定所获奖励的金额，所获奖金分三年以现金形式支付完毕，第一次支付四分之一，第二次支付四分之一，第三次支付一半。所有者说，"我希望这个计划能带来积极的合作，以建立长期价值。因此，我不会选择那些更激进的措施，比如7～10年的分期支付和强制性的延期支付。我想要公司获利，所以必须确保高管相信他们也能获利。"

虽然该企业的所有者选择以现金方式来计价，但其他所有者则以现金结算的"股权单位"来计价，这使得高管和企业的长期价值增长形成了更紧密的一致性。通常，股权单位的价值在授予时设定为10美元⊖（例如，50 000美元的授予相当于5 000"股权单位"）。在支付时，股权单位换算为美元时比率应反映公司在授予日和支付日之间的公司账面价值的年度增长/降低。

6. 经典＋薪酬模式

这种薪酬模式通常是私营公司经典薪酬模式自然发展的产物。所有者决定通过出售、兼并或上市等方式套现该公司创造的价值。少部分高管（如CEO和CFO）能够获得奉献奖励，其奖励的支付额度与关键事件中所有者实现的价值直接相关。

本章小结

私营公司使用的六种薪酬模式有助于对基本薪酬和奖励安排进行分类，它们反映了所有者关于长期经济成功的独特理念。然而，某项LTI计划在某公司能够取得成功，但在另一个公司却可能会应用失败。成功的私营公司LTI设计的真正秘密在于，所有者不是采用通用解决方案，而是为公司和高管寻求适合的、独特的方案，以便使双方获得长期价值创造的回报。

⊖ 原文股权单位的设定价值为100美元，联系上下文，应为10美元。——译者注

PART 5

第五篇

薪酬与董事会

第26章

薪酬委员会和高管薪酬

西摩·伯克曼(Seymour Burchman)
塞姆勒·布罗西咨询集团(Semler Brossy Consulting Group, LLC)

布莱尔·琼斯(Blair Jones)
塞姆勒·布罗西咨询集团(Semler Brossy Consulting Group, LLC)

现如今,董事会及薪酬委员会应当在管理高管薪酬方面发挥更积极的作用。如果你是薪酬委员会成员,应该已经看到了未来趋势。在每次会议上,你都被要求更多地参与高管薪酬计划的制订和实施,这意味着你在利用薪酬方案来传达业务优先事项、强化战略行动和奖励那些体现竞争优势的产出方面发挥了关键作用。

由于全球化、行业的快速变化和市场进入门槛的降低,薪酬委员会成员这个工作已经变得更具挑战性。全球化增加了竞争对手的数量,不仅体现在业务上,也体现在人才竞争上。随着数据和数据处理能力带来频繁的技术颠覆,变革的范围和规模都在加速。行业的融合使得以前的合作者(如苹果和谷歌)成为激烈的竞争对手。进入市场的壁垒已经在不断下降,因为资本充足的公司能够通过购买复杂的技术来跨越竞争的障碍。这些力量影响着公司的战略选择、关键成功因素和目标。

除了挑战之外,薪酬委员会现在也肩负了遵守大量监管要求和扩大治理期望的责任。随着更加多样化的投票者加入高管薪酬话题的争论,因此对薪酬委员会的期望也越来越多,而且他们中许多人都有不同的看法。这些投票者包括代理咨询公司、机构投资者、大型养老基金、激进投资者、工会组织、立法者和公众。

在如今的透明度、披露水平和"薪酬话语权"投票的加持下,这些投票者的作用更加明显。他们正在利用现有的资料,仔细审查每一项薪酬决定,并尽量找出薪酬委员会设计方案的弊端,游说公司重新考虑他们认为有问题的薪酬方案设计。他们或政府甚至可能就这些问题提起诉讼。

代理披露声明中的"薪酬讨论与分析"（CD&A）打开了观察内部决策的窗口。代理薪酬表单也有同样的作用。董事会关于高管薪酬的完整"故事线"也会出现在代理披露声明中，它必须以理性和合理的方式与公司绩效和战略重点保持一致，清楚地解释薪酬计划将如何为企业成功做出贡献。所有这些力量会使薪酬委员会成员的工作更具有挑战性、更复杂、更可视化，也更加重要。

无论情况如何，高管薪酬方案的设计已经成为公司治理的试金石，也将薪酬委员会置于聚光灯下。近期的经验表明，薪酬委员会将会与管理层精诚合作，确保高管薪酬计划推动战略执行，从而支持公司实现竞争优势。要做到这一点，薪酬委员会需要高度关注三个相关的职责。

（1）维护薪酬计划的基础：为此需要重点关注建立健全的薪酬理念，并对薪酬计划设计进行测试，以确保其对薪酬理念的支持。

（2）保持薪酬计划与战略的一致性：除了确保薪酬计划反映公司在薪酬设计中的业务情况、模式和策略外，还要共同努力审查和批准衡量绩效的指标，以及提高股东价值、执行和维持战略的目标。

（3）建立执行薪酬计划的流程和结构：确认执行薪酬计划的流程正确到位，同时明确决策权利和责任，随时准备纠正计划的偏差，并不断更新自己在发展趋势、立法、监管行动和其他问题方面的知识。

26.1 维护薪酬计划的基础

传统上，薪酬委员会负责监督所有高管和公司董事的薪酬与福利项目。委员会成员有权建立和解释公司的高管薪酬、奖励计划、福利、优惠计划和政策，以及其他关键的雇用条件（如合同和遣散费政策）的条款。当然，他们也有责任确保这些计划遵守相关法律法规。

薪酬委员会在建立和维护薪酬计划的完整性方面最关键的两个责任是：①建立作为高管薪酬计划基础的薪酬理念；②定期测试该计划在将薪酬与绩效挂钩、吸引和留住顶尖人才方面的成效。这两个步骤可以帮助薪酬委员会设计薪酬计划，并使计划与所有利益相关者的利益保持一致（见表26-1）。

表 26-1 薪酬委员会的主要责任

责　任	需要探索的事项
建立薪酬理念，使其成为计划的框架和 CD&A 披露的基础	该理念是否反映了公司业务特征和人才的需求 薪酬方案是否考虑了薪酬设计中的关键问题 是否能够支撑公司在市场上的独特地位 与竞争者相比，如何吸引和保留优秀人才
不断建设和测试薪酬方案，以确保方案与基本理念一致	设计是否符合薪酬理念，是否符合公司和人才的需求 计划是否支持了薪酬和绩效之间的关系 计划是否对吸引和保留人才有用

该目标框架的优点在于，可以将人们对不顾薪酬的事实情况的情绪反应引起的窘境降至最小。当敏感问题引起困扰时，可以运用理念和相关指导原则，将争论拉回到合理的共同基点上来。作为薪酬委员会成员，你可以专注于真正的问题：程序是否按照设计运行，是否为公司、高管和股东提供了预期的结果？

26.1.1 建立薪酬理念

薪酬理念应该代表公司对薪酬的看法，还应该解释奖励将如何支持公司的愿景、使命、业务战略和财务优先事项。建立薪酬理念时，首先应当定义制订薪酬计划的指导原则，包括在推动高管行为和决策方面应该有哪些突出的薪酬措施、薪酬计划应该强调的重点、需要考虑的指标类型，以及如何设置目标。

薪酬指导原则反过来可以作为后续评估的标准，它们还可以为未来的薪酬计划管理和设计提供框架。避免那些高谈阔论、不能提供明确方向的原则。相反，要注意能够推动公司战略和公司人才需求的关键设计要素（见表26-2）。要注意避免形成听起来很高端但没有实际用处的薪酬理念。股东想要的不仅仅是代理披露声明中CD&A部分的承诺，他们更想要证明该计划推动了公司的优先事项和业绩。

表 26-2　高管薪酬理念中的说明性设计原则

原则	定义
薪酬的突出性	相比其他薪酬工具，对员工行为的影响更大。突出性与薪酬变动、高管人员对绩效结果的影响，以及关于薪酬与绩效关系的沟通的明确性有关
强调	薪酬在影响行为中扮演的角色，例如薪酬的首要目标（吸引、激励，还是保留）。大多数情况下，每个薪酬元素有自己的关注点
比较框架	公司用来比较薪酬和绩效的框架，包括建立一个同行业或组织群体来比较薪酬和绩效
薪酬定位	在不同的绩效水平上，与竞争对手相比，公司的薪酬水平所对应的位置（例如，五十分位、四十分位、六十分位）
薪酬组合	描述混合的比例及可变薪酬的组成部分，例如，基本薪酬和激励薪酬的比例如何？年度薪酬和长期激励的比例如何？优先股的比例是多少
业务单位差异化	根据业务或者部门的差异，薪酬设计和薪酬水平的差异化程度
外部/内部的平衡	在外部市场因素和内部因素（如岗位对公司战略的重要性程度）之间达到平衡
绩效评估	绩效评估的方法、标准和时间。一些公司也定义CEO绩效评估的程序和标准，以及设计本质和沟通范围
股权	持有公司股票的准则

在薪酬理念建设过程中，可以请高级管理人员帮助你理解公司的薪酬理念、薪酬计划设计和薪酬水平的演变过程。研究以往的薪酬设计，分解薪酬组成部分，可以发现是什么因素影响了薪酬变动，以及如何设计吸引、激励和保留关键高管的薪酬方案。图26-1展示了一个公司在10年期内的薪酬变化情况。值得注意的是，虽然该公司的薪酬组合和股票所有权保持稳定，但绩效评估指标和标准发生了变化。

薪酬理念不能一成不变，需要定期进行调整，甚至进行大范围修整，以推动战略执行和提升财务绩效。市场会发生变化（例如，客户偏好和竞争对手的行为），此时可能会产生新的战略和业务需求，同时也会产生新的人才需求。为了保持与时俱进，企业应该每年审查薪酬理念，并随着战略的发展，每几年进行一次调整。但不变的是，需要考虑公司独特的业务和人才需求，以及这些需求将如何影响计划设计。

在一家耐用消费品公司中，全球金融危机迫使高管面临"翻车"的压力。该公司曾试图大规模重组，以在一个更为残酷的传统市场获利，在中国和其他新兴市场中获得快速增长，并且使其产品线运营更加精益。这就需要调整资产负债表、融资、进行新产品开发，并在全球范围内进行更好的团队协作。为了配合这些战略要求，该公司的薪酬委员会追求的理念是，强调团队合作、质量上乘、发展全球产品同时符合当地偏好。高管的绩效指标包括全球利润和现金流、成本、市场份额和质量。即使在业务单位层面的高管也会因为全球团队目标的达成而获得奖励。

薪酬理念元素	年份
	2004　2005　2006　2007　2008　2009　2010　2011　2012　2013　2014
薪酬组合	激励在高管的整体薪酬中占据很大比例（50%及以上）；实际上每年随绩效波动；如果激励目标没有实现，则整体薪酬不会超过行业的中等水平
绩效评估方法和指标	首先关注结果 在公司、团队和个体间达到平衡 一般情况下，目标的设定会高于或与本年持平 基本薪酬：个体绩效以个人贡献程度为基础（薪酬增加由竞争优势预算增加而决定） AIP：包括运营和财务措施 ／ AIP：强调EBIT和EPS，以便更好地与行业对标，并增强高管和所有者之间利益的联系 ／ AIP：对两个顶级高管来说，是现金流；对其他人的考核则重新聚焦于操作化的指标上 LTI：1998年前是使用ROE和RRA；1999年开始使用相对ROE和TSR，以增强高管和所有者之间利益的联系 ／ LTI：绝对TSR（股票期权）；相对TSR（2003年开始的长期现金激励）／ LTI：相对TSR与标准普尔指数
所有权	LTI项目旨在建立长期的所有权关系，以往也是如此

图 26-1　薪酬理念原理的演变

表 26-3 展示了委员会在确定薪酬理念或评估现有理念对公司的适应性时应考虑的因素。通常，薪酬计划虽然反映了目前流行的做法以及竞争对手的策略，但是这些方案可能无法产生更好的绩效，事实上，还可能会产生一些负面结果。

表 26-3　企业与人才需求对薪酬理念的影响因素

关键业务需求	目前的绩效和期望对未来绩效的影响 战略和预期的战略变化 业务阶段和增长情况 业务单元自主性
市场因素	股东总回报分配策略 （股价升值与股息） 股票波动水平 微观经济因素的影响 行业周期性
组织特征	达成财务目标的能力 发展同伴群体的能力 规划时间范围 股权和激励薪酬在员工价值中的比例 员工对股价的影响 资源共享和员工流动性

	(续)
人才的需求和特征	离职的风险 差异化偏好 需要吸引和保留人才 用工风险和奖励原则 员工的动机 改变行为的意愿

可能影响薪酬计划设计的业务问题是业务周期、行业周期性和波动性。例如，公司的业务周期阶段可以影响适合薪酬计划的杠杆程度。创业公司更有可能依靠高度杠杆化的期权计划，并将其作为最重要的薪酬内容，而成熟的公司往往会依靠基于绩效考核的限制性股票计划，以配合关键的业务优先事项，激励为股东持续创造价值的行为。业务的周期性或波动性要求薪酬计划建立一定机制来控制超出高管影响力的因素。在高度不稳定的半导体行业的公司往往将其盈利目标与整个半导体市场的增长率挂钩。

公司强调股票价格增值和分红将有助于确定股权激励工具的焦点，既要关注股票价格升值，也要关注分红。人才需求会影响适用的激励工具类型，以及支付条款：如果人才保留非常重要，那么可能需要采用在较长周期内授予的全价值股票工具，或者可以将奖励授予与绩效目标达成挂钩，例如，当高管达到目标或盈利收入目标时，就给予他们奖励。

薪酬理念一旦形成就会成为设计薪酬计划的指导蓝图。某家公司的业务处于成熟运营阶段，其利润率也因为公司试图挽救持续下降的市场份额而一直在下降。此时，高管决定采取一项战略，试图通过创新和新的配套服务使其产品更具有差异化。首先，董事会批准了更多鼓励创业精神的薪酬工具，包括提高可变薪酬的比例和设计更高的杠杆率。董事会还批准了符合新战略的描述性指标，鼓励通过差异化产品实现新增长。董事会还扩大了绩效对标框架，绩效对标对象不仅包括类似成熟度的行业竞争对手和具有类似增长轨迹的公司。以上举措的目标是促使高管产生与期望的战略转型相关的行为。

还有一家处于转型中的企业，需要高管改变行为，以在不破坏高管团队整体的前提下改善客户的满意度。董事会批准了薪酬计划的修正方案，使高管专注于盈利增长，逐步实现更激进的目标，同时还引入了非财务指标，以改进客户服务体验。该公司针对目标和拓展的绩效指标设计了年度奖励计划，同时也为可预见的转型期增加了长期股权的比例，其授予周期也更长。

薪酬理念必须促进业务单元的成功，因为在按业务单元组织运行的企业中，这是能否获得竞争优势的关键。但企业也不能忽视了解业务之间的相互关系的重要性。例如，假设你是一个高度分散的公司的高管，需要在企业的不同业务单元之间进行有效协调。你可以在年度计划中强调业务单元的结果，使用不同的对标群体作为每个业务单元的绩效基准，同时，在长期激励计划中奖励团队合作。

26.1.2 测试薪酬方案

测试薪酬方案需要对薪酬计划是否反映薪酬理念并促进目标达成进行定性和定量分析。如果企业的目标是保留员工，可以评估离职率或研究高管承诺。如果要引进新的人才，则可以评估组织吸引的高管人员的素质。企业通过访问关键高管，并评估行为和结果来衡量素质水平。总体来说，量化评估薪酬方案是否成功，可以通过回顾性和前瞻性地分析薪酬/绩效相关性、价值共享和对标。在评估过程中可以进行以下三个关键测试：

（1）高管薪酬是否与公司业绩和股东回报息息相关？评估有多少薪酬根据绩效情况浮动。薪酬应该与绩效高度相关，[1] 测试方法包括：比较总现金薪酬（TCC）以及公司财务业绩（如收益和现金流）变化之间的相关性，[2] 比较长期激励和总直接薪酬（TDC）与股东总回报（TSR）变化之间的相关性。[3]

（2）公司的薪酬和绩效是否与设定的企业进行了对标？当绩效超过中位数时，薪酬是否也相应超过了中位数？目标是需要保持相对薪酬与相对绩的一致性。另外，确定 CEO 和其他前五名高管的薪酬水平的相对定位是否与公司对标群体的相对绩效定位一致。

对累计发放的实际薪酬和绩效进行的纵向测试，可以确定薪酬计划与对标企业一致性的程度。进行该测试时，薪酬总额应为相应周期内累计实际发放薪酬之和，其中股权类激励工具可以采用"纸面收益"来计算。如果薪酬和绩效不一致，那就应当进一步找出原因，并考虑如何解决。

在分析过程中，应计算可实现或已实现的薪酬，这能为衡量薪酬结果提供补充方法。可实现薪酬是指参考目前的实际绩效，高管人员在特定时间段内可能获得的薪酬的额度。而已实现的高管薪酬的金额是指在 W-2 表格中报告的金额。由于这些指标存在难以与其他公司进行对标的缺点，但股东们仍越来越倾向于搜寻更多的此类信息，使高管薪酬与公司绩效挂钩。

（3）高管薪酬与公司收益以及股东收益的比例关系都合理吗？目的是评估"蛋糕分配是否公平"？高管人员应该获得其创造的价值的适当份额。可以从三个方面来评估价值分享的程度：①创造的总价值（即盈利和股东回报）中分配给前五名高管的百分比；②在一定时间段或环境条件下，该比例的变化；③本公司价值分享百分比与其他公司的比较情况。

"正确的"价值分享是指在高管和股东之间找到合适的分配比例。该分配取决于公司的业务情况、人才的需求和绩效与薪酬策略。图 26-2 给出了要考虑的因素样本。

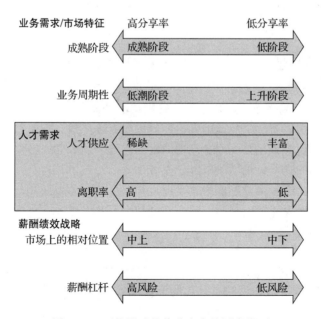

图 26-2　可能影响价值分享率的因素类型

你可以以此框架为指导，评估公司的价值分享比例是否有竞争力。如果与竞争对手相比，公司的价值分享比率较高，那么可能存在以下几个问题：目标设定不佳，薪酬组合中忽视基本薪酬而对可变薪酬过于倚重，激励计划中的杠杆作用不恰当，所使用的股权类激励工具与绩效关系不大，以及为根据市场薪酬调整薪酬定位，或与激励计划挂钩的绩效指标有问题。

26.2 保持薪酬与战略的一致性

薪酬可以通过以下三种方式推动公司战略和竞争优势：传达优先事项和加强战略执行，帮助吸引和保留创建与执行战略所需的顶尖人才，奖励拥有执行战略所需的技能和能力的高管。这三项任务是在董事会讨论完战略和财务以及长期规划中衡量企业成功的绩效指标之后自然出现的。

如果战略需要通过卓越运营来获得竞争优势，那么公司在设计薪酬计划时，就需要奖励那些不仅关注利润，还关注关键运营指标（比如质量）提升的高管。增加的绩效指标清楚地表明了公司的战略重点。为了吸引和留住高管，你按照市场最高水平为那些拥有执行公司战略技能的人才提供薪酬。除此之外，为了奖励拥有发展理念、能够推动企业卓越运营战略的高潜力领导者，企业可以给他们充分差异化的薪酬，针对特别成就提供有意义的奖励，在有意义加薪的同时晋升职位，提供保留奖励，以避免失去最有能力的人。

薪酬计划应精心制订，以符合公司的战略目标。但是要谨防简单地遵循所谓的薪酬"最佳实践"，以此取悦代理顾问和机构股东。采用现成的方法容易产生发送错误信号的风险，这些信号可能既不符合公司理念，也不符合公司的战略。如果董事会仍然坚持公司战略，并且抵制可能产生意想不到后果的规则，那么这种情况就不会发生。

保持薪酬与薪酬理念、价值创造和公司战略之间的一致性的流程可分为四个步骤：确定公司价值、运营成功和战略的关键驱动因素，选择对每个关键驱动因素影响最大的绩效指标，为所选绩效指标设定目标，将目标与奖励挂钩。

26.2.1 确定企业价值、运营成功和战略的关键驱动因素

尽管所有公司的最终目标都是产生股东总回报（TSR），但TSR无法创造价值，也无法在实现卓越运营和执行战略方面提供指导。管理层必须确定有助于TSR的关键财务、战略和运营因素，先确定最高层次的驱动因素，然后按此方法类推，直至这些驱动因素细化到最具体的操作层次。这也应该是公司财务规划的常规产出和董事会战略会议的主要内容，当然此过程中还有分析师的观点做辅助。

通常，最重要的指标包括盈利能力、现金流和回报等财务类指标，其次则是关键的支持性财务指标（例如，销售增长、利润、营运资金利用率）和衡量战略与运营成功的非财务性指标。

为了履行监督职责和保持驱动因素的清晰、完整性，薪酬委员会希望能够根据这些指标来监督管理层的工作。价值树是一个非常有用的高管尽职调查分析工具。图26-3是某保险公司的价值树范例。该价值树反映了公司的商业模式，它"分解"了公司TSR的关键驱动因素，首先关注决定经济价值的关键因素——财务性指标，然后更深入地关注公司取得财务成功所需的关键运营性和战略性因素。

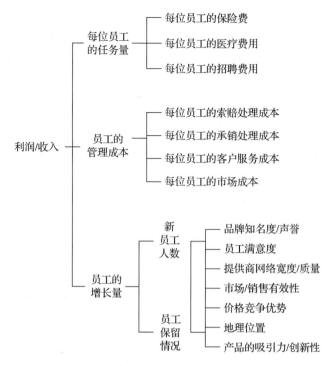

图 26-3 保险公司的价值树

除了典型的财务指标之外，你还应该看到 TSR 的驱动因素涵盖了对运营卓越和成功的战略执行产生重大影响的所有核心业务内容。这些驱动因素通常可以分为四个类别：客户价值/成本衡量（包括客户总体体验和相对于竞争对手的价格）、内部运营和流程（包括生产效率、流程质量和及时性）、技术和人才能力（包括工作系统、技术和供应商关系），以及维持绩效的能力（包括创新、灵活性和适应性等指标）。但是值得注意的是，股东对非财务性指标持怀疑态度。因此，企业还是应该更加关注那些不容易招致批评的量化指标。最好的指标是客观的，并且评估那些财务结果有重大影响的因素。

26.2.2 选择对每个关键驱动因素影响最大的绩效指标

随着驱动因素的清晰化，管理层和薪酬委员会为了以最大的杠杆来提高绩效，需要分离出少数关键驱动因素。为了确保选择到最关键的运营和战略驱动因素，需要将重点放在对客户最重要且能帮助公司超越竞争对手的领域。如果这两类特征均不具备，那么它们就不值得进行测量或跟踪。如果对所选的少量运营性和战略性指标有疑问，你可以做一个简单的测试来验证是否做出了正确的选择（见图 26-4）。

关于所选择的指标，有几点值得强调：一是选择正确指标的必要性，特别是当指标是非

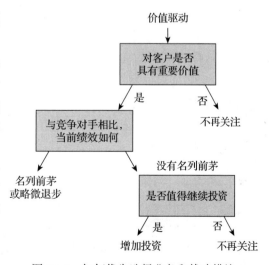

图 26-4 如何优先选择业务和战略措施

财务性指标，以衡量是否达到某些"软"目标（如客户满意度）时，就更加有必要了；二是正确选择指标正确衡量的层次，是公司层次、业务单元层次、团队层次，还是个人层次；三是选择正确的评估周期，是按季度、年度，还是以更长的周期进行评估。

26.2.3 设定所选指标的目标

你可以通过准确设定的价值驱动因素和高杠杆指标来设定相应的目标。首先要确定公司是否已有适当的系统及时评估各个选定的指标。如果没有，那就需要解决这个问题。其次，要确定你应该用什么方法选定目标。什么是正确的标准或比较基准？是否需要比以前的预算、固定标准或者对标企业的绩效高出一定百分比？在竞争优势的争夺中，选择正确的目标可能是确保公司击败竞争对手的方法。

企业需要制定3～5个指标的目标，使公司处于正确的轨道，同时保证目标是可实现的。此时，企业可考虑采用自上而下和自下而上相结合的方法。企业采用自上而下的方法时，需要弄清楚企业的绩效与同业和市场预期的比较关系，公司需要实现哪些目标以提供可接受的股东回报？采用自下而上的方法，则需要考虑基于有效的提升空间，公司可以对现有的（和未来的）商业模式做哪些调整？图26-5展示了一个例子。采用基于事实的分析将有助于设定可实现的且有助于竞争优势发挥的目标。

26.2.4 将指标目标与奖励挂钩，以驱动战略

指标和目标设定是制订有助于驱动和维护竞争优势的激励计划的核心。虽然长期绩效奖励可能取决于TSR等最高层次的指标，但年度奖励应主要取决于从价值驱动因素中分解而来的绩效指标。你可以从杠杆率最高的驱动因素中选择3～5个指标，并将其与奖励直接挂钩。至于奖励的额度，那些超额完成目标（甚至是大幅超额完成目标）的高管应该获得目标奖励的2～4倍，而仅仅完成部分目标的高管获得的回报则较少，一般是目标奖励的0.5～1.5倍。表26-4提供了相应的指引。据推测，高管每10年有1次或2次大幅超额完成目标，6次或7次达成目标。

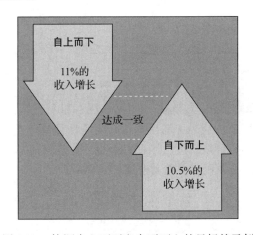

图26-5 协调自上而下和自下而上的目标的示例

表26-4 每个绩效水平的适当薪酬

目标的难度	发生的频率	支付的倍数	预期的影响
超级成就	10年内1～2次	2～4倍	卓越绩效，得到超级奖励
超越目标	10年内3～5次	1.5～2倍	提供丰厚奖励、优越绩效
达到目标	10年内6～7次	1倍	提供相对一致的薪酬，有适度的上涨空间
可接受	10年内7～8次	0.5～1倍	可接受的薪酬和有限的上升空间
比较确定	10年内9次	0.25～0.5倍	提供可接受的，但固定的薪酬

目标应该设置多高的难度呢？如果公司设定的目标比同行公司更难达到，那么目标薪酬和上涨空间就应该更大。例如，如果绩效目标对应于65分位，那么企业就应该支付与目

标难度相对应的薪酬。如果没有做到这一点，薪酬计划可能会使那些努力工作的人丧失积极性，因为他们没有得到与其绩效相称的奖励。

支付的薪酬应反映绩效结果的波动性。企业应该评估以往的波动性，如果年均波动较大，则应将从门槛值到最高值的奖金系数范围扩大，比如，从目标奖金的90%～110%扩大到70%～130%。

特别需要注意的是，不要设定那些和激励机制相悖的指标和目标。例如，某家公司想鼓励各部门之间的团队合作，所以所有的绩效都在企业层面进行评估。在这种情况下，如果某个部门的绩效糟糕，则会拖垮其他所有人，没有人能获得全额奖励。但是绩效更好的部门的高管却会因此感觉受到欺骗。你应从中得到的教训是，必须确保有针对性的指标不会成为阻碍绩效的因素。

薪酬计划能否为激励制度创造价值因公司和具体情况而异。薪酬计划何时会在推动战略中发挥最大的作用？主要包括以下三种情况：当战略执行是次优时，当管理层发起重大战略转型时，当CEO或高级领导层发生变化时。因此，你需要和管理层共同努力，确保薪酬方案适合企业，并帮助公司获得成功。

26.3 建立薪酬计划执行的流程和结构

你在履行薪酬委员会的角色时，需要奠定最佳的基础，尽可能地预先处理各种问题，并能够与其他董事和经理进行充分讨论。有时你需要承担一定的责任。我们需要强调四个因素：设定期望和责任，建立时间计划以协助规划和决策，纠正计划问题，研究影响未来行动的高管薪酬方法和趋势。

26.3.1 设定期望和责任

如今的高管薪酬环境使薪酬委员会和管理层之间的关系复杂化。当薪酬委员会处理那些管理层认为权限应该属于自己的问题，或者当薪酬委员会成员认为管理层在隐瞒信息时，双方以前友好的关系就会破裂。为了避免关系破裂，薪酬委员会和管理层之间有必要培养一种可以促进双方沟通和透明度的关系。

双方都需要从一开始就"必须做出什么决定"以及"决策流程如何运作"达成一致。比较好的做法是，当董事会任命的薪酬委员会新主席到位之后，薪酬委员会和管理层就对期望进行坦率的讨论。另一个进行对话的好时机是在薪酬委员会的年度自我评估之后，因为此时通常会讨论有待改进的地方。管理层可以选择首先与董事进行个人对话，然后再和全委员会进行汇总议题的对话。可以邀请第三方加入，以协调引导这一过程。无论如何，需要计划讨论管理层和薪酬委员会如何最好地共同努力来履行薪酬委员会的职责。你主要需要关注表26-5列出的问题。

表26-5 制定薪酬委员会章程的期望

	需要讨论的问题
委员会章程	薪酬委员会认为章程中最重要的是什么 目前的章程是合适的吗 需要做出修正吗 薪酬委员会对章程的看法一致吗 具体的，目前的章程效果如何 需要有所改进吗 造成缺陷的原因是什么

(续)

需要讨论的问题	
与管理层的关系	管理层如何帮助薪酬委员会完成章程 目前管理层做到了什么程度 做得怎么样 哪些地方还需改进 薪酬委员会如何在管理层之间传递自身的期望
简报和技能建设	薪酬委员会及时地得到相关信息以更好地履行相应职责吗
决策	薪酬委员会成员是否想要参与关键事件的决策

定期讨论可以使决策权更加明确。相关权利包括对与薪酬、福利和特殊津贴有关的具体行动和决策的问责。澄清这些权利有利于确保政策和实践到位，以支撑管理人才的培养，有效的公司治理和建立有竞争力、有效的高管薪酬。表26-6列举了常见的决策权力、治理项目（例如，董事薪酬、CEO薪酬等）、具体行动（例如发起、推动、审查和批准），以及相关各方的责任。决策权也应指明各种审查的发生频率。

有一项决策权变得越来越重要，就是选择薪酬咨询顾问并且维持这种咨询关系。以前，薪酬顾问受雇于管理层并向其报告，但这种做法正在发生变化。目前是薪酬委员会聘请独立顾问来支持董事会的决定，管理层通常是协助筛选和审核资质。有时，一个顾问可以同时为管理层和薪酬委员会服务。但有时，特别是在寻求不同意见或薪酬计划受到审查时，双方则各自聘请顾问为其工作。

表 26-6 主要职责

确保政策和实践到位，以支撑管理人才的培养、有效的公司治理和建立有竞争力、有效的高管薪酬

		决策角色			
治理项目	描述	管理	薪酬委员会	董事会	频率
董事薪酬	为董事会提供的薪酬福利等	发起、发展	审查、评议	审查、审批	每年
CEO胜任力	CEO所需的技能和经验	发起、发展	审查、审批	审查、审批	有必要的话，每年（推荐、批准资格）
CEO薪酬和绩效评估	提供给CEO的薪酬、福利和津贴；绩效评估标准和流程	提供投入和工具	发起、发展、评议	审查、审批	每年
CEO继任计划	不同情境下的继任计划	发展	发起、审查、评议	审查、审批	有必要的话，每年（发展）
管理层薪酬	薪酬、福利和津贴	对于薪酬：发起、发展等	对于薪酬：审查、评议	审查、审批	每年

与顾问合作时，企业应建立一定的合作规则或协议，并确保顾问在提供独立的咨询服务时遵循这些规则。企业应确定咨询项目的期望，并创造符合公司治理标准的有效合作关系。协议应规定报告关系和选择顾问的责任，包括保留和终止合作以及批准费用的权力。

合作规则中必须明确顾问接触薪酬委员会和管理层的权限。虽然可能是薪酬委员会聘请

了顾问，但这项工作需要与管理层联系和合作。合作规则一定要确定顾问可以与谁接触，以及双方建立关系的目的，还要安排定期评估，以确定顾问工作的有效性并及时反馈。以这种方式进行的决策权讨论有助于开启关于关键治理项目的对话，确保人们对协议感到满意，并为讨论和决策建立参考依据。

26.3.2 建立时间计划表

适当地组织会议（包括高管会议），有助于确保薪酬委员会成员的时间得到充分利用和关键议题得到充分的讨论。需要在薪酬委员会的年度工作时间计划表中明确应该遵循的年度常规工作流程（见图26-6）。应安排会议就目前的趋势进行讨论，并判断它们将如何影响公司的业务和人才需求，与此同时，评估薪酬计划满足业务需求的程度。从管理层那里获取关于高管薪酬所产生的影响的全面信息，以及有关该计划如何运作的定期报告。该会议具体时间根据公司的财务年度确定，图26-6显示的是7~8月开展该会议。无论如何，即使没有重大的薪酬支付决策、计划变更或代理披露，企业也最好按照计划安排会议。

会议应根据主题配备相应的顾问、人力资源和法律等人员。在每次会议上安排高管会议模块，或为他们单独安排时间更长的会议，这可以让薪酬委员会成员在管理层回避的情况下咨询薪酬顾问或法律顾问一些事项。应确保每次会议的议程都列明了期望的产出。明确哪些项目是需要讨论的，哪些是需要决定的。重要的薪酬设计问题应该在会前讨论至少两次。清晰的图表或议程可以确保会议更加顺利地进行。同时记得在会议前给参会人员提供必要的信息。

薪酬委员会主席在筹备会议方面的作用有所差异。有时，薪酬委员会主席管理整个会议过程，负责大部分的前期工作，甚至对会议决策负责。有时，主席的作用不那么明显，他们往往要求提前提供相关问题的简报，但会将讨论和决定推迟到整个委员会会议上进行。会议效果取决于委员会的人员组成和人员的专业知识。薪酬委员会成员拥有的信息越充分、知识越丰富，其对问题的思考的自信感就越强，最终也就越能提供有效的薪酬方案，使其成为公司竞争优势的驱动力。

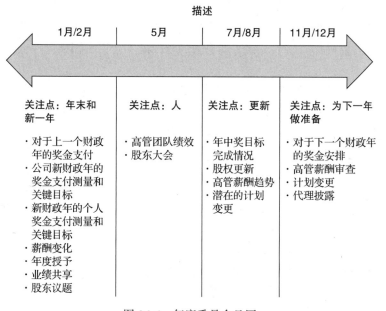

图26-6　年度委员会日历

26.3.3 薪酬计划设计或执行中出现了问题吗

薪酬计划在驱动战略实施中经常出现问题，因为没有对所依据的绩效指标结果进行追踪，或者设定的目标根本不合适。问题也可能是因为没有采用合适的激励工具、杠杆或薪酬组合。最大的担忧是，绩效指标会随着时间的推移慢慢偏离 TSR 的关键驱动因素，因而无法代表公司战略的优先事项，也不再是能够激励改进、实现竞争优势的适当目标。

需要保持警惕，防止这种变化的产生。为此，需要反复审视战略、指标、目标和绩效之间的关键联系。可以问一些具体的问题来帮助判断薪酬计划是否使用了正确的绩效指标，薪酬计划的某些元素是否已经过时了？目标是否有足够的弹性？是否有合适的薪酬组合（包括可变薪酬、短期薪酬和长期薪酬，以及不同的长期激励工具）？

（1）绩效指标是否推动了总股东回报率（TSR）的增长？要确保财务、战略和运营指标能够提升支撑 TSR 的短期和中期绩效。此时，应该看看行业中的绝对 TSR 绩效和相对绩效指标。如果需要，可将附加绩效指标纳入年度激励措施，以帮助人们了解计划和目标。附加指标还有助于促进运营层面上的协作。

（2）绩效指标是否传达了高优先级事项？确保所选择的绩效指标对 TSR 有最大影响。灵敏度分析（即指标变化 1% 时，经济价值、利润、投资回报等变化的百分比）、对以往关键指标的分析和业务战略的审查，可以更好地导向驱动因素。寻找能够促进企业在客户层面取得成功的绩效指标，最重要的是要领先竞争对手。

（3）绩效目标是合适的吗？在目标设定方面，确保目标融合了自上而下和自下而上的观点。自上而下的观点反映了公司对股东的义务，即公司应该做些什么来证明其能够保持持续的独立性和管理层的持续管理。自下而上的观点则根据当前的商业模式确定公司能够做什么。鉴于当今动荡的环境，两者的融合是董事会最艰巨的任务之一。面临的挑战就是寻找一种目标设定的平衡方法，既保证目标可实现，又确保目标可延展。

（4）门槛值和最大值是否现实？设定绩效目标的门槛值和最大值时需要关注公司的规划流程、宏观经济和其他外部因素的可能影响和目标本身的难度，还要考虑公司创造的增长价值中价值共享部分的比重、与公司过往对标的绩效和与同行对标的绩效。设定绩效范围，保留一定的余地，可以确保高管人员在表现平平的时候既不会失去积极性，也不可能因为业绩不佳而得到奖励。

随着如今在代理披露声明 CD&A 中对绩效目标的披露越来越详细，目标设定变得越来越重要。你的目标应该是批准那些能够真正推动公司业绩和目标的绩效指标，这些指标实现是有难度的。这样一来，股东们才会坚信该计划有助于拓展他们的利益。

26.3.4 在高管薪酬问题上与时俱进

近年来，监管和治理环境持续不断变化，这要求薪酬委员会花费大量时间去了解这些变化。即使是已经卸任的 CEO，也可能不熟悉现行法规、代理顾问指引和机构投资者的要求，以及他们对薪酬设计和报告的影响。所以，你在运行和评估当前薪酬计划时，应了解新的薪酬趋势。具有以下技能的薪酬委员会成员将大有助益：

- 对影响高管薪酬的趋势和议题保持与时俱进的愿望。
- 快速学习和理解治理规则和法规的影响的能力。
- 较强的财务和战略敏锐度。

- 深厚的行业知识。
- 人力资源专业能力——拥有强大业务背景的前人力资源高管是一项重要的资产。

公司可以在一定程度上帮助培训董事，但董事的大学课程及其他类似课程也有帮助。解读趋势和问题的年度外出会议为薪酬委员会成员提供了一个与时俱进的好机会，这种会议在帮助增长知识的同时，并不会涉及决策权的问题。董事会秘书或人力资源人员应向委员会成员提供相关文章和新闻简报。他们还应确保各位顾问能够帮助薪酬委员会成员充分掌握高管薪酬实践领域的变化，以及这些变化对公司的影响。

薪酬委员会成员还应该要求管理层每年向他们简要介绍公司从机构（如 ISS、Glass-Lewis、主要机构股东、工会和监管机构）那里得到的信息。对于此类和其他信息，薪酬委员会成员应考虑安排与人力资源、法律、财务等人员进行一对一会议，花时间在非正式会议的氛围中探讨问题。

本章小结

做出高管薪酬决策往往是困难的。管理层和外部顾问在确保所有薪酬委员会成员都有能力完成任务方面发挥重要作用。然而，薪酬委员会成员同样有责任建立自己的知识体系，为自己的决策做好准备。最好的薪酬委员会成员会与管理层建立牢固的合作关系，确保薪酬计划依赖于坚实的薪酬理念基础。他们集中分析和讨论了绩效指标、目标和奖励如何有效支撑企业价值创造、公司战略和人才需求，以及薪酬与绩效之间的一致性。

薪酬委员会成员也有责任在薪酬方案出现问题时采取纠正措施。同时，他们需要通过不断沟通、明确期望和决策权来增强良好的关系。只有承担所有这些责任，薪酬委员会才能较好地履行他们的职责，确保薪酬适用于企业业务，展现有效的公司治理，产生良好的薪酬/绩效关系，并有助于公司建立和复制竞争优势。

注释

1. 相关系数表示两个变量之间的关系强度，值为 $-1\sim1$。对于薪酬方案而言，如果相关系数为 $+1$，表示正向相关关系极强，而 -1 则表示负相关关系极强。
2. 总现金薪酬（TCC）＝基本薪酬＋年度奖金。
3. 总直接薪酬（TDC）＝基本薪酬＋年度奖金＋长期激励收益。

第27章 CEO 薪酬动力学

大卫·斯温福德（David Swinford）
珀尔·迈耶公司（Pearl Meyer & Partners）

简·帕克（Jane Park）
珀尔·迈耶公司（Pearl Meyer & Partners）

许多公司发现，与股东就高管薪酬以及董事会设定薪酬水平的合理性进行有效沟通是至关重要的。在外部压力下，公司面临的重要挑战就是如何确保薪酬计划与业务战略的一致性，为股东创造价值，保留和吸引最优秀的高层人才，并支持继任计划。

公司管理层、董事会和外部力量在过去十年中所发挥的作用一直在变化，使得高管薪酬计划制订、管理、评估和沟通的过程随之发生改变。的确，近年来外部力量加大了对高管薪酬方案的审查力度，进而影响了董事会的决策流程。美国证券交易委员会的薪酬披露规则增加了薪酬计划透明度和信息披露表格的长度。除此之外，《多德－弗兰克法案》规定的"薪酬话语权"表决赋予了上市公司股东批准或不批准其公司高管薪酬计划的非约束性投票权。外部代理咨询公司影响力的不断增加，以及民粹主义者对收入不平等日益扩大的批评也加强了对高管薪酬计划（尤其是 CEO 薪酬）的监督。

以上这些发展促使薪酬委员会重新评估其职责履行的各个方面。他们仔细审查长期薪酬实践，不仅评估它们是否符合新监管法律的技术性规则（包括字面规定和法律精神），还评估它们是否和不断提高的良好公司治理标准保持一致，更要评估它们是否有助于驱使有意义的长期股东价值创造。薪酬委员会评估的领域包括：

- 制订方案以更有效地培养内部管理人才库。

- 在薪酬不超过合理且恰当的标准的前提下，通过有意义的股权计划形成 CEO 和股东之间的利益共同体。
- 通过更精确地定位组织的目标劳动力市场，并考虑对标同行绩效，确保薪酬水平具有适当的竞争力。
- 更好地从多个方面界定和校准高管和组织绩效，以确保为那些支撑公司业务和总体战略的直接、可测量的结果支付相应比例的薪酬。
- 为薪酬方案的设计过程和思路提供清晰、无可辩驳的理由。
- 权衡接受代理咨询公司关于"最佳实践"的意见，确保薪酬方案能够有效地激励和保留管理层，并为股东创造价值。

27.1 新的监管注意事项

《多德－弗兰克法案》是为应对 2007 年爆发的金融危机而制定的，并于 2010 年签署成为法律。它包括若干关于高管薪酬和公司治理改革的条款，其中有几项直接影响 CEO 薪酬：

- 薪酬话语权/付薪频率话语权。股东至少可以每三年对高管薪酬进行一次无约束性投票，投资经理必须报告股东的投票结果。股东还可以就是否每一年、每两年或每三年进行薪酬话语权表决进行表决。迄今为止，大多数公司每年都会进行薪酬话语权表决。
- 股东关于"黄金降落伞"的表决。在与交易相关的会议中，股东可以对所有管理层的变更控制安排进行无约束力的投票。
- 其他薪酬政策和治理披露。选择 CEO/COB⊖ 角色合并或分立的理由。截至本书原版出版之日，美国证券交易委员会尚未最终确定的其他政策包括：薪酬与绩效之间的关系披露、员工平均薪酬与 CEO 薪酬的比例关系披露，以及公司证券的套期保值政策。
- 强制性追索政策。公司必须执行并报告强制追索政策，即如果发生财务声明重申情况，须强制追回现任和前任高管的薪酬。这是《萨班斯－奥克斯利法案》追索条款的扩展。截至本书原版出版之日，证监会尚未就此政策制定最终规定。

尽管没有最终的美国证券交易委员会的规定，但许多公司已经自愿建立了套期保值政策，并简要披露了薪酬计划中薪酬－绩效关系等信息。许多公司也自愿建立和披露了其追索政策，并承诺根据 SEC 的最终规定调整这些政策。

美国证券交易委员会在 2013 年通过了关于披露员工薪酬与 CEO 薪酬之间比例关系的规定。但是，截至本书原版出版时，这一规定尚未正式实施。该规定要求披露员工年度整体薪酬的中位数和 CEO 的年度整体薪酬，以及两个数额的比率和计算中使用的方法、实际假设及估计。从目前来看，这一拟议的规则比较灵活，允许公司建立最适当的方法来确定员工薪酬的中位数。但它没有为具有国际性、季节性或兼职员工的公司提供例外规则，因此，拥有大量劳动力和国际业务的大型公司将面临薪酬计算的管理困难。此外，所有公司都将受到媒体和股东对薪酬计划的严格评估，评估那些可能具有误导性和不必要的煽动性且对股东不利的比例关系。薪酬比重关系规定的演变表明，公布相关的比率关系将是一个重大的政策问

⊖ COB 是 Chairman of Board 的简称，译为董事会主席。——译者注

题，并且可能成为一些公司的公共关系噩梦。

虽然大多数公司反对这一拟议的薪酬比重关系规定，但仍有一些公司追踪CEO的整体薪酬与其直接下属薪酬的比重关系，或者比较CEO的薪酬与代理披露声明中披露的其他高级管理人员薪酬的比重关系。这意味着，大于常见的比重关系可能表明CEO在组织内过于耀眼或过于重要。高比重关系向市场发出的信号可能表明，该公司内部尚未确定潜在的继任候选人。这两种情形都可能成为市场的负面信号。

薪酬话语权表决的规定已经实施三年了。它增加了薪酬方案和沟通工作的透明度，将代理披露报告中的薪酬讨论与分析（CD&A）转变为积极的营销工具，并将投资者关系建设成为正常年度流程的一部分。

27.2　建立人才荟萃的组织

由于高级管理人才池日益萎缩，公司逐渐认识到必须通过那些能够吸引和保留有能力、有诚信和能够推动公司战略重点的高级管理人员的计划来培养未来的领导层。近年来，众多企业的投资者向董事会施压，迫使其根据业绩或道德因素迅速替换企业领导者，并提供优厚的薪酬和特殊协议吸引外部人才进入组织。这些非常普遍的危机使人意识到，继任计划是一项重要的董事会职能，这就要求董事会制定正式的继任程序，以便在所有高管雇用协议终止的情境下都能实现领导层的平稳过渡。

从历史上看，继任管理过程能够通过不断增长的股权类薪酬提高人才留存率，这类股权薪酬是公司战略政策的一部分，并非以个人为基础。然而，因为继任管理需求因组织而异，现今的公司如果想让一位高管早点离开，那就至少需要一位高管在公司任职更长时间。这种考虑所带来的影响降低了对CEO薪酬的关注，而更多地关注其他领导层成员的薪酬。尽管仍有一些"超级巨星"CEO的薪酬是其下属的很多倍，但现在更常见的高管薪酬的层级结构是，从高管到CEO之间按照合乎逻辑的方式增长。

现在越来越多的企业将最高管理层（包括CEO）纳入与其他员工类似的正式绩效评估流程之中。在评估过程中，除了评估具体的财务目标之外，更有评估高管绩效的"软"领域，例如，对内部士气和组织形象产生影响的领导力、行业关系、伦理和客户满意度。这样公开的业绩回顾不仅加强了董事会对包括CEO在内的所有管理人员的监督，而且还向员工和股东发出了强烈的信息，即组织中的每个人都将被问责。这也可能激励CEO为自己的直接下属制定更严格的绩效评估流程。

企业已经认识到在关注CEO任期之外的领导层人才保留的重要性，这一点已经影响高管薪酬计划。董事会面对投资者迅速取代表现不佳或面临伦理问题的企业领导者的压力，会逐渐认识到其保护并最大化股东长期价值和控制薪酬成本的能力，受到必须与外部候选人进行有时间压力的谈判的侵蚀。因此，越来越多的组织正在制定长期的继任规划流程，从组织内招聘、识别、培养和提升未来的领导。许多人把通用电气作为典范，该公司能够识别组织关键长期目标以及实现这些目标所需的管理技能类型，并为有前途的管理者提供指导、定期反馈和训练这些技能的机会。

在大多数组织中，监督人才发展的重担已经落到了薪酬委员会的身上，以确保该问题得到高度关注。这和提名委员会之所以承担治理相关的职责的原因是一样的，即它担心把这一职责交给整个董事会就没有人全情投入其中。同样重要的是，让薪酬委员会同时负责薪酬和人才发展这两个职能，有助于确保将人才发展长期问题纳入对薪酬问题的决策之中，并最终改善薪酬决策。

27.3 应对不断变化的劳动力市场

高管薪酬方案设计中最常见但充满争议的工具之一，是使用来自所选企业同行的薪酬数据作为设定薪酬水平的依据。虽然代理披露声明报告规定中并没有特别要求披露对标的同行公司名称或者它们被选中的理由，但 SEC 明确要求公司披露所有"决策过程中的材料"信息。因此，薪酬委员会正在主动采取基于规模、业务可比性和目标高管人才市场标准来确定合适的对标公司。

董事们在决策过程中几乎都使用同行企业群组。现在最常见的问题是如何使用同行企业群体的基准数据。公司应该使用同行企业群组数据作为 CEO 职位的市场薪酬，但需要根据 CEO 在公司的任期、技能、经验和绩效来判断公司应支付 CEO 的具体薪酬。由于代理咨询公司和其他股东可能会参考其他市场数据来源，因此通过考察来自多个来源的市场数据，以使薪酬委员会所掌握的信息更加充分。

许多公司需要使用市场数据确定新晋或新聘 CEO 的薪酬。虽然公司的薪酬理念将薪酬水平策略定位为同行企业群组的 50 分位，但薪酬委员会应该评估 CEO 个体的具体情况，以确定其具体的薪酬水平。例如，新 CEO 的目标整体薪酬刚开始可能会低于同行 CEO 的 25 分位水平。由于高管初来乍到，其薪酬计划从市场薪酬范围的较低水平起步是适当的。然而，薪酬委员会应该确定一个使 CEO 相信能达到对标企业群体的薪酬水平中位数的时间（如 3~5 年）。实际上，薪酬委员会每年都应评估 CEO 的绩效和技能，并参考市场数据来确定适当的薪酬。通过薪酬增长来认可 CEO 职位的成长还应考虑到高管积累所有权地位的需求，达到并超过该职位的股票所有权的基准线，以向主要股东表明"风险共担"。

美国开始有分离 CEO 和 COB 职位的趋势，这是许多外界人士所倡导的，也是在欧洲企业的普遍立场。我们比较了 CEO 和 COB 分离与结合的情境，并没有看出两种情形中 CEO 薪酬存在显著差异。然而，董事会主席一般比首席董事薪酬更高，因此，CEO 和 COB 职位分立的公司的薪酬费用一般会略高。

27.4 通过高管薪酬方案，推动正确的绩效

近年来，与绩效挂钩的薪酬在整体薪酬的占比开始增加。此类绩效奖励会确定获得短期和长期（通常为 1~3 年）现金或股权奖励所需的绩效水平。由于近年酌情决定权饱受诟病，董事会更加接受这种以公式为基础的薪酬决定，以减少在确定薪酬时使用酌情决定权的必要性。例如，董事会不愿意在外部环境不利时为未完成的目标支付薪酬，原因是高管至少应该与股东分担部分风险。董事会对于具体企业或个人绩效的薪酬（例如，公司的历史薪酬趋势，或高管的薪酬期望）也更加敏感。例如，某一年的薪酬记录数字应该与绩效状况保持合理的一致性。

此外，在长期股权激励中使用绩效标准也更为流行了。由于股票期权的过度利用使高管过度关注股票的短期价格，这引发了公司治理的问题，因此，企业在股权类激励中越来越多地采用全价值股票工具，但是外部压力要求在激励授予时考虑绩效因素。例如，在 2000 年，

最大的 200 家公司的 CEO 基于绩效的奖金仅占 30%，而在长期激励组合中，大部分是采用公允市场价格执行的股票期权和限制性股票。但到了 2012 年，基于绩效的长期激励奖金的占比已经上升至 77%。基于绩效的薪酬的增长主要受代理咨询公司政策的影响，它们要求至少 50% 的薪酬是基于绩效的（它们不认为按固定期限授予并按照公允市场价格定价的股票期权计划是基于绩效的奖励）。过去几年，美国的经济增长相对缓慢，企业的董事会都在寻求有助于实现更高增长率的良好策略和推动战略的绩效指标。这些绩效指标也是薪酬委员会在设计长期绩效方案时使用的指标。此外，基于绩效的薪酬要素设计受到代理咨询公司政策的影响，许多代理咨询公司定义的长期绩效是 3 年以上的绩效，并且该绩效根据相对总体股东回报率（TSR）进行评估。

代理咨询公司对薪酬和绩效一致性的定义，已经对公司制订与业务战略和投资周期相适应的薪酬方案造成了挑战。例如，如果 1 年或 3 年的相对 TSR 表现低于同行中位数水平，代理咨询公司可能在薪酬话语权表决中给出否定建议。根据这种相对 TSR 方法，无论薪酬方案是否符合期望的薪酬理念和更长远的业务战略，所有公司最终都将面临负面的薪酬话语权表决建议。例如，某资本密集型公司将高管薪酬计划与在 5~10 年内实现投资资本的正回报挂钩。但在当前环境下，这家公司被迫制定 3 年的只基于相对 TSR 表现的绩效激励计划。然而，对于资本密集型企业来说，3 年的期限可能太短，相对 TSR 作为一种滞后性指标，并不一定会向股东提供关于公司重要事项的信息，也不能激励高管进行正确投资和增加股东价值。对于某些企业来说，相对 TSR 可能是有用的指标，但应与其他指标均衡使用。

27.5　薪酬方案沟通

2007 年新的 SEC 代理披露规则定案后，高管薪酬方案和薪酬委员会决策过程的透明度要求几乎被立即提高。随着薪酬话语权表决权的实施，高管薪酬透明度比以往任何时候都更重要。事实上，代理披露声明中的 CD&A 内容和表格要求已经变得更多。当代理投票顾问和机构投资者在决定如何针对高管薪酬方案提供薪酬话语权表决建议时都重点关注 CEO 薪酬，因此，许多公司在构建 CEO 薪酬方案和确定基于当前业绩的奖励额度时都非常谨慎。

许多公司采用图示法来直接展现薪酬水平与关键财务业绩指标的联系。在美国证监会要求的注明已授予薪酬额度的概要表格之外，企业还在 CD&A 中增加了一些其他表格，以说明已兑现的薪酬、高管每年能领回家的大致薪酬金额、股权类薪酬等可兑现薪酬（它有可能高于或低于概要表格中注明的授予日价值）。这种替代性薪酬披露方式虽然还没有广泛普及，但在逐年增加。大多数人希望 SEC 的绩效薪酬披露规定能够在展示薪酬与企业绩效之间的变动关系时，允许进行一些薪酬描述，而不仅是提供概要薪酬表。另外，由于 CD&A 已经成为公司的主要"营销手段"，因此许多公司都在其中加入了"执行官概要陈述"，以提纲挈领地介绍高管薪酬方案和公司治理政策的关键要点、关键财务绩效和其他绩效成就，以及高管薪酬和公司治理方案促进积极的业绩成果的方式。

三年一次的薪酬话语权表决让公司明白，良好的投资者关系至关重要。仅在投票表决前的一个月对机构股东进行的公关并不总是有效的。虽然代理咨询公司的负面建议能大大降低薪酬话语权表决投票的支持率，但这并不是致命的。由于相对 TSR 业绩是代理咨询公司的关注重点，因此，所有公司最终都可能将面临负面的薪酬话语权表决投票建议。然而，即便代理咨询公司给出了负面的投票建议，一份写得很好的 CD&A、一个能将激励计划与有效的业务战略挂钩的有效投资者关系管理计划，以及薪酬委员会监管高管薪酬的健全、深入的原因说明，也能够帮助企业赢得薪酬话语权表决中的多数支持。

本章小结

在上市公司中，由于信息披露的要求和关注披露结果的群体数量的原因，CEO薪酬时刻受人关注。除了作为传统受众的股东，利益相关群体还包括了员工、商业伙伴、工会、媒体和国会。薪酬话语权表决让薪酬委员会挺直了腰杆，它现在很少在严格的绩效标准下给予在困难情况下未能实现目标的高管团队特别奖励以示慰问在这些事情上做出的妥协。外界对CEO薪酬的巨大关注压力削弱了董事会对特别方案或福利的兴趣，当绩效未达预期时，许多CEO的薪酬都降低了，这在内外部都树立了榜样。

第28章

董事会薪酬

诺拉·麦科德（Nora Mccrd）
斯蒂文·霍尔有限公司（Steven Hall & Partners）

　　如今，董事起到的作用与其历史上的地位大不相同。近些年来，经济崩溃、备受风险监督关注的失败、董事年度选举、定期薪酬话语权表决投票，以及利用董事选举来获取直接成果的激进投资者的出现，都促成了这个新的现实。董事需要投入更多的时间和精力，需要更多的专业知识，并且董事服务的风险也变得更高。董事也受到股东、投票咨询服务机构、特殊利益群体和重要媒体的更多监督，所有各方都会详细审查董事会决策。董事角色已经重构，因此，董事薪酬需要进行根本性重新设计。

28.1　董事的角色

　　在美国公司的初创期，一般由公司的创始人和投资者充任董事会的董事。之后他们就向代表董事转变，代表董事往往是有教养、"乐于交际"和富于声望的，并且接受名义薪酬支付，与之相伴而随的是"橡皮图章式"的董事会服务。然而，在如今担任独立董事则意味着置身火中。虽然董事一直对股东负责，但由于股东要求其董事"保留"投票权（大多数美国公司的公司章程不允许投"反对票"），这带来了真正的信誉风险。此外，董事必须在股东、媒体、公众、公司治理积极分子、投票咨询服务机构、议员、监管机构和工会等的密切关注下处理他们的事务，他们关注广泛的财务、运营和战略举措方面的问题。近年来，与独立董事相关的责任、风险和业绩预期呈指数级增长。

　　这个新的、更危险的局面对董事的工作方式产生了非常深远的影响。董事会不再仅仅是"橡皮图章"，如今的董事会除了监督传统的领域范围（如继任计划、高管薪酬和审计）外，还积极参与企业战略和各种形式的风险监督。

为支持董事会的角色扩展，其成员构成也在演进。公众对过去董事会完全由CEO的高尔夫球友组成的批评已经成为过去式了，如今的董事主要由猎头公司进行招募和甄选，这种猎头公司专门协助企业选择能为董事会总体任务做出贡献的合格和专业的董事。此外，聘请董事为董事会提供特殊领域（如制造、物流、社交媒体或某些重要的国外市场）的专长或专业知识的情形也很常见。

独立董事的技能和专长的重要性与日俱增，这就提高了对富有竞争力的董事薪酬方案的需求。虽然大多数董事接受董事会职位的原因与薪酬无关，但是当董事在两个同样有吸引力的职位之间做选择时，富有竞争力的薪酬方案可能会成为影响决定的重要因素。如果合格的董事候选人数量有限，或者那些接受外部董事会职位的空间有限的在任CEO有明显偏好，那么富有竞争力的薪酬方案的作用就更加重要了。

28.2 资本主义和公司治理的作用

美国资本主义起源于小企业主，他们努力工作，获得了劳动的直接经济收益，企业股权由其独享。然而，在成功小企业通过外部资本融资和扩大组织层级雇用职员而成长为大型企业时，其所有者就"隐身"了。高管是企业的雇员，与小企业主时代相比，高管绩效和奖励之间的相关性明显下降。为了恢复绩效和奖励之间的联系，企业将以前全部以现金支付的薪酬部分转换为用股权支付。

在20世纪50年代和60年代，股票期权只占CEO整体薪酬的10%，股票期权的目标在于将高管薪酬与公司及其投资者的财富挂钩。随着为绩效付酬运动的兴起，高管薪酬开始了从现金激励到股权激励的重大转变，管理者和员工薪酬中股权部分的占比不断提高，旨在激励和回报那些股东价值创造行为。到2013年，全球前100强企业CEO整体薪酬中长期激励工具占比已达60%以上。现在，全价值绩效股权是CEO长期激励计划的主要组成部分（约占总数的50%），还有限制性股票（占总数的21%）和股票期权（占总数的29%）。由于大量的股票所有权指引和持有要求的推动，CEO和股东几乎再次变成了同义词。

由于股权激励在管理层中变得不可或缺，公司治理积极分子就将注意力转移到外部董事身上。当时，董事薪酬包括了薪酬和福利的各种组合，包括养老金、医疗保健和其他特殊津贴。因此，一场和高管薪酬类似的运动开始了，希望将董事薪酬与股票的长期表现以及股东利益直接挂钩。随着董事再次拥有至关重要的所有权，董事薪酬兜了一个圈又再次回到了最初的起点⊖。

28.3 公司治理和注重股权激励

曾经无可非议的董事及其薪酬首次遭到机构股东和激进投资者的抨击是在20世纪90年代。被抨击的问题不是给董事支付了多少钱，而是如何支付的。有研究认为，管理者和董事拥有的实际股权与股东总回报之间存在正向直接联系，在这些研究的支持下，采取激进的公司治理举措的企业将为激励外部董事为董事会服务而提供股权激励推到了不容争辩的重要位置。

⊖ 指回到了"股东即董事，董事即股东"的小企业主时代。——译者注

1994年12月，全国公司董事会协会（National Association of Corporate Directors，NACD）积极成立了一个蓝带委员会，负责研究董事会薪酬，为推动正在发生的变革提供催化剂。委员会的研究发现和提出的建议，使董事薪酬支付方式发生了意义深远的改变。董事薪酬从最初主要以现金支付的方式，转变为股权激励占有相当比重。最初提供的养老金被股票期权取代，股票期权后来又被全价值限制性股票奖励所取代。董事薪酬的授予时间表曾经与高管薪酬一致，而今也演变成为在授予日即可行权或者在授予一周年时可开始行权。

董事会薪酬中以股权方式提供的部分至少应占50%这一建议，如今仍然是董事会薪酬的最佳做法，并已经被普遍采用。2012年，在美国最大的200家上市公司中，股权薪酬占到了董事会整体薪酬的55%。股权类薪酬强化了董事与股东利益之间的一致性，解决股东关于选择的董事代表谁的利益的关切。

28.4　董事薪酬要素

独立董事的薪酬由不同的要素组成。最大的组成部分通常是董事会服务的预付聘金。和高管的薪酬类似，董事会预付聘金一般分为现金和股权两个部分。除了预付聘金以外，董事每次出席董事会会议也可能收到一些小额费用，但这种做法在急剧减少。董事还可能因为在董事会委员会服务而获得额外的薪酬，其中可能包括预付聘金和/或会议出席费用，两者通常以现金方式支付（见图28-1）。

总体而言，根据1994年NACD蓝带委员会制定的最佳做法，如今的董事通常收到的薪酬总额只有不到50%的部分以现金支付（见图28-2）。

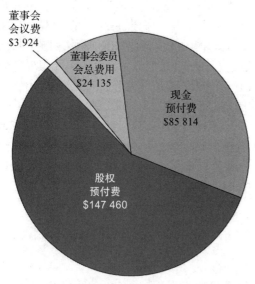

图28-1　平均董事薪酬：美国200强公司（2012年）　　图28-2　平均董事薪酬配比：美国200强公司（2012年）

28.5　整体薪酬

由于与董事服务相关的责任、工作量和声誉风险已经上升，董事薪酬也因而随之上升。2012年，供职于美国200家最大公司的董事的整体薪酬略高于26万美元。在此之前，董事薪酬经历了几年的小幅增长或停滞增长,因为董事们没有要求加薪,以此表达和一般员工以及高管共同面对因经济下滑和不确定性所导致的薪酬下降的态度,近几年才获得再次增长。2012年,董事整体薪酬相比2011年上涨了5%,而2010年和2011年前分别增长了4%,2007~2012年5年累计增长15%。

28.6 各个角色的整体薪酬

5年来,我们观察到薪酬委员会主席的薪酬增幅最大(见图28-3)。这些增长反映了出台的《多德-弗兰克法案》对该职位赋予了更大的责任,该法案为上市公司引入了大量与薪酬和治理相关的新规定。这些新规定中最重要的是薪酬话语权表决投票权,即股东有权对公司的薪酬计划进行无约束性投票,它提高了担任薪酬委员会主席的董事的声誉风险,因为如果未能有效弥补薪酬方案的缺陷,不论是真实情况还是仅凭感觉,通常都会遭到针对薪酬委员会主席的投"保留票"的运动。即便重要的"保留票"通常不足以使董事们失去董事会的职位,但会被视为独立董事的污点,许多人不愿意损伤其良好的声誉,处于职业生涯的后半期的董事尤其在意这一点。

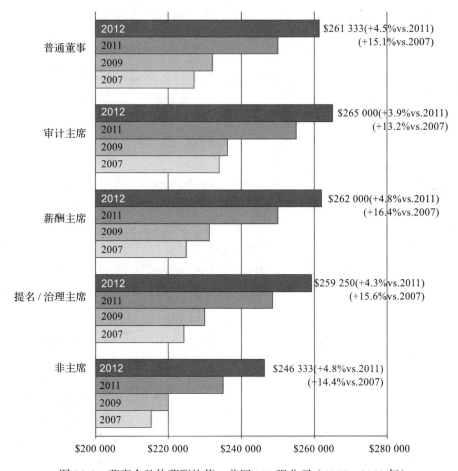

图28-3 董事会整体薪酬均值:美国200强公司(2007~2012年)

28.7 股权工具的使用

虽然以前的股权激励主要采用股票期权工具，但在如今的实践中，股票期权的使用率已经稳步下滑。如今，大多数董事薪酬计划已经转为采用全价值股票工具，授予限制性股票或者直接授予股票。从治理的角度来看，全价值股票是更适合董事会薪酬的薪酬工具。与股票期权不同，全价值股票工具可使董事立即获得所有权，既有升值机会，也有贬值风险，拥有与股东平等的完整投票权和分红权。在美国 200 家最大的公司中，董事会薪酬全部是全价值股票工具的占到了 88%，9% 的董事会同时获得股票期权工具和全价值股票工具，只有 3% 的董事会仅获得股票期权工具（见图 28-4）。

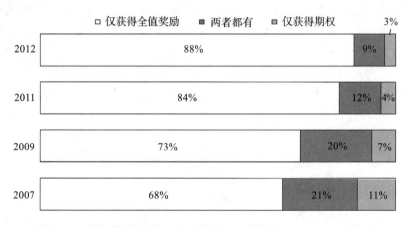

图 28-4　股权津贴实践：基于美国 200 强公司（2007～2012 年）

28.8 行权

公司治理的关切点对与董事股权类薪酬有关的行权条款产生了影响。公司治理关注到由于行权期过长，因此董事在获批离职时仍有未行权的股权，这阻碍了董事离职，继而损害董事独立性及董事会监督尽责性。因此，近年来，董事股权类薪酬的行权期已经稳步缩短。如今，美国 200 家最大的公司授予董事的股权奖励超过三分之二可立即行权或距授予日一年之内行权。在设定多年行权安排的公司中，主要采用逐步兑付（薪酬随时间按比例行权）做法（见图 28-5）。

	立即	一年	多年
2012	48%	29%	23%
2011	48%	30%	22%
2009	48%	29%	23%
2007	48%	25%	27%

图 28-5　股权兑现安排普及率：基于美国 200 强公司（2007～2012 年）

28.9 基于绩效的薪酬

有些公司也尝试将更显性的绩效因素纳入董事会薪酬的股权激励部分。虽然已经有几次将基于绩效的薪酬纳入董事薪酬方案的高调尝试，但在实践中却从未真正流行起来。由于种种原因，针对董事使用更多基于绩效的薪酬的做法（如在长期激励奖励中设计基于绩效的行权方式等）受到了批判。如果董事会和管理层的薪酬模式相同，奖励的行为相同，那么独立董事会应有的审查和制衡制度基本上将被废除。有观点认为，如果管理者和董事都被激励去达成预定的相对短期的目标，那么还有谁会为股东考虑长期经营问题呢？维护董事独立性的关键在于认识到上市公司董事会职责与管理层职责之间存在根本区别，并且要通过薪酬设计来体现其差异。基于绩效的薪酬设计要求非雇员董事接受与管理层相同的基于绩效的薪酬标准和压力，这可能会损害董事会成员以真正公正的方式行事（特别是在制定基于绩效的薪酬标准时）的能力。

28.10 所有权指引

过去15年来，董事的股权制度已经成为普遍做法。在美国最大的200家公司中，91%的公司有制度指引要求董事持有一定数量的股票。这些要求反映了一个广泛的共识：直接持有有效数量的股份，是将董事与他们所代表的股东的利益关联起来的最适当、最有效的方式。

这些指引通常要求董事持有一定数量的股票，其价值等于董事会每年现金聘金的特定倍数，但也有少数公司（略高于15%）将其设定为固定数量的股票。基于股东咨询公司提出的关注因素，企业对董事股权规模要求一直在稳步提高，在美国的大公司中，超过一半以上（59%）的公司要求董事持有现金聘金价值5倍以上的股权，35%的公司要求董事持有现金聘金价值3~5倍的股权，只有6%的公司要求持有3倍以下的股权。2012年，这些企业对董事股权要求的中位数为375 000美元。

董事们通常有5年时间来获得所要求的股权，但越来越多的公司正在消除该要求，以利于满足董事薪酬中须持有指定百分比（通常为50%）的净税后股份的要求。这种修改确保董事始终遵守制度指引，并消除了披露在期限内未达指引要求的董事的SEC表格的尴尬。

28.11 放弃董事会议费

在过去的几年中，董事会议费的支付方式发生了明显的转变。自2005年以来，在美国最大的200家公司中，支付董事会议费用一直都不是主流做法。2005年，略多于一半的公司支付董事会议费用，而且该比率还在持续下降。到今天，已经只有约四分之一的公司（27%）支付该费用。在支付这些费用的公司中，过去5年会议费中位数稳定在2 000美元。

许多公司看重会议费的行政管理方面优势，因为该费用不必跟踪，只要出席会议即可支付，而且更重要的是，不用界定会议的内容。此外，将以前作为会议费支付的金额纳入现金和股权聘金相对较为容易，虽然这让董事会薪酬看起来更高了，但实际上这和整体薪酬组合类似。但这种方法并非适用于所有公司。如果公司无法确定通常的会议数量，那么支付会议费的做法仍然有意义。当企业未来会议量不可预测但希望消除该费用时，可以先根据需要完成的工作量所需的会议数量，对超出该数量的每次会议支付会议费。这种方法能够在正常进程中消除会议费，同时也提供重要的弹性，以确保异常情况导致工作量显著增加时，董事得到适当的补偿（见图 28-6）。

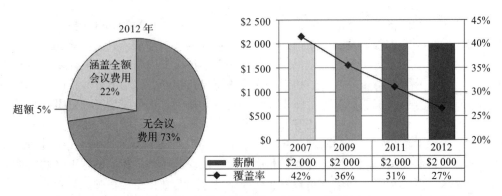

图 28-6　董事会会议薪酬、均值和覆盖率：美国 200 强公司（2007～2012 年）

28.12　委员会服务薪酬

委员会已成为董事会的骨干，委员会主席在董事会负责的具体领域中还承担了领导角色。由于认识到委员会主席的沉重负担，为该职位提供额外薪酬的做法非常普遍。费用一般包括额外的聘金和额外的会议出席费。

审计委员会主席会获得最高的额外酬金，以酬谢其对公司财务进行定期监督的工作。审计委员会主席的薪酬中位值稳定在 25 000 美元，在美国前 200 家大公司中有 99% 的公司支付了这项费用。薪酬委员会主席薪酬的普及率和数量也一直在增加。随着股东的薪酬话语权表决的出现和公众对薪酬问题的经常性严格审查，薪酬委员会主席现在身负重任，并且很容易招致股东的批评。如今，薪酬委员会主席的额外酬金中位值达 20 000 美元，在美国前 200 名的大公司中有 97% 的公司支付了此费用。虽然提名委员会和治理委员会主席的额外酬金较低，中位值为 15 000 美元，但是这些酬金的支付普及率正在上升，到 2012 年已经达到 94%，这是因为公司认识到了这些委员会在当今环境中的重要性日益增长（见图 28-7）。

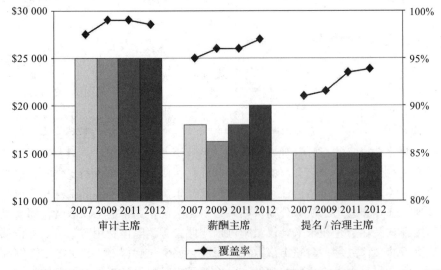

图 28-7　委员会主席额外费用、均值和覆盖率：美国 200 强公司（2007～2012 年）

在美国 200 强公司中，委员会成员获得额外酬金的可能性则相对降低，这在很大程度上是因为许多公司已经取消了会议出席的额外费用，过去这一费用是委员会成员获得薪酬的方式之一。如今，只有审计委员会成员有可能收取委员会服务的额外酬金。委员会成员服务费的取消通常伴随着委员会服务的现金或股权聘金的一次性增加，并且委员会服务的工作负担也被平均分配给委员会的各位董事成员（见图 28-8）。

在董事作为委员会成员能够获得额外补偿的美国前 200 家大企业中，审计委员会成员的总额外薪酬中位数为 15 000 美元，薪酬委员会成员为 10 000 美元，提名/治理委员会成员为 8 000 美元（见图 28-9）。

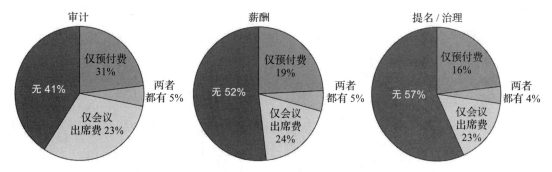

图 28-8　委员会成员收取额外费用的形式：美国 200 强公司

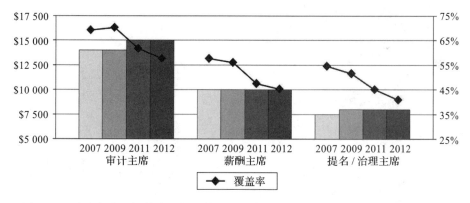

图 28-9　委员会成员额外费用、均值和覆盖率：美国 200 强公司（2007～2012 年）

28.13　董事会薪酬的未来

历史上，董事薪酬并不在大多数企业观察员的关注范围内。董事们因其所扮演的角色而广受尊敬，加之相对较低的薪酬金额，使许多评论员将他们称为"美国企业最划算的买卖"。但那些日子已经过去了。如今，由于对高管薪酬水平居高不下并不断上升的不满增加，越来越多的公众认为董事薪酬应该与绩效挂钩，同时认识到至少有一些董事在玩忽职守，没有采取必要措施避免近期的金融危机，这些导致了对董事会薪酬监督的增强。诸如"我们向董事支付的是什么？""董事是否应该根据表现决定薪酬？"等问题已经引起了公众对董事薪酬的讨论。

为了对机构投资者客户的关注做出回应，以及受到越来越多对股东问题关注的影响，包括其独立性和多样性，在欧洲公司治理领域的股东咨询公司也介入了争论。除了评估董事治理问题外，他们还开始在每个董事的薪酬与公司竞争对手所支付的薪酬之间进行比较。

这种转变对公司如何管理董事薪酬具有深远的影响。对董事薪酬水平的市场竞争力进行评估已经成为每年都必须进行的常规活动，而不是每两三年才评估一次。更多的评估也可能导致所支付的数额和付款方式的一致性更高。最后，由于公司正试图"说服"股东，花在招聘关键专业领域合格且敬业的董事上的钱有助于保证其利益最大化，因此，SEC 文件中对董事付酬方式和原因的描述就会变得更加有力。

第29章 构建董事会和高管薪酬

布鲁斯·R. 埃利格（Bruce R. Ellig）
著名薪酬专家和作家（Noted Compensation Specialist and Author）

董事会及其薪酬委员会需要面临的挑战是确保高管薪酬方案在快速变化的商业环境中能够创造竞争优势，并满足利益相关者的期望。本章将从以下十个方面研究该挑战：

（1）董事会的角色。
（2）利益相关者对董事会行为的影响。
（3）董事会的构成。
（4）董事会绩效和薪酬。
（5）董事会的各个委员会。
（6）薪酬委员会。
（7）高管薪酬理念。
（8）合理的高管薪酬 VS. 过高的高管薪酬。
（9）薪酬顾问的使用。
（10）董事会和薪酬委员会面临的主要问题。

29.1 董事会的角色

董事会由公司股东选举产生，并作为其利益最大化的代理人。董事会的主要责任是雇用（以及在必要时解雇）公司的CEO。它也被要求依照股东的利益行事（并与股东互动），不仅要遵守法律法规的文字规定，而且还要遵循这些要求的法律精神。它还被要求制定企业伦理准则以及行动指导原则。

董事会不仅要批准任务和支持性目标，而且还要评估公司的总体绩效和CEO

的个人表现，并根据以上绩效评估，确定 CEO 和其他高管的薪酬，这些行动应该符合经批准的薪酬理念框架。

董事会负责确保遵守所有法律要求。其受托责任包括勤勉义务（勤于理解业务问题和备选方案）和忠实义务（即忠于股东利益至上）。公司治理也要求董事会在所有行动中采取谨慎判断，避免利益冲突。业务判断原则规定，如果董事会诚信公正行事，追求公司利益最大化，并采取了审慎判断，那么其对错误决定和失误就不用承担任何责任。

在主席和 CEO 职位合一的董事会中通常会设立一名首席董事，其职责是在主席或 CEO 不在场时（计划之内和计划之外）主持董事会议，并促进独立董事之间的讨论。

29.2　利益相关者对董事会行为的影响

那些对董事会行为感兴趣的人（因为受到其行为的影响）被称为利益相关者（stakeholders）。他们包括社区、客户、高管、其他员工和股东。

他们想要什么呢？

- 公司所在的社区想要大量的高薪工作岗位，并且公司不会破坏环境。第一，能提高税基，消除失业成本。第二，获得发展时不会造成社区损失。
- 客户想要优质的产品或服务，以及低廉的价格。
- 高管希望获得良好绩效所带来的高薪和工作安全感。
- 其他员工也要求良好的工资和工作保障。
- 股东希望通过分红和股票价格的形式获得良好的投资回报。

为什么利益相关者的意愿对于董事会来说是重要的？这是因为有时候需要选择一个可能不利于某个群体的行为，因为该行为有利于另一个更重要的群体。例如，当有几个产品被污染时，需要决定是否召回所有的产品。这样做的成本会影响收益并有可能影响股价，但不这样做可能会损害公司在客户中的声誉。因为在这样的问题上迅速采取行动是非常重要的，所以提前决定利益相关者的优先权是非常重要的。

把员工放在第一位是很好的例子。没有员工就没有公司，而且他们的产出和与客户的互动对排在第二位的客户会产生重大影响。客户排在第二位是因为没有客户的购买也就没有公司。社区的重要性排在第三位，因为其在税收和其他议题上采取的行动对公司有重大的影响。然后是高管，他们是以薪酬水平和工作任期形式受益的利益相关者。最后但同样重要的是股东。其他利益相关者的成果肯定会影响收益和股票价格。有些人认为股东应该排在第一位，但这可能导致公司更加信任那些有利于短期效益但长期会存在问题的行为。

29.3　董事会的构成

董事分为两类：为公司工作的（被确定为内部董事）和不为公司工作的（被确定为外部或独立董事）。有些人被认为属于第三类，包括公司的退休高管以及与该公司进行大量业务往来的公司的代表。

董事会曾经只由内部人士组成，因为起初的公司都是私营公司，后来才"上市"，将股票出售给证券交易所的其他股东。证券交易委员会由此介入，并开始要求董事会和审计委员会应至少包括一名外部人员。多年来，董事会的构成已经发生了转变，现在很多公司只有

CEO 作为内部董事，其他所有董事都是外部人士，这使得为董事会委员会配备客观的董事更加容易。

尽管董事会反映出所需的经验很重要，但最典型的董事要么是另一家公司的现任 CEO，要么是已退休的 CEO。如果需要经验丰富的高管担任董事，而现有的 CEO 人才资源池无法满足这一需求，那么公司就会在略低于 CEO 层级的人士中寻求合适人选。这种做法尤其有助于实现多元化和关于种族的目标。如果需要董事有财务经验，那么 CFO 就是最顺理成章的人选，尽管那些具备适合董事会的具有技术背景的人选也可能会是合理的选择。虽然董事会也会雇用有名望或有身份的董事，但只有在满足其他要求时才会真正发生。至关重要的是董事能识别并聚焦关键问题，并且像企业所有者一样思考和行动，而不能仅仅是企业的"雇员"。

有资质的人不但能够很好地履行他们担任 CEO 的公司的职责，而且也很容易在多个董事会中担任职务。这种在多个董事会任职的行为被视为"董霸"（boarded up），许多企业董事会中都存在这种情况。

通常，公司董事会主席也是公司 CEO，但这种情况正在改变。有人认为，由于公司董事会负责 CEO 招聘和高管薪酬，必要时还要解雇 CEO，所以，两个角色的合一会导致利益冲突。

许多人认为，当公司的 CEO 退休时，他应该离开该公司的董事会，因为新任 CEO 可能想要做一些未经前任批准的变革。也有人认为，退休的 CEO 仍然可以留在董事会中，这不仅提供了关于以前行动的历史视角，还丰富了董事会的经验。

有人认为，个人董事是兼职人员，他们通常缺乏解决公司面临问题所需要的专业知识，而只是依赖管理层提供的信息。正如审计服务由董事会批准的独立公司提供一样，可能董事会服务公司（board service company，BSC）应该承担公司治理的相应角色，这样有助于减少当前制度的弱点。但这种做法需要深思熟虑，以满足 SEC 和其他部门的法律法规。然而，这样大胆的做法有助于确保利益相关者议题都得到适当的考虑。监管公司的法律法规不断增加，合规的责任正在变得越来越重，而且看上去未来也不会减少。董事会必须在这种环境下履行公司治理的责任。谁更有能力做到这一点呢？是兼职董事，还是全职服务公司？

29.4　董事会绩效和薪酬

高管薪酬的口头禅是"根据绩效表现付薪"，对董事会成员是否也应如此呢？从概念上说，这对整个董事会而言是合理的，但对个人成员来说并非如此，原因有几个：①这是非常耗费时间的；②它具有潜在的破坏性，会引起对批评敏感的成员的对抗；③董事会主席给予的私下建议可能比正式书面评估更有助于提高绩效。那么，应如何给董事会成员支付薪酬呢？

通常，董事会成员会因在董事会和董事会委员而获得聘金和会议费。聘金反映了一种持续的责任。会议费反映了参加会议以持续履行责任的必要性。有些董事会不考虑出勤率，只支付聘金，认为董事会成员的出勤率不是关键因素。而一些董事会则只支付会议费，强调出席会议以履行义务的必要性。

有一些调查有助于董事会设定合适的薪酬组合，这些调查涉及董事会主席和首席董事职位的薪酬。除了确定薪酬组合的类型和数额之外，确定谁来批准该计划也非常重要。过去通常由内部董事（或管理层）批准薪酬计划。当外部董事（非管理层）只占少数时，这不是问题。但是现在的很多董事会大部分由外部董事组成。由他们批准自己的薪酬计划是否合适呢？公司高管不能批准自己的薪酬，那为什么董事可以呢？有人认为应该由股东批准董事薪酬计划，至少应该像高管薪酬那样经过非约束性的薪酬话语权表决投票。

29.5　董事会的各个委员会

通常，董事会至少有三个委员会：审计委员会、薪酬委员会和治理委员会。审计委员会负责推荐特定的代表公司的审计事务所，并与该审计事务所会面，这种行为通常由股东批准。薪酬委员会负责提出 CEO 和其他规定范围内高管的薪酬变动和相关方案，至少是那些需要在公司代理披露声明中列出的内容。治理委员会负责提名董事候选人以及担任公司高级职务的人员，它还负责审查董事会绩效和董事薪酬。

董事委员会还可能包括一些其他委员会，例如，执行委员会（代表全体董事会）、财务委员会（审查资本预算和分红方案）、养老金委员会（批准基金经理并审查业绩）、公共政策委员会（识别会影响公司的事件并针对行动方案提出建议）和战略规划委员会（提出战略计划和评估绩效结果）。

有的董事会认为，需要确保所有董事在每个委员会任职一段时间，这样使每个委员会每年都有一位董事轮换出来。如果委员会包括三名及以上董事，那么这种轮换能保证其中至少有两名经验丰富的董事。

29.6　薪酬委员会

薪酬委员会的作用是直接负责确定 CEO 和其他规定范围内高管的薪酬水平和构成情况，并使其与经批准的薪酬理念、薪酬定位和绩效保持一致。委员会通常还要负责起草公司代理披露声明中的薪酬讨论和分析（CD&A）部分的内容。

薪酬委员会的行动经董事会审查和批准，除非法律法规或证券上市要求另有规定。例如，《国内税收法》第 162（m）条规定，规定范围内高管超过 100 万美元的薪酬税收减免必须与其业绩相挂钩，并经由非利益相关方人员组成的薪酬委员会批准。

薪酬委员会通常由独立董事组成，他们需要具备一些高管薪酬和财务知识。重要的是避免利益输送关系，如 CEO 在彼此公司的薪酬委员会中任职。

薪酬委员会必须选举一位主席，由其确定会议议程，主持会议，并为每次会议上采取的行动确定为期一年的时间计划表。委员会还需要选出一名秘书，而非由某位委员会成员来承担该职责，通常可以从人力资源主管或一般顾问人员（例如负责证券交易委员会事务的人员）中提名。

29.7　高管薪酬理念

薪酬委员会和董事会负责建立高管薪酬理念，它由三个部分组成：不同市场阶段的影响，吸引、保留和激励的重要性，可接受风险程度。

29.7.1　不同市场阶段的影响

薪酬要素包括五项，分别为薪金、员工福利、高管福利（即特殊津贴）、短期激励和长期激励。激励的类型由绩效评估周期决定。一般而言，短期激励的绩效评估周期为一年以下，长期激励的绩效评估周期长于一年，从两年到十年不等。

市场阶段分为入门（或初创）、成长、成熟和衰退四个阶段。董事会需要根据公司的市场阶段来决定应着重采用何种形式的高管薪酬。同时还要注意，业务的不同部分可能处于不同的市场阶段，因此必须对高管薪酬进行定制化设计。

- 初创期公司：由于现金短缺，重点放在长期激励措施上，尤其是股票期权。
- 成长期公司：随着收入和净利润的提高，公司在薪酬、员工福利和短期激励措施方面做出小幅的改变。长期激励仍然突出股票期权，但引入了各种类型的股权激励（特别是基于绩效的股权激励）。
- 成熟期公司：随着收入逐渐平稳，基于市场的激励措施被削减，但利润的持续提升更加依赖短期激励措施，并可能采用现金激励，更加关注月薪。
- 衰退期公司：随着收入和利润的减少，关注降低成本的短期激励很重要，但重点已经转移到月薪和福利上。

29.7.2 吸引、保留和激励的重要性

董事会必须在构建高管薪酬方案时审查以下三个的目标中每一个的凸显程度。

- 人才吸引：强调月薪和短期激励，以吸引所需的高管人才。
- 人才保留：保留高管人才时的焦点是月薪和长期激励。
- 人才激励：激励人才时的焦点是基于个人绩效的短期激励。

29.7.3 可接受风险程度

可接受风险程度是设计高管薪酬方案时的主要考虑因素。管理层取得成功但不承担一定风险是几乎不可能的。通常，承担的风险越大，短期和长期激励计划的薪酬就越多。

通常有三个风险级别：几乎没有风险、合理风险和严重风险。如果风险很小或没有风险，薪酬方案应强调工资部分。合理风险则应该是激励计划的基础。没有薪酬方案会奖励严重或过度的风险，因为它可能会破坏公司甚至影响整个经济，几年前发生的次贷危机就是例证。

确定了风险级别后，下一步是确定其发生的概率，即无、中或高。同样，如果风险概率为无，则主要采用工资计划，而奖励计划则用于风险概率为中和高时，风险概率越高，奖金额度就越高。

29.8 合理的高管薪酬 VS. 过度的高管薪酬

董事会及其薪酬委员会须确保高管薪酬合理，即根据高管（通常为 CEO）和公司（在盈利和股票价格上的表现）的绩效水平决定合理的薪酬。了解、讨论和披露已实现薪酬（已实际支付）、可实现薪酬（潜在薪酬机会）和公司成本（根据代理披露声明表格的定义）之间的差异非常重要。为了更好地了解和说明差异，须在规定范围内高管的汇总薪酬表中加入几个表格，其中第一个表格报告已实现工资，第二个表报告可实现薪酬，第三个表格报告公司成本。只有展示这些信息，才能全面理解高管薪酬的情况。

过度或不合理的薪酬都会被商业新闻媒体、股东咨询服务公司、股东和国税局盯上。商

业新闻媒体在意的是出版物的销量,股东咨询服务公司是通过提出建议来获取收益,股东关心股票价格和分红,国税局则考虑税收减免是否符合规定(被认为过高的薪酬将不允许进行税收减免)。如果没有滥用信托信任、违反诚信或欺诈等行为,法院一般不会推翻董事会或其薪酬委员会的决定。通常根据薪酬计划的风险程度来评估该计划是否合理。风险的严重性和可能性是关键因素,因为这可能会导致公司破产。

如今,关于过度或不合理薪酬的指控比五年前已经明显少了。原因之一就是2010年颁布的《多德-弗兰克法案》,它要求股东必须进行非约束性投票批准(或不批准)高管薪酬。令人惊讶的是,投票结果通常都是支持公司的高管薪酬方案。鉴于这样的结果,国会强制要求必须经由股东投票就并不奇怪了,毕竟这似乎没有太多问题。不知道管理层为什么要反对?

29.9 薪酬顾问的使用

董事会及其薪酬委员会通常在高管薪酬方案的设计和管理中使用顾问。这些顾问来自公司内部或来自外部独立组织。内部顾问是高管薪酬专家、SEC和通用法律顾问、企业财务代表(来自会计和资金部门的员工)和信息系统管理人员。该团队通常由公司人力资源的负责人领导。每个团队成员都是相应领域的专家,薪酬专家提出方案的初步设计之后,其他团队成员就开始审核该方案以克服障碍、优化设计,确保成功。通常情况下,内部咨询团队将向CEO报告,在其批准提案后,再提交给薪酬委员会,也可能直接提交给董事会。

外部顾问原来通常来自外部审计公司,现在则演变成通常来自独立组织。发生这种变化的原因是必须建立相对于公司(尤其是CEO)的独立性,毕竟薪酬咨询费只是总审计费用账单的一小部分。良好的公司监管意味着,公司不能以更换审计公司相威胁,逼迫审计公司提供CEO想要的薪酬方案类型。

在考虑服务提供者的独立性程度时,需要确定其提供候选机构是否还给公司提供其他服务,以及其收取的费用与薪酬咨询费用的关系。此外,还需要考虑咨询公司和管理层之间是否存在任何私人关系,包括其持有的公司股份数量?

29.10 董事会和薪酬委员会面临的主要问题

- 如果不能取消高管福利(为职位买单)和离职补偿费(为高管的失败买单),股东和咨询组织仍将继续施加压力。
- 有必要确保激励措施的风险构成是合理的,不会出现过高风险和过高工资。
- CEO和其他规定范围内的高管应保留适当数量的通过股权激励计划而获得的公司股权,应采用并密切监控回购成本模式(支付回购成本后保留股票)或类似模式。
- 应该对董事会、薪酬委员会和所雇用的顾问的互动、角色以及责任进行持续审查和评估。
- 必须密切监控其他高管薪酬设计的变更,以备考虑。
- 公司自身业绩和高管薪酬必须和同行公司的表现保持一致。
- 必须密切追踪立法(例如,影响公司的税法和其他法律)、财务会计准则委员会和证券交易委员会可能产生的变动,并根据需要对公司高管薪酬方案做出变更。

本章小结

虽然高管薪酬水平几乎没有降低,但近几年已经很少作为重大问题而出现。在薪酬话语权表决会议上,股东对高管薪酬的赞成票是一个很好的指标。也就是说,董事会及其薪酬委员会需要保持警惕,以确保过高薪酬不会成为利益相关者的话题。这包括对政府立法和监管部门可能采取的干预行动保持高度警惕。高管人员还需要注意,如果没有公司和股票的绩效表现做支撑,那些像电话号码(还带区号)一样的薪酬组合金额将难以得到保护。

第30章 薪酬委员会

罗伯特·H. 洛克（Robert H. Rock）
MLR 控股有限公司（MLR Holdings LLC）

30.1 薪酬委员会组成

薪酬委员会是董事会常设委员会。大多数公司董事会有三个常设委员会，除了薪酬委员会外，还有审计委员会和提名/治理委员会，共同组成三个核心监督委员会。这些委员会中的每个成员是独立的，各委员会成员的独立性必须符合纽约证券交易所或纳斯达克证券交易所的上市标准和公司的企业治理规定指引。

薪酬委员会成员必须符合《国内税收法》第162（m）条规定的"外部董事"和《证券交易法》第16b-3条规定的"非职工董事"的明确要求。独立一般意味着董事从未担任过公司的高管或员工，并且在公司交易或业务关系中没有任何物质利益。除了从委员会中排除现有员工和任何从公司收取专业服务费用的人员（例如银行家、外部顾问和管理顾问）外，还不能包括公司的前高管，以及任何因为之前的服务获取过薪酬的前员工（法定福利计划除外）。另外，对于薪酬委员会成员来说，也不能有"董事互锁"，也就是说，委员会成员不能是另一个成员的公司的高管，也不能是另一个成员的公司的薪酬委员会的董事。一般来说，薪酬委员会包括3～5名独立董事，使其能够充分讨论，以获得有用的披露和积极的辩论。

30.2 薪酬委员会主席

在如今的治理格局中，薪酬委员会主席可能已经取代审计委员会主席，成为董事会中最难的角色。作为《萨班斯-奥克斯利法案》《多德-弗兰克法案》

和《消费者保护法》的结果，作为股东激进分子和股东服务公司（如机构股东服务公司（ISS）和格拉斯－刘易斯公司）的目标，薪酬委员会（特别是主席）的高管薪酬决定正在受到更加严格的审查。鉴于审计委员会可以参考详细的正式规定和条例（虽然有时候模糊），但薪酬委员会却并没有与之相似的、被普遍接受的薪酬原则。在高管薪酬方面，没有"正确"的制定方式，只有一般的路线图和一些广泛适用的方针，例如基于绩效的薪酬。上市公司会计监督委员会和证券交易委员会对审计委员会的工作进行监督，但没有任何监督委员会或机构有法定责任必须负责监督薪酬委员会或其顾问的工作。然而，一些专业协会组织和会计师事务所已经推荐了一套原则。

薪酬委员会主席是根据治理委员会的建议，由董事会选举产生，该委员会还负责推荐委员会成员。主席通常与 CEO、人力资源负责人和外部顾问密切合作，确定最合适和最有效的薪酬设计。主席负责准备每次会议的议程、主持会议，并确保采取适当的后续行动。主席还需要负责制定一个年度工作计划时间表，用来描述什么时候采取什么样的薪酬行动，包括薪酬变动的批准、激励目标的确定和代理披露材料的批准。计划时间表的目的是确定什么是需要做的，何时做，以及由谁来做。人力资源总监一般需要为薪酬委员会提供行政支持，包括准备会议纪要，协助确保及时编制信息和报告并分发给委员会成员。

30.3　薪酬委员会的角色

薪酬委员会负责设计和实施高管薪酬流程，有效地奖励管理者实现业务目标。薪酬委员会努力确保高管薪酬方案能够对绩效进行奖励，并在薪酬市场上具有竞争力，以吸引、保留和激励具有公司所需技能且关注绩效的高绩效高管人员。

全体董事会负责为 CEO 开发和设定具体的年度和长期目标，并与薪酬委员会合作，衡量这些目标的达成程度。薪酬委员会将这些目标与 CEO 和其他高管的薪酬方案建立关联。该委员会负责制订和监督高管薪酬方案，包括确定绩效预期，划定具体业绩指标，确定适当的薪酬水平，以及确定薪酬要素和激励措施的适当组合，如基础薪酬、绩效奖金、股权授予、退休福利、生活福利、特殊津贴和其他福利等。薪酬委员会确定支撑业务战略的适当薪酬，因此，它需要知道如何设计和管理为业务成功奠定基础的薪酬政策和实践。

薪酬委员会是股东财务的管理者，其工作不是取悦管理层。薪酬委员会必须愿意并能够对薪酬计划的假设发起挑战，深入了解其细节，这要求其了解重要的相关法规，如 IRC 第 162（m）条、409A 条和 280G 条。薪酬委员会必须了解与长期激励工具和其他薪酬安排有关的税务和会计问题。例如，薪酬委员会成员必须充分了解 CEO 的雇用合同，包括控制权变更规定等细节，以便他们能够确定旨在激励的薪酬方案目标和了解各种情况下该方案的潜在成本。

作为股东的受托人，委员会可以在薪酬方面与高层管理人员进行艰难的"拔河"。委员会努力以合理和适当的薪酬成本建立最优秀的管理层和获得最佳的业务成果。委员会面临的挑战是，怎样的薪酬计划是合理和适当的？薪酬委员会往往倾向于薪酬水平更低一些，管理层往往倾向于薪酬水平更高一点。这种反复的谈判可能导致薪酬委员会会议场面激烈，有时甚至是紧张。

30.4 薪酬委员会的义务和责任

薪酬委员会需要有一个书面章程，通常是一两页，用来概述委员会的权限、责任和特定权力。委员会的基本作用是为审查和分析公司高管薪酬理念和方案提供讨论平台，平衡股东与管理层的利益。

章程中需要界定委员会的义务和责任，包括确立公司的薪酬理念、战略和政策；批准 CEO 的年度绩效目标，根据这些目标评估 CEO 绩效，并向董事会提出 CEO 基本薪酬和奖励的相关建议；检查绩效评估和批准除 CEO 以外的所有高管人员的年薪；批准包括 CEO 在内的所有高管人员的年度和长期激励机会（以现金、股票和/或股票期权形式）；管理公司的年度和长期激励计划；审查和批准某些福利项目（特别是公司代理披露声明中列出的）；批准对于管理层的雇用合同安排，包括雇用和解雇协议；确定高管人员与公司董事的股权激励准则；与管理层一起进行代理披露声明中的薪酬讨论和分析（CD&A）部分的披露，并就代理披露声明和 10-K 表中的 CD&A 部分向董事会提出建议。

为履行这些责任，委员会负责制定会议日期、议程项目和自身业绩年度评估的时间表。通常，委员会将安排四次会议聚焦讨论以下议题。在 1 月的会议上，委员会针对所有高管（CEO 除外）：①评估上一年的业绩，并确定相应的年度奖金和长期激励支出；②设定新一年的年度奖金和长期激励机会及其相应的绩效标准。在 2 月的会议上，为向全体董事会提出建议做准备，委员会将：①根据上一年度预先确定的业绩目标，评估 CEO 的业绩，并确定其基本薪酬和年度奖金；②审查 CEO 新一年的业绩目标，并确定其相应的激励机会；③审查并与管理层讨论代理披露声明中 CD&A 部分的披露内容。在 7 月的会议上，委员会在外部顾问的帮助下：①审查高管薪酬的现行市场趋势；②对比各级管理层制定的指导方针，对股权激励进行监督；③审查管理层发展方案和继任计划程序（如果这些在其职权范围内的话）。在 11 月的会议上，委员会根据外部薪酬顾问提供的基准数据：①评估公司薪酬政策和计划的竞争力；②确定高管人员的基本薪酬；③审查雇用协议、退休计划和其他福利计划。

有时薪酬委员会还会承担其他的职责，包括拟定董事薪酬。然而，这项职责更多时候会被纳入治理委员会的章程中。薪酬委员会通常负责监督与管理层发展、包容/多样性以及继任计划相关的流程。由于这些额外的职责，薪酬委员会通常又被称为薪酬和管理层发展委员会，或人力资源委员会。

30.5 外部顾问

为了帮助指导决策，薪酬委员会会从外部顾问那里获取观点和意见。这些顾问会密切关注薪酬趋势和薪酬水平基准，并帮助制定和评估与公司高管薪酬相关的政策、计划和方案。薪酬委员会在履行职责时，可以自行决定是否雇用外部顾问，特别是直接为薪酬委员会工作、能够不受管理层的不当影响、提供公正咨询和分析的薪酬顾问。因此，委员会有权批准顾问的薪酬和其他聘用条款。

薪酬委员会主席监督外部顾问和管理层之间的沟通，以确保前者保持独立的观点和判断力。委员会在履行职责时，需要与管理层特别是人力资源部门的成员密切合作。在适当的时候，管理层需要为委员会提供必要的信息，并与委员会聘请的外部顾问合作，以确保委员会在薪酬问题上采取行动或建议行动时有充分的信息。薪酬委员会、管理层和外部顾问共同致力于建立具有外部竞争力、内部公平性和绩效导向的高管薪酬结构。

30.6 基准数据

委员会每年都会从外部视角和内部视角来考察高层管理人员的薪酬水平是否合理。为了发展外部视角进行考察,委员会会聘请独立顾问进行高管薪酬研究,提供与公司外部薪酬市场相关的基准数据。一般来说,外部顾问提供给公司的服务仅包括关于高管薪酬问题的数据、分析和咨询。有时顾问也会就董事薪酬提供意见和建议,但这项服务通常会提供给治理委员会进行审查和确定。因此,薪酬委员会需要确保外部顾问并不会与公司或任何董事会、委员会之间产生利益冲突。

选择并确定适用于特定公司高管的市场薪酬对标群体并不容易。考虑到企业的规模、复杂性和多样性,选择对标群体通常需要外部顾问的专有数据库、其他可用的薪酬调查和公开文件(如代理披露声明和10-K表)的综合薪酬数据。委员会在外部顾问的帮助下,选择与其业务性质近似的同行群体,作为薪酬比较的"市场"。在考虑独立顾问的建议后,委员会和管理层需要就同行对标群体的构成进行讨论并达成一致。为了能够进行适当比较,避免异常现象或异常值,对标同行群体应至少包括10家同行公司,最好是15~20家,也有一些公司使用包括50家公司以上的对标同行群体。例如,专业化学品制造商的薪酬对标数据库中包含化学产业中与其规模和组成相似的20家左右的上市公司。这些同行公司的薪酬数据为确定公司高管薪酬水平的外部竞争力提供了评估背景。

数据收集和筛选完成之后,通常采用包括四分位数或百分位数水平的模型进行呈现,并应用于公司各高级管理人员的薪酬评估和确定决策中。委员会根据提供的所谓的市场可比性的对标同行群体数据来设定整体薪酬的目标绩效水平。委员会可能将目标绩效的整体薪酬设定在对标群体的50分位水平,将绩效最佳水平的整体薪酬设定在对标群体的75分位水平。

大多数(即便不是全部)公司的薪酬理念都会表明薪酬随绩效而变。基于绩效的薪酬已成为几乎所有薪酬委员会的头等大事,委员会正在越来越多地考虑将CEO和其他高级管理人员的绩效和薪酬与市场对标。这项检查使委员会能够理解并更好地保持薪酬和绩效结果的一致性。

基准数据还提供了薪酬构成比例的证据,即薪酬、年度奖金和长期激励之间的构成比例或组合。例如,CEO薪酬中的长期激励薪酬机会普遍受重视。目标薪酬组合可能是25%的基本薪酬,30%的年度奖金和45%的长期激励。如果绩效高于目标,那么长期激励的比例就会上升,以强调持续卓越。通常,管理层级越高,薪酬中的激励部分就占比越高,长期导向的激励也更多,以保持高管薪酬与公司的长期成功的一致性。

虽然基准数据是有帮助的,但它们只能提供宽泛的决策背景。委员会在确定高管个人的薪酬时,可以使用基准数据作为起点,但需要考虑个人贡献和绩效,以及其他因素,包括经验、责任范围、任期和内部股权。

在过去十年中,对标管理的方式受到了挑战,尤其是在特拉华大学的查尔斯·埃尔森(Charles Elson)主持进行的研究尤为明确地提出了这一点。埃尔森博士的分析表明,对标基准数据的广泛使用导致了CEO薪酬的不断增长。他提出了设定CEO薪酬应采用增加值法,而不是依靠基准数据。

30.7 薪酬理念

薪酬委员会制定薪酬理念并提交给董事会审批。它阐述了高管薪酬政策、计划和实践的总体目标。例如，许多公司在设定高管薪酬计划时，使用薪酬区间的中位数作为参照，因而年度激励目标和长期激励奖金也参照代理披露声明报告的对标群体的中位数水平。年度激励的最高水平有时被设定为目标奖金的两倍，长期激励的最高水平则被设定为计划目标奖金的4倍。起点水平可能等于年度奖金和长期奖金目标的25%。该理念使得公司在绩效不佳的年份中支付低于竞争力水平的薪酬，而在绩效良好的年份支付高于竞争力水平的薪酬。

基于绩效的薪酬需要对目标绩效进行明确的定义，它需要开展预算流程，以确保所设定目标的可充分延展程度。经董事会审议通过的预算通常被视为"预期"绩效，并以此作为目标绩效。根据延展程度，目标绩效应在公司能达到的范围之内，但目前尚未达到的绩效。因此，目标需要体现出合理而非过度的延展程度。

30.8 委员会审议

通常，CEO、人力资源负责人和薪酬与福利总监会出席薪酬委员会会议，参会人员有时也包括顾问。做出明智的决定需要时间、信息和审议，因此，薪酬委员会会议次数更加频繁，审议时间更长，并获取更多客观的外部咨询建议。

薪酬委员会必须是独立的，能够独立行事。在讨论薪酬问题时，委员会成员需要对管理层、所在公司的董事成员及其外部顾问进行质疑。他们需要向董事会提出强烈的怀疑和严格审查，以便使其深入地了解薪酬决定的影响。委员会成员需要获得全部必要的信息以提供良好的公司治理，并且需要提出深入的问题。董事们为董事会提供他们的智慧、经验、品格和判断力，他们应该有信心和能力引发公开辩论，挑战管理层和外部顾问。每个薪酬会议应该有一个执行会议环节，委员会成员在这里可以自由地提出坦率意见，并且可以私下辩论薪酬事宜。

30.9 薪酬计划

委员会每年会审查和讨论高管人员的基本薪酬。薪酬增长的最终决定取决于许多因素，包括外部顾问提供的市场数据、具体的岗位职责、经验、任期、工作表现以及公司整体财务业绩。对在国外工作的高管而言，加薪还需要反映某个国家的法律规定。委员会将 CEO 和其他规定范围内高管人员的加薪建议提交给董事会，供其审批。

在设计年度和长期激励计划时，委员会经与 CEO 沟通之后，选择董事会批准的企业目标，并确定不同绩效水平中的绩效/薪酬关系。通常，年度奖励计划包含财务目标，典型的是某些盈利指标，如净利润、息税折旧摊销前利润（EBITDA），还包含定量和定性的个人目标（如继任计划）。财务目标通常比个人目标的权重更高。公司的财务指标标准通常基于预算设定，目标奖金是实现预算净收入或接近预算净收入水平的奖金，该奖金的额度通常为最高奖励额度的一半。实际获得的奖金取决于绩效水平与预先建立的绩效标准的对比情况。

委员会力求使 CEO 和其他高管人员的薪酬与公司的短期和长期业绩目标保持一致。年度绩效薪酬一般用现金支付，长期绩效则用股票期权和绩效股票支付。年度奖金计划的公司业绩通常以绝对值衡量，例如净收入、销售额和股本回报率的增长。长期激励计划的公司业绩通常以相对的方式衡量，例如，相对于对标同行群体的总体股东回报率（TRS）或资本回报率（ROC）。设定目标奖金的目的在于激励实现高于目标的绩效，例如，绩效起点根据上一年度的净收入确定，最高目标比预算目标高出10%~15%。相对TSR和ROC可以与具体的竞争同行群体或广泛的比较群体（如罗素1 000指数）进行对标。

长期激励计划、股票期权、限制性股票（基于时间和/或业绩）和长期现金薪酬是基于长期绩效目标达成，通常以重叠的三年绩效周期进行衡量。这些重叠周期使得激励对象每年都能获得一部分长期激励计划（LTIP）薪酬。以股权为基础的绩效薪酬安排有助于使管理利益与股东利益保持一致。长期激励一般基于财务目标的达成，如股东总回报。这些指标可以用来与相关的竞争群体进行比较。例如，7.5亿美元的特种化学品公司可以在三年的滚动周期内与标准普尔小盘600（材料组）（Standard & Poor's SmallCap 600（Materials Group））企业的TSR进行对标评估，由相对TSR的实际水平决定LTIP的实际额度。

在设计年度奖金和长期激励计划时，委员会在确定薪资时不仅需要设定目标绩效，还要规定门槛绩效和最高绩效水平。必须注意不要制定可能会鼓励不当和过度风险的绩效目标与相关奖励。此外，委员会需要确定每项薪酬内容与工资的关系，以及在整体薪酬中三个薪酬内容的百分比。在目标水平方面，这三个薪酬内容可能大致相同，但是在最高水平方面，年度奖金最多可以是工资的两倍，长期激励最多可以是工资的四倍，显然，这种设计更加重视长期激励。如果实际绩效低于门槛水平，则没有任何奖金。

年度奖金通常用现金方式支付，而长期激励通常用股票或现金和股票的组合来支付。过去，和股权激励相比，股票期权奖励不那么显眼。但如今，现值计算和行权收益已经受到了更多的关注，因此股票期权在高管薪酬方案中已经变得不再流行。大多数公司正在转向组合式的股权类激励，包括期权、限制性股票单位和其他股票工具，以便更好地协调长期激励计划的多重目标。

通常，最有效的薪酬策略和结构的特征是设计简单、应用直接，并易于向管理层和投资者进行说明。

30.10 薪酬讨论和分析

每年，薪酬委员会与其外部顾问、法律顾问和人力资源管理者一起工作，发布薪酬讨论和分析（CD&A）。根据S-K条例第402（b）条的规定，委员会要与管理层对CD&A进行审查和讨论，基于此向董事会提议将CD&A纳入代理披露声明及每年向SEC提交的公司10-K报表中。所有委员会成员都必须在CD&A的发布文件上签字。CD&A为公司的薪酬理念提供了一个"营销"窗口，也是投资者评估薪酬与绩效相关程度的方式。

代理披露声明中设计CD&A部分的目的是，向股东解释5位薪酬最高的高管人员（指规定范围内的高管人员，包括CEO在内）的薪酬决定的过程和理由。该委员会展示他们的薪酬理念，其中最常见的是，当绩效达到相应水平时，提供具有高度竞争力的整体薪酬，设立多年期（通常是3~5年）的激励机制，并将管理团队的利益与股东利益挂钩。委员会通过完整的薪酬方案向其高管支付薪酬，包括基本薪酬、年度现金奖金、由股权奖励和现金支付组成的长期奖励，以及由医疗保险、人寿保险、失能保险、符合或不符合条件的退休计划构成的具有竞争力的福利方案。

一般来说，薪酬委员会及其顾问正努力通过在CD&A报告中加入高管概要陈词，并结合插图、表格和图表，使CD&A更易于理解。但是，许多CD&A报告还是很难阅读和理解。

30.11　加强司法审查

如今在国会、股东拥护者和主流媒体的严格审查下，薪酬委员会如坐针毡。为了应对2008年的金融危机，国会于2010年制定了《多德-弗兰克法案》，将薪酬话语权（SOP）投票编入法律条文。自2011年以来，美国上市公司已经开始进行非约束性薪酬话语权（SOP）投票，薪酬委员会、薪酬顾问和金融监管机构已经看到了机构股东服务公司（ISS）在高管薪酬领域不断扩大的势力。ISS应该支持主要机构投资者的理念和偏好，他们对SOP投票的建议会对股东对这些提案的支持程度产生显著影响。研究表明，ISS对SOP的否定性建议会降低20%~25%公司股东的支持率。

《多德-弗兰克法案》也规定了关于追索、对冲和抵押的相关政策，要求薪酬委员会必须具备独立性，并建议对CEO和雇员的薪酬比例进行披露。随着《财富》500强的CEO薪酬上升到普通员工的400倍左右，CEO和雇员的薪酬比例关系受到普遍关注。此外，该法案更加注重确保年度和长期激励计划不会鼓励过度的风险承担，这在2008年股市崩盘之前可能非常普遍。因此，薪酬委员会在制订激励计划时，绩效目标和标准应该鼓励合理而非过度的风险。

许多公共和私人监督机构，包括美国证券交易委员会、全国企业董事协会（NACD）、美国财务会计准则委员会（FASB）和机构投资服务公司，提高了高管薪酬问题和薪酬委员会的重要性。此外，许多公司一直在发展和监督高管薪酬方面发挥着领导作用。虽然没有适合所有公司的"正确"模式，但已经有了一套不断发展的最佳实践，为薪酬委员会提供指导。

过去十年来，已经有几个重要机构，如NACD、美国教师退休基金会（TIAA-CREF）、美国经济咨商局等，出具重要的高管薪酬报告，以对薪酬委员会进行更好的监管。它们提供的建议包括薪酬委员会的绝对独立性、更加强调以绩效为基础的薪酬、需要长期聚焦和清晰透明的信息披露。它们的大部分建议已被通过并被纳入最佳实践中。

本章小结

薪酬委员会的根本作用是，设计与绩效目标挂钩的高管薪酬方案，支撑董事会批准的企业目标实现。因此，薪酬委员会的工作对于企业的成功至关重要。在公司治理违规之后，政府机构制定了一系列改革和规章制度，并被公司所采纳。薪酬委员会正在努力确保对高管人员延展绩效进行薪酬管理。遵守影响高管薪酬的会计准则、税收变革和证券法规一直非常具有挑战性，但大多数薪酬委员会已经开始面对挑战，并承担起了更多的责任。

第31章

创建有效的CEO继任计划流程

詹姆斯·F. 瑞达（James F. Reda）
亚瑟. 加拉格尔公司的人力资源和薪酬咨询专家（Arthur J. Gallagher & Company's Human Resources and Compensation Consulting Practice）
莫莉·A. 凯尔（Molly A. Kyle）
亚瑟. 加拉格尔公司的人力资源和薪酬咨询专家（Arthur J. Gallagher & Company's Human Resources and Compensation Consulting Practice）

董事会应该将领导和继任计划放在高度优先的位置，并提供有意义的薪酬，特别是对于CEO。强大的继任计划流程有助于提高在难以避免的高管离职发生之后的组织应对准备度。深思熟虑和积极主动的高管薪酬政策和计划对CEO继任计划至关重要。CEO和高管人员薪酬的平衡非常重要，给予适当的薪酬，以确保高层管理人员为公司成功做出持续贡献也同样重要。长期激励应该与有意义的业绩目标保持一致性，也应明确规定行权期限，以推动高层管理者在继任流程执行时选择努力参与其中。

2009年10月，[1]美国证券交易委员会发布14E公告，其中规定CEO继任计划并非"例行公事"，SEC强烈建议董事会向股东提供全面的继任计划。SEC公告为董事在考虑如何履行这一新责任时提供了三个应该注意的核心标准。把这些标准作为继任计划的最佳实践，使公司董事在有效地响应SEC的14E公告的路上有了一个好的开端。

美国证券交易委员会认为，CEO继任计划不佳构成了重大的商业风险，并表明该公司治理不善，但是该问题不属于劳动力管理的日常业务范畴。股东大会通常要求公司采取并披露具有特定功能的书面和详细的CEO继任计划政策，包括董事会制定的CEO职位的标准、确定和发展内部候选人，以及使用正式的评估过程来评估候选人。在 2009 年 10 月之前，这些提案被认为是日常操作，而并未提交给股东，因为它们被认为只是雇用、晋升和解雇等常规业务的一部分。

令人惊讶的是，在 2011 年有 57% 的企业计划更换了 CEO，[2] 还有 43% 的情况是 CEO 被解雇、辞职、死亡或失能。此时，企业必须紧急任命一位 CEO（通常是代理的或临时的），他们通常是公司董事会成员或高级管理人员。

虽然 CEO 的选择主要是基于公司的战略方向和市场环境，但最新数据显示，外部人员也会带来一些看不见的负担。据 BHJ Partners 的负责人保罗·霍奇森（Paul Hodgson）说："雇用一名外部 CEO 的成本是从内部提拔管理者的 3~5 倍。因此，董事会从外部雇用 CEO 的行为，没有履行其受托责任，没有制订良好的继承计划，从而浪费了股东的资金。"

鉴于外部应聘者的薪酬水平很高，他们通常会比内部候选人受到更多的披露和审查。企业必须为外部候选人支付更多的薪酬，因为他放弃了先前的股权激励，企业需要补偿其跳槽所增加的风险。

最好的情况是当 CEO 按计划离职后，内部候选人紧跟着被选为 CEO。表 31-1 概述了 CEO 继任过程的可能结果。

表 31-1 离职 CEO 的情况：内部和外部候选者

即将离任的 CEO	新任 CEO	
	内部参与者	外部参与者
计划之内的离任（CEO 退休）	最佳设想 ● 风险最低，甚至可以对股票价格产生积极影响 ● 时间允许确定和发展内部候选人，并使用正式的评估程序评估候选人 ● 成本最低	积极 ● 提出新的想法 ● 更为客观 消极 ● 相对于内部候选人成本更高
突发的离任（CEO 失去劳动能力、死亡、终止劳动合同或辞职）	积极 ● 内部候选人了解公司文化，了解公司具体的内部需求 消极 ● 在许多情况下，没有可行的候选人 ● 可能产生临时的 CEO（在很多情况下，董事会成员会接替临时 CEO）	最坏设想 ● 风险最大的价值：惊喜越大，风险越大 ● 更多的披露 / 审核

31.1 薪酬和继任计划之间的关系

虽然高管薪酬可能并不是有序和成功地改变领导层的主要因素，但薪酬理念和政策的许多内容都是 CEO 继任计划过程的重要因素，其中包括：

- CEO 和规定范围内高管（NEO）的薪酬比率，它是显示领导层失衡、角色和责任集中或者"集权式 CEO"的指标。
- 在继任计划之前和之后，CEO 内部候选人的数量和构成变化。

CEO 薪酬与员工平均薪酬水平的比例（这是《多德-弗兰克法案》的内容，但证券交易委员会尚未推行）并不能告知投资者任何有用信息，其原因是，难以在商业模式、地域、承包商的使用、劳动力、产品线组合等方面存在差异的公司之间进行比较。投资者更感兴趣的信息是，CEO 薪酬与规定范围内高管（NEO）的薪酬比率（该信息目前在代理披露声明中可以找到，但并不是直接载明的），或者 CEO 薪酬与更广泛高管的薪酬比率（通常适用于更大一些的公司，但该信息并不属于披露范围），该比率通称为 CEO/NEO 薪酬比率。该比率有助于投资者深入了解企业内部 CEO 继任计划的过程。

股东顾问机构就 CEO 薪酬应该与员工平均薪酬、第二高管的薪酬、其他规定范围内高管的薪酬和高级管理层的薪酬保持何种比例进行了大量讨论。它们的观点是，CEO 薪酬远高于其他高管，会导致职能失调和股东成本效率低。他们进一步认为，企业领导层之间不成比例的薪酬关系是不公平的，是公司治理不善的表现。而有些势力（例如工会）则希望下调 CEO 薪酬，提高员工平均工资，两者之间的比率关系对 CEO 继任计划也有一定的影响。

遗憾的是，目前并没有明确的 CEO/NEO 薪酬比率测试线。虽然穆迪公司和股东咨询公司（如机构股东服务（ISS）等评级机构）曾提出，2.75～3.0 倍为适当的薪酬比率，但是该比例取决于多种因素，包括行业、高管任期和职责和公司所有权结构。

CEO 和其他高管之间的薪酬差距因行业和其他相关情况而异。例如，高绩效 CEO 有理由获得更高的 CEO 与 NEO 的薪酬比率。此外，媒体和娱乐公司的 CEO 的薪酬总额通常比金融服务公司的高管高 3～4 倍，从事战略交易的其他类型公司 CEO 也有非常高的 CEO 与 NEO 的薪酬比率。

此外，畸高的 CEO 与 NEO 的薪酬比率，可能是因为 CEO 的薪酬远远高于市场水平，或者其他高管的薪酬远低于市场水平，或是两者兼具。当其他高管薪酬低于市场水平时，董事会实际上允许 CEO 在没有主要运营和职能决策支持的情况下运营公司，而这些决策通常是应该由被 CEO 搁置的其他高管做出的。

较高的 CEO 与 NEO 的薪酬比率反映出了许多潜在问题，包括：

- 不平衡的领导模式。一个强大或集权的 CEO，使较弱的其他高管只能围绕其身边，并侵占其他高管的职责。
- 内部候选人成功继任 CEO 的可能性较低。一般来说，在高度集权的 CEO 统治下，任何其他高级管理人员都难以发挥作用，或者向外部利益相关者保证公司的管理权将不会因轻微破坏而发生转移。
- CEO 的替代成本更高。董事会可能进一步顺从现任 CEO，因为董事会成员意识到 CEO 对于整体管理团队来说过于有价值，他们需要维持甚至提高 CEO 与 NEO 的薪酬比率，这种方式加重了对 CEO 的依赖。

和更高的 CEO 与 NEO 的薪酬比率对内部候选人准备存在负面影响一样，在高管继任计划采取"锦标赛"方法会伤害高管候选人的留任率，因为他们的职业成功越来越多地需要被追求 CEO 的头衔所定义。没有成为 CEO 可能会被视为失败，或至少是职业发展的关键转折点。有价值的候选人更有可能因此追求外部的就业机会。

对薪酬不满很少会成为高管离职的主要原因，它更可能是其他问题的表现。当高管认为自己的价值得到真正承认（不仅仅是薪酬，还包括不断增加的董事会互动、新的领导责任等）时，他们不太可能认为 CEO 的工作是其职业生涯中唯一有价值的目标。

向 CEO 候选人支付高额薪酬将带来相当高昂的成本，并且最终并不会提高在新领导下长期留任的可能性。事实上，这种行为可能只会拖延高管的离职，让公司在此过渡期间付出更大的代价，并可能造成艰难的 CEO 过渡。

公司可以对高管薪酬采取积极主动的方式，来提高领导层过渡中关键人才保留的可能性，具体包括以下行动：

- 使领导和继任计划成为高管评估的显著要素，特别是 CEO 评估。董事应明确表示，CEO 的业绩不仅仅是通过股价、盈利增长和其他类似指标等来衡量，还要求在关键领导力方面（例如制订详细而稳健的继任计划）进行绩效评估。通常，这种定性的业绩问题在薪酬决定中被考虑得过于草率。然而，如果理解了一个不连贯的继承计划所带来的负面后果，企业对继任计划作为年度目标组织部分的必要性也会随之变得更加清晰。对于其他高管，强调其作为继任者也能够拓展其担任其他角色的前景，例如，晋升和横向任职，以丰富高管的经验。表 31-2 概述了定量和定性的绩效目标。
- 为高层管理人员支付略高于市场水平的薪酬。确保高管人员不仅与市场薪酬水平比较是适当的，而且还必须始终考虑内部公平。换句话说，公司应该慷慨地回报那些已经证明了在其角色中真正具有特殊性的长期任职的高管，或者是能根据需要填补不同角色的关键"效用"选手。在 CEO 稳定和高管流动率很低的时期，董事会可能认为，不需要为这些高管支付这么高的薪酬。然而，如果采取积极主动的方式，即给予公平的薪酬而不仅是必要的薪酬，对于那些在继任计划中跑到最后却未能胜出的候选人来说，意义可能非常不一样。
- 对主动离职施加高额罚款。这可以通过在高管总薪酬中配置更多的行权期较长（例如四至五年）的长期激励措施来实现。另外，确保长期激励的周期有重叠，以保持不断"超越平均线"的薪酬机会。

表 31-2　定量和定性的绩效目标

	定　　量	定　　性
财务	- 每股利润增长 - 投资回报率 - 股东总回报	- 更好地理解投资领域的公司战略 - 实现 IPO/ 分拆 / 重组 - 制定和实施财务战略
非财务	- HR：员工离职率、多样性、员工满意度 - 市场份额 - 新产品开发 - 质量	- 名誉 - CEO 继任计划 - 领导技能 - 和董事会沟通的有效性

一旦明确哪些内部候选人不会获得高管的工作，在继任决定公开之前就应采取积极行动，并考虑向 CEO 候选人"亚军"提供长行权期的股权形式的特殊认可补助。

应该指出的是，这些行为是假设 CEO 候选人的保留符合公司利益。当然，任何良好的继任计划都必须慎重考虑到领导者的动力和业务的需求。如果某位高绩效的高管未能胜出，并且董事会认为这位高管无法在新任 CEO 的领导下有效地履行职责，那么董事会应该毫不犹豫地启动有序且温和的离职程序。

尽管美国证券交易委员会并不要求披露 CEO 的继任计划过程，在薪酬讨论和分析（CD & A）部分，以及委员会和董事会的章程都不需要披露该内容，但它是公司治理指引要求的内容。根据纽约证券交易所第 303A.09 条披露规定要求，需要在每个公司网站上公布的相关内容，包括"管理层继任计划。继任计划应包括 CEO 甄选和绩效评估的政策和原则，以及在紧急情况下或 CEO 退休时的继任政策"。纳斯达克证券交易所并不要求披露该类内容，但大多数在纳斯达克上市的公司都主动遵循这种做法。

31.2 CEO继任：为未来做准备

董事会的主要职责是评估CEO和继任计划，包括发展可能担任CEO的新领导人。当CEO失能、死亡、被解雇或辞职时，CEO继任计划就显得非常重要。因此，适当及时的CEO评估对公司及其股东必不可少。

CEO与公司的形象密切相关，对投资者的看法有着显著的影响。投资者和主要利益相关者会对CEO的更替做出激烈的反应，尤其是突然的或计划外的CEO更替。最近，汉堡王公司不但更换了汉堡，还把其CEO也更换了。餐厅咨询公司Results Thru Strategy的合伙创始人弗雷德·莱弗朗（Fred LeFranc）认为，汉堡王公司CEO的离职以及企业所有权的持续转移，导致这个快餐巨头企业品牌形象变得模糊。

董事会应该时刻为CEO继任做好准备，即使新任CEO刚上任。如果CEO意外离职，继任条款将确保公司能够避免由于没有领导者而造成的潜在损害。此外，整个组织应鼓励领导层培养。创建或改进这些流程的原因有很多，但最重要的一点是为组织的长期成功做准备。培养领导层不仅能促进努力工作、提高绩效，还有助于建立一支忠诚、固定的员工队伍。

31.3 回归根本

在2003年发布的《公司治理最佳实践："后安然时代蓝图"》（*Corporate Governance Best Practices: A Blueprint for the Post-Enron Era*）中，会议委员会声明成功的继任计划程序应该符合以下特征：

- 是一个持续的过程。
- 由董事会推动和控制。
- 需要CEO的投入。
- 在危机发生时易于执行。
- 考虑到基于公司战略的继任需求。
- 目的是在合适的时间找到合适的领导者。
- 在低一些的层级开始开发人才库。
- 在选出新CEO时，应避免可能导致关键副手流失的"赛马"思维。

继任计划并没有一个普适的标准，以上这份清单只是起到指导作用。每个董事会都必须制订和呈现属于自己的具体计划来诊断公司的内部需求。一般来说，该计划包括发展现有的高管人才库、使用猎头公司、董事的个人联系和全面关注的方法。

然而，2010年的公司治理调查显示：

- 超过50%的董事会会遇到CEO意外离职时没有接班人的情况。
- 39%的公司在继任计划中没有可行的内部候选人。
- 50%的企业没有关于继任计划的书面政策。
- 平均来说，董事会会议每年进行继任管理的时间为2小时。

考虑到CEO继任是一个重要的风险因素，因此，以上调查数据实在令人担忧。如果董事会现在根本不讨论继任计划，那么它如何为未来做准备呢？

31.4 继任计划流程

当必须对 CEO 的继任者做出决定时，继任计划流程就变得至关重要。继任计划程序旨在用更长时间筛选和培养候选人，但通常在 CEO 任期的最后 24 个月内关注程度更高（见图 31-1）。

通过执行有效的继任计划，应该对继任候选人充满信心，使继任者能在现任 CEO 离职前晋升到二把手。以下是选择 CEO 继任者的六个步骤。

（1）责任委员会：规划 CEO 继任的第一步是在董事会中建立一个委员会。该委员会可以是薪酬委员会、提名委员会，也可以是专门向董事会推荐 CEO 人选过程的特设委员会，该委员会被称为责任委员会。责任委员会有义务向董事会报告继任计划流程。将董事会纳入该流程将增强新任 CEO 属性的多样性，使组织的未来受益。

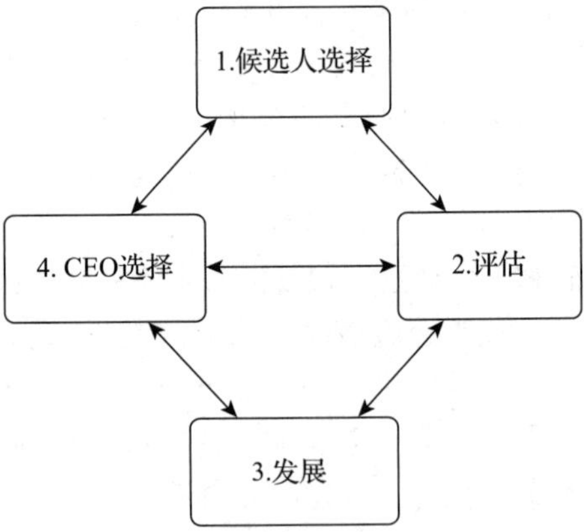

图 31-1　CEO 继任计划步骤

（2）责任委员会领导者：虽然并非强制，但还是建议责任委员会的领导者应具有担任过 CEO 的经验。这种做法将确保双方能够充分了解该职位的要求。此外，选择责任委员会领导的一个重要因素并不是他目前在董事会的角色，而是他对公司战略和未来前景的理解。

（3）战略：继任计划应直接与公司的战略举措相关。因为公司战略会随时间的推移不断变化，责任委员会以及董事会应对继任计划进行持续评估，以便和公司长期目标相匹配，确保时刻为预期和意外的 CEO 离职做好准备。

（4）候选人选择：CEO 职位的候选人可以来自公司内部或外部。内部候选人了解公司文化，并知道公司的具体内部需求。然而，外部候选人可以带来新的想法和客观性。

（5）评估：在评估潜在的 CEO 候选人时，每个候选人的评估都至关重要。虽然一些特征可能是主观和容易判断的，但责任委员会必须对每个候选人进行全面评估。该评估应该抓住与公司确定的战略方向相关的属性。使用系统性流程有助于准确选择和比较候选人，如累积得分评估法。

（6）决策：决策是继任计划的最后一步。在这一点上，董事会应积极参与评估留下的候选人。责任委员会定期向董事会报告，确保对每位候选人进行最全面的评估，并允许董事会根据 CEO 职位所必需的素质和技能来选择继任者。

根据公司的内部需求，公司继任的宣告日期可能会有所不同。在某些情况下，接班人将在 CEO 计划退休前 18~24 个月时宣布。而 2012 年万豪集团仅在 CEO 过渡前 3 个月才进行宣布，但这被认为是一次非常成功的 CEO 继任过程。

31.5 预测意料之外的情况

不幸的是，突发的 CEO 变更似乎是最常见的，过渡的原因甚至都不在 CEO 的控制之中。2013 年 6 月，嘉年华的米奇·阿里森（Mickey Arison）在担任该公司 CEO 超过 34 年后被阿诺德·唐纳德（Arnold Donald）所取代。在阿里森的领导下，嘉年华从 1979 年的 3 艘船、4 400万美元的收入，增长到2013年的102艘船，收入超过150亿美元。然而，最近发生的发动机故障和电力问题导致了该公司的变革。

另外，CEO继任的保密性是必须优先考虑的因素。如今的全球互联使得大量信息能够快速传播。虽然这对经济增长和发展有好处，但这也使CEO处于脆弱的情境之中。典型的例子就是阿博菲奇服装（A&F）的股价暴跌。2006年对A&F的CEO迈克·杰弗里斯（Mike Jeffries）的一次采访于前段时间再次浮出水面，这篇采访的内容引发了公众的愤怒。在采访中，杰弗里斯为品牌的排他性进行了说明，他说A&F公司将"优秀、颜值高的人"作为市场目标人群，这种狭隘的言论造成了A&F的负面品牌形象和客户群萎缩。

本章小结

首先，在CEO候选人和董事会之间进行谈判时，时间是至关重要的。鉴于企业面临候选人由于组织进展缓慢而追求其他机会或失去兴趣的风险，所以候选人与董事会之间不断进行有进展的谈判这一点非常重要。

其次，离任CEO的"遗产"不仅包括他的业绩，而且包括他协助新CEO的能力。在过渡期间，即将就任的CEO和离职CEO之间的积极关系有利于提高投资者的信心、公司业绩和整体士气。因此，新任和离任CEO的最佳利益在于为组织的利益而共同合作。

最后，无论是现在还是遥远的未来，现任的CEO总会需要更换。通过遵循本章概述的六个步骤，并坚持自己组织的需求，继任规划过程会是一个快速有效的过程。为了保持成功，必须使CEO继任保持连贯和良好规划。精心计划的继任是组织长寿的关键因素，否则就可能会导致混乱。这就是为什么证券交易委员会认为CEO继任是一个重要的风险因素。记住，一个企业只有在拥有能够"指挥三军"的领导时才能向前发展。

注释

1. 在2009年10月之前，SEC允许忽略第14a-8（i）（7）条关于要求公司采用并披露书面CEO继任政策的股东提议的规定，其中包括允许董事会广泛参与正式评估流程的开发和应用。SEC根据1998年颁布的关于第14a-8（i）（7）条的修正案，获得了允许这一疏忽的依据。该修正案认为员工队伍管理，包括雇用、晋升和解雇员工，属于一般性业务。SEC现在认为，与CEO继任有关的事宜"是非常重大的公司治理政策议题，它已经不再是日常的员工队伍管理事务了"。

2. FTI咨询公司，《沟通关键事件：CEO变更过渡和企业价值风险》，华盛顿，2011年。研究根据1997年7月1日至2010年6月30日期间超过100亿美元的公司的CEO变更过渡，总共评估了包括35个国家的263名CEO的变更过渡过程。

PART 6

第六篇

薪酬与绩效

第32章

设计绩效管理流程的框架

查尔斯·H. 法伊（Charles H. Fay）
新泽西州立罗格斯大学（Rutgers, the State University of New Jersey）

虽然绩效管理已经取代了专业文献中的绩效评估，但是许多公司和管理者似乎仍然没有理解它。从员工那里听到的一个共同的声音是，他们第一次看到评估工具是在收到年度评估反馈的时候；从管理人员那里听到的一个共同的声音是，他们太过忙于"真正的"工作而无法在绩效管理上花时间，他们认为员工不论怎样都会知道他们需要做什么。管理人员及其直接下属都讨厌这个系统，因为它伤害了他们彼此之间的关系，没有真正的价值，也没有任何有意义的结果。管理层操作这个系统大多是为了帮助朋友和降低成本。

多年来，解决这些问题的关注点一直都集中在绩效评估过程上，强调获得最准确的评估方式和培训管理者使用该方式对员工进行评级。大多数学者或专业人士做的研究，都集中在评估方式、评分误差和评估者培训上。他们假设，如果可以开发正确的方式，并且对管理人员进行有效的培训，那么得出的评估结果也是准确的。但实际验证，这种假设是不成立的，采取其他方法或许才可能真正有效。

20世纪80年代，专业人士和一些学者开始对一个完全不同的目标感兴趣：提高绩效（Banks and May, 1999；Bernardin et al., 1998）。它带来了对整个绩效过程的考虑，并且开始关注绩效管理（performance management, PM）。PM流程包括三个部分：①绩效规划；②观察绩效并提供积极的纠偏反馈；③制定周期性的绩效总结，作为下一阶段绩效规划的基础，同时为各种人力资源决策提供数据，包括奖励、员工配置、培训和其他影响员工与组织关系的决策。PM流程的主要目标还是提高员工绩效，并且来自流程的数据非常重要，它能够辅助绩效提高。

管理人员及其直接下属对评估和绩效管理系统普遍不信任、不喜欢，但组织（特别是人力资源部门）为什么要坚持使用这些系统？质量专家 W. 爱德华兹·戴明（W. Edwards Deming）甚至呼吁废除年度绩效评估（Deming，1986）。继续使用绩效管理的原因是什么？人力资源学者为绩效管理与企业绩效之间的联系提供了一个很好的例证（e.g., DeNisi and Smith，2014）。

本章从对绩效管理过程的描述开始，思考建立绩效管理系统必须具备的一些先决条件，然后确定某些设计要素的需求，最后讨论绩效管理强制分布的讨论。本章主要出于薪酬的目的来讨论绩效管理问题。本章的学习要点包括：

- 绩效考核与绩效管理的差异。
- 绩效管理过程及其主要部分。
- 绩效规划如何将组织战略和个人绩效联系起来。
- 绩效反馈的重要性。
- 良好绩效管理体系的先决条件和设计要求。
- 延伸目标与绩效标准之间的关键区别。
- 强制分布绩效管理及其问题。

32.1 绩效管理流程

绩效管理包括发生在持续循环内的五个部分：绩效规划并最终形成绩效合同，绩效观察，强化优秀绩效，为绩效不佳者提供纠正反馈、指导和咨询，总结评价。这个总结评价相当于没有绩效管理体系时的绩效评估，也是规划下一个绩效循环的开始。

32.1.1 绩效规划

绩效规划与大多数管理流程一样，必须以任何管理者都能操作的方式构建，无论其管理风格或技能如何。更好的管理者推动员工在绩效管理流程各个阶段进行协作，但系统的设计必须使指导型管理者也可以遵循流程。这个讨论的假定是，管理者应该是指导性的而不是协作性的。

管理者必须首先定义，对特定的直接汇报人而言绩效意味着什么。在最广泛的层面上，它是直接汇报人被解雇且无法聘用替代人选时，管理者要做的事情。在理想情况下，这个绩效定义基于一系列目标，其直接来源是管理者期望在此期间达成的目标，始于从组织使命、实现使命的战略和运营计划，终于直接汇报人达成的预期（Evans，2001）。这部分流程将个人绩效与企业战略联系了起来；没有它，绩效指标在很大程度上就没有意义。

然后，管理者必须从一般到具体，通常用期望的成果来表达。它构成了直接汇报人的绩效维度。绩效管理系统倾向于使用管理者和直接汇报人来表达，而不是管理者和下属。尽管这看起来是表面文字游戏，但这是一种在绩效管理流程中去除官僚风气的尝试，以表明员工做某事不是因为他被告知要做，而是因为意识到高绩效会使组织和员工受益。

如果结果难以观察或测量，就会引入能够产生期望绩效的行为。管理者必须制定用于衡量直接汇报人每个绩效维度表现的具体成果和行为。对于预算管理的绩效维度，成果可能是"每个预算类别保持接近于预算"，行为可能是"检查支出与预算"。测量指标确定后，管理者还须为每个测量指标设定适当的标准。"检查支出与预算"的标准可能是"按每周预算来检查支出"。定义绩效标准后，管理者还须定义"超出标准"和"未达到标准"。"检查支出与预算"的"超出标准"水平可能是"按每周预算检查支出，并对差异超过 2% 的地方每天进行检查，直至差异消失"。"未达到标准"的水平可能是"没能按每周预算检查支出；允许差异持续存在，不采取任何后续行动。"需要指出的是，虽然每个职位的绩效维度、衡量方法和标准都是独一无二的，但应该努力为具有相同职位的员工制定共同标准。在实施绩效管理系统时，一般需要经过几个绩效周期之后才不需要进行此类校准。

在制定绩效维度、衡量指标和标准之后，管理者必须与其直接汇报人进行沟通，确保直接汇报人了解测量指标和标准。然后，管理者让直接汇报人为未来一年的绩效设定目标。目标和标准并不是一回事。标准是期望一名完全能胜任该工作的员工在付出正常努力的情况下达成的绩效。绩效管理的目的之一是让员工设定延伸性目标，即个人绩效要高于绩效标准。在目标设定讨论结束时，直接汇报人同意将一些绩效水平作为目标。一套具有标准和目标的绩效衡量指标就会成为该绩效周期的绩效合同。随着外部环境、公司战略和需求的变化，绩效测量指标可能会发生变化，但是需要在变化时与直接汇报人进行讨论。

（1）结构形式。大多数组织根据员工类型或级别来制定绩效工具。例如，一个非管理性职位或文书职位可能具有相对标准的绩效标准，每年变化很小或不会有任何改变。然而，管理性员工往往被使用行为和结果相组合的形式来评估。大多数学术文献表明，评估中使用的结构形式的重要性远低于评估定级的流程和使用该系统的经理及其直接汇报人的培训。

（2）绩效周期。在绩效周期内，管理者使用绩效合同作为观察直接汇报人的基准。当观察到高于标准的绩效时，标准成为积极反馈的基础。典型的积极反馈事件包括：①管理者观察到的内容；②与绩效合同的关系；③管理者观察到的绩效水平；④如果该水平的绩效持续下去，将为组织和员工带来的可能成果。显然，管理者并不会在每次观察到高绩效时都启动这个流程，但是这个流程的目的是强化直接汇报人的绩效。事实上，积极反馈是管理者最有力的激励方式之一。它是一个重要的管理工具，应遵循一般的强化原则。它应该在观察到高绩效之后立即进行，并应遵循可变比率强化安排。可变比率强化安排并非每次或每五次（例如）都给予积极强化，而是平均每五次绩效提高时就进行一次积极强化。这个安排已被证明是在强化持续性行为过程中最为有效的。

当绩效低于标准或低于直接汇报人设定的目标时，使用矫正性反馈，并再次依靠标准和设定的目标作为绩效基准。从绩效讨论基于共同认同的测量指标、标准和目标时，绩效反馈就会更加客观，也不太容易被视为对直接汇报人的批评。直接汇报人本身并不糟糕，只是在一个或多个绩效指标方面没有达到议定的绩效水平。

32.1.2　阶段性绩效总结

在某些时候，阶段性的绩效总结将会呈递给直接汇报人。大多数组织会按年度开展此项工作，但有些组织也按季度或半年度进行。此时，管理者向直接汇报人提供了在每个绩效指标方面中做得如何和是否达到标准的总结。在对各项绩效指标的实现水平结果进行沟通之后，开始下一个阶段的绩效计划。如果绩效管理操作得当，那么直接汇报人对总结的评估结果应该不会感到突兀。

绩效管理流程更重要的输出是个体发展计划（individual development plan，IDP），它用于记录所有提高员工绩效的必要步骤。每个员工都应该有 IDP。IDP 分为两个部分：第一部分讲述当前工作的绩效改善，第二部分讲述直接汇报人职业发展中下一个职位所需的发展。

即便任职者在当前工作中表现非常出色，职位晋升将带来当前工作中不存在的新角色和新责任，直接汇报人需要为此做好准备。

从薪酬角度看，绩效管理流程还包括对绩效加薪和短期/长期激励的输入。出于绩效加薪的目的，绩效管理系统必须输出一个单一数字，以总结员工的工作绩效。该数字对于所有员工来说应该是公平的，即5分的初级会计师应该与5分的市场研究员一样优秀。这听起来可能很容易，但是跨职位的校准在概念上是困难的，在实践中会更加困难。出于激励方案的目的，绩效管理的产出需要包含被激励的具体结果和行为指标。

32.2 绩效管理系统的先决条件

绩效管理系统的第一个先决条件是重视每个员工绩效的组织文化。虽然这可能看起来是很明显的，但是有许多组织文化对绩效的重视程度远低于对组织内的社交网络（例如"老男孩俱乐部"）等因素的重视程度，或者仅仅重视某些管理职能或某些层级的绩效。如果高层管理人员把绩效管理系统视为"人力资源部门的事"，那么它将难以正常发挥作用。

部分原因在于管理者必须对绩效管理负责，就像他们需要对自己的其他职责负责一样。公司通过两种方式使管理者对绩效管理尽责。第一，他们必须执行绩效管理时间表。管理者只有在所有直接汇报人的绩效被评估完之后，才可能获得奖金或涨薪。这样做尽管会促使事情执行完毕，但并不能确保管理者把这项工作能做得很好。第二个更有用的强化措施是，高级管理人员考察每个向其直接汇报的管理者的绩效管理表现，并且评估管理者所在单位的表现以及其直接汇报人的发展情况。

出于绩效加薪和激励的目的，组织必须采用适当的指标。企业需要一个良好的管理会计（而不是财务会计）制度。尽管许多组织（和商学院）都在谈论指标和分析，但是目前鲜有证据表明满足绩效管理系统要求的相关机制运行到位。

32.3 对绩效管理系统的设计要求

32.3.1 保持一致性

绩效管理系统需要与其他人力资源计划保持一致。绩效管理系统与薪酬策略和实践的联系是显而易见的，但在人员配置、培训开发方面也需要保持一致性。如果晋升、裁员、解雇和其他人事决定不是基于绩效的（即绩效管理系统无法支持这些机制），那么绩效管理系统就已经失败了。同样，如果绩效管理系统没有为培训开发提供有帮助的输入，那么无论是绩效管理系统还是培训开发都不可能成功。

保持不同薪酬制度的一致性也至关重要。如果员工基于激励绩效指标的激励方案获得的绩效加薪很少但是奖金却非常丰厚，那么他收到的关于其绩效的信息是混乱的。如果员工获得了多个认可激励但绩效加薪却非常微薄，也会出现同样的情况。在大多数组织的绩效加薪制度关于加薪幅度的设计汇总中，如果绩效顶尖员工的薪酬比较率⊖比较高，那么其绩效加薪的幅度就会低于那些绩效不如他的员工。

⊖ 薪酬比较率＝实际薪酬与本薪级薪酬中位值＊100%，用来表示某位员工薪酬在本薪级薪酬中的位置，数值越高，表示其薪酬在本薪级中的领先程度越高。——译者注

32.3.2 绩效观察与评估

许多人可能会从某个视角观察员工的绩效：员工本人、经理、更高级别的管理者、同事、客户、供应商，有时甚至是公众。雇主还可能会雇用专业观察员。例如，本地的公共交通公司可能会雇人观察司机是否为残疾乘客停车，以及司机是否遵守时间表。研究表明，管理者在场与不在场时，员工的表现可能会不同。相关文献还表明，每一类观察者（以及个别观察者）都带有观察偏见。通常，只有员工的管理者和员工本身才知道职位的要求和绩效标准。

如果绩效评估需要真实反映实际绩效，那么就应该从多个来源获取观察信息。在正式制度中采用多个观察和评估信息来源的方式是360度绩效评估（Morgeson, Mumford and Campion, 2005）。而莫斯利在《多源绩效评估》（Mosley, 2013）一书中描述了一个非正式的绩效评估系统。虽然绩效观察信息可以来自许多报告，但实际上最为常见的还是由管理者进行绩效观察与评估。

32.3.3 目标设置和绩效标准

目标设定（Locke and Latham, 1990）是一个强大的激励工具，它需要在绩效管理机制的绩效规划阶段进行。然而，我们需要区分基于标准的评估和基于目标达成的评估。简而言之，目标设定理论认为，接受了高的、具体的和可接受目标的员工的绩效要优于那些并未接受符合以上标准的目标的员工。延伸性目标是绩效增长的重要部分。从定义上说，延伸性目标通常是达不到的。如果薪酬制度仅关注目标达成情况而不是根据绩效标准进行评估，那么员工的唯一动机就是设定其所能达到的最低目标，以确保其获得奖金或绩效加薪。目标管理（management by objective，MBO）在组织管理实践中的生命力特别短暂，因为该方法主要关注目标达成情况，那些设定延伸性目标的员工发现他们最终利益受损，而那些设定较低、容易达成的目标的人却得到了奖励。由于某些原因，组织觉得这很难理解，但这就是组织中的人性现实。

32.3.4 系统评估

人力资源部门在设计绩效管理系统时，需要建立评估规则。近期的评估措施包括评估绩效管理系统各个部分在实施时是否确实按照设计进行；管理者和直接汇报人是否了解该系统，是否知道如何执行各自的相关工作，并且愿意接受。中期的措施包括评估绩效管理系统是否产生了薪酬、人员配置和培训开发所需的指标；最为关键的措施是，员工绩效是否得到了提高。

32.4 团队绩效

本章第一部分描述的绩效管理流程适用于个人层面。然而，今天的大多数员工都是作为一个或多个团队的成员来开展工作的。团队的绩效管理并没有显著的不同。提取团队的绩效产出指标通常比个人更容易，但对于团队成员更难获得个人的绩效指标（Bing, 2004）。有的组织选择使用团队成果作为所有团队成员绩效的主要成果，然后为每个团队成员制定一个团队公民指标。从薪酬的角度来看，重要的是保持组织绩效水平和薪酬的一致性。在组织层面上产生的绩效一般应在组织层面上发放奖励（高管奖励是一个例外）。同样，在团队或群体层面产生的绩效应该在团队或群体层面上发放奖励。也就是说，团队或群体中所有对绩效有贡献的成员都应该分享到该奖励。

32.5 强制分布绩效管理

有一些组织采用将绩效指标的结果按照特定的比例进行强制分布的做法（Stewart，Gruys and Storm，2010）。有时是员工相互比较而非与绩效标准进行比较。有时则是需要基于绩效标准的绩效评估结果遵循一些预先设定的分布比例的限制，如果组织（或某个单位）没有满足这种分布要求，那么必须调整评估，直到实现满足分布比例要求。

强制绩效分布有多重目的：该制度迫使管理者做出艰难的抉择，选出那些对组织贡献最少的员工并解雇他们；控制绩效加薪和其他薪酬；裁汰绩效最差的人，并添补绩效更好的员工。但是，强制分布制度并没有反映出一些现实情况。

（1）强制分布制度的运作假设是：通常，某职位上所有任职者的绩效能力符合正态分布规律。但是奥博伊尔和阿吉尼斯（2012）新近的研究表明，情况并非如此。相反，他们发现绩效遵循帕累托分布，大部分员工的绩效位于正态分布平均值的左侧远端。

（2）即使绩效在人群中符合正态分布（或接近正态分布），组织的员工也不符合从人群中随机抽样的标准。员工配置流程但凡略微有效，业绩能力差的人员就会被淘汰，而无法加入组织。如果入职试用、培训和开发机制都有效，现有员工应该能够将其绩效能力提高到较高水平。同样地，如果薪酬计划都有效，员工应该被激励到产出高水平的业绩。组织中员工绩效如果真的表现为正态分布，实际上是人力资源部门及其举措无效性的表征。

（3）最为奇怪的是，组织不仅强制要求绩效结果在组织范围内符合正态分布，还在部门范围内推行这一要求。即使从正态分布中随机抽样，如果样本达不到30人，也不可能保持正态分布。而在只有10个人的部门中，绩效结果几乎不可能符合正态分布规律。

（4）从绩效理念上讲，基于人际比较的强制排序是有问题的，因为它缺乏绩效锚定点。也就是说，每个人都可能是高绩效者，或者他们可能表现都很差。如果没有根据绩效标准进行绩效评估，然后再对评估结果进行排名，那么我们就没有足够的信息来判断具体个人是否做得好。

（5）"末位淘汰"的逻辑存在着根本的缺陷。解雇排名末尾10%的员工听起来像是一种优化员工队伍的好办法。由于被解雇的员工已经被绩效成果更好的员工所替换，在某种程度上，绩效不佳的人员已经全部被解雇了。如果组织继续坚持执行淘汰排名末尾10%的做法，那么该组织最终淘汰的可能都是令人满意的员工。

以上是我们避免采用强制排序制度的原因。更重要的是，该制度只会淘汰人，却忽略了对绩效的管理。解雇和相关的替代成本可能比提高不合格员工绩效所需要花费的成本更高。

参考文献

Banks, C. G., and K. E. May. 1999. "Performance Management: The Real Glue in Organizations." In A. I. Kraut and A. K. Korman (eds.), *Evolving Practices in Human Resource Management: Responses to a Changing World of Work*. Jossey-Bass, San Francisco, pp. 118–145.

Bernardin, H. J., C. M. Hagan, J. S. Kane, and P. Villanova. 1998. "Effective Performance

Management: A Focus on Precision, Customers, and Situational Constraints." In J. W. Smither (ed.), *Performance Appraisal: State of the Art in Practice*. Jossey-Bass, San Francisco, pp. 3–48.

Bing, J. W. 2004. "Metrics for Assessing Human Process on Work Teams." *IHRIM Journal* 8(6): 26–31.

Deming, W. E. 1986. *Out of the Crisis*. Massachusetts Institute of Technology, Center for Advanced Engineering Study, Cambridge, MA, pp. 3–48.

DeNisi, A., and C. E. Smith. 2014. "Performance Appraisal, Performance Management, and Firm-Level Performance." *Academy of Management Annals* 8(1):127–179.

Evans, E. M. 2001. "Internet-Age Performance Management: Lessons from High-Performing Organizations." In A. J. Walker (ed.), *Web-Based Human Resources: The Technologies and Trends that Are Transforming HR*. McGraw-Hill, New York, pp. 65–82.

Locke, E. A., and G. P. Latham. 1990. *A Theory of Goal Setting and Task Performance*. Prentice Hall, Englewood Cliffs, NJ.

Morgeson, F. P., T. V. Mumford, and M. A. Campion. 2005. "Coming Full Circle Using Research and Practice to Answer 27 Questions about 360-Degree Feedback Programs." *Consulting Psychology Journal: Practice & Research* 57(2):196–209.

Mosley, E. 2013. *The Crowd Sourced Performance Review*. McGraw-Hill, New York.

O'Boyle, E., and H. Aguinis. 2012. "The Best and the Rest: Revisiting the Norm of Normality of Individual Performance." *Personnel Psychology* 65(1):79–119.

Stewart, S. M., M. L. Gruys, and M. Storm. 2010. "Forced Distribution Performance Evaluation Systems: Advantages, Disadvantages and Keys to Implementation." *Journal of Management & Organization* 16(1):168–179.

第 33 章

选择绩效评估系统

马丁·G. 沃尔夫（Martin G. Wolf）

选择薪酬方案中合适的绩效评估系统对于实现组织的业务目标至关重要。一些组织可能需要多个绩效评估系统。随着时间的推移，它们可能需要对系统进行改变。每种类型的绩效评估系统代表了一种可以实现以下目标的可供选择的方法：

- 创造和保持重视绩效、创新、参与和领导力的文化。
- 保留人才并发展关键任务技能。
- 创造竞争优势。

本章的目标是帮助读者选择和实施与其薪酬制度关联最好、对组织绩效产生最积极的影响的绩效衡量系统。本章摘自《人才管理手册》第二版（McGraw-Hill，2011）第 9 章。

绩效管理系统有两个主要部分：绩效评估（绩效衡量的过程）和绩效回顾（向被评估人沟通绩效评估结果的过程）。本章重点介绍绩效考核——评估什么、怎么评估、何时评估。

33.1 优选绩效评估系统

绩效评估系统可以根据其假设和评估重点进行分类。当特质、行为、技能和知识与组织成功期望相关联时，它们会被称为胜任力。

- 基于特质：假设某些特质推动绩效，评估在职者的个人特征。
- 基于行为：假设某些行为驱动绩效，评估在职者的工作。
- 基于知识/技能：假设某些知识/技能驱动绩效，评估在职者应知应会的情况。
- 基于结果：假设目标实现等于绩效，评估在职者实现的目标。

确定哪种类型的绩效评估系统最适合组织和业务需求主要取决于你的目标,即你打算用系统来完成什么。你更重视促进在职者的工作理解、个人成长与发展,还是绩效规划与控制?

以下是需要考虑的其他重要因素:
- 经营环境;
- 企业战略和目标;
- 组织规模和管理级别;
- 公司环境;
- 高管层的价值观和风格;
- 可利用的资源。

此外,并不是所有的绩效评估系统都可以有效地用于所有类型的员工。绩效评估系统最适合的员工类型如下。
- 基于特质的绩效评估系统:适用于所有员工。
- 基于行为的绩效评估系统:适用于主管及以下。
- 基于知识/技能的绩效评估系统:适用于生产工人、行政和一些专业人员。
- 基于结果的评估系统:适用于管理者/经理、大多数专业人士和高管。

表33-1列出了四种绩效评估系统的特征以及优缺点的比较。

表33-1 绩效评估系统比较

系统类型	特征	优势	劣势
基于特质	假设某些特质驱动绩效 • 强调个性/风格/价值观 • 特质是通用的,可能适用于所有员工/团队 • 基于感知的评价 • 通过展示出来的特质的程度/频率进行评级	• 易于评估 • 可以适用于不同的员工群体 • 对重要的特质提前进行沟通	• 一般的,而非特定工作的 • 倾向于主观 • 特质和成就之间存在微妙联系
基于行为	假设某些行为驱动绩效 • 行为是特定于工作环境的 • 适合不同的工作/群体 • 基于展示的动作的评估 • 通过展示出来的行为的程度/频率进行评级	• 能适应特定的工作 • 帮助员工具体了解如何完成工作 • 行为有助于强化文化/价值观	• 需要花费时间进行制定和评估 • 必须能够观察和测量不连续的行为 • 行为可能不会产生期望的结果
基于知识/技能	假设某些知识/技能驱动绩效 • 强调员工的能力 • 适合每一个知识/技能领域 • 基于知识/技能的获取进行评估 • 通过知识/技能获取的程度和多样性进行评级 • 知识/技能联系组织目标	• 每项工作所需的能力 • 加强交叉训练和灵活性 • 直接和薪资系统联系 • 战略视角。为未来所需的能力支付薪酬	• 假定知识/技能和结果之间存在联系 • 员工可能不会使用某些知识/技能 • 难以测量多样化的技能
基于结果	假设目的实现驱动绩效 • 目的与工作或组织的目标挂钩 • 制定专门针对个人/群体的绩效考核目标 • 基于所取得的结果进行评估 • 通过获得的成就程度进行评级	• 适合特定的工作/组织 • 强调结果 • 如果共同立目标,鼓励对话和员工参与	• 需要花费时间进行制定和评估 • 仅限于能够确定和衡量具体目标的工作 • 短期和长期重点之间的争论

表 33-2 对以上四种类型绩效评估系统进行了另一种形式的比较，它关注每种系统对绩效评估方案目标的效用。在表中，框中的一个 × 表示该类型的评估对该目标具有效用，两个 × 表示对目标具有较强的效用，而空白框表示该类型的评估对目标缺乏效用。

表 33-2　不同目标的不同绩效评估系统的效用

项目目标	测量方式			
	基于特质	基于行为	基于知识/技能	基于结果
增加工作理解		×	×	× ×
矫正绩效提升	×	× ×	× ×	× ×
职业发展	× ×	×	× ×	×
专注于员工在具体任务上的努力	×	× ×	×	×
增加产出	×	×	×	× ×
人力资源计划	× ×	×	×	×
将薪酬与绩效挂钩		×	×	× ×
提升团队工作	×	×	×	×

33.2　设计绩效评估方案

附录 33A 列出了在设计绩效管理方案时要考虑的问题和所需决策问题的详细清单。其中，大多数是直观的、不需要讨论的。以下是对于其中两个不太直观的关键问题的讨论。

33.2.1　评定等级的选择

被选为评估者的人员必须能够持续观察员工的绩效。评估者最顺理成章的人选就是员工的直接上司。但是，直接上司作为评估者的问题是，他可能没能观察到员工绩效最重要的方面。各类评估者的优缺点如表 33-3 所示。

表 33-3　评估员的选择

评分者	优　势	劣　势
同事	• 拥有观察绩效的绝佳机会 • 熟悉工作要求	• 较低的评分可能会带来怨恨 • 共谋的可能性（每个人都得到高评分） • 可能削弱团队凝聚力/团队信任
下属	• 拥有观察绩效的绝佳机会 • 熟悉工作要求	• 他们可能会为了讨好或者报复而扭曲评分 • 他们可能会在应得好评时否定自己 • 可能会削弱监管关系
客户/顾客/供应商	• 可以观察到绩效最关键的方面	• 可能看不到绩效的一些重要方面 • 可能会扭曲适当的商业关系 • 共谋的可能性（员工讨好评价者以换取较高的评价）
外部专家	• 可能拥有优秀的评估技能 • 由于缺乏与评价人的私人关系而具有高度客观性	• 观察绩效的机会有限 • 可能无法理解工作的所有方面 • 价格高昂

例如，当维修人员在不同的地点进行维修时，维修主管可能很少会与维修人员联系。系统分析师可能会与直接上司距离较远，而花大量时间与用户在一起进行工作。销售代表可能在大多数时间里会在距离直接上司几个州的地方工作。在这种情况下，只由直接上司进行绩效评估显然是不够的，需要引入其他评估者才能对员工进行全面和公正的评估。以下是几种可能的解决方案：

- 同事评定。
- 下属评估。
- 客户/顾客/供应商评定。
- 外部专家的使用。
- 以上评估者的某种组合。

使用前两个或前三个群体的所谓360度多评估者反馈已被广泛使用。如果需要引入除直接上司之外的评估者，必须仔细考虑每个备选方案的优点和缺点。特别是在同事评议或下属评估的情况下，必须注意保持聚焦到绩效上，避免"人气投票"的现象。

在实践中，很难确保不同群体对绩效的定义与组织的定义相一致。例如，如果主管倾斜政策以促进下属特定子任务的业绩提高，下属可能会将其主管评定在较高的维度，例如"理解我的工作并帮助我更好地完成"这样的维度。如果销售代表违反规定，并在公开宣布之前向客户透露价格即将上涨，客户可能会在某些维度上对该销售代表评价较高，例如"理解我的业务需求并支持我实现目标"。

33.2.2　评估方法

以下各节分别详细介绍四种绩效管理类型设计。四种绩效管理类型虽各有不同，但也存在一些共同点。

每个特质、行为、技能或结果都构成了该职位绩效的一个维度。维度介绍了组织认为重要的特征、行为、技能或结果。不是所有的维度都同等重要，有些显然比其他维度更重要。具体某个职位的各绩效维度都必须赋予专门的权重，该权重反映了特质、行为、技能或结果之间对于该职位的相对重要性，它只是表明该职位任职者在这些方面所花费的时间。

在分配权重时，应使用以下原则：

（1）任何单一的特质、行为、技能或结果占比都不能超过20%。如果特质、行为、技能或结果的权重超过了20%，就表明它足够复杂，应该分解成更具体的方面。例如，如果销售额占到了销售代表绩效的70%~80%，那么它应该被分为四个或更多的方面，例如，分解为：将现有产品重新销售给旧客户、将现有产品销售给新客、将新产品销售给现有客户、将新产品销售给新客户和平均销售利润率。

（2）任何单一的特质、行为、技能或结果占比都不应低于5%。如果一个特质、行为、技能或结果不到5%，那么它应该作为另一特质、行为、技能或结果的子部分。

（3）避免使用太零碎的百分数。因为，如此小的差异很难被确定。许多组织倾向于使用3~4个权重，如5%、10%、15%和20%。它们分别对应重要、相当重要、非常重要和至关重要。

（4）所有百分数的总和必须至少等于95%，并且不能超过100%。（允许少于100%以表示该工作中还有其他微小但重要的要素。）

然后，对于每个维度必须建立一个或多个评估指标。评估指标表达的是组织如何评估该维度。评估指标是指可评估维度的指标，它没有指明期望的水平（即多少算"好"，多少算"优秀"等）。因此，需要针对每个评估指标制定该维度的标准水平。如果没有制定标准，评估指标则没有意义，因为这会导致主观结果。多少是"合格""良好"或者"优秀"？一般来说，制定标准有三种来源：个人的历史数据、同事对标数据，或者是管理者基于希望或压力的期望数据。

最后一种情况非常常见，但其实并不值得进一步评论。你有必要使用前两种来源中的一种来预测和制定来年的指标标准。在预测过程中，你必须考虑内部限制条件（即财政和人力资源、能力等）和外部力量（即宏观经济条件、竞争活动、技术变化、市场趋势等）。指标标准制定的过程是绩效管理过程中最关键的部分。

如果使用个人的历史数据作为制定标准的基础，那么就不仅要认识到周期之间的变化，还要认识到之前一个周期的基准水平。作者曾经在保龄球联盟中获得了"最佳进步奖"，排名从最差的数百名提升至几十名。然而，期望一个已经表现非常好的人继续提高是不容易的。

同样地，当使用同事绩效作为制定标准的基础时，你必须注意认识到团队的整体水平。所有的宇航员在智力、身体和教育上均高于一般人员，然而，作为宇航员，有些人因为评估排名不靠前而从未得到任务，但其他人则已经进行了多次飞行。缺乏外部标准的等级排序、配对比较、强制分布，以及其他同事对标都说明这种评估方法是存在缺陷的。

33.3 基于特质的绩效评估流程

如前所述，基于特质的绩效评估流程建立在某些特质驱动绩效的假设之上，因此它衡量的是在职职位的某些个人特征。因此，开发基于特质的绩效评估流程的第一步是确定待衡量的特质，要完成这一步有两种方法：一种是从特质"池"中为不同职位选择对于该职位非常重要的特质；另一种是对所有职位使用一套共同的特质，根据其对每个职位的相对重要性，赋予特质不同的权重。

前一种方法考虑到了所选特征与职位需求之间的最佳匹配。然而，它在开发方面比较费时间。后一种方法不但开发更快、更容易，而且在人力资源规划中也具有优势，因为它允许所有员工与任一职位进行匹配。以下是部分特质的示例说明。

- 与他人的关系：与他人合作以取得成果。
- 沟通：用语言和文字来传递观点与思想。
- 规划/组织任务：开展和安排活动来取得成果。
- 判断力：评估工作情况以做出正确的决定。
- 自主性：在最低限度的监督下完成工作。
- 工作准确性：工作错误在标准以内。
- 工作量：在指定时间范围内完成规定的工作量。

有时，特质、行为、技能和结果之间的界限是模糊的。例如，沟通、规划/组织任务、判断力是特质，还是技能？工作准确性和工作量是特质，是实际行为，还是结果？

33.4 基于行为的绩效评估流程

如前所述，基于行为的绩效评估流程假设某些行为驱动绩效，所以它衡量该职位任职者的行为。因此，开发基于行为的评估流程的第一步是确定要衡量的行为，根据对该职位的重要性，从行为"池"中为不同职位选择不同的行为。

所有绩效评估评级的主要问题之一就是评级通胀（rating inflation）。这不仅仅是乌比冈湖效应（即被评估者普遍认为自身表现高于平均数）的结果。基于行为的量表对不同绩效级别进行具体定义，以此减少这种类型的问题。表33-4展示了一种行为锚定的方式。该量表对特定的点进行了明确定义，而对点之间的部分则只进行了模糊说明。还有一些行为锚定方法会明确定义量表上的每个点（见表33-5）。

表33-4 人员发展

5. 高	准确识别员工的优势、劣势和潜力；根据所需要的工作经验进行工作安排；确保开发计划考虑到纠正绩效缺陷以及建立熟练度；沟通期望；对下属的表现进行直接评估；立即面对问题；故意让下属绞尽脑汁解决问题，而不是直接为他们做决定
4.	
3. 中	认识到个体的优势；可能未注意发展的需求和隐藏的潜能；在有资格的职位上适当地安排员工；可能忽视对优秀员工的充分挑战；识别并告知他人不满意的绩效，要求提高但没有给出改进的建议；有时，忽视给予应得的表扬
2.	
1. 低	无法认识和评估个体的优势及劣势；将下属安排在资格和经验不相称的职位上；难以看到他人展现出来的独特才能和潜能；通过限制人员预先确定角色来扼杀成长；下属对预期感到迷惑；导致下属的失败；允许问题绩效始终存在；只根据个性来填补职位空缺

表33-5 计划、组织和安排项目分配与截止日期

7 [ ] 极好	制订全面的项目计划，将其归档，获得批准，并将计划分发给所有相关人员
6 [ ] 很好	计划、沟通和观察时间表；逐周申明当前项目在计划中所处的位置；维护项目完成和积压的最新图表，并使用它们来优化所需要的任何计划修改 偶尔遇到轻微的操作问题，但能有效沟通
5 [ ] 好	列出工作的所有部分并安排每个部分；努力打破计划，并允许放松 满足客户的时间限制；很少发生时间和成本超支
4 [ ] 平均	列出截止日期并在项目进展时对其进行修改，通常会添加无法预料的事件；调查频繁的客户投诉 可能会有一个大概的计划，但不会对时间表进行追踪；不会报告计划中的延误或由此引发的其他问题
3 [ ] 平均以下	计划定义不充分；不现实的时间进度计划非常常见 无法提前一天或者两天进行计划；对现实的项目到期时间没有概念
2 [ ] 非常差	对所要完成的工作没有计划或进度安排 项目配置计划甚少或者没有
1 [ ] 无法接受	很少完成项目，因为缺乏计划，似乎并不关心 由于缺乏计划而一再失败，并且不查究如何改进

行为锚定量表的级数有几种不同的选择，同时也存在是否有中间级别的区别（即级数是奇数还是偶数）。通常而言，行为锚定量表的级别数为4～7级。许多行为主义者觉得7～9级能可靠地对行为进行最大程度的区分，但也有不少组织使用百分制量表对行为进行评估。

33.5　基于知识/技能的绩效评估流程

如前所述，基于行为的绩效评估过程建立在某些行为驱动绩效的假设之上，因此它衡量的是在职职位的行为。

因此，开发基于知识/技能的绩效评估流程的第一步是确定要衡量的知识/技能，根据该职位的重要性，从知识/技能"池"中为不同职位选择不同的知识/技能。

在定义知识/技能时首要挑战是确定其细化程度。对于领导能力是直接进行评估，还是被分解成更具体的技能进行评估？以下列举了在界定领导能力时包含的具体技能。

领导能力

1. 创造共同愿景：定义、沟通和加强下属员工的共同目标感和共同价值观。
2. 激励和授权他人：影响、说服、指导和劝说他人实现具体目标，提供足够的自由度以允许下属达成具体目标。
3. 信誉：基于个人的影响力和可靠性，或组织权威来赢得他人的尊重和信任。
4. 诚信：展示信仰、言语和行为的一致性。
5. 人际敏感：随时注意下属的动机、态度和感受，积极地利用这些信息来指导下属行为和达到预期的结果。
6. 人员发展：确定和解决下属的首要发展需求，提供关于成就、优势和发展需求的频繁、有效的反馈。
7. 团队技能：计划、组织和参与有效利用集体资源的会议。

相较于将其作为单一技能来衡量，这种对技能进行分解的方式的价值在于可以对领导力进行更准确的评估。例如，如果将某个体管理者的领导力作为单一技能评估，个体可能只具有平均水平的领导技能。但是，如果对该个体管理者领导力的具体组成部分进行分解评估，那么该管理者在某些方面可能是优秀的，在其他方面则是不足的。

这种更准确的评估对于绩效提升和职业发展显然都具有更大效用。但这种分解的问题是，领导力只是工作绩效所需的技能领域之一，如果每个领域的技能都被分解成其组成部分，那么需要评估的技能数量很容易就超过 20 个，甚至超过 30 个。过多的绩效因素对于实现管理（形成一个总体评级）和绩效回顾（如果有 20 多个绩效评级要素需要讨论，你还能聚焦面谈吗？）的目的毫无助益。

即使假设知识/技能的数量和精细度已经被确定，如何对它们进行测量的问题仍然存在。拥有某种知识/技能与其在绩效中的实际应用之间的关系是有争议的。如果通过其在工作中的应用来定义拥有技能，那么本质上是测量结果，而不是技能本身。如果不是通过在工作上的应用来定义拥有技能的话，就将陷入复杂的、技术性困难的测量指标之中。根据所需测量的技能不同，可能需要特殊的技能测试，甚至需要对个人心理进行测试。

例如，人际敏感是领导力的一个组成部分。一个人可能看起来像是"随时注意下属的动机、态度和感觉"，但除了通过相关的行为（"积极地利用这种知识来指导行为并达到预期结果"），不可能知道他是否真的"敏感"。即使将领导力作为单一的技能，除了通过其应用（行为）或产出（行为）来评估，你还能如何去评估它呢？

33.6 基于结果的绩效评估流程

任何健全的管理系统的重要部分就是确定最终实现程度的程序（最好是定量的）。例如，预算是一个在一段时间内的支出计划。对实际计划支出的定期审查是为了控制和纠正负面差异，或在发生不可预测事件时重新分配资源，以提供重要的决策基础。

大多数人在考虑绩效评估时所想到的都是对结果的测量。事实上，大多数人将绩效与结果等同：良好的绩效产生预期的结果；不好的绩效则无法达成预期结果。作者在 30 多年的管理顾问生涯中遇到了数千名管理者，每位管理者都认为，当他们看到优秀绩效时，都能轻易地识别。然而，实际上很少有人能够有效地评估绩效。他们的失败源于缺乏对良好绩效的构成因素的恰当定义。

基于结果的绩效评估流程的第一步是确定该工作绩效的维度。维度可能是职位固定的工作内容（例如销售）、特定的一次性目标（例如向 XYZ 公司推介新产品）或者两者的组合。只要是使用目标管理方法（MBO）的组织，它们就可以将这些目标作为维度纳入绩效评估流程。有些人可能希望将年度 MBO 绩效维度保持独立，将其与奖金方案挂钩，并将固定的绩效内容维度与基础薪酬（基于绩效的薪酬）挂钩和/或用于开发目的。每个绩效维度都必须设计一个或多个评估指标。

33.6.1 结果的测量

必须认识到，所有的绩效管理都是主观的，客观的绩效管理系统并不存在。许多人所谓的客观指标（例如销售量、生产单位数、满足质量标准的产品百分比等）与其所谓的主观指标（例如客户关系、沟通、产品知识等）之间具有同样的主观性。两类指标之间的差别在于量化程度和主观判断的时间点。

所谓的客观指标是高度可量化的，并允许在测量期开始存在主观判断，而不是结束时。例如，销售量通常被认为是衡量销售业绩的客观指标。

假设销售代表 A 每年卖出 1 003 234.65 美元的产品，而销售代表 B 卖出 1 534 201.32 美元的产品。A 的绩效水平如何？合格、良好还是优秀？B 的绩效水平如何？显然，B 比 A 卖出了更多的产品，但 B 比 A 的绩效水平高吗？不一定，这取决于所销售的产品（如果 A 销售的是专业项目，B 销售的是商品项目，那么 A 的绩效水平可能应该比 B 更高）和他们的销售地区（B 可能在一个成熟的、没有竞争的区域，而 A 可能在一个具有高度竞争的新区域）等因素。单纯的销售量对标对于绩效比较没有意义。除非制定绩效标准，否则指标就没有意义。怎样是合格、良好或者优秀？在哪个地区，销售哪个产品？为什么某个销售额被定义为良好？为什么不是这个销售额减少 20% 或增加 20% 是良好？

有必要制定各项测量指标的标准。通常需要制定几个重要标准点，例如，可接受的（刚好通过）、良好（目标或预期）、非常好（明显好于预期），以及出色。对于这四个绩效标准点，可以自由选择自己偏好的词语。

在绩效周期之前制定各项测量指标的标准对提升绩效至关重要。俗话说："如果你不知道要去哪里，就永远不会知道何时能抵达。"许多失败的绩效评估方案都是因为它们在绩效周期之前没有制定和沟通适当的绩效指标标准。

33.6.2 结果测量指标的比较

在考虑结果评估的流程时，需要注意一些关键点。首先，在建立指标时，我们需要努力寻找最可量化的绩效指标。因为这样我们就增加了无论谁进行绩效评估，结果都会一致的机会。也就是说，独立观察员或评估者之间会形成高度一致的意见。

在指标确实不太可量化的情况下（这很常见），可以通过使用多个指标或者多个观察者或评估者的方式来提高准确度。因为使用多个观察者有诸多限制，所以企业经常使用多个测量指标。根据经验，任何一个方面的成果的评估指标不应该超过四个，超过这个标准就可能会使人困惑。以下列表列举了从最低可量化到最高可量化的结果指标的类型。

结果指标的类型

（一）最低可量化

1.总体描述：运用判断来表示最终结果和成绩。例如：

主管满意度

客户满意度

公众支持度

报告或分析的质量

2.评判量表：使用量表对结果进行评级测量，级别从1到7，1表示最差结果，7表示最佳结果。例如：

数据处理服务的感知价值，使用1到7的量表，从低到高。

人事支持水平，使用1到7的量表，从低到高。

文件起草服务的充分性，使用1到7的量表，从非常不充分到非常充分。

3.比率：这些使用可量化、数值化的结果；它们将实际绩效与可用因素相匹配。例如：

员工流失率

单位产品工时

市场占有率

4.直接计数：这些是处理实物、具体事件和其他客观数据的完全客观和量化的指标。例如：

销售额

进货成本

营业成本

生产或销售数量

5.有时，计算异常情况比计算正常情况更容易。例如：

错误数

投诉数

（二）最高可量化

尽管我们偏好量化指标，但是我们可能会发现一些无法使用的高度量化的指标。为什么呢？它们可能可量化但互相却不相关，它们对绩效评估流程并不重要，甚至可能微不足道。量化虽然重要，但不应牺牲相关性和实用性。

最后，任何特定的测量指标都有适当的成本效益比的问题。我们可能认为可以制定非常健全和高度量化的绩效测量指标，但分析表明，制定这种测量指标的成本（如时间、精力和金钱）过高，而收益（即相关性、实用性和客观性）却并不相称。我们可以通过开发和使用这些测量指标来形成一份专业之作，但这肯定不是好的商业实践。最好使用一些有用的、便宜的、虽不精美但实用的测量指标。

33.6.3　制定结果测量指标

在某些情况下，指标可以从绩效维度中直接提取，它们很容易被具体化和量化。如果不属于这种情况，那么询问两类与职位有关的基本问题会有帮助：

（1）在该绩效维度上突出绩效的具体标志是什么？提取出真正出色绩效的标志通常不是太难的事情，它们应该是能导向最终结果的测量指标。

（2）在该维度上绩效不佳的具体标志是什么？记住绩效不佳的事情往往更容易，这些也可以有助于分解形成有用的测量指标。

我们的目标是识别可能的绩效指标，并将选择范围缩小到能够最直接地抓住该职位最终能达到的结果的本质的少数指标。

所选测量指标应符合以下标准。

（1）相关性：它们应该与主要结果直接相关，而不是与活动或不太重要的结果相关。指标应重点关注结果，而不是分散注意力。

（2）具体性：它们应该准确地反映员工可以控制或直接影响其工作或组织的绩效。例如，制造企业管理者可以根据生产成本或价值增加值而不是利润来衡量，因为其无法控制物料成本或每个单位的售价，这两者也对利润有直接的影响。

（3）可获得：尽可能使用现成的或可以轻松获得的测量指标，避免需要重大的、新的和/或复杂的跟踪机制。

（4）可操作的：在大多数绩效领域，许多测量指标已经成为常用的设定目标、运营控制和结果报告的手段。我们应尽可能使用这些指标，因为它们代表了组织的业务重点。

（5）可靠性：其他评估者将根据指标数据得出相同的绩效水平结论。

（6）有时间界限：在绩效周期结束后，数据必须尽早处于可用状态，以免影响之后的绩效周期。

附录33B列出了一线职位和行政职位的一些指标样本。这份清单虽然并不详尽，但它进一步展示了可用于评估绩效的测量指标类型。

33.6.4　绩效评估流程

在对绩效维度进行了识别和加权，并制定了相关的指标和标准之后，进行基于结果的绩效评估就很简单了。绩效被定义为达成由指标标准规定的指定结果。绩效评估只是将取得的成果与这些规定的标准进行比较。附录33C提供了一个基于结果的绩效评估样表。

总而言之，如果绩效维度有明确规定，并且制定了实际的测量指标和绩效标准，那么确定实际的绩效结果如何就没有太多疑问了。虽然许多测量指标可能是定性的，但是如果所有知道相关事实的评估者都给予相同的评级，那么这个过程也是可靠的。

附录

33A

APPENDIX

绩效评估诊断

评估问题	诊断问题	决策选择
理念	什么是最先需要评估的	A. 问责制 B. 改善 / 维持 C. 其他系统的支持（例如奖励系统、价值系统）
目标	什么是我们特别想取得的	A. 详细的评估 B. 简要的评估 C. 组合
标准的类型	什么能使员工 / 团队有效率	A. 知识或技能导向的标准 B. 过程导向的标准 C. 产出导向的标准 D. 组合
测量的类型	我们如何告知员工 / 团队是否有效	A. 基于特质 B. 基于行为 C. 基于知识 / 技能 D. 基于结果 E. 组合
测量的数据	什么类型的信息对评估有效性是有用的	A. 定量的 B. 定性的
评价人的选择	谁应该评估绩效	A. 监管者 B. 同事 C. 下属 D. 客户 / 顾客 / 供应商 E. 外部专家 F. 组合
	应该由多少人来评估绩效	A. 单一评价人 B. 多评价人

（续）

评估问题	诊断问题	决策选择
评估工具的选择	应该使用什么类型的文档	A. 核查表 B. 叙事表 C. 评分表 D. 目标导向的工具
评价面谈	应该如何将信息反馈给员工/团队	A. 面试 B. 其他（例如书面文件）
评价训练	如何进行评估培训	A. 内部职员 B. 顾问 C. 组合 D. 其他（例如自学）
评估阶段和时间点	时间点应该是固定的还是基于需求	A. 定期评价 B. 对问题进行响应的评价 C. 两者都有
	评估一个连续或是不连续的过程	A. 日常数据收集 B. 周期数据收集 C. 多重结合
结果与目标的一致程度	评估会达到我们想要的效果吗	A. 质量 B. 及时性 C. 可信性 D. 成本 E. 可说明性
互动的评价设计	下属的评价是否应该与上司或者价值链中的其他人的评价相联系	A. 分离的评价系统 B. 联系的评价

附录 33B APPENDIX

绩效测量指标样本

生产线作业和示例测量
成本高效益
    实际 / 预算（按类别和 / 或时段划分）
    净利润 / 净销售额
    预测 / 实际（月 / 季）
    毛利率或营业毛利（按利润中心、产品线等）
    资本收益 / 风险
    盈亏平衡点作为容量的百分比
    平均收集时间
    投资回报
    资产回报率
    税前收益
生产率
    美元成本 / 单位的产品或服务提供
    实际 / 标准成本（按类别划分）
    人力资源计划的流通
    工作方法的流通
    工作流程的瓶颈
    设备停机时间
    旷工
    员工达到绩效标准的时间长度
    高于平均水平的员工流动率
关系
    及时通知他人注意问题
    了解其他职能的目标和计划
    少数族裔雇员在可用劳动力中的百分比
    不满（员工、社区）
    对时间进度安排的一致意见
    遵守时间表
    同事和上级的反应

（续）

员工及组织发展
　员工目标的使用
　完成并应用与工作相关的学习
　授权决策的数量和类型
　冲突目标数
　冲突行动计划的数量
　职业讨论结果
　测序工作计划
　工作丰富化的计划
　态度调查结果
质量
　内部拒绝的百分比
　客户投诉
　内部 / 外部审计结果
　员工对标准的承诺
　实际 / 标准（错误、拒绝率）
　保修成本
　准确性（生产报告）
　原材料的质量
　工作抽样结果
营销
　了解最终用户需求
　新产品（程序）的开发数量
　实际 / 预测（销售、运营费用）
　市场渗透（份额）
　研发净收益百分比
　市场调查和广告（公共信息）项目的结果
　预测提交的及时性
成本控制
　实际 / 标准（按成本类别划分）
　实际 / 预测（按成本类别划分）
　工人的薪酬成本
　失业补偿成本
　因旷工、事故、迟到等失去的工作时间
　直接 / 间接劳动比率
　电力使用
　电话服务费
　出差和日常开支

职员作业的示例测量

有些业绩方面，例如某些员工职位的业绩，很难加以审查。在某些情况下，最好使用一种测量方法来显示没有发生什么，而不是已经发生了什么。例如，在涉及有效使用电子数据处理设备的维度上，"计划外的停工期"可能是对在职人员性能最可靠的指示。评价者可以假设，最可能发生的事情是最终结果（设备的有效使用）。因此，他不必计算或描述发生了什么，而是通过只考虑没有达到预期结果的时间来集中精力。这相当于跟踪"计划外的停工期"

员工职位的测量必然涉及每个员工将要完成的最终结果。关键问题是"这个职位的产出是多少"。一些常见的测量方法有：

- 错过时间表的次数
- 每个提案的实施数量
- 客户或用户评定或描述的服务质量
- 关于所提供服务的投诉（或嘉奖）的数量
- 审核所提供服务的有效性（内部或外部）
- 外部来源发现的异常数量——例如客户投诉、外部审计
- 与计划相比，每个服务领域花费的人员小时数（或预算）
- 每个员工的产出单位数量
- 相对于所请求的服务，所提供的服务种类的描述
- 与行业平均水平相比，组织在某个领域的记录（例如，事故发生频率、EEO 数据、工人补偿率）
- 对创新或新服务的相关性和质量的描述或评级

附录 33C
APPENDIX

说明性的基于结果的绩效改善方案

姓名：_____ 日期：_____

职位：_____ 部门：_____

绩效周期：从_____到：_____

1. 阶段绩效

维度：权重：_____%

测量指标和标准：_____

绩效描述：_____

维度：权重：_____%

测量指标和标准：_____

绩效描述：_____

维度：权重：_____%

测量指标和标准：_____

绩效描述：_____

2. 其他注释（可选择）

　　使用此空白处（如果需要可附加额外表格）发表任何你认为能够更好地解释和明确该员工绩效的陈述：

_____

_____

3. 下一阶段的改进

　　这一部分应该包含改进计划，用以纠正第一部分和第二部分中提及的任何难点。应该明确表述为，谁应该在何时做何事，以及取得怎样的具体行为目标

_____

（续）

4. 整体的绩效评价
_____
_____

5. 下一个绩效阶段的绩效计划
从：_____ 到：_____
建立下一个绩效评价阶段的维度、测量指标和标准
维度：_____ 权重：_____%
测量指标及标准：_____
维度：_____ 权重：_____%
测量指标及标准：_____
维度：_____ 权重：_____%
测量指标及标准：_____

第34章

将薪酬与有竞争力的业务价值挂钩

马克·格雷厄姆·布朗（Mark Graham Brown）
马克·格雷厄姆·布朗公司（Mark Graham Brown & Associates）

任何成功的薪酬方案的基础都有助于促进正确的员工行为，并与战略和运营成功挂钩。这个系统最重要的部分是薪酬所依据的指标或测量。错误的绩效指标可能会奖励不良行为和决策。在任何领域取得或维持竞争优势，都需要不断地审查和更新计划与战略。战略计划和薪酬制度被连续使用三年的日子已经不复存在了。领先的组织如今使用实时数据来监测每日的内部指标和外部因素的表现，并根据需要对计划进行调整。然而，大多数组织尚未做到的也恰恰是薪酬计划的调整。良好的薪酬制度是灵活且具有适应性的，而不是僵化到任何改变都要经过六层管理者的批准。评估能推动绩效目标的实现，而激励能够使得绩效更佳。我们在选择和制定用于激励薪酬的绩效指标时需要非常小心。

我们都听说过错误的绩效指标和激励措施会导致灾难之类的恐怖故事。西尔斯公司鼓励其汽车机械师尽可能提高每个维修订单的金额，所以汽车机械师会为客户建议一些不必要的维修内容。达美乐比萨的派送人员会为达成公司做出的30分钟免费送货的承诺而冒险，导致遭遇车祸。IBM销售人员过去专注于销售硬件，因为他们的薪酬与公司收入（而不是利润）相关，而硬件比软件更加昂贵。所有这些公司都认识到了，绩效指标和激励有时可能会带来不符合期望的行为和公司业绩。本章回顾了一些确保薪酬系统驱动能够为组织带来更大成功的正确行为的指引。

以下是制定能有效与奖金或薪酬挂钩的绩效指标的10条原则。

34.1 原则1：选择与员工可以影响关键成果相关的测量指标

过程是一个大话题。组织正在实施诸如精益管理和六西格玛的方法来分析与改进用于完成日常工作的流程。绩效指标通常围绕基于人类行为的流程及其改进而创建。良好的计分卡或绩效指标体系应该平衡领先性和滞后性指标，还要平衡过程性和结果性指标。然而，薪酬应以结果性指标为基础，而不是过程性指标。诸如销售额、客户推荐、利润、项目成功完成以及及时推出新产品，这样的结果性指标对组织的整体成功来说容易测量并且非常重要。而过程性指标往往不能预测结果性指标的成功，那些包含很多人类行为的过程性指标尤其如此。如果过程是高度自动化的，例如制造铝产品，那么过程性指标和绩效标准是基于坚实的研究，并直接与关键产品成果指标相关联。如今组织中的大多数流程都包括大量的人类行为，而不是精确的科学。例如，与客户建立关系并不是一个程序化的公式，对某个客户有效的方法不一定适用于另一个客户。组织达成的成果大多数是多个部门或单位共同努力的结果。如果使用结果性指标来决定薪酬，往往会根据不同团队对该指标的影响程度而给每个团队/群体分配一个百分比权重。例如，新产品销售这一绩效指标可能出现在研发、销售、营销和制造的绩效计分卡上。这四类部门对该绩效指标都有一定程度的影响，但有些部门的影响更大。在该绩效指标上，这些团队的权重可能如下：研发50%、营销20%、销售20%、制造10%。虽然研发人员的奖金可能还受到其他他们能够拥有更大控制力的指标的影响，例如专利、产品筹备，或项目里程碑达成情况，但是也应该赋予结果性指标更大的权重，即便研发人员必须与他人合作才能获得良好的绩效。

34.2 原则2：避免将员工薪酬与公司总体业绩挂钩，高管除外

通常的做法是将员工奖金与公司总体业绩指标挂钩，例如达成销售或利润目标、股价或表征公司成功程度的其他财务指标。这种做法对高管薪酬而言是可行的，但对大多数员工来说并不可行。这种做法的逻辑是，如果员工薪酬与公司股价或财务目标挂钩，那么每个人都会更加努力地工作，以帮助公司股价上涨或实现某些财务目标。但事实上，绝大多数员工完全看不到自己工作绩效和整体公司业绩之间的关联。某位销售经理可能取得了历史最佳的年度绩效，并超额完成目标绩效的15%，但由于公司的研发项目失败侵蚀了所有的潜在利润，因此他没能获得奖金。

电销中心的某位员工在整个公司的客户服务绩效中排第三名，但由于公司未达到客户满意度目标，因此也遗憾地没有获得奖金。薪酬应与个人工作绩效的指标挂钩，而不是公司的业绩。个体对某些指标的控制力越强，基于这些指标的薪酬就越能够推动有利的行为。

34.3 原则3：避免薪酬与易于操纵的绩效指标挂钩

目前，通常的做法是将基于绩效的薪酬与顾客满意度挂钩。这是一个好主意。但许多组织的问题是，它们只有一个衡量顾客满意度的方式，即令人生畏的调查。无论是由1个问题（最新趋势称之为净推荐值）或50个问题组成，调查数据都是易于操纵的。某个曾与我合作过的国家级房地产公司，依靠代理商进行客户调查，该调查一般在交易结束时由买家和卖家对代理商的表现进行评级。如果代理商知道交易并未顺利进行，并且他们很可能会得到一个

较差的评分，他们就会装作忘记了发放调查问卷，最终代理商获得的所有评分都是较高的。汽车经销商臭名昭著的行为是，在客户满意度调查之前打电话给客户，通过提供免费清洗或其他服务的方式换取客户的高评级。我最近租过一辆新车，之后我收到一封来自经销商的信件，他们在信中建议我在打算对销售过程中的任何事情进行低于最高评级的打分之前，先给服务经理打电话。

如果将薪酬与绩效挂钩，人们就会非常有"创造性"地找到使绩效指标数字看起来不错的方法，而不是改善绩效指标试图奖励的工作内容。绩效指标的作弊行为不仅存在于各类调查之中，各种指标和数据收集方法都可能会受到操纵。使用外部公司收集数据有助于确保数据的真实性，但即使是这样也可能受到操控。我住过的一家酒店使用 J. D. Power 公司来做客户满意度调查。房间里有一封来自酒店经理的信，他告知我即将进行的调查，并请我进行反馈，他还建议我如果有什么任何不满意之处，应该在结账离开之前给客房服务人员打电话，以此获得补救。这样的调查可能会怂恿一些客人进行投诉以获得一个水果篮或房间升级。我提醒客户在将薪酬和绩效指标挂钩之前试验新的年度绩效指标，以确保数据不会被操纵。绩效评估指标本身给人以欺骗的动机，而与薪酬挂钩的绩效评估指标使其更加诱人。因此，必须确保用于收集数据的绩效指标和方法的真实性。

34.4 原则 4：避免过度复杂的薪酬公式

为了避免因为薪酬与单一绩效指标（如销量或产量）挂钩而出现反生产行为，有的组织将薪酬与综合反映绩效的指数或分析相挂钩。这比那种试图用单一指标来衡量复杂的绩效内容的做法更加合理。我最近出版的一本书（《杀手分析——资产负债表中缺失的 20 大指标》（*Killer Analytics—Top 20 Metrics Missing from Your Balance Sheet*，Wiley/SAS，2013）提供了一些来自企业和政府的指数指标的范例。这本书的思路是，某类工作（例如研发）的整体绩效指标应该包括领先型或过程型指标数据（如新产品储备开发和专利）、项目管理指标数据（如项目里程碑达成）和滞后型指标数据（如行业第一、销售额和新产品利润）。分析中的每个子因素都根据其重要性、数据真实性和其他因素分配了一个百分比权重。最终，该综合性指标和分析以 0～100 的量表来呈现绩效水平。这种方法使我们能够将不同的绩效指标（如专利数量、时间表达成率、新产品销售收入等）纳入单一绩效指标之中。

虽然这些分析性指标非常适于高管绩效评估，但是这种方式过于复杂，因而并不适于员工薪酬决定。员工应该能够在一年中清晰地计算出，他们干得怎么样，然后他们能获得多少奖金。如果公司奖金发放比较频繁（如每月发一次），那么这并不算是一个问题，但是让员工看到自己的工作绩效和薪酬之间的联系仍然很重要。如果员工大多不了解他们可能会收到多少奖金，或者不能解释用于计算奖金的公式，那么你就需要调整指标，以使其更容易被理解。

34.5 原则 5：设定现实可行的绩效目标

要找出能够促使员工产生正确行为的绩效指标是非常困难的，但为这些绩效指标设定切合实际的目标可能更加困难。如果员工被强加了一个目标，那将是一件非常令人沮丧的事情。领导者经常认为，设置非常高的目标会激发人们的张力，使人们全力以赴工作以获得薪酬。但实际上更为常见的是，这种做法使员工变得不满和沮丧。

在设定绩效指标的目标时，我们必须考虑历史绩效平均水平、最佳历史绩效、竞争对手绩效、行业平均绩效水平或常见绩效水平、客户和/或资源限制（如时间、金钱、人员编制、技术能力）以及其他指标。目标应该设置得足够高，以促使组织实现高水平的绩效，但目标也应该是现实的。我曾经合作过的一家医院的患者满意度目标是50%，这个目标听起来低得可笑，但如果考虑到该医院历史患者满意度低于30%，当前水平是42%，你可能就不会这样认为了。某些指标是很难设置一个低于完美水平的绩效目标的。例如，航空公司不会将安全着陆率目标设定为95%，制造企业不会将严重伤害或事故的年度目标定在10次。我们还应该注意，某个指标实现高水平的绩效可能会导致其他相关指标绩效不佳。例如，我合作过的一个公司的法务部门大幅缩短了处理公司文件的时间周期。然而，由于每项工作的时间都非常紧，于是产生了几个错误，这导致了公司在诉讼中损失了数百万美元。绩效指标和目标需要平衡，避免过度关注绩效的某个方面。

为了确保薪酬与竞争性业务成功挂钩，我们通常必须根据需要来调整目标以促进业务成功。例如，研发人员的绩效目标可能是在未来14个月内发布新产品样品。但如果你的竞争对手打算更快地发布类似的产品，那么该绩效指标的目标就可能会缩短至6个月。我知道，人们讨厌改变绩效指标的目标，因为它们很少会变得更易于实现，但这是确保企业保持竞争力所必需的。要尽量避免的是仅仅因为你在第一季度看不到你想看到的目标就改变它们。然而，有时这种事也可能是必要的。我记得在2008年房市崩盘之前，我与凤凰城的一个主要住宅建筑商的合作，这个公司不得不进入求生模式，它原来关注销售增长目标，现在则转变为关注成本削减和在建房屋的完工率。

34.6 原则6：尽量多地进行绩效评估

无论你决定用什么绩效指标来评估员工绩效，尽可能选择那些可以每天、每周或至少每月评估的绩效维度。最好的计分卡绩效指标是可以每天追踪的指标。通过每日的反馈，人们可以持续监控和调整绩效。没有哪家公司每年只进行一次财务绩效评估。即使是最小的企业也会注意评估日常财务绩效的某些方面，并且至少每个月评估成本和损益等因素。然而，一些超大型的、复杂的全球组织会通过年度调查来评估某些重要事项，例如，员工满意度、员工敬业度、客户关系等。但是，年度指标数据近乎毫无价值。如果最后一个数据点显示绩效不佳，那你还需等待11个月才能获得下一个数据点，并以此来评估改进策略是否有效。

我看到的最好的薪酬制度之一是计件工资制，这种制度在许多服装生产企业仍在使用。工人每生产一个优质组件就会获得一定的薪酬。质量检查员检查每个组件是否有瑕疵，如有问题就要求工人返工。工人生产的组件越多，薪酬就越高，但只有优质的组件才算数，所以工人还必须注重质量。这个制度往往会造成工人和质检人员之间关系紧张，但有些组织为质检员增加了激励薪酬，并且鼓励其使用更加协作的方式。工人喜欢每天都收到反馈，这种制度可以确保业绩最好的员工比业绩一般的同事赚到更多钱。资历和经验也会得到薪酬，因为工资和生产率高的工人往往更有经验。

34.7 原则7：使个人和团队的绩效成为薪酬的基础

更早期的薪酬制度（例如制衣业的计件工资、销售人员的佣金）都百分之百基于个人的绩效表现。这种做法的好处是，每个人在很大程度上能够通过自己的努力影响自己的薪酬，而不需要依赖别人。这种个体薪酬制度倾向于拉开绩优者和一般人的差距。在个体贡献者完全独立，不需要其他员工或部门协作来实现其目标的组织中，这类制度的效果最佳。但是，大多数组织都不会这样设置。许多工作的绩效都有赖于同事、老板、其他部门、承包商或供应商。此时，100%基于个人绩效表现的薪酬制度往往会失效。该类薪酬制度的另一个问题是，它往往会催生一种不友好竞争的组织文化。经验丰富的员工不大会帮助培训新员工，或者与同事分享技巧。每个人都是"自扫门前雪"，组织也没有为合作和帮助别人提升提供奖励。

后来流行一种替代的薪酬制度，但也并没有好多少。该制度将薪酬与团队绩效挂钩，这在鼓励团队合作和共同努力实现共同目标方面似乎更加有效。但事实上是部分员工满负荷甚至超负荷工作，部分员工则偷懒懈怠，但是每个人获得的奖金却相同。在所有的团队中，总有一些成员表现比其他人更好。但是在团队薪酬制度中，绩优者和绩效一般的人或绩效不佳者的薪酬水平差异不大。这会最终导致绩优者不满，因为他们比其他人做出的贡献更大，但得到的薪酬却相同。同时，绩效不佳者因为获得了不错的团队奖金而被间接鼓励继续"浑水摸鱼"。

最好的薪酬制度是基于个人和团队绩效的组合。60%的个人绩效和40%的团队绩效是一种不错的组合。这种做法奖励了绩效优秀、努力帮助同事以提高团队或单位整体绩效的团队成员。

34.8 原则8：为员工提供跟踪全年业绩的简便方法

常见的报告员工绩效数据的方法是在每月绩效评估会议上使用电子表格和演示图表。但这些方法提供的绩效反馈并不是非常有效。通常，电子表格可读性差，很难发现重要的统计数据或问题领域。我在飞机上经常和各种企业高管坐在一起，我总看到他们眯着眼睛盯着电子表格中的数百个小数字。我参加过无数次月度会议，在会上，管理人员也都因阅读那些无法解读的图表和图表数据而感到枯燥无味。更好的方法是让每个人都能接入计分卡软件系统，查阅各类重要的绩效数据。这样可以让管理者和员工以更有效的方式查看绩效。计分卡软件能够从电子表格和其他数据库中提取数据，并将其转化为易于理解的图形。但这类简便的软件也有缺点：它无法进行数据分析，而且只是一个演示工具。更大一些的组织可能会使用更复杂的软件，它具有更广泛的分析功能，但也同样易于使用。

使用分析软件的优点是它可以及时地向员工提供反馈，他们在自己的办公桌上就可以跟踪每天的工作情况，而无须参加会议。分析软件可以设置权限控制，以限制员工访问敏感数据，每个员工也可以自定义"简报"，以他最喜欢的形式来查看自己的绩效指标数据。这类软件也不需要为每月审查会议准备图表。只要有人带一台笔记本电脑到会议上，连入所在的公司数据库中，提供实时绩效数据以供评估和分析即可。虽然这个软件并不便宜，但是它第一年就可以节省出足以购买该软件的成本，因为大家不再需要每月加班来准备图表和会议报告。这类软件工具的另一个优点是，所有员工都可以在手机和/或其他智能设备上查看绩效。

34.9 原则9：谨防用战略地图来定义绩效指标

目前，企业流行使用战略地图来确定与关键产出（如利润或增长）挂钩的绩效指标。通常，这些战略地图通过小组讨论后被画在活动挂图或白板上，尽管它们的底层逻辑清晰，但它们仍然存有缺陷。该方法的思路是，首先确定重要的产出，然后进一步推导支撑这些重要产出的关键因素和指标。例如，某家公司将销售额增长 15% 作为重要产出目标（指标：年销售额环比增长率）。提高销售额的主要策略是提高优质客户的忠诚度（指标：客户账户年度花费环比增长金额）。为了让客户花更多的钱，客户经理需要在每个客户账户的关键消费决策者上花费更多的会面时间（指标：每个月与客户联系的时间）。将与客户联系的时间用于正确活动的策略是，实施新的客户关系管理（CRM）战略（指标：CRM 实施计划的里程碑达成率）。CRM 系统成功的关键是，对客户经理和其他销售支持人员进行适当的培训（指标：参加所需 CRM 培训的员工百分比）。

该逻辑链条和结果指标的大问题是，相互之间的联结关系都是基于一系列的假设观点。我们必须对这些联结关系中的每一环节进行评估和测试，以确定某个因素的改进是否会导致后续绩效指标的同步改进。例如，客户经理与客户的会面时间和客户支出增长之间的关系可能是负向的。客户经理花在客户身上的时间越多，客户可能越不满意，他们可能会将业务转移给另一个不会如此打扰他们的供应商。该逻辑链条的另一个缺陷是，新的 CRM 软件事实上可能会使客户经理在客户管理方面陷入困境[⊖]。许多我认识的销售人员都认为，CRM 软件是浪费时间的且令人分心的，它客观上使销售经理对所有决定进行二次判断，并最终导致"微管理"。

如果薪酬制度基于战略地图的过程性或活动性指标，那它是非常危险的。除非对战略地图各种关系中的所有假设都进行测试，否则你可能会为那些对绩效没有任何积极贡献的员工活动支付薪酬。战略地图有一个确定的"好处"：它增加了咨询顾问的计费小时数。不论战略地图中的圆圈和箭头是否能够支持你定义有效的绩效指标，这都是一个很大的风险。如果能够论证战略地图要素之间的关联是坚实的（而不仅仅是理论上的，或者一厢情愿的期望），那么它算是一种识别领先型和滞后型指标的好方法。

34.10　原则 10：清除"鸡效"指标

在我开始自己的咨询生涯后，第二个客户是一家卖炸鸡的快餐公司。该公司曾经是仅有的几家拥有炸鸡菜单的国际连锁企业之一。随着越来越多的公司进入该行业，该公司的市场份额不断缩减。该公司要我对其业绩最好的餐厅进行研究，并探索它们的管理者做了什么使餐馆如此成功。后来，该公司将把研究结果发送给培训部门，通过研讨会向公司的所有餐厅经理讲授最佳实践。

我在诺克斯维尔以外的第一家餐厅坐了半天，但并没有记多少笔记。在午餐高峰人群散去之后，我和餐厅经理罗伊聊了一会儿。罗伊所在公司认定他是公司最优秀的餐厅经理，我问他："有何成功秘诀？"他解释说："取得业务成功秘诀就是所谓的'鸡效'。"罗伊把我带到了餐厅后面的办公室，并向我展示了他的海报大小的"鸡效"图。每天都用一个小鸡贴纸来表示他的每日业绩，到这个月为止往往都是 99%～100%。现在我开始看到为什么他被选为优秀业绩者了，但我仍然不知道"鸡效"指的是什么。罗伊解释道："每天结束时，我计算出他们给我的这些工作表上的'鸡效'百分比，撕下小鸡贴纸贴在这张图表上，这就是我一天的业绩。"

⊖　原文为"更加成功"，联系上下文，应为"陷入困境"。——译者注

我仍然感到困惑，我问他用什么因素来计算"鸡效"，他解释说："用你制作的炸鸡数，减去你卖掉的炸鸡数，就会得到一个比例，显示你扔掉了多少鸡肉或者有多少是废料。公司数据专家告诉我，这个数字和门店利润直接相关，所以，我努力确保卖掉我炸的每一块鸡肉。但是公司关于炸鸡放在烤灯下的时间有严格的标准，在超过时间之后，我们就必须把它扔掉。"

当我问罗伊，他是如何取得几乎完美的业绩，卖掉了几乎所有的炸鸡时，他解释说，"我从来不在下午六点半之后提前炸好鸡肉，然后把它放在烤灯下。下午6点半以后进来的客人必须等待15~20分钟，餐厅员工会为他们现场制作一桶炸鸡。在足球比赛之后，家长开着小型货车带着6名饥肠辘辘的8岁女孩，他们无法忍受等待太久。"罗伊继续解释说，"大多数在下午6点半之后来的人并不愿意等待，所以他们就直接走了。问题是公司并不评估这个方面，而是每天都评估'鸡效'。公司仅仅每年测量一次客户满意度，因此员工根本不太关注这方面的绩效表现。"员工因为获得了良好的"鸡效"得分而获得晋升和其他形式的认可。由于专注于"鸡效"这一绩效指标，员工和经理会故意不预先炸鸡肉，以使短期的财务指标数据好看，但是客户对此却不满。

我们也许很难看到大公司如何会错过关键要素，但是我在许多大型企业和政府机构中都看到了"鸡效"指标。事实上，大多数计分卡或者绩效指标体系中都包括一些"鸡效"。

本章小结

所有成功的薪酬计划的关键都在于坚实的绩效指标。指标数量应该很少，宜使用1~6个指标，而不是二三十个；与个人和团队绩效挂钩；因时而变，与战略和变化的商业条件挂钩；保持经常性追踪（至少每月）；平衡并满足如客户、股东、员工和合作伙伴等关键利益相关者的需求；被评估的员工应该能够理解这些指标。

作为绩效薪酬决定的基础，不管你投入了多少精力来确定正确的绩效指标，你仍需要不断地调整它们。在你认为你已经建立了理想的绩效和薪酬制度来推动正确的行为之后，你面临的情况可能正在发生改变，这就必须重新定义指标和事务的优先级。

第35章

利用财务薪酬提高生产力

克里斯蒂安·M. 埃利斯（Christian M. Ellis）
管理咨询顾问和大学教师（Management Consultant and University Educator）

　　经济的经验性事实是，长期以来，生产力和创新是决定国家、社会和组织财富的主要差异因素。从数十年的研究中，我们知道如果一个企业的生产力在持续时间内高于其他竞争对手，那么竞争力就更强，财务状况就更好，总体创造的价值就更高，其生存机会也就更大。

　　在复杂的全球化经济中，知识和专业化越来越重要，劳动力投资往往超过资本投入，人的生产力是成功的关键因素。但令人震惊的是，劳动力和企业生产力几乎没有得到真正的重视，特别是在金融机构、研发组织、专业服务公司、互联网公司和公共政策机构等知识工作环境中。如今，公司花费大量的时间和资源来引入新技术，以降低成本并提高效率，但往往无法回答生产力实际上是否有所改善这个最基本的问题。

　　生产力的定义和用于支持它的指标因业务模式、工作性质和员工类型不同而存在差异。和没有单一方法可以定义生产力一样，生产力的测量也不是只存在单一方法。从广义上来看，生产力反映了系统如何有效利用资源实现其目标。生产力不是个人或团体生产力的简单加总。它涉及信息、流程、网络、技术、人员和其他资源系统地相互协作与整合。人们的行为，即他们如何在群体和网络中互动，如何交流信息，以及如何做出决策，都对生产力有深远的影响。

　　生产力高的组织有生产力文化，并且将之作为价值创造的基础。无论组织生产的是什么，是服务、产品、信息、财富，还是心理体验，生产力都最终决定了组织长期为客户创造价值的水平。发展生产力文化需要对生产力进行共享的定义，了解生产力的驱动因素，以及在持续时间内以综合的方式对这些驱动因素进行投入适当的投资组合。

首先要考察企业目前的生产力状况。在这个阶段，我们应考虑以下问题：
- 组织目前如何定义生产力？如何衡量它？如何将生产力与价值创造联系起来？
- 组织对目前生产力水平的理念、假设和现状是什么？
- 与竞争对手相比较，组织的生产力有多大的竞争力？这对组织重要吗？
- 生产力指标在多大程度上用于管理并改善企业绩效？
- 组织在多大程度上了解是什么促进了当前生产力的提升，以及哪些因素将会推动未来生产力的提升？
- 对人的投资（如薪酬、福利和发展）怎样和生产力提高相关联？

高生产力组织的特点是相似的。高生产力的组织具有较高的目标和明确的角色，人们专注于他们的工作，有开放的沟通和跨边界信息共享，官僚体系遭到唾弃，对浪费零容忍。高生产力公司不会通过裁员带来表面上的短期效率，它们大量投资于招聘、入职和开发合适的人才。它们不懈地致力于持续改进流程，敏捷地适应不断变化的竞争环境，灵活地根据即时的运营需求而转移重点。它们明白，竞争优势在于组织有效地做出艰难决定，以及严格执行战略和计划的能力。

尽管高生产力组织的特征是相似的，但每个企业的生产力驱动因素都是独特的，需要后续的独特投入来支持、加强和维持生产力。对于每个企业来说，生产力的驱动因素是流程、人员、能力、结构和技术等方面投入的最佳组合。但薪酬的作用是什么呢？在生产力领域，财务薪酬往往被忽视或忽略，特别是在专业和管理类员工的工作领域。

经济界有一个明确的共识，实际工资等于劳动者的边际生产率。社会的生活水平或企业的总体工资水平取决于人的生产力。但是，美国在过去的 20 多年里出现了一些奇怪的事情。员工的工资没有跟上生产力的提高，收益的价值分配已经不成比例。研究表明，从宏观经济的角度来看，如果最低工资的提高水平跟上生产力的提高，那么今天的小时工作率将超过 20 美元。本章内容并不是为了解决这个不幸的差距问题，而是要告诉大家，组织应该如何更好地回报不同生产力的员工和职位领域。

几十年来，企业一直努力利用薪酬来激励生产和服务环境中的生产力提升，主要的手段包括收益分享、目标分享、利润分享和其他以团队为基础的激励方案。这些方法在所涉及工作的生产力上（相对）容易衡量，并且投资回报明确时，通常都能在组织内良性循环。对这些方案的研究表明，如果使用运营和财务指标，它们就非常有效，应继续使用。但是，如果要在全公司范围内使用财务薪酬（包括基本薪酬、可变工资和财富工资）激励生产力提升，我们就需要进行广泛和深入的思考。此时，我们应考虑这些原则：

- 基本（固定）薪酬。这项薪酬适用于奖励所从事工作的价值，而且在该项工作完成过程中主要展现的是个人的行为和胜任力。由于基本薪酬是提前支付的，因此它主要与未来有助于生产力提高的潜力挂钩。
- 可变（激励）薪酬。这项薪酬适用于奖励已经完成的工作，或者说已经实现的成果。因为激励薪酬是根据过去的绩效表现来支付的，因此，它可以与基于生产力的短期（年度的或更短期的）成果达成挂钩。
- 财富（积累）薪酬。这项薪酬适用于奖励企业通过生产力目标持续达成和创建竞争优势而实现的长期价值创造。企业可以基于长期的生产力提升而提供股票、权益和现金等形式的财富薪酬。

对于有效的基本薪酬、激励薪酬和财富薪酬方案的设计特征都已经有大量研究和实践支持,当然,它们也会因行业、公司和员工类型等不同而有所变化。使用这些薪酬策略来激励生产力的主要挑战是确定正确的评估指标,首先是根据组织的具体情况对生产力进行定义。

回到我们对生产力的初始定义:组织利用资源实现其目标的情况。虽然该定义有所帮助,但若用于开发和实施基于生产力的薪酬方案,则并不足够。组织如何进一步界定和完善其生产力的定义?内部经济学家在定义生产力时会纳入有助于企业整体估值的多种因素的指标;财务高管会认为,生产力应该反映利润或收益,它们是用于生产的资本和劳动力的函数;工业工程师会使用基于生产过程的输入和输出比率来描述生产力。总而言之,生产力导向的指标类型主要包括:

- 转化。这是与投入有关的产出,投入的因素包括资本、劳动力和其他资源。
- 投资回报。它包括人均收入和/或利润和/或产品、人均劳动力成本或薪酬成本。
- 价值创造。这是相对于基准线或期望值的企业价值增长,或者相对于资产或股本的价值增长。
- 周期和交货期。这是生产产品、提供服务、完成交付或实现产出的速度和效率。
- 员工比率。这是内部比率,包括员工缺勤、流失率、控制幅度,以及人才或能力的组合。

很明显,生产力的定义和指标往往因企业而异,而且还受到员工类型的影响。组织可以通过将财务薪酬与广义的转化、投资回报、价值创造、时间和劳动力指标挂钩,在组织层面对生产力进行奖励,但组织也可以制订将财务薪酬与生产力指标和驱动因素挂钩的方案,不同的关键员工群体需要考虑的因素可能更为具体。具体如下。

- 销售专家:将可变薪酬与销售生产力挂钩,反映产生销售所涉及的投入和销售达成的经济价值。
- 医疗专家:将基本薪酬与证明能促进生产活动的能力挂钩,将可变薪酬与更高的转化生产率(即有效服务患者)挂钩。
- 研发专家:将基本薪酬与促进生产活动的能力挂钩,将可变薪酬及财富薪酬与新产品开发价值创造挂钩。
- 运营专家:将基本薪酬与促进生产活动的能力挂钩,将可变薪酬与采购、生产和交付产品和服务所涉及的转换和周期/交货时间挂钩。
- 财务和咨询专家:将基本薪酬、可变薪酬和财富薪酬的要素与关键指标及短期和长期内的生产力驱动因素挂钩,重点是转化,即服务客户,有效地创造公司价值。
- 总经理:将基本薪酬、可变薪酬和财富薪酬的要素与驱动生产活动的能力以及反映生产产出的结果挂钩,例如转化、价值创造、周期和交货时间。
- 高管:将基本薪酬、可变薪酬和财富薪酬的要素与短期和长期内的生产力驱动因素挂钩,重点是价值创造,人力、资本和资产投资回报,以及整体员工比率。

生产力是企业获得长期成功的关键驱动因素之一。虽然部分组织错误地认为技术是提高生产力的主要手段,但是也有一些更智慧的组织塑造了生产力文化,在持续提高生产力的因素投入方面更为优化和平衡。薪酬作为生产力的驱动因素经常被忽略,并未充分发挥效用。固定薪酬可以促进对提高生产力至关重要的关键能力的展现,可变薪酬可以激励和增强实现短期生产力成果,财富积累薪酬可以奖励长期的生产力提升。

在使用财务薪酬提高生产力的同时,我们必须了解生产力与绩效是不同的。生产力更加客观,它的定义总是与投入和投资有关,而绩效则更为主观,它的定义则与期望有关。绩效目标达成对个人、团队或企业的生产力可能有影响,也可能没有影响。另外,生产力不能与效能混为一谈,效能通常涉及对质量和浪费等关键因素的关注。

使用财务薪酬来发挥更高的生产力需要对生产力进行明确和具体的定义、了解驱动它的成分和能力,以及明确定义提高它的指标和基准线。尽管塑造生产力文化(它以财务薪酬制度为支撑)需要时间、承诺和严谨,但它的投资回报非常丰厚,因此,这样做是完全划算的。

第36章

绩效薪酬的新发展和新议题

马克 D. 坎农（Mark D. Cannon）

范德比尔特大学皮博迪学院（Peabody College，Vanderbilt University）

激烈的竞争压力和持续提升的需求导致越来越多的组织转向以财务激励措施来提升员工业绩。因此，各种类型的绩效方案的使用以及人们对如何使这些方案被最有效理解的兴趣都达到了历史新高。绩效薪酬方案旨在准确评估员工绩效，同时根据绩效变化而调整薪酬。与过去任何时期相比，现在的公司都有更强的意愿采用绩效薪酬方案，这些计划覆盖的员工范围也空前广泛。绩效薪酬方案在新的应用领域的增长更为戏剧化。近年来，医疗护理行业和学校都已经广泛应用绩效薪酬方案了。然而，公司对组织绩效薪酬的热情和此类方案所取得的实际成果并不相称（Beer and Cannon，2004），越来越多的公司认识到，为提高绩效薪酬方案的有效性，需要更好地评估和了解这些方案的复杂性与动态性。

在本章中，我们研究了绩效薪酬的最新进展，重点关注绩效薪酬方案在新领域的应用增长。首先，我们提醒大家应注意绩效薪酬方案的结果的不确定性。其次，我们注意到，经理们通常会在接触绩效薪酬时犯过度乐观和考虑不周的错误。最后，我们提出了组织在最大限度发挥这些方案的好处时必定会遇到的挑战。我们研究和探讨的挑战与经验学习、确定最佳实践、采用战略视角进行方案设计和实施等有关。与此同时，我们也提出了应对这些挑战的建议。

36.1 绩效薪酬应用的趋势

2014年一项对上市公司的调查发现，99%的受访公司使用了某种绩效薪酬方案（WorldatWork，2014）。但1991年只有51%的公司使用该类方案（Kanter and MacKenzie，2007）。研究表明，与过去相比，现在不仅使用绩效薪酬方案的公司更多，该方案覆盖的员工范围和比例也更大（Lemieux，MacLeod and Parent，2007）。这反映出了一个总体趋势，即从提供普惠式的涨薪转变为基于绩效发放奖金。企业更加关注奖金，希望以此激励员工，降低固定成本，并削弱员工的"铁饭碗"意识。

近年来，社会日益关注医疗护理和公共教育领域的成本与效益，这使得医疗护理行业和学校开始大规模转向采用各种绩效薪酬制度。医疗护理行业和学校的绩效薪酬制度的独特之处在于，它不仅影响那些服务提供者（即医护人员和教师），而且还直接影响医护人员和教师的服务对象（即患者和学生）的行为。下一个部分将介绍一些已实施并已经取得初步结果的绩效薪酬方法。

36.1.1 医疗护理服务提供者的绩效薪酬

美国的人均医疗护理支出比其他任何国家都多，但是医疗护理的质量和结果却往往达不到相称的水平（Berwick and Hackbarth，2012）。医疗护理的高成本和对更高质量的期望使得医疗护理行业更多地采用绩效薪酬方法。有研究估计，2002~2007年，医疗护理行业采用的绩效薪酬方案数量几乎翻了两番（Robeznieks，2007），超过一半的医疗护理机构（HMO）采用了此类方案（Rosenthal et al.，2005）。

医疗护理系统是复杂和多面向的，它们需要承担许多角色和责任。因此，该行业需要选择更为广泛的指标来评估员工绩效，将之作为绩效薪酬决定的依据。例如，英国制定了146项指标用于家庭医疗护理活动的绩效薪酬方案，这些指标可被分为解决具体医疗问题、医疗活动的内容和患者满意度等三大类（Doran等，2006）。例如，解决具体医疗问题类的指标之一是，过去15个月内哮喘患者接受病情检查的百分比。对于癌症患者的指标则是，在诊断后六个月内病情检查的百分比。对于严重的精神健康患者的指标是，在过去15个月内接受检查的患者百分比和处方的准确性，以及与二级医疗的协调安排工作。

评估指标还包括更具体的患者结果性目标。例如，针对糖尿病患者，血压为145/85mmHg或更低的患者百分比；针对中风患者，总胆固醇水平保持在193mg/dl以下的百分比。除了以上针对具体病情的指标外，评估指标中还包括医疗活动的内容和患者满意度。以上仅仅是在各种医疗护理机构中用于医疗绩效薪酬的指标范例。

目前已有许多研究对医疗护理行业中绩效薪酬方案的实际影响进行了评估（Greene and Nash，2009）。目前的事实是，医疗护理行业绩效薪酬方案的产出差异非常明显（Van Herck et al.，2010），有成功的，有失败的，有效果甚微的，也有无效果的。为了从实践中提炼出一些有价值的结论以指导未来的行动，研究者进行了"机制评估的系统性回顾"（Eijkenaar et al.，2013）。经过对大量研究的批判性分析，研究者认为，绩效薪酬具有潜在的有效性，但现在得出明确结论还为时尚早。之所以难以从这些研究中得出结论，原因之一就是这些研究的设计质量差异巨大。通常，我们很难将绩效薪酬方案的影响与其他同时实施的干预措施区分开来。虽然研究人员已经发现了一些成功案例，但那些认为绩效薪酬方案取得了较大成功的研究，往往研究设计质量都比较差，这使得该研究结论有些可疑。

一个与此相关的问题是，医疗工作者被测量和奖励的行为可能只是与改善患者病情结果的主要目的间接相关。尽管绩效薪酬方案会影响评估的行为，但到目前为止，还没有足够的证据表明它们能够成功地影响期望的患者结果（Ryan and Werner，2013）。

36.1.2 医疗护理行业"顾客"的绩效薪酬

与提供财务激励来影响医疗服务提供者的行为不同，许多组织现在正直接为客户或员工管理自己的健康的行为提供财务奖励。富达投资集团和全美企业员工健康组织在2013年进行的一项调查表明，86%的受访公司已经提供基于健康的激励措施；人均支出从2009年的260美元翻倍增加到了521美元；企业不仅向其员工提供该类方案，保险公司也会直接向其客户提供该类方案。

健康之路公司（Healthways）开发了一项帮助企业管理医疗护理成本的新业务，其主要方式是，指导企业员工管理健康风险，并为他们提供降低健康风险的财务奖励。健康之路公司监测并定期向客户公司的员工反馈他们的11种生物标志物的水平（如尼古丁水平、血压、身体脂肪和胆固醇水平），每种生物标志物都与医疗系统上的慢性疾病和经济负担有关（Healthways，2006）。将这些标志物保持在标准范围内的员工将会获得财务奖励，例如，降低医疗保险保费或降低健康储蓄账户缴款。

组织健康计划提供的奖励措施多种多样，例如，保费折扣、货币奖励和健身房会员资格等。许多公司还提供奖励措施，鼓励员工参与全体健康计划，进行健康风险评估、现场流感疫苗注射，以及戒烟、减肥和糖尿病管理等更有针对性的计划。

已经有越来越多的举措用以评估此类激励措施的实际作用。例如，某跨国公司进行了一项随机对照实验，为参加戒烟计划的人提供了100美元的奖励，为戒烟6个月的人提供250美元奖励，6个月结束后再继续戒烟6个月的人则可再获得400美元的奖励（Volpp et al.，2009）。在肥胖和减肥的实验中，根据减重的数量不同，参与者每月可获得最高252美元的奖励（Loewenstein et al.，2011）。在这两个实验中，有激励措施的员工组比无激励措施的员工组的实际结果更好。但是在激励措施取消之后，两者之间的差异就会日渐缩小。2013年的兰德研究（Rand study）分析了组织健康计划中的激励措施，其研究结论认为，尽管激励措施与某些目标行为之间存在统计学意义上的显著关系，但实际上这种影响相当有限，至少在200美元以内的激励水平上是这样的。激励越高，变化有可能越大，但更高的激励也可能产生其他的问题，并产生争议（Mattke et al.，2013）。

36.1.3　教师的绩效薪酬

与其他工业化国家相比，美国学生的阅读表现欠佳，数学和科学的标准化测试成绩则垫底。但颇具讽刺意味的是，在所有的工业化国家中，美国的年度教育开支高居首位，小学生的年度人均教育支出超过11 000美元，而高中生则超过12 000美元（经济合作与发展组织，2013）。1960~1995年，美国小学生的人均支出实际金额（扣除物价上涨因素）上升了212%（Bennett，1999）。这种令人困惑的问题可能为在教育领域引入薪酬绩效方案提供了"沃土"。

美国教师的薪酬更多取决于工作经验和所获学位，而非教学质量或学生成绩。在目前的教师薪酬制度下，表现最差的老师和最好的老师薪酬可能完全一样。因此，许多人认为，财务激励是鼓励提升教学质量、改善教育成果的有效方式。

美国部分州已经投入了大量资金用于教师和学校绩效薪酬试点。佛罗里达州、明尼苏达州和得克萨斯州共拨款5.5亿美元用于奖励高质量教育者。为了提高教育水平，联邦政府还向各州提供了9 900万美元的拨款用于教师的绩效薪酬方案。例如，芝加哥获得了2 800万美元的联邦拨款，用以改善处于挣扎之中的学校。芝加哥的学校每年能获得50万~75万美元不等的拨款，用于给教师发放从1 000~8 000美元不等的年度绩效奖金。

但是迄今为止，教师绩效薪酬制度的结果却是令人失望的。在芝加哥、纽约和得克萨斯州进行的大规模试点并没有显示出教师绩效薪酬与学生成绩这一主要变量之间存在正向关系。该制度对教师缺勤和留任有一些积极的影响，但非常有限（Podgursky and Springer，2011）。虽然众所瞩目的教师绩效薪酬制度效果乏善可陈，但有研究人员认为，现在说学校的绩效薪酬制度不可取还为时过早。有一些问题还有待改善，例如，奖励金额是否足够，教师是否对该制度有足够的了解，以及如何有效实施该制度（Fryer，2013）。也有研究人员认为，教师绩效薪酬制度可能存在一些更长期的作用，例如，随着时间的推移，它能够吸引更加优秀的教师参与到这个行业中（Podgursky and Springer，2011）。

36.1.4　学生的绩效薪酬

一些政策制定者主张向学生直接提供绩效薪酬，以作为提高教育产出的方案之一。达拉斯、纽约和芝加哥的学校研究了针对学生阅读、中期评估成绩和学生分数提供奖励的效果。在达拉斯的学校中，二年级学生每阅读一本书，学校就奖励其两美元。学生还需要通过一个简短的测验，来评估他们是否已经阅读了这本书，然后才能获得该项奖励。纽约市的学校则为一系列常规评估成绩提供奖励。芝加哥的学校会为九年级学生每五周提供一次对五门不同课程成绩的奖励。

但这些试点的结果也是令人失望的。这些干预措施对目标结果没有统计学意义上的显著影响（Fryer，2011）。还有另一项在小学进行的研究显示，奖励对阅读、科学和社会科学的考试成绩没有积极影响，但对数学成绩有一些积极作用，在学习困难学生群体中尤为明显（Bettinger，2010）。然而，有研究人员注意到，对学生使用绩效薪酬的可能性非常小，其他类型的干预措施已经被证明更为有效（Fryer，2011）。

36.1.5　实现绩效薪酬的潜在威力

许多医疗护理行业和教育领域的领导者在启动绩效薪酬计划时对其成效满怀期望。但结果却很模糊，而且往往令人失望。绩效薪酬制度给这些领域的领导者留下的问题可能比答案还要多。批评者反对使用绩效薪酬这种激励措施，除非具备非常具体的条件（Pink，2009）。

大众媒体对绩效薪酬这种激励制度的关注也开始上升。一项由国际金融研究所赞助的银行调查中显示，98%的受访银行同意"绩效薪酬奖励是金融危机的潜在因素"这一观点（Fidler，2009）。典型例证是，理查德·福尔德（Richard Fuld）作为雷曼兄弟公司破产的罪魁祸首，在该公司倒闭前8年，每年都位列全美薪酬最高的25名高管榜单。在公司崩塌的8年时间里，他净赚超过4.66亿美元（Carpenter，2013）。2013年，一项对过去20年薪酬和绩效的调查发现，在薪酬水平排名前25的高管中，有40%被解雇、逮捕或保释（Anderson，Klinger，and Pizzigati，2013）。高管薪酬在相当长的时间内饱受批评的重要原因也是，它与组织绩效的关系非常模糊（Dalton et al.，2007）。

丹尼尔·平克（Daniel Pink）在其2009年的著作《驱动力：在奖励与惩罚都已失效的当下如何焕发人的热情》（*Drive: The Surprising Truth about What Motivates Us*），和同年TED演讲"动机之谜"中，对绩效薪酬进行了激烈的批判。截至2013年，他的TED演讲是十大最受关注的演讲之一。他认为，如今在组织中实行的绩效薪酬激励措施非但不起作用，而且往往还会造成伤害。他通过绩效薪酬激励实验提供了许多证据。例如，在需要创造性解决问题的任务中，有奖励的参与者组别比没有奖励的参与者组别表现更差。他提醒人们注意一项由美联储赞助的实验，该实验评估了绩效薪酬奖励对一组需要运动技能、集中注意力或创造力的智力游戏和比赛表现的影响（Ariely et al., 2005）。令人惊讶的是，受到最高奖励的参与者组别在所有九项任务中有八项表现最差。

最近，绩效薪酬奖励被指责是导致美国退伍军人事务部出现问题的原因之一。特别是有人认为，员工被迫伪造数据，以便使管理人员能够获得奖金。这些数据伪造行为掩盖了为符合条件的退伍军人提供医疗服务的延误问题。

还有一个例子，当惠普公司的高管决定停止实施绩效薪酬时，惠普的员工们甚至举行派对来庆祝此事（Beer and Cannon, 2004）。绩效薪酬方案被认为是一件麻烦事，员工认为，维护该方案占用了大量更有价值的工作时间。尽管商业、医疗护理和教育领域的领导者对绩效薪酬制度非常感兴趣，但必须注意到该制度结果的不稳定性（Cascio, 2013）。一项大规模研究表明，仅有三分之二的可变薪酬计划有助于绩效提高（Gerhart and Rynes, 2003）。也就是说，在其余的三分之一的可变薪酬计划中，制订该计划的时间和精力都不会得到期望的回报，在某些情况下其结果还可能是破坏性的。管理人员在构思绩效薪酬方案（和引入其他新举措一样）时，容易受不合理的乐观情绪的影响，他们会高估可能的收益，低估建立和维护有效方案所需的努力。此外，他们对哪些环境条件有利于或不利于发挥绩效薪酬制度的好处这一问题往往考虑不周。

有人认为，医疗护理组织、教育机构和许多企业仍然深化学习曲线，随着组织从经验中总结学习，绩效薪酬制度的实际产出将会得到提升（Eijkenaar et al., 2013；Podgursky and Springer, 2011）。我们如果要充分发挥财务激励的功能，就必须充分理解并解决那些导致绩效薪酬方案缺陷的系列挑战（Nyberg, Pieper and Trevor, 2013）。接下来，我们就一起来识别和探讨这些挑战，以及解决这些挑战的措施。

36.2 从经验中学习和确定最佳实践的挑战

尽管几十年来人们对财务激励的研究很感兴趣，但我们对不同类型的财务激励的最有效条件及影响还缺乏具体明确的结论。关于财务激励措施效能的报告往往只是传闻轶事，缺乏科学严谨性。这类报告缺乏纵向研究，没有严格设计的实验（Eijkenaar et al., 2013）。目前的研究对于不同类型绩效薪酬方案组合使用的影响效果的评估也很不充分（Gerhart and Rynes, 2003）。相较于对绩效薪酬好处的关注，研究者对绩效薪酬制度所需要的成本评估更加不足，对该制度与其他类型的旨在提高绩效的干预措施（如培训、教练和其他类型的专业发展）的效果比较也仍需大量工作（Beer and Cannon, 2004）。

随着绩效薪酬制度的普及，企业越来越意识到从经验中学习和识别最佳实践的重要性。解决从经验中学习和识别最佳实践这一挑战，需要理解和利用我们目前从薪酬绩效实践研究中所获得的知识，也需要跟踪绩效薪酬方案的实施和维护，以理解其作用，并分析哪些有效/无效，以便组织根据需要进行调整。在此过程中，我们已经拥有了比以往更丰富的方法和分析工具，因此，我们回答研究绩效薪酬实践有效性的能力，主要取决于我们收集合适数据的措施。

在从经验中学习和识别最佳实践的过程中，使用"大数据"和"循证管理"（McKinsey Global Institute, 2011）的趋势是一个有力的发展。组织正在越来越多地依靠数据做出决策，并且在捕捉、分析、共享和使用数据进行决策与结果监控方面变得越来越深入。组织的大数据和询证管理能力有助于帮助组织确定在何种情况下如何最有效地使用绩效薪酬制度。下一节，我们将解决设计有效绩效薪酬方案的挑战。

36.3 绩效薪酬方案设计的挑战

设计有效的绩效薪酬方案需要面对巨大的挑战。有缺陷的设计方案无法获得绩效薪酬的好处，如果无意中奖励了反生产行为或者当必须合作时却导致关系破裂，那么该制度还会对组织造成损害。实践者往往低估设计有效绩效薪酬方案的挑战和员工对定期调整计划的需求反应强度。通常，有效的绩效薪酬方案设计需要面对的挑战包括绩效评估、设定合适的薪酬水平、管理超越个人控制能力的绩效薪酬因素、管理者和员工之间在绩效评估存在分歧时的不适感、可分配的奖金有限、技术或市场条件变化时拒绝调整薪酬水平和避免产生不公平感（Rosenthal and Dudley，2007）。例如，英国的政策制定者们认为他们已经为医生设定了正确的绩效薪酬标准水平。但是他们低估了医生达到对应绩效水平的速度，最终英国实际支付给医生的绩效薪酬比预算多了约 7 亿美元（Galvin，2006）。

管理者还需要在方案的简单和复杂之间取得平衡。过于简单的方案可能会缺失绩效的重要细节，或者鼓励员工只关注一个绩效指标而放弃其他对组织绩效同样重要的指标。但如果计划太过复杂，就有可能成为混乱和沮丧的根源，而不是动力的来源。

高管薪酬的无效设计正处于近期舆论批判场的中心。奥布莱恩和扬（2006）从对 702 家上市公司的高管薪酬方案研究中得出结论：决定高管薪酬的指标与贡献股东财富的指标之间明显缺乏敏感性。他们还提出了一种替代性的设计方案，以纠正这种缺乏敏感性的高管薪酬。

最高管理层的薪酬也有其独特的、可能难以解决的疑难杂症。如果设计者对与设计有效方案相关的挑战有实际而周密的考虑，那么他们就可以对前述设计问题进行管理，引入不同类型的员工加入设计过程，花时间进行试点测试，并在全面实施之前进行调整。

36.4 方案实施的挑战

设计只是绩效薪酬制度问题的一部分，因为方案的功效还取决于实施质量。但是，管理者经常低估与执行相关的挑战。必须持续面对的挑战是，沟通该方案如何运作以及如何做才能获得奖励。有一项调查发现，只有 29% 的受访者表示清楚绩效与奖励之间的联系（Stiffler，2006）。同样地，研究者对佛罗里达州学校的绩效薪酬举措的评估发现，只有不到一半的教师对他们需要做什么能够获得奖励有清楚的理解（Jacob and Springer，2007）。一位人力资源高管曾经分享她在绩效薪酬方面的经验和观点，她认为，公司员工对其绩效薪酬如何确定缺乏明确的理解，从而导致怀疑和讥诮而非激励。当斯潘公司（KeySpan，一家拥有约 9 700 名员工的纽约天然气和电力公司）首次启动了绩效薪酬方案时，它却导致了员工"士气低落"（White，2006）。在全面实施该方案之前，斯潘公司并没有花时间来和员工就推行该方案的原因以及方案设计过程等问题进行沟通。结果，斯潘公司的管理者不得不努力进行解释，这才改变员工对该方案的看法。

还有一个问题经常得不到应有的重视：当前管理技能水平与有效实施绩效薪酬方案所需技能水平之间的匹配问题（Helgason and Klareskov，2006）。通常，绩效薪酬方案要求管理者对员工进行绩效评估并提供关键反馈。员工也被要求进行相互评价，并提供反馈。但是，管理者和员工往往对评估和提供反馈时的紧张人际关系感到不适，它们也缺乏所需的相关技能（Cannon and Witherspoon，2005）。组织往往没能在实施绩效薪酬方案之前评估所需新技能，并提前提供相应的培训。这是斯潘公司的员工因绩效薪酬方案而士气低落的另一个原因。主管突然被要求以先前没有预料的方式来提供关键反馈和进行绩效管理，他们中的许多人都没有做好准备。因此，该方案的实施过程过于粗糙，斯潘公司在事后不得不采取纠正措施（White，2006）。

36.5　采用战略视角的挑战

许多组织采用绩效薪酬的动机都是来自激励更具建设性行为的简单期望。然而，薪酬是一种复杂和多面的问题，它可以通过不同方式影响组织效能。领导者需要明确组织的使命、战略和核心竞争力，并思考这些会怎样受到不同类型薪酬方案的影响。绩效薪酬方案的设计应符合和支持组织的使命、战略和核心竞争力。对个人、团体或部门有好处的方案可能并不适合组织。

管理者应考虑绩效薪酬方案与组织文化和偏好的管理工具的匹配。巴伦（2004）观察到，有的组织倾向于采用"更硬"的管理工具（即"激励制度、标准化流程和绩效指标"），而有的组织喜欢采用"更软"的管理工具（即"文化同化、个体式社交网络和企业战略表达"）。将"更硬"的管理工具引入由"更软"的管理工具所主导的文化中，可能无法匹配，并会产生不良后果（Baron，2004）。

匹配的问题可能在医疗护理行业和教育领域非常重要，在公共部门组织和非营利机构中也必须重视（Ryan and Werner，2013）。这些行业领域的员工大都有较高的工作承诺度，他们的激励来源主要是为他人的生活和社会发展做出有意义的贡献等内在因素。但是研究者批判认为，绩效薪酬会降低激励对象的内在动机（Deci，Koestner and Ryan，1999）。有研究评估了激励措施对献血的影响，该研究发现，当献血与财务激励挂钩时，部分参与者的献血倾向水平显著低于没有任何财务激励的情形（Mellström and Johannesson，2008）。有研究者认为，根据组织背景的不同，其他干预措施在推动员工更有效开展工作方面可能与奖励一样有效，甚至效果更好。例如，在评估医疗护理组织的不同激励方案之后，研究人员提出，仅开发更好的绩效反馈系统就能够有效促进员工绩效的提升，其效果和绩效薪酬制度类似（Eijkenaar et al.，2013）。

除了考虑绩效薪酬对激励的影响外，管理者还要考虑绩效薪酬对长期选择效应的影响。薪酬制度不仅影响激励，还影响组织能吸引什么样的人，留住什么样的人，什么样的人会因此离开（Gerhart，Rynes and Fulmer，2009）。这也是组织确定适当的薪酬制度时需要考虑的因素。

36.6　洛基弗拉茨的例证

如果上文列出的挑战都得到了有效管理，那么组织就可以使用财务激励来取得傲人绩效。洛基弗拉茨（全美最严格的核清除地点之一）取得的令人印象深刻的成果就是例证。据初步估计，该地区的清理需要 70 年和 360 亿美元（McGregor，2004）。然而，凯撒山公司把清理时间目标设定为大约 10 年和不到 70 亿美元。凯撒山公司的领导者除了需要面对紧逼的时间期限，还要面临一个额外的挑战：工人们会为自己而非工作着想，所以他们会有一个自然的动机来缓慢工作以延长工作期限。因此，凯撒山公司必须决定如何激励员工加快工作的步伐。尽管目标很激进，劳动力方面的障碍巨大，但是凯撒山公司仍然在自我规定的最后期限内完成了这个项目，而且费用只用了60多亿美元（Cameron and Lavine，2006）。

凯撒山公司是如何实现这个壮举的呢？该公司的领导者采用了前瞻性的战略视角，它很大程度上依赖于财务激励措施，同时也整合了一些旨在协调相互工作的其他变革。该公司进行了文化变革，建立了支持性、协作性的工作环境，很好地平衡了组织标准结构和个体自由。公司鼓励主动性和创新。领导者还应用了一些组织最佳实践，并根据任务进展浮现出的挑战进行持续的适应性调整（更详细的内容，可参阅 Cameron and Lavine（2006））。而财务奖励措施就被设计为对项目成功所需的关键战略成果（即速度、质量、安全和创新）进行奖励。公司总共提供9 000万美元作为奖金。虽然这看起来是一个非常大的奖金池，但一位高管认为，由于员工生产力高涨，奖励产生的价值远超投入的成本（Cameron and Lavine，2006）。据这位高管所说，尽管奖励费用相当高，但凯撒山公司的最终利润远远高于没有奖励时的利润。

总而言之，绩效薪酬方案在传统的企业领域和医疗护理、学校等新应用领域都日渐广泛。在考虑是否实行绩效薪酬方案时，管理者往往会犯过度乐观和思虑不周的错误。如果成功解决了与经验学习和确定最佳实践、方案设计和实施以及采用战略视角相关的挑战，那么绩效薪酬方案将是最有效的。凯撒山公司的案例说明了当组织有效管理这些挑战时可能产生的结果。

参考文献

Anderson, S., S. Klinger, and S. Pizzigati. 2013. "Executive Excess 2013: Bailed Out, Booted, and Busted." IPS. Available at: www.ips-dc.org/reports/executive-excess-2013 (accessed June 19, 2014).

Ariely, D., U. Gneezy, G. Loewenstein, and N. Mazar. 2005. "Large Stakes and Big Mistakes," Working Paper No. 05-11, Federal Reserve Bank of Boston. Available at: http://ideas.repec.org/p/fip/fedbwp/05-11.html.

Baron, I. N. 2004. "Commentary on 'Promise and Peril in Implementing Pay-for-Performance.'" *Human Resource Management* 43(1).

Beer, M., and M. D. Cannon. 2004. "Promise and Peril in Implementing Pay-for-Performance." *Human Resource Management* 43(1):3–48.

Bennett, W. J. 1999. "OECD Calls for Broader Access to Post-School Education and Training." *School Reform News*. Heartland Institute, Chicago.

Berwick, D. M., and A. D. Hackbarth. 2012. "Eliminating Waste in US Health Care." *Journal of the American Medical Association* 307(14):1513–1516.

Bettinger, E. P. 2010. "Paying to Learn: The Effect of Financial Incentives on Elementary School Test Scores," Working Paper No. 16333. National Bureau of Economic Research, Cambridge, MA. Available at: www.nber.org/papers/w16333.

Cameron, K. S., and M. Lavine. 2006. *Making the Impossible Possible: Leading Extraordinary Performance—The Rocky Flats Story*. Berrett-Koehler, San Francisco.

Cannon, M. D., and R. Witherspoon. 2005.

"Actionable Feedback: Unlocking the Power of Learning and Development." *Academy of Management Executive* 19:120–134.

Carpenter, Z. 2013. "Paying CEOs Top Dollar for Poor Performance." *The Nation*. Available at: www.thenation.com/blog/175950/paying-ceos-top-dollar-poorperformance.

Cascio, W. F. 2013. *Managing Human Resources: Productivity, Quality of Work Life, Profits*, 9th ed. McGraw-Hill/Irwin, New York.

Dalton, D. R., M. A. Hitt, S. T. Certo, and C. M. Dalton. 2007. "The Fundamental Agency Problem and Its Mitigation: Independence, Equity, and the Market for Corporate Control." *Academy of Management Annals* 1:1–64.

Deci, E. L., R. Koestner, and R. M. Ryan. 1999. "A Meta-Analytic Review of Experiments Examining the Effects of Extrinsic Rewards on Intrinsic Motivation." *Psychological Bulletin* 125(6):627–668; discussion 692–700.

Doran, T., C. Fullwood, H. Gravelle, D. Reeves, E. Kontopantelis, U. Hiroeh, and M. Roland. 2006. "Pay-for-Performance Programs in Family Practices in the United Kingdom." *New England Journal of Medicine* 355(4):375–384.

Dudley, R. A. 2005. "Pay-for-Performance Research." *Journal of the American Medical Association* 294(14):1821–1823.

Eijkenaar, F., M. Emmert, M. Scheppach, and O. Schöffski. 2013. "Effects of Pay for Performance in Health Care: A Systematic Review of Systematic Reviews." *Health Policy (Amsterdam)* 110(2–3):115–130.

Epstein, A. M. 2006. "Paying for Performance in the United States and Abroad." *New England Journal of Medicine* 355(4):406–408.

Fidelity. 2013. "New Health Care Survey Finds Spending on Wellness Incentives Has Doubled in the Last Four Years." New York. Available at: www.fidelity.com/inside-fidelity/employer-services/fidelity-nbgh-wellness-survey.

Fidler, S. 2009. "Survey Finds Banks Aware of Pay Flaws." *Wall Street Journal*. Available at: http://online.wsj.com/news/article_email/SB123837870249668339-lMyQjAxMTI0MzE4-NTMxNzU4Wj (accessed May 15, 2014).

Fryer, R. 2013. "Teacher Incentives and Student Achievement: Evidence from New York City Public Schools." *Journal of Labor Economics* 31(2):373–427.

Fryer, Jr., R. G. 2011. "Financial Incentives and Student Achievement: Evidence from Randomized Trials," Working Paper No. 15898. National Bureau of Economic Research, Cambridge, MA. Available at: www.nber.org/papers/w15898.

Galvin, R. 2006. "Pay-for-Performance: Too Much of a Good Thing? A Conversation with Martin Roland." *Health Affairs* 25(5):w412–w419.

Gerhart, B. A., and S. Rynes. 2003. *Compensation: Theory, Evidence, and Strategic Implications*. Sage, Thousand Oaks, CA.

Gerhart, B., S. L. Rynes, and I. S. Fulmer. 2009. "Pay and Performance: Individuals, Groups, and Executives." *Academy of Management Annals* 3(1):251–315.

Greene, S. E., and D. B. Nash. 2009. "Pay for Performance: An Overview of the Literature." *American Journal of Medical Quality* 24(2):140–163.

Healthways Center for Health Research. 2006. "Measuring the Success of the Healthways myhealthIQ Program." Nashville, TN.

Helgason, K. S., and V. Klareskov. 2005. "When the Halo Wears Off." *Public Manager* 34(4):42.

Jacob, B., and M. G. Springer. 2007. "Teacher Attitudes on Pay for Performance: A Pilot Study." National Center on Performance Incentives, Nashville, TN.

John, L. K., G. Loewenstein, A. B. Troxel, L.

Norton, J. E. Fassbender, and K. G. Volpp. 2011. "Financial Incentives for Extended Weight Loss: A Randomized, Controlled Trial." *Journal of General Internal Medicine* 26(6):621–626.

Kanter, M., and M. MacKenzie. 2007. "Hewitt Study: While Salary Increases in 2008 Remain Modest, Variable Pay Awards Reach Record High." London.

Lemieux, T., D. Parent, and W. B. MacLeod. 2007. "Performance Pay and Wage Inequality," Working Paper No. 13128, National Bureau of Economic Research, Cambridge, MA.

Loewenstein, G. et al. 2011. "Financial Incentives for Extended Weight Loss: A Randomized Control Trial," *J. Intern. Med.* June 2011 26(6): 621–626.

Mattke, S., H. Liu, J. Caloyeras, C. Y. Huang, K. R. Van Busum, D. Khodyakov, and V. Shier. 2013. "Workplace Wellness Programs Study: Product Page." RAND Corporation, Santa Monica, CA. Available at: www.rand.org/pubs/research_reports/RR254.html (accessed June 23, 2014).

McGregor, J. 2004. "Rocky Mountain High." *Business Source Premier* 84.

McKinsey Global Institute. 2011. "Big Data: The Next Frontier for Innovation, Competition, and Productivity." Lexington, KY.

Mellström, C., and M. Johannesson. 2008. "Crowding Out in Blood Donation: Was Titmuss Right?" *Journal of the European Economic Association* 6(4):845–863.

Nyberg, A. J., J. R. Pieper, and C. O. Trevor. 2013. "Pay-for-Performance's Effect on Future Employee Performance Integrating Psychological and Economic Principles toward a Contingency Perspective." *Journal of Management*.

O'Byrne, S. F., and S. D. Young. 2006. "Why Executive Pay Is Falling." *Harvard Business Review* 84(6):28–28.

Organization for Economic Cooperation and Development (OECD). 2013. "Education at a Glance 2013: OECD Indicators." Paris. Available at: www.oecd.org/edu/eag2013 percent20 percent28engpercent29—FINAL percent2020 percent20June percent202013.pdf.

Pink, D. H. 2009. *Drive: The Surprising Truth about What Motivates Us*. Riverhead Books, New York.

Podgursky, M. J., and M. G. Springer. 2007. "Teacher Performance Pay: A Review." *Journal of Policy Analysis and Management* 26(4):909–950.

Podgursky, M. J., and M. G. Springer. 2011. "Teacher Compensation Systems in the United States K–12 Public School System." *National Tax Journal* 64(1):165–192.

PricewaterhouseCoopers' Health Research Institute. 2007. "Keeping Score: A Comparison of Pay-for-Performance Programs among Commercial Insurers." New York.

Robeznieks, A. 2007. "P4P Programs Quadruple." *Modern Healthcare* 37(35):10.

Rosenthal, M. B., and R. A. Dudley. 2007. "Pay-for-Performance: Will the Latest Payment Trend Improve Care?" *Journal of American Medical Association* 292(7):740–744.

Rosenthal, M. B., R. G. Frank et al. 2005. "Early Experience with Pay-for-Performance." *Journal of the American Medical Association* 294(14):1788–1793.

Ryan, A. M., and R. M. Werner. 2013. "Doubts About Pay-for-Performance in Health Care." *Harvard Business Review*, October 13. Available at: http://blogs.hbr.org/2013/10/doubts-about-pay-for-performance-in-health-care/(accessed May 16, 2014).

Stiffler, M. A. 2006. "Incentive Compensation Management: Making Pay-for-Performance a Reality." *Performance Improvement* 45(1):25–30.

Van Herck, P., D. De Smedt, L. Annemans, R. Remmen, M. B. Rosenthal, and W. Sermeus. 2010. "Systematic Review: Effects, Design Choices, and Context of Payfor-Performance in Health Care." WHO, Brussels. Available at: www.who.int/workforcealliance/knowledge/resources/pay_for_performance/en/(accessed May 16, 2014).

Volpp, K. G., A. B. Troxel, M. V. Pauly, H. A. Glick, A. Puig, D. A. Asch, and J. Audrain-McGovern. 2009. "A Randomized, Controlled Trial of Financial Incentives for Smoking Cessation." *New England Journal of Medicine* 360(7):699–709.

White, E. 2006. "Theory and Practice: Employers Increasingly Favor Bonuses to Raises; Companies Aim to Motivate Workers, Lower Fixed Costs; Losing 'Entitlement' Notion." *Wall Street Journal*, B.3.

WorldatWork and Deloitte Consulting, LLP. 2014. "Incentive Pay Practices Survey: Publicly Traded Companies (Survey)." Scottsdale, AZ. Available at: www.worldatwork.org/waw/adimLink?id=74763.

第37章

将校准作为绩效评估系统的重要内容

迪克·格罗特（Dick Grote）
格罗特咨询公司（Grote Consulting Corporation）

在大多数组织中，绩效考核评级是决定个人薪酬增长量的主要因素。评估等级必须准确。但是它们真的准确吗？

我们都记得在我们的学生时代，有些老师阅卷评分严格，有的老师则比较宽松。那么我们如何才能在职场上消除这个"严格评分者/宽松评分者"的现象，并确保所有的评估等级是准确的呢？我们如何确定，不管主管怎么打分，3分就应该是3分呢？

37.1 绩效评估中存在的问题

绩效评估几乎会影响每个为组织工作的人。在企业中，年度绩效评估可能是最为普遍的企业行为，当然也可能是导致最多不适的企业行为。

产生这种不适的很大一部分原因在于人们认为管理者对下属绩效的评估，特别是等级评估结果可能不正确。人们认为，对他们生产的商品和服务，以及他们所获得的商品和服务的质量进行测量和评估是天经地义的事情。但是，如果要对员工的素质进行评估，并将个人绩效的评估简化为一个五级评级的量表时，他们就会感到极度焦虑。关于不公平的抱怨比比皆是，评估者和被评估者都不舒服。

从学生时代起，我们就知道，从史密斯教授处得到B需要付出比从琼斯教授那里得到A更多的努力。虽然我们可能接受了这种"严格评分者/宽松评分者"的现象是学校生活中不可避免的事实，但如果公司的绩效评估制度和年度绩效评级也出现了同样的现象时，我们就会感到非常的不舒服。

我们很能理解不准确的绩效评估引发的不适。绩效评级会影响个人在组织中的方方面面。高的绩效评级会带来更多的加薪，增加了我们被看中而担任美差的机会。高的绩效评级让我们更得到快速发展项目的机会，有助于我们的职位晋升。

而低绩效评级，即使是被冤枉的结果，也可能会导致我们职业机会变少，加薪幅度也更小。晋升机会出现时，我们被遗忘的可能性更大，但组织需要缩减编制时，我们的名字却可能位居前列。

准确地反映个人绩效在绩效评估中非常重要。那么我们怎么做才能确保管理者对他们下属的绩效评级判断是准确的？公司如何消除"严格评分者/宽松评分者"问题，并走出管理者在不同正式评估周期中产生此类问题的困境？直线职能和人力资源管理职能的高管如何确保财务部门中评级为3级的绩效与营销、制造或销售部门的3级绩效的"品质"相同呢？

37.2　解决办法：校准

大约从10年前开始，有少数公司开始使用流程来确保绩效评估的准确性和一致性。它们把这个新流程称为校准、找平、评分信度或者其他术语。但无论采取什么名称，这个流程本质上是一样的。

这些校准系统在大型组织中的应用发展非常迅速，10年前只有少数几家公司应用，如今《财富》500强公司（及国际上同等的公司）中的大部分都已采用。虽然校准现在已经成为几乎每个组织公认的标准做法，但是直线管理者和人力资源专家仍对此感到紧张，因为它的步骤看起来过于简单：把一堆主管聚集到一个房间里，让他们审查计划给每个下属的绩效评估等级，然后提高或降低任何不适当的评级，最后出门和往常一样开展业务。但是，如果要使这个看似简单的系统正常运转，我们需要解决大量的实践性、操作性和情绪性的问题。

传统的评估周期增加了一个新步骤，即在年初设定目标，在全年提供持续的指导和反馈，并在年底编写绩效评估并与员工讨论。这个新步骤需要安排管理者会议，与会的管理者所管辖的员工工作需要具有合理的可比性。该会议须在管理者撰写完绩效考核报告之后，在与下属讨论其评估报告和评估正式生效之前举行。

通常，在校准会议的开始，管理者在墙上张贴每个下属的姓名和他们打算给予该员工的评估等级。当所有名字及其初拟的绩效评估等级都被公布和查阅时，校准讨论就正式开始了。

某个管理者可能会对另一个管理者说："你打算给山姆评5分。我知道山姆是个好员工，我和他一起做过几个项目。但是我肯定他的绩效不应该是5分。你是怎么想出这个评级的？"

这个管理者解释了确定山姆的绩效评级的标准，提供了具体的例子来支持为什么山姆的表现应该是5分，并证明他评定的考核评级是有道理的。此时，其他管理者也加入进来，根据他们在这一年中观察到的山姆的工作质量来举例佐证，支持对山姆的绩效做出最高评级或对此提出质疑。

校准会议对每一位员工的初拟绩效评级进行讨论，或确认或修改每一个绩效评级。如果管理者（严格的评分者）发现他们设定的绩效标准远高于其他管理者，那他们就会提高下属的绩效评估等级。如果其他管理者向他反馈他不知道的下属绩效的不利信息，那么他将会降低对这名员工的绩效评级。当与会的每位管理者都认为他们采用的标准一致，并且所有提交讨论的、绩效考核评级都是正确的时，这个校准会议就可以结束了。校准工作就是将真相融入绩效管理。

37.3 为你和你的公司进行校准工作

虽然校准的概念本身很简单，但执行过程却可能很艰巨，可能有数百个问题会接踵而来。应该如何正确地组织校准会议？校准会议的参与者应该做什么？需要告诉员工什么？为什么指挥链条之外的人需要参与讨论他们的绩效评估等级？应该如何布置会议室？如果管理者坚持认为其所有下属都是明星员工并且值得给每个人定5分绩效，即使别人反对也不让步，会议协调者应该怎么做？

本章将回答这些问题。首先，我会提供执行和推动校准会议的建议，这些实践已经被数十家企业证明行之有效。我会逐步告诉你如何正确地推动有效的校准会议，然后为会议主持人提供一套指南。其次，我将讨论提高校准会议效率的基本原则。一般我会将这些基本原则打印出来，并在每次会议之前发给参会者。最后，我会列举进行校准会议时应考虑的因素和不应考虑的因素。在本章中，我假定你使用的是五分制绩效评级量表，这也是迄今为止在绩效评估过程中最常用的评级量表。如果你使用的是其他量表，做适当的调整也很简单。

37.4 校准会议：推荐的步骤

组织校准会议的最佳方法是使用便利贴和活动挂图纸。虽然我们也可以使用软件，但即便是高科技公司也会发现，这种原始的方法更好用。如果珍妮的评级需要进行调整，那么让管理者站起来走到标有3分的活动挂图边，把写有珍妮名字的便利贴纸从该图表中取下，并把它贴到标有2分的活动挂图上，而不仅仅是点击鼠标，这个过程更富有情感，给人的影响更深。在本节中，我将假定你使用的是这种原始的方法。

37.4.1 准备工作

绩效校准会议的所有参与者都需要出席会议，对他们的每个直接下属的绩效考核评级做出最适当的初步决定。参会者还应准备好支持推荐评级的所有可用数据，并准备好对推荐原因进行讨论，包括支持评级特别高或特别低的具体证据。

在建立校准池（即校准会议期间进行审查的员工）的过程中，管理者需要对绩效校准会议中需要讨论的职位及其任职者有充分的了解。尽管有些管理者对于待校准评估的员工及其工作并不熟悉，但是他们还是需要参加会议，并特别注意管理者是否按照合理建议调整了对应员工的绩效评级。

此外，如果校准会议中有个别参与者对所有待校准评估的员工都不熟悉，他也可以把校准会议作为深入了解公司人才池的深度和目前状态的契机。

绩效校准会议期间进行的所有讨论都是保密的。透露自己或其他人在绩效校准会议中发表的关于待校准评估员工的观点是严重违反道德的行为。

37.4.2 时间框架

如果校准会议包括4~6位评估者，每位评估者有4~6位下属需要校准评估，那么每次校准会议的时间应该在半天左右。如果评估者和待校准评估的员工的数量太大，那就可以考虑分成两次会议。但每个校准会议的实际时间可能会因讨论深度和强度的变化而有很大差异。但用于每位待校准评估的员工的讨论时间应在5~10分钟。

37.4.3　会议室设置

校准会议应该在会议室内进行，这个会议室要有足够容纳参会者和主持人座位的空间，并且与会者应能自如起身和移动。会议室还应该有一面能够粘贴若干活动挂图纸的墙壁，并提供 4×6 的便利贴和会议室常规用品（即水、马克笔、签字笔、便签本等）。

会议室墙壁上可以粘贴五张空白活动挂图纸。在每张挂图纸的顶部分别写下一个绩效评估等级，即不满意、需要改进、完全成功、优秀和杰出，并从左到右，从最低评级依次递增排列。如果你需要使用校准会议确保绩效评估结果符合公司的分布要求，那就需要将各个评估等级的分布比例要求也写在各个图表顶部。

通常，绩效校准会议结束时，应取得以下结果：

（1）每位被评估者的绩效都由熟悉其绩效的会议参与者进行了充分彻底的讨论和评估。

（2）管理者评定的个人绩效评级都进行了评估、讨论和校准，评估结果或被确认，或被调整为更高/更低的等级。

（3）会议中讨论的所有员工的绩效评级总体分布符合公司规定的要求。

37.4.4　基本原则

校准会议的所有与会者必须遵守以下基本原则：

（1）当对员工绩效进行校准评估时，所有对该员工绩效有直接了解的与会者须积极参与讨论，提供实例支持或质疑该员工的管理者所建议的绩效评级。

（2）当对员工绩效进行校准评估时，所有对该员工绩效并不直接了解的与会者也要参与讨论，积极倾听并提出问题，以确保对不同管理者采用的绩效标准是相似的。

（3）在确认初拟的具体绩效评估等级的恰当性时，与会者要主动管好自己，仅根据评估周期内的员工表现对其关键职责、能力、目标和其他绩效因素进行评估。而其他与评估周期内的绩效质量并不直接相关的因素则不应在考虑之列，例如长期潜力、独特技能、之前优秀或平庸的绩效、职位重要性等。

（4）如果员工绩效评级合适，与会者可以讨论该员工的独特优势和提升需求，并提供发展建议。但在确定绩效评级是否合适时，不应考虑这些因素。

（5）所有与会者都要履行保密义务。不能泄露自己或其他人在绩效校准会议中对被评估校准者的评论。

37.5　校准会议的步骤

（1）会议主持人询问并回答所有关于组织的绩效管理实践、薪酬政策和其他相关议题的问题。

（2）主持人要求与会者将其所有直接下属的名字和拟订的绩效评级写在 4×6 的便利贴上。

（3）与会者/评估者按组将他们的便利贴贴在墙壁或活动挂图纸上。评估者通常将部分便利贴贴在活动挂图的左侧或右侧，以表明该员工绩效"几乎达到 4 级"或"刚刚达到 3 级"。他们这么做没问题，事实上，这样做可能有助于确认为满足绩效分布要求应调整哪些员工的绩效评级。还有一种有效的方法是，要求每位评估者使用不同颜色的马克笔在便利贴上写下名字和推荐评级，这样可以方便地看出是哪位评估者提供的评级。

（4）与会者仔细查看所有张贴的绩效信息。每位管理者分别向其他与会者介绍他如何进行评估、使用的标准以及所有考虑的特殊情况。首先从绩效评级处于两个极端（最高和最低）的员工来开始讨论会比较有效。这将为判断"杰出"或"令人不满意"的员工是什么样的提供一个基准，以便为对其他员工的绩效进行评估校准提供适当的参照。

（5）参会者需要相互讨论他们对张贴的绩效评级的评价。他们须找出所有令他们感到惊讶的绩效评级，或者基于从其他评估者那里获得的关于被评估者的有限信息，他们认为正偏或负偏的评级。但是，那些对被评估校准的员工不够了解的与会评估者，在参与讨论的过程中应该积极倾听讨论，确保组织的政策和期望得到恰当的应用。如果主持人认为绩效评级与评估者介绍的内容不符，他应该随时提醒评估者和与会者对此多加关注。

（6）会议讨论一直持续，直至与会者达成一致意见，即每位员工的绩效评级都是恰当的，并且总体上满足了公司规定的绩效评级分布要求。

（7）然后询问管理者，当他向直接下属宣布绩效评级结果时，是否会有任何的惊讶（正面或负面）或反驳。如有，主持人和其他与会者须指导他如何处理这些问题。

（8）主持人会重申管理者应在会后进行的工作。这些工作包括重写或修改每位直接下属的绩效评估报告，将校准会议的相关信息和决定纳入其中，与管理者的直属领导对绩效评级进行审核并提交批准，以及与员工进行评估反馈和讨论。

37.6　校准：会议主持人指南

37.6.1　会议前

（1）确保所有的必需用品已齐备（即活动挂图纸、胶带、马克笔、便利贴、会议手册和与会者桌签）。

（2）确保会议室的布置适于与会者面对面交谈。

（3）将活动挂图纸贴在墙上，并在每页顶部写上绩效考核的等级。

（4）如果公司有绩效分布要求，那么就须在每个活动挂图纸中略低于姓名和绩效考核评级的地方，写下该评级的目标分布百分比。例如：

① 不满意　　　　　　最多 $x\%$
② 需要改进　　　　　最多 $x\%$
③ 完全成功　　　　　$x\%$
④ 优秀　　　　　　　最少 $x\%$
⑤ 杰出　　　　　　　最少 $x\%$

（5）确保计划与会的管理者和主管名单以及待评估校准的员工名单已齐备。

（6）根据待评估校准员工数量和绩效分布百分比，计算出每个绩效评级类别的目标人数。

（7）制作并张贴一张标有"停车场"（parking lot）的活动挂图，以备会议期间提出需要后续讨论的问题。

（8）确保会议室的隐私性，确保从旁经过的人看不到会议室里的与会人员或展示内容。

（9）确保校准因素和基本原则文件已齐备，以便在会议开始时分发给与会者。

37.6.2 会议开始

（1）致欢迎辞。

（2）说明绩效校准会议的基本目的。

- 确保所有管理者都采用类似的评估标准进行绩效评级，以便员工在公司内得到公平的评估。
- 确保所有绩效评级的准确性和一致性。
- 确保绩效评级符合公司的绩效分布准则。

（3）说明会议的时间框架。一般而言，会议时间为两到三个小时，如果待评估校准的员工特别少（少于 12 人）或特别多（多于 12 人），时间则需要相应调整。

（4）分发包括基本原则（见后文）在内的文件，并指出你认为需要特别注意的内容，例如出勤、参与、避免疏忽、公开。简要介绍其他关键点：

- 强调在确认初拟的具体绩效评估等级的恰当性时，与会者要主动管好自己，仅讨论评估周期内的员工绩效表现，这些内容反映在该员工直属领导提供的绩效评估和评级报告中。而其他与评估周期内的绩效质量不直接相关的因素则不应在考虑之列，例如长期潜力、独特技能、之前优秀或平庸的绩效、职位重要性、服务年限、公平就业机会（EEO）法律地位／多元化等。
- 如果员工绩效评级合适，与会者可以讨论该员工的独特优势和提升需求，并提供发展建议。但在确定绩效评级是否合适时，不应考虑这些因素。
- 所有与会者都要履行保密义务。不能泄露自己或其他人在绩效校准会议中对被评估校准者的评论。

（5）解释你的角色是会议协调者，而不是待评估校准的员工信息或意见的提供者。告知与会者你会鼓励讨论，要求提供例证，并在无价值性行为（如下）出现时，叫停整个会议或盘问具体与会者。

- 管理者不恰当地为其青睐的下属争取调高绩效评级。
- 与会者在开小差（如查收电子邮件等），并未参与讨论。
- 对下属绩效评级总体偏高的管理者（"宽松评分者"）过度抵制调低其下属的绩效评级。

37.6.3 会议过程

（1）告知与会者本次会议要完成的两项任务：

- 他们要进行讨论，并就提交评估校准的员工绩效评级结果达成一致意见。
- 确保绩效评级的总体分布符合公司的要求。

（2）解释活动挂图上五个不同绩效考核评级标签的名称，和每个绩效评级级别的比例分布要求。

（3）告诉与会者本次会议待评估校准的员工总数。（和与会者确认该数字是准确的。）

（4）根据待评估校准的员工总数和每个绩效级别的百分比分布要求，在活动挂图中每个类别的百分比数字旁边写上实际的人数要求。如果具体绩效级别的人数不是整数，对于两个较高的绩效级别（即 4 级和 5 级）宜向上取整，对两个较低的绩效级别（即 1 级和 2 级）宜向下取整。

（5）向与会者明确指出，会议结束时，活动挂图上评级为"不满意"的具体员工数量、评级为"需要改进"的具体员工数量，依此类推。（注意：通常，这是会议过程中容易出现阻力的点，要对与会者的抱怨和借口有心理准备。）

（6）告诉与会者，要首先确保员工的直接领导拟订的绩效评级是准确的，然后确认每个绩效评级的人数符合公司的绩效分布要求。但是，应要求与会者在给出绩效评级时尽可能满足绩效分布要求。

37.6.4 确保绩效评级的准确性

（1）给每个与会者一支不同颜色的马克笔和一沓大便利贴，这样做是因为在活动挂图上贴上姓名和评级后，可以很容易地识别出不同管理者的下属。（注意：使用不同颜色的马克笔也可以让与会者和整个小组轻松识别绩效考核评级存在显著正偏或负偏的管理者。）

（2）请所有与会者在便利贴上写下自己管理的所有员工的姓名和拟订的绩效评级。在大家写完后，告知他们把便利贴贴到对应的活动挂图上，以表明他们认为该绩效评级是合适的。（注意：这里有一个双重检查机制，绩效评级写在便利贴上，然后将便利贴贴在对应的活动挂图上以再次确认该评级。检查确保活动挂图上的所有评级类别与便利贴上的评级类别一致，并检查与会者是否使用了正确的评级标签。）

（3）告诉与会者，如果某位员工的绩效只是刚刚进入某个评级范围，或者是略低于更高的绩效评级，那么就可以将该员工的便利贴贴在对应活动挂图的中间或边缘位置。

（4）解释需要遵循的程序：
- 在张贴完所有的名字之后，与会者应首先仔细查看所有姓名和拟订评级。
- 与会者向其他与会者解释拟订评级的理由。此时，其他与会者的作用是提出问题并提供其他信息和见解，以确保每位员工的绩效评级应用的标准一致。
- 管理者在解释其评级建议和提供信息，或质疑其他管理者的建议评级时，都必须注意将他们的讨论聚焦在个人绩效上，如关键职责、能力、目标和其他绩效要素。

（5）告诉与会者，最有效的绩效评级校准讨论方法就是，提供和寻找能够说明员工在结果/目标、行为/能力等方面特别高效或无效的绩效证据。

（6）在与会者张贴完所有的便利贴并仔细查看完绩效评级结果后，向大家指出当前每个评级中的员工数量和绩效分布要求的员工数量之间的差距（如果有的话）。（注意：这是会议过程中另一个可能出现异议的地方。）

（7）告诉与会者，最有效的绩效评级校准方法是先从处于极端点的员工开始讨论，然后再讨论处于中间绩效级别的员工。

（8）要求最高绩效评级员工（"杰出"绩效者）的管理者首先解释他是如何得出该绩效评级的。

（9）邀请其他与会者帮助确认或者质疑该绩效评级的适当性。

（10）在确认"杰出"绩效类别中的员工评级的适当性之后，就开始讨论绩效评级的底部，即讨论"不满意"和"需要改进"绩效类别中的员工。

（11）继续讨论，直到所有待评估校准的员工都已经得到充分讨论，并确定了最合适的绩效评级。

37.6.5 一些确保校准会议成功的建议

- 在会议过程中，由于与会者需要重新考虑最合适的评级，便利贴可能会被大量移动，当然这是一种好现象。要鼓励这个现象，并明确说明在会议达成一致意见之前没有什么是不能更改的，与会者可以将降低的绩效评级再次调回。

- 鼓励与会者自己起身去移动便利贴。不要代替他们去做这件事，这将有助于确保每位管理者对其评级意见的准确性负责。
- 鼓励与会者不仅要确定所有应该调整绩效评级中的员工，而且还要确定为满足公司的绩效结果分布要求，哪些员工应该被调到更高或更低的评级。然而，与会者可能会对自己想要调高绩效评级的下属有更强烈的感情和更深的了解，但对为让出空间应该调走谁却并不关心。
- 校准会议的与会者将从关于员工的讨论中获得补充信息，并且了解自己在绩效评估方面的宽松度，他们可能会因此而调整若干名员工的整体绩效评级，以使其绩效评级标准与其他管理者保持一致。
- 校准会议的与会者可能会忽视相对绩效的概念（如"乔比汤姆或玛丽更好"），而仅仅根据员工的绝对绩效（"乔的工作非常棒"）来要求调整员工的绩效评级。主持人应该时常提醒与会者，校准会议的目的不仅是根据员工的绝对绩效来讨论校准其绩效评级，还要依据其相对绩效。鼓励大家使用其他的绩效区分因素，以使用相对绩效做出恰当的决定。

37.6.6　遵循绩效分布准则（如果有）

（1）在所有待评估校准的员工绩效都得到了充分讨论并达成了绩效评级决定后，向大家指出当前每个评级中的员工数量和绩效分布要求的员工数量之间的差距（如果有的话）。

（2）如果当前每个评级中的员工数量和绩效分布要求的员工数量之间不存在差距，那就可以祝贺所有的与会者，并提醒大家遵守保密的基本原则。

（3）如果存在差距，那就向与会者说明，必须根据公司的绩效分布要求进行必要的调整。除非立即就能够做出调整建议达到目标，否则就需要询问与会者需要做哪些工作才能够达到目标。

（4）继续向与会者说明绩效结果整体上必须符合分布比例要求。（注意：如果在此过程中遇到巨大阻力，那就需要说明校准会议形成的结果可以与公司的绩效分布要求略有不一致，但是该情况将会被报告给该业务单元的负责人。作为主持人，你无须强迫与会者遵循绩效分布要求。）

（5）如果为符合绩效评级的分布要求进行了调整，那就需要对该调整进行测试，确保调整主要是基于绩效做出的，而并不是被能言善辩的管理者误导的，或者因讷于辩论的管理者迫于分布要求的压力而降低员工的绩效评级。

（6）如果达到公司的绩效分布要求，那就祝贺与会者并结束会议。

37.6.7　结束会议

（1）提醒与会者遵守保密的基本原则。

（2）询问与会者向员工解释的绩效评级是否有任何困难。如果有的话，可以询问其他与会者，获得处理该问题的建议。

（3）询问与会者是否还有其他问题需要在绩效校准会议上处理。回答与会者提出的任何问题。

（4）提醒与会者公司绩效管理流程的下一步工作。

（5）散会。

（6）与会者离开后，请确保所有评论均已记录在案，并且已经保存绩效评级的最终结果。记录所有便利贴的信息和位置，或者最好的方式是将活动挂图拍照留存。

37.7 绩效校准因素

有时候，绩效校准需要的信息只是员工的直接管理者拟订的绩效评级和支持该评级的事例。但是，如果要在一群员工中更准确地比较员工的绩效，并给予更恰当的绩效评级，那就需要其他的信息。考虑以下因素可能会有所帮助。

37.7.1 首要因素

- 校准会议其他与会者提供关于优秀绩效和平庸绩效的事例。
- 将待校准的员工绩效与已经确定评级的员工绩效进行比较。

37.7.2 次要因素

- 潜能：如果公司决定将"潜能"作为恰当的校准因素，那就评估该员工在未来两三年内在更高层级（纵向发展）或不同领域（横向发展）的职位上获得成功的能力。
- 工作复杂性：和其他职位相比，该职位的工作复杂性和难度，以及寻求拓展性任务的意愿。
- 敬业度：表现出主人翁精神，行动以组织利益为先，主动解决问题和确定/实施解决方案，承担额外责任，能独立、及时地完成任务。
- 生产效率：承担与绩效级别相称的工作负荷，工作准确、及时、完整，确定各项任务的优先级，开发良好的工作程序，有效管理时间，处理信息流的能力。
- 多才多艺：展现出超越当前角色所需的技能，且这些技能对组织来说是独一无二的，对新观念保持开放性，比其他人更有效地处理压力。
- 公民行为：愿意帮助新手进入状态，在正常工作时间外还承担特殊项目工作，是组织在社群中的典范代表。
- 技术/专业知识：本工作领域表现出的专业性，是他人依赖的资源、卓越的典范、发现和解决导致问题的根本原因。

37.7.3 存疑的因素

- 前几年的绩效评级。
- 教育水平。
- 独特/不寻常的技能（除职位必需的技能）。
- 服务年限。
- 其他能力。
- 离职风险。
- 公平就业机会因素。
- 工作重要性。

37.8 绩效校准：基本原则

（1）参与：在评估某位员工的绩效评级时，那些对该员工绩效有直接了解的与会者要积极参加讨论，并提供实例来证实或质疑该员工的直接主管拟订的绩效评级。

（2）投入：在评估某位员工的绩效评级时，那些对被评估校准的员工不够了解的与会评估者，在参与讨论的过程中应该积极倾听和询问，确保不同的领导者使用的绩效标准相同，提高对不了解的员工绩效的熟悉程度。在校准会议期间开小会、查看电子邮件和发呆都是不合适的行为。

（3）讨论焦点：在确认初拟的具体绩效评估等级的恰当性时，与会者要主动管好自己，仅讨论评估周期内的员工绩效表现，这些内容反映在该员工直属领导提供的绩效评估和评级报告中。而其他与评估周期内的绩效质量并不直接相关的因素则不应在考虑之列，例如长期潜力、独特技能、之前优秀或平庸的绩效、职位重要性、服务年限、公平就业机会（EEO）因素、职位必需之外的技能、离职风险、教育水平和其他与员工绩效质量没有直接关系的因素等。

（4）绩效区分：如果针对员工的目标/结果、行为/能力的绩效讨论不足以确定其恰当的绩效评级，那就需要引入额外因素（工作复杂性、敬业度、生产效率、多才多艺、适应性/灵活性以及技术/专业知识）以做出正确的最终绩效评级。

（5）待讨论的其他议题：如果员工绩效评级合适，与会者可以讨论该员工的独特优势和提升需求，并提供发展建议。但在确定绩效评级是否合适时不应考虑这些因素。

（6）监督：希望与会者能相互监督，确保所有与会者都积极投入，关注是否有与会者过度激进争取利益、讨论无关信息、利用某位领导的缺席而将其员工调整到较低的绩效评级。对讨论进行监督，确保遵循基本原则是与会者的责任，而不是主持人的责任。

（7）开放性：当提供的信息表明应该调整绩效评级时，领导者须对此保持开放态度。

（8）共识：应通过协商达成共识的方式做决定，而不是通过简单的投票来形成决策。共识意味着所有的声音和观点都能被听到。这样做出的决定是最让人感觉舒适的，而且所有人都能接受和支持。

（9）保密：所有与会者都必须遵守保密义务。

（10）责任和主人翁精神：领导们要表现出对校准会议结果负责的主人翁精神。具体来说，这意味着要承担绩效评级的责任和具有主人翁精神，而不是说"我本来给了更高的绩效评级，但校准会议小组强迫我调低你的评级"。

第38章
有效的高管绩效评估指南

詹姆斯·F. 雷达（James F. Reda）
亚瑟·J. 加拉格尔公司的人力资源和薪酬咨询专家（Arthur J. Gallagher & Company's Human Resources and Compensation Consulting Practice）
莫莉·A. 凯尔（Molly A. Kyle）
亚瑟·J. 加拉格尔公司的人力资源和薪酬咨询专家（Arthur J. Gallagher & Company's Human Resources and Compensation Consulting Practice）

  虽然大多数大型公司都有高管绩效评估流程，但还需要做更多的工作来改进该流程。绩效评估流程吸引了公司每个人的注意力，并指引大家朝着整个组织的目标前进。高管人才是组织中最昂贵和最重要的资源，因此，需要对这种宝贵的资源进行不断评估、考核，并鼓励其提升。

  薪酬委员会应该制订和实施有效的 CEO 评估方案。董事会最重要的职责就是管理层继任评估、领导力发展和管理层绩效评估，特别是对 CEO 的绩效评估。尽管 CEO 负责主导其他管理层人员的招聘和继任，但 CEO 的继任和绩效评估由董事会负责。

  高管人员绩效评估应使用明确定义的过程和可衡量的评估标准。所有这些因素应根据每个公司的目标、宗旨、规模、薪酬理念、文化/共享价值观和商业计划等来确定。本章阐述的内容将有助于设计、实施和完善高管绩效评估流程，激励领导优化组织竞争优势和人才管理，并提高经济效益。

  正式的高管绩效评估对于建立和确保董事、CEO 和其他高管之间的权力平衡至关重要。通过让部分高管薪酬根据绩效评估结果而定，使高管对业绩不佳的情况承担责任。[1]

  董事会和高管团队共同设定的最终目标是获得公司成长，进而为股东增加价值。董事会、CEO 和其他高管都关注股东价值增长。

在讨论高管绩效评估时，应该区分 CEO、EO（他们是具有广泛决策权的高管，通常是公司代理披露声明中被列为规定范围内的五位高管），以及所有其他高管（统称为高管）（见图 38-1）。如本章后面所讨论的，每一组高管的绩效评估流程和监督是不同的。

由于 CEO 绩效评估被作为纽约证券交易所上市要求的一部分，现在越来越多的公司都评估高管绩效。纳斯达克的上市公司、私人公司和非营利性公司也正越来越多地采用这类 CEO 绩效评估流程（见表 38-1）。美国证券交易委员会只要求在年度代理披露声明的薪酬委员会报告部分明确概述 CEO 薪酬，而没有提及绩效评估流程及其实施。

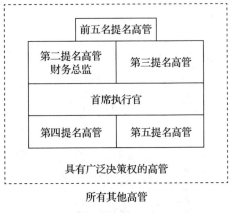

图 38-1　高管人员类别

表 38-1　对不同类型公司 CEO 的评估要求

公司类型	CEO 评估需求	注　释
纽交所上市	要求	薪酬委员会必须检查和批准企业目标与 CEO 薪酬相关联，根据这些目标来评估 CEO 的绩效，并且基于评估批准 CEO 的薪酬水平
纳斯达克上市	推荐	CEO 和公司所有其他高管的薪酬必须由多数独立董事或仅由独立董事组成的薪酬委员会决定，或推荐董事会决定
私营	推荐	大型私营企业设有薪酬委员会，根据最佳实践要求进行高管评估
非营利组织	推荐	监管控制要求非营利组织改善公司治理，包括高管评估

绩效评估流程对高管而言潜在收益最大，但是令人惊讶的现象是，绩效评估的结构化和规范化程度却随着组织层级的提高而下降。因此，虽然高管绩效评估是良好公司治理的基石，并且在大公司中被广泛应用，但它所产生的信息是高度机密的，需要严格保护。目前，这种绩效评估的结果一般不会公开，除非受到传唤或其他强制程序要求披露。虽然许多公司的 CEO 绩效评估遵守纽约证券交易所的要求，但还是有很多公司并没有建立可靠的评估流程。

在深入讨论绩效评估流程之前，我们必须概要说明一下现代薪酬委员会的结构。

38.1　薪酬委员会结构

企业战略成功最重要的决定因素之一就是薪酬委员会的质量。该委员会负责设计和实施有效的薪酬制度，以奖励关键激励对象，鼓励其直接参与实现组织核心业务目标的行为。

优秀的薪酬战略并不是凭空出现的。它是薪酬委员会中独立且经验丰富的董事辛勤工作的产物。最有效的薪酬战略设计简单、应用直观，且易于与管理层和投资者沟通。CEO 的薪酬方案应与公司其他高管的薪酬方案及其广泛的激励计划保持一致。它们之间在目标实现方面应该没有冲突，并且该薪酬对所有参与者来说都和对 CEO 一样有意义。

一家上市公司的薪酬委员会的成员数量一般不超过五名。薪酬委员会成员数量控制在三至五名，有利于成员之间进行有效的意见交流和健康的辩论。

为了能负责任地履行职责，薪酬委员会必须有效地利用高度技术化的信息，做出合理的商业判断。高管薪酬越来越复杂，并且受到公众关注越来越多，薪酬委员会的工作挑战性也因此越来越高。坚持遵守以下六条箴言，将有助于提高薪酬委员会的绩效表现。

（1）保持条理性。
（2）获取信息并保持消息灵通。
（3）关注大局。
（4）保持理性。
（5）股东视角。
（6）高效沟通。

38.2 有效目标设定和评估的障碍

有许多因素可能会抑制高管绩效评估的有效性，例如，目标模糊、绩效评估时引发的高管不适，或高管对流程感到不适等。以下是实践中部分抑制性因素的清单：

- 不适。高管（董事会和薪酬委员会成员）在担任 CEO 时，或 CEO 在担任执行官时都发现，绩效评估流程让人既不愉快也不舒服。大多数被评估的高管的感觉都是一样的。
- 被误解的评估目的。一些高管不是将绩效评估用于寻求建设性反馈意见，而是滥用评估以发现错误。
- 模糊。这是董事会推行更有效的绩效评估流程的主要动力。模糊可能包括在组织战略目标、高管的工作描述和目标、绩效评估流程的设计方式，或向高管反馈评估结果等方面"含糊不清"的表述。
- 低优先级。一些管理人员认为，他们没有时间和精力来实现有效的绩效评估流程。
- 难以对高管定性绩效因素进行评级。绩效评估中不应包括一些定性因素，如高管开发领导梯队和持续学习型组织的能力等，因为董事会不能直接观察到这些活动，或者难以客观衡量。
- 对高管批评的新来源。有些公司担心过度批评可能导致非常优秀的高管的流失。

然而，如果做得恰当的话，CEO 和高管评估可以在推动企业和业务目标实现的同时，创造所需要的团队合作意识、相互尊重和直接明确的沟通渠道。有效的高管绩效评估体系由两个主要部分组成：实际流程和评估标准。

38.3 高管绩效评估流程

如前所述，高管评估流程需要分为三类：CEO、执行官员和其他所有高管。通常，董事会对 CEO 进行评估，CEO 评估其直接下属，依此类推，所有的绩效评估都要总结并向上报告。在此过程中，有一个常见的双重评估规则（two-up rule），即高管的上级负责对其进行评估，然后该上级的上级对评估结构进行再评估，至此评估流程才算结束。

董事会在 CEO 绩效评估的大多数事情上都有最终的发言权。薪酬委员会和董事会全部成员都会参与收集和呈现绩效数据。通常，高管几乎不参与该过程，但外部顾问有部分参与。有时候也会由公司治理委员会组织 CEO 绩效评估，但为阐述方便，我们仅展示由薪酬委员会负责的典型评估流程（见表 38-2～表 38-4）。

表 38-2　CEO 的典型评估流程

群体①	设计系统	决定测量指标，设定目标	收集和展现绩效数据	评价绩效	提供反馈	决定结果
全体董事	●	●	○	●	●	●
薪酬委员会	◐	◐	●	◐	◐	◐
CEO	○	○	○	○	--	--
高管人员②	○	○	○	--	--	--
所有其他高管	--	--	--	--	--	--
外部顾问	○	○	○	--	--	○

① 一些类别的成员重叠。
② 包括提名前五的高管人员。

图例：批准 ●　推荐 ◐　影响 ○　无作用 --

表 38-3　高管人员的典型评估流程

群体①	设计系统	决定测量指标，设定目标	收集和展现绩效数据	评价绩效	提供反馈	决定结果
全体董事	○	○	--	○	--	○
薪酬委员会	●	●	--	●	--	●
CEO	◐	◐	●	●	●	●
高管人员②	○	○	○	◐	◐	○
所有其他高管	--	--	--	--	--	--
外部顾问	○	○	○	--	--	--

① 一些类别的成员重叠。
② 包括提名前五的高管人员。

图例：批准 ●　推荐 ◐　影响 ○　无作用 --

表 38-4　其他高管人员的典型评估流程

群体①	设计系统	决定测量指标，设定目标	收集和展现绩效数据	评价绩效	提供反馈	决定结果
全体董事	--	--	--	--	--	--
薪酬委员会	○	○	--	--	--	○
CEO	●	●	●	●	●	●
高管人员②	◐	◐	◐	◐	◐	◐
所有其他高管	○	○	○	○	○	○
外部顾问	○	○	○	--	--	--

① 一些类别的成员重叠。
② 包括提名前五的高管人员。

图例：批准 ●　推荐 ◐　影响 ○　无作用 --

绩效评估流程还涉及确定绩效评估的管理方式，包括时间安排、评估方式（书面或口头），以及对高管的反馈。

38.3.1 时间安排

绩效评估流程一般应包括三个主要阶段：在会计年度初期建立评估目标、年中审查、年底绩效评估和薪酬方案审批。一般来说，一年中应该召开多次评估会议。有意义的 CEO 绩效评估应包含在达成正式的年度评估过程中定期召开的董事会高管会议。该会议计划应该周详且客观，并应该与高管薪酬组合挂钩。执行官和其他高管的绩效评估流程相似，但评估者是他们的上级（执行官的评估师是首席执行官）而非董事会。

在会计年度开始时，应该商定高管评估的短期和长期绩效目标。我们将在后文"制定评估标准"部分讨论目标的创建。除目标创建之外，重要的是赋予绩效目标相对权重，以使高管知道哪些绩效目标更加重要。（参见本章末尾的"评估工具示例：CEO 评估表"。）除了确定目标绩效之外，还需讨论阶段绩效的门槛值和最高值，以及与不同绩效水平与薪酬调整的挂钩方式。

年中审查有助于评估绩效目标的进展情况，识别和解决问题，并确定高管是否处在完成或超越目标绩效的正确道路上。有些时候，如果绩效目标已与公司的实际情况不符，那么就需要调整。但是，如果没有意料之外、不同寻常的或者特殊的情况，我们并不建议改变绩效目标。在更加易变或动态的行业（如时装或服饰行业）中，可能需要每季度甚至每月 / 每周都进行一次这种评估。

年底评估是绩效评估流程中最深入和最耗时的部分，必须将所取得的绩效结果与设定的目标进行比较，并确定恰当的薪酬方案。该评估通常在第二年的 3 月进行，因为在此之前要花很长时间来完成财务报表。在年底绩效评估之前完成经过审计的财务报表是非常重要和审慎的，这能够确保绩效数据的确定性。最近发生的财务报表修订案例表明，这些公司支付了不应支付的奖金，或对应支付的奖金进行了大幅缩减。

年底最终评估是正式的高管绩效评估，它应该包含以下部分：
- 高管完成书面自我评估。
- 评估者完成绩效评估问卷。
- 收集内部和外部的数据 / 信息。
- 委员会准备建议。
- 评估者在批准最终薪酬方案之前开会并进行讨论。

38.3.2 开展绩效评估

即使我们强烈建议以书面形式进行评估，但是实际上并没有税务、会计、证券或立法等方面的规定要求必须这样做，我们可以选择口头评估。与书面评估一样，口头评估也应该非常详细，需要明确目标，并必须进行绩效反馈。口头评估应由董事会组织实施。口头评估能够简化书面评估中的若干问题，但往往并不彻底。口头评估方式常见于较小型组织的 CEO 绩效评估中（特别是当大型组织担心 CEO 绩效评估被误解，或者发现绩效评估某些内容违反法律程序时，更为普遍）。

1. 口头绩效评估的优点
- 没有被误解和滥用的书面评论。
- 可能有助于董事发表他们的意见。
- 花费的时间比书面评估少。

2. 口头绩效评估的缺点

- 表达能力强的董事（在评估 CEO 和执行官员的某些情况下）和高管（在评估执行官和其他高管时）会更容易影响他人。
- 在口头评估时，董事和高管往往更难以客观和公平。
- 它往往缺乏深入的评估。
- 很难实行双重评估规则。
- 没有能够支持职业发展和晋升的完善档案记录。

书面评估仍是高管绩效评估的首选方式，因为书面评估可以对多年的绩效进行追踪，口头评估的流程却做不到这一点。但是，CEO 的评估材料有时会被销毁，因为在你成为 CEO 后，就没有真正的职业发展了，而且销毁这些记录还能够避免原告律师在各种不利诉讼中使用这些文件。

38.3.3 对高管的绩效反馈

薪酬委员会有必要与 CEO 和高管进行明确的沟通。至少应该有两名董事进行 CEO 的绩效评估。薪酬和公司治理委员会的主席应在董事会讨论之后，立即与 CEO 进行私下会晤。在所有管理的绩效评估过程中，二人原则都是一个很好的做法，即在绩效评估期间，该高管的直接上级和上级的上级或者人力资源部门的代表出席评估会议。

在绩效评估过程中，应非常重视保密。CEO 的绩效评估保密问题可能更为困难，因为评估过程需要每位董事都填写评估表。其他高管的评估通常由其上级完成，并由其上级的上级进行审核。

在 CEO 绩效评估时，外部董事、董事会成员和其他来源的成员填写的评估表格应分别归还给填写者或负责收集评估结果的人（有时是外部顾问，有时是公司秘书或法律小组的律师），并在收集完数据后予以处置。CEO 和其他高管不被允许看原始数据。数据和评论意见很容易被滥用或误解。高管能得到的信息只是汇总数据。为了安全和保密的需要，我们强烈建议，引入外部顾问来管理该绩效评估过程。

38.4 制定评估标准

现代公司的绩效评估标准已经从过去以特质为基础、以人格为中心的评估指标，发展为更为具体、注重结果的评估指标（包括财务标准和非财务标准）。这种变化始于 20 世纪 60 年代初期，并随着公司不断评估其绩效评估标准而持续变化。

到目前为止，高管绩效评估仍是主要以年度的特质评级为基础。之所以评估高管的某些人格特质（如主动程度、人格、成熟度、判断力或外表），是因为我们假设这些特质与高管绩效有关。随着时间的推移，因为董事会在绩效评估中变得越来越挑剔，高管对这个评估系统的态度变得更加敌对、防御和批判。[2] 这种基于特质的绩效评估制度很快被整体性绩效评级制度取代。这种整体性绩效评估制度虽然更加综合，但主观性太强并缺乏结构化，评估结果容易受到被评估者的人格和低高尔夫差点[⊖]等无关紧要的因素的影响，但与业务增长和财务绩效等因素相关性弱。[3]

由于以特质为基础的绩效评估制度和整体绩效评级制度存在显著的缺点，目标管理应运

⊖ 即高尔夫运动中给弱者增加的杆数。——译者注

而生。该评估制度基于 CEO 在特定时间段内预计实现的长期和短期目标，评估其达成目标、未达成目标或超越目标的程度。[4]

该评估制度比先前的模型更有效，因为它：
- 简单。
- 专注于实际工作绩效，而不是个人特征。
- 将高管目标与公司总体目标挂钩。
- CEO 更容易接受。

如果高管参与了目标的制定，那么该目标就更具激励性。目标管理是革命性的高管绩效管理制度。许多公司非常急迫地拓展或彻底改革其高管绩效评估系统，以符合这个新制度的要求。目标管理仍是使用最广泛和最受认可的高管绩效评估系统。

所有组织都需要有一个精心设计和精准聚焦的高管绩效评估计划。绩效计划流程将个人目标纳入更大的、共同的组织目标之中，让组织能够集中资源去创造更好的绩效。精心设计的绩效计划描述了期待的绩效成果、个人成果与公司成果的联系、各项成果的权重、成果的评估指标和评估标准。

38.5 高管绩效评估指标

在绩效计划过程中，高管制定的目标应该与公司文化、业务战略和薪酬理念保持一致。绩效目标将用于定义绩效评估中被用于评估的绩效指标（见图 38-2）。

在确定高管绩效指标之前，我们需要明确和理解以上三个贡献因素，以便为每个因素制定相应的目标。

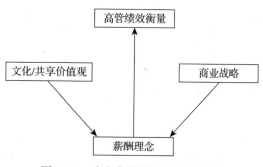

图 38-2　确定高管绩效指标的因素

38.5.1 薪酬理念

薪酬委员会的基本任务是确定公司的薪酬理念。在薪酬理念确定之后，还应该设计相应方案来贯彻这一理念。薪酬理念需要考虑公司文化/共同价值观和业务战略，并由四个主要部分组成。

- 同行对标群体：薪酬、短期和长期激励等方面，公司应该与哪些同行群体进行比较？
- 薪酬定位策略：公司高管薪酬与市场薪酬水平应该是什么对应关系？
- 内部与外部薪酬公平：在考虑这一因素时，薪酬理念应基于公司的文化/共同价值观。相对于市场（外部），公司认为高管内部关系占有多大的权重？
- 绩效与业务计划保持一致性：具体来说，业务战略如何与薪酬制度（特别是强调绩效指标的奖励战略）保持一致性？

在确定绩效目标时，应该对薪酬理念进行回顾，因为它源自公司的文化/共同价值观（内部和外部薪酬公平）和公司业务战略（绩效与业务计划保持一致性）。确定公司的同行对标群体也很重要。

38.5.2 文化/共同价值观

在确定绩效评估的标准时，自然应该考虑公司文化和共同价值观。公司的价值观可能包括开放沟通、为能力支付薪酬、保持诚信、变革开放、内部人才培养、忠诚度，以及以结果为导向而非以过程为导向的目标理念。在权衡定量和定性绩效指标时，识别公司文化和共同价值观非常有价值。不同公司的文化和共同价值观各不相同，其高管绩效评估指标也各不相同，因为绩效指标应该是公司文化和价值观的反映。

38.5.3 业务战略

董事会和 CEO 在制定绩效评估制度时应考虑公司的业务战略。重要的是要先确定业务战略，并使高管理解和掌握它，以达成观念共识，使其在未来一年中一以贯之。绩效评估流程应该评估高管在推进当年业务战略方面的成果。中期评估可以对业务战略进行重新评估，并在其被证明不合适时进行修改。现有业务战略应延伸细化为业务成功因素；它们是更具体、定位更具针对性的年度目标。在绩效评估流程中，既要考虑高管做出贡献的能力，也要考虑他们的目标达成程度。

38.5.4 高管绩效评估指标

高管的绩效评估指标应考虑以上所有因素。这些构成公司独特性的因素将决定公司高管绩效评估的路线；根据重要性或者公司认为的价值的不同，它们还将决定不同领域的权重差异。

因为大部分的高管薪酬是与绩效挂钩的可变薪酬计划，因此企业将更重视选择实际影响企业财务状况的绩效指标。[5] 最明显的可测量的财务业绩是利润、总股东回报、投资回报率、现金流量、盈利增长和收益稳定性等主要指标。[6]

在绩效评估标准中，定量指标应与定性指标相互呼应。[7] 定性数据在评估流程中很有用，这一点毋庸置疑，但是过度倚重定性数据可能导致宝贵资源（如时间、金钱和精力）的损失。如果这样就违背了绩效评估的目的，因为绩效评估的主要目标是确保生产力和业务成功。绩效评估目标应该尽可能量化，以便第三方能够在评估过程中评估该目标，并确定高管是否确实达成了该目标。

本质上，定性信息是主观的，而量化数据则是客观的，它较少受评估者偏见的影响。绩效评估指标体系需要财务和非财务指标相结合。如果高管绩效评估与年度激励计划脱钩（如，奖金与绩效评估无关），那么绩效评估的主要内容应该是非财务指标。但如果高管评估是奖金的唯一决定因素，那么高管奖金的主要决定因素应该是定量数据（见表 38-5）。

表 38-5 定性与定量指标

	定　量	定　性
财务	• 每股利润增长 • 投资回报率 • 股东总回报	• 更好地理解投资领域的公司战略 • 实现 IPO／分拆／重组
非财务	• 员工离职率 • 多样性 • 员工满意度（调查结果）	• 里程碑 • 领导技能 • 战略实施 • 沟通有效性

最有效的激励指标是投资回报率和总体股东回报率。但这些财务指标可能并不适用于所有高管，它们可能与被评估的高管无直接关系。目前，有一些咨询顾问和其他相关人士认为，一些非财务指标（如客户满意度、客户留存率、员工满意度、品牌认知度和客户忠诚度）

的达成水平将会影响企业的盈利能力，但这种观点还没有确凿的证据。此外，对于实现非财务目标与企业的财务成功之间的关系，也还没有很好的数据支持。然而，非财务目标的应用与财务目标同样重要，在有的组织中，它的重要性可能略低一些。

非财务目标应该简单、直接和可测量。它应该以结果为导向，而不是以过程为导向。该指标目标应该是直接帮助组织实现短期和长期目标的成果。

如果绩效评估与薪酬紧密挂钩，那么就应该对非财务目标的选择格外小心。在这种情况下，我们应该使用严格的财务公式来进行方案计算，避免高管薪酬过高而浪费公司资产。

38.6 绩效评估的结果

更高质量的成功通常和更高的利润率相伴而随，这是所有公司的最终目标。高管绩效评估流程应该使用定性标准。但是《国内收入法》第162（m）条规定，不允许在代理披露声明中列出的前五名高管（通常称为执行官）设定奖金数额中使用定性标准。我们建议将评估流程用作消极判定因素。换句话说，规定范围内的高管绩效评估结果被用以减少他们的奖金。但其他高管的薪酬可以有所不同，可以根据其绩效评估结果向上或向下调整其年度薪酬激励。

绩效评估流程的最后一个步骤是，将评估结果与高管薪酬方案相结合，这是非常重要的部分。如果企业成功与高管薪酬不同步，这一点就更加重要了。例如，当出现员工被裁、股票价格下滑或盈利下降时，应注意避免出现大额股票奖励、奖金支付、薪资增长和其他可能的意外收入。

高管绩效评估的主要目标之一是确保高管薪酬的公平性，以评估结果来衡量绩效薪酬是合理，是过高，还是应予提高。企业需要定期对高管进行绩效监督，以确保取得进展，并将绩效评估结果与高管薪资直接挂钩。只要是达成预期的目标（无论是量化计划值，还是与竞争对手的对标目标），就应该给予奖励。

目前的 CEO 绩效评估流程通常不与 CEO 奖金挂钩。规定范围内的执行官在一定程度上也是如此，其他高管则少见得多。奖金通常使用定量财务标准进行确定，例如，每股收益增长或息前收益、税前收益、折旧前收益和摊销前收益等。本章末尾的 CEO 评估表中，非财务性占 95% 的权重，主要聚焦关注领导力、沟通能力、董事会关系和管理层开发等领域。公司正在开始将这两个评估流程联系起来。

绩效评估完成之后，就需要开始考虑将结果进行披露。CEO 被经常拿来与其他公司的 CEO 进行比较和评估，原因是即使 CEO 达成了公司的财务目标，但其他公司有可能会做得更好。如果 CEO 没有达成设定目标或与其他公司相比时落后了，那么他就需要留待进一步观察，或者进行更有效的评估。如果 CEO 仍然无法采取必要的方法达成目标，那就可以根据他过去多年的评估记录形成证据，并可能最终因此将其解雇。但如果他达成或超越了目标，使公司处于市场优势地位，那么他将会获得奖金或其他激励。

薪酬委员会需要与上级管理层明确沟通。至少应该有两个人实施绩效评估（评估 CEO 时是两位董事）。薪酬和公司治理委员会的主席应在董事会讨论后立即与 CEO 进行私下会晤。

董事会应有权单方调整 CEO 的薪酬和长期激励奖金。有的公司会要求人力资源部门提供高管薪资增长的建议。这把人力资源部门和管理层置于尴尬的境地，因为如果实际的薪酬增长低于预期值，这可能会成为斗争的导火索。我们建议薪酬委员会向外部咨询顾问寻求对薪酬增长和奖金激励范围的建议。

工资不应该像长期激励奖金一样进行大幅调整，因为 CEO 基本薪酬一般是根据市场水平支付的。企业有足够的空间根据绩效评估结果对长期激励奖金进行调整。

本章小结

在设计、实施和运行有效的高管绩效评估系统时,需要考虑很多因素。绩效指标(含定量和定性指标)对于组织成功至关重要。

另外,还要注意CEO(首席执行官)、NEO(规定范围内的执行官)、EO(执行官)和所有其他高管的相关绩效评估流程。最后,绩效评估过程应与年度激励计划挂钩。在决定绩效评估时,应仔细考虑公司的薪酬理念、文化/共同价值观和业务战略。

参考文献

Crystal, Graef S. 1968. "The Performance Appraisal Process and Its Relation to Compensation," in Russell F. Moore (ed.), *Compensating Executive Worth*. American Management Association, New York, pp. 91–105.

Hunt, Albert R. 2007. "Letter from Washington: As U.S. Rich-Poor Gap Grows, So Does Public Outcry." *International Herald Tribune: Americas*, February 18. Available at: www.iht.com/articles/2007/02/18/news/letter.php?page=1 (accessed August 7, 2007).

Conger, Jay A., David Finegold, and Edward E Lawler III. 2000. "Appraising Boardroom Performance," in *Harvard Business Review on Corporate Governance*. Harvard Business School Press, Boston, pp. 105–134.

Schneier, Craig E., and Douglas G. Shaw. 2000. "Measuring and Assessing Top Executive Performance," in Lance A. Berger and Dorothy R. Berger (eds.), *The Compensation Handbook,* 4th ed. McGraw-Hill, New York, pp. 496–498, 500.

评估工具示例:CEO 评估表

XYZ 公司

CEO 的财年(截至 2014 年 1 月 31 日)绩效评估

概述

CEO 是 XYZ 公司成败的责任人,主要通过为 XYZ 建立愿景来领导公司;发展和执行战略与运营计划以实现公司愿景;总体掌握 XYZ 公司的运营;发展管理层、分配资源并且确保公司可控;作为 XYZ 的第一代言人;与董事会一起发展和维护监督体系。

无论是 CEO 还是管理层的任何其他成员都不会看到这张表格。我们将会为你准备一份打分或评论的概要,同时确保对你的打分和评述严格保密。这份概要将会在 2013 年的董事会议上呈现。CEO 将会在 2014 年的董事会上收到你的评论和反馈。

每个问题都将使用以下点数制度,并且进行合适的评论。

远 超	超 越	完全符合	低 于	远低于
期望/杰出绩效	期望/高水平绩效	期望/胜任的绩效	期望/绩效有待进一步开发	期望/不令人满意的绩效
1	2	3	4	5

1. 战略规划(权重:15%) 　　　　　　　　　　得分:_____

● 确保建立长期战略。

- 建立能够满足股东、顾客、员工和所有其他利益相关者要求的目标和计划，并且确保战略目标稳定一致和及时推进。
- 根据战略目标，获得和分配相应资源。就战略规划的里程碑进展情况定期向董事会报告。

评论：_____
_____
_____
_____

2. 财务绩效（权重：20%）　　　　　　　　　　　得分：_____
- 建立并实现合适的年度和长期财务绩效目标。
- 确保建立和维护公司资产保护系统，并且确保运营的有效控制。

评论：_____
_____
_____
_____

3. 继任计划（权重：35%）　　　　　　　　　　　得分：_____
- 建立、吸引、保留和激励一支高效、团结的高层管理团队。
- 确保管理层发展和继任计划方案拥有所需要的资源和指导，以便发展公司未来的领导者。

评论：_____
_____
_____
_____

4. 领导力／沟通／董事会关系（权重：30%）　　　得分：_____
- 建立并就清晰、一致的公司目标和价值观愿景进行沟通。
- 确保该愿景能够在组织内得到充分理解、广泛支持和有效执行。
- 培养一种鼓励、认可和激励领导力、追求卓越和创新的文化。
- 确保建立一种鼓励道德行为、正直和协作的文化，以建立利益相关者的价值观。
- 作为公司的首席代言人，与股东、潜在投资者、员工、顾客、供应商和消费者等进行高效沟通。
- 代表公司，与行业、政府以及财务社区（包括主要的投资集团和金融服务公司）保持良好关系。
- 和董事会紧密协作，确保董事能够掌握公司业务的关键事项，例如，公司战略、运营计划和战略计划里程碑的成果。
- 为董事会的运行提供高效的支持，包括董事会的材料和顾问服务。

评论：_____
_____
_____
_____

最终总结

（1）总评：

（2）未来年度的关键挑战：

（3）思考和担心：

注释

1. Graef S. Crystal, "The Performance Appraisal Process and Its Relation to Compensation," in Russell F.Moore (ed.), *Compensating Executive Worth*. American Management Association, New York, 1968, pp.91–105.
2. Ibid.
3. Ibid.
4. Ibid.
5. Craig E. Schneier and Douglas G. Shaw, "Measuring and Assessing Top Executive Performance," in Lance A. Berger and Dorothy R. Berger (eds.), *The Compensation Handbook*, 4th ed., McGraw-Hill, New York, 2000, pp. 496–500.
6. Ibid.
7. Ibid.

PART 7

第七篇

薪酬与人才管理

第39章

通过新颖的方式利用薪酬赢得人才战

黛博拉·里斯（Deborah Rees）
英纳特薪酬咨询公司（Innecto Reward Consulting）

激励组织中的人才已经成为不同实践、优先事项和技术的万花筒，一些组织坚持经过反复检验的"旧世界"的方法，也有一些组织则全面审查它们的方法，它们的商业模式甚至已经不是销售导向或财务导向了，而是人才导向了。

本章的目的是筛选和呈现一系列实践，并尝试整合新方法和旧方法中的精华，为组织奖励人才的实践制定战略方向，以吸引、激励人才，使人才能够发挥最大的作用。本章将涵盖三个主要的学习内容，我们将汇总梳理相关的研究结果、分析和结论。主要的学习内容如下：

- 确保薪酬计划能够创造具有竞争力的商业优势。本章通过世界薪酬公司（Worldpay）和奈飞公司（NetFlix）的实例，说明组织将激励人才模式和组织财务业绩挂钩的方法；确保战略性薪酬模式中融入了最好的吸引和留住Y一代的经验。
- 采用新颖的方式赢得外部人才战、留住内部人才和发展战略性关键技能。本章通过对体育界和其他激烈竞争环境的观察，来分析那些人才热土在培养和激励人才方面能给商业界哪些启迪。
- 创建和维护一种创新、参与、领导力和绩效的文化，并创造一种新的绩效管理方法。本章将充分利用旧方法，并将其应用于新问题：全球化和双元性。

本章将分析来自关于有效激励人才的模型和想法的所有证据，并得出总体结论。

那些刚从经济衰退和裁员的寒冬中挣脱出来的组织已经忽视甚至搁置了人才激励的战略政策，它们成了一纸空文。希波克拉底誓词的核心部分是"不要伤害"，这是在复杂的人才管理中进行专业人才激励必须牢记的一句话。企业领导人可能认为，他们已经大声而清楚地传达了他们的宗旨、价值观、目的、目标和企业的绩效标准。但实际上，有很多事情阻碍了这些信息的传递。我被《薪酬杂志》(Rewards Magazine)的一篇文章所吸引，文章作者C.麦考伊（C. McCoy, 2013）说："也许薪酬专家应该少一些自以为是，多一些躬身入局？"我们是否太过执着于我们的流程，而没有真正考虑到它们应该提供的价值，没能为组织领导传递的信息提供支撑，甚至在相背而行？

在英国，消费金融投资材料末尾都有一句警示："过往绩效并不能说明未来业绩。"这是值得反复重申的。近几年来，一些组织的人才停滞不前。他们不愿意认为，未来的政策应该与过去的经历有所不同。这意味着随着商业世界的转暖，有一些组织将会被落在后面。当有的公司已经"在场上进球了"，有些公司却"还在更衣室里系鞋带"。

世界薪酬公司的人力资源总监安迪·多伊尔（Andy Doyle）认为，他已经为公司财务业绩增长提供了真正的价值。他的做法是吸引、招聘和奖励杰出人才，他们显著地提升了公司作为私募股权投资机构的市场价值。安迪·多伊尔的观点和做法与那些认为其人才激励战略仍"需要改进"的受访者形成了鲜明对比。

39.1 将人才激励模式和公司财务业绩挂钩

想象一个场景：人力资源不是管理费用，而是财务业绩的直接贡献者；在培养和保留人才方面，领导和奖励策略同步；绩效管理是追求卓越的日常手段，而不再是一年一度的"痛苦挣扎"。在本章的实地调查证据中，人才激励作为一项战略性、有价值的企业投资，在实践中各不相同，有精细、开放和透明的方法，也有思想尚未被转化为任何明确行动的做法。

要使薪酬和奖励策略行之有效，必须明确组织的战略要求，以及这些要求与实现业务需求的员工的联系。以人才为本的组织已经开始把财务资源投入吸引和留住人才的能力上。重要的是，企业要创建一个绩效预期、绩效回报和人才－绩效－回报之间的关系清晰、成熟的环境。

39.1.1 员工视角

在"旧世界"中，良好的人才管理实践给人们的奖励主要是有趣的工作、新的工作安排和投资的长期回报。"我们并肩作战，我们会关照你"一直是口号。然而，以下三大因素已经彻底瓦解了这种关系的基础。

（1）人口统计数据。工作的世界已经发生了变化，工作中的人也已随之而变。婴儿潮的一代现在的年龄已经在50～70岁，并开始离开职场。替代他们的是X代（被遗忘的一代，出生于70年代的美国人，年龄在30～50岁）和Y代（千禧一代，年龄在30岁以下）。不同时代的人有不同的需求。婴儿潮一代对公司及其团队非常忠诚，关注稳定性，而且更倾向于在一项业务中干更长时间。X一代则有不同的观点：他们将个人需求提高到更高的程度——也许是因为看到自己的父母多年来为公司做出牺牲，他们希望为家庭和个人利益留有更多的个人生活时间。Y一代是全球化的一代：他们认为自己是全球公民，认同自己所属的群体，寻求与众不同和工作之外的体验。

（2）透明度。现在互联网上的薪酬数据比以往任何时候都更透明。2010年英国《公平法案》已经禁止合同中的秘薪条款。薪酬的透明度是最重要的，这意味着员工知道他们的价值，并希望用他们的技能和经验换取有竞争力的薪酬。

（3）心理契约。对于许多X代和所有Y代工作者来说，过去几年的经济衰退就像是一桶冷水。过去，终身职业发展和职业选择被认为是理所当然的，但组织重组、裁员和薪酬冻结瓦解了他们心理契约中的信任。这些工作者需要对自己的命运和未来负责。这意味着获得工作更加困难，更加需要自力更生，他们也更不相信雇主的长期承诺。

39.1.2　雇主视角

许多由信息技术创新者引领的组织（如谷歌和微软）创造了一个所有员工都是"人才"的环境。现在，咨询机构甚至使用"人才"这个词来代表"员工"。然而，人才管理领域的挑战性思维和预算削减迫使我们寻求更加聚焦的方法。

目前，越来越多组织要求其人力资源部门和薪酬团队必须为企业财务绩效提供价值，具体的要求如下：

- 成为员工招聘决策的系统方法的一部分，将人才、绩效和薪酬挂钩作为一个战略性层次的工作项目。
- 不仅考虑员工成本，还要考虑到员工带来的投资回报率（ROI）。它需要薪酬专家从成本理念转化到价值增值的理念，并通过奖励关键员工的方式来有效贯彻该理念。
- 将战略转化为战术计划，具体方式是将人才区分为不同的群体，并为他们设计不同的雇用安排。

从实践角度来看，如何开发一种定制化的人才激励方式？我们可以利用哪些模型和原型来创造定制化的、现实的人才激励模型？

39.2　通过新颖的方式赢得外部人才战、留住内部人才和发展战略性关键技能

本节通过对体育界和其他激烈竞争环境的观察，来分析那些人才热土在培养和激励人才方面能给商业界哪些启迪。我的公司最近与体育组织有大量合作，如曼城足球俱乐部、英国网球协会（LTA）、阿森纳足球俱乐部，以及其他首屈一指的英国足球俱乐部和领先的运动管理机构。人才发展是他们的重要工作。我们想研究是否有可能从体育组织的业务和它们的球员发展实践中汲取经验。杰克逊·塞缪尔（Jackson Samuel）（2009年）在其报告《黄金少数》中，对高度专业化的精英组织的人才管理进行了回顾，这为我们的思考提供了富有营养的精神食粮。我们研究的基本结论如下。

39.2.1　关注独特的而不是高大全的人才群体

明确并理解人才在你的战略核心中到底意味着什么，以及它在不同层次上的定义。例如，英国网球协会（LTA）为教练员制作了一张DVD，讲解了一位八岁的网球"天才"应该如何正手击球。这个层次的定义使人才漏斗处于正确的轨道上，免遭早期阶段的错误期望的危害。

39.2.2 定义不同层次的人才

我们建议创建三个主要人才类别：
- 学院队。未来的种子选手，具有天生的才能和高度成熟的技术能力，但尚未有机会在真正有挑战性的环境中磨炼他们的业务技能。
- 预备队。那些在业务环境中崭露头角，并开始运用其技术专长和发展业务能力的人，例如领导力、适应力、团队合作等。
- 一线队。那些在"大事件"中有良好记录的人，他们保持长期专注，并拥有在不同情况下的卓越成就记录。

在管理这些不同群体的同时，必须根据进展"收割和除草"，不同的人以不同的速度成长，有些人从来没能兑现他们的早期潜力。

39.2.3 与薪酬挂钩的水平适当

回到原来的前提，目前人才市场的不同群体和他们的先辈相比，追求目标的差异化比较明显。显然，你的人才框架中的不同群体应该有不同的薪酬安排。此外，薪酬应该适合他们的层次及他们对组织做出的贡献（见图39-1）。

1. 学院队
- 摒弃"年度的"薪酬观念。项目和业务增长可能在不同时间和周期中发生，它们无法简单地与年度薪酬评估相匹配。保持薪酬实践的灵活性，并根据已经完成的工作和达成的绩效标准（如项目完工奖金）支付薪酬。
- 更新基本薪酬市场数据，并保持同步。学院队任职者的特点是成长和发展的周期零散。年度基本薪酬的增长可能太慢，无法及时反映他们的技能提升和他们对组织的价值。
- 建立认可激励，而不仅仅是薪酬。对于这个层次的人才，向他表明其对组织的贡献是非常重要的。

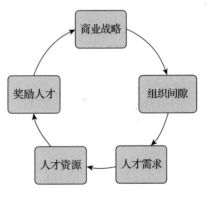

图39-1 将奖励连接到适当的层次

应将所有的重心都放在基于长期视角帮助其建立经验、提升技能和提供挑战上。
- 更少关注长期薪酬方案。过去，企业对这个群体的激励主要是通过股票期权和长期薪酬计划使其留在组织中。但这种做法的缺点是任何学院队群体的淘汰率都很高，在职业生涯阶段的早期，把一个团队绑在一起，可能会使许多不达标的员工变成公司的毒药，但又因为他们的期权尚未到期而不愿离开。
- 定期"收割"和"除草"。注意你的"作物"，学会接受一些"作物"并不会自己脱离这个群体，而其他作物可能成熟和发展得比你预期的更快的事实。精英人才的管理实践需要保持紧凑和灵活。

2. 预备队
- 基础薪酬。该群体的人才的曝光率比较高，因此更容易受到有竞争力的"偷猎者"挖角。保持市场领先地位，并相信你了解所有的市场压力，特别是人才考虑跳槽到一家更小的公司担任更高的职位的压力。

- 奖金。这与公司绩效和个人技能有关。将他们从低增长领域转向能够发挥他们价值的高增长领域，以测试他们的技能，为他们创造通过自己努力赚到更多钱的薪酬机会。
- 利用长期股票或现金计划来保留人才。这个群体可能会被更新的、更令人心动的高增长业务和机会所吸引。给予他们长期的经济利益，帮助他们保持专注。
- 继续定期"收割"和"除草"。

3. 一线队

- 确保他们确实是一线队员。利用你的人才标准来了解这些员工现在对业务的作用，以及他们所表现出的长期价值。
- 基础薪酬。确保你了解相关的薪酬市场数据和整体薪酬组合。对于这个层次的人才，薪酬组合比单独的基础薪酬更重要。
- 奖金。这与公司业绩挂钩，其次（20%）与个人绩效挂钩。
- 与长期股票或现金计划挂钩。高绩效就上涨，绩效欠佳就下调。建立反映业务战略（即增长或利润）的薪酬。
- 知道他们不会永远留下。英国 CEO 的平均任期为 4.5 年。一名英超足球俱乐部经理的平均任期为 2.4 年。他们中的大多数从未看到过其五年计划的最终结果。作为一名雇员，前几年的薪酬很高，但风险也是如此，他们中的部分人之后再也没能获得最高层级的职位。因此，CEO 们期望获得高薪酬是可以理解的，但是实现绩效期望的压力对许多人来说都是不可持续的（见表 39-1）。

表 39-1　对三个人才类别进行激励

	学院队	预备队	一线队
基本薪酬	密切监控 远离年度思维模式 需要知道薪酬市场 目标在中等水平	容易被挖走——获取你的市场份额 需要了解你的竞争对手	重要，但需要知道整体薪酬组合的方式是正确的
年度奖金	基于个人成就——重大事件奖励	在年度基础上——个人成就和团队/部门的组合	专注于运营、紧急、有时间限制的成就 中上部
长期计划	不重要	将你的资产与未来的期权联系起来	与长期增长/利润/业务战略相结合 高绩效、高成长
认可	高度重要 便宜/免费	在任务中展现价值	必须有弹性——认可大多来自外部
非财务激励	提供定期的评估和进步 对新的机会保持警觉	"再聘用"——明确能力领域的发展方向	福利/养老金被视为一揽子计划的关键因素

39.2.4　实现的步骤

企业领导者有一种直觉，认为这种基于体育界反复考验的方法的简单模型将在其组织中发挥作用。如果要在你的组织中进行这项工作，以下问题值得考虑：

- 对于薪酬专家。对将人才管理、业务战略和薪酬挂钩的工作进行良好、长期和严格的检查。它们有效吗？

- 对于高级管理层。你为自己的人才管理方案具有清晰性和明确的目标感到自豪吗？你的直线管理者是否理解对组织中有才能的员工的投资回报？如果不能理解，那是什么原因？
- 对于人才管理专家。是否有更简单的方式来呈现和推动你的计划，使参与者做出的贡献与他们获得奖励之间的关系更加明晰？

39.3 创建并维护一种创新、参与、领导力和绩效的文化，创造一种新的绩效管理方法

充分利用旧方法，并将其应用于新问题：全球化和双元性。如今，我们要对未来进行预测是有挑战性的。但是回到1894年，当时的伦敦《泰晤士报》有一个著名的预言：到1950年，伦敦的每一条街都会被9英尺[1]厚的马粪覆盖。当时，伦敦不是唯一受到这个问题困扰的城市，纽约预计到1930年将有三层楼高的粪便。当大家一致认为无法找到该问题的解决办法时，讨论这个问题的计划会议也随之解散了。虽然现在我们仍然面临着基于污染、全球变暖和能源短缺等的类似危机，但是人类凭借聪明才智解决了城市的马粪问题。5年前，谁可以预测iPad、脸书、推特和其他一系列App的革命呢？

在薪酬领域，我们的工作不是预测未来。我们的工作是创造薪酬结构，推动工作场所的创新、绩效和颠覆性技术的实现，然后为下一个问题做准备。

薪酬实践阻碍成长的典型案例与全球化有关。如果世界各地在业务生命周期中都有类似阶段，那么采取全球统一的高管薪酬和奖励办法可能会是有效的。但是成熟的市场的主导特点是低成长和员工整合，着力于通过推动差异化和重塑技能来获取市场份额。然而，在印度等高增长市场，业务增长主要取决于人才吸引和保留。因此，在公司整体薪酬理念中，应该细分薪酬实践，满足不同区域的市场和业务生命周期的独特需求，并制订特定的战术计划。但是在支持全球化和制订与薪酬战略挂钩的统一的绩效和奖励计划的工作中，我们往往会将"旧世界"的解决方案带入"新世界"的问题解决之中，企业业务领导者认为这是一种僵化和教条主义行为。

那么，企业如何制订一个有把握的新旧世界混合的解决方案呢？首先，组织应认真考虑自己的需求。它们需要评估业务需求在未来会有哪些不同。一位受访者认为，他的公司需要全球流动的人才，这迥异于受过高等教育的、以本国教育为中心的传统人才库。还有一些组织也谈到发展双元性人才和领导者的需要，他们既能出色地管理运营，又能创造出一个涌现创新和颠覆的环境。

其次，分析企业文化和薪酬的优势。约翰·刘易斯合伙公司是英国的主要零售商，员工规模超过90 000名，他们建立了利润分享计划，在该计划中，所有合伙人，从董事长到销售人员，都获得相同工资百分比的奖金。薪酬经理安德鲁·布里奇斯（Andrew Bridges）表示，对于公司来说，用不同的合伙关系奖金来反映个人绩效并不是一个好的选择，企业需要的一个强大的、与基本薪酬挂钩的绩效管理系统，它与职业生涯管理制度和长期发展承诺一起，巩固了员工与组织的合作关系和归属感。他解释说，未来的合伙人"知道他们签的利润分享计划是什么。对他们而言，企业的价值创造才是关键"。

还有的组织通过更复杂的杠杆模型，来吸引和保留更激进的市场所需的人才。大型组织，以及《财富》500强或伦敦证券交易所上市的组织，通常会结合使用基本薪酬、基于绩

---

[1] 1英尺＝0.304 8米。——译者注

效的奖金提升、股票与持续的职业发展机会来保持长期雇用关系。尽管如此，为顶尖人才提供传统职业发展路径的晋升可能是无效的。英国《赫斯特杂志》人力资源总监瑞秋·斯托克（Rachel Stock）谈及本公司的顶尖人才时认为，他们太过忠诚于他们共同创造的杂志，以至于他们认为脱离他们所创造的品牌的职业晋升都是负面的。她说："对于某些人而言，这是高度个人化的事情，而且这种情感联系力量非常强大，以至于他们与品牌的匹配可能限制了他们的职业晋升的意愿。"

分析绩效管理在业务运作中的作用，有助于薪酬奖励实践在激励人才方面提供的支持程度。奈飞公司CEO里德·哈斯廷斯（Reed Hastings）在《哈佛商业评论》中的一篇文章中告诉我们："人类管理工业公司已经有数百年的时间，很多人力资源实践经验都集中于此。我们刚刚开始学习如何运营完全不同的创新型公司。工业企业在减少波动（制造误差）方面做得特别好；但创新型企业在增加波动（创新）方面蓬勃发展。"在那些雇用大量Y一代员工的组织，或者注重创新和开发颠覆性资本的创新和技术环境中，使用纸质的年度绩效评估对员工敬业度无异于从头浇下的一桶冰水。创新型组织正在探索基于社交媒体的绩效反馈系统，使员工绩效反馈更加快速、及时、直接。我们无法从大型咨询机构中寻找"与众不同"的解决方案。被普遍接受的观点是，自上而下的目标和年度评估是业务必需的。但是，来自实践的声音正在挑战这一观念。优秀的管理者认为，对话质量才是最重要的，他们着力于考虑设计管理绩效的方式，而不是用年度文档和官僚作风扼杀绩效。看看运动、音乐和媒体领域使用的方法，他们帮助员工确定对短期和长期目标的双重关注。这些对话在训练场、排练室和工作室里每天都在反复上演。

最后，我们要谈最实际的问题，给多少薪酬才是足够的？剑桥大学金融学教授拉格黑文德拉·拉奥（Raghavendra Rau）爵士，在2003～2009年对特定组织的薪酬水平与成功之间的关联开展了纵向研究。他的研究指出，最高薪酬离群值（相对公司规模而言的前十分位）与更低的公司业绩之间存在正相关关系。他的假设是，薪酬非常高的高管对风险的态度会被自己的薪酬方案所扭曲，并导致他们的组织陷入财务困境。《让高管薪酬起作用：激励心理学》（普华永道，2012）认为，全球一致的趋势是，高管将为"正确"的工作接受更低的薪酬。总而言之，这些研究表明，冲着薪酬方案而来的高管（或其他人才）不太可能是该职位的最佳或者最符合要求的人选组织的薪酬负责人，应该告诉高级决策者抛弃"我们想要最好的绩效，我们愿意为之支付最高的薪酬"的观念，这可能是薪酬负责人应该带给组织的最重要的影响。

本章小结

历经7年的经济寒冬已经开始复苏，我们如何走过这个充满挑战和经济复苏的格局呢？企业正越来越认真地关注对人才的需求，并愿意为高绩效支付薪酬。管理组织的绩效和人才，特别是创新型和/或全球性环境中的绩效和人才，将成为一项关键任务能力。我们期望随着员工在新方向上的探索，工作变动的需求将会减少。然而，这为新员工进入市场提供了令人激动的机会，企业也正在确定清晰的招聘和薪酬战略并制订有效的执行计划。世界薪酬公司表示，随着公司投资于未来，把合适的人才放在合适的位置上，这样做会提高公司的财务绩效。不重视人才和薪酬议题的组织可能已经落后于竞争了。

《下一个高风险任务》（Towers Perrin，2013）一书指出，"那些不能够制定员工价值主张（EVP），并且能够细分员工队伍，并为关键员工群体提供定制化的 EVP 的组织，财务业绩几乎是对标群体的两倍"。韬睿惠悦全球人力资源公司研究表明，对不同人才群体的细分并定制薪酬实践是实现这一领域改进的关键，但这要求薪酬管理团队要有细分人才群体的知识与能力。英纳特公司在体育领域和高绩效文化方面的工作表明，谨慎细分人才群体，并为不同群体定制薪酬，可以有效地吸引、培养和保留人才。但这项工作需要花费大量的时间和资源。人力资源团队需要进行有效规划，从薪酬评估和奖金计划的年度周期中抽出时间，持之以恒地制定和实施相关规划。

薪酬专家需要开发大量管理工具，并以更具战略性和老练的方式来使用它们。

- 在寻找人才、人才管理、绩效参与和员工参与等方面与同事共同协作，以创造最有效的流程。
- 推翻薪酬计划执行中使用统一做法的普遍现状，制订符合不同员工群体需求的、有针对性的详细战术计划，特别是支持新市场增长的计划。
- 评估众多薪酬决定所依赖的年度绩效管理周期的有效性时，必须要坚定。想想看，它符合企业的目的吗？

丹尼尔·H. 平克在《驱动力》（2011）一书中，评估真正激发人才的因素的现状时感到不安。他认为，自主、精通和目标感对于创造敬业的员工至关重要。我们作为薪酬专家的工作是巩固和加强这一联系，而不是通过复杂和官僚主义来破坏这种价值创造。我们需要思考、行动，然后才能摆脱困境。

参考文献

Jackson, Samuel. 2009. "The Golden Few: Lessons in Talent Management from the Worlds of Entertainment, Sport, Arts and Academia." London. Available for purchase online at http://www.jacksonsamuel.com/our-research/research-paper-the-golden-few.html.

McCord, P. 2014. "How Netflix Reinvented HR." *Harvard Business Review*, Jan.–Feb. Available at https://hbr.org/2014/01/how-netflix-reinvented-hr.

McCoy, C. 2013. "Perhaps Reward Specialists Should Be Less Worthy and More Engaged." *Rewards Magazine*, November-December, p. 16.

Pink, Daniel H. Drive: *The Surprising Truth about What Motivates Us*. New York: Riverhead/Penguin, 2011.

PwC. 2012. *Making Executive Pay Work: The Psychology of Incentives*. London. Available at http://www.pwc.com/en_GX/gx/hr-management-services/publications/assets/making-executive-pay-work.pdf.

Towers Perrin. 2013. *The Next High-Stakes Quest*. WorldatWork, Scottsdale, AZ.

Towers Watson. 2014. *Global Workforce Study*. Available at www.towerswatson.com.

Veilmetter, G., and Y. Sell. 2014. *Leadership 2030: The Six Megatrends You Need to Understand to Lead Your Company into the Future*. AMACOM, New York.

第40章

强化薪酬和投资回报之间的联系

梅尔·斯塔克（Mel Stark）
合益咨询集团（Hay Group, Inc.）

马克·罗亚尔（Mark Royal）
合益咨询集团（Hay Group, Inc.）

从雇主的视角看，总是需要把薪酬与投资回报挂钩。这种观点源于这样的认知：组织必须正确地使用薪酬资金以驱动行为，激励员工，使其敬业，并确保薪酬体系已经尽可能地吸引和保留业务成功所必需的人才。因此，我们必须清楚，并不是所有的企业或者公司内的所有职能部门都只需要"最优秀的人才"。有一些企业就是无法承担这种业务成本，同时还有一些企业用一种关于现金薪酬和福利的完全不同的视角来执行它们的人才战略，因为薪酬的概念非常宽泛，我们将在本章中进行讨论。

"CEO的挑战调查（2013年和2014年）"表明，人力资本是最重中之重，主要议题包括内部人才发展、培训和开发、培养员工敬业度、提升业绩管理流程和保留关键人才。而且，人力资本被认为是客户关系、创新和卓越运营的"公司层面的驱动因素"。因此，如果人力资本是组织绩效的引领因素，那么，"顶尖人才"就对发挥企业的全部潜能至关重要。你必须选择如何对这些员工进行激励。

尽管激励顶尖人才是每一个组织人才管理和业务战略的关键要素，但显而易见，我们无法用一个方案"包打天下"。对于我们这些负责薪酬方案及其效率管理的人来说，用不同的、创造性的方案实现同一目标是至关重要的行动。想想当近期经济萧条给人力资源管理和直线管理者带来压力时，你曾经做过的或者听说过别人所做的那些事，类似于"用更少的投入做更多的事情"，用前所未有的领导角色来管理预算。而且，许多人还是认为，范式和理念依然如之前的做法一样。

在薪酬领域，大家经常说，"公平并不意味着相同"。做正确的事情，将薪酬与业绩挂钩，从而提高你的投资回报，这通常意味着需要差别对待员工。有时候这说起来容易，做起来却很难。在2008年合益咨询集团与《财富》杂志合作开展的关于"世界最受尊敬的公司"研究中，通过研究这些公司的薪酬方案的效率，我们发现，在加薪工作中，只有三分之一的公司对顶级绩效员工的加薪幅度两倍于员工平均加薪幅度（大约三分之二的公司对顶级绩效员工的加薪幅度1.5倍于员工平均加薪幅度）。然而，在最受人尊敬的公司中，超过50%的公司对顶级绩效员工的加薪幅度2倍于员工平均加薪幅度。有人可能会问，这是"鸡生蛋还是蛋生鸡"的问题吗？也就是说，是否由于最受尊敬的公司更成功，而且财务状况能够有更多的自由支配空间，使得其更加容易做到这些？还是它们在看待、监督和评估绩效方面做得更好，使得它们能够实行这种薪酬差异，并且能够用更好的方式进行薪酬沟通？实际上，这存在着两个方面：一方面是对严苛的人力资源方案的深度支持的高管；另一方面是直线管理者，他们能够正确理解其角色、高效执行和与员工沟通，并且能够识别、培养和凝聚驱动业务目标实现的员工队伍。

当企业界正面临这种挑战的时候，差异化的方式已经在娱乐业和职业体育领域中存在几十年了。那些吸引人们来到售票处、体育馆和竞技场的顶尖人才拥有"明星威力"，值得你下赌注，他们被发现、追求、善待和激励，并以非常舒服的方式获得回报。你可以说，这通常被公众认为是过度薪酬，尤其是和公共服务员工（例如，教授和急救人员）相比的时候。但这个争论并非激励顶尖人才的理念，这些企业这样做以便提高它们在竞争中胜出的能力，在任何情形下都是一笔划算的生意。

当然，你不能孤立地看待激励顶尖人才的理念，而不管激励其他人才的方式，它们应该成为一个"体系"、一套理念和实践，以表达你的组织激励员工的方式、内容及其理由。薪酬应该用最宽泛的术语来考虑，应该包括那些能够用金钱价值表述的薪酬因素和那些隐性的薪酬因素，他们都是激励顶尖人才的关键（也有人认为，实际上，隐形薪酬因素在人才保留中扮演着更为重要的角色）。因此，我们会从整体薪酬的回顾和厘清开始。

40.1 整体薪酬

很多人对于薪酬概念的下意识反应就是他们在每个工资周期看到的工资单。还有一些人可能认为薪酬包括那些他们可能获得的可变薪酬机会（例如，奖金或者红利）。尽管这些条目都是现实的、有形的，但是薪酬的概念远非如此。

对不同的人而言，薪酬的含义是不同的，而且，它的含义还有赖于使用该词的情境。然而，尽管在商业情境中许多事物通常都像电影《狂野西部》（*Wild West*）一样，但是薪酬通常会被认为就是员工薪酬（基本薪酬、奖金或者红利）和福利计划。然而，当你听到"整体薪酬"这个词时，其内涵就已经超越了这些显性因素了。它还包括那些隐性因素，它们更加难以看见和触及，但是非常真实地影响着员工的敬业度和满意度，同时在吸引和保留关键员工的过程中扮演重要角色。时下比较流行的"薪酬"一词的定义是，组织提供的、员工认为有价值的所有事物。因此，为了激励顶尖人才，你必须意识到所有可以利用的手段，并且有效使用它们，以确保你提供的待遇和希望传递的信息的效用最大化。

40.2 整体薪酬要素

图 40-1 概要地呈现了整体薪酬要素间的差异。基本薪酬是所有其他显性薪酬要素的基础。除此之外，还有分红、长期和短期奖金，当然，还有不同种类的福利计划。在此，我们要说的是，激励顶尖人才应该不仅仅考虑那些显然重要的工资、福利和补贴，还要探索和考虑员工从工作中体验到的所有隐性方面，两者共同构成了组织提供的整体薪酬。如果善加利用和安排，它们能够形成协同效应，并且成为组织难以被轻易复制的真正竞争优势。正如美国西南航空的创始人赫伯·凯莱赫（Herb Kelleher）所说，"那些无形的事物才是最难以被竞争者模仿的。你可以买到飞机，你可以买到售票柜台，你可以买到拖车，你也可以买到行李传送带，但是西南航空的精神是最难以复制的。如果我们抛弃了它，我们就失去了我们最具价值的竞争资产"。[1]

		常见的例子	薪酬要素	定义
内部价值动机	无形的	·职业发展 ·工作与生活的平衡 ·安全与治安	非现金奖励	整体奖励
可用来分配的客观价值奖励	有形的	·社会保障	法定福利	整体薪酬+
		·退休规定 ·死亡/残疾/疾病 ·车辆 ·福利津贴/贷款	非法定福利	整体薪酬
		·高管股票期权 ·受限/业绩股份 ·长期现金计划	LTI	整体定向薪酬
		·销售佣金 ·年度奖金 ·年度激励	年度变量	整体现金薪酬
		·基本薪酬 ·固定薪酬 ·近期现金补贴	有保证的现金	

图 40-1　整体薪酬要素

丹·科尔曼（Dan Goleman）在其发表在《哈佛商业评论》上的文章《成功的领导力》中，对职业高尔夫球手和高影响力的领导者进行了比较。职业高尔夫球手由许多俱乐部来支持。在漫长的赛季中，职业高尔夫球手会根据目标杆数的要求来选择俱乐部，他们有时候会深思熟虑然后再选择，有时候也会凭下意识进行选择。科尔曼认为，与此类似，高影响力的领导者也能够在不同的领导力风格中进行选择，根据环境差异进行深思熟虑或者下意识的决策，以找到管理不同情形的最佳方案。[2]

同理，科尔曼的类比可以延伸应用到整体薪酬的不同要素之中。当整体薪酬得以在不同情形下被艺术化地应用时，企业就可以有效地使用整体薪酬这块"调色板"，使得所有要素都非常有用。

简言之，如果仅仅关注那些非常显著的薪酬因素部分，那么你既无法有效地思考，也无法很好地执行对顶尖人才的激励。当然，使用整体薪酬的方法需要投入更多的工作，需要创造力，也需要组织、经理人员和人力资源领导者投入更多精力，但这些和你从顶尖人才那里期望获得成果的相比都不算什么。

40.3 促进员工敬业度达到高水准

如果员工对于公司的成功和竞争优势非常重要，那么无论环境好坏，保留顶尖人才都是企业的关键事项。许多公司因此而非常重视薪酬问题，但是对薪酬不满意通常并不是导致员工开始寻找其他工作机会的原因，尽管在其他地方能够获得更高薪酬的预期会强化离开的决策。为了保留和激励人才，组织需要集中精力提高员工敬业度，建立更好地支持员工成功的制度。

敬业度是指员工感觉到的对组织的认同感（例如，他们向朋友和家人推荐公司的意愿，他们为之工作的自豪感，他们愿意留下来成为其中一分子的倾向）。但它也包括员工的自发努力，即他们自发为组织成功付出额外努力的意愿。时下的组织都需要尽可能用更少的投入实现更多的产出。努力获取更高的效能，激发员工的自发努力则是重中之重。而且，在快速变革的环境中，大多数的企业都面临员工的角色和职责持续变化的情形，组织必须依赖员工根据自发的与组织文化、目标和价值观一致的方式来开展行动。

谚语有云："金钱买不来你的爱。"同样，它也无法买来员工的敬业度。然而，员工在对组织的贡献和从组织中获得的回报之间的平衡感是其持续付出额外努力的基础，也是建设敬业的员工队伍的基础。也就是说，薪酬方案是有效的员工敬业度提升战略的重要内容之一。

合益咨询的研究表明，有两类最为重要的因素决定组织中的员工敬业度水平。第一，员工的敬业度不仅仅受员工当前的工作体验的影响，而且受他们关于未来的预期看法的影响。员工如果产生对组织的承诺，尤其是长期的组织承诺，他们必须确信他们的公司有良好的领导，在正确的方向上发展，并且产品和服务定位准确，直指客户需求。因此，员工需要有在企业内部关于学习、发展和职业晋升等方面的积极期待。第二，敬业是一种交换关系。如果企业希望员工做更多的工作，提供更多的贡献，那么员工就必须感觉到作为人的价值感，他们的努力能够得到认可和欣赏，从长期来看，他们为组织的付出和他们从组织中获得的回报能够取得平衡。

在过去的几十年中，有许多研究都表明，薪酬和认可比单纯的薪酬具有更有效的激励作用。并不是说金钱不管用。如果员工感觉他的薪酬过低了，也就是说他的薪酬没能反映他对组织的贡献，那么他的动机很可能会受到挫伤。然而，如果要鼓励员工在工作中倾注额外的努力，贡献更高的绩效，那么更有可能产生与众不同效果的就是提供更强劲的激励。也就是说，在思考薪酬对于敬业度的影响这个关键问题时，我们建议组织采取整体薪酬的视角，既关注显性因素，也关注隐性因素。

这应该是一个受欢迎的消息。目前，许多组织都在努力应对员工对金钱过分关注的压力。合益集团进行的对包括来自全球超过 600 万员工样本的员工观点调查表明，如今只有 47% 的员工认为，与他们的付出相比，自身获得了公平的薪酬。而且，只有 44% 的员工相信，他们的绩效和薪酬之间有清晰的关联。

近年来，显性薪酬与员工贡献相匹配的工作变得更加困难。在日趋严峻的经济环境中，薪酬预算收到了严重的挤压，这意味着，一方面组织要求员工付出更多的努力，提供更多的贡献，但另一方面，组织为这些额外努力提供薪酬的财务能力却受到明显限制。

在这种情形下，目前的企业都在采取什么方式应对呢？为了探究此问题，合益咨询在 2009~2010 年与美国薪酬协会（一个面向人力资源管理专家和业务领导者的全球化协会）合作开展了一项调查。超过 650 位人力资源管理专家提供了他们关于如何看待不同薪酬要素对员工敬业度的影响的观点。

在财务薪酬方面，短期激励、红利方案、福利和津贴一起被认为是最有效的，领先于基本薪酬和加薪、长期激励、财务认可方案。短期激励排名靠前的原因是，它们与员工的贡献和绩效关系非常直接、紧密。但是福利排名如此靠前看上去有点有悖逻辑，但这可能恰好反映了一个事实，即通常被认为所有人都差不多的福利，恰恰是有效传递组织如何看待员工的信号机制。

然而，显而易见的是，薪酬专家们认为，在驱动和维持敬业度方面，薪酬计划的隐性因素比显性因素更加重要。领导质量、工作性质、工作环境的品质、职业和发展机会与获得工作生活平衡的能力，比财务薪酬的排名都更加靠前。

对组织以及它们的薪酬计划而言，这意味着什么呢？我们为此提出了四项关键建议：

- 超越薪酬福利，使用整体薪酬的理念。应理解整体薪酬已经超越了过往的薪酬福利的概念，并且建立组织的核心信息，例如，围绕整体薪酬要素的雇用价值主张或者雇主品牌。为经理人员开发相应的工具，让他们能够不局限于传统薪酬福利的范畴进行有效的员工激励，并加强围绕整体薪酬的沟通。
- 对不同的细分员工队伍定制整体薪酬。应该认识到不同的员工群体，并基于这种理解建立经理人员的工具包。聚焦于经理人员能够使用的职业发展、组织和职位设计、非财务认可计划和组织工作氛围，激励承担不同角色的以及在不同职业发展阶段的员工。
- 将员工和经理人员纳入薪酬设计和启动程序之中。当薪酬计划有效平衡了组织和员工的需求时是最为有效的。然而，许多组织并没有很好地处理员工在薪酬方面所看重的因素。大多数企业都会倾听顾客的倾诉，以了解顾客在产品和服务方面所看重的因素。这种理念也应该应用到它们最重要的内部顾客——员工身上。薪酬专家们认为，当员工和经理人员有效地投入到薪酬计划的设计和实施过程中时，敬业度就能够提高，但是在实践中却很少有企业这么做。
- 沟通组织所提供薪酬要素的价值。整体薪酬宣言是非常有效的组织提供薪酬要素的沟通工具。人力资源职能也应该积极地投入到帮助直线经理人员理解和沟通显性与隐性薪酬要素价值的工作之中。

由于如今组织运营越来越精益化，员工也被要求用更少的投入产生更大的产出。在高工作负荷的环境中，员工通常更容易受到薪酬计划和政策的影响。当非常清晰地意识到他们为组织做出的所有贡献时，员工更倾向于提高对组织的压力，以获得贡献与回报的平衡。在这种情景下，确保薪酬实践和方案充分认可员工的努力与贡献，比之前的任何时候都更加重要。

40.4 投资回报

在本章前文中，我们已经提及了 ROI 以及使你可利用的薪酬预算回报最大化的必要性。经常有人说，人是组织最重要的资产。然而，事实上他也是组织最重要的支出之一。薪酬可能是公司成本结构中管理最为宽松的项目。对于一些组织来说，总成本的 70% 以上都被用在了薪酬方面，因此，薪酬不容忽视，在面临严峻挑战的经济时代尤其如此。

大多数企业都不会在没有计算投资回报的情况下购买一台 10 000 美元的复印机，但是许多企业却在不进行投资回报分析的情况下，在薪酬方案上投资数百万美元。2005年，在合益咨询、美国薪酬协会和芝加哥洛约拉大学（Loyola University Chicago）合作开展的研究中，我们发现，在全行业中约有62%的雇主报告说他们甚至没有想过要计算薪酬方案的投资回报，38%的雇主会进行评估，但其中大多数雇主都是通过和经理人员、员工讨论他们所关注的薪酬方案效率的非正式方式进行评估。也有大约18%的组织会使用正式方式进行薪酬方案的投资回报评估，例如，员工观点调查、人员投资及其生产效率的比较等。

谚语有云："如果你不知道要去往何方，那么道路将会带你去应往之处。"在薪酬方案方面，这句话特别真实。不管是显性薪酬还是隐性薪酬都是能够帮助提高组织效率的工具。雇用关系包含了组织的"胡萝卜"与员工贡献之间的交换关系。一个设计精良的薪酬方案聚焦于那些能够吸引和保留组织所需人才，以及激励员工按照与组织目标一致的方式开展工作的因素。因此，整体薪酬的方法应该同时考虑组织和员工的需要。

图40-2展示了合益咨询的整体薪酬框架。如图所示，一个设计精良的薪酬方案首先需要致力于开发整体薪酬战略，将整体薪酬与组织业务和人员战略挂钩，为组织业务和人员战略提供有效支撑。同样重要的是，薪酬方案设计需要注意最大化组织员工的敬业度水平。在薪酬方案的执行过程中，改革需要进行精心管理和沟通，以确保对决策背后的逻辑和意义的准确理解。

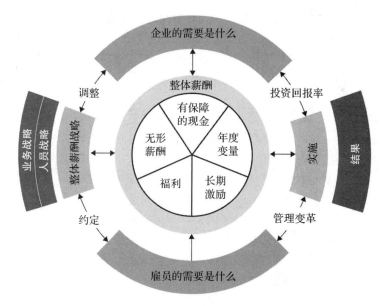

图40-2　合益咨询集团整体薪酬框架

资料来源：© 2008 Hay Group. All rights reserved.

在思考薪酬方案的激励效果时，需要特别注意的是，一套薪酬方案不可能适用于所有业务和员工群体。例如，能够激励处于职业生涯晚期的经理人员的方案，与能够激励新入职的处于入门级别的员工的方案可能并不一致。适用于创业阶段的高科技企业的薪酬方案能够吸引适应这种环境的员工，但无法适用于处于高度管制的公共服务组织。因此，思考薪酬方案的投资回报的关键之处在于，必须首先理解组织和员工的需求，然后再开始制订能够尽可能满足特定员工或者员工群体的薪酬方案。

40.5 前进路上的障碍

尽管我们已经清晰地意识到整体薪酬作为激励顶尖人才手段的重要性，但有一句名言告诉我们"现金为王"。员工可能记不住企业激励方案中的所有目标，也可能无法复述雇主的核心价值观，但是他们肯定知道他们的基本薪酬，以及工资在市场上的竞争力状况，而且他们还可能对上次加薪为何不足有非常激烈的观点。

基本薪酬是所有薪酬方案的基础，也是大多数员工薪酬的主要可见部分。每一张工资单都在提醒员工，他们在上一个工资周期付出的努力与公司如何评估他们的价值之间的关联。显然，"正确设计基本薪酬"并且将其作为激励顶尖人才的重要方式非常重要。但是，在有效管理基本薪酬和整体现金薪酬时，有许多核心要素必须协同工作，唯有如此才能提高企业有效激励顶尖人才的能力。

首先企业必须有一套围绕薪酬的理念和指导原则，例如，如何定位薪酬（基本现金和整体现金薪酬）水平，为什么，如何组合和平衡不同的薪酬内容，坚持绩效薪酬的导向。所有这些方面如何和员工个人联系起来，企业对员工的日常行为有何期望，最终这些方面如何支撑组织的成功。然而，仅仅拥有一套理念是不够的，这套理念还必须得到有效的沟通，并且得到充分理解。合益咨询集团在2002年的研究表明，尽管有接近90%的受访企业都声称它们有薪酬理念，但是其中只有三分之二的企业说，它们已经把它书面化。然而，当问及我们主要关心的问题——与员工的沟通，只有三分之一的企业相信它们已经和员工进行了有效的薪酬理念沟通，并且使员工对此有了充分理解，而这是一套薪酬方案产生有效激励的关键要素。

现金薪酬管理的第二项关键要素是根据绩效分配工资增长。组织必须确保绩效评级转化为差异化的薪酬。许多组织付出了巨大的努力确保管理者在绩效评级时遵从某种绩效等级的分布曲线，但是如果业绩最高者得到的薪酬（不管是绩效加薪、浮动薪酬还是期权）只比绩效一般者略多一点，这么做又有什么意义呢？评级只是达到目的的一种手段。最终结果是，最高绩效的员工将获得更高的奖励，而不仅仅是一个完美的分布曲线。

在许多组织中，管理者希望给他们的明星员工更高的增长。但是许多人都将其看作零和游戏。如果给某个员工更高的增长意味着其他员工得到的更少，这使得管理者必须做出艰难的决策。许多管理者选择采用收到抵触最少的方式，给所有员工几乎一样的工资增长，而不是直面和解决员工业绩差的问题。这种现象可以通过贯穿整年的持续员工对话来避免，它能够为实行差异化的薪酬铺平道路。持续的员工对话消除了令人惊讶的因素，这将会降低给予更低工资增长所造成的刺痛。那些不擅长进行绩效导向讨论的管理者需要接受辅导，以提高他们的技能。这种管理勇气在提升组织氛围方面非常有效。在2009~2013年合益集团开展的调查中，近乎一半的员工关心他们的组织对于绩效糟糕者的容忍。

绩效增长矩阵提供了一个工具，用于根据员工个体绩效和员工薪酬在整体薪酬幅度中的定位（这是组织在竞争性市场薪酬中期望水平的典型参照）分配绩效加薪预算。但是这个工具本身也存在不足，如果管理者没有准备准确的信息，那么它就只是一个拐杖而已。这个工具能够传递企业的薪酬方案，也能够有效地告诉员工为什么他们获得了工资增长，他们应该怎么改变才能够提升未来的机会。

还有一项通常会用现金方式支付的内容就是浮动薪酬，它通常也会与红利和奖金互换使用。然而，我们认为这种术语的互换实际上是一种偷懒，并且减少了企业提供的薪酬方式的变化。为了厘清这些概念，你应该考虑以下差异：奖金应该是提前确定的、经过沟通，并且被员工知晓和理解的。衡量指标应该是清晰并且可追踪的，在一年中的任何时间点上，企业和员工都应该知道他们干得怎么样，在年末，企业和员工对产出及其结果则应更加清楚。典型的红利是在某件事发生之后再确定的，而且通常是主动的。因此，互换使用这些术语限制了组织提供红利的能力，但它们可以被描述为或者被作为奖金的补充。

撇开这两种可变薪酬的方式的定义不谈，为了使薪酬方案更具激励性，或者更好地表达对某方面突出者的认可，这两种方式都应该在组织的整体薪酬理念和运营文化中确定其定位。它们的数量应该有意义，并且与薪酬理念和文化相关。但是，如果组织宣称它们在其业务发展领域方面非常具有竞争力，但是在奖金计划方面却不具竞争力，它们的奖金与薪酬理念以及文化之间的联系就不紧密，两者之间也没有逻辑关系。对于那些工作努力并收获了高绩效的员工来说，下一年会得到什么消息和激励呢？

与此类似，如果组织去年总体上差强人意，员工并没有真正看到其工作与最终结果之间的关联，但组织支付了数目可观的红利，你会沟通哪些信息呢？我敢打赌，大家会笑纳这些奖励，但是你在传递关于未来期望的何种信息呢？你是否正在冒着滋生"应得权利心态"的风险呢？

或许"现金为王"是对的，但前提是它必须得到积极的管理。

40.6 帮助我就是帮助你自己

如果你是一名电影专业的学生或者是一名喜欢电影的人士，你可能会想起汤姆·克鲁斯（Tom Cruise）说过的一句令人印象深刻的话："帮助我就是帮助你自己。"在1996年出品的《甜心先生》电影中，他扮演了一名非常活跃的超级运动经纪人杰里·马奎尔。在片中，杰里正在努力争取他的最后一个老客户罗德·蒂德韦尔（由小古巴·古丁饰演，他凭借其角色获得了学院奖），要求罗德帮助他了解他需要知道的关于罗德的事情（这就是"帮助我"），例如那些影响罗德性格和思想的事物、吸引他的事物、对他有用或者没有用的事物、不能用来谈判的事物等。在此之后，杰里就可以反过来为罗德进行谈判，并且获得一个最有利的合同（也就是"帮助你自己"）。

我们在此使用这个类比可能有些夸张，但是"公司"（罗德，客户）和他的"员工"（杰里，经纪人）之间的关系也是如此。为了使员工能够尽其所能地干好他们的工作，也需要让他们获得相关的信息，例如，关于他们的工作、公司期望等类似的信息。然而，我们在这里要强调的是，我们认为你的员工也会从关于他们自身、他们的优势和发展需求的相关信息中获益。这对于顶尖人才尤其如此，因为研究表明，我们通常将发展计划聚焦于那些有问题的员工，并认为那些绩效最好的员工已经具备了公司所需的能力，并且可以自我成长。然而，事实上，如果你能够找到盲点和发展同样方面的渠道，那么绩效优异者能够产生更大的成长。在此背景下，我们认为，评估对公司和员工都有用。

首先，企业应该质疑它们自身现有的用来识别顶尖绩效者或高潜人才的流程或者系统。我们都知道，这些制度根植于公司的历史或者文化偏见，如果详加评估，它们很难和那些真正推动组织成功的人或者过往绩效直接关联起来。许多企业在人才甄选决策方面十分困难。识别顶尖人才或者那些前途光明的高潜人才，对于驱动绩效至关重要。使用基于研究的能力评估和模型，找出那些真正直接驱动优秀绩效的特质，是一种有效的方式。研究也表明，这些方式能够显著地提高组织价值。

在本章的情境下，评估也可以看作回报顶尖人才的一种方式。显然，并不是每个组织都会提供专业的技能和发展需求评估，也不是每个人都有这样的机会获得评估。把这件事情做好，它的价值如同黄金，经常被那些参与评估的员工视为"礼物"。这个过程会产生一些解释性信息，对此我们必须用非常专业的方法进行管理和解读，尤其是和评估反馈相关的部分，因为它们可能非常敏感。另外还有大量能够适用于不同需求和预算的应用。合益集团已经在这个领域开发和使用了一些非常有效的工具，例如，"领导风格清单""组织氛围调查"和"情绪和社交能力清单"。

如果我们重新回到《甜心先生》这部影片，我们就会发现，评估信息就是一种帮助那些受邀参加者（也就是"帮助他们"）确定为公司提供更大贡献（也就是"帮助你"）的最佳方式。如果你决定聚焦于为顶尖绩效者提供这类机会，这当然值得宣传，并且作为他所获得的整体薪酬中的一部分。顶尖绩效者获得了发现过往未曾注意到的机会，通过评估，他们提高了自我意识，并且聚焦了他们的发展精力。在参与评估程序之后，有些员工也会更加清楚地意识到，并且做出决定"这不是一个适合我的位置"。在职业生涯的早期，或者在一个不太适合的职位和职业路径上花费太多时间和精力之前发现这个问题，比到最后已经来不及变更职业道路的时候才发现，要好得多。这应该是对所有人的最好的礼物。

40.7　为员工成功进一步赋能

上文所述的评估程序是合益集团推荐的为员工赋能的要素范例。我们的研究表明，单纯的员工敬业度并不能保证组织的效率。我们在全世界不同国家、不同行业的企业中进行的研究发现，虽然许多企业的员工敬业度水平很高，但是业绩却仍然非常不理想。他们没有认识到的问题是，真正的员工赋能（employee enablement）才是驱动被激励的员工实现成功的关键。

如果说员工敬业度保障员工"想要做"（想要做更多、贡献更高的欲望），那么员工赋能就是保障员工"能够做"（使工作能够有效完成的能力）。这首先要求将人员匹配到能够最大程度发挥其能力的职位上，还要求员工在支持性环境（即员工拥有其工作所需的有效资源，绩效的障碍被最小化）中开展工作。合益集团在 2009 年开展的一项涵盖了全球员工观点数据库中的 400 家企业的跨行业研究显示，员工敬业度水平在前四分之一的企业营业收入增长率，是员工敬业度水平处于后四分之一企业的 2.5 倍，而员工敬业度和赋能水平都处于前四分之一的企业的营业收入增长率则比其高达 4.5 倍。这就是薪酬投资回报的有力例证。[3]

不幸的是，大多数组织雇用了相当多的"挫败的"员工，他们高度敬业但是赋能不足，以致工作无法达到最佳效率和效果。挫败对组织和员工来说都是一个显著的问题，在面临严峻挑战环境中尤其如此。那些总是试图竭力提高生产率的企业无法容忍浪费动力十足的员工。而那些被要求工作更加努力、所需投入更少、产生贡献更多的员工当然也想要用更加聪明、有效的方式开展工作。简而言之，那些动力强劲但赋能不足的员工只能在沉默中煎熬。然而，一段时间之后，许多人都可能会降低敬业度或者准备离职。[4]

40.8 现在和未来

薪酬计划设计和执行之间的关联注定特别微弱。在一个动态系统中，总是会出现某些变革，所以在任何时间点上，对组织而言，在哪些能够匹配、哪些有效等问题上总是存在不确定性。然而，这种弱关联在人力资源和薪酬方面产生了巨大的机会。关于这一点，在合益集团进行的研究中，人力资源专业人员告诉我们，他们认为企业缺乏强有力的薪酬策略，并且不同薪酬要素的管理也彼此孤立。[5] 根据世界大型企业联合会（The Conference Board）的报告（2013年和2014年），由于CEO关注的重要事务的优先顺序，"把握今天"的机会，围绕薪酬计划管理（甚至与更广泛的人力资源管理政策与实践建立联系）采取积极行动，进行系统思考和实践，没有比这更具吸引力的了。

在上文提及的研究中，除了希望更加有效地推动差异化薪酬之外，人力资源专业人员期望能够切实聚焦于薪酬沟通。由此，员工能够认识到他们的薪酬方式是整体薪酬，领导者能够持续进行常规化的薪酬和绩效沟通，并且能够使得管理者和员工更多地投入到薪酬方案的设计和反馈工作之中。

我们将在未来更加重视可变薪酬方案的设计和沟通，因为它们在（公司、部门和个体）目标与员工能够有效帮助组织成功并且获得薪酬的行为之间起着至关重要的连接作用。

本章小结

薪酬在词典里有基本的定义，简单地说，薪酬就是"为服务或者成果提供回报的那些东西"。我们认为，本章的重点是要告诉大家，薪酬不仅仅是"那些东西"。实际上，组织能够提供也应该提供的薪酬是非常多的，形式也是多种多样的，可以是经济性的，也可以是其他的。为了使薪酬更加有效，管理者应该意识到所有的薪酬的可能性，并且主动对经济性薪酬、薪酬组合和薪酬信息进行管理，以使这些薪酬的动态管理工具实现其应有的功能。

注释

1. Doug Jensen, Tom McMullen, and Mel Stark, *The Manager's Guide to Rewards: What You Need to Get the Best for—and from—your Employees.* AMACOM, New York, 2007, p. 61.
2. Daniel Goleman, "Leadership That Gets Results." *Harvard Business Review* 78(2):78, 2000.
3. Mark Royal and J. Yoon, "Engagement and Enablement: The Key to Higher Levels of Individual and Organizational Performance." *Journal of Compensation and Benefits*, Sept.-Oct. 2009. Available at https://atrium.haygroup.com/downloads/marketingps/nl/secure/PS_WW_EES_The_Key_to_Higher_Levels_of_Performance.pdf
4. Mark Royal and Tom Agnew, *The Enemy of Engagement: Put an End to Workplace Frustration—and Get the Most from Your Employees.* AMACOM, New York, 2011.
5. Dow Scott and Tom McMullen, "Rewards Next Practices: 2013 and Beyond." *WorldatWork Journal*, Q4, 2013.

第41章

将工作/生活有效性纳入整体薪酬策略

凯瑟琳·M. 林格尔（Kathleen M. Lingle）

本章将分享来自全球 700 余位工作/生活议题的研究者的最新、最有力的研究发现。这些研究结果认为，薪酬、工作/生活以及整体薪酬的其他要素之间更加紧密的协作可以通过具体方式解决工作场所中的很多问题，这些问题的解决主要依靠的是我们的整体性思考。实际上，这么做还将以可预测和可评估的方式推动业务的整体成功。这就是值得我们去构建的整体薪酬传奇。

41.1 学习要点

在工作/生活组合的整体视角，以及不断强大的研究发现之下，工作/生活有效性的实践为许多薪酬专业人员所关注的问题提供了方法论和精良工具，其中包括高质量绩效的可持续性，在"大数据"时代更好地应用强大的分析技术，确定并提升工作场所中的员工敬业度和创新的驱动因素，开发帮助领导者适应快速变革环境的战略和策略。工作/生活研究和实践经常公开宣称的业务产出是，这项独特的专业能力能够强化雇主在国家层面和本地层面的劳动力市场中，作为"最佳雇主"的认可程度和竞争优势。

本章具体的学习要点包括如下：

- 薪酬功能的主要目标，及其工作/生活实践的存在原因。对这项实践的深入理解，实际上为更好的协作打开了"另一扇窗户"，这将更快速、更有效地打破限制业务成功的障碍。

- 商业领域和政治领域一样，思维模式可能会限制对变革事件、市场和过程的良好反应，也可能会创造激励和生产力。关于思维模式与相应影响指标的关系的探索提供了几个范例，说明薪酬和工作/生活专业人员具有界定和解决许多重要问题的潜力。
- 某些关于工作、员工和工作环境的静态思维模式是组织敏捷性的障碍，必须得到解决。经验认为，"高效工作场所"的必备要素包括，厘清可管理的人才战略具体内容，以便提供最大化的组织影响。
- 创新思维并不是一项脱离组织功能的技能，它来自跨越不同理念和知识的专业团队合作。在当今时代，业务的可持续性要求更多的创新思考和解决方案。

41.2 什么是工作/生活有效性

工作/生活有效性（work/life effectiveness）指的是个人（员工）、职业（工作）、家庭和社区之间的交叉（见图41-1）。

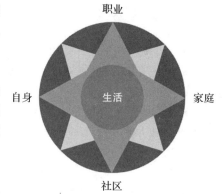

图 41-1 工作/生活有效性模型

工作场所很少像这个词组本身暗示的那样静态，因为现在的工作更多不是指一个场所，而是一系列的需要完成的任务和实现的目标。社区（不管是本地、国家还是全球的）是员工生活的地方，也是雇主获得顾客和劳动力的地方。雇主组织也要在社区中赢得口碑和商誉，维护良好的口碑和商誉对于积极的业务产出至关重要。因此，社区是运营的重要基地，也是雇主和雇员的主要利益相关者。家庭是社会的核心单位、不同文化的捏合药剂、创造未来劳动力和顾客供给的引擎，家庭的和谐和质量对于雇主来说非常重要。

当人们谈及其职业的时候，很多冲突就在这个领域中产生了。在家庭、社区和工作场所所发生的事务之间不可避免地会相互侵蚀。如果要取得员工和雇主的共同成功，这些冲突就需要得到积极的管理。例如，拥有孩子是一个重大的人生事件，这将导致工作当中和工作之外时间和精力分配的巨大变化，尤其是对（当然不仅限于）主要的孩子看护者。健康状况每况愈下的年迈父母也有类似的影响。每一个工作的人都是变戏法的人，总是在工作和生活的其他方面的重要交叉点上，在不断变化的各种冲突的优先级之间巡游。

41.3 工作/生活组合

在过去的几十年中，雇主们开发了大量的组织实践、政策和方案，以支持员工获得工作场所之内和之外的成功，并坚持持续创新，以响应21世纪的挑战。

这些雇主支持的创新方案构成了一个战略性框架，形成了工作/生活组合（work/life portfolio），这是组织吸引、激励和保留那些实现业务目标必需人才的整体薪酬战略的关键要素。这些人员管理实践被归为七大类，它们的设计目的是解决每个人在其整个职业生涯周期（从入职到退休）中都会遇到的可预期的问题（见图41-2）。

图中的双向箭头表示，这些类别中没有任何一种是单向、孤立或者随意的。实际上，这些类别以复杂的方式相互关联，对工作/生活的研究也正在取得大幅的进步。例如，工作场所弹性实践与更好的健康和幸福感产出具有非常强的关联。执行工作场所弹性方案不可避免地要求重塑工作场所的文化，因为几乎没有哪个组织在设计之初就是为了保持当初的弹性。今天，我们能够理解，身体和财务的健康状况是相互独立的，这比我们在六年前的理解要深入得多。确保员工家属得到良好的照顾不仅能够提高员工的生产效率，而且会影响整个家庭系统的健康和幸福水平。与此同时，对家属照顾的支持提高了员工的财务保障，激发了带薪和无薪休假实践的创造性使用。

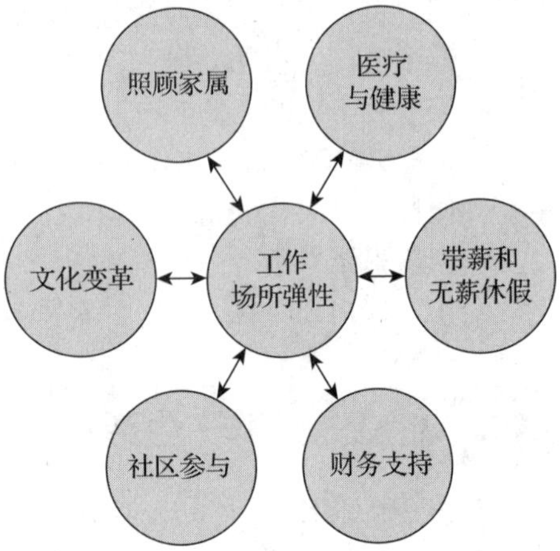

设计和管理一个多层面的工作/生活组合的过程既需要科学也需要艺术。进行这项工作的工作/生活专家们需要许多技能，包括：

- 儿童和长者看护评估技能。
- 工作/生活需求评估设计。
- 文化变革管理和变革沟通专长。
- 熟练掌握设计和管理柔性调度的技术方面能力。
- 执行非直线性的职业路径管理。
- 辅导方案的设计和执行。
- 试点方案（Pilot Program）执行。
- 工作/生活培训方案的开发和交付。
- 研究设计。
- 度量和分析评估。

图 41-2　工作/生活组合

这看起来是不是非常离谱的要求？的确是。然而，自从 2003 年工作-生活推进联盟（alliance for work-life progress）并入美国薪酬协会之后，首个工作/生活认证已经被开发出来，因此，该领域的新进入者现在能够获得工作中最关键内容的培训，例如，提高组织敏捷性，以抵御当今快速变革业务环境的冲击。

41.4　工作/生活领域正在做什么

工作/生活领域的专家可以分为三个主要的群体：研究者、实践者和咨询顾问。在 1990 年之前，该领域没有出现企业的实践者。工作/生活研究领先实践不止十年，如今，研究者的数量和质量都在不断上升。实际上，工作/生活研究网络（Work Family Research Network）于 2014 年 6 月中旬召开第二次全球会议，吸引了近 1 000 名研究者参加。

与许多不知情的观点相反，工作/生活领域无论是在大众媒体还是学术性刊物中都是由大量数据驱动的。所有规模和行业雇主对工作/生活领域认可的追求导致了全国范围内的强烈竞争，这些企业的实践大多数都由《财富》和《职场母亲》（Working Mother）这两本杂志进行审查。所有人随便敲几次键盘就可以找到在工作/生活有效性方面的百强雇主。其他的人力资源管理功能很难出现这种情形（除了多元化管理之外）。

在学术研究方面，每年有接近 2 000 篇工作/生活的研究论文在权威期刊上发表。这种智力产品在发表渠道上也充满竞争，从而产生了针对工作/生活研究年度卓越贡献的"罗莎贝斯－莫斯－坎特奖"（Rosabeth Moss Kanter Award），该奖项以哈佛大学著名的商业领袖的名字命名。

在这个领域中，也有一些著名的非学术性工作/生活研究中心，其中最为知名的是家庭和生活研究所（Families and Work Institute，FWI），它们因为开展了具有代表性的全国范围的雇主和雇员并行纵向研究而闻名，该调查形成了过去30年美国劳动力不断变化的工作体验的独特观点（这项研究名为"关于变革中的劳动力的全国研究"，National Study of the Changing Workforce）。与之并行的是另一项从雇主视角出发关于工作/生活方案的研究，名为"雇主的全国研究"（National Study of Employers，最新报告出版于2014年4月）。

41.5 工作/生活研究已经知道了什么

三项重要研究成果的结合，在经验上界定了广泛出现在大多数高效工作场所中的七个要素。接下来的讨论将会聚焦在这些已经得到充分表述的领域中的所有可能的整体薪酬协同。高效工作场所（effective workplace，FWI在其拓展性纵向研究中提出的术语）在以下这些因素方面具有最佳水平：

- 工作挑战和学习。
- 尊重和信任的氛围。
- 主管对任务的支持。
- 经济保障。
- 工作/生活匹配。
- 自主权。
- 特权的最小化（"我们都在一起"）。

前六个因素由FWI提出，最后一个则来自两个非工作/生活领域的来源，即华信惠悦（Watson Wyatt，现在是韬睿惠悦（Towers Watson））的"人力资本指数"（human capital index）研究[1]和《财富》杂志的"信任指数"（该研究工具被用来挑选《财富》杂志"美国最佳雇主百强"榜单）。实际上，指向相同结论的不同学科和方法研究增加了重要因素的聚合效度，意味着这些研究发现的高可信度。

当然，工作/生活领域在工作、员工和工作场所方面还有很多其他的发现，在这里很难充分概括。我们将会在下文的适当之处整合提供进一步的观点。

41.6 工作/生活和薪酬实践能够通过协作实现什么目标

思维模式的重要性（Carol Dweck，Mind-Set：The New Psychology of Success，Ballantine Books，New York，2007）㊀

思维模式（mind-set）是一种关于环境的预先确定的反应和诠释的固定态度，是一种基于之前经历形成的思考习惯，是一种信念。我们所有人都是基于一套核心假设和信念，从认知和情绪方面开展自己的行为，以感知判断我们遇到的事物。我们把一个个单独的事物、资源、任务和人归为可管理的类别，然后把它们整齐地放到我们的大脑相应的"盒子"中。这

㊀ 本书译本为德韦克．终身成长：重新定义成功的思维模式[M]．楚祎楠，译．南昌：江西人民出版社，2017．——译者注

就产生了非常有用的捷径，形成了我们看待这个世界的透镜。思维模式一旦形成就难以改变（当然，并不是完全不可能）。在工作场所中，关于工作性质和工作者的性质方面的思维模式存在非常显著的差异。这两个方面的潜在假设很少被公开讨论，但是会通过那些被认为可接受的具体行为模式展现出来，也就是"我们这里做事的模式"。这是组织文化的决定性因素，工作／生活领域专家的第七个方面必须保持灵活机动，因为每一种工作场所文化的可预测因素都要通过优化敏捷、弹性的组织风格来获得（如前文所述这种风格强化了高效工作场所）。

薪酬和工作／生活实践拥有共同的目标。此外，它们都受制于常规的经验数据，这些数据表明部分举措在激励动机方面比其他举措更加有效。以下推荐一些薪酬和工作／生活实践进行协作的具体实践。

1. 创造更加弹性、敏捷的组织文化，以确保业务的可持续性

这项目标通常都是最佳雇主业务战略的核心要点。正如这个术语所暗示的那样，其核心目的就是通过创建非常有吸引力的工作环境，以成功推动高绩效人才应聘的方式，从常规雇用关系的最顶层进行转变。

在工作／生活领域方面，这通常意味着参加一个或者多个奖项的竞争。这个奖项要求的信息和数据通常会在两个方向上严重扭曲：薪酬分配和文化。

在奖项申报之外，还有许多其他的双赢议题，例如，执行要求改变时间表的弹性工作计划，将会导致薪酬的潜在调整。如果一名在开始时薪酬就比男同事低的女性使用该计划，在薪酬按同样比例增长的情况下，对女性的"惩罚"可能会更多一些。

尽管越来越多的研究已经表明，和那些更加富裕的员工相比，组织实际上从底层员工那里获得了更高的生产率和敬业度，但在许多组织中，弹性工作计划更加倾向于宽免专业员工。[2]

通常是那些薪水更低的员工站在与客户接触和互动的第一线。他们拥有大量的关系资本，因此，与他们所获得的薪酬和尊重相比，他们对顾客保留和顾客忠诚所施加的影响是不成比例的。正如海曼（Heymann）所说："员工决定着公司90%的盈利能力。然而许多公司认为，只有那些技能最高、受教育程度最好的员工值得进行投资，削减公司底层员工的工资和福利则是改善公司财务报表最快和最有效的方式。"她认为，那些通过为低技能员工提供更高的薪酬、弹性工作计划和假期、更好的健康福利、利润分享和职业晋升机会，从而获得更好的财务表现的众多企业范例不应该被忽视。对于那些薪酬和工作／生活的实践人士而言，这是一个非常有效的开场白，让他们分享和挑战那些脱离21世纪经济现实的思维方式。

创建最佳雇主策略过程中的另一项重要议题是，建立雇主声誉的质量。是什么说服应聘者到一个公司工作，而不是去另外一个呢？声誉总是受到整体薪酬组合元素的影响。调制成功的"食谱"要求分享和挑战跨职能的综合知识。

2. 控制"母性惩罚"

全国的数据表明，总体而言，全职工作女性的收入要低于可比较层次的男性。在这个统计数据内部还有一个鲜被讨论的系统性的薪酬不平衡模式：全职工作的母亲比那些未婚的同事赚得少。[3]有孩子的女性获得的就业和晋升机会也处于一个明显更低的水平上。[4]

这种站不住脚的情况有可能被称为唾手可得的成果而被合理化。这个问题可以通过薪酬和工作／生活领域的联合举措，收集工作场所的相关数据并采取合适的补救行动，而得到优化。在不存在此类矛盾的地方，我们就有庆贺的理由，它可以吸引更多合格的女性加入组织。同时，这类调查的产出也是一种胜利。

3. 性别薪酬差距

根据我的经历，女性和男性之间的更大、更加为人所知的薪酬不公平并没有得到广泛的讨论。这并没有吸引工作/生活的实践者，他们其中的大部分也都是女性，这些女性通常忽视其雇主附属的群体，这些群体中通常都包括女性网络。这个问题特别具有讽刺意味，因为它根植于更广泛的国家文化之中。正如亚当·格兰特（Adam Grant）2014年4月13日发表在《纽约时报》上的一篇文章《抚养一个品行端正的孩子》（Raising a Moral Child）中所说，"在这个国家，成就（那些赚钱的人）比关心（那些投入关爱的人）更加重要，这一观念之深，在其他国家并不常见。世界上没有其他工作场所比美国更加明显，组织从上而下各层级的薪酬分配模式都极为不同"。

迎接这一挑战要求拥有不一样的思维模式，但这种努力是值得的，因为达沃斯世界经济论坛估计，如果美国缩小就业中的性别差距将会提高其国内生产总值（GDP）至9%。[5] 所以，仅仅去讨论一条有利于推动国家生产力发展的道路，能损失什么呢？

还有一个需要解决女性系统性薪酬过低问题的原因。越来越多的证据表明，在高管中女性占比更高的公司的业绩显著高于那些由男性占据高管位置的公司。Catalyst公司进行了两项研究，探索世界500强公司中的女性领导者与公司业绩之间的联系。那些女性高管占比最高的公司的资产回报率高出35%，股东回报率高出34%。当董事会中拥有三名及以上女性成员时，这种卓越绩效将会高出更多。[6] 我们是否仍然被说服要保持那种陈旧观念，认为作为关爱者的女性价值更低，使她们在职业生涯早期处于经济劣势？

4. 在工作场所中获得身心健康

现在公司将大量的时间、精力和金钱投入到推动员工更加健康的行为之中，为他们的健康状况承担更多的责任。大量研究都表明，这种公司无法持续，也不值得期待。[7] 美国员工的人均处方药福利和健康护理的花费比世界其他任何国家都高，但与支出相比，其质量却在持续下滑。

工作/生活与薪酬专家之间的合作恰好能够符合医生的要求。家庭系统理论的应用将社区资源融入工作场所（或者相反），联合抵制超负荷工作，改善由行业典范引领的绩效薪酬等，为我们提供了许多技能组合和工具。

整体薪酬专家能够用他们的杰出才能解决工作/生活的问题，这些问题已经成为业务成功的障碍，也正在阻止我们成为更优秀的自己。他们可以通过推动针对问题的坦诚沟通，重新评估我们的理念，提供透明的数据，分享关于工作、员工和工作场所的方法、工具和战略思维等方式进行解决。

注释

1. Pfau and Kay, *The Human Capital Edge: 21 People Management Practices Your Company Must Implement (or Avoid) to Maximize Shareholder Value*, McGraw-Hill, New York, 2002.
2. Jody Heymann, *Profit at the Bottom of the Ladder: Creating Value by Investing in Your Workforce*, Harvard Business Press, Boston, 2010).
3. Melanie A. Hulbert, "Unveiling Gendered Assumptions in the Organizational Implementation of Work-Life Policies," *WorldatWork Journal*, First Quarter, 2009; Joan Williams, Litigating the Maternal Wall,

UC Hastings College of the Law, 2006; Robert Drago, Striking a Balance: Work, Family, Life, Economic Affairs Bureau, Washington, DC, 2007.
4. Shelley J. Correll, Stephen Benard, and In Palk, Getting a Job: Is There a Motherhood Penalty? *American Journal of Sociology* 112(5):1297–1339, 2007.
5. Klaus Schwab, The Global Competitiveness Report 2011–2012, World Economic Forum, SRO-Kundig, Switzerland, 2011.
6. Avivah Wittenberg-Cox and Alison Maitland, *Why Women Mean Business: Understanding the Emergency of Our Next Economic Revolution*, Jossey-Bass, San Francisco, 2008.
7. National Institute for Health Care Reform Research Brief 1, Employer Wellness Initiatives Grow, but Effectiveness Varies Widely, July 2010; All Is Not Well, *Workforce,* February 2014.

第42章

有效薪酬沟通方案的方法论

约翰·A.鲁比诺（John A. Rubino）
鲁比诺咨询服务公司（Rubino Consulting Services）

清晰的薪酬沟通方法论是薪酬方案的重要部分。员工和管理者必须理解与接受薪酬方案的要义，否则，即使设计精良的薪酬方案也无法实现期望目标。

即便如此，目前企业在薪酬沟通方面关注的匮乏程度仍然令人惊讶。他们应该给予薪酬沟通更多的关注，因为研究表明，薪酬一直以来都被认为是员工接受一个岗位或者待在一个公司的主要原因（即便不是唯一原因）。此外，由于薪酬的设计及其沟通程度的不同，薪酬可以成为强有力的工作绩效激励工具，也同样有可能是强有力的引发消极怠工的工具。

企业薪酬沟通不足的原因多种多样。很不幸的是，有些企业的薪酬计划设计不当或者管理不统一，因此薪酬沟通可能会引起员工的困惑或者纠纷。还有一些企业虽然薪酬方案设计精良，并且与企业业务整合程度很高，但是它们选择保密，因为"这是公司的文化"，或者"决定薪酬是管理者的责任，员工只需要接受它就行"，或者是"我沟通的越多，收到的问题就越多，我不得不做更多的解释和说服工作，以至于我没有时间去做我自己的工作！"（来自一名薪酬专业人员的真实评论。）然而，我们必须要记住，每位薪酬专业人员的主要工作就是回答问题，并且澄清薪酬方案的细节，更为重要的是，必须努力获得管理者和员工的支持。

本章将探讨以下学习要点：
- 综合、透明的员工沟通是所有成功的薪酬方案设计和执行的关键。
- 薪酬沟通是一项讲究质量的人力资源实践，因此，它要求采用结构化的方式以确保以下目标：①所有重要的沟通要素设计和执行正确；②沟通设计团队保持专注和正常运作；③有效执行和实现所有关键的员工沟通目标。

- 非常实用的沟通六步法，该方法已经得到了成功实践的验证。我们首先会呈现每个步骤的概述和关键特征，然后使用真实案例来展现每个步骤的行动要点。

在竞争日益激烈的全球业务和人力资源环境中，许多企业都在转变它们的思维方式。它们发现，设计精细和沟通透彻的薪酬方案是激励员工和提升盈利能力的关键要素。正因为此，许多公司都在抛弃那些陈旧过时的、将员工屏蔽在薪酬方案之外，不告知其任何有用信息的"蘑菇"思维。

因此，越来越多的公司花费大量时间和精力沟通它们的薪酬方案。然而，许多公司没能使用结构化方式来完成这项任务。部分公司认为"媒体就是信息"，然后从选择沟通工具（例如，小手册、计划书、视频、互联网/内部网络等）来开始这个流程。这是错误的，因为一份设计精良的计划书、一本漂亮的彩页小册子，或者一个设计优雅的人力资源网站，都难以用一致或者连贯的方式进行沟通。更为糟糕的是，可能会沟通一些不期望出现的信息。还有一个企业常犯的错误，就是把沟通当作事后的行动。也就是说，先设计薪酬方案，然后再进行沟通。然而，最为有效的薪酬沟通方案必须与薪酬设计计划同步配合设计和执行。

为了避免出现这些问题并获得成功，制定结构化的、逐步进行的方法对于高效的薪酬沟通方案非常重要。基于全球咨询工作的经验，我们发现通过以下六个步骤能够确保薪酬沟通按照一种系统化的、受控的方式实现。首先，我们会对这种沟通方法论进行概要描述，然后再用真实的案例详述这六个步骤：

- 分析现状。
- 确定目标和关键信息。
- 开展受众研究。
- 选择沟通媒介。
- 设计和执行沟通策略。
- 评估沟通方案。

42.1 步骤1：分析现状

第一步是分析薪酬系统的现状。这个步骤的目的是，确保计划执行所涉及的每个人都能清楚地知道哪些是有效的，哪些是需要改变的问题。在需要进行重大变革的情况下，还必须进行商业案例分析，以说明为什么需要一个全新的薪酬战略。此外，非常重要的一点就是，"扮演新闻记者"来回答以下关于"谁、什么、哪里、什么时候、如何进行和为什么"的问题。也就是说，谁将会受到新的薪酬战略的影响；需要沟通什么内容；在哪里进行沟通；什么时候进行沟通；如何进行沟通；最为重要的是，为什么必须完成这些工作。在本步骤中，这些问题需要得到概要性的答复，在接下来的步骤中则需要提供更多的细节。

42.2 步骤2：确定目标和关键信息

这个步骤看起来显而易见，但经常被忽略。确定目标和关键信息意味着找出需要沟通的内容、需要强调的关键要点，以及企业希望通过沟通实现的目的。这对于"与官方信息保持一致"非常有必要。

当企业制订一个新的薪酬方案或者修订薪酬方案时，通常在薪酬理念或者方法上有一些变化。对于薪酬沟通方案来说，重要的一点是不仅需要传递薪酬方案的新信息，还需要沟通这些新变化对员工态度和行为的影响。因此，薪酬沟通方案的重要目标是，不仅要"告诉他们"，更加需要"向他们推销"。这种"告知和推销"的方式将会影响薪酬沟通方案设计和执行的每一个方面。

所有薪酬沟通方案的三项重要目标包括：
- 确保理解。
- 改变认知，获得认可。
- 激励正确的行为。

尽管可能有一些细微变化，但这些目标仍然可以适用于许多薪酬沟通方案。此外，在这些关键目标的框架内，重要的是根据需要沟通的具体方案制定具体目标，以此支撑企业希望实现的目标。接下来，关键信息是那些与具体目标直接关联的内容和行动计划。它们通常以要点的形式被写出来，一般数量不会超过三项或者四项。

42.3　步骤3：开展受众研究

在确认目标和关键信息之后，就需要从高管、经理和员工那里收集他们关于薪酬方案的当前理解和认知信息了。一般包括他们关于现有方案的态度，及其期望进行的变革方面的信息。将这些信息与之前确认的目标及关键信息综合起来，才能够确保企业和员工的需求与关注点都得到妥善安排。

询问员工的观点和认知，并且评估他们的认知和态度（实际上是"获知他们的温度"），这说明企业关注员工在思考什么，如何思考。此外，员工也开始参与到方案的设计之中，因此，他们更加有主人翁和承诺的感觉，大大提高了薪酬沟通方案成功的可能性。

以下是一些待解决问题的示例：
- 谁是薪酬沟通的受众？
- 目前关于薪酬方案的理解处于什么水平？
- 薪酬方案和企业文化与理念之间存在关联吗？
- 薪酬方案如何与最近或者即将发生的变革进行匹配？
- 需要沟通的信息是否清晰一致？
- 经理人员具备必要的人员技能吗？
- 员工知道企业对其工作绩效的期望吗？
- 员工是否相信在绩效和薪酬制度之间存在联系？
- 高层管理者如何看待薪酬沟通？
- 当前的员工关系氛围如何？
- 全球性的考虑是一个问题吗？

以上是需要解决的常见问题，但这些仅仅是需要收集和评估的信息类型的示例而已。更加细致的问题和需要收集的具体信息应该根据有待沟通的具体薪酬方案进行设计。

收集尽可能多的关于认知、态度、感知和观点的信息，不仅对设计沟通方案非常重要，而且对后期建立评估沟通方案效率的定位点也非常关键。通常，我们使用的研究方法包括调查问卷、焦点小组讨论、非正式网络、一对一访谈和高管访谈等。

42.4　步骤4：选择沟通媒介

如前文所述，许多公司在设计薪酬沟通方案时错误地从这一步开始。然而，只有在分析现状、确定目标和关键信息、开展受众研究之后，企业才能够选择有效的沟通"工具"，也就是，确定哪种媒介最适用。

沟通媒介可选的范围非常大，有相对简单的，也有在技术方面非常复杂的。这些种类繁多的媒介中的大部分都可以归到四大类中：视听、印刷、人对人和电子类别。但我们必须注意，这些类别之间并不是相互排斥的。实际上，每一个成功的薪酬沟通方案都以不同的组合方式使用多种沟通媒介。

视听媒介包括PPT演示文稿、活动挂图、录像带和电话会议等。常用的印刷类媒介包括说明手册、小册子、公开信、备忘录、计划概述、薪酬政策操作手册和薪水支票附页等。人对人的沟通方式包括大型会议、小型会议、一对一咨询、管理者与员工的会议。最后，所有基于计算机的沟通技术都属于电子类沟通媒介，包括人力资源网站/内部网络、电脑互动方案、电子邮件和网络广播，以及个性化的整体薪酬声明。

在决定哪种沟通媒介（以及媒介组合）最为适合时，同时考虑媒介的开发和生产成本与沟通效率是非常关键的。通常，最为有效的沟通方式是那些要求大量实时、双向的人际沟通，并且传递个性化信息的方式。我们还应该特别注意，基于计算机的技术在沟通中扮演着越来越重要的角色。关键是不要使沟通过程变得越来越不人性化。毕竟，薪酬是一项与情绪高度相关的人员管理实践。我们不能忽视在同一个房间里面相互聊天沟通的重要性。

在大多数情况下，人们对于口语信息的吸收和反馈程度要好于书面信息。如果员工有更多的"感觉"，那么反过来就会提高关注程度，提升记忆，增加支持程度。同样地，为满足个体或者群体的特定需求而设计的信息能够切实地确保该信息得到理解和接受。但是，我们还要注意，这些方式可能会带来相对较高的开发、生产和/或时间成本。

42.5　步骤5：设计和执行沟通策略

接下来的步骤就是，在之前确定好的目标框架内开发和执行沟通策略，并将最合适的沟通技术嵌入沟通战略之中。以下是可以根据具体薪酬状况进行修订的一般性沟通策略的示例：

- 在新的薪酬设计项目开始之前，CEO会给所有员工发送一封电子邮件。一般来说，备忘录将会概要说明整个流程，并且强调公司对于项目成功的承诺。
- 主要经理人员将开会讨论其在薪酬项目和随后的沟通程序中的具体责任。
- 为了使员工在整个过程中获得充分的信息，在项目的关键阶段都会通过"现场"演示和讨论、战略性电子邮件，以及人力资源网站等方式沟通相关信息。
- 随着项目的推进，所有经理人员都将参加关于人际和团队建设技能的培训。此外，薪酬项目的重要因素也会得到充分讨论，尤其是绩效标准和评估方案。
- 在薪酬项目结束阶段，将开展针对全体员工的正式薪酬沟通会议，其中包括问答环节。

42.6　步骤6：评估沟通方案

薪酬沟通方案的最后一步是评估沟通措施的有效性。这个表述在一定程度上存在误导性，因为获取反馈的行动不应该仅仅在正式的沟通会议之后再开始，而应该是在整个薪酬沟通方案执行的过程中持续进行。例如，企业应该评估沟通目标和关键信息的现实性与可执行性的程度，关于员工态度和认知的信息是否有效与有意义，沟通策略是否有效，所选择的媒介是否最适合于所传递的信息，薪酬沟通会议是否针对了合适的受众，最为关键的是，这些信息是否被吸收了。随着薪酬沟通方案的推进，部分信息变得更加透明，这就要求与时俱进地进行策略调整和执行。

评估整个薪酬沟通举措的有效时间是在正式薪酬沟通会议之后的四到六个月，这将使员工有时间吸收信息并且根据新制度进行调整。通常，用来研究薪酬沟通受众（见步骤3）的方法也可以用来评估薪酬沟通方案的有效性，包括使用问卷调查（增加一些和具体薪酬沟通方案相关的问题）、焦点小组、访谈和非正式网络。在理想情况下，受访员工应该和参与原始信息收集过程的员工是同一群体。

在处理结果时，可以对问题的"前""后"回答进行比较，例如，以下问题将会为评估薪酬沟通方案是否有效提供丰富的信息。
- 当前对薪酬和福利计划的理解处于什么水平？
- 经理人员和员工的彼此沟通情况如何？
- 高层管理者沟通的信息是一致的吗？
- 员工是否相信绩效和薪酬信息之间存在联系？

以下是一个使用六步法进行薪酬沟通的真实案例的概要。

42.7 新薪酬战略的沟通方法论

42.7.1 分析现状

该组织今年正在进行薪酬制度变革，从传统的基于职位的薪酬制度转变为针对全员的激励性薪酬制度。这就要求大量的文化变革，并建立定义成功的新行为。变革期望废弃那种应得权利的心态，建立与绩效更加直接挂钩的、可变动的经济性薪酬；使在本职工作中取得优异成绩者和绩效一般者之间拉开明显差距。高管和经理人员将会率先示范这些行为，并建立可辨识、有效的和可测量的绩效目标。为了保持企业的竞争力，以及吸引、保留和激励高素质的员工队伍，该组织必须进行这些变革。

在接下来的六个月中，这些变革将会在公司的每个运营部分和区域开展。为了确保有效，组织还将运用有紧密联系的综合沟通媒介方法论和技术。为了使方案更加综合，并提高受支持程度，高管、中层经理和人力资源代表将会组成跨层级团队直接参与到薪酬沟通工作之中。

42.7.2 确定目标和关键信息

（1）目标声明。为了确保所有员工对组织薪酬战略变化的理解和接受，我们将高效地就新的薪酬激励方案对员工和组织的益处进行沟通。我们将会强调基于绩效的薪酬可变性，弱化应得权利的心态，以使期望的行为与组织的新价值观建立紧密关联。

（2）关键信息。
- 沟通所有员工都必须展现的新行为模式。这些行为都与组织的新价值观和核心能力直接关联。

- 沟通工作主人翁精神，以及个人对工作绩效的责任的重要性。
- 透彻地解释新的奖励薪酬机制，尤其强调基于绩效的可变性。

42.7.3 开展受众研究

由于引入新的激励薪酬计划意味着显著的文化变革，因此用非常完整和系统的方式来获得管理者和员工的接纳与支持就显得非常必要。实现这个目标的第一步就是采取"大规模撒网"的受众研究方法，这一方法既能够收集信息，也可以"教育"受众。

- 向所有员工发放书面的调查问卷（纸面问卷和/或使用内部网的电子问卷）。这种调查可以掌握员工对新行为模式和薪酬战略的理解与接受程度。
- 通过对调查结果的数据表格化呈现，焦点小组将针对那些受关注程度最高的议题进行更为深入的讨论。
- 组织经理人员和员工研究小组，就新的薪酬战略进行头脑风暴。

42.7.4 选择沟通媒介

为了支撑新的文化、行为模式和薪酬战略，沟通媒介和沟通策略必须十分周密，并且是人际导向的。

- 视频：认可和展现关于薪酬变革重要主题的情感面。
- 书面材料（计划文件）：使用范例对新的激励性薪酬方案进行详细的解释。
- 在组织中全面开展面对面沟通会议，会议由受过良好训练的经理人员主持，并由来自人力资源部门的薪酬方案设计者进行支持。所有员工都有机会参与这种双向、实时的沟通。
- 附加信息和追踪问答：这些将通过附加的现场会议和人力资源网站来实现。

42.7.5 设计和执行沟通策略

对所有经理和员工进行工作/培训/教育会议，帮助他们建立在新薪酬策略下的绩效目标和行为指引。

42.7.6 评估薪酬沟通方案

在新的激励性薪酬方案实行4~6个月之后，我们将对经理人员和员工进行再次调查，重新举行焦点小组讨论，并进行前后比较。此外，所有经理人员都需要向人力资源部门提交一份关于薪酬沟通举措有效程度的书面评估意见。

通常，在回答以下战略性问题时，都必须引用具体的事例进行说明。

- 员工已经展现和内化了新的能力与行为模式吗？
- 新的激励性薪酬方案被认为是公平的吗？
- 绩效目标和标准得到了拥护吗？最重要的是，它正在得到实现吗？

总而言之，为了取得积极的成果（例如，提升员工动机、提高生产率等），薪酬方案首先必须经过精心设计。然而，即使薪酬制度已经设计精良，如果没有卓有成效的薪酬沟通方案，这些积极成果中有一部分可能并不会实现。使用战略性、结构化的薪酬沟通方法对于确保积极的成果大有裨益。

PART 8

第八篇

全球化薪酬

第43章

外派人员薪酬的关键议题和实践

罗杰·希罗德（Roger Herod）
美世咨询有限公司

本章将为读者提供关于企业外派到他国的员工薪酬基础议题的指引。外派员工薪酬通常都比较复杂，而且很高昂。企业为了鼓励员工接受外派任务而制定的初始政策一般都非常慷慨，有时甚至过于奢侈，这是因为在许多企业中，外派任务并不是职业发展的主流路径。然而，许多业务活动的全球化使环境产生了剧烈的变化，企业很快发现，业务的有效成长依赖于它们的全球化配置技术资源的能力。对于很多公司来说，国际外派任务的数量正在显著增加，这就导致了针对外派者的更具成本导向的薪酬政策。环境真的已经发生了巨大变化，原来是"我们做个交易"的挑战，现在则需要说服员工接受特别任务，处理困难情境。

随着公司的国际外派员工人数的增长，企业需要确保外派政策能够平衡对员工的吸引力和公司的成本效率，以建立公司的业务竞争优势。对标杆实践的行动需要持续进行，而不是间隔5～10年才进行一次。例如，近年来，在外派员工的外派激励和安置资助政策方面，公司会发现许多明显变化。对于企业而言，它们很容易发现自己的政策过时了，并且为此支付了过高的成本。

在薪酬理念方面，看起来有一些关于外派员工薪酬方面的简单回应。对于那些对这个议题并不是很熟悉的人来说，最初的反应可能只是把外派员工套入所在工作国家的薪水结构之中。然而不幸的是，对于典型的外派员工而言，他们需要临时外派工作2～5年，这种简单的薪酬套入做法使得他们的家庭很难把生活维持在与在母国工作时相当的水平。另外一种做法就是简单地将外派员工的薪水套入其母国同岗的薪水结构之中，不做任何其他调整。同样，这通常也不是一个公平的解决方案，因为同样无法维持同等的生活水平。

由于没有任何一种浅显、简单的方法令人满意，企业多年来设计了一套更为先进的薪酬制度。尽管没有任何两个组织会使用完全一样的外派人员薪酬制度，但是可普遍化的外派人员薪酬实践模式已经出现了。

本章将概述外派人员的薪酬实践，具体内容包括如下：
- 导致外派人员薪酬制度复杂性的关键议题。
- 决定外派人员基本薪酬结构的主要因素。
- 外派人员薪酬组合设计过程中，最为显著的成本相关因素。
- 外派人员激励条款的可选择项。
- 福利和薪酬支付的相关议题。

在不同的薪酬模式中，还必须考虑一些潜在的因素，例如，外派时间长度和模式、外派国家、外派工作的职位等。

43.1 外派人员薪酬的关键议题

一般而言，有关外派人员薪酬的关键议题有八个。

（1）在母国和外派国之间，同样职位的整体薪酬和净薪酬水平之间的差异。

（2）从一个国家外派到另一个国家之后，名义工资的购买力变化。

（3）母国和外派国的收入比较还会受到两国之间汇率差异的影响。

（4）临时外派还需要在外派国为租房而"斗争"，通常，房屋租金非常高昂，而且供给不足。

（5）许多员工（和他们的家庭）都不喜欢自己的家庭和社交因为国际迁徙而受到影响。

（6）有一些外派地点可能不是员工内心愿意生活的地方。

（7）在解决两个国家间的员工福利问题时存在一些困难，尤其是那些和养老金、健康保险和社会保障相关的福利问题。

（8）需要为外派员工提供特定的环境（例如外派员工子女的教育），并且需要协助外派员工及其家庭在外派期间能够定期返回母国。

43.2 薪酬选项：基本薪酬

薪酬设计过程中的关键决策是基本薪酬的设计，该决策将会对薪酬方案的其他大部分内容产生非常直接的影响。一般而言，主要的选项是：将员工保留在母国的薪酬结构中；将员工放到外派国的薪酬结构中；引入其他的基本薪酬结构。

外派员工薪酬实践

1. 方案1：母国薪酬

许多公司将外派员工保留在母国的薪酬结果中，在外派任务有固定的有限任期并期望他们返回母国工作时，尤其如此。将外派员工薪水保留在母国薪酬结构中，使得促使员工在外派任务完成之后返回母国工作变得更加容易，因为他们无论是从实质上还是从心理上都从未与其母国薪酬丧失联系。大多数组织也希望将外派员工的福利计划保留在母国，而将员工的薪酬保留在母国也能够促进这一点。将外派员工薪酬保留在母国的薪酬结构中的最主要问题是，外派员工的收入和生活标准与其可比较的派驻地同事和外派驻他国的同事都明显不同。如果那些外派员工大多集中于某个国家的公司，可能就不用担心后面这个问题。即便有很多派驻国家，不同公司对与本地侨民可比较性的关注程度也存在显著差异。将外派员工保留在母国薪酬体系中，要求公司根据母国的薪酬政策和绩效加薪指导文件对外派员工的基本薪酬进行评估，这样能够确保外派员工在与留在母国工作的员工相比时，不会产生因为接受了国际外派职位而遭遇不公平的感觉。

2. 方案2：东道国薪酬

将外派员工的薪酬套入东道国的薪酬结构中是从行政上最直截了当的做法，这样做看起来也能够解决和本地员工的可比性问题。在很多情况下，这种做法的主要问题是，外派工作对员工的吸引力消失了。从美国外派到尼日利亚，但执行当地的薪酬结构，这对美国员工而言不可能有吸引力，因为尼日利亚当地的工资水平与美国同等职位相比显然要低很多。但是，如果从尼日利亚外派到美国，也执行东道国薪酬结构，这样做对于员工却非常具有吸引力。从美国外派到英国，如果执行东道国薪酬结构，也同样意味着购买力的下降，因为英国的收入所得税高于美国。即使外派到一个名义工资水平更高的国家，也可能出现吸引力较低的情况，例如，从美国外派到瑞士即属于这种情况，因为瑞士的生活成本和房屋租金成本都更高。因此，执行东道国薪酬结构只有在实际购买力上升的情况下才可能有效。因此，公司将员工从低工资水平国家外派到高工资水平发达国家（例如，从菲律宾或者印度外派到美国），执行这种东道国薪酬结构方案就比较可行，许多公司都是这样做的。即便如此，有一些企业还是会将外派员工的薪酬与母国薪酬结构挂钩，因为它能够为外派员工的福利方案提供基准，并且确保外派员工返回母国工作时保持其工资结构。

如果将员工的薪酬套入东道国薪酬结构，但同时支付其他津贴以弥补生活成本的提高，就解决了购买力差异的问题。但是，这种方式会变得很复杂，因为它通常要求追踪母国工资水平和派驻国工资水平之间的关系，这可能会削弱外派员工和本地员工的公平感。

3. 其他方案

也有一些公司选择的既不是纯粹的母国方案，也不是单纯的东道国方案。有为数不多的公司为国际外派员工单独建立一种完全独立的薪酬结构。有些公司虽然采用这种方式，但仅仅适用于小部分高流动性，并且和任何国家不再有任何实际关联的员工。这种方式在联合国等组织中更为常见，几乎所有的专业员工都不是在他们的本土国家工作。还有一种更为常见的方式，就是将所有的外派员工薪酬结构和某一国家（通常是这家企业的总部所在国）薪酬结构挂钩。然而，也有一些拥有大量来自多个国家的员工的企业使用这种方式，以解决多个国家的外派员工虽然在同一地方工作却拥有不同薪酬方案的问题。

还有一种在欧洲特别流行的变形方式，就是所谓的"母国或东道国就高方式"。在这种模式中，企业根据母国薪酬加上弥补住房、税收和生活成本的津贴，计算出一个薪酬方案，将其与派驻国同样职位员工的净收入相比较，取其高者作为外派员工的薪酬。虽然这种方式所使用的精细计算方法差异非常大，但优势是该方式既融入了东道国的薪酬结构，又保证了外派员工不会遭遇生活水平下降的情况。然而，根据外派区域的不同，许多企业都会发现，大多数的外派员工都是基于母国薪酬结构支付薪酬的，因此，融入东道国薪酬结构的优势就逐渐消失了。

43.3 薪酬选项：成本津贴

在将外派员工保留在母国薪酬结构的同时，大多数企业都会给外派员工提供一套津贴，以处理员工可能产生的额外成本。和成本相关的最主要因素与商品和服务（如，食品、衣服、娱乐等）、住房、个人税收及教育等有关。

43.3.1 商品和服务

如果在派驻地购买日常所需的商品和服务所花费的成本高于在母国购买类似的商品和服务，大多数组织都会为员工提供生活成本津贴或者商品和服务津贴，该津贴通常会根据外部顾问提供的信息来支付。比较这种成本差异有很多种方式，我们需要对两个派驻国之间的汇率差异进行常规监测。

典型的情况是，外部顾问会提供一个用来比较两个地方的成本指标，100 表示两个地方的成本没有差异。通常，这类津贴都随工资发放周期同步发放。发放津贴的目的可以从两个方面看待。它可以被看作用来帮助员工应对更高的成本问题，与直接支付更高的工资相比，支付此类津贴可以确保员工不会因为接受了外派任务而导致生活标准方面的获利或者损失。原则上，当派驻地的生活成本与母国相比低于 100，遵循资产负债平衡思路的企业应该降低员工的工资。然而，可能只有不到 20% 的北美跨国企业执行这种负向的生活成本津贴。因此，那些外派至成本更低国家的员工将会获得一笔意外收获，这笔钱和在派驻国实际需要的数额无关。而那些外派至成本更高国家的员工则会受到保护，但无法享受这种意外收获。如果在低成本地区生活成本突然飙升，外派员工将会认为他们的生活标准降低了，而实际上，下降的只是意外收获的那一部分而已。正因为如此，有些企业并不会降低低成本地区外派员工的津贴，给员工享受意外收入的机会，同时也避免由于成本上升而产生抱怨。

需要强调的是，这种方式应该和将外派员工保留在母国薪酬结构中一起执行。如果企业决定将外派员工融入东道国薪酬结构中，它们通常都会对母国和东道国的生活成本进行比较，以此作为确定合适的东道国薪水的基本决定因素。一旦将外派员工融入东道国薪酬结构之中，就不再需要持续进行东道国和母国的生活成本比较了。

如果企业使用总部方式，将所有的外派员工都包含在总部所在地的薪酬结构之中，那么，成本比较就必须持续进行，只不过是在总部所在国与派驻国之间进行比较。结果应该是，薪酬能够反映总部所在国的生活成本，而不是员工的母国所在地的真正成本。这样能够确保来自不同国家的外派员工获得同样的薪酬，它也是使用总部模式的主要目的的。

43.3.2 住房

住房问题受两个因素的影响。大多数企业愿意让它们的外派员工在派驻地租房居住，而不是购买房屋。这被认为在管理上更为简单，避免由于派驻地的房价下跌而出现可能的损失，并且使外派员工回归母国时拥有更大的弹性。另一个考虑是，即使在母国也需要为员工支付住房成本。如果预期员工外派结束后将会返回同一个地方工作，最常见的住房问题处理方式是鼓励员工保留他们的家。在这种情况下，企业一般都会为员工出租住房和管理资产提供帮助。而在派驻地，企业会协助员工找房子，并且帮助员工支付房租，要么直接支付给房东，要么向员工提供相应津贴。有些企业会提供与实际租赁成本等额的津贴，也有一些企业向员工支付确定额度的津贴，而让员工自行选择住房，不管实际租金低于还是高于津贴额度，员工都只领取这个津贴额度。不论采用哪一种方式，企业都要决定愿意为外派员工的住房问题支付多少金额。许多企业借助外部顾问来确定住房津贴水平（通常会根据家庭成员水平和职位层级不同而变化）。

传统上，大多数美国企业会对外派员工采用"房屋租金扣除"（housing deduction）的方式，以反映员工在住房成本上的节省。然而，越来越多的公司采用对外派员工"不干涉"的方式，因为房产经纪费用很高，外派员工出售房屋的法律费用也很高，通常来说还必须偿还抛售房产的损失。结果，大约三分之一的美国企业都不再扣除房租，也不再为外派员工提供房租出售的协助。欧洲企业也很少进行这种扣除，因为它们并不认为员工会在外派期间出租自己的房屋。再次强调，大多数公司的理念是补偿员工的成本，而这是否需要通过房租扣除的方式来实现，则取决于员工的具体情况。也有一些企业会根据个人的具体情况不同而改变政策，还有一些企业则根据大多数外派员工的情况来制定政策。

支付住房费用是大多数公司采用的一项政策，无论它们是以母国、派驻国或者总部所在地工资作为基础。在一定程度上，这破坏了派驻地工资制度的逻辑，因为它非常清晰地把外派员工和本地员工区分开来。然而，帮助固定期限的外派员工租房并支付房屋租金，仍然十分必要。

43.3.3 个人税收

在税收方面，补偿理念也是根深蒂固的。大多数企业都使用外部会计公司帮助外派员工进行退税工作。这对美国公民和美国永久居民尤为重要，因为他们需要在美国缴纳税收，即便他们不是居民。对大多数国家而言，税收并不取决于公民身份，而是根据居住地以及收入来源征收。因此，如果外派员工当年不在英国的时间超过一定天数，一名从英国被外派至美国工作的员工无须为其在美国工作的收入而在英国缴纳税收，只需要为其在英国获得的收入（包括利息等）而缴纳税收。尽管如此，税收补偿的原则还是适用于其他很多国家，尽管对美国人而言，实际做法差别很大。

对于员工来说，常规做法就是企业为员工支付所有因工资收入而产生的个人税收，越来越多的公司也会为员工的非工资性收入支付全部或者部分个人税收。反过来，员工通常需要支付给企业一定额度的工资扣除，这被称为假设税收扣除（hypothetical tax deduction），额度通常和在母国应该支付的税收相等。

43.3.4 教育

一般而言，国际外派都意味着外派员工和子女的分离。如果派驻国的语言和其母语不同，大多数外派员工都会把子女送到派驻地以其母语教学的学校就读。即便语言相同，如果课程和母国不匹配，都可能降低孩子跟上母国课程的能力，这对接受中等教育的孩子来说尤为如此。这类国际学校通常是私立学校，因此会收取学费和其他费用，这可能是很昂贵的。一般来说，企业最少要支付学费成本，通常还应支付其他附加成本。企业在世界上很多城市中设立了许多针对美国外派员工孩子的美语学校，还有一些针对英国、日本、英国孩子的类似学校，尽管数量要少一些。如果在派驻地没有相应的学校，大多数企业会为其支付在母国或者第三地的学校的就读费用。因此，如果企业外派带孩子的员工，将对成本影响非常大。如果派驻国语言和母国语言相同，许多企业会劝说员工把孩子送到当地学校就读。这对于年龄更小一些的孩子来说是可接受的，但对于大孩子，由于课程以及大学入学要求的差异使其变得非常困难。和住房问题一样，大多数企业在支付教育津贴时，都不会考虑外派员工的工资基准。

43.4 薪酬方案：激励

津贴反映的是特定成本，而企业通常会为外派员工支付与成本无关的直接货币奖励。历史上，许多企业会支付外服补贴（foreign-service premium），通常是按照基础工资的一定比例来支付。它一般是基础工资的10%~15%，有时也会随常规工资一起，按照较高的工资等级来支付。还有一个替代方案，包含一揽子奖金方案，通常被称为迁徙补贴（mobility premium），一般分别在外派开始和结束时支付。

在美国公司中，支付外服补贴或者一揽子迁徙补贴的企业比例正在持续下滑。但是，不同行业的做法差别很大。例如，能源以及与能源服务相关的企业比消费品企业更愿意支付附加奖金。对于许多跨国企业来说，国际外派被看作在企业内部晋升的必要条件。因此，超过50%的美国企业不再为外派员工支付任何形式的附加奖励。

但是，大多数企业都认为，如果员工被外派到"艰苦"地区，则有必要向员工提供奖励。这种奖励通常被称为艰苦地区补贴（hardship premiums），尽管有些企业认为这个词汇对于派驻国本地员工有侮辱的意味，进而采用更加中性的词汇进行界定，例如，地区补贴（location premium）。这种奖金通常都是基于工资的一定比例来支付，区域不同，比例也不同。常规方式是，从不太愿意去的地区到非常不愿意的地区，最低为5%，按照5%的比例递增至35%（或者更高）。这种奖励很少采用一揽子的形式。因为适用艰苦地区补贴的地区并不是那些适用派驻国薪酬方案的地区，所以艰苦地区补贴和派驻国工资几乎永远不可能同时出现。

43.4.1 员工福利

对于有固定期限的外派员工来说，企业面临的主要福利问题涉及企业和国家养老金。大多数有固定期限外派员工的企业都希望将其保留在母国养老金计划之中。这通常是非常可行的，尽管由此可能会引发一些行政和税收问题。通常，企业也可能将员工保留在母国的社会保障方案中，此外，企业希望免除外派员工在派驻国制度中所需支付的款项。如果母国和派驻国之间签订了双边协议（通常被称为累计协议（totalization agreement）），最多可以豁免五年。显然，将员工保留在母国福利方案中与保留在母国工资结构中是一样的，但不同于母国的支付方式。尽管有明显的异常情况，但大多数执行派驻国基础工资方案的企业都倾向于母国福利方案。

我们还需要注意一些其他福利计划，特别是医疗计划。企业必须决定如何支付员工外派期间的医疗成本，因为许多员工在母国的医疗方案并不能覆盖员工在他国的医疗。因此，大多数公司都会将外派员工及其家庭成员纳入由国际保险企业提供的特别国际医疗保险方案之中。

43.4.2 探亲假

为外派员工及其家庭成员提供的探亲假（通常一年一次）的成本可能非常高，如果企业提供飞机商务舱的话，成本就更高了。在机票等级方面的实践是非常复杂的。大多数美国公司为探亲假旅程提供飞机经济舱，但其中大多数企业允许长途旅行升级到商务舱，特别是当旅途在8~10小时以上时。此外，在非常困难或者危险的地区，许多企业也会提供一次或者多次在第三地的休息娱乐旅途。

43.4.3 异地搬迁协助

通常，外派员工搬迁至派驻地的成本也应由公司来支付。常见的条款包括外派遣拜访、搬迁机票、家庭物品搬运、财产管理或者房屋出售协助、个人汽车出售损失补偿、临时居住和仓储费用。根据派驻地区和家庭成员数量不同，异地搬迁成本差别较大。此外，企业通常都会采用一揽子支付的方式，通常是一个月的工资，以覆盖各种异地搬迁费用。

43.4.4 工资支付

企业必须决定，用母国货币支付多少薪酬，用派驻国货币支付多少薪酬。因为多种货币支付外派员工工资的复杂性，大约有一半的企业完全使用母国货币支付外派员工的工资，让员工自行决定将母国货币兑换成本地货币的时间和数量。通常情况下，公司会报销每月一次或多次电汇的费用，以帮助外派人员将资金转移到指定国家。还有一些公司发现，根据外派员工要求的数额使用派驻国货币支付工资，在购买物品和服务（如果公司不直接支付的话）还有住房）时更有优势。这样能使员工避免受到汇率变动的影响，并防止支付的工资额度发生变化。剩余部分的工资就以母国货币支付。有大约四分之一的美国企业采用这种所谓的工资分割支付方式，但是这种方式对于行政管理水平的要求相当高。

43.5 外派员工薪酬方案小结

综上所述，最为常见的外派员工薪酬方案包括如下：
（1）将员工保留在母国工资结构之中。
（2）如果派驻地的生活成本高于母国，需要支付生活成本津贴。
（3）为外派员工支付派驻地的房租成本，外派员工部分承担或者完全不承担该费用。
（4）实行税收补偿制度，尽可能地确保外派员工与其在母国工作时相比，不会缴纳更多或者更少的个人税收。
（5）根据行业竞争惯例，可能需要为那些接受和留任的外派员工，支付高于基本工资的奖金。
（6）为那些接受外派至特定艰苦地区工作的员工支付特别津贴。
（7）为外派员工子女支付在派驻地的私立教育成本。

在外派薪酬中使用资产负债平衡方法（balance-sheet approach）或欧洲企业使用的家庭建设方法（home buildup approach）时，将以上政策综合使用成为众人皆知的做法。近年来，有许多关于该方法是否最为合适的讨论，但它依然是最主流的模式。

在实践中，母国模式的主要替代方案是总部模式。为了更好地执行，员工首先需要被认为是总部所在国的"荣誉公民"，随后的所有做法都和母国模式一样了。相比而言，派驻国薪酬模式有根本性的变化，但是由于外派员工得到的许多薪酬要素水平低于母国模式的相应部分，从而丧失了这种模式的某些优势。

43.6 基本影响因素

有一些变量会影响企业对如何设计外派员工薪酬方案相关问题的答案。这些因素中有一部分是由组织的人力资源战略或深层文化衍生的，还有一些则有更加清晰的起源。在设计相应政策时，观察所有因素并评估它们的影响是非常重要的。

43.6.1　派遣时间长度

大多数外派时间长度都在 2～5 年，而大多数薪酬制度也是基于这个时间长度的假设。如果想把外派任务的时间延至更长，就应该努力将外派员工纳入派驻国的薪酬结构当中。但不幸的是，如果派驻国的工资水平远低于母国，这种做法很难奏效。因此，保留典型的短期外派员工薪酬方案的要素不太常见。此外，许多组织发现，当短期外派变成更长期的外派时需要改变的内容。雇主需要面对将外派员工的一种薪酬方案转换成另一种的挑战。

许多组织都有类似的政策条款，员工如果在同一地点外派工作 5 年以后就应该"本地化"。这包括外派薪酬组合的阶段或单一步骤的转换。尽管有这样的政策条款，但许多企业并没有真正将其付诸实施，除非继续外派的决策是员工所希望的。

还有一种特别情况，就是低于一年的短期外派。在大多数组织中，这类外派在其外派员工总数中的比例正在稳步增长。因此，大多数组织都有针对这类外派的政策。这类外派的主要因素是没有使整个家庭随行到派驻地，大大简化或者取消了外派薪酬组合设计中的部分要素，例如，教育和住房。

43.6.2　外派模式

在许多企业中，员工的典型外派模式是在一次外派返回母国后，未来他可能会在职业生涯的某个时点被再次外派。外派员工政策的主流解决方案设计都是基于这种模式。如果员工属于连续外派模式，即外派地从一个地方换到另一个地方，但并不一定换到母国，那么，这种外派员工的薪酬设计就肯定不一样。许多企业将这些"全球游牧者"纳入总部国家的薪酬结构之中，还有一些使用国际薪酬结构。他们的福利根据离岸原则进行支付，因为对于这个群体主要考虑的内容之一就是养老金的条款。

43.6.3　外派员工的类型

有些组织有很深的以一套政策覆盖所有外派员工的理念。还有一些组织则根据职位类型或者层级、员工所在的业务单位，或者外派地区的模式进行划分。一些组织针对管理者发展外派任务制定一套政策，针对技术发展外派任务则制定另一套政策。也有一些组织在政策制定时区分了在欧洲区域内外派和派到欧洲之外的员工类型。这种多层次政策的优势是有助于通过将薪酬要素与清晰的需求进行匹配来降低总体成本，还可以帮助不同业务单位通过薪酬水平来反应所处经济环境的不同。

多层次政策的劣势是使行政管理更加复杂，如果员工的薪酬组合比同事小，那么员工抵制的可能性也更大。采用这种政策的企业发现，当员工从一个外派政策转换到另一个政策的概率很小，不同政策之间的经济因素能够被清晰解释，并且这些政策的类型能够被清晰界定时，这种多层次的政策是最有效的。最后一个问题是，政策是基于对任务是用于管理开发还是特定商业项目目的的判断，在这种情况下，对于任务的真正目标可能存在不同的意见。外派类型也会明显影响不同组织外派政策的差异。只外派高层管理人员的企业采用的策略和主要外派项目工程师的企业存在显然不同。

43.6.4　员工来源国家

针对来自发达国家外派员工的工资系统非常有效，而来自发达国家的外派员工也是外派员工的绝对主体。然而，近年来，来自中国和印度等国家的外派员工数量增长也非常显著。

这造成了具体的薪酬挑战,因为针对较低级别的外派员工的薪酬水平可能过低了,使得资产负债表方式无法有效运行。然而,因为高层管理人才的短缺,所以来自这些国家的潜在高级别外派员工实际上将会得到更高的工资,他们的生活方式和这些国家本地的典型员工差异巨大。在这种情况下,如果高级别外派员工来自总体生活成本较低的国家,那么经常用来比较母国和派驻国生活成本的常规方法对他们来说就不合适了;如果他们在母国的生活水平已经处于一个非常高的水平,就更加不合适了。由于这些挑战的存在,设计针对来自欠发达国家的外派员工的合适薪酬政策,要求对员工外派类型进行彻底分析,可能需要设计多元的薪酬政策。

43.6.5 行业

组织所处的行业对于外派员工薪酬政策也有一定影响。石油行业通常要求外派员工到非常偏远的地区工作,而投资银行则更可能将员工派到更加发达的地区工作。

43.6.6 全球主义

那些雇用和外派员工主要来自某一个国家的企业所面临的挑战,和那些外派员工来自多个国家的企业相比,差异非常大。

本章小结

外派员工薪酬中占主导地位的资产负债方法面临大量批评,批评者认为这种方法过于昂贵和复杂。然而问题是,复杂性是员工国际外派过程中的固有问题,没有什么简单的解决方案能够帮助公司吸引员工接受外派任务,并公平、有效地支付外派员工的薪酬。在薪酬管理方面,与本地员工相比,企业必须管理更多的外派员工薪酬项目。此外,这种薪酬项目可能需要使用两种货币,而且其中一些项目,例如商品服务津贴,可能需要经常进行转换。习惯于管理单一国家薪酬结构的薪酬专业人员将会发现,外派人员的薪酬面临非比寻常的挑战。然而,对于那些希望成功的全球化运营的企业来说,应对这些挑战至关重要。

参考文献

Herod, R. (ed.). 2013. *International Human Resources Guide.* Thomson/West, Eagan, MN.

Herod, R. 1995. *Compensating Globally Mobile Employees.* WorldatWork, Scottsdale, AZ (reprinted in 2014).

Hsu, Y. S. 2000. Expatriate Compensation: Alternative Approaches and Challenges. *WorldatWork Journal*, First Quarter.

Latta, G. W. 2005. Addressing Pay Issues for Nontraditional Expatriate Assignments. *Benefits and Compensation International*, March.

Latta, G. W. 2005. High Mobility International Employees. *WorldatWork Journal*, Second Quarter.

Latta, G. W. 2006. The Future of Expatriate Compensation. *WorldatWork Journal*, Second Quarter.

Schell, M. S., and C. Marmer Solomon. 1997. *Capitalizing on the Global Workforce*. Irwin Professional, Chicago.

第44章
全球性的本地化薪酬议题和实践

乔丹·布卢（Jordan Blue）
美世咨询公司（Mercer LLC）

埃德·汉尼拔（Ed Hannibal）
美世咨询公司（Mercer LLC）

伊琳·西斯科维克（Ilene Siscovick）
美世咨询公司（Mercer LLC）

首席执行官、首席人力资源官（CHRO）和全球业务领导者们发现，他们所面临的最大挑战是在合适的时间为合适的角色找到合适的人选。世界经济论坛和美世咨询的研究已经发现了合格人才的全球性短缺，以及这类人才供给和需求之间的缺口。设计精良的国际薪酬战略是所有组织的全球人才战略的重要组成部分。

随着业务全球化程度的加深和合格人才的短缺，企业相应地加强了对本地员工的有效管理，并使其薪酬制度更加合理。本地员工（local national employees）是那些在特定国家内雇用的、雇用条件根据本地规则确定的员工。因此，只要符合在特定地区工作的条件，本地员工可以是任何国籍。本地员工的雇用条件体现的是本地法定要求、传统和本地市场中的实践，这和外派员工是不同的。在特定国家的外派员工虽然和本地员工一起工作，但是一般而言，他们的薪酬和雇用条件与其母国挂钩，那是他们在外派结束之后预期要返回去的地方。

一般而言，外派任务的时间是1到5年。但是许多长期或者永久性的外派任务政策已经努力在一段外派时间之后，将这类外派员工纳入本地员工的雇用条件之中。随着企业全球化程度加深，越来越多国际化员工队伍的管理变得更加复杂，这就迫使这些企业在全球范围内重新思考它们的薪酬战略。这并非没有挑战，其中最大的挑战是在全球一致性和本地市场竞争性之间确保合适的平衡。尽管全球薪酬战略支持内部公平，并且促进国际流动，但它也需要反应本地市场的情况，并对此做出相应的调整。

针对本地员工的薪酬水平，根据具体国家薪酬概念中固有的传统薪酬实践和价值观的不同而变化。主要的影响因素包括：

- 法律强制性要求。
- 国家层次和/或部门层次的集体谈判协议。
- 具体薪酬要素的类型和数量。
- 团队和个体的业绩奖励。
- 国际工作经验（可能会在该国带来"工资溢价"）。

所有本地市场中的劳动力供求状况会使情况更加复杂——劳动力供过于求将会导致工资水平下降，劳动力供低于求将会导致工资水平上升。本地员工薪酬还会受到许多因素的进一步影响，包括组织所在地理区域和所处的行业部分。

下文将会总体概述在维护本地薪酬实践和文化的同时，实现一致和有效的全球薪酬战略的复杂性与挑战。同时对外派员工和本地员工的有效管理比以前任何时候都更加重要，因为薪酬和人力资源管理实践者的任务是支持组织适应更为复杂的公平局势，这种复杂的公平情况是由人才在国内和国际之间的流动所引发的。

44.1 对本地薪酬数据的需求

市场的全球化导致本地员工薪酬问题成为一个重要的焦点。在竞争日益激烈的环境中，设备、材料和劳动力的成本成为所有组织成功运营的关键内容。

尽管存在高管和某类高专业技能职位的国际劳动力市场，但是大多数职位人才都从派驻国或是从特定区域的劳动力市场中获取。正因为如此，本地市场薪酬数据对保证组织积极应对其所有区域的外部市场至关重要。在大多数的跨国组织中，其工资总额的大部分都是基于本地国家薪酬来分配支付的。

本地薪酬数据能够有助于组织确定其在本地市场中的竞争力水平。由于以下原因，这显得非常重要。首先，许多组织都非常开放地沟通它们关于"谁是我们的人才和服务的竞争对象"和"我们在全球市场中如何定位"的薪酬理念。最常见的表述就是"保持有竞争力的薪酬水平"，它通常基于职位与其本地市场 50 分位水平的比较来进行表述。因此，这对于组织判断在本地市场上是否真的具有竞争力十分重要。在"新"职位设立的时候，组织可能并不熟悉它们的市场价值。因此，精确的本地市场薪酬数据对于确定和确保合适的、有竞争力的工资水平至关重要。

可靠的本地薪酬数据对于人才管理至关重要的另一个原因与企业员工的素质有关。与当地薪酬水平相比，一个组织的竞争力越强，它吸引和留住高素质员工的机会就越大。

然而，本地市场薪酬数据并不总是能够被有效获取。全球化的直接后果就是，许多薪酬和人力资源管理实践者发现，当他们急需所在国市场薪酬数据的时候，这类信息却难以获取。这是那些在发展中国家或者偏远区域运营的组织所面临的真实场景，在那些区域中，显而易见，没有数据。在这种情形下，许多企业会使用定制化的调查，因为这通常是唯一能有效获取有意义的本地市场薪酬和福利信息的方式。

44.2 工资要素的变形

所有关于本地薪酬的讨论都需要考虑在现有国家中的已有工资要素的多样性。在全世界，薪酬通常按照以下三种原始的方式来进行界定。

- 现金薪酬。这种界定方式包括工资率、月薪、货币奖励和短期奖励，但不包括员工福利、特别津贴、长期奖励、递延薪酬、储蓄计划的缴费、利润分享计划的分配和非现金薪酬（例如权益，即股权）。在美国，典型的现金薪酬包括工资率、月薪和年度奖金。
- 整体薪酬。这种界定方式的典型内容包括员工所有福利津贴的工资总额成本，以及之前界定的现金薪酬。
- 净薪酬。这种方式是用来界定税后的薪酬的。

在理想情况下，每一个薪酬定义都会对应一种薪酬要素，这样特定要素就可能在同样的定义基础上在不同组织之间进行比较。不幸的是，薪酬要素的定义通常都会根据本地规则、传统和法定要求的不同而变化。以下示例就是根据墨西哥的雇用市场来界定的，列举了该国白领员工的典型薪酬要素。

- 基本薪酬。它是按月或年来申报的。
- 圣诞节奖金。它是一种法定福利，在有些企业被认为是第 13 个月的工资。
- 利润分享。它将企业利润的 10% 分配给所有本年度在企业工作 60 天及以上的员工，总经理除外。
- 储蓄基金。它是基本薪酬的一定百分比，有法律上限。
- 假期奖金。它通常是用货币支付若干天的工资。
- 交通或者汽车津贴。它通常是按月计算的。
- 社会供应。它按照基本薪酬的百分比支付，法律还有一定的封顶。
- 住房基金。它对个人账户有法定要求。

还有一些福利，例如，包括以下项目相关的成本：

- 医疗保险。
- 人寿保险。
- 养老保险和退休金。
- 社会保障（IMSS），本部分是由雇主代替员工支付的费用。

员工层级不同，其薪酬要素之间也存在非常显著的差别。小时制工资员工（手工艺或者工厂工人，通常被划分为蓝领）有一系列额外津贴和福利，不适用于固定月薪的员工或高管。我们还是用墨西哥来作为示例，这类员工的典型薪酬要素包括以下几种（然而，根据实际地理区域的不同存在差异）：

- 交通供应。
- 工装津贴。
- 工作餐补助。
- 全勤奖。
- 公司产品折扣。
- 资历工资。
- 在某些地区的生活成本津贴。

如果我们将注意力转移到印度市场，我们会发现一系列不同的薪酬要素，其中许多都是用来确保现金收入的税收效率，并降低与退休相关的福利（因为这些福利在那些奉行"现金入袋为安"主义的员工看来没有吸引力）。有一些现金津贴非常受欢迎，例如，住房津贴、假期旅行津贴、交通津贴和独特的特殊津贴。这只是本地市场受保障的现金薪酬率和基本薪酬加上其他所有津贴总和之间的差别。

许多印度企业采用被称为公司所付成本（cost to company，CTC）的薪酬标杆研究方式。组织使用这种方式来决定为员工提供的基本薪酬、津贴、可变工资和退休福利的总体成本，这些受到该角色在本地市场中的定位的影响。然后，员工可以选择在确定的现金数额内，在基本薪酬和其他津贴（包括特别津贴）之间如何分配。一般情况下，员工确定现金薪酬中的40%～45%为基本薪酬。员工拥有相当大的弹性来根据个人偏好和税收考虑进行分配。

不同国家的高管薪酬要素也存在差别。这通常是国家税收政策导致的。以下高管薪酬要素在全球市场中都已经得到认可：

- 股票期权。
- 长期递延支付薪酬。
- 家庭娱乐津贴。
- 住房补贴。
- 低成本或无成本住房贷款。
- 企业提供的汽车和司机。
- 子女教育津贴。

总而言之，世界各地的薪酬要素存在非常大的差异。这些差异是由国家的经济、法律和文化所导致的，这使得在不同国家之间进行薪酬比较变得非常困难。

在比较过程中可以使用外汇汇率，但是在当今的全球市场中，汇率是波动的，并且处于持续的变化状态之中。在任何情况下，简单地将工资按照某一固定汇率进行换算都是不准确的，因为它没有考虑到相应国家的一些独特因素，例如劳动力的供给需求、生活成本和当地税率。

44.3 使用本地薪酬数据的复杂性

使用本地薪酬数据并不如人们想象的那么简单。合格的市场薪酬数据应该一一列举在相关国家中该职位的所有薪酬要素，并且提供清晰的定义。但必须注意到，有一些薪酬调查对不同薪酬要素的定义非常模糊，这让薪酬和人力资源实践者试图在本地市场进行准确匹配时感到困惑。例如，欧洲、拉丁美洲和亚洲的很多国家在实践中都会支付13个月、最多可达18个月的"额外"薪水，这时被称为固定奖金或者周期性奖金。显然，如果采用基本薪酬进行比较就可能会产生错误的结果，因为基本薪酬可能会根据这些薪酬调查被定义为包括部分或者全部的额外工资。在实践中，为了使这种比较更有利于分析，许多领先的咨询公司进行的现成薪酬调查中会提供基本薪酬和保证基本薪酬（包括本地法定或者约定俗成的额外薪水）数据。

传统而言，本地市场薪酬比较是按照基本薪酬水平的口径进行的。但是，由于世界各国的变动薪酬或者"风险薪酬"所适用的员工范围变得更加广泛，现在许多组织都需要整体现金薪酬水平的数据，以便根据市场水平进行有意义的比较。同基本薪酬一样，重要的是要确保在同等基础上进行比较，而且要确保根据总体现金薪酬组成来明确界定所用信息。例如，有一些调查在"整体现金薪酬"中包括津贴和变动薪酬，而另一些调查则在该科目中仅包括基本薪酬和变动薪酬（不包括津贴）。

由于同一国家的跨国公司和本地雇主在同一职位上存在实质的薪酬差异，这使得薪酬调查更加复杂。这种通常是由于任职者的背景和工作经验导致的。例如，在中国，本地员工比"海归"的中国员工（例如，那些在美国或者西欧获得了国际经验或者教育的员工）、来自亚洲其他国家（已移居中国）的员工和西方国家外派员工的薪酬要低很多。在中东，员工则包含本地人、西方国家外派员工，以及来自印度或菲律宾的外包员工。他们之间的薪酬水平和管理实践都存在显著差别，但这些差异在现成的薪酬调查中都未必进行了明显的区分（例如，完成奖、津贴或者外国服务补贴）。

为了减轻薪酬和人力资源管理实践者的压力，并了解世界各地薪酬实践，一些咨询机构会根据本地市场薪酬数据提供个性化定制的市场薪酬定价报告。基于针对类似职位（在同一或相近行业，类似收入规模水平或者组织类型）的多个公开调查，这些咨询机构最终会提出在某个本地市场中薪酬目标水平的建议。

44.4 当前本地员工的薪酬议题

44.4.1 综合性全球薪酬战略的出现

随着企业从在单一国家经营转向设立跨国公司，最终到全球经营，薪酬专业人员开始着手开发适用于全球的一致、综合的薪酬理念。这类实践最后使得外派人员和高级职位的薪酬理念标准化。然而，由于全球薪酬环境的复杂性，层级更低的本地员工在一定程度上被忽视了。这类全球性的薪酬理念通常很模糊和泛化，对于薪酬专员的日常工作并没有太多的用处。相比而言，建立一种和本地市场薪酬实践一致、忽略地区差异的薪酬战略则更加容易，也更加实际。

传统上，建立综合新全球薪酬战略的关键限制性因素分为两类。第一类与整体薪酬的定义有关。薪酬的跨国比较非常困难，当薪酬中包括长期激励和员工福利计划时尤为如此。福利应该包括法定要求的福利、企业支付的福利和其他福利或补贴。我们很难建立全球性的股票期权方案操作准则，因为美国的股票期权赋予水平通常很高，而其他国家则相对较低，在有些国家，从文化角度上看，这种股票期权赋予可能是非法或者不可执行的。另一个复杂问题是股票期权的税收处理。在有些国家，赋予股票期权是不被允许的，还有一些国家的税收政策使得股票期权的吸引力大大降低。在一些国家中，税收缴纳可能在赋予时或一段时间之后，也可能递延到行权时。显然，全球各国规定福利和股票期权奖励等这些薪酬要素的法律存在差异，这毫无疑问增加了建立全球一致政策的难度。

使用狭义薪酬概念的全球薪酬战略已经越来越流行。这种薪酬概念将比较内容限定在工资和短期红利或奖励上。实际上，相当多的跨国组织都有正在执行的全球性薪酬战略。这些全球性薪酬战略说明了如何界定市场定位，对标的市场薪酬在什么位置，如何确定基本薪酬和各类奖励组合。此外，该战略还建立了工作职带或者职级的内部关系规则。全球性的薪酬战略也鼓励将全球总体原则尽可能地与本地市场相适应。

44.4.2 国际岗位（职位）评估

数以百计的世界性跨国企业都认为国际岗位评估是一种理性的方式、方法和全球化语言，用以阐明该工作有望实现的价值。该方法基于一套全球一致的职位维度或者要素，例如影响、沟通、创新和知识等。点数法能够支持企业建立职位的量化价值，以帮助企业建立不同职位之间的层次关系以及相应的薪酬线。这种方法将职位点数回归到以具体国家货币计算的市场工资率，有效整合了内部公平性和外部竞争性，无论员工是在哪个国家或者哪一类人才市场。如果某个国家的薪酬调查不是基于岗位进行的，那么国家工资线也可以是一个推断所在国家工资率的有效方式。然后，组织就可以将职位和全世界不同的可靠数据源联系起来，使薪酬方案更加协调，同时评估整体薪酬的内部和外部公平性。

44.4.3 传统本地市场正在发生的变化

每个国家都有与薪酬相关的固定和一致的文化，这个观念广泛流传，并且被认为是非常正确的。随着收集和分析的薪酬数据越来越多，我们发现，不同地区之间存在差异，即使最为传统的文化也正在发生变化，例如，日本拥有悠久历史的独特薪酬价值观，这些传统价值观在薪酬和年龄之间有非常高的相关性，薪酬与人的相关性明显高于具体工作。但由于一些巨型日本企业的管理实践探索，这种薪酬理念正在开始发生变化。

许多跨国组织发现，它们可以用一些非传统却适合业务发展，并且本地员工能够接受的方式进行薪酬创新。许多按照这种理念收集的数据还不太可靠，但是薪酬（尤其是可变薪酬）的最佳实践在许多地区都开始被使用，即便前几年还不被接受。大家开始接受这样的观念：本地的传统薪酬实践是可以改变的，如果创新方案更加有利于业务，那么组织就不必拘泥于本地实践。关键问题是，基本薪酬方法能否比过去得到更为广泛的接受。显然，美国和西欧国家薪酬制度的许多要素和创新正在世界的其他地区得到应用。

44.4.4 区域市场的薪酬实践发展

在过去几十年中，许多人相信欧洲将出现一个单一薪酬市场。由于贸易壁垒的逐步消除，以及劳动力的跨国界流动，大家曾经期望，供求状况能够在薪酬水平方面创建一个单一市场。但是这一景象并未出现，而且还被几个主要因素所遏制。首先是税收政策的差异，这将会影响净收入水平和薪酬的支付方式。其次是货币差异，这使薪酬比较变得非常困难。欧元简化了薪酬比较，但并不是所有欧洲国家都使用这种货币。另外，与社会保障以及养老制度相关的福利水平设计也是一个重要因素。

拉丁美洲、南美洲、亚洲地区的薪酬实践已经成为一个大家感兴趣的议题，但这些区域的国家之间的规则变化比欧洲更大。尽管大家期望采取区域性的薪酬政策，但迄今为止，这类政策的共同基础尚未出现。

44.4.5 所有员工类型之间的内部公平性

外派员工和常驻某一地区的本地员工之间的薪酬水平，以及雇用条件之间的差异导致了对内部公平问题的关注。在实践中，这种差异通过不同员工群体参照的市场对象不同而被合理化。为了吸引和保留业务所必需的人才，组织会针对每一类员工设计相应的政策。尽管在概念上保持了一致，但是在感知上，有部分类型的员工得到了更加优厚的待遇。如果外派员工在某一地区的时间特别长，或者员工从高成本区域外派至低成本区域（或者相反），那么内部公平性的问题就变得更加复杂。至少从表面看来，与本地员工相比，外派员工的生活水平更高，拥有的实际购买力也更高。尽管传统外派任务非常常见，并且还有增长之势，但是有一些企业已经开始尝试将外派员工纳入派驻国或者本地的薪酬体系中。许多企业的长期策略是持续优化外派员工的数量，限制外派周期，并且将长期外派员工纳入本地的薪酬系统之中。尽管在可见的未来，外派员工的数量不太可能降低，但企业仍然应该专注于建立一支高效的本地员工队伍，以降低对外派员工队伍的依赖。

目前，没有出现任何针对外派员工的有效的单一方式，但在一定程度上，组织尽可能针对某些特定类型的外派员工使用本地的实践（包括薪酬）。

44.5 本地员工薪酬的未来趋势

并没有哪种单一的趋势能够影响所有地区的本地实践，每个地区都会受到其历史和文化的独特压力。然而，还是有一些驱动变革的主要因素存在。

- 功绩制度（meritocracy）的概念，特别是可变薪酬的决定基础（在个体、团队或者组织层次上，薪酬与业绩挂钩进行变动）在市场驱动的经济中得到广泛接受。在某些地区，这可能体现为法定强制的利润分享，而在其他地区则可能遵循美国和欧洲的短期与长期激励模式。而那些与年龄、资历、性别和其他非绩效相关标准挂钩的薪酬制度则相应减少。
- 那些对于某个国家的价值观系统而言非常独特的传统薪酬制度，现在似乎遇到了大量非传统方案的冲击。这个趋势是由跨国组织引领的，但是也有可能会影响本地企业可接受的薪酬制度的范围。
- 对于员工退休支付的方式将逐步发生转变。不管是社会保障计划，还是私人保障计划，现在都由原来的确定收益的方式向确定缴费的方式转变。
- 对本地员工市场薪酬数据的需求将导致薪酬调查设计的补充和改善，同时也推动了参与水平的提高。

44.6 薪酬调查数据的来源

目前，并不存在能够覆盖所有国家和地区的本地员工薪酬调查数据来源。市场数据的质量和有效性波动很大，我们必须谨慎评估每个市场的数据。有效的数据可以分为三类：

- 来自公共或者私立机构公开发布的调查数据。
- 仅针对调查参与者的年度或者持续定制化的调查数据。
- 根据赞助者的要求而定制的调查。

以下列举的是得到广泛使用的数据来源。

公开发布的数据
- 美世：整体薪酬调查和国际福利指引。
- 韬睿惠悦：不同国家的本地报告。
- 合益咨询：不同国家的本地报告。
- 怡安翰威特咨询：不同国家的本地报告。
- 美国商会：关于不同的国家区域。

- 美国国务院：美国大使馆所在区域的调查。
- 定制报告。

关于在线数据来源的备注：尽管互联网上能够找到一些"免费"的数据，但是必须审查数据来源、方法论和数据的可靠性。

以上列举的项目主要聚焦于从跨国组织中收集数据，这反映了在很多国家中存在的双峰市场。相比于跨国组织，由那些只在本国区域内运营的组织构成的本地市场，一般来说规模更小，薪酬也更低。我们必须小心确保识别合适的市场和适当的调查数据。

在许多国家，市场数据看起来非常分散，通常没有非常明显的集中趋势。在那些薪酬非常不稳定或者正在经历高通货膨胀的地区，这种情况非常常见，例如俄罗斯、委内瑞拉和阿根廷。对调查数据进行有效更新非常重要，如果通货膨胀率很高，那么就将数据修正到合适的薪酬水平上。另外，在那些高通货膨胀或者经济波动的区域中，薪酬评估的频率也必须更加频繁。

44.7　本地员工职位定价的咨询服务

本章前文提及的所有咨询公司都会提供职位定价服务。咨询顾问可以利用不同的调查数据来源，为客户提供很多国家和地区的薪酬、福利，以及与薪酬相关的政策和实践服务。通常，在职位定价服务中会使用公开和定制化的调查数据。他们也会根据要求进行专门调查。那些提供职位定价服务的薪酬顾问通常都和在不同国家进行数据收集工作的咨询机构有着紧密的联系。

第45章

采用新奇薪酬方法，打赢外派人才战

伊冯·麦克纳尔迪（Yvonne Mcnulty）
新加坡管理学院（Singapore Institute of Management University）

外派人员的薪酬通常被认为是有效的国际外派惯例的重要战略内容之一。然而，由于对于外国人才竞争程度的加剧，外派人员的薪酬变得越来越复杂。例如，安永咨询（Ernst & Young）的调查发现，67%的流动管理经理认为，薪酬组合是国际外派人员期望未能达成的最大原因。[1]这在一定程度上与汇率变化、通货膨胀、发展中市场的地域挑战性、所得税的变化，以及新引入的一系列新型薪酬实践有关。然而，研究者认为，外派员工并不是单纯因为财务因素而接受国际外派。[2]诚然，有令人信服的证据表明，外派员工热衷于全球流动有一些非财务的因素，例如，职业提升和发展、个人或者家庭的经历、实现终生的梦想等。那么，为什么外派人员的薪酬具有如此挑战性呢？

本章主要介绍在赢得外部人才和保留内部人才的战争中，针对外派人员的新薪酬方法，包括这些新方法相关的机会成本。我将密切观察那些外派人员的变化，包括有意愿接受国际外派员工的类型，由于外派人员在外派期间离职并加入竞争对手而导致的人员流失率提高，愿意接受本地化雇用条件的第三国外派员工和自我驱动的外派员工的数量不断增加，从而降低组织对于母国外派员工的依赖（相关术语将在本章结尾进行解释）。[3]本章的主要内容包括：①导致外派员工薪酬问题的最主要因素；②概览外派人员薪酬的新方法，包括本地附加和本地化；③外派员工薪酬新方法的机会成本；④如何将外派人员薪酬与人才管理挂钩。

45.1 外派员工薪酬的关键因素

成功的薪酬战略不仅能够激励外派人员，同时也要满足组织的目标和预算，以便保持竞争优势。尽管它在理论上是可行的，但在实践中却使组织在外派人员薪酬方面面临许多挑战。最为普遍的挑战是外派员工和本地员工的薪酬之间的不一致，这是导致那些直接与国际外派员工共事的员工不满意和士气低落的关键因素。[4]

第二大挑战是，由于公司员工队伍中只有很小比例（如，可能只占总数的5%）的员工却占据整体薪酬成本的60%~70%，因此适用资产负债表方法的外派人员薪酬成本非常高昂。例如，除了基本薪酬之外，资本负债表薪酬组合中包括生活成本津贴（COLA）、艰苦地区补贴、异地安置奖金、生活方式津贴（如住房、学校教育和汽车等）和其他的补贴性消费（如，乡村俱乐部会员、探亲假、母国寄存成本和房屋售卖补贴）。多年来，公平是许多外派人员接受外派任务的主要原因。很少有人愿意为了仅仅能够和母国薪酬持平的待遇，而完全改变他们的生活、家庭、已有的社交网络和熟悉的环境。当员工从低税收地区被外派到高税收地区时，还有税负平衡成本的问题。如果对母国和东道国组合的数量不加以限制，处理在全球流动的外派员工薪酬问题的行政负担就变得非常繁重，倘若如此，企业就只有很少的时间用来推动新的战略变革，如投资回报或者人才管理。

还有一项挑战是，对外国人才竞争的不断加剧，并没有如人们期望的那样提高外派员工的薪酬，反而压低了外派员工的薪酬。例如，在过去的几年中，企业曾经使用非常"丰厚"的薪酬组合推动员工接受外派、远离故土的激励措施（主要采取资产负债表或者整包方式），但是由于越来越多的员工，尤其是年轻员工，愿意接受异国外派以获取宝贵的国际经验，对整包方式的需求出现了明显下滑，在亚洲尤其明显，削减薪酬已经成为一种惯例。[5]

最后，这也许是外派人员薪酬最大的挑战，资产负债表方式不仅已经逐渐变成一种过时和过于昂贵的方法，而且在建立企业应有的全球竞争优势方面也是无效的。例如，资产负债表方法建立在回派模式基础上，也就是说，把外派员工和母国或者总部所在国挂钩，但是许多外派员工可能永远都不会再返回母国。因此，如果薪酬在战略上总是向着外派员工将回到母国的方向设计，它就无法支撑企业对职业外派员工（即那些常年持续在不同国家之间调动）的旺盛需求，从而无法帮助企业实现真正的全球化人员配置。对于职业外派员工而言，资产负债表方式的另外一个劣势是，无法推动外派员工全心地适应当地惯例和传统。

45.2　外派人员薪酬的新方案

外派人员薪酬的方案有很多种（见表45-1），其中一些方案已经很成熟了。本章的焦点在于第三和第四种类型，即本地附加（local plus）和本地化（localization），这两种被认为是传统资产负债表方法的切实可行的、流行的替代方案。

表45-1　国际外派人员薪酬战略概览

政策名称	战　略	政策描述	目　的
资产负债表方法（整包，基于母国政策）	发展	• 包括主要的薪酬内容和附加部分，例如，一般薪酬（包括红利和奖金等）和福利（包括税负平衡、参观旅行、生活成本津贴、住房、教育、婚礼津贴、汽车、探亲假、俱乐部会员等） • 为确保员工的生活方式和在母国基本一致；使外派不会成为一种劣势 • 理念基础：外派员工来自母国	• 目标对象是掌握广泛技能、高潜质的谋求职业发展的高管 • 用于"干部"模式，以发展高绩效的精英员工群体，长期战略目标是将其发展成为长期外派员工 • 用于人才保留目的，使外派人员能够返回公司总部或者业务族群总部 • 作为对关键员工的爱惜性激励 • 由于有很多母国和东道国的组合方式，所以管理复杂

（续）

政策名称	战略	政策描述	目的
资产负债表方法（轻量包，基于母国政策）	技能/借调	• 整包的缩减版，例如，包括或不包括红利和奖金，包括一些福利项目（例如，住房、教育、汽车、探亲假），但排除了其他项目（例如，俱乐部会员、婚礼津贴、生活成本津贴）	• 拥有精深技术或能力的外派员工 • 具体目标是，外派期间（不超过两年）的唯一任务是完成技术和知识的转移 • 外派时间确定，除非某一具体技能需要提升，否则不再外派 • 用于那些本地不具备相应客户服务能力的地区
本地附加（基于东道国政策）	成本节约	• 提供一些发展性战略的福利，但是基础已经大幅削减 • 外派人员通常已经本地化，并获得一些额外福利，更好地实现了人才保留 • 没有持续的津贴（例如，生活成本津贴） • 初始津贴一般随外派时间逐步减少（例如，第2年保留福利的50%，第3年保留福利的20%）	• 发展性和技能/借调外派人员的混合，但通常适用于中层管理者，例如，专业的、职能性人员，或者宽泛的业务经理，和/或在职业生涯中在几个不同类型岗位（和地区）转换的专家 • 通常提供给那些愿意外派或者表达外派意愿的经理人员
本地化（基于东道国政策）	成本节约，功能保留	• 以上初始津贴随外派时间而逐步减少（例如，第2年保留福利的50%，第3年保留福利的20%），直至完全实行"本地"薪酬政策	• 适用于那些愿意外派和超过约定期限，并且不愿意返回母国而希望留在本地的长期外派员工
永久转移（基于东道国政策）	自发转移	• 外派至东道国的单向安置包 • 来自本地工资总额中的工资、奖金和福利	• 员工自发的外派

资料来源：Y. McNulty and K. Inkson, Managing Expatriates: A Return on Investment Approach. Business Expert Press, New York, 2013.

本地附加是一种按照东道国的薪酬水平、结构和管理办法来支付薪酬，同时也认可员工的外国人身份，提供一些特别的外派人员福利，例如，交通、住房和抚养对象教育成本等。值得一提的是，并非所有使用本地附加方式的外派员工都得到了全部的额外福利，这主要源于雇主的差异，在众多因素中，在很大程度上取决于外派工作的区域（例如，艰苦地区 VS. 非艰苦地区）。[6] 然而，本地化是一种按照派驻地或者工作、生活地区（东道国）的工作水平、结构和管理政策支付外派员工薪酬的方式。这种方式在政策基点上排除了外派员工的身份，当然也包括福利和津贴。在实践中，这意味着切断了外派员工的待遇和所来自国家的原有薪酬的捆绑关系，外派员工已经成为东道国的"本地"员工。[7] 这种方式几乎总是包含可以和本地雇用员工相比较的薪酬组合（如基本薪酬、奖金、津贴、附加补贴、社会保障和退休计划）。

本地附加和本地化的方式可以被择一实施。当外派时间延长时，企业在员工外派任务开始时使用资产负债平衡表的方式，然后，在3～5年的时间之后，就会转换到本地附加或者完全本地化的方式，这个转换可以由雇主或雇员来主导。例如，有一些员工在外派时，其合同会提前约定使用本地附加方式，或者在东道国工作两年以后使用本地化方式。还有一些员工则只有在初始外派完成或者外派任务延长之后，才会转换到本地附加或者本地化方式，这通常会是在开始外派5～7年，甚至是10年之后。削减薪酬通常要经历一个缓冲期，在此期间，一些特殊的外派福利（例如，交通、住房、健康护理和被抚养人的教育成本）会逐步降低（例如，第一年削减50%，第二年削减剩下的50%）。如果要使员工完全本地化，关键是要解除员工与其母国组织的劳动关系，并且正式地受雇于东道国组织。这也是适用本地附加方式的常见要求，但并不总是这样。

这种薪酬削减也可能在外派任务刚开始的时候执行，尤其是那种永久性或者单程的外派迁移。在这种情况下，员工从开始就知道他将适用本地附加或者完全本地化的方法，这意味着公司将会变为将员工重新外派到其他区域。

企业使用减少薪酬的方法作为成本削减的一种方式，使人才管理和成本抑制的效用最大化。最近的一项研究发现，降低外派薪酬的方式会在以下情况下使用：①东道国的永久职位；②外派区域和外派人员的母国在同一区域；③在外派人员母国没有适合其返回留任的职位；④成本降低是优先任务。[8]

近年来，和薪酬削减直接相关的外派任务趋势是，由外派人员本土化所导致的永久转移数量的增长。例如，博勒飞（Brookfield）公司发现，在参与调查的123家公司中，有超过三分之一的公司都使用了永久转移，这种方式被认为是可替代传统国际外派方式（资产负债表方式）的、有利于节约成本的方式。[9]卡图斯（Cartus）公司所进行的调查认为，东道国的技能匮乏是使用永久转移的另外一项重要原因。[10]永久转移指的是员工从其母国部门辞职，同时被同一公司的东道国部门雇用，并且不会再返回（回派）母国，也没有公司明确保证再派往其他区域的情形。[11]永久转移是由公司主导的"单向流动"，在这个过程中，外派员工是按照东道国的"本地"员工进行管理的。在使用永久转移的方式时，适用东道国的薪酬和福利，（如果有的话）很少有长期适用的常见外派人员福利包。[12]有时候，有的企业针对永久转移外派员工也会在其外派的最初一两年适用本地附加的薪酬方式，以帮助他们完成转换。需要注意的是，接受永久转移的员工应仍然被认为是外派，因为他们并没有移民，没有东道国的身份或者护照。永久转移方式必将在企业中变得更加流行，这也是和成本节约的举措相一致的。例如，毕马威和ORC全球公司的报告表明，接近四分之三的企业都正在实行某种形式的永久转移和本地化的政策。[13]事实上，博勒飞公司发现，在其调查的公司中，有一半的企业正在将其外派员工转换到本地化的条件之中，其中使用永久转移和本地化的企业总体上增长非常显著。[14]

降低薪酬可作为一种间接手段，以裁掉那些在东道国的绩效无法负担资产负债表方法所要求的费用支出的外派人员。此外，削减薪酬也能够有效降低外派人员和本地员工之间的不公平感，外派人员和本地员工可能承担类似的角色，但是他们的薪酬和福利却有明显差别。薪酬削减的方式（尤其是本地化方法）还能够进一步提高公司战略的本地化响应能力，当公司战略需要对特定东道国或者地区进行长期承诺时，该方式的作用尤为明显。然而，值得一提的是，薪酬削减的方法并不总是由企业发起的。越来越多的员工在寻找永久转移的机会，将其作为提升国外职业发展的重要一步，尽管这样做可能并没有获得和那些适用整包方法的员工同等的实质性财务回报。[15]

这些外派员工薪酬新方法的优势是，尽管需要外派员工的传统理由（例如，技能转移、职业发展）依旧存在，但越来越多的部分或全部本地化的外派员工拥有一定水平的管理才能，他们可以和那些适用整包薪酬方法的外派员工竞争职位。它有效降低了企业的全球流动成本，拓宽了人才资源池和外包机会，并且在国际劳动力市场上为员工提供了更多工作机会。总而言之，外派员工薪酬新方法（如，本地附加和本地化）为企业进行全球员工配置提供了成本更低的替代方案，因为越来越多的员工愿意接受部分或者全部本地化的条件，以换取有价值的国际经验。

45.3 外派员工薪酬的机会成本

尽管成本削减方法给企业带来了许多好处，但是问题依然存在：它是否帮助组织实现了人才管理和知识分享的长期战略目标？令人惊讶的是，尽管这些薪酬方法越来越流行，但是关于由这些新方法引发的影响却鲜有人知。在实践中，我们确切知道的是，本地附加和本地化的方法给企业与员工都带来了很多问题。本部分将会讨论部分问题，以及问题的解决方法。[16]

45.3.1 预测和管理外派人员的忠诚度下降问题

慷慨的薪酬组合能够将外派人员更好地和企业"捆绑"在一起，但是本地附加和本地化方法将外派人员的薪酬水平降低到和其东道国本地同事近似的水平，这意味着进入或者离开企业的某个职位变得非常容易。因此，薪酬削减方法降低了职位承诺，提高了外派人员所承担的风险水平，因为在他们寻求跳槽机会的时候，需要放弃的特别待遇（例如，津贴和福利）更少了。因为金钱不再是决定性因素，薪酬削减方法的机会成本就变得非常清晰：尽管这种方法通过成本节约的方式给企业带来了非常直接的好处，但是它通常也导致了外派人员更高的焦虑感、更低的工作满意度和承诺度。因此，虽然公司也许能够通过采用本地附加和本地化的方法获得成本节约，但是也要承担将其高潜质全球化人才推向竞争者的风险。因此，短期内资产回报率的提高可能导致长期的战略人才损失。

45.3.2 修复不规范的流程

对外派任务之初就适用本地化方法的外派员工，或者在外派两年以内部分或全部本地化的外派员工（包括从开始就明确知道会进行某种形式本地化的员工，以及根本没有接受适用本地附加或本地化政策的国际外派员工）来说，薪酬削减方法的影响是不同的。对于后一种情形，当薪酬削减之后，外派员工将不再享有津贴和奖金，最终导致非计划中的收入损失，使其在财务方面处于劣势。最近的一项研究发现，它还将影响外派员工的心理契约，导致怨恨、想要离职和敬业度降低。[17] 那么，这将意味着什么呢？

外派员工的心理契约履行与他们关于组织应该承担的义务和承诺的感知有关。[18] 这是心理契约的"货币"或"内容"，是"真正重要的事情"，通常它会分为两种类别：①经济性内容，例如，税负均衡、红利、带薪探亲假期、住房和教育成本，以及医疗保险等；②发展性内容，例如，工作自治权和工作挑战水平的提高，能够帮助员工构建国际或者全球职业的流动机会（如再次外派）。当企业降低外派员工薪酬时，他们就改变了心理契约的内容，实际上要求外派员工重新界定他们的价值感受，或许这动摇了他们的生活方式，也可能是他们的组织承诺。

尽管的确有一些外派员工会不顾所获得的薪酬（如资产负债表、本地附加、本地化），而希望获得国际工作经验，但也有许多员工认为他们只是别无选择才接受薪酬削减，以便获得工作和/或国外工作机会，特别是那些在毫无准备的情况下接受薪酬削减的外派员工。然而，尽管有许多员工接受了薪酬削减，但最近的研究发现，对于这种方法执行过程的不满正在蔓延。[19] 它所引发的最重要问题是，企业在外派期间改变了薪酬合同，而不是在外派结束时才改变（例如，通过取消或者降低住房津贴、学校教育津贴或者探亲假期的方式），这导致许多外派员工感觉他们在财务上被逼到了墙角。还有一些外派员工非常不满，他们认为一旦成为职业外派员工，高层管理者会立刻改变规则，在他们再次外派或者延长外派时削减薪酬，因为他们知道外派员工在其母国没有替代性工作机会。这么做更加强化了外派员工的不合理损失感，外派员工的不满不仅仅是因为他们的薪酬组合，更是因为其决定过程。丹尼斯·卢梭（《交易：员工为自己谈判的独特交易》一书的作者）直击该问题，她认为在用人过程中改变双方之前约定的规则"是目前雇用领域出现的最大挑战之一"。[20] 而缓解与薪酬削减相关的紧张局势的最好办法，就是与外派员工进行更为密切的对话，并确保薪酬制定和改变流程的绝对透明。

45.3.3　管理无法避免的组织层级

本地化通常会创建组织层次或者层级优先顺序，在这个过程中，企业基于政策，根据外派员工和本地员工的比较，而对外派员工进行差别对待。例如，传统的适用资产负债表方法的外派员工通常代表着更高战略价值的国际外派员工精英阶层，而适用部分或全部本地化方法的外派员工则被认为是较低层次的外派员工，他们通常居于某一"玻璃天花板"之下，这是一种既不是传统外派员工也不是真正本地员工的不确定状态。通常对这些外派员工而言，这种"玻璃天花板"意味着对其职业晋升的战略性和操作性限制。的确，这些外派员工认为和其他类型的外派员工相比，他们没有得到组织的充分支持，或者不被组织所重视，因而，他们经常从竞争对手那里寻找工作机会，因为他们所身处的商业环境，使其在其他地方可以获得许多有利可图的职业机会。实际上，最近一项关于外派员工的研究发现，89%的受访者认为，国际外派不仅对于他们现在的雇主有益，同时也有利于提高他们对于其他国际雇主的外部市场价值。[21] 现实情况是，虽然实行本地化政策的外派员工在地位和薪酬方面被企业差异化看待和对待，但他们仍然是外派员工，他们和适用资产负债表方法的外派员工一样，需要面对同样的调整挑战，尽管他们没有获得同样水平的支持。这是因为这些适用部分或全部本地化政策的外派员工和适用资产负债表方法的外派员工一样，并非东道国的公民。

45.4　将薪酬与人才管理挂钩

企业把那些不同类型的外派员工薪酬新方法看作"灵丹妙药"吗？最近的研究表明，使用成本更加低廉的外派方式虽然看上去对企业非常有吸引力，但是它也会因为这种"短视的决策"而引发不期望出现的问题，造成难以预期的机会成本（例如，损失关键人才）。[22] 而且，如果外派对于企业的竞争优势非常关键，那么为何将全球流动和全球人才管理挂钩还如此困难呢？在《全球人才管理的七个秘密》这篇开拓性文章中，达娜·明巴耶娃（Dana Minbaeva）和大卫·柯林斯（David Collings）认为，全球流动行动和人才资源获取之间的联系仍然非常薄弱：许多企业在全球流动的工作中，仍然没有将其与发展未来全球领导者或者满足外派员工职业发展期望联系起来。[23] 尽管如此，同样还是这些企业将雇用全球雇员作为拓展其对全球市场理解，并帮助其发展全球思维的方式。那么，企业如何克服由新型外派员工薪酬方法所导致的与人才管理有关的问题呢？

克服这些问题的方法之一就是，将外派员工薪酬和更加广泛的人才管理方案相结合。它要求企业从外派员工薪酬向全球薪酬转变。尽管外派员工薪酬的设计和执行都处于跨国场景中，但是术语的转换首先意味着思维方式的转变。许多外派员工从事的岗位和他们本地同事的工作类似，或者本地同事在未来的某个时点上也可以完成。此外，和外派员工进行国际外派的原因（如，为了职业发展和晋升）一样，本地员工也会在本区域内进行外派流动。尽管他们的生活水平也因此受到影响，但是他们并没有像国际外派员工那样得到补偿。区别就是，在确定薪酬标准时，更少关注外派员工的身份，而更多地关注职位的国际性质。在本质上，从事国际职位的国际员工需要执行全球薪酬。这意味着，全球薪酬需要从激励外派员工转向激励国际员工。这应该如何实现呢？

当外派员工薪酬不是基于外派员工的母国身份，而是根据其外派承担的角色时，外派员工薪酬的效果是最好的。这是因为应该将职位价值与战略目标，而不是与外派员工的身份挂钩。此外，外派人员所承担的角色应该非常理想地表明，他们是根据本地的、区域的还是全球的薪酬条件来获取薪酬。这种全球薪酬方法能够帮助企业发现最为合适的候选人才，并据此为其支付薪酬，其薪酬决定并不是因为他是谁，而是因为希望他所取得的结果。全球薪酬方法也更加公平，因为它基于绩效，能够消除过高薪酬或者不公平感。实际上，与资产负债表方法相比，对全球薪酬方法的管理更加简单，因为它代表了大多数组织已经存在的国内（母国）绩效薪酬模式的延伸。[24]

尽管当使用部分或者全部本地化方法时，全球薪酬方法有时也会降低外派人员的薪酬，但这种方法仍然有一个好处，即它能够帮助组织通过锚定那些渴望追求国际性或者全球性职业生涯的人才，从而拓展它们的全球人才资源池。这种类型的人才并不会仅仅因为薪酬而接受外派，他们通常都不太在意薪酬。这通常是指那些由企业生涯和自我驱动的外派员工，他们通常都已经具备胜任某个国际角色所必需的跨文化能力、文化智商和语言能力，同时还必须具备渴望、技能和态度。因此，和曾经作为外派人员薪酬的主流模式而流行几十年的传统资产负债表方法不同，全球薪酬方法更具创新性和战略性，它能够根据区域或者本地要素，以及组织在需求、地点、成本和其他战略性与操作性方面的因素，进行定制化设计。

全球薪酬方法还有一个优势，就是它天然地比资产负债表方法更具弹性，因为它是基于绩效支付薪酬，甚至可以一直持续到外派人员被再次外派或者决定放弃他的外派身份之后。和资产负债表方法仅适用于在国外工作的员工不同，全球薪酬方法并不受限于区域或者身份，该方法可以被长期使用，帮助组织保留全球性或者其他类型的员工，这是一种通过全球流动和人才管理计划确保更好投资回报率的方法。例如，如果使用全球薪酬方法，即使一个员工被外派，然后返回母国，然后因为职业晋升而再次被外派，他也不必随着每次变动而改变薪酬。这不仅大幅减少了全球流动部门根据每一次变动的母国或东道国情况而管理薪酬福利的行政负担，而且还能培养一种"动态全球化职业生涯"类型，这种类型可能成为未来20年全球人才管理的重要部分。[25]

45.5 外派员工薪酬政策的最佳实践

外派员工薪酬的资产负债表方法的主要问题是，尽管做同样的工作，但在传统的整包外派员工与部分/全部本地化外派员工之间却存在薪酬差异。所有人都是外派员工，没有人是真正的当地人，但是前者几乎总是根据母国的水平来支付薪酬，而后者却根据本地条款支付，只有很少部分会和母国水平挂钩。试想一下，如果部分或完全本地化的外派员工能够用一半的成本完成相同的工作，那么早就应该对外派员工的薪酬进行彻底的调整，以确保与总部或母国保持些许的联系，但更重要的是，关注点应放在外派员工被派去支持的市场环境上。

从这个角度看，本地附加和本地化方法是更具成本效率的做法，企业可以据此管理不同类型的外派员工，同时满足组织的目标。然而，为了支持薪酬削减的方法，对待外派员工不应该像对待本地母国员工或者本地员工那样，显然，与那些选择不去国外工作的员工相比，外派员工面临花费的实质增长，以及与原有生活的间断。因此，他们应该得到相应补偿，并受制于一套不同的政策，但这仅限于薪酬方法仍然适用于外派人员所承担的工作，而不是因为他们和母国相关的身份的情形。在执行本地附加或者本地化方法时，应该考虑以下方面：

- 当削减薪酬时，应该尽早进行讨论，并且通过任务函、谅解书（letter of understanding）、政策文件或正式合同等形式，将所有达成一致的条款进行书面确认。
- 为解决外派人员所关心的退休计划和健康护理覆盖率问题提供解决方案，尤其是当这两大挑战遇到薪酬削减的时候。处理社会保险、健康和人寿保险、雇主提供的养老金计划等问题的方法之一是立即将员工纳入本地计划。
- 小心考虑继续为子女支付国际学校费用的要求。对于外派员工而言，这通常是特别情绪化的议题。因为由于语言障碍或者课程挑战，当地的学校体系未必是一个可行的替代方案。

在正式的政策要素之外，重要的是必须认识到，削减外派人员薪酬需要谨慎的管理，不仅仅因为财务因素，还包括外派人员如何适应他们的新身份，并永久地和当地员工队伍整合在一起。应该考虑如下问题：

- 本地附加或者本地化方法通常适合于那种单向的转移外派，他们只有很少或者根本没有回派的机会。在实践中，重要的是解决外派人员由于可能需要永久地待在东道国，而产生的关于潜在职业路径的现实期望。
- 为融入当地文化而提供特别指导至关重要，因为实行本地附加和本地化方法的外派人员并不是真正的当地人，尽管他们的身份是本地化外派人员。
- 必须认识到当地员工在帮助部分和全部本地化外派员工进行调整方面所扮演的重要角色。

本章小结

几十年来的研究都认为，外派人员愿意接受外派任务的根本动因是财务收益，因为他们获得了实惠的福利津贴，以及超额的基本薪酬。公平地说，多年以来，这的确是外派人员接受外派的主要原因：很少有员工愿意仅仅为了和其母国持平的工资，而彻底改变他们的生活、家庭、已有的社交网络和家庭亲属关系。然而，最近的研究揭示了外派人员在决定接受国际外派任务时除财务因素之外的五大因素。[26] 尽管基本薪酬（71%）和地区红利（为了激励员工外派而设，32%）非常重要，但对陪行人员的支持也同样重要，如帮助他们适应及解决双职工问题（找工作，60%）、为外派人员提供再就业保障（58%）、以及保证孩子的教育质量（由企业全部成员资助，41%）。

显然，金钱在一定程度上的确非常重要。外派员工和其他人一样，需要养活自己、支付账单和支撑家庭。通常，外派和全球流动是一种快速捷径，可以更快地赚到更多钱满足这些需要，有时还可以省钱。这使得国际流动对于许多员工而言更具吸引力，至少短期是如此。临近退休的员工可能会特别关注金钱，特别是那些持有母国退休计划的员工。然而这个方面的薪酬仍然是最具挑战的部分之一，对于职业外派员工而言尤其如此。在美世咨询的调查中，只有12%的企业建立了国际养老金计划，以确保长期外派员工的福利的持续性。[27] 但是金钱并不是一切。如前所述，返回母国之后的"职位保证""伴侣的支持"和"孩子的学校教育"都是非常重要的因素。它告诉了我们很多关于现代外派的事情，在这个过程中，我们见证了激励员工接受外派的驱动力的变化，与此相对应的是，企业为吸引合适的国际外派员工并长期保留的战略上的变化。

对于越来越多的外派员工，薪酬是达到目的的手段，它只有在达到某个点时才有效。许多组织因此而错误地认为，财务收益是外派员工接受外派的超越一切的原因。实际上，最近的一项研究发现，财务收益只有在薪酬突然变化使员工面临严重困境，或者他们临近退休时，才变成外派员工考虑的最重要因素。[28] 此外，传统的薪酬资产负债表方法难以起到最有效的激励外派员工接受外派并保留人才的作用。我们必须接受关于外派薪酬的新事实，最为重要的并不是薪酬的类型，而是他们获得薪酬和待遇的过程，因为一旦实行本地附加或者完全本地化方式之后，将他们与组织捆绑在一起的财务因素就会降低，那么仅仅使用金钱来保留人才的方法就不再有效了。当竞争企业为"猎取"人才而使用与之当前水平相匹配的薪酬组合时，这一点就显得特别真实。

我们想表达的观点是，这不仅仅是金钱的问题。实际上，对部分千禧一代的外派员工和那些正在向中层管理职位攀登的员工而言，这通常从来都不是钱的问题。为了将全球流动和人才管理完全挂钩，企业需要实行能够融合并激励外派员工的薪酬方法。心理契约在以下几个方面能够发挥实际作用：①外派员工薪酬削减的沟通时间和方式；②福利的改变应在何时进行；③为抵消外派员工不可避免的财务差额而提供的方案，这与作为家庭经济支柱的外派员工必须承担的经济责任和义务有关。我们还要考虑一些其他问题：心理契约的作用并不是由花费了多少钱或者在某一问题上投入多少来决定的，其决定性因素是行动或行为背后的意图。和外派员工进行开放的沟通，并通过相互尊重和理解而培养一种和谐、承诺的关系，并不需要付出什么代价。

词汇表

外派人员（assignee）：那些自愿选择从其母国和/或永久居住地被外派至外国，承担短暂工作，但并不拥有该国公民身份的员工；见外派员工（expatriate）。

资产负债表方法（Balance-sheet approach）：一种将外派员工基本薪酬与其母国薪酬结构挂钩的薪酬方法，目的是保障外派员工的生活水平。例如，使其与母国生活水平相比并不处于劣势。通常该方法是指"整包"（full package）。

职业外派（career expatriates）：他们的大部分职业生涯都是在其拥有公民身份或者

雇主总部所在国之外的国家度过。

生活成本津贴（cost-of-living allowance，COLA）：企业为补偿外派员工在母国和东道国的日常生活成本差异而支付的项目。例如，交通、杂货、家具设施、医疗护理和家政服务。

外派员工（expatriate）：那些自愿选择从其母国和/或永久居住地派至外国，承担短暂工作，但并不拥有该国公民身份的员工。

全球员工配置（global staffing）：跨国公司面临的关于雇用母国、东道国和第三国身份员工以填充其总部和分部职位的重要议题。

艰苦地区补贴（hardship premium）：一种由企业提供的工资补贴，以鼓励员工接受外派至一个具有挑战性或者不受欢迎的区域（是指物理、文化、社会和其他方面的条件）的工作，通常是按基本薪酬的一定百分比来计算。

母国（home country/parent country）：员工在承担国际外派任务之前被招募进入公司的国家。母国可能是也可能不是公司总部所在国家，它可能是也可能不是外派人员拥有公民身份的国家。

探亲假（home leave）：公司支付外派员工及其家庭成员一次或者多次返回母国费用的条款。

房屋售卖补助（home sale reimbursement）：员工因为外派工作而需要出售其在母国居住的房屋，所产生的损失由公司提供补助。

东道国（host country）：外派员工派驻暂时工作，但并不拥有公民身份的国家。

东道国员工（host-country nationals，HCN）：作为公民居住在东道国的非外派员工。

住房津贴（housing allowance）：雇主为外派员工支付的覆盖全部或者部分房屋租住成本的货币条款，通常按月计算。每月额度通常根据外派员工的家庭规模、职位层级来决定，并直接支付给外派员工或房东。

国际外派任务（international assignment）：为服务于企业的目标，外派员工被其服务的组织派遣去另外一个国家承担的项目或临时角色。通常周期为1～5年。

国际劳动力市场（international labor market）：那些与世界商业活动（资本流）互动的劳动力（那些在特定国家或地区能够并且愿意工作的劳动力数量）的全球整体供给。该市场依靠雇主和求职者进行关于工资率、雇用条件、竞争水平、工作区域等代表与推动企业和国家绩效的人力资本相关的无形生产因素等信息的交换。不同企业和国家都在国际劳动力市场上吸引最优秀和最具前途的高技能劳动者和知识工作者。

千禧一代（millennials）：用来描述Y一代的成员（1982～2000年出生的人）。

母国公民（parent-country nationals，PCN）：公司总部所在国的公民，该员工从该国被外派至他国工作。

永久转移（permanent transferee）：员工从母国部门辞职，并在外派时被同一跨国公司的东道国部门重新雇用，不再返回母国，也没有被再派至其他地方工作的承诺或者保证。企业期望该员工像东道国本地员工一样开展工作。这也被称为单向流动（one-way moves）。

补贴（perquisites）：一种由于岗位原因，而支付给员工的高出常规收入、月薪或周薪的福利，并将其作为该员工的特殊权利。

心理契约（psychological contract）：在雇主和雇员之间达成的间接的、不成文的、通常也是未经言明的协议。

再次外派任务（reassignment or sequential expatriation）：员工在结束某项国际外派任务时，立即承担的另外一项国际外派任务。

回派（repatriation）：外派员工从其（首次或者唯一的）国际外派任务结束后，返回其母国承担工作的过程。

自我驱动的外派员工（SIE）：根据自己的意愿前往新的国家工作、符合条件的员工，他们通常寻求"游历世界"或者在那个国家发展自己的职业。

人才管理（talent management）：对那些拥有高绩效潜能、是组织业务成功关键要素的人才的战略性管理，包括对他们的招聘、甄选、识别、发展和保留。

税负均衡（tax equalization）：一种计算外派人员的全球税负，以努力确保其在财务上不会比未承担外派任务之前，或者比其在母国的水平更差或更好的薪酬方法。

第三国外派员工（third-country nationals，TCN）：也被称为外国本地员工。第三国员工既不是公司总部所在的母国公民，也不是受雇工作所在东道国的员工，而是在其同意迁移至东道国工作之前临时或永久居住的第三国公民。

注释

Ernst & Young, "Global Mobility Effectiveness Survey," London, 2010.

Y. McNulty, "Are Self-Initiated Expatriates Born or Made? Exploring the Relationship between SIE Orientation and Individual ROI," in V. Vaiman and A. Haslberger (eds.), *Talent Management of Self-Initiated Expatriates: A Neglected Source of Global Talent.* Palgrave-Macmillan, London, 2013, pp.30–58.

Y. McNulty and K. Inkson, *Managing Expatriates: A Return on Investment Approach.* Business Expert Press, New York, 2013.

K. Leung, Z. Wang, and A. Hong, "Mode-rating Effects on the Compensation Gap between Locals and Expatriates in China: A Multilevel Analysis." *Journal of International Management* 17(1):54–67, 2011.

F. Diez and K. Vierra, "Why Companies in Asia Are Changing Their Approach to Pay," Worldat-Work, Scottsdale, AZ, 2013; ORC Worldwide, "Survey on Local-Plus Packages in Hong Kong and Singapore," New York, 2008.

P. Stanley, "Local-Plus Packages for Expatriates in Asia: A Viable Alternative." *International HR Journal* 3:9–11, 2009.

It is important to note here that there has been some confusion about the exact meaning of the term *localization* in reference to expatriation. Some articles refer to localization as the "extent to which jobs originally held by expatriates are filled by local employees who are competent to perform the job" (Selmer, 2003, p. 43) or "displacing expatriate managers with local talent" (Fryxell, Butler, and Choi, 2004, p. 269). These definitions assume that "local employees" are nationals of the host country, where localization is linked to their career development (i.e., they are offered a job that an expatriate used to do). Technically, this is not correct given that *localization* as defined and practiced among mobility consulting firms determines "local employees" as constituting *both* nationals of the host country *and* localized expatriates. Localization is not, therefore, the replacing of expatriates with nationals of the host country but the transitioning of assignees onto local terms and conditions who then join the "local employee" workforce. See G. Fryxell, J. Butler, and A. Choi, "Successful Localization Programs in China: An Important Element in Strategy Implementation." *Journal of World Business* 39(3):268–282, 2004; and J. Selmer, "Staff Localization and Organizational Characteristics: Western Business Expatriates in China." *Asia Pacific Business Review* 10(1):43–57, 2003.

E. Tait, H. De Cieri, and Y. McNulty, "The

Opportunity Cost of Saving Money: An Exploratory Study of Permanent Transfers and Localization of Expatriates in Singapore." *International Studies of Management and Organization* 44(3), 2014.

Brookfield Global Relocation Services, "Global Relocation Trends Survey Report," Woodridge, IL, 2012.

Cartus, "Global Mobility Policy and Practices Survey: Navigating a Challenging Landscape," Wilmington, NC, 2010.

J. Yates, "Putting Down Roots: How Localization Can Help Reduce Expatriate Program Costs." *Mobility*, October:92–97, 2011.

ORC Worldwide, "Survey of Localization Policies and Practices," New York, 2004.

KPMG, "International Assignment Policies and Practices Survey," New York, 2003; ORC Worldwide, "Survey of Localization Policies and Practices," New York, 2004.

Brookfield Global Relocation Services, "Global Relocation Trends Survey Report," Woodridge, IL, 2012.

D. Collings, H. Scullion, and M. Morley, "Changing Patterns of Global Staffing in the Multinational Enterprise: Challenges to the Conventional Expatriate Assignment and Emerging Alternatives." *Journal of World Business* 42(2): 198–213, 2007.

See also Y. McNulty and G. Aldred, "Local Plus: Winning the Compensation Battle but Losing the Talent War." *Strategic Advisor* 4(9):1–5, 2013.

Y. McNulty, H. De Cieri, and K. Hutchings, "Expatriate Return on Investment in Asia Pacific: An Empirical Study of Individual ROI versus Corporate ROI." *Journal of World Business* 48(2): 209–221, 2013.

A *psychological contract* is an indirect, unwritten, and often unspoken agreement between an employer and employee. It is subjective, defined by the individual within the context of his or her employment, and idiosyncratic, or unique to each employee. The psychological contract represents an exchange agreement: organizations have expectations regarding performance outcomes and other actions from their employees, and employees have reciprocal expectations from employers regarding such things as support, communication, and equity.

Y. McNulty and K. Inkson, *Managing Expatriates: A Return on Investment Approach*. Business Expert Press, New York, 2013.

D. Rousseau, *I-deals: Idiosyncratic Deals Employees Bargain for Themselves*. ME Sharpe, Armonk, NY, 2005.

Y. McNulty, H. De Cieri, and K. Hutchings, "Expatriate Return on Investment in Asia Pacific: An Empirical Study of Individual ROI versus Corporate ROI." *Journal of World Business* 48(2): 209–221, 2013.

Y. McNulty and K. Inkson, *Managing Expatriates: A Return on Investment Approach*. Business Expert Press, New York, 2013; E. Tait, H. De Cieri, and Y. McNulty, "The Opportunity Cost of Saving Money: An Exploratory Study of Permanent Transfers and Localization of Expatriates in Singapore." *International Studies of Management and Organization* 44(3), 2014.

D. Minbaeva and D. Collings, "Seven Myths of Global Talent Management." *International Journal of Human Resource Management* 24(9): 1762–1776, 2013.

A. Salimaki and R. Heneman, "Pay for Performance for Global Employees," in L. Gomez-Majia and S. Werner (eds.), *Global Compensation: Foundations and Perspectives*. Routledge, Milton Park, UK, 2008, pp. 158–168.

Y. McNulty and C. Vance, "Dynamic Global Careers: An Internal/External Model for Understanding International Career Self-

Management," EURAM Conference, Valencia, Spain, European Academy of Management, 2014.

D. Warneke and M. Schneider, "Expatriate Compensation Packages: What Do Employees Prefer?" *Cross Cultural Management: An International Journal* 18(2): 236–256, 2011.

R. Herod, *Benefits Challenges and Trends for Expatriates and Internationally Mobile Employees.* Mercer, Geneva, 2012.

Y. McNulty and K. Inkson, *Managing Expatriates: A Return on Investment Approach.* Business Expert Press, New York, 2013.

PART 9

第九篇

大数据

第46章

导引：实现大数据的价值

兰斯·A. 伯杰（Lance A. Berger）
兰斯·A. 伯杰有限公司（Lance A. Berger & Associates, Ltd.）

组织收集、整理、分析、使用和存储了大量与它们的业务和员工相关的数据。这就为将多种数据要素整合成一个更小的有说服力的决策点提供了基础。这些决策与薪酬战略的设计、执行和效率审计有关。技术使得这一过程比以往更加准确、容易、快速和便宜。这种技术现象被称为大数据。

许多薪酬管理实践人士对于大数据仍然处于模糊、困惑和恐惧的状态。然而，成功的实践人士将会找到一条实现大数据能力价值的道路。本章的目的就是帮助实践人士，在与其组织相匹配的水平上实现大数据的价值。本章分为五个部分：

（1）从基础知识开始。
（2）选择大数据的层次。
（3）识别大数据实践者的能力。
（4）识别薪酬价值创造的产出。
（5）创建大数据项目。

46.1 薪酬大数据的定义及标准

创建和执行收集、整理、分析、使用和存储大数据的方法需要一些基础知识。这些基础知识包括定义和一套标准。

46.1.1 薪酬大数据的定义

丹·韦伯在第47章中写道，大数据包括"收集、编辑和分析人力资本信息，使用统计方法和程序以产生数据驱动的、支持业务管理和战略规划的洞见"的过程。大卫·图雷茨基在第 48 章中认为，大数据就是将"不同的系统数据整合起来，形成一个看似不可能的知识和智能的联合体"。埃兹拉·施奈尔在第 49 章中认为，薪酬大数据就是"通过分析数据或者汇总不同来源的数据创造新的见解，以实现薪酬计划和管理目标"。

综合以上定义，我们认为，薪酬大数据是指使用不同的分析工具和技术，整合不同来源的数据要素，以识别和解决重要的人力资源问题。

46.1.2 薪酬大数据的标准

一项薪酬大数据项目的硬性标准包括如下六项。

1. 产出

在应用大数据之前，实践者应该清晰地定义所需要解决的关键议题。总体而言，这些议题都试图回答以下问题："组织的薪酬战略是否与其业务战略、文化和人才管理战略相一致？"

具体议题的范例如下：

- 组织范围内的基于绩效评估制度的工资增长与组织和业务单位的绩效是否相关？
- 员工薪酬是否被正确分配给了关键的人员群体？包括高绩效者、关键职位的备选岗和那些展现了高水平的关键能力者。
- 对关键员工群体而言，薪酬是不是影响离职率的重要因素？
- 薪酬是否公平，是否与组织的价值观保持一致？
- 薪酬战略是否适合，是否进行了有效的管理？
- 可变薪酬的水平是否反映了组织成长的节奏，是否反映了与每个项目相关的文化中的风险接纳水平？

2. 数据类型

一旦定义了产出，就需要界定解决这些问题所必需的数据。所需数据一般来自企业的业务战略和绩效、薪酬战略和实践、人才管理战略和实践，以及文化调查等记录。

3. 质量

在确定数据来源之后，需要评估数据在识别和/或解决目标薪酬问题和提供解决方案时的准确性、一致性和综合性。

4. 时间线

在确定相关数据并确保其质量之后，必须在识别和/或解决当前和未来问题的时间范围内收集数据，并且使之随时可用。时间范围从周期到实时。

5. 价值

在确定数据是否与之前所列举的标准匹配之后，实践者必须确定，实施大数据程序在成本和时间方面是否合算？或者组织在处理这些薪酬问题时是否可以使用更为简便的程序？

6. 可靠性

为了执行基于数据的解决方案，组织必须确保其员工信任组织具有解决这些薪酬问题的能力。它要求组织必须有正式的、定期的员工沟通计划，诚恳地表述数据在薪酬决策中起到的作用。

46.2 选择大数据的层次

关于大数据的基本理解有助于组织理清其执行大数据项目的当前和潜在水平。表46-1将组织目前和潜在的大数据使用水平分为四个阶段和六个水平,在解决问题的各个层次进行分类。根据美国的组织规模的分布情况,大部分组织都处于第一阶段或者第二阶段。

表46-1 大数据筛选的层次

阶段	层次					
	组织的员工规模	产出水平(见正文中的定义)	数据类型	质量(审查水平)	时间	对组织的价值(7点制,7=最高)
Ⅰ	小型,最高100人	描述性的	简单的业务和薪酬数据	高	周期性	4
Ⅱ	中型,100~500人	分析性的	基本的业务、薪酬和人才管理数据报告	高	按计划的	5
Ⅲ	大型,500~1 000人	预测性的	中等的,与业务战略报告、薪酬战略和薪酬管理、人才管理和文化等相关的数据	非常高	实时的	6
Ⅳ	巨型,1 000人以上	规范性的	高级的,与业务战略报告、薪酬战略和薪酬管理、人才管理和文化等相关的数据	大量的	实时的	7

表46-1中产出水平的定义

- 描述性的。描述性大数据是指确认、收集、组织和分析高质量业务与薪酬数据,以发现有助于开展薪酬决策和行动的系统方法。
- 分析性的。分析性大数据是指将业务、薪酬和人才管理等数据协调和整合成为可信的、有用的信息模块,用于做出有效的薪酬决策。
- 预测性的。预测性大数据是通过对相关数据的深入挖掘,创建范例,厘清组织战略和实践与目前及未来产出之间的关系,用以做出更有效的薪酬决策。
- 规范性的。规范性大数据是复杂和精细的。它借鉴了历史上有效的范式,有助于组织做出高度精确的决策,包括为实现组织期望的短期和长期产出所必需的具体行动。

46.3 大数据实践者的能力要求

为了执行薪酬大数据项目,组织要求实践者具备与其项目执行目标阶段相适应的能力。表46-2阐述了大数据实践者的十项能力的三个层次,可以将其作为开发大数据岗位描述、录用要求和业绩标准的基础。

46.4 价值创造的产出

不管处于解决方案开发的哪个阶段,对于薪酬实践者而言,大数据的变革力量都在于识别和管理薪酬与三项基础关键行为和价值创造产出之间的关系。三项基础关键行为是指业务成果、文化和人才管理。以下列举的是关于实践者如何通过将大数据与具体产出建立关联的基础性范例。

表 46-2 大数据实践者

能力项目	层次Ⅲ 高级专家	层次Ⅱ 专家	层次Ⅰ 分析师
分析和创造力	识别重要问题，并提供具有明显增值的解决方案，以便在战略层次上改善流程、方法和系统	进行关于关键组织问题的基础分析和结论，包括改善组织运营流程、方法和系统	根据组织需求，准确、有效地收集和汇总那些与改善项目内容有关的数据和信息
聚焦于组织	展现了解不同组织视角和需要并做出高效应对的能力；积极影响组织，对处理复杂的战略性大数据问题采取复杂建设性行动	基于可靠的解决基本大数据问题的能力，建立和推进与组织的强有力的持续关系	在大数据项目进行期间，通过可靠地实现组织需要，发展与组织的积极工作关系
（口头）沟通能力	所有形式的口头报告都非常清晰并具有说服力；通过强有力的、专业可靠的言谈举止，获得高水平的组织支持	进行清晰、合理并且强有力的报告，表达大数据如何满足组织具体需要的信息知识	站在组织的角度，以清晰、有说服力的方式、准确、有效地阐述大数据
（书面）沟通能力	进行高水平的、非常具有说服力的书面沟通，清晰地描述议题、方法，并推荐复杂和简单的内容	以叙述和汇报的风格，撰写有说服力的沟通文件，使之容易理解并且对组织更加有用	撰写清晰、简明和语法正确的描述性报告和大数据项目所要求的其他材料
发现事实	收集，分析和准确翻译组织中清晰准确度和复杂度都很高的数据	理解和使用分析组织议题所要求的数据类型	根据确定的项目、过程和程序，准确和快速地表述数据观点
行业知识	因拥有坚实的组织所在行业和业务动态发展方面的知识而备受认可	因拥有较丰富的组织所在行业和业务知识而备受认可	拥有较高的组织所在行业和业务动态发展方面的基础知识
领导力	为复杂问题提供有前瞻性的解决方案；运用关于人和关于组织的知识以获取对大数据项目的支持的执行	提供议题和产出，一致展现和传递最高水平的专业标准和专业能力，以获取对执行解决方案的执行	提供议题、产出和简单解决方案；展现较高专业度的个人和工作行为，使应用项目获取更高的接受程度
项目成果	设定目标和绩效标准，执行和监控大型项目目计划，以期实现目标	汇总和执行大数据基本项目计划	实现符合期望的高质量和及时的计划
技术知识	作为大数据专家而备受认可	因拥有坚实的大数据知识而备受认可	因拥有较好的大数据基础知识而备受认可
价值增值	确认和开发新的和/或重要需求，确认组织做出创造性的解决方案，以满足组织帮助组织做出的包括所有相关大数据知识的深入挖掘；开发帮助组织能够提供给组织战略实践与当前产出之间关系的清晰范式，以实现当前和未来的期望产出	识别并阐述主要议题或关注领域，以通过对所有相关大数据知识的深入挖掘，开发有效的组织策略，同时开发能够提供给组织战略实践与当前产出之间关系的清晰范式	为适应大数据项目提供建议

- 业务：奖金计划支出会随着竞争性业务绩效变动而直接变动吗？
  - 大数据需求：竞争性业绩衡量指标、薪酬数据的竞争力水平、奖金计划的目标竞争力水平。
  - 输出：奖金计划的目标竞争力水平、实际奖金计划薪酬、竞争性业务绩效之间的相关性。
- 文化：员工对薪酬公平性和组织价值观的感知是否与实际举措一致？也就是说，它是否强化一种创新、创造、敬业、领导力、激励和公平的成功文化？
  - 大数据需求：进行文化问卷调查，包括薪酬的公平性和效率、薪酬实践与员工绩效评估的挂钩、职业发展和能力。
  - 输出：员工对薪酬实践的感知与薪酬与绩效评估结果的实际联系，职业发展和能力之间的多重相关关系。
- 人才管理：薪酬制度是否支持人才管理战略？
  - 大数据需求：包括基于清晰的理念、战略和过程（涵盖员工绩效、潜能、候补状态、职业目标和能力等评估）的管理系统的人才管理项目。一项将每个薪酬行动与人才管理项目的各项要素相关联，并且追踪所有影响新雇员工和解雇员工的薪酬行动的系统。
  - 输出：薪酬与关键员工群体离职率、关键员工群体的薪酬竞争水平、基于核心能力的薪酬、追踪薪酬与晋升者、被解雇者和新雇员工的绩效之间关联的多重相关关系。

以上列举的大数据分析的产出将帮助大数据实践者确保正向产出，范例如下：

（1）组织范围内的员工评估和整体薪酬增长都是基于与组织和业务单位绩效相关的绩效评估系统进行的。

（2）薪酬分配很好地向关键群体（高绩效者、高潜能者、关键岗位的候补者和展现了高水平关键能力的员工）进行了倾斜。

（3）薪酬不是关键员工群体离职的诱因。

46.5　创建大数据项目

薪酬大数据项目的创建首先是对指导组织方向和行动原则的书面陈述。这份组织蓝图包括：

- 基于组织愿景、理念、价值观、使命、目标和优先事件的价值最大化长期规划的组织战略。它包括每项战略的成功衡量指标。
- 指导执行面向利益相关者（包括顾客、员工、供应商、政府和媒体）的组织行动的组织价值观。价值观一般包括伦理、信仰、制度能力（institutional competencies）和行为。
- 人才管理战略，基于组织价值观、对组织成功的当前和未来贡献，描述组织决定投资的人才类型。那些高成就、关键职位替代、高潜能和拥有关键能力的员工通常能够获得最高水平的薪酬组合。
- 那些表达组织如何基于其业务和人才管理战略进行薪酬分配的薪酬战略。

这份蓝图的每项内容都应确认与每个战略相关的具体产出，包括识别和分析产出所需要的数据。前文已经列举了产出的范例。

在建立蓝图并针对每项产出收集数据之后，就可以对这些结果进行分析了。焦点是实际产出和目标产出的一致性程度，它将帮助实践者调整薪酬及其相关政策、流程和/或战略，以便更好地实现目标产出。这种大数据的方法使用不同分析工具和技术，对不同来源的数据元素进行整合，以识别和解决重要的人力资源议题。

本章小结

本章描述了如今组织收集、整理、分析、使用和存储与业务和员工相关的大规模数据的现实。这个过程为组织提供了将多种数据元素整合成一个更小、更具说服力的决策点的坚实基础。这些决策与薪酬战略的设计、执行和效率审计有关。技术能够帮助实践者以较之前更为准确、容易、快速和成本低廉的方式来实施这一过程。本章力图帮助实践者以适合其组织水平的方式来实现大数据的价值，步骤如下：

（1）从基础知识开始。
（2）大数据筛选的层次。
（3）大数据实践者的能力识别。
（4）识别薪酬价值创造的产出。
（5）创建大数据项目。

第47章

应用员工队伍分析，有效制定薪酬决策

丹·韦伯（Dan Weber）
雷德福，怡安翰威特公司咨询企业（Radford, an Aon Hewitt Company）

在当今快速变革的环境之中，那些寻求改善运营效率和更有效的战略规划的企业越来越多地通过大数据的概念，将从外部和第三方获得的信息、客户与客户的互动，以及内容流程整合在一起，以分析新的机会，验证和重新界定商业模式，并做出决策。通过使用复杂的软件和来自多种来源（如客户忠诚度计划、网络社区、社交媒体等）的交易数据，企业正在尝试产品、流程和顾客互动的变革，并且实时追踪和分析成果。这使得组织能够提升其品牌意识和顾客满意度，缩短新产品和服务面市的时间，降低运营成本和无效运营。

大数据方法论在商业中的应用，以及对更多信息和决策洞见的需求，都使得对人力资本数据和分析的兴趣不断增长。员工队伍分析（workforce analytics）是指收集、编辑和分析人力资本信息，使用统计方法和程序以产生数据驱动的、支持业务管理和战略规划的洞见。这些洞见可以应用到所有的人力资源项目和行动之中，用以评估进度，并驱动组织的关键文化行为、人才吸纳和保留，以及整体业务绩效的改善。特别是，员工队伍分析能够为薪酬项目的费用、效率和投资回报（ROI）提供量化评估。

员工队伍分析支撑业务运营的方式之一就是建立和评估绩效指标。绩效指标（metrics）是指已经建立的用来追踪和评估公司与组织绩效的量化内容的衡量指标。绩效指标的常见范例是离职率或者流失率。该指标是指在一个具体的时间周期内离开组织的员工数量占员工总数的百分比。一个有用的绩效指标是可

重复的（指它能够基于常规的数据基础进行计算）、可靠的（指应用的公司能够产生一致的结果）、有效的（指它衡量和描述的是业务绩效所期望的方面）。员工队伍分析能够用来识别和评估有意义的数据点，这些数据点可以作为持续衡量业务活动的绩效指标。

47.1 薪酬和员工队伍分析

薪酬专家经常被要求响应商业调查，这些都可以通过员工队伍分析得到最好的回答。为了准备回答这些类型的问题，薪酬专家必须熟悉以下四个领域：

- 目前哪里是业务运营的价值点？如何产生价值？（当前业务运营）
- 业务在何处期望增长、扩张和变革（战略规划）？
- 目前公司薪酬和人力资源信息系统中能够应用的数据（人力资源信息系统，HRIS）。
- 数据的外部来源，例如市场调查、政府机构和其他组织。

在规划未来的薪酬职能和系统时，薪酬专家必须重视员工队伍分析日益增长的重要性。在目前的人力资源信息系统中提高数据管理和报告的能力，薪酬管理人员对统计和数据分析方法日益深刻的理解，这些都使得进一步应用员工队伍分析值得期待。

47.2 建立员工队伍分析的框架

设计员工队伍分析的第一步就是建立分析的框架和参数。框架第一个需要考虑的是所提供的信息必须对业务有意义和作用，能够反应活动和提供洞见。这对于确保员工队伍分析不会被简单地认为是"人力资源数字"或者与业务运营毫不相关十分重要。在确定有用的分析内容和绩效指标，以及偏好使用的计算和评估方法时，可以寻求业务领导者和内容利益相关者（例如公司财务团队）的反馈和参与，提供一个分析和评估绩效指标的初步清单。

分析框架的第二个考虑因素是，可利用数据的性质和类型。最常见的数据是那些人力资源部门和人力资源信息系统中能够收集到的常规数据，例如薪酬历史数据、职位结构和水平、员工绩效。这些数据能和从内部其他部门和业务团队收集到的数据进行整合，以提高数据质量，并且提高与业务的关联程度。

除内容数据之外，企业可能还希望和其他企业进行比较，例如，同行业企业或者目标人才的竞争者。在考虑员工队伍分析数据的外部来源时，重要的是必须记住，作为薪酬标杆的同行可能并不适合进行员工队伍分析比较。例如，一家小型的软件公司可能会在薪酬方面对标一些大型公司，因为这些公司是其人才竞争对手；然而，可能因为规模和行业的原因，这些企业的组织结构差异非常大，因此，如果在员工队伍分析时使用同样的对标对象，可能会误导比较工作。从那些人数、行业类型和产品更加接近的企业中所获得的外部数据，对于比较最为有效。

分析框架的第三个考虑因素是，可以用来开展分析的员工配置和技术资源。评估的关键点包括提取和组织数据的容易程度、开展分析和绩效指标计算的软件和其他技术工具，以及指派员工在数据管理和统计分析方面的经验和知识。

在明白期望的绩效指标及其分析、可资利用的数据源之后，需要进行可行性评估，根据业务有用性、数据可用性和一致性，以及所需要的资源，确认分析和绩效指标的排序。可行性评估也可以用于发现业务知识、数据源和资源方面的差距，从而确认哪些地方可以进行改善。创建框架的目标就是，以尽可能低的成本为业务提供最为有用和可靠的信息。

47.3 员工队伍分析的常见应用

员工队伍分析的应用已经非常多了，随着企业和人力资源专家在使用员工队伍分析方法论和工具的经验越来越多，这种应用还在不断增加。本部分将讨论与人才和薪酬费用相关的常见业务问题，并介绍一系列核心的员工队伍分析，以用于为人才管理挑战提供指引和洞见。

47.3.1 我们应该如何在组织范围内分配薪酬

薪酬支出分布分析是指设定的员工群体（如一个小组）的总薪酬支出，并计算分配给每一群体的薪酬支出的百分比。这些群体可以包括业务组织，例如部门、团队或者职能；也可以包括员工的层级和类型，例如，管理者和个体贡献者、技术和非技术人员、直面顾客和非直面顾客人员、高绩效表现和低绩效表现人员，等等。所花费的整体薪酬费用可以基于单项薪酬内容计算，也可以综合所有内容进行计算，经常使用到的内容包括基本薪酬、总体现金薪酬（例如，基本薪酬和短期奖金）、总体直接薪酬（例如，基本薪酬、短期奖金和长期激励价值）。

该分析从计算针对每一群体（如部门）和整个组织期望的薪酬内容的成本开始。例如，如果成本花费被界定为基本薪酬，那么每个部门工资支出的百分比就是用来分析薪酬支出的指标。计算的第一步是，加总每个部门所有员工的工资。分配给各部门的总体工资支出占比等于各部门员工工资总额除以整个组织所有员工的工资总额。

薪酬支出在整个组织分布情况的分析能够为业务运营成本及其相关效率提供非常显著的洞见。从内部视角来看，该分析有助于识别一个群体或者部门的运营成本与被感知到的价值之间的无关联情况。通过与外部数据的比对分析，以及与竞争对手的成本对标，可以发现组织具有竞争优势或者处于竞争劣势的领域。

47.3.2 人才在组织内部的分布方式

人才分布分析评估的是某一特定群体的员工在组织员工总数中的百分比。和薪酬支出分析类似，员工分类可以基于组织内部关联、职能、绩效排序或者其他任何能够将员工进行区分的方式进行。

为了开展这一分析，首先必须计算各群体和整个组织的人员规模。可以简单地对各群体员工数进行加总，然后对所有员工群体的数量进行求和。每个群体的占比等于该群体的员工数除以组织的员工总数。例如，一个组织可能希望评估其销售类员工数量与技术类员工数量的比例关系，而每一类员工占比则是该类员工的数量除以组织的员工总数。

组织内人才的分布情况分析可以为人力资本管理的若干领域提供非常有用的观点。员工绩效排序的百分比分布、经理与个体贡献者的比例关系、人力资源员工与员工的比例关系等都是常用的关于人才分布的人力资源指标。评估不同职位层级的员工分布情况有助于识别那些限制员工机会或者切断与组织需求关联的组织结构问题。

47.3.3 员工队伍的工作效率如何

员工队伍效率分析通常基于人均计算的方式进行，一般用组织的财务或者产出价值除以员工数量。每位员工的年度经营收入、销售总收入和运行成本都是常用的效率指标，这些指标的计算是将财年经营总收入、销售收入和运行成本除以年度员工平均数量。效率分析有一个特别的好处，即计算所需要的数字一般都能够从上市公司的财务披露报告和监管备案的文件中找到，这就大大提高了与外部竞争对手进行对标的容易程度。

47.4　员工队伍分析的拓展应用

在确定员工队伍分析框架和产生核心分析数据之后，我们就可以开始深入探索具体的业务问题，并通过数据的组合分析和使用不同数据视图，基于可用数据来验证我们的假设。例如，在评估为什么在薪酬划分分析中显示，某个团队的生产成本比另一个团队明显更高时，分析人员可以使用基于职位层次的人才分布分析来验证"成本更高的团队的员工层级高于成本更低的团队"的假设。另外，比较两个团队的生产效率时，可以计算总体成本支出在产品收入或者产出中的占比。尽管由于使用了更高层次的员工，使得薪酬成本更高，但是薪酬在产品收入或者产出中的占比却可能更低，这说明更高成本的员工为其所支出的薪酬带来了更高的价值和投资回报率。

还有一些其他数据和信息也可以被整合在核心分析数据中，为业务问题产生更丰富、更稳定的系列洞见。那些拥有多个呼叫中心的企业可能希望验证"给予高绩效者更早的晋升能够同时提高员工敬业度和生产效率"的假设。此时，就需要将员工敬业度调查，或绩效指标和离职数据，与薪酬和生产效率分析进行整合，以识别在一段时间之内所发生的变化。

除了描述组织现存状况（被称为描述性分析）之外，员工队伍分析还可以用来模拟组织变革的不同场景（即，预测性分析）。一个正处于拓展阶段的组织可能需要开展人才分布分析来确定其经理人员与个体贡献者的比例。基于此数据，该组织就可以预测需要增加的经理人员数量。与此类似，一个希望通过增加销售人数来增长经营收入的组织可能需要开展生产效率分析，基于每位销售人员的销售数量和成本，然后模拟计算需要增加的销售人员数量，以及达成经营收入增长目标所需要增加的成本。

在理论上，可以开展的员工队伍分析的总体范围和数量是无穷的。实践者必须意识到，并不是说一项分析可以开展，或者是一个指标可以计算，就意味着一定可以获得有用的成果。为了确保分析是可行并且有用的，在设计分析过程和指标时必须遵循以下三条指引：

第一条指引是，理解待分析的议题。其特征是什么？期望的具体产出是什么？利益相关者的认知和关注点是什么？例如，人力资源部门的目标之一就是降低组织的离职率。分析人员不仅需要理解什么是离职，而且还需要理解他们真正感兴趣的是哪种类型的离职，以及是否存在某类离职比其他类型对于组织的影响更大。本条指引的目标就是能够用具体、可衡量和有意义的方式表达分析的产出。

第二条指引是，观察能够影响期望产出的典型领域和拓展领域。让我们回到之前的离职案例，离职面谈数据可能会显示，高技能、高绩效的员工的主要离职原因是为了在其他企业获得更好的机会。典型的分析方式就是评估正在损失员工最多的是组织的哪个领域。拓展分析就会寻找其他影响员工离职去向的外部因素，例如，不断改善的本地经济、创业企业的原始资本增加或政府税收刺激、关于竞争对手产品和潜能的积极或消极评论。这种"他山之石"分析至关重要，它为整合和分析提供最大的、最具描述性的数据集，反过来也可以支持我们产生更具相关性、更加稳健的洞见。

第三条指引是，思考必须超越数字。尽管人力资源大数据包含大量的信息，在数据量上的确是"大数据"，但是我们必须记住，员工的决策和态度受到许多因素的影响，并非所有的因素都能够轻而易举地被追踪，也并非所有的因素都能够被分析。因此，分析结构永远都需要在指引的背景下进行解读，而不是用绝对的答案或数字的方式来解读。此外，我们必须在整个业务背景下对信息和可能的解决方案进行真诚、现实的评估。尽管某个组织的高层经理人员的占比可能比期望比例更高，或者与市场实践一致，但我们不是立即解雇经理人或者对他们进行降级，站在组织的立场看，更好的解决方案可能是理解现实并对其进行解释。例如，过去晋升或者雇用经理人员是否未经慎重考虑？经理人员过度配置是不是因为设计原因，或者原来预测的增长并未出现？方案可能只是接受当下所增长的成本，将其视为必要成本，但是对正在执行的与雇用和晋升有关的措施进行变革，以防止这一问题因为缺乏适当规划和调整而再次发生。总之，分析的目标应该是为业务及其相关议题提供可靠和有效的信息与洞见。

47.5　其他考虑

无论你何时使用或者分析员工数据，非常重要的一点是，必须确保采用保护数据安全和隐私的措施。员工队伍分析系统和记录在管理、传输和存储时应该符合公司政策，以及所有相关的本地和国家/地区的法律，必须满足员工数据隐私和安全相关的要求，包括对任何违反的情形进行通告。分析人员在设计时要尽可能排除使用或者展示员工的社会保险号码或其他个人身份信息，因为对该类信息有意或者无意地泄露都可能导致身份信息被盗。最好是限制或者严格禁止与业务决策无关的员工信息的交流和使用，例如，年龄、性别和民族。除了保护内部数据之外，企业还需要认证和确保外部数据收集与保存得当，以符合国家或者国际上关于业务沟通、共谋的规定和反托拉斯法律。

本章小结

随着大数据、员工队伍分析和各类指标越来越广泛深入的使用，人力资源实践者使用数据和信息进行更快、更系统的业务决策的能力也必将显著提升。这种方法会与企业领导产生共鸣，因为它建立在持续的、有意义的信息的基础上，这种信息对推动合理运营和战略决策的草拟与制定是必需的。

本章关键知识点如下：

- 员工队伍分析是使用统计方法和流程收集、编辑和分析人力资本信息，为业务管理和战略规划产生数据驱动的洞见的过程。
- 员工队伍分析可以用来评估当前组织和员工的绩效表现，识别影响业务运营的趋势和模式，模拟战略规划方案的可能产出。
- 绩效指标是指用来追踪和评估企业与组织绩效的、确定的和一致的量化衡量标准。
- 员工队伍分析的典型应用包括人才分布和薪酬支出分布（评估员工人数和薪酬划分在不同的地理区域、业务领域和职能，以及职位层级之间的分布情况），以及员工生产效率分析（使用财务和其他指标确认单位成本和其他员工效率度量）。
- 员工队伍分析可以用来描述当前组织状况，也可以预测性地模拟变革可能产生的财务和组织影响。

第48章 在大数据时代进行更好的薪酬决策

大卫·B. 图雷茨基（David B. Turetsky）
ADP战略咨询服务公司（ADP Strategic Advisory Services）

难以想象我们曾经生活在一个计算能力无处不在、触手可及之前的世界。在此之前，需要花费数天、通过大型主机进行处理的数据操作，现在在我们的智能手机上几乎瞬间就可以完成。

多年来，薪酬都处于一个大量数据的环境之中。为了支持如激励模拟、绩效提升、薪酬市场调查和职位评估等项目，薪酬部门已经发展了大量技能来管理这些项目，因而极度依赖具有分析思维的专业人员。无论需求来自财务的利益相关者，还是某个需要处理复杂薪酬问题的经理人，薪酬都依赖数据"讲故事"，以帮助支持业务战略的成功执行。

在不久之前，薪酬部门还在填写参与调查的各种手工形式的数据表格，然后由数据调查公司将这些表格手工录入，再将一堆纸制表格返给企业，通常还带着连篇的错误。这些纸制表格通常需要经过订正之后再被发回给调查公司。最后，调查结果出来了，一般都是一捆一捆的，它成为我们研究市场薪酬竞争情况的核心材料。

如今，这一过程是通过在客户和供应商之间连接的互联网程序或者数据文档交换程序完成的，几乎不需要一页纸。当然，尽管计算机已经变得非常强大，不需要纸张了，但是我们参与调查的程序并没有发生变化。它们仍然聚焦于完成一个单一目的，即使人力资本定量化。

48.1 回顾

如今所使用的计算能力最初是用来计算数据的。甚至"计算机"这个词也是从数学计算能力推演而来的。我们使用木棍、骨头、石头或算盘等所完成的进化是特别缓慢的。在这种环境中，数据主要通过手工程序来处理，它需要非常庞大的投入，要求投入大量的手工工作和特殊的软硬件。

在 PC 时代，尽管转换数据所需要的技能差别很大，并且依靠软件工具来帮助从大规模数据中获取真正的信息，但是数据访问已经变得更加容易。PC 用户的电脑桌面上通常有几十个填满数据分析的表格，并在各种数据和公式的窗口之间不断切换。尽管需求正在发生改变，但是这种情况仍在持续。

在智能、持续在线设备的时代，对数据的渴望是永远填不满的。现在，人们已经可以掌握关于其社会生活、健康、财富、社保、孩子和工作及生活的全部图景。他们甚至不需要坐在固定的地方打电话或连接电脑，在四处走动的同时就可以召开一个全球会议。他们可以在休假时，通过桌面设备的网络会议系统实现所有这些功能。

这些设备可以通过分析仪表盘的方式显示来自云端的数据，展示某一时刻经理人所掌管业务的完整图景，经理人不需要将数据表格转换成数据透视表，也不需要和任何人力资源管理人员进行沟通，这些数据已经完全为他们准备好了，帮助他们更好地进行业务决策。

48.2　改进

强调数据安全的云存储和按需提供的即时数据为业务探索提供了大量机会。此时要检查每一个过程，衡量并发掘可供改进的领域，尽可能地优化每一项投资。这是一场真正的进化，它导致了大量的商业模式变革。随着经济的发展，有一些企业已经改变了它们的业务性质，例如，IBM、HP 和施乐，已经从制造企业转向了服务企业。

新经济产生了大量新职位来处理数据和互联设备的汇集。最新和最需要的技术已经出现，它们使得人们能够以职能专家无法使用的方式来观察分析数据。但问题是，那些可资利用的数据是独立和变动的，因此它们需要特别的技术和数学技能。这导致了对统计分析师的新需求。这些人是新经济的心脏和灵魂。他们是数据科学家。他们所掌握的能力使他们能够提供其身处数据世界的全景。

我们可以把他们想象成在数据海洋中游泳的奥林匹克选手，他们努力发掘更好的现状，以帮助他们讲出更好的"故事"。他们是企业数据和已经（或暂未）被问及的关于数据的问题之间的桥梁或者界面。

根据不同的职位招聘需求，这些数据科学家一般需要掌握以下技能：
- 拥有应用统计、数学、计算机科学、工程或者物理学的学位。
- 拥有统计、数学或者计算机科学的硕士学位。
- 至少拥有五年的相关经验，例如，分析数据，和/或利用统计软件构建分析模型。
- 有应用统计或者数据挖掘技术解决业务问题的能力。
- 拥有从相关数据库、Excel 文件和文本文件中提取与准备数据，以供统计软件使用的能力。
- 优秀的口头和书面沟通能力。
- 其他能力。
  - 拥有与不同技术和业务背景的人员进行沟通的能力，包括用简单术语为业务领域的用户解释复杂的技术概念的能力。

○ 拥有在数据建模所有方面（从数据提取到报告最终呈现）独立工作的能力。
○ 拥有与业务领域用户和信息技术人员共事的能力。
○ 拥有独立工作和团队协作的能力。

《哈佛商业评论》杂志把数据科学家称为"21世纪最性感的工作"（Thomas H. Daven-port and D. J. Patil, "Data Scientist: The Sexiest Job of the 21st Century", Harvard Business Review, October 2012）。尽管这让人印象深刻，但正如IBM所估计的那样，我们每天产生的数据达到250万的3次方字节之多，当今世界90%的数据都是在最近两年产生的。

48.3　业务如何使用大数据

数据在企业中无所不在。它们始于员工的设备。平板电脑、计算机和智能手机都有清单、表格、日历、备注和文件，它们都是为一个特定的目的而产生的。不管是用于计算某项预算还是供分析工具使用，员工都会在本地保存这些数据。这些数据的用途都是独立的，并且相互之间没有联系。这就是小数据（small data）。这些数据非常丰富，并且对于业务很重要。个人如果拥有从对环境的观察中提取数据的能力，那么他除了能计算某个最终结果之外，还能做得更多。它为个人提供了一种简单方式，使其动动手指就能创造出一个复杂的模型。

现在有更多的用于单一目的的多用户平台。它们可能是客户关系系统、总分类账簿或者订单处理系统。它们对业务有更大的价值，其精细程度可以支持某一项流程或者主要的业务方案。它们的附加价值来自多用户的能力，也来自获得那些隐藏于服务单一目的系统之下的数据。不管这是资源规划、销售规划，还是报告，这些数据平台系统都能够产生可以满足其特别功能领域的过程分析的输出内容。

大数据能够撬动小数据和数据平台，构建更为完整的企业图景。它将不同的系统数据整合起来，形成一个看似不可能的知识和智能的联合体。大数据工作的价值大于底层互联部分的总和。它们供数据科学家发现模式（即"数据流"），为业务领导者尚未提出的问题提供答案。

因而，基于这些信息，企业有机会在每个流程中进行学习、改进和发展。如果我们未能使用这些工具来改善流程，那么它们的应有价值就未能实现，而我们实际上也正在浪费金钱。你的竞争者正在使用这些工具，下一轮竞争、下一个产品、下一个客户订单都将蕴藏在数据发现的改善之处。想想你不知道而你的竞争者却知道什么的后果吧！这就是大数据的优势。

48.4　与人力资源的交叉

在人力资源领域，小数据—数据—大数据的模式每天都在上演。我们的流程所产生的交易记录即使没有百万，也是数以千计。这些事务数据被存储在人力资源领域的不同独立系统之中。

人力资源管理实践者用表格、文件和纸片来存储关于人员的重要事实数据，通常的存储方式是割裂或者非在线的，而不是通过互联或者大数据的方式。用来支持人力资源职能的流程就是通过这种方式创建的。实际上，在全国或者劳资协议会的规定中，许多流程都要求提供物理性质的员工文件。

如果说表格是员工效率的关键，那么薪酬领域就将这一点发挥到了极致。薪酬领域充斥着大量来自人力资源信息系统、市场信息和业务成果领域的数据。数据表格和简单的数据库工具是满足数据驱动成瘾者的关键。它们可以被看作每一个薪酬分析专家的"温暖被窝"。但是无法抛舍的是,组织的薪酬专业人员仍然需要使用数据表格来分析那些从简单到复杂的数学问题——从职位评估到职位定价、方案成本模型、指标矩阵开发和奖金规划工作表。

"由于非结构化的数据和数据的有限利用,人力资源管理领域曾被认为处于劣势地位。"[⊖]

薪酬流程数据的另一个关键是人力资源信息系统或者企业资源规划系统(ERP),它们的构建为人力资源业务流程提供了更高水平的连通性。但是它们的作用范围受限于安装这些系统时对流程的定义。这些数据的获取就像诺克斯堡(Fort Knox)一样受到非常严格的限制。显然,这种范式已经过时一二十年了。随着我们的业务系统和人力资源流程的演进,对数据的需求也已经发生了改变。

人力资源领域的大数据正在演进,目前它正致力于成为高管和经理们观测若干关键绩效指标(KPI)的仪表盘。更先进的仪表盘甚至可以根据标杆为管理者提供与一般行业或竞争对手相区分的KPI指标,以帮助设定相关情境。这些仪表盘的问题是,它们未能帮助经理人理解业务决策的情境。只能由经理人根据他们对潜在业务问题的满意程度,做出判断和进行更好的决策。

人力资源领域大数据的成功实施有赖于所有小数据来源的连接。从这些数据的隐藏价值中提取的连接、集合和关联是回答那些复杂问题的关键。这个问题始于小数据来源背后的属性,并随着人力资源收集的数据的增加而不断扩大。

48.5　大数据的主要挑战:同步

如果组织内部存在支持大数据方案的挑战,那么他们可以从保存我们希望使用的数据的系统开始。如前文所述,数据在许多不同平台之中,包括纸张、个人的数据表格和为独立目标而设计的系统。但这仅仅是问题的开始。这些业务系统不是互联的,而且它们也不是同步的。

从时间角度看,每个系统都有自己的生命周期。CRM系统处理的是一个客户的生命周期,从潜在客户到前客户。GL(总分类账簿)处理的是从预算到支付的财务事务。ERP系统处理的是从原材料供应到生产,再到最终产品分销的整个过程。HRIS也没有太多不同,因为它处理的是从潜在员工到离职员工的过程。

这些数据的整合使用能够提供一个关于企业的全景,但是在最简单的范例中,数据的时间却并不是同步的。如果要求任何一位人力资源高管从HRIS中提供一份人员数报告,然后尝试将其与GL(总分类账簿)系统的人员数报告匹配,再和ERP系统的人员数报告匹配,那么对于阅读和理解这份报告的领导者而言,绝对是空前巨大的梦魇,因为当员工数据无法匹配时,他们总得想方设法填补其中的漏洞。在多数情况下,这是一个时间问题,但有时也与定义有关。

简单而重要的模型要素的定义并不总是一致的。例如,"全职员工"的定义。这个概念在ERP、GL、CRM和HR系统中的定义可能是完全不同的,除非从设计之初就开始有意识

⊖ Tom Davenport, Big Data at Work: Dispelling the Myths, Uncovering the Opportunities, *Harvard Business Review Webinar*, March 3, 2014.

地保持一致。但是这些系统几乎从来都不把这件事情当作重要事务，除非它们从建设之初就都秉持共同的定义。

支持全球的记录系统都需要一套货币模型，以便在全球合并报表、预算和报告的工作中转换成一套共同的货币，这就引发了关于精度、准确性和货币汇率的时间问题等的讨论。然后，必须考虑过去的价值，以及是否需要将其按照现在或是过去的汇率进行转换。在报表合并过程中，用一套通行货币来表达历史数据的适当性就引发了新的复杂性。系统并没有考虑到这些复杂性，而这种复杂性也超越了这些系统的原有目标所能够支持的程度。

关于全球分析的讨论也产生了真正的全球性定义。如果构建某个系统来检查位于多个国家的雇员，必须要考虑全球规则和文化问题的定义。在欧洲，数据隐私的规定决定了哪些数据可以在未经员工同意的情况下传输到欧洲以外的地方。在美国，我们被明令禁止以年龄作为决定薪酬的要素。亚洲有很多语言和不同的文字。所有这些问题都使人力资源以富有凝聚力的方式整合数据的能力变得更为复杂。这个问题的暴露最先冲击的是人力资源信息技术专家。

如果向人力资源信息技术专家要一份关于任何事务的全球性报告，可能会被立即反问的问题就是"你什么时候要这份报告"。这项工作的复杂性并不是只有前述差异那么简单。一般而言，并不存在一个包含所有这些信息的数据库。几十年来，人力资源信息技术专家们一直梦想有一个全球性的人力资源数据库。这些年，数据全球存储的某些方面已经更为简化了，使得国家和区域的数据模型存在差异。

还有一个更为深入的考虑是，当人力资源系统发生改变时，它们通常都非常保守。严肃的业务问题驱动着变革，但是并未改变这些系统中实际执行的潜在流程。它们通常也是典型的数据驱动的变革，常规的业务流程也有一些小小的例外。其中包括：

- "……整合500个后获取的合作者。"
- "……在6个星期内，人工成本降低5个百分点。"
- "……合并销售、市场和产品团队。"
- "……重构我们的服务提供模式。"
- "……迁移我们的工厂。"

这些中断是必须在报告和分析的上下文中记住的差异。此外，从数据的历史观点看，这些中断看起来就像屏幕上的光点。

48.6 由数据支持的战略

所有好的商业想法都是从商业计划开始的。回顾我们的小学，我们可能还记得科学方法（见图48-1）。在此情境下，一个好的商业计划就是科学方法。关键就是需要有好的数据衡量和支持我们的结论。如前文所述，业务基于战略发展了模型的情境，并将其界定为业务战略的问题描述。这些问题的衡量将基于该描述，而且直接与这些议题相关。数据的功能并不是证明或反证，而是针对计划中所列目标描述的结果。

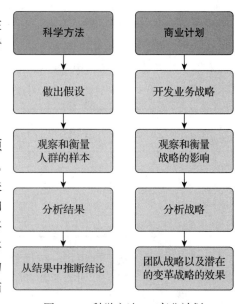

图48-1 科学方法 vs. 商业计划

由于战略要求根据业务环境和其他情况而改变，目标、数据和衡量指标都必须根据需要进行改变。模型取决于战略，但不是受数据获取方法限制。

业务规划战略变化的范例是配送中心的位置。为了便于理解，我们首先必须做出假设。然后我们观察哪里可以建立配送中心，审视潜在流动的衡量指标，之后根据预期进行结果分析。最后我们根据观察进行推断。关键是，我们必须理解影响导致业务战略变革的关键业务驱动因素的变革临界值是什么。没有这个信息，我们就无法完成分析，更无法建议如何进行变革。

这是所有成功的业务战略的关键部分，有助于理解变革如何影响业务的基础，以及在成功和失败之间有多少变数。我们的假设是，"我们必须将配送中心建在离仓储中心更近的地方，以使成本最小化，减少产品短缺问题，并使物流成本更低"。

根据前文描述的场景，我们将审视表 48-1 中所述的分析。

表 48-1　确定配送中心位置的场景

需要问及的问题	可能的答案
• 这次改变的业务目标是什么 • 我们希望获得什么	• 实现产品存储的节约 • 实现产品存储的时间最小化
• 我们采用什么标准来评判这些战略	• 成本节约（超过 3 年） • 执行战略的时间 • 货物存储的时间 • 增建所需的努力 • 最小化㊀安全风险
• 我们采用什么衡量指标	• 将产品存储在更近的地点所实现的成本节约 • 增加配送中心的时间 • 该地点到仓库的距离 • 在增建上投入的努力 • 安全事故
• 我们在执行这项战略时会使用什么方法	• 没有额外的增建，但是会在现有位置上增加员工 • 使新建设施距离仓库更近 • 在现有位置和新位置的中间地点 • 将位置定位在离现在仓库所在城市更近的地点

在仔细考虑过以上每个问题之后，我们将会推出我们的模型。最简单的方法就是制作数据表格。表 48-2 就是一张原始的数据表格。

表 48-2　数据表格范例

衡　量	节约（3 年）	改进时间	距离	努力	安全
方法	+	−	−	−	+
现状					
靠近新地址					
中间地点					
距离新地址很远（郊区）					

要注意的是，我们期望每一个衡量指标都以某种方式与变革相关。这对于理解结果至关重要，因为这能让我们更加有效地评估数据。

㊀ 原书中为"最大化"，应改为"最小化"。——译者注

在进行观察并找出最好的替代方案之后，表 48-3 展示的是已经填写完毕的表格。

表 48-3 填写完毕的表格范例

衡　量 方法	节约（3 年） +	改进时间 –	距离 –	需付出的努力 –	安全 +
现状	$0	立即	24.1 公里	低	中等
靠近新地址	340 万美元	长期	1.6 公里	高	中等
中间地点	340 万美元	中期	12.1 公里	中等	中等
距离新地址很远（郊区）	480 万美元	中期	4.8 公里	中等	高

在评估数据和之前的标准以后，我们可以看到，将新设施建在郊区的仓库所在地是最好的选择，因为这与之前确定的战略最为匹配。根据确定的标准，成本节约、更短距离和更高安全性等指标使得将新设施建在仓库所在城市的郊区是最好的方案。

随着方案的具体化执行，如果有某一项标准或者衡量指标发生了改变，那么这项决策也应该被再评估。随着环境的改变，新的方案出现，然后就需要针对新的解决方案进行最优决策。这就是业务战略的"衡量 – 评估 – 重复"方法论。

48.7　业务战略和薪酬的交集

这种业务规划的科学方法在我们每天评估业务方案的工作中都在应用。业务领域使用的与 KPI 指标相关的常见标准（通常通过计分卡指标进行公布）包括：每股收益（EPS）、净收入（NI）、未计利息、税项、折旧及摊销前的利润（EBITDA）。这些都是业务语言，在前文述及的商业规划流程的决策评估中，这些语言被自如地运用。

在根据商业规划流程来评估薪酬流程时，最密切相关的因素是用来判断绩效与长短期激励计划目标之间的关系。这些适合方案的因素都能够通过它们被评估的方式，直接或间接地影响结果。这些因素的权重比例通常都基于层级、职能和行业进行确定（见表 48-4）。

表 48-4 激励方案的权重比例（按因素划分）

激励方案权重比例 层级	因　素		
	公司	业务单位	个人
最高管理层	80%		20%
高级执行官	20%	40%	40%
高级管理者	40%	40%	20%
管理者	30%	30%	40%
初级管理者/专业人员	20%	30%	50%

公司和业务单位绩效的定义与业务 KPI 业绩表直接相关。因为激励方案的设计目的是与参与者共享业务成功，他们之间的联系必须被嵌入激励机制之中。业务越成功，激励方案的支出就越高。这是一种直接的联系。

这在理论上是成立的。在实践中，管理者的判断和个人目标的结构会影响激励方案的倾向，从而影响激励方案激励正确行为的程度。如今，有许多关于基于绩效的薪酬方式对企业成就的实际影响的争论。从 21 世纪头十年中期开始，有一些领先的企业就已经开始抛弃传统的强制分布方式。在《人才管理杂志》的一篇文章中塞巴斯蒂安·贝利（Sebastian Bailey）认为，基于绩效的薪酬和目的、目标追求、赞赏、辅导和一致的差异化之间是不相关的。他认为，基于绩效的薪酬是"给员工的薪酬支票上加几个数字"的权宜之计。如果以上提及的几个因素没有被考虑在基于绩效的薪酬之中，那么，这个观点我是同意的。对基于绩效的薪酬整体战略应该进行测试，以确保其与业务战略之间存在有效的联系。

对于基于绩效的薪酬方案的关联评估，一般始于针对焦点事件的预算流程。这是一个评估该流程满足业务目标的适当性和有效性的很好机会。分析人员可以和大多数薪酬分析人员一样，从最基础的形式——表格开始工作。薪酬专家可以使用数据开始初步分析，然后在评估组织目标和用于衡量激励计划的相关 KPI 指标时，为基于绩效的薪酬建立业务案例。

如今，通常会被问及的问题包括：

- 我能够拿到一份包含员工的基本薪酬、目标奖金和去年奖金的员工表单吗？需要按水平从高到低排序。
- 在我的组织内，针对绩效加薪和奖金的草案预算是多少？
- 对我的工作评估是正确的吗？
- 我们拥有市场数据的标杆职位的数量足够吗？

这些不是错误的问题，也不是那些需要数据帮助我们回答的问题。它们并没有聚焦在如前所述的业务目标之中。它们虽然重要，但只是技术性的问题。我们需要和高级领导者进行有意义的业务讨论，以寻找以下问题的答案（见表 48-5）。

表 48-5 薪酬决策需要考虑的问题

基本薪酬	奖　　金	薪酬公平
● 我们的绩效加薪计划有效吗 ● 如果我们增加 1% 的绩效加薪预算，能够相应地获得 1% 的绩效增长吗	● 我们正在激励正确的行为吗 ● 我们的奖励目标反映了组织目标吗	● 我们给某些职位支付了过高的薪酬吗 ● 对我们的组织而言，薪酬公平意味着什么
市场定位	继　　任	级别/结构
● 要想让每个人都拿到整体现金薪酬，我们知道要付出多少工资和激励成本吗 ● 我们目前所设计的薪酬方案是否实现了组织的目标	● 我们的高潜能者是否能够获得他们将要继任的职位的最小值 ● 我们正在激励正确的人员吗	● 我们的薪酬级别体系是否正确反映了职位职责和对组织影响的归类 ● 我们的薪酬结构是否反映了当前职位的市场状况

其中有一部分问题比较容易回答。它们共同提出的问题是，"我们能够从哪里获得数据来回答这些问题？"这是所有问题中最难的一个问题，因为答案在不同的地方，而将数据整合到一起，不仅需要科学也需要艺术。根据行业、业务成熟度和市场环境的不同，这些问题甚至都可能不是正确的问题。

48.8　人力资源部门应用的指标

后面的问题远比关于大数据方案的问题好。但真正的问题是，"谁会问这些问题呢？"如

⊖ "The Pay-for-Performance Fallacy," *Talent Management Magazine*, May 13, 2014.

果根本问题是业务的 KPI 指标并未作为数据方案的核心焦点，那么问题就是那些需要使用这些指标数据的人对该方案不会满意。如前所述，人力资源专家对业务和职能领域有很好的掌控能力，但是他们对影响其方案设计的业务驱动因素和绩效指标是否也感到得心应手呢？在大多数情况下，答案是否定的。

为了消除这一缺陷，薪酬团队从开始就应该认真学习企业用来衡量成功的 KPI 指标。紧接着，他们应该和每个业务单位展开对话，以理解各业务单位如何在其具体的情境中理解和应用这些 KPI 指标。然后，他们应该在整个年度中都保持与业务领导者进行讨论，以追踪商业计划的所有变革或突变。此时，薪酬团队就可以开发与业务战略紧密关联的方案了。

由于团队成员对于业务战略、语言和计划都非常熟悉，所以薪酬团队能够在人力资源数据和业务 KPI 指标之间建立更为深入的联系。此时，他们已经准备好回答之前所提出的问题。他们应该可以用敏锐的眼光看待这些数据，了解业务的需要，并且询问其他反映其专业能力的问题。

利用那些对业务和驱动业务决策的绩效指标的理解，薪酬团队也可以开始重新开发其的流程。随着流程的重新开发，团队成员可以根据最终结果来观察该流程产生的数据。这将会产生对于回答那些直接依赖数据的问题更为有用的数据。类似"我们正在激励正确的行为吗？"这样的问题现在可以通过流程直接回答了，该流程可以将那些标准嵌入薪酬指引或者绩效评估的流程之中。这有点像一个考了高分的孩子，要求父母买一台和其他取得类似分数的孩子一样的智能手机。

现在，这些方案不再是人力资源方案了。因为薪酬团队开发的方式是基于业务 KPI 指标的，它们已经变成了业务流程。随着这些新流程的推广执行，其语言、目的和成果都将与业务相关联。经理人员和员工都将认识到这一点，并重视那些与人力资源方案相关的举措，尽管这些举措并未考虑他们的独特需求。

48.9 驱动业务价值的薪酬

现在，我们看一个商业计划战略变革，它引发了对成本管理的关注。在许多企业都面临固定成本压力的时代，这是一个非常常见的业务战略。和传统的成本削减场景下的常规技巧不同，应该考虑那种能够产生类似结果，但仍能保留珍贵的人力资本投资的替代方案。然后，挑战就变成"如何证明这种替代方案，与之前那些如裁员、削减培训项目，或降低绩效加薪和奖金等方案一样有效"。

如之前所做的一样，我们首先需要进行假设，然后再观察如何控制成本。我们观察潜在变化的衡量指标，再根据期望来衡量成果。最后我们根据观察结果进行推断。这里的关键是，我们需要了解那些会导致业务战略变革的关键业绩驱动因素的变化的容忍度。如果没有这些信息，我们无法完成分析和推荐变革建议。由于我们对业务了解得更多，我们提供的建议离业务期望也就更加接近了。

我们的假设是，"为了降低成本和提高盈利能力，我们需要启动更加注重成本的行为，改进经理人员的培训，增加在安全方面的投资，并削减绩效加薪预算"。在我们所描述的场景中，我们将评估一些可能的考虑因素（见表 48-6）。

表 48-6　战略变革的考虑

问题	潜在的答案
• 业务目标的新焦点是什么？我们期望取得的成绩是什么	• 降低成本，提高盈利能力 • 驱动投资者期望的成果
• 我们会用什么标准来评价战略	• 显著的成本节约 • 没有降低生产率 • 对客户服务没有影响
• 我们会使用什么评估指标	• 离职统计 • 客户服务得分 • 变革的冲击
• 我们在执行该战略时会采取什么方式	• 节省工人薪酬费用和提高质量的安全激励措施 • 增加"管理成本"的目标，使经理人员能够关注节约的正确方式 • 削减绩效加薪预算，它将直接降低固定成本 • 增加经理人的薪酬奖励培训，使得经理人能够进行更好的决策

在仔细考虑以上问题之后，我们将列出模型。最简单的实现方式仍然是表格。表 48-7 是原始表格。

表 48-7　原始表格

评估指标	离职率	客户满意度	员工敬业度	变革的影响
方法	–	+	+	=
安全奖金				
增加"成本管理"的目标				
削减绩效加薪预算				
增加经理人培训				

用这些方法评估要素之后，我们将会发现有一些与降低成本目标相对应的关联。离职率与其正相关：离职率提升会提高人才保留和人才获取的成本。客户满意度的提高将会降低获取新顾客和回头客的成本。尽管变革影响与净收入的相关性是中性的，但变革影响越大，其效果亦可能越大。在经常观察并发现了最佳替代方案之后，表 48-8 展示了完整的表格。

表 48-8　完整表格

评估指标	离职率	客户满意度	员工敬业度	变革的影响
方法	–	+	+	=
安全奖金	低	高	高	中等
增加"成本管理"的目标	中等	中等	中等	高
削减绩效加薪预算	高	低	低	中等
增加经理人培训	低	中等	高	低

在对数据和之前的标准进行评估之后，我们发现，执行安全奖金方案是最佳选择，因为它与之前所述的业务战略相匹配。根据这些标准，更低的离职率、更高的员工敬业度和更高的客户满意度使得安全奖金方案成为最佳选择。

随着方案的推广、执行，如果有标准和衡量指标发生了变化，决策也应该被重新评估。随着环境的变化，新的方案开始出现，因此，必须根据新的解决方案进行最优决策。如前所述，这是业务战略的"衡量 – 评估 – 重复"方法论。

48.10 将战略付诸实现

为了成功地将其作为一项基本的业务战略，我们必须认识到单纯依靠数据是无法用来"讲故事"的，也无法说服经理人员展开行动。成功使用数据的关键是，数据必须与业务相关，它们必须能够回答实际和复杂的问题（在产生数据的基础流程没有变化时，这些问题不太可能出现）。那些流程的变化只有在薪酬专家充分了解影响业务成功的因素之后才可能发生。

在对驱动决策和成果的业务变量有充分理解之后，支持业务的薪酬流程就可以优化，通过与业务战略关联，衡量正确的事情，验证成功或者失败。最终的结果使得经理人员和员工都感觉舒服，因为他们投入到这些流程中的时间与其业务产出直接相关。

最后，利益相关者都能够获得支持业务目标的数据。显而易见，从这些薪酬流程数据中产生的"故事"能够回答来自人力资源部门的真正的业务问题。这一点令人印象深刻！

第49章

用大数据提高薪酬项目的价值

埃兹拉·施奈尔（Ezra Schneier）
HR 软件公司（HRsoft, Inc.）

大数据以迅猛的速度从各个方面涌向我们。我们每天面对的很多选择都受到大数据的影响。大数据正在影响消费者和企业做出决策的方式。亚马逊、奈飞和谷歌等企业的例子足以说明大数据的影响力。

数据的生成和访问量不断增长，可为薪酬专家提供有价值的信息。事实上，在不久的将来，大数据可能会成为薪酬规划的一个重要组成部分，并将薪酬与绩效挂钩。

本章将探讨如何使用大数据来改善薪酬决策，并提高组织绩效。我们将使用"大数据薪酬"一词来诠释大数据是如何进入薪酬决策领域的。展望未来，我们看到薪酬大数据在薪酬计划和管理的方式中扮演越来越重要的角色。它使得我们创造价值，并更具创新性。如今，作为从业者，我们需要加快利用大数据薪酬来做出更好的决策，改善业务成果，并提高组织价值。

薪酬大数据将使得薪酬经理和分析师的角色更加重要。传统上，薪酬计划和管理是偶发事件，仅是年度计划周期中的部分活动。但这种现象正在发生改变，会有更频繁的评估和更加精确的薪酬流程。大数据使得这些流程能够获得持续的调整和评估。与此同时，员工对自己的薪酬如何确定，以及如何控制或影响自己的薪酬水平也有了更清晰的认识。当然，薪酬专家正处于这一转型的最前沿。随着曝光率不断提高，薪酬专家面临的压力越来越大，需要保持与时俱进并适应这些变化。

大数据非常适合应用于人力资源和薪酬管理。我们可以利用数据了解员工在就业方面的愿望，做出更好的决策以满足这些愿望，从而提高员工满意度。了解他们的意愿并采取措施，可以产生更高的生产率、员工敬业度和留职率。

薪酬在这个过程中起着关键作用。

本章介绍了大数据应用于薪酬规划和管理方面的几种实用方法，旨在探讨如今怎样使用大数据来支持薪酬决策。

通过掌握大数据，雇主可以通过薪酬实践获得竞争优势。毕竟，薪酬是让雇主更成功的一种手段。薪酬大数据是一个巨大的赋能因素，它是薪酬专家的有力工具。

49.1 定义薪酬大数据

在备受好评的《大数据》[1]一书中，作家维克托·迈耶·舍内贝格尔（Viktor Mayer-Schoenberger）和肯尼恩·库基尔（Kenneth Cukier）将大数据描述为三个相互关联的思维定式的转变："首先数据是大量的，从而能够分析相关话题。其次是愿意接受数据的混杂性，而不是追求完全正确。最后是更加关注相关性，而不是继续追求难以捉摸的因果关系。"

薪酬大数据是通过分析数据或者汇总不同来源的数据创造新的见解，以实现薪酬计划和管理目标。任何雇主的薪酬实践的核心目标都是让公司吸引和留住顶尖人才，吸引雇员，使员工与雇主的战略目标保持一致，并提高绩效。企业的人力资源目标可能是一个或多个，但必须绝对清晰。人力资源目标或目标群可被完全理解对所有雇主都至关重要。例如，某家公司将员工的保留和工作敬业度作为主要目标。此时，该公司将重点关注减少离职率和增加员工的互动意识。

薪酬大数据是实现这些目标的有用因素。雇主必须有明确的薪酬策略来支持公司的人力资源目标，从而支持公司的业务目标。在明确以上策略和目标之后，企业就需要设计实现这一目标的路径。而在此过程中，薪酬大数据的作用非常有意义。

49.2 需要评估的领域

在大数据工作中，[2]业务分析和大数据领域的思想领袖托马斯·达文-波特（Thomas Daven-port）指出："根据所需的开发阶段，大数据分析主要涉及两个主要活动。一个是发现数据，或者知道你的数据是什么，以及它如何被用来帮助组织。另一种是生产数据。"

在后文中，我们将以三种具体方式来阐述"发现"和"生产"，即现如今薪酬大数据如何帮助雇主取得更大的成功。我们将这些方法作为例子，希望引导读者在自己的公司思考薪酬大数据应用。我们要介绍的例子如下。

- 评估薪酬以及其他薪酬内容，以确定对员工至关重要的因素：薪酬对人才保留的影响。
- 频率和组合：增加薪酬评估频率，以及决定薪酬水平和奖励的因素组合。
- 沟通整体薪酬和离职成本的大小，提高员工留职率和工作敬业度。

49.3 评估薪酬以及其他薪酬内容，以确定对员工至关重要的因素：薪酬对人才保留的影响

薪酬大数据的一个有趣应用是决定薪酬水平什么时候是决定员工保留和工作敬业度的主要因素，什么时候不是，即帮助确定薪酬和其他因素对员工决定留在某一职位时的影响水平。数十年来，雇主已经收集了基于行业、工作类别和地理位置的薪酬数据。这些数据主要

用来确保员工薪酬在薪酬市场上的竞争力，是薪酬规划和设计的重要组成部分。薪酬大数据让我们能够扩展我们的视角，并根据总薪酬的其他因素做出决定，这些因素可能和薪酬水平一样重要，甚至比薪酬水平更重要。这些因素可能包括职业发展空间、工作/生活平衡、员工学习、公司文化、管理问题（management issues）和社区服务等。

《华尔街日报》刊登的一篇题为《大数据改善了人们获得薪酬的方式》[3]的文章讽刺说："绝不要让钱挡了丰厚薪酬组合的路。"记者雷切尔·希尔弗曼（Rachel Silverman）报道说："许多公司拥有丰富的分析工具，它们正在改变支付薪酬和保留员工的方式。有一些基于数据的调查结果似乎有悖于我们的直觉：更多的远程工作安排不足以阻止员工离职。相反，灵活的工作时间表，或者一个好老板反而是保留员工的关键。"作者研究了一家客户服务代表流失率奇高的大型地区性银行。为了提高留职率，该银行收集了有关薪酬、员工流失率、晋升和工作轮换等的数据，以创建员工离职原因模型。虽然公司频繁加薪，加薪幅度每次基本都在10%左右，但这并没有对员工流失率产生实际影响。事实证明，员工离职的主要原因是他们感到不满意，并不是薪酬不足的问题。该公司后来进行了更频繁的工作调换和轮岗，尽管薪酬没有调整，但高绩效员工的满意度得到了提高，而且人才保留问题也得到了改善。

大型游戏公司凯撒娱乐公司（Caesars Entertainment）研究了薪酬对员工保留的影响，它分析了公司大约5 000名离职员工的薪水和员工敬业度分数。负责这一分析工作的肖恩·菲利普斯（Sean Phillips）表示，低薪员工的离职率比薪酬中位数员工低16%。将员工的工资提高到中位数水平，离职率可以降低到9%。但将工资提高到中位数以上却基本不会为公司带来额外的好处。凯撒公司认为，该分析结果表明，薪酬增加应该有针对性，比如对高绩效者。管理者在员工最能感受到影响的地方做出调整，可以为雇主带来明显收益。

著名的人力资源研究者、德勤贝新公司总裁约什·贝新（Josh Bersin）对大数据和人才管理进行了广泛研究。在《人力资源大数据：拥有和缺乏的世界》[4]一文中，贝新分析了薪酬增长与员工离职和人才保留行为之间的关系。他建议雇主重新考虑过去的薪酬方式。过去，企业的薪酬往往符合正态分布曲线，给优秀员工的薪酬增长比第二梯队的员工更多。根据贝新的说法："薪酬的正态分布曲线是一个大错误。"研究发现，对于在五级绩效中排在第二和第三级绩效（即良好和合格绩效）的员工而言，即使其工资上涨幅度低至本层级员工平均水平的91%，他们仍会选择留在公司。也就是说，这部分人的涨薪过高了。"然而，对于绩效最为优秀的员工而言，如果他们获得的加薪幅度低于本层级平均水平的115%～120%，他们就会选择离开。这表明，企业的薪酬预算应该主要用于保留高绩效员工。

贝新总结道："大多数管理者都明白，绩效最优秀的员工产生的收入大幅超越中等绩效水平的员工，所以给他们多得多的薪酬是一个防止他们离职的好方式。"

通过使用薪酬大数据，管理者可以决定如何分配薪酬预算以获得最大的回报。有了数据，我们就可以更准确地做出决策，而不是在一堆信息不全的方法中寻求可能的结果。

49.4　频率和组合：增加薪酬的评估频率，以及决定薪酬水平和奖励的因素组合

年度薪酬计划及其周期正在消失，取而代之的是更频繁的薪酬评估，以及基于各种阶段性成果、目标和绩效指标的薪酬决策。衡量这些指标的频率越来越高，为薪酬专家带来了更

多活动和更高可见度。大数据使这些活动成为可能，而薪酬专家正在引领着这项工作。

许多具有绩效薪酬文化的组织，在薪酬管理实践中主要用关键财务指标（如每股收益、自由现金流量、销售额和资本回报率）来衡量公司绩效。但在一些组织中，部分浮动薪酬由与战略和经营目标有关的个人或业务单位绩效来决定，而不仅仅是传统的量化财务指标。

这些评估指标可能是针对组织当前的目标，例如安全结果、客户满意度和人才保留率、员工生产力、市场份额、公司新产品研发（R&D）增长，以及及时交付等。其目的是更好地保持绩效指标与推动公司业务成功的关键目标之间的一致性。薪酬部门负责协调绩效计划设计，并且追踪和评估这些绩效指标。在根据员工实际绩效与绩效目标的比较进行绩效评估，并以此决定员工和管理者的奖励时，数据的精确度要求非常高。长期以来，高管薪酬的设计都更加倚重可变薪酬。目前的趋势是，给其他管理者也设计一个具有类似特征的整体薪酬计划。

绩效指标的内容是至关重要的，其目标在于吸引、留住和激励优秀的人才。此时，管理对绩效指标的结果有一定控制力。根据部门、职位类别、地理位置和其他因素的差异，管理者的绩效指标可能会有所不同。开发和维护一套绩效指标组合需要认真进行规划。所需的数据应该可获得，并且数据来源广泛。绩效结果的追踪和数据分析需要运营经理与财务经理的参与，也需要信息技术部门的支持。

《华尔街日报》最近发表的一篇文章《当年度加薪已经不够时》[5]研究了企业如何使用频繁的奖励来激励和保留员工。"在保留顶尖员工并达成增长目标的过程中，一些公司放弃了年度薪酬评估，它们每年进行多次加薪和奖金发放。薪酬专家和高管表示，这种做法可能存在风险，因为如果薪酬回报突然下降，那么那些起初表示满意的员工可能会变得不满意。但是由于对高科技人才的竞争日益激烈，一些公司的老板表示，经常加薪是防止那些工程技术人才投奔谷歌和脸书这样的巨头企业的有效方式。"

频繁加薪是将过去的年度绩效加薪或奖金分成若干较小的数额，以保持员工的积极性和敬业度，降低他们离职的可能性。例如，快飞影像公司（Shutterfly, Inc.）的员工每年有4次获得奖金的机会。在每季度的薪酬评估时，管理者有机会按照常规时间表解决员工所关心的问题，例如，对薪酬的不满等。

一家位于西雅图的网络零售商 Zulily 也按季度评估 1 380 名员工的薪酬。该公司首席执行官达雷尔·卡文斯（Darrell Cavens）表示，如果可以，他会加大薪酬评估的频率。采取这种措施以后，该公司薪酬季度增长幅度为 2%～15%。有些员工每年可以得到 3 次加薪，而有的员工可能连续 18 个月都无法获得加薪。在此过程中，经理们需要做很多工作，但是员工们仍然把重点放在公司的目标上，因为下一个加薪机会就在眼前。

频繁的薪酬评估和奖金支出需要薪酬专家进行更高水平的工作，并需要使用来自公司不同领域的大数据支持。长期以来，零售商一直在使用频繁的绩效评估和奖励的方法。一旦商店的月销售额被计算出来，商店经理和员工的奖金就已经根据实际销售水平准备好了。现在，其他类型的雇主也正在采用这种方法。

49.5 沟通整体薪酬和离职价值，提高员工留职率和工作敬业度

整体薪酬沟通是一种集中与员工分享薪酬和其他雇用要素信息的实践。整体薪酬沟通可以通过提高员工的敬业度和信息充分程度帮助雇主提高业绩。在薪酬沟通实践中，过去主要

采用年度打印报表的方式，而现在则更多采用在线的方式，这得益于大数据。

整体薪酬沟通是一种改善雇主与雇员关系的有效方法。公司用沟通来强调：

- 你是一个重要的员工。我们为你提供这种薪酬和其他福利，以表彰你所做的一切。
- 我们的激励和福利的运作机制。
- 我们希望就薪酬、福利和雇用进行公开坦诚的对话。
- 我们致力于建立良好的雇用关系，并满足你的期望。
- 我们看中结果并奉行绩效工资制。

整体薪酬沟通不应该是一次性的活动。大数据可以让相关信息以一种新颖而便捷的方式连续推送给员工，即使这些数据可能位于不同的部门。明智的公司会清晰地表述这么做的目的，并承诺持续沟通其整体薪酬计划。公司整合来自不同来源的数据，及时更新数据，使其可7×24小时全天在线访问，并以相对较低的成本实现这一目标。这种能力将改变薪酬专家的游戏规则。

薪酬专家能够设计出精良的薪酬计划，创造激励员工的创新方式，但是他们在与员工分享相关信息，以使他们完全理解和感激这些信息方面，却做得不够。在整体薪酬沟通中辅以大数据、分析和规划，对于许多雇主来说都是非常有价值的。

整体薪酬沟通能够展示雇用的全部价值。有些雇主自私地将这种沟通视为展现公司慷慨的活动，但这让公司错失了一个更大的机会。整体薪酬沟通的意义应当包括更多的方面：

- 提高敬业度和人才保留率。
- 更好地将员工个人努力与公司目标挂钩。
- 提高业务绩效。

整体薪酬沟通可以让员工分享一下在过去的某段特定时间内的工作价值，也能让员工对未来的工作有更深入的了解。

更重要的是，整体薪酬沟通能让员工更清楚地了解激励计划是如何运作的，并看到退休储蓄计划和医疗福利等因素的价值。雇主使用整体薪酬沟通作为一种凝聚和激励员工的方式，它不仅仅包括财务性信息内容，还包括公司的人才、基本薪酬、绩效薪酬和奖励战略等内容。

整体薪酬的在线沟通方式可以按照员工希望的信息接收方式呈现数据。它比纸面表格的灵活性和个性化程度更强。整体薪酬沟通的好处可以概括如下：

- 重申和强化员工对组织成功的价值。
- 提供关于人力资本投资及其与业务战略和目标的关联的清晰信息。
- 挑战"邻家芳草绿，隔岸风景好"的观点。
- 为管理者提供一个评估员工的讨论框架。

整体薪酬沟通可以被视为有关薪酬、福利和与雇用相关的其他项目信息的"中心枢纽"。

整体薪酬沟通规划需要确定呈现给员工的内容和各个数据元素的最佳来源。接下来需要开发呈现这些数据的整体薪酬沟通网站界面，并确定页面框架和数据更新频率。整体薪酬沟通中还需要关注附加内容、设计、可用性和网站推广等方面的举措。

薪酬专家可以通过为员工部署整体薪酬线上沟通网站的方式，为员工提供持续价值。整体薪酬沟通需要考虑的一个重要因素是，员工或管理者如何能够便捷地算出某个职位的离职价值。大数据有助于实现这一点。

离职价值是雇用关系的全部当前经济价值和基于某些假设的潜在未来价值。员工可以自行调整变量或假设，以创建个性化的计算模型。

思想领袖克里斯托弗·福特（Christopher Ford）是旧金山湾区公司的人力资源和信息技术高管，他表示："离职价值创造了与员工的长期联系。当员工考虑离开公司以获得更好的薪酬时，他们倾向于考虑在某个时间点的整体薪酬。员工在考虑离职价值时会考虑整体回报，而不仅仅是整体薪酬，会考虑一段时间（3～5年）的回报，而不是某个时间点的回报。因此，离职价值是一个强大的员工保留工具。

企业可以通过大数据的使用，建立一个员工和管理者可以随手调用的"离职价值"自助服务模型，以便于员工判断他们的工作价值。这有助于员工回答其心中的问题："这个职位能满足我未来几年的期望吗？"所以，我们应该先认识到该问题的存在，并将该工具作为正向薪酬沟通的一部分提供给员工。

如果你现在离职，离职价值就是你舍弃的价值。员工在考虑跳槽时，正好可以考虑，（基于某些财务假设）离开意味着需要舍弃什么。离职价值模型向员工呈现标准的薪酬要素清单，然后根据员工的价值增长假设，计算出这些薪酬要素的未来估计价值总和。

离职价值模型非常便于员工使用。它是这样工作的：

（1）了解你目前的薪酬、激励奖励和其他薪酬项目，如公司支付的福利和利润分享。

（2）考虑这些项目的增长因素（例如，加薪、与限制性股票或期权授予等相关的股票升值等）。

（3）计算这些项目在未来三年、四年或五年的价值。

（4）其总和就是预计的离职价值。

表49-1展示了一个如何呈现离职价值的范例。首先，员工对未来工资奖金增长、权益价值和其他相关薪酬因素进行假设。

表49-1　输入变量来计算一个员工的离职价值

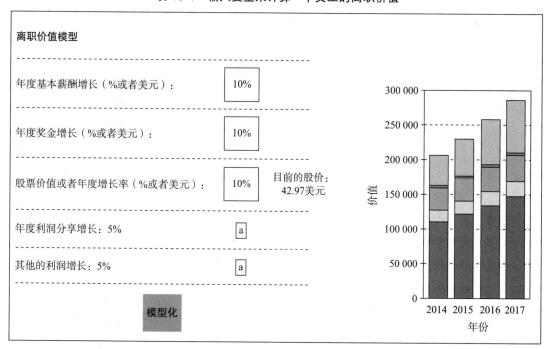

输出是根据输入的假设，显示这些薪酬要素价值的模型，它汇总计算每年或一定时期内

的价值总和。在表 49-2 的例子中，周期是 4 年的结果真是让人惊讶。

表 49-2　每个元素的对应值以及基于输入变量的员工的离职价值总和

（单位：美元）

	2014	2015	2016	2017
基本薪酬	110 275.00	121 302.50	133 432.75	146 776.02
奖金	15 250.00	16 775.00	18 452.50	20 297.75
利润分享①	2 400.00	2 520.00	2 646.00	2 778.30
其他福利②	31 820.32	33 411.34	35 081.90	36 836.00
个人长期激励	43 012.97	51 718.69	64 519.45	75 678.76
持有的股票	910.00	1 003.00	1 155.00	1 258.00
总额	205 994.30	229 201.59	257 864.25	286 377.33
累计总额	205 994.30	435 195.90	693 060.15	979 437.48

4 年的及时价值总额可能是 979 437.48 美元

① 利润分享和其他福利假设增长 5%，过去的结果不能预测未来所得，实际增长或减少不能保证与表中的预测一致。

② 其他福利基于 401（K）、健康与福利、年金、退休金、法定保险等来核定年度总额。

本章小结

毫无疑问，大数据已经改变了许多组织的薪酬决策方式。尽管大数据和数据分析仍处于发展的初期阶段，但薪酬专家还是应该认真考虑如何将新兴的大数据应用于薪酬实践。

注释

Viktor Mayer-Schonberger and Kenneth Cukier, *Big Data*. Houghton Mifflin Harcourt, Boston, 2013, p.19.

Thomas H. Davenport, *Big Data at Work*. Harvard Business Review Press, Boston, 2014, p. 70.

Rachel Emma Silverman, "Big Data Upends the Way Workers Are Paid," *Wall Street Journal*, September 20, 2012, pp. B1–B2.

Josh Bersin, "Big Data in Human Resources: A World of Haves and Have-Nots," *Forbes*, October 7, 2013.

Rachel Feintzeig, "When the Annual Raise Isn't Enough," *Wall Street Journal*, July 16, 2014, pp. B1–B5.

第50章

将数据转化为薪酬信息

马丁·G. 沃尔夫（Martin G. Wolf）

随着越来越多的组织利用各种类型的大数据，获取数据流就像是从消防软管中喝水。如果要做出能够提高竞争优势并产生更大商业成功的薪酬决策，薪酬专家需要合适的数据和有效的信息，但是这并不容易做到。

本章将帮助读者用四种方式从数据中提取有用的信息：

（1）回顾一些有助于理解薪酬数据的基础统计。
（2）确定避免误导或错误数据的方法。
（3）认识到现有数据与真正适合当前工作的数据之间的差异。
（4）识别数据解释的心理障碍。

50.1 理解薪酬数据的基础统计

和所有数据集一样，原始薪酬数据可能是非常庞大且具有误导性的。人们很容易被极端值吸引注意力，并且误解了整体数的真实含义。因此，这就是描述统计、集中趋势和离散趋势分析的价值所在。

描述统计在处理薪酬调查结果时特别有价值。本章采用了四项应用面广泛的同期薪酬调查实际数据（当然，现在看是历史数据了，该薪酬调查覆盖了长岛和纽约等区域），来说明统计数据分析的问题。

然而，在进行统计分析之前，必须注意由于不同调查的调查水平差异而导致的数据问题。为了便于展示，我们仅展示三个职位族的可比较职位的薪酬数据。三个职位族分别是：程序员／系统分析师职位族（豁免）、一般职员职位族（非豁免）和秘书职位族（非豁免）。

在薪酬调查 A 中，程序员有两个级别，系统分析师有三个级别（合计为五个）；在薪酬调查 B 中，程序员／分析师有三个级别，系统分析师有三个级别（合计为六个）；在薪酬调查 C 中，程序员有五个级别，系统分析师有五个级别，程序员／分析师有五个级别（合计为十五个）；在薪酬调查 D 中，程序员、程序员／分析师和系统分析师分别有三个级别（合计为九个）。对不同的薪酬调查数据进行交叉比较的价值非常有限。

在非豁免职位族中，情况稍微好一些。在薪酬调查 A、B、C 中，尽管具体职位名称不同，但都是一般职员，并且都有三个级别，薪酬调查 D 中的一般职员则有两个级别。秘书职位族的情况则比较混乱。在薪酬调查 A 中，秘书有三个级别；在薪酬调查 B 中，秘书有五个级别；在薪酬调查 C 中，秘书有七个级别；在薪酬调查 D 中，秘书则有 2 个级别。

用户只能从丰富（混乱）的数据中提取信息。提取信息的有效方法是将每项调查与某个全面的职位描述（把它作为标准参照模型）进行匹配。该模型为各项薪酬调查数据提供了对应比较的结构。使用标准参照模型有助于将原始数据转化为有意义的信息，但代价是数据丢失，因为并不是每个数据都能与该模型进行匹配。随着替代性职位变化的增多，调查数据变得更加分散，数据丢失的数量通常也会随之增加。

选择标准参照模型有若干种方法。第一种方法是，根据本组织的关键职位的描述来开发自己的标准参照模型。关键职位通常是那些任职者较多或者非常重要，且常见于不同的薪酬调查报告的职位。第二种方法是，选择能够与组织职位匹配良好的薪酬调查，然后利用该调查所包含的职位作为标准参照模型。或者，你可以选择一个其他人已经开发的标准参照模型（当然，假设它与你的组织的职位相匹配）。许多人力资源咨询公司都有这样的模式。

50.1.1 采用集中趋势指标

大多数用户对薪酬调查数据的最大疑问之一就是，应使用哪个描述统计数据。大多数薪酬调查都报告了一些针对每个职位的描述统计数据，最常见的是算术平均数。算数平均数采取的可能是加权方法（根据任职者数量的比重，大公司的数据比小公司的数据占的权重更高），也可能是不加权的方法（每个公司数据都被视为代表一个任职者，不管该职位实际上有多少任职者）。如果个别公司的职位占绝对多数，使用未加权方法处理的算数平均数可能无法代表真正的市场水平。

例如，在薪酬调查 D 中，二级系统分析师的薪酬调查数据来自 8 家公司的 141 名任职者。其中两家公司的任职者数量为 120 人（占总数的 85%）。在这两家公司中，一家有 55 位任职者，平均薪酬为 31 600 美元，而另一家有 65 位任职者，平均薪酬为 37 100 美元。该职位（二级系统分析师）薪酬的未加权平均数是 42 800 美元，而加权平均数是 36 500 美元。这个没有加权的数字显然不能代表这个职位的"平均"工资。

中位数是另一个常见的统计指标，中位数是指数据从高到低排列的中间值。中位数通常比算数平均数更稳定。如果样本量相对较小，算数平均数可能会受到一些极低或极高值的影响。在薪酬调查 D 中，客户服务职员的薪酬调查数据来自 19 家公司的 127 名任职者，但该数据被其中的两家公司歪曲了。这两家公司中的一家有 8 位任职者，平均薪酬为 41 400 美元，而另一家则有 3 位任职者，平均薪酬为 44 000 美元。该职位（一级客户服务职员）薪酬的未加权平均数是 21 600 美元，加权平均数是 22 000 美元，中位数是 18 800 美元。还有最大的一家雇主（总数 127 人中的 35 人，占 27.6%），该职位的平均薪酬为 17 000 美元，最高工资为 18 920 美元。

但是，如果使用的是某家公司该职位的薪酬中位数，而非该职位的所有任职者的薪酬中位数，那么该指标也会产生误导（原因与前面讨论的加权平均问题类似）。对于前文中的二级系统分析师，所报告的薪酬中位数（基于组织，而不是在职者）为 41 300 美元，接近未加权平均值，但是远高于两家数据量占所有数据量 85% 的公司的收入。

还有一个表明集中趋势的统计指标：众数。这是最为常见的数据值。但众数很容易失真，因此并不常用。

50.1.2 使用离散程度指标

有许多描述数据离散程度的指标，最常见的可能是不同的百分位。该指标是以落在或低于该数据的百分比命名的。因此，10 分位是指有 10% 的数据落在 10 分位及以下，20 分位是指有 20% 的数据落在 20 分位及以下，依此类推。

薪酬调查中常用的术语是 Q1（25 分位）和 Q3（75 分位）。（从技术上讲，中位数是 Q2，但该指标很少被提及。）Q1 和 Q3 之间的差是半四分位全距，有时被称为中间 50% 全距。它涵盖了一半的人员（数据基于任职者，而非公司），它是表明数据真实离散程度的相对稳定的统计指标。

有些薪酬调查还会报告均值偏高数（average high）和均值偏低数（average low）。这些离散程度统计指标一致性较低，因为它们会受到一些极端值的影响（因为它们是所有数值的平均数）。

50.2 避免数据的误导

20 世纪 60 年代中期，我在 IBM 开始第一次接触计算机数据分析。我学到的第一个教训，就是 GIGO（garbage in, garbage out），即进去的是垃圾，那出来的肯定也是垃圾，这个教训在半个世纪后仍然适用。无论数据分析方法如何精妙，数据分析也无法抵消不良数据。

我们应对所收到数据的准确性保持警惕。在进行统计分析或其他分析之前应进行逻辑测试。例如，在薪酬调查 A 中，高管秘书的周薪中位数为 593 美元，但中间 50% 全距的最高值（即 Q3 或 75 分位）却为 576 美元。由于中位数是 50 分位数（或 Q2），所以它应该不可能会比 75 分位数（Q3）大。根据该职位的中间 50% 全距数据，我推断应该存在输入错误，中位数应该是 543 美元，而不是 593 美元。

除数据录入错误之外，还存在由于错误的职位匹配而导致的数据错误。一般我们可以通过查看某个职位的薪酬范围来确定。例如，在薪酬调查 D 中，三级工程师的薪酬数据应该至少是两个级别数据的混合。三级机械工程师的薪酬数据范围是从 37 400 美元到 70 000 美元。数据来自 136 名任职者，其中有 10 人平均薪酬不到 40 000 美元，有 3 人平均薪酬超过 60 000 美元。在薪酬调查 D 中，所有的三级工程师职位的薪酬数据可能都有同样的问题，可能是因为该调查的工程师只有三个级别，但是大多数公司该职位至少有四个级别。

我们最好忽略可疑的数据。错误的数据比没有数据更糟糕。

50.3 使用合适的数据，而不仅仅是使用可用的数据

组织倾向于高度重视定量数据，但有时定量数据可能是具有误导性的或存在信息失真的情况。进入经济衰退或者从经济衰退中复苏时宏观经济环境对用于薪酬决策的量化绩效指标

（例如，销售量）有显著影响，这就使得"客观"的跨年同比指标失效了。此时，主观指标（如顾客态度等）可能更加能够衡量真正的个人绩效或者组织绩效，而不是"硬"指标数据。

特定领域的外部变化，例如由于采用水力压裂法而导致的天然气价格下降，可能会显著影响那些用于薪酬决策的定量绩效指标（例如，转换成本在总生产成本占比），这使传统的指标比较信息失真。此时，可能有必要将基于当前或历史总成本比较的评估方法，转换为基于能源使用量（例如，立方米、英国热量单位的气体，或千瓦时的电力）的比较指标。

50.4 消除数据解读的心理障碍

行为经济学的研究表明，人们倾向于继续对数据进行解释性处理，这些方法在过去很长一段时间内效果良好，但是当前的环境变化已经使得这种方法失效或完全错误。在薪酬管理领域，当宏观经济条件导致劳动力价格发生巨大变化时，在应该"加薪"多少的问题上，管理者的观念通常都非常难以改变。

20世纪晚期和21世纪初便是如此。在很长一段时间里，即便在最近的大衰退之前，工资都在下降或停滞不前。不同的研究者为这个现象提供了各种各样的解释，如全球化竞争和外包、技术降低对日常工作技能的需求等。虽然雇主在20世纪八九十年代增加了大学毕业生的招聘，帮助组织适应技术变化，但随着信息技术的成熟和计算机基本技能的普及，这种招聘的步伐也在变化。

对于有学士学位的工人来说，实际工资率（扣除物价上涨因素）从1979年到1995年略有上升（略低于每年1.5%的增长率），但受教育程度较低的工人的实际工资率却有所下降。从1995年到2000年，这两个群体的实际工资率都有所增长。但自2001年以来，未受过大学教育的员工的实际工资率再次发生下降，受过高等教育的员工群体的实际工资率则几乎没有变化。表50-1列出了2013年经济政策研究所提供的拥有学士学位的员工的小时工资数据。

表50-1 平均小时工资　　　　　　　　　　（单位：美元[一]）

性　别	2001年	2013年
男性	33.60	33.71
女性	25.33	25.35

尽管数据显示，除了20世纪90年代末，平均实际工资率在过去35年中的大部分时间里都处于停滞状态，但传统的薪酬范围仍然相对较宽。虽然标准的做法是基于自己最喜欢的薪酬调查数据，将薪酬范围的中位数设置为"具有竞争力"的水平，但是早年在设计年度加薪幅度时，将薪酬范围的中位数调整为80%~120%的方式仍然盛行。

通常，组织根据薪酬调查数据来设定下一年的薪酬范围（中位数增加x%），并在整体预算流程中设定薪酬增长预算（工资总额的y%），但工作顺序也可能有差异。在预算紧张和外部工资压力有限时，x和y的数值通常都较小。因此，组织的总体工资比较率指标（compa-ratio，CR，平均薪酬占平均中位数的百分比）的变化最小，大多数员工的工资比较率情况也是如此。员工的薪酬范围代表了组织对高绩效者提高更高薪酬的承诺，如果随着时间的推移，员工的薪酬范围年复一年地没有实质性的变化，这可能会削弱员工士气。

[一] 原书为"千美元"，有误，此处改为"美元"。——译者注

薪酬范围剖析

尽管大多数组织支持某种形式的绩效加薪或绩效薪酬模型,但每个员工的薪酬增长率(salary increase,SI)实际上由三个部分组成:抵消薪酬范围变动的量(薪酬范围调整因子(RAF))、工作比较率(CR)在薪酬范围内的变化量(绩效加薪因子(MIF))、当薪酬范围增长时抵消工资比较率下滑的量(等于 $RAF \times MIF$)。

计算公式如下:

$$SI = RAF + MIF + (RAF \times MIF)$$

对 MIF 进行代数求解,

$$MIF = (SI - RAF)/(1 + RAF)$$

如果我们假设有 10% 的 SI 和 7% 的 RAF,计算结果如下:

$$MIF = (0.10 - 0.07)/(1 + 0.07) = 0.03/1.07 = 0.028\,04 = 2.804\%$$

同样,如果有 3% 的 SI 和 2% 的 RAF,计算结果如下:

$$MIF = (0.03 - 0.02)/(1 + 0.02) = 0.01/1.02 = 0.009\,80 = 0.980\%$$

随着 RAF 变小,薪酬范围变化抵消因子 $(1 + RAF)$ 的重要性就降低了。如今,当考虑个别员工的时候,我们可以忽略薪酬范围调整因子(RAF),但在考虑大量员工时,即使它在工资总额中只占很小的比例,它也是一个重要的指标。它的意义在于,观察和分析员工从薪酬范围最低点到中位数直至最高点的年度变化。即使每年的薪酬范围调整因子只是很小的百分比,但经历多年之后它也会汇合成可观的增长。

根据前文的 MIF 公式,附录 50A 给出了当薪酬范围调整因子(RAF)为 0%、1%、2%、3% 和 4%,薪酬增长率(SI)从最小值到最大值时,某个假设员工每年工资比较率(CR)的变化情况。显然,SI 等于或小于 RAF 时,CR 不变或更低。表 50-2 总结了附录 50A 中不同的 SI-RAF 组合的关键细节。

表 50-2 年度工资范围

SI	RAF	80%~100%	80%~120%
1%	0%	22	40
2%	0%	11	20
	1%	22	40
3%	0%	7	14
	1%	11	20
	2%	23	40
4%	0%	5	10
	1%	7	14
	2%	11	20
	3%	23	40
5%	1%	5	10
	2%	7	14
	3%	11	21
	4%	23	40

表 50-2 显示，当薪酬增长率（SI）比薪酬范围调整因子（RAF）大于 1% 时（$SI-RAF=1\%$），工资比较率（CR）增长非常缓慢，从工资比较率（CR）的 80% 增长到中位数需要 22 年或 23 年，从工资比较率（CR）的 80% 增长到最大值需要花费整个职业生涯，大约 40 年。当 $SI-RAF=2\%$ 时，从工资比较率（CR）的 80% 增长到中位数需要 11 年，工资比较率（CR）的 80% 增长到最大值大约需要 20 年或 21 年。当 $SI-RAF=3\%$ 时，两个时间会分别降到 7 年和 14 年，而当 $SI-RAF=4\%$ 时，两个时间将分别降到 5 年和 10 年。

50.5 实行信息驱动的薪酬管理

每个组织必须自行决定在薪酬范围内调整的时间框架。除非大家一致认为薪酬增长率（SI）应至少比薪酬范围调整因子（RAF）大 2%，否则在你将中间值作为"有竞争力"的目标薪酬时，应考虑使用更窄的薪酬范围。另外，除非经常以大幅高于薪酬范围最低值的薪酬来提拔或雇用员工，否则你永远无法确定你的薪酬竞争定位。（我曾经为一些组织提供过咨询服务，它们在 20 世纪 90 年代的整体工资比较率（CR）一直很低。）

还有一个选择，就是继续使用 80%~120% 的薪酬范围，但是将"有竞争力"的目标薪酬设在工资比较率（CR）为 90% 的点上，会大大减少将新员工薪酬涨到目标薪酬所需的时间。保留 120% 的薪酬幅度最高额可以为卓越员工提供"卓越"的薪酬，同时为所有任职者提供大量潜在的"诱饵"。（使用这种方法的组织应该放弃"中位数"一词，而使用"最小值""市场值"和"最大值"来描述它们的薪酬范围。）

只有在假想的乌比冈湖效应（自我拉抬偏差）中，才可能出现每个人的薪酬都高于平均值的情况。但也很少有组织敢于将有竞争力的薪酬定在低于平均值的水平。由于高薪组织必须更加激进地调整薪酬范围以保持它们领先于那些希望超过平均水平的组织，所以它们的薪酬策略通常是定位在低于调查中位数 5% 或 10%（以美元计算）的水平，这会使得薪酬增长率（SI）能够显著高于保持竞争力定位所需的薪酬范围调整因子（RAF）。与高于平均水平的目标薪酬定位相比，这种定位可以带来更高的员工满意度和更低的人员流失率。这种定位策略将大部分薪酬预算资源都分配给了日益提高的薪酬范围调整因子（RAF），只将很少的部分留给绩效加薪因子（MIF）。

由于薪酬专家很难准确掌握其他组织为某个职位实际支付的薪酬，员工个人就更难以获得有关其职位真实"市场价格"的详细信息。他们通常获得的是关于其职位的薪酬范围信息，或者是组织中其他人实际赚多少钱的信息。当他们看到自己（和其他人）在薪酬范围内提高时，他们可能感觉自己获得的工资还不错。但如果薪酬范围本身调整很快，以至于员工都没能体会到自己的薪酬范围内的增长时，他们可能并不会觉得满意。具有竞争力的薪酬真的是"仁者见仁，智者见智"！

附录 50A APPENDIX

SI、MIF 和薪酬范围的变化

	$SI = RAF + MIF + (RAF \times MIF)$		
	$MIF = (SI - RAF) / (1 + RAF)$		
	$RAF = 4.0\%$		
	SI		
	4.5%	5.0%	5.5%
MIF>	0.48%	0.96%	1.44%
年限	*CR*(%)		
0	80.0	80.0	80.0
1	80.4	80.8	81.2
2	80.8	81.5	82.3
3	81.2	82.3	83.5
4	81.5	83.1	84.7
5	81.9	83.9	85.9
6	82.3	84.7	87.2
7	82.7	85.5	88.4
8	83.1	86.4	89.7
9	83.5	87.2	91.0

（续）

年限	CR(%)		
10	83.9	88.0	92.3
11	84.3	88.9	93.6
12	84.7	89.7	95.0
13	85.1	90.6	96.4
14	85.6	91.5	97.8
15	86.0	92.3	99.2
16	86.4	93.2	100.6
17	86.8	94.1	102.1
18	87.2	95.0	103.5
19	87.6	96.0	105.0
20	88.1	96.9	106.5
21	88.5	97.8	108.1
22	88.9	98.7	109.6
23	89.3	99.7	111.2
24	89.8	100.7	112.8
25	90.2	101.6	114.4
26	90.6	102.6	116.1
27	91.1	103.6	117.8
28	91.5	104.6	119.5
29	91.9	105.6	
30	92.4	106.6	
31	92.8	107.6	
32	93.3	108.7	
33	93.7	109.7	
34	94.2	110.8	
35	94.6	111.8	
36	95.1	112.9	
37	95.5	114.0	
38	96.0	115.1	
39	96.5	116.2	
40	96.9	117.3	

第51章 探索加强薪酬方案的新技术

麦加·赫尔纳（Mykkah Herner）
佩斯盖尔公司专业服务经理（Manager of Professional Services, PayScale, Inc.）

在瞬息万变的全球经济中，一些薪酬实践已经过时了。新技术提供了广泛、深入和实时的薪酬数据。有了这些信息，我们就可以把薪酬专家的注意力从算数和建立数据透视表转移到创造新的薪酬方法上，以支持组织的业务目标。本章首先探讨能够实现更灵活的薪酬执行的新技术和新方法，其中包括对新兴薪酬对标和分析的大数据观点，以及数据收集的众包模式。其次，本章将讨论作为组织基石战略的薪酬规划和设计。最后，本章将探讨新技术对绩效评估和市场变化的影响，并将其与沟通实践挂钩，以利用卓越的薪酬实践来获得竞争优势。

51.1 新技术

近几十年来，在人力资源行业中，从"人事部门"到"人力资源管理"，再到"人力资源业务合作伙伴"，最近又演变出一个新兴名词"人员经营"。术语的转变暗含着，这些专业人士所提供的战略价值以及他们的期望都有所提高，他们希望（如果不考虑他们的能力）"拥有一席之地"。人力资源管理人员经常用"拥有一席之地"来表示他们正在参与战略决策。"人员经营"不再只是吸引和留住人才，他们强调通过战略、指标、数据和吸引顶尖人才来实现业务目标。新的人力资源专业人员推动组织的业务目标实现。

薪酬领域也出现了类似的转变。以前，薪酬的"科学性"主要表现为长期的、基于文本的薪酬调查，并需要花时间来完善和总结。然后第三方机构将汇总的数据高价卖给雇主，以补偿准备和解释这些数据所需要的大量工作。由于收集、汇总、提炼和报告信息所需的时间非常多，第三方机构一般每年最多提供一次薪酬调查报告，为雇主呈现调查时点的市场薪酬状况。

随着计算机应用的普及，咨询机构可以通过电子表格来处理和汇总更大的数据量，薪酬调查分析的方法也得到了改进。互联网的出现使人们可以在网上收集资料和报告薪酬调查数据。但是，许多传统的方法在薪酬调查的幕后仍然占据主导地位。网络的日益成熟和大数据技术威力的日益显现，都促使薪酬管理领域发生了持续改变。

什么是大数据？这个术语目前可能被滥用了，但大数据集可以快速提供独特见解的关键理念在未来仍将保持强大的力量。大数据有很多定义，但例子可以更形象地说明大数据带来的好处。

传统的获取薪酬信息（数据点）的方法有一个限制，它要求公司代表它们的员工提供薪酬数据，这是一个天然的瓶颈。在互联网出现之前，只能这么做，因为薪酬基准数据调查机构接触到职位任职者的能力非常有限。因此，每年都代表它们的员工提交薪酬数据的组织相对较少。

尽管薪酬调查机构会将调查观点和部分调查数据反馈给数据提供企业，以此来限制数据提供的问题，但是由于仍可能存在数据提供的潜在偏差，薪酬调查机构需要进行进一步的数据校准以消除这些偏差问题。薪酬数据通常来自有时间和精力来填写调查问卷的公司，通常是大型公司。此外，薪酬调查过程需要花费的时间较长，这意味着，数据在重新分享给调查参与者时已经过时了。

如今，通过互联网可以直接从数百万或数十亿的职位任职者那里获取数据，而不是由成百上千的公司代表它们的员工来提供数据，这是薪酬调查领域的根本性创新，也是创造大数据效益的先行者。然而，为了拥有大数据，我们实际上需要更多的数据。这就是互联网赋能的数据收集量，这比传统方式的数据收集量大得多。过去，调查机构往往针对少数几家公司进行调查，然后从它们的数据出发，推断其他公司的情况。

数据获取方式的根本转变也使得另一项关键创新得以涌现，即通过直接向职位任职者收集信息。他们是最了解信息的人，这就消除了数据收集的中间渠道。

薪酬数据分析浮现的碎片数据间的相关性，显示了大数据在薪酬领域的巨大作用。它能够将附有头衔和培训、技能、经验、资格证书等任职要求的职位，与薪酬进行匹配，确保公司薪酬在吸引和保留员工方面有足够的竞争力。

大数据也面临许多新挑战。过去，薪酬数据调查机构指挥着对提供薪酬数据的参与者进行的前期审查，以确保数据质量。但如今，数据审查发生在后端，使用算法来识别异常值和大数据集，以减少异常值对"正确"值的影响。大数据还需要超越关系型数据库结构的能力，关系型数据库结构是自20世纪70年代开始的第一波商业软件创新浪潮的基石。而新的大规模数据集需要一套全新的组织工具和软件，技术不仅需要理解行列的数据，而且还需要基于编程和建模技术从大规模数据集中提取数据间的关系。

在互联网出现之前的几十年里，收集数据既困难又耗时。由于从公司获取数据的天然困难，咨询顾问和数据分析师最终开发了数据处理技术，以减轻小样本容量造成的不足。当时，大家普遍认为，如果要使企业的薪酬标杆分析更为有效，那就需要从多个来源获取薪酬数据。这样可以减少单独使用任何一家机构提供的薪酬数据所带来的风险，例如，某家薪酬数据提供商的样本容量很小，或者只包含《财富》500强公司，或者只包含很小地理区域内的公司。互联网的出现改变了这一切。现在薪酬调查机构不仅进行逻辑推断，它们更倾向于认为，源自互联网的大规模数据集具有内在的可靠性，因为如果收集方法严谨、合理，它的覆盖范围就会更广，能够涵盖那些不在主要城市的公司或不包含在传统薪酬调查覆盖范围内的公司。

SaaS 软件技术浪潮是最近的另一项创新，它将软件（包括人力资源和薪酬系统）以易于使用和访问的方式应用于许多业务流程之中。SaaS 是 software as a service 的缩写，该创新由 Salesforce.com 率先开发，其在客户关系管理（CRM）领域，尤其是在向新客户销售管理软件时推出该项创新模式和技术。SaaS 解决方案一经出现便满足了企业前后台各种业务流程的需求。人力资源软件通常被归入人力资本管理（HCM）软件的范畴。SaaS 解决方案流行的主要原因是，它们可以使用标准浏览器通过互联网访问，不需要客户升级或重新安装软件。SaaS 供应商改进他们的软件，并经常为终端客户升级体验和功能。企业通常以订阅的方式购买 SaaS 或云计算软件服务，根据订阅条款，它们可以使用最新的技术和最新的市场数据。

51.2 薪酬规划和设计

"拱心石"是拱门顶端的最后一块石头，它确保拱门结构合理，并能承受重量。薪酬的作用与"拱心石"类似，因为它将企业战略联系在一起，使企业能够承受竞争的压力。但过去的薪酬规划与组织业务战略通常分别制定。薪酬常被作为一种赋能工具来帮助实现业务目标。

薪酬对许多组织流程都有影响，包括招聘、人才保留、绩效评估和员工敬业度。此外，薪酬系统正在不断发展，已经不仅仅包括基本薪酬。现在，我们在制定合适的薪酬组合时，可以用"多层蛋糕"作为比喻来解释。蛋糕的基础或基础层是组织的薪酬理念和策略。薪酬组合和其他重要因素（如目标人才市场界定、组织的薪酬市场竞争力定位、组织的基础薪酬和奖励薪酬的目标功能等）都建构在薪酬理念和策略这个基础层之上。蛋糕的第二层是基本薪酬计划，它有助于组织保持在人才市场上的竞争力。基本薪酬计划包括工资、小时工资和计件工资计划，用以为那些为组织提供贡献的员工提供稳定的回报。蛋糕的第三层是可变薪酬计划，它包括奖金计划、佣金计划和其他与绩效相关的津贴。蛋糕的最后一层是个性化奖励和认可，包括货币和非货币性的措施，用于奖励和鼓励某些行为。把蛋糕完整地整合在一起就构成了薪酬计划，它将为组织繁荣昌盛提供动力。

合适的薪酬有助于公司保留顶尖人才。成功的薪酬战略和方案有助于组织建构优秀的员工队伍。如果组织需要新的想法或血液，可以直接从大学招聘人才。此时，人才保留计划的重点将会放在明确的职业发展道路上，而不是丰厚的 401（k）计划上。如果你的组织运营需要员工积累丰富的知识和经验，此时，人才保留策略的重点就是持续的培训和教育。如果你的组织无法维持较高的薪酬水平，而雇用低工资的员工来抵消培训成本，此时，组织需要制定人才保留策略，以让大多数人自然离开，但确保保留和晋升真正的关键人才。无论组织的目标是什么，薪酬计划的设计都将有助于组织实现合适的保留策略。

一直以来，管理层都希望将薪酬与业绩挂钩。许多人认为这种挂钩应仅使用于高管层，或只适用于销售人员，或者只用于奖金计划。但 2014 年的《薪酬最佳实践报告》显示，组织越来越多且越来越广泛地采用基于绩效的激励机制，这种趋势几年前就已经开始。

同样值得注意的是公平、有竞争力且清晰沟通的薪酬方案与员工高敬业度之间的联系。

敬业的员工对工作、团队、直接上级和整个组织都更加忠诚。敬业的员工离职率也较低。这也意味着他们对关键业务驱动因素的影响要大得多，例如产品和服务创新、产品和服务质量、客户满意度、成本/效率和收入增长等。

如果薪酬与组织战略及其目标挂钩，那么它也是一种有助于组织建立竞争优势的方式。组织的业务目标多种多样，例如持续领先于竞争对手、保持商业运作、快速成长等。大数据技术有助于建立业务指标和薪酬的精准挂钩。

组织保持竞争优势的另一种方法是，保持薪酬计划的灵活性。组织保持薪酬灵活性的方法是，随时了解它们的薪酬实践和市场的比较状态。创造性的薪酬组合也是一个提升薪酬灵活性的重要因素。要尽可能配置更多的可变薪酬而不是固定薪酬。每个组织都有关键员工，没有他们就无法运作。创造性地奖励关键员工也是一种保持薪酬灵活性的重要方法。包含大量实时市场信息的薪酬大数据，使得雇主能够更好地为关键员工支付薪酬。组织必须准备多个薪酬工具，随时准备将其推出，并使用最好的数据来确定何时应采用哪些薪酬工具。

组织中的每个人在讨论薪酬问题时都有相应的角色，包括高管、经理、人力资源和/或薪酬专家、员工。大数据分析能让经理和高管们更好地在各个层面上进行薪酬沟通。高管负责传达公司的薪酬理念。

经理负责将薪酬方案的具体信息直接传达给员工。他们之所以被要求履行这项职责，是因为他们直接与员工共事，知道什么能激励员工。他们也是组织的代理人，在其职权范围内执行关键的战略。这就要求组织给予经理充分的支持，以让其履行这些职责。培训、教育、背景信息和沟通工具都能从根本上提高经理在薪酬中发挥作用的能力。

人力资源和/或薪酬专家都需要开发关键的信息传递策略，支持高管和经理在组织内传递相关信息。人力资源和薪酬专家都需要获得大数据分析的支持，使他们能够做出关于如何调整薪酬计划以应对市场变化的战略决策。

最后，员工应该表达他们对薪酬的关注点，应该鼓励他们直接、诚实地与其经理沟通哪些因素能够激励他，哪些因素能提高他的薪酬满意度。经理应向员工提供整体薪酬报告，详细列出员工所获得的全部薪酬，包括福利、休假、现金薪酬和薪酬组合中的其他因素。如果员工获得了这些信息，他们就可以更好地做出是否留在组织的关键决策。

51.3 新方法对商业策略的影响

新技术使组织能够设计出更好的薪酬方案，更有效地实施和沟通薪酬方案，并且定期和持续地评估薪酬计划的影响。此外，组织应该定期评估薪酬计划在驱动业务目标方面的作用。在此过程中，确定正确的绩效驱动因素至关重要，避免组织无意中激励那些错误行为。

根据业务绩效来评估薪酬方案的影响也很重要。我们可以选择一些关键指标，用以评估薪酬对招聘、人才保留、绩效、员工敬业度和最终财务绩效等的影响。所选择的关键指标应该易于识别、解释和计算，以便能够根据需要实时，或者按季度或年度的方式收集信息。

过去，薪酬专家主要专注于分析工作。但是薪酬专家如今还可以使用标准指标、云软件的强大功能和大数据等新方法，使大部分的分析工作都自动化。使用现代方法进行数据收集和分析，有助于使薪酬专家从算数中解脱出来，转向为管理团队提供正确的行动建议，助其驾驭当今充满活力和竞争的市场。

人力资源专家的最新化身是人员经营负责人，他们主要关注业务中的人力资源问题，他们由数据驱动、精通数据并且精于战略。但早期的人力资源专家往往选择避开数据，新的人员运营专家则需要使用数据来创建和解释对整个业务的有价值的洞见。他们也利用这种数据驱动的方法采取行动、设计解决方案和理解这些解决方案的影响。

采用新技术获取薪酬数据，并基于此评估薪酬方案的影响，有助于组织在瞬息万变的商业环境中保持敏捷和竞争力。组织必须把薪酬视为有助于实现业务目标的重要因素之一。

译者后记

20年前，我跟随我的硕士导师、中国人民大学劳动人事学院文跃然教授进入薪酬激励这个重要且有意思的研究领域。从此之后，我开始着重关注组织视角下的薪酬问题，最为好奇的一个问题是"薪酬如何为组织创造价值"。为此，我和合作者进行了大量的研究工作，撰写了若干篇薪酬领域的实证研究论文，引进并翻译了薪酬领域权威机构美国薪酬协会（WorldatWork）编著的《整体薪酬手册》（这是中国引进的第一本系统介绍整体薪酬理念和实践的经典著作），编写了《薪酬管理与绩效激励》（该书已出版至第5版，是该细分领域连续多年最为畅销的专业著作之一）。除此之外，我还和十余家企业开展了薪酬激励领域的研究咨询合作。

"薪酬如何为组织创造价值"是一个常谈常新的问题。在传统的薪酬激励实践中，组织普遍更加重视经济薪酬的水平、结构、支付形式、支付时间和薪酬差距等问题。但随着企业业务战略日益生态化且迭代速度加快，员工在工作场所中的职业追求更加多元，新管理技术在管理实践中的渗透越来越深入，薪酬管理问题也变得更加复杂，薪酬实践逐渐显现出两个趋势：一是回归激励的基本规律；二是响应新情境需求的创新实践越来越多。第一个趋势的最典型实践就是整体薪酬的概念、理论和工具的日益推广。许多企业发现，员工在工作场所中看重的东西已不仅仅是经济薪酬，还包括其他很多因素（如福利、工作-生活平台、个人职业发展、绩效认可等）。组织必须综合更多的因素来吸引、激励和保留优秀员工。因此，整体薪酬的概念越来越受欢迎。整体薪酬要求组织对整体薪酬要素进行整体设计、管理和沟通，以保证激励方向的一致性及成本投入的规模效应，提高薪酬激励的整体效能。第二个趋势的典型实践是大数据技术在薪酬领域的引入和推广。这是一个仍处于发展起步阶段，但注定是大有可为的实践领域。

在探究"薪酬如何为组织创造价值"这一基本问题的过程中，本书引起了我的强烈兴趣和关注。该书是美国薪酬管理领域的"长青树"，目前已经出版了6版，是美国薪酬管理学习者、研究者和管理者的案头必备书籍。该书不仅深入系统地介绍了薪酬管理领域的经典理论、模型和工具，还非常全面深入地阐述了整体薪酬、全球化薪酬、大数据技术在薪酬领域的应用等趋势性的实践。在机械工业出版社华章分社的支持下，我们决定引进并翻译这本著作。

本书的翻译出版过程，凝聚了许多人的努力和心血。首先，我要感谢机械工业出版社华章分社的吴亚军先生、丁小悦女士和杜霜女士，没有他们耐心和细致的工作，就不可能有本书的顺利出版。其次，我要感谢我的硕士导师文跃然教授，是他首先提出并鼓励我引入并翻译这本经典著作的，并且他还在百忙之中抽出时间审校了本译著。最后，我要感谢我的博士和硕士研究生团队，本书的翻译出版是一个团队工作的成果，我的博士和硕士研究生参与了整个过程，林媛、郑晗和胡瑞博承担了本书部分章节的初译工作，刘静、刘宁、章婕璇、万娟、岳美琦、王芳和郭泓嵩等学生承担了本书多轮次的审读修改工作。希望本书有助于我们理解"薪酬如何为组织创造价值"这一问题，更好地开展薪酬管理研究和实践。

尽管我非常希望本书的翻译能够符合"信、达、雅"的要求，但由于译者水平有限，本书中可能仍存在一些问题，所有的翻译问题责任均由我承担。如果读者有与本书相关的问题需要反馈或者讨论，欢迎与我联系。

联系地址：北京市海淀区学院南路39号中央财经大学商学院

邮编：100081

邮箱：zhufei@cufe.edu.cn

朱飞

中央财经大学商学院教授　博士生导师

中央财经大学创业和企业发展研究中心主任

推荐阅读

中文书名	作者	书号	定价
组织行为学（第3版）	陈春花等	978-7-111-52580-6	39.00
组织行为学：互联时代的视角	陈春花等	978-7-111-54329-9	39.00
组织行为学（第2版）	李爱梅等	978-7-111-51461-9	35.00
组织行为学（第2版）	肖余春等	978-7-111-51911-9	39.00
组织行为学（第2版）	王晶晶等	978-7-111-46172-2	35.00
组织行为学（原书第7版）	史蒂文 L. 麦克沙恩（Steven L. McShane）等	978-7-111-58271-7	65.00
组织行为学（英文版·原书第7版）	史蒂文 L. 麦克沙恩（Steven L. McShane）等	978-7-111-59763-6	79.00
组织行为学精要（原书第13版）	斯蒂芬 P. 罗宾斯（Stephen P. Robbins）等	978-7-111-55359-5	50.00
人力资源管理（原书第12版）（中国版）	约翰 M. 伊万切维奇（John M. Ivancevich）等	978-7-111-52023-8	55.00
人力资源管理（英文版·原书第11版）	约翰 M. 伊万切维奇（John M. Ivancevich）等	978-7-111-32926-8	69.00
人力资源管理（亚洲版·原书第2版）	加里·德斯勒（Gary Dessler）等	978-7-111-40189-6	65.00
人力资源管理（英文版·原书第2版）	加里·德斯勒（Gary Dessler）等	978-7-111-38854-8	69.00
人力资源管理	刘善仕等	978-7-111-52193-8	39.00
人力资源管理（第3版）	张小兵	978-7-111-56841-4	35.00
战略人力资源管理	唐贵瑶等	978-7-111-60595-9	45.00
员工招聘与录用	孔凡柱	978-7-111-58694-4	39.00
绩效管理	李浩	978-7-111-56098-2	35.00
薪酬管理：理论与实务（第2版）	刘爱军	978-7-111-44129-8	39.00
领导学：在实践中提升领导力（原书第8版）	理查德·哈格斯（Richard L. Hughes）等	978-7-111-52837-1	69.00
领导学：方法与艺术（第2版）	仵凤清	978-7-111-47932-1	39.00
企业文化（第3版）（"十二五"普通高等教育本科国家级规划教材）	陈春花等	978-7-111-58713-2	45.00
管理伦理学	苏勇	978-7-111-56437-9	35.00
企业伦理学（中国版）（原书第3版）	劳拉 P. 哈特曼（Laura P. Hartman）等	978-7-111-51101-4	45.00
商业伦理学	刘爱军	978-7-111-53556-0	39.00
管理沟通：成功管理的基石（第3版）	魏江等	978-7-111-46992-6	39.00
管理沟通：理念、方法与技能	张振刚等	978-7-111-48351-9	39.00
商务与管理沟通（原书第10版）	基蒂 O. 洛克（Kitty O. Locker）等	978-7-111-43944-8	75.00
商务与管理沟通（英文版·原书第10版）	基蒂 O. 洛克（Kitty O. Locker）等	978-7-111-43763-5	79.00
国际企业管理	乐国林等	978-7-111-56562-8	45.00
国际企业管理：文化、战略与行为（原书第8版）	弗雷德·卢森斯（Fred Luthans）等	978-7-111-48684-8	75.00
国际企业管理：文化、战略与行为（英文版·原书第8版）	弗雷德·卢森斯（Fred Luthans）等	978-7-111-49571-0	85.00
组织理论与设计	武立东	978-7-111-48263-5	39.00
人力资源管理专业英语（第2版）	张子源	978-7-111-47027-4	25.00
卓有成效的团队管理（原书第3版）	迈克尔 A. 韦斯特（Michael A. West）	978-7-111-59884-8	59.00